SEITE 32

REISEZIELE IN DER REGION

ALLE ZIELE AUF EINEN BLICK
Fundierte Einblicke, detaillierte Adressen, Insider-Tipps und mehr

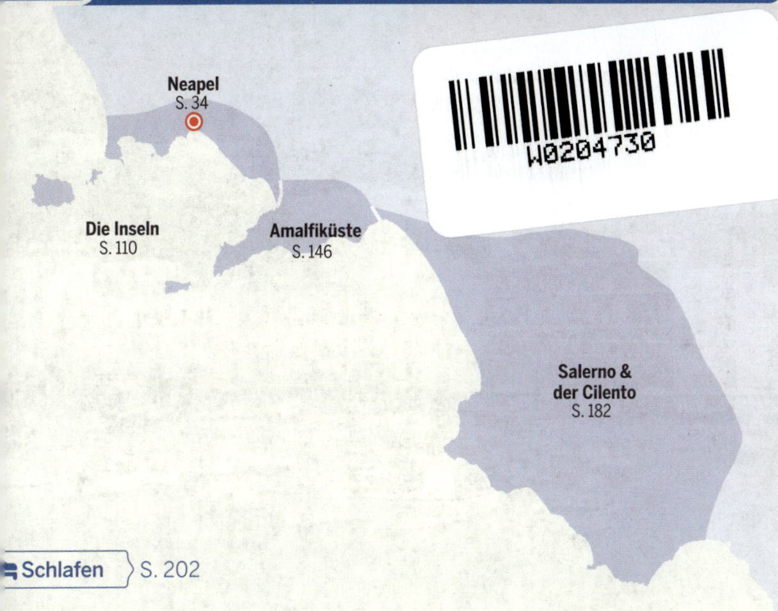

Schlafen S. 202

SEITE 271

PRAKTISCHE INFORMATIONEN

SCHNELL NACHGESCHLAGEN
Tipps für Unterkünfte, sicheres Reisen, Smalltalk und vieles mehr

Allgemeine Informationen 272
Verkehrsmittel & -wege... 279
Sprache 285
Register 298
Kartenlegende................ 303

Cristian Bonetto
Josephine Quintero

Willkommen in Neapel & an der Amalfiküste

Kunst & Geschichte

Nur wenige Regionen Europas können sich mit dem kulturellen Reichtum von Neapel und Umgebung messen. In der einstigen Königsstadt werkelten zahlreiche große Künstler wie der Maler Michelangelo Merisi da Caravaggio, der Bildhauer Cosimo Fanzago und der Komponist Alessandro Scarlatti. Die Region besitzt das größte Opernhaus und Königsschloss und viele der schönsten Gemälde und Skulpturen des Landes, ganz zu schweigen von antiken Ruinen. Die Tempel von Paestum, die Straßen von Pompeji und die freskengeschmückte Villa Oplontis beflügeln die Phantasie aller Besucher. Der gotische Minimalismus des Complesso Monumentale di San Lorenzo Maggiore in Neapel bilden einen starken Kontrast zu dem überkandidelten Rokoko der Chiesa di San Gregorio Armeno. Dieser Überfluss an Kunstschätzen befriedigt selbst die unersättlichsten Kulturfans.

Küchenlatein

Die Region um Neapel ist die kulinarische Seele des Landes. Nirgends munden Pizza, Pasta, Mozzarella, Gemüse, Zitrus- und Meeresfrüchte besser als hier. Der Besuch wird zum durchgehenden Festschmaus: Holzofenpizza in Neapel, ausgedehnte Mittagessen bei den *agriturismi* (Ferien-Bauernhöfen) des Cilento, *alici fritte* (gebratene Sardellen) auf den Inseln und göttliches Gebäck in den *pasticcerie* (Konditoreien) von Salerno. Jeder Happen wird zur Offen-

Neapel und die Amalfiküste sind das Italien unserer Träume: ein üppiges, unwiderstehliches ragù *aus quirligem Straßenleben, dekadenten Palazzi, pastellfarbenen Dörfern und arienwürdigen Panoramen.*

(links) Marina Grande (S. 117), Capri
(unten) *Spaghetti alle vongole* (Spaghetti mit Muscheln)

barung, von pikanten Mandel-*taralli* (Salzgebäck) bis zur süßen Ricottafüllung einer *sfogliatella* (Blätterteigtasche). Überall locken Ess- und Weingenüsse, ob man auf den Märkten nach Saisongemüse stöbert, in einer rustikalen Insel-Trattoria *coniglio all'Ischitana* (Kaninchen nach Ischia-Art) schlemmt, in Cetara die legendäre *colatura di alici* (Sardellensauce) einkauft oder bei einem erfrischenden Falanghina (Weißwein) darüber debattiert, wo nun der cremigste Büffel-Mozzarella produziert wird – in Caserta oder im Paestum?

Naturwunder

In Kampanien hat sich Mutter Natur so richtig ins Zeug gelegt: Die beeindruckende Ansammlung von schroffen Bergen, fauchenden Fumarolen und malerischen Meeresgrotten wirkt wie ein Riesenspielplatz, der zu aufregenden Abenteuern, aber auch zu Romantik und Entspannung einlädt. Wer seinen Puls etwas auf Touren bringen will, kann die Fledermaushöhlen der Grotte di Castelcivita erkunden, vor Capri auf Höhlentauchtour gehen oder im Solfatara-Krater das Rumoren der Erde aus nächster Nähe erleben. Ebenso verlockend sind aber ruhigere Zeitvertreibe wie Ausritte an den Hängen des Vesuv, Segeltörns entlang der Amalfiküste oder faule Tage an den Thermalstränden von Ischia. Alle diese Aktivitäten spielen sich vor einer wahrhaftig herrlichen, abwechslungsreichen Naturkulisse von fast schon unwirklichem Zauber ab.

Neapel & Amalfiküste

Neapel
Phantastische Küche, Kunst & Architektur (S. 34)

Procida
Eine wohltuende Insel mit Zitrusduft (S. 140)

Capri
Über die sagenhafte Blaue Grotte staunen (S. 123)

Positano
Eins von Italiens Juwelen am Mittelmeer (S. 162)

Vesuv
Den schlummernden Riesen erklimmen (S. 105)
Pompeji
Im geisterhaften Pompeji der Geschichte nachspüren (S. 96)
Ravello
Himmlische Aussicht und ein Kunstfestival (S. 175)
Melfi
Monticchio
Avellino
Montella
Bagnoli
Acerno
Montecorvino
Salerno
Eboli
Battipaglia
Sele
Sicignano degli Alburni
Postiglione
Petina
Altavilla Silentina
Controne
Polla
Castelcivita
Sant'Angelo a Fasanella
Paestum
Capaccio
Roccadaspide
Sala Consilina
Teggiano
Parco Nazionale del Cilento e Vallo di Diano (Nationalpark Cilento & Diano-Tal)
Ogliastro
Agropoli
Cilento
Santa Maria di Castellabate
Laureana
San Marco di Castellabate
Perdifumo
Sanza
Marina di Casal Velino
Ceraso
Acciaroli
Velia
Ascea
Pisciotta
Sapri
San Giovanni a Piro
Palinuro
Camerota
Marina di Camerota

10 TOP ERLEBNISSE

Straßenleben in Neapel

1 Es hat schon was, von der Geräuschkulisse eines neapolitanischen Straßenmarkts geweckt zu werden, sei es der ruppige Mercato di Porta Nolana (S. 47) oder der älteste Markt der Stadt, La Pignasecca (S. 54). Ein Fest für die Sinne, ein Mix aus nordafrikanischem Basar und europäischem Wochenmarkt: raukehlige Obsthändler, die ihre Ware im neapolitanischen Dialekt anpreisen, Schwertfischköpfe, die einen über Berge silbriger Sardinen auf Eis anstarren, der unwiderstehliche Duft von knusprigem *casareccio*-Brot (nach Hausmacherart) und frisch gebackenen *sfogliatelle* (Blätterteigtaschen mit Ricottafüllung).
Mercato di Porta Nolana, Neapel

Pompeji

2 Nichts fasziniert die Menschen mehr als eine große Katastrophe, und was das angeht, sind die Ruinen von Pompeji (S. 96) schwer zu toppen. Die einst blühende römische Stadt wurde vor fast 2000 Jahren im Augenblick ihres Untergangs eingefroren. Besucher können durch römische Straßen wandern, über das grasüberwucherte, säulengesäumte Forum, durch das Bordell, das Theater mit 5000 Sitzplätzen und die freskengeschmückte Villa dei Misteri. Plinius der Jüngere berichtet von der Tragödie: „Wieder brach Dunkelheit herein, wieder regnete es Asche, dicht und schwer. Wir standen mehrfach auf, um diese abzuschütteln; sonst hätte sie uns verschüttet und erdrückt." Straße in Pompeji

1

LONELY PLANET/GETTY IMAGES ©

2

LONELY PLANET/GETTY IMAGES ©

3

4

GLENN BEANLAND/GETTY IMAGES ©

Blaue Grotte

3 Über ein Dutzend Meeresgrotten säumt die zerklüftete Küste von Capri. Die meisten davon sind für Besucher zugänglich. Seit der Antike berühmt ist die spektakuläre Blaue Grotte (Grotta Azzurra; S. 123), die in einem geheimnisvollen blauen Licht schillert. Dieser unwirkliche Effekt hat mit der Brechung des Sonnenlichts durch das Wasser und der Spiegelung durch den blendend weißen Sand zu tun. Ein Besuch der Höhle in einem kleinen hölzernen Ruderboot samt singendem Bootsführer ist ein Erlebnis für sich. In der Blauen Grotte

Procida

4 Das windumtoste, zitrusduftende Procida (S. 140) sprüht vor süditalienischem Charme. Pastellfarbene Häuschen drängen sich an der Marina der kleinen Insel, auf der sich der Touristenrummel noch in Grenzen hält. Erst seit 2012 gibt es hier eine Touristeninformation. Wie eh und je überspannen Wäscheleinen die engen Gassen und locken versteckte Buchten zu sommerlichen Badefreuden. Eine Handvoll historischer Gemäuer sorgt für einen Hauch von Geheimnis. Die zappelfrischen Fischspezialitäten der Insel gehören zum Leckersten, was die Region zu bieten hat. Marina Corricella, Procida

Ravello

5 Ravello (S. 175) besticht durch seine Aura von Schönheit, Dolce Vita und glorreicher Vergangenheit. Der Ort hoch über der Amalfiküste strotzt von prächtigen Kirchen, Palazzi und Villen. Die romantische Gartenanlage der Villa Rufolo inspirierte schon Richard Wagner. Zur Erinnerung daran findet auf ihrer Terrasse jeden Sommer ein phantastisches Klassikfestival statt, für das frühzeitige Reservierung ratsam ist. Vor allem aber beeindruckt Ravello durch seine atemberaubende Lage, eingebettet in das grüne Küstengebirge. Villa Rufolo, Ravello

Positano

6 Positano (S. 162), die Perle der Amalfiküste, ist eine Bilderbuch-Komposition aus pastellfarbenen Häusern, die sich über dem indigoblauen Meer den Hang hinaufstapeln. Sein unbeschwerter Zauber prägt auch die Fußgängergassen voller mondäner Modeboutiquen. Wer sich eher für Leckereien als für Luxuslabels begeistert, dürfte bei den Meeresfrüchten des La Cambusa ins Schwärmen kommen. Keinesfalls versäumen: Das benachbarte Praiano, ein ruhigerer Winkel der trubeligen Küste, wo die Bänke und Bars der Piazza noch von Einheimischen statt Touristen bevölkert sind.

Wanderwege der Amalfiküste

7 Der Reiz der Amalfiküste (S. 146) erschöpft sich nicht im bunten Leben der Küstenorte. Landeinwärts trifft man auf die gewundenen Fußpfade, die bis 1840 die einzigen Verbindungswege zu Land waren. Orangenhaine, Pinien, Orchideen und Ruinen säumen die Wege durch Landschaften, die je nach Licht und Jahreszeit immer wieder anders erscheinen. Die einzige Konstante sind die unglaublichen Küstenpanoramen. Eine himmlische Erfahrung verspricht der Sentiero degli Dei (Weg der Götter) zwischen Zitrus- und Olivenhainen. Sentiero degli Dei

Museo Archeologico Nazionale

8 Das Museo Archeologico Nazionale (S. 49) in Neapel ist eines der bedeutendsten archäologischen Museen der Welt. Es hütet den staunenswerten Toro Farnese (Farnese-Stier), die größte erhaltene Skulpturengruppe der Antike. Sie befindet sich in bester Gesellschaft, von detailreichen Mosaiken über Glaskunst bis zu Fresken aus den eleganten antiken Villen der Region. Und wie die Römer halt so waren, hinterließen sie auch allerlei Zeugnisse erotischer Ausschweifungen, die im berüchtigten Gabinetto Segreto (Geheimkabinett) des Museums zu besichtigen sind. Skulptur aus Pompeji

Palazzo Reale di Capodimonte

9 Gut, dass der Bourbonenkönig Karl IV. von vorneherein groß baute, denn seine Mutter Elisabetta Farnese hinterließ eine gewaltige Kunst- und Antiquitätensammlung. Ein ausufernder Augenschmaus riesiger Gemälde und Tapisserien, eleganter Skulpturen und zarter Keramik, mit ein paar zeitgenössischen Bildern und Installationen dazwischen: Die Sammlung des Palazzo Reale di Capodimonte (S. 63) gehört nicht zu den bekanntesten, wohl aber zu den besten in Italien, mit Highlights von Raffael, Tizian, Caravaggio, Masaccio und El Greco. Fassade des Palazzo Reale di Capodimonte

Der Vesuv

10 Der Vesuv (S. 105), der den Untergang von Pompeji und Herculaneum 79 n. Chr. auf dem Gewissen hat, ragt als schöne, stumme Bedrohung hinter dem Golf von Neapel auf. Auch wenn er seit 1944 artig ist, bleibt er der einzige aktive Vulkan auf dem europäischen Festland. Aus luftigen 1281 m Höhe blickt er auf die drei Millionen Neapolitaner herab. Seine Hänge gehören zum Parco Nazionale del Vesuvio, der von Naturwegen durchzogen ist. Das absolute Highlight ist der Blick vom Gipfel in seinen Schlund hinab und weit übers Land, vom Tyrrhenischen Meer bis zum Apennin. Der Krater des Vesuv

Gut zu wissen

Währung
» Euro (€)

Sprache
» Italienisch

Reisezeit

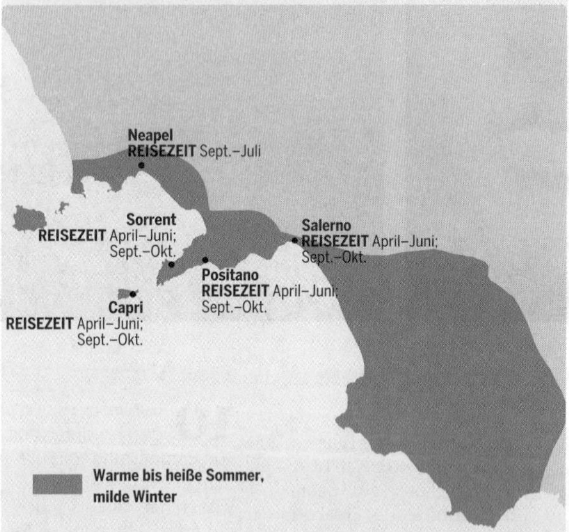

Hauptsaison
(Juli–Aug.)

» Gedränge bei den Hauptattraktionen, an Stränden und auf den Straßen, vor allem im August.

» In Neapel haben viele Lokale und Läden im August zu.

» Gute Zeit für Kulturveranstaltungen in den Touristenzentren.

Zwischensaison
(April–Juni & Sept.–Okt.)

» Sonderangebote bei Unterkünften.

» Das Frühjahr lockt mit Festivals, Blütenpracht, Frischobst und -gemüse.

» Im Juni und September ist es heiß, aber nicht so voll wie im August.

Nebensaison
(Nov.–März)

» Die Preise sinken gegenüber der Hauptsaison um bis zu 30 %.

» Viele Attraktionen, Hotels und Lokale an der Küste und in den Bergen schließen.

» Weihnachtliche Schlemmereien und bunte Karnevalsfestivitäten.

Tagesbudget

bis 100 €

» Bett im Schlafsaal: 15–25 €

» Doppelzimmer im Billighotel: 50–100 €

» Pizza und Pasta zum Mittag- und Abendessen: 15 €

» Gute Märkte und Feinkostläden für Selbstversorger

100–200 €

» Doppelzimmer im Hotel: 80–180 €

» Mittag- und Abendessen in einfachen Restaurants: 25–50 €

über 200 €

» Doppelzimmer im 4- oder 5-Sterne-Hotel: 150–450 €

» Abendessen im Nobelrestaurant: 50–150 €

» Spa-Besuch mit Behandlungen: 75 €

Geld

» In allen größeren Orten und Städten gibt es Geldautomaten. Die meisten Hotels und Restaurants akzeptieren Kreditkarten.

Einreise

» EU-Bürger und Schweizer brauchen zur Einreise nur einen Pass oder Personalausweis.

Handy

» Mitgebrachte Handys vorab fürs internationale Roaming freischalten lassen. Mit einer italienischen SIM-Karte sind Inlandsgespräche billiger.

Unterkünfte

» Die Bandbreite reicht von 5-Sterne-Luxus über B&Bs und Hostels bis zu *agriturismi* (Unterkünften auf Bauernhöfen). Mehr Infos S. 202.

Websites

» **Lonely Planet** (www.lonelyplanet.com/italy) Infos, Hotelreservierungen, Traveller-Forum und mehr.

» **In Campania** (www.incampania.com) Offizielle Tourismus-Website von Kampanien.

» **Napoli Unplugged** (www.napoliunplugged.com) Topaktuelle Website mit Sehenswürdigkeiten, Veranstaltungen, News und Praxistipps.

» **Amalfi Coast Web** (www.amalficoastweb.com) Touristische Infos für die Amalfiküste.

» **Trenitalia** (www.trenitalia.com) Website der italienischen Eisenbahn.

Wichtige Telefonnummern

Rettungswagen	☎118
Feuerwehr	☎115
Polizei	☎112/113
Ländervorwahl Italien	☎0039
Telefonauskunft	☎1254
Vermittlung für R-Gespräche ins Ausland	☎170

Wechselkurs

Schweiz	1 €	1,21 sFr
	1 sFr	0,83 €

Aktuelle Wechselkurse: Siehe www.xe.com.

Ankunft in Neapel

» **Aeroporto di Napoli-Capodichino (NAP)**

Alibus (Flughafen-Shuttlebus) – 3 € bis Stazione Centrale und Molo Beverello (Fährterminal), 6.30–23.40 Uhr alle 20–30 Minuten

Taxi – 19 € bis Piazza Municipio und Molo Beverello; Fahrtdauer 20–30 Minuten

» **Stazione Centrale, Neapel**

Bus – 1,20 € Linie R4 bis Piazza Municipio (am Molo Beverello), 5.30–24 Uhr alle 9–14 Minuten

Taxi – 10,50 € bis Piazza Municipio und Molo Beverello; Fahrtdauer 15–20 Minuten

Autofahren in Neapel & an der Amalfiküste

Ein Großteil des *centro storico* (Altstadt) von Neapel ist für Fahrzeuge von Nicht-Anliegern gesperrt. Im Rest der Stadt können das Verkehrschaos und selbst ernannte, Trinkgeld schnorrende Parkwächter den Urlaubsspaß verleiden. Auf Capri dürfen den größten Teil des Jahres keine Fahrzeuge mitgebracht werden und auch Ischia und Procida sind nicht gerade autofreundlich. Eine Autotour an der Amalfiküste kann in der Hauptsaison zur Nervenstrapaze werden. Ideal ist ein Auto im Cilento, um abgelegene Orte und Strände mit schlechter Verkehrsanbindung zu entdecken. Die meisten Autobahnen sind mautpflichtig; die Maut ist an der Abfahrt bar oder per Kreditkarte zu zahlen. Infos über Verkehrsverhältnisse, Maut und Entfernungen gibt es unter www.autostrade.it. Auf Autobahnen und Fernstraßen muss auch tagsüber mit Licht gefahren werden.

Das erste Mal

Wer ein Land zum ersten Mal besucht, tut gut daran, sich mit ein paar wichtigen Redewendungen und Umgangsformen vertraut zu machen. Die folgenden Tipps sollen dazu beitragen, dass schon der erste Besuch von Neapel und der Amalfiküste so glatt läuft wie der fünfte.

Sprache

Da der Tourismus für die Region ein wichtiger Wirtschaftsfaktor ist, sprechen viele Einheimische Englisch oder Französisch, manche sogar Deutsch. Wer ein paar grundlegende Formulierungen auf Italienisch beherrscht, kommt aber leichter zurecht. Dies gilt vor allem auch in Restaurants, die nicht immer eine feste Speisekarte haben. Nützliche Wörter und Ausdrücke sind dem Kapitel Sprache (S. 285) zu entnehmen.

Reservierungen

Für die Hauptsaison und zu besonderen Terminen (wie Ostern oder Weihnachten) Unterkünfte unbedingt frühzeitig reservieren. Auch für besonders gefragte Restaurants und Unternehmungen wie einen Opernbesuch ist eine Reservierung ratsam.

I möchte reservieren ...	*Vorrei prenotare...*
ein Einzelzimmer	*una camera singola*
ein Doppelzimmer	*una camera doppia con letto matrimoniale*
auf den Namen ...	*in nome di...*
von ... bis ... (Datum)	*dal... al...*
Wie viel kostet es ...?	*Quanto costa...?*
pro Nacht/pro Person	*per la notte/per persona*
Danke (vielmals)	*Grazie (mille)*

Richtig angezogen

Die Italiener legen großen Wert auf die äußere Erscheinung. Sie sind stets bemüht, *la bella figura* (einen guten Eindruck) zu machen. Generell sind lange Hosen, Hemden oder Polohemden für Männer und Röcke oder lange Hosen für Frauen in der Stadt die richtige Wahl. Shorts, T-Shirts und Sandalen sind im Sommer und am Strand annehmbar, aber im Restaurant sind langärmlige Oberteile lieber gesehen. Abends ist lässige Eleganz angesagt. Pulli und Regenjacke sind im Frühjahr und Herbst nützlich, solide Schuhe zum Besuch historischer Stätten sinnvoll. Beim Besuch von Kirchen sind Shorts, kurze Röcke oder schulterfreie Oberteile unangemessen.

Das gehört ins Gepäck

- » Reisepass oder Personalausweis (plus eine Fotokopie, die separat aufbewahrt wird)
- » Kreditkarten
- » Führerschein
- » Sprachführer
- » Reiseadapter
- » Handy und Ladegerät
- » Sonnenschutzmittel
- » Kopfbedeckung und Sonnenbrille
- » Regenjacke
- » bequeme Schuhe
- » ein schickes Outfit
- » Fotoapparat
- » Geldgürtel
- » Ohrstöpsel
- » detaillierte Straßenkarte

Checkliste

» Ist der Personalausweis/Reisepass noch gültig?

» Gepäckbeschränkungen der Fluggesellschaft berücksichtigen

» Reiseversicherung abschließen (S. 274)

» Unterkünfte und Tickets für beliebte Sehenswürdigkeiten, Veranstaltungen usw. reservieren

» Nachfragen, ob man mit seinen Bank-/Kreditkarten in Italien problemlos Bargeld abheben kann

» Handy fürs internationale Roaming freischalten lassen

» Ggf. über Voraussetzungen für Wagenmiete informieren

Etikette

Die italienische Gesellschaft ist erstaunlich förmlich. Die folgenden Tipps helfen, Peinlichkeiten zu vermeiden.

» Begrüßung
Begrüßung bei Fremden mit Handschlag und *buongiorno* (Guten Tag) bzw. *buona sera* (Guten Abend), bei Freunden mit Küsschen auf beide Wangen und *come stai* (Wie geht's?). Die höfliche Anredeform ist *lei* (Sie); Freunde und Kinder werden mit *tu* (du) angesprochen. Ansprache mit Vornamen nur nach Aufforderung.

» Höflichkeitsfloskeln
Mi scusi (Entschuldigung), um jemanden anzusprechen oder sich zu entschuldigen; *permesso* (Gestatten?), um sich an Engstellen an jemandem vorbeizudrücken.

» Essen & Trinken
Zu einer Essenseinladung bei Italienern Wein oder *dolci* (Süßigkeiten) aus einer *pasticceria* (Konditorei) mitbringen, etwas Schickes anziehen und ansonsten am Vorbild der Gastgeber orientieren. Im Restaurant den Kellner mit *per favore* (bitte) herbeirufen.

» Körpersprache
Im Gespräch Augenkontakt halten.

Trinkgeld

» Wo?
Im Restaurant ist Trinkgeld üblich, anderswo aber nicht zwingend.

» Taxis
Nicht zwingend, aber die meisten runden auf den vollen Euro auf.

» Restaurants
Viele nehmen *coperto* (Gedeckpreis; meist 1–2 €) und ein *servizio* (Bedienungsgeld) von 10–15 %. Wo der Service nicht inklusive ist, kann man ein kleines Trinkgeld geben.

» Cafés/Bars
Für einen Kaffee an der Theke eine 10- oder 20-Cent-Münze liegen lassen; am Tisch gibt man Trinkgeld wie im Restaurant.

Geld

Kredit- und Bankkarten werden außer in den ländlichsten Ecken fast überall akzeptiert. Visa und MasterCard sind am verbreitetsten; auch Cirrus und Maestro sind sehr gängig. American Express nehmen nur internationale Ketten und große Hotels, Diners Club kaum jemand. In Bars, Cafés und Restaurants vor der Bestellung nachfragen, ob Kartenzahlung möglich ist. Normalerweise wird die Kartenzahlung mit PIN-Eingabe abgewickelt. Geldautomaten gibt es überall; die Abhebegebühren können variieren. Einige Geldautomaten nehmen keine ausländischen Karten. Am besten mehrere ausprobieren, bevor man das Problem bei der Karte sucht. Banken und Postämter tauschen Reiseschecks ein; allerdings berichten einige Leser von Problemen und saftigen Gebühren. Reiseschecks mit hohem Nennwert sparen Bearbeitungsgebühren.

Wie wär's mit …

Göttliche Gaumenfreuden

Kampaniens fruchtbare Felder und Berghänge und sein türkisblaues Meer sind eine gigantische Speisekammer, die von stolzen Bauern und Fischern bewirtschaftet wird. Dieser Teil des Landes hegt seine Traditionen mit Inbrunst und betrachtet gutes Essen als Geburtsrecht. Guten Hunger!

Pizza Italiens berühmtester Exportartikel schmeckt am besten in seinem Ursprungsort Neapel (S. 34).

Märkte wie **Porta Nolana** und **La Pignasecca** kombinieren Köstlichkeiten mit spannendem Straßenleben (S. 47 & S. 54).

Mozzarella di bufala In Spezialokalen wie Inn Bufalito kann man sich Italiens sinnlichsten Käse auf der Zunge zergehen lassen (S. 154).

È Divino Das Kleinod von Capri sorgt mit selbst gezogenen Zutaten und herzlicher Gastlichkeit dafür, dass sich die Gäste als Teil der Familie fühlen (S. 119).

Donna Rosa Zu Recht berühmte Institution der Amalfiküste (S. 165).

Vinischia Das appetitanregende Festival auf Ischia lockt mit Schlemmerprodukten, Wein und Musik von der Insel (S. 134).

Archäologische Schätze

Lange bevor Rom mit seinem Forum protzen konnte, zierten prächtige hellenische Tempel und Siedlungen die Küste von Kampanien. Jahrtausende später bewahrt die Region einige der faszinierendsten griechisch-römischen Monumente der Welt.

Museo Archeologico Nazionale Eine unglaubliche Anhäufung antiker Skulpturen, Mosaiken, Fresken und Kunstobjekte im Herzen von Neapel (S. 49).

Herculaneum Die Zeit steht still in dieser verblüffend gut erhaltenen römischen Stadt mit Thermen, Wohnhäusern und Läden samt Einrichtung (S. 93).

Villa Oplontis Die mutmaßliche Residenz der zweiten Gemahlin von Kaiser Nero ist mit herrlichen Fresken und Schwimmbecken ausgestattet (S. 105).

Paestum Eine Pause vom weltlichen Trubel versprechen diese griechischen Tempel zwischen Feldern und Wiesen (S. 189).

Villa Roma Antiquarium Die Behausung mit Privatsauna gibt Einblick in das Luxusleben des 1. Jhs. (S. 179).

Il Vallone dei Mulino Mühlenruine in einer tiefen Schlucht mitten in Sorrent (S. 151).

Wilde Natur

Diese Ecke Italiens ist von einer so wildromantischen, verwunschenen Schönheit wie nur wenige andere Teile des Landes. Grotten schimmern in unwirklichem Blau, Steilküsten ragen aus dem milchig blauen Meer und tiefe, düstere Wälder hüten majestätische Höhlen. Kein Wunder, dass die Römer die Region *Campania Felix* (Glückliches Land) tauften.

Amalfiküste Die Küstenregion bietet nicht nur tiefblaues Meer, sondern auch ein Netz guter Wanderwege mit spektakulären Panoramen (S. 146).

Parco Nazionale del Cilento Ein ungezähmtes Wunderland voller kristallklarer Bäche, Flüsse und Wasserfälle (S. 189).

Vesuv Der einzige aktive Vulkan auf dem europäischen Festland lockt mit Naturpfaden und weitem Ausblick vom Rand seines Zeitbombenkraters (S. 105).

Isole Faraglioni Die legendären Kalksteinklippen von Capri erheben sich wie stille Nymphen aus dem Meer (S. 115),

Grotta di Matermàni Verblichene Mosaiken schmücken die Höhle, die die Römer als Heiligtum nutzten (S. 125).

Negombo Verwöhnparadies mit Thermalbecken, Privatstrand und botanischem Garten (S. 131).

» Pizza Margherita mit Büffelmozzarella (S. 253)

Kunst

Kapellen voller Fresken, Paläste voller Gemälde, mit Kunst aufgehübschte U-Bahnstationen ... Neapel, Pompeji und der Amalfiküste mangelt es nicht an künstlerischen Highlights. Vom Warhol im Bourbonenpalast über Caravaggio an der Kapellenwand bis zum William Kentridge für Bahnpendler ist alles dabei.

Palazzo Reale di Capodimonte Das Palastmuseum beherbergt den Hochadel der Kunstwelt, von Botticelli und Caravaggio bis zum poppigen Warhol (S. 63),

Museo del Novecento Süditalienische Kunst des 20. Jhs. in einer wuchtigen neapolitanischen Festung (S. 69).

Neapolitanische U-Bahn Zeitgenössischer Kunstgenuss unter den Straßen von Neapel (S. 62).

Franco Senesi Zwei herausragende Galerien mit aufregend modernen Werken, meist von italienischen Künstlern (S. 163)

Museo Pinacoteca Provinciale Das spitzenmäßige Kunstmuseum in Salerno deckt von der Renaissance bis zum 20. Jh. alles ab (S. 187)

Paolo Sandulli Ein alter Schutzturm präsentiert das Werk des bekannten Künstlers von der Amalfiküste (S. 169)

Architektur

Kampanien versammelt unzählige Meisterwerke der Baukunst, von eleganten mittelalterlichen Klöstern und bombastischen Barockkirchen bis zu Renommierbauten des Industriezeitalters und vereinzelten Glanzstücken der zeitgenössischen Architektur. Hier wartet eine Welt voller schwindelnder Kuppeln, pompöser Prunktreppen und zügellosem baulichem Ehrgeiz.

Reggia di Caserta (Palazzo Reale di Caserta) Ambitionierter Barockpalast, der in diversen Kinofilmen eine Rolle spielte (S. 44).

Galleria Umberto I Die prächtige Einkaufspassage ist eine wahre Kathedrale des Konsums (S. 54).

Cattedrale di Sant'Andrea Die zebragestreifte Kathedrale von Amalfi bietet ein spektakuläres Fotomotiv (S. 171).

Palazzo dello Spagnuolo Sein Treppenhaus ist eine opernwürdige Verkörperung des neapolitanischen Geistes (S. 69).

Auditorium Oscar Niemeyer Markant moderner Konzertsaal, der hohe Wellen schlägt (S. 177).

Certosa di San Giacomo Malerisches Kloster aus dem 14. Jh. auf der Insel Capri (S. 115).

Romantische Gärten

Die Italiener haben eine besondere Vorliebe für „Außenräume" – schon seit die römischen Kaiser die Parks ihrer Sommervillen landschaftlich durchstylen ließen. Kein Wunder, dass das sonnenverwöhnte Kampanien mit seinen fruchtbaren Böden und himmlischen Panoramen auch einige der schönsten Grünanlagen des Landes besitzt.

Ravello Himmlischer Blick auf die Amalfiküste von der Terrazza dell'infinito der **Villa Cimbrone** und Klassikklänge in der **Villa Rufolo** (S. 177 & S. 177).

La Mortella Das Tropenparadies auf Ischia wurde nach dem Vorbild der Alhambra-Gärten in Granada angelegt (S. 133).

Palazzo Reale di Caserta Königliche Residenz mit märchenhaftem Park (S. 44).

Villa Floridiana Romantische Villa in Neapel mit Schildkrötenbrunnen und träumerischem Meerblick (S. 69).

Giardini di Augusto Kaiserliche Spielwiese samt standesgemäßer Aussicht (S. 115).

Orto Medico, Ospedale degli Incurabili Ein stiller Kreuzgang mit heilkräftigen Kräutern und murmelndem Springbrunnen (S. 44).

Monat für Monat

Top-Events

1 **Settimana Santa**, März/April

2 **Maggio dei Monumenti**, Mai

3 **Napoli Teatro Festival Italia**, Juni & September

4 **Ravello Festival**, Juni–September

5 **Vinischia**, November

Februar

„Kurz und unselig" – so charakterisieren die Italiener den Februar. Doch obwohl es noch sehr kühl sein kann, treiben die Mandelbäume erste Blüten und die Karnevalszeit bringt mit Konfetti, Kostümen und zuckrigen Leckereien frische Farbe ins Leben.

Carnevale

In den Tagen vor Aschermittwoch feiern viele süditalienische Städte den Karneval. Kostümierte Kinder schmeißen *coriandoli* (Konfetti), prächtige *carri* (Festwagen) fahren durch die Straßen und vor Beginn der Fastenzeit wird noch mal richtig geschlemmt.

Festa di Sant'Antonino

Zu Ehren des Schutzheiligen von Sorrent gibt es am 14. Februar ein Fest mit Straßenständen, Feuerwerk und Musikumzügen durchs *centro storico* (die Altstadt). Der ideale Anlass, um Sorrents berühmte *torta di Sant'Antonio* mit Schokoladencreme-Füllung zu probieren.

März

Im März ist das Wetter launisch: Sonne, Regen und Wind wechseln sich ab. Offiziell beginnt am 21. März der Frühling, aber vieles kommt erst ab der Osterwoche wieder richtig in Gang, wenn die Hauptsaison losgeht.

Settimana Santa

Überall in Kampanien wird die Karwoche mit Prozessionen und Passionsspielen begangen. Am Gründonnerstag und Karfreitag ziehen mit Kapuzen vermummte Büßer durch die Straßen von Sorrent. Auf der Insel Procida werden am Karfreitag hölzerne Statuen und lebensgroße Tableaus herumgetragen.

Mai

Der Monat der Rosen und des Frühsommergemüses ist eine ideale Reisezeit, ganz besonders für Wanderer. Es ist warm, aber nicht zu heiß, und das Preisniveau noch annehmbar. Außerdem ist jetzt Schutzheiligen-Saison.

Festa di San Gennaro

Am Tag des Schutzheiligen von Neapel strömen die Gläubigen in den Duomo, um mitzuerleben, wie sich das Blut von San Gennaro verflüssigt. Wenn das Blutwunder klappt, wähnt sich die Stadt vor einem Vulkanausbruch sicher. Das Ganze wiederholt sich am 19. September und 16. Dezember.

Maggio dei Monumenti

Sobald es wärmer wird, startet Neapel ein einmonatiges Mammutprogramm mit Kunstausstellungen, Konzerten, Vorstellungen und Stadtführungen. Viele interessante Bauwerke und historische Stätten, die sonst nicht zugänglich sind, werden kostenlos geöffnet.

Juni

Im Juni geht die Sommersaison los. Die Temperaturen klettern rapide, die *lidi* (Badestrände) werden offiziell eröffnet und einige der großen Sommerfestivals starten. Am 2. Juni wird der Nationalfeiertag, die Festa della Repubblica, begangen.

Napoli Teatro Festival Italia

Drei Wochen lang präsentiert das neapolitanische Theaterfestival heimische und internationale Theater- und Performancekunst der Spitzenklasse (www.napoliteatrofestival.it). Gespielt wird überall in der Stadt, von Theatern bis zu U-Bahnstationen. Im September findet eine abgespeckte sechstägige Ausgabe des Festivals statt.

Ravello Festival

Den ganzen Sommer über läuft in dem Ort hoch über der Amalfiküste ein Festival mit weltbekannten Künstlern (www.ravellofestival.com). Die Bandbreite reicht von Musik und Tanz bis zu Filmen und Kunstausstellungen; mehrere Veranstaltungen finden von Juni bis Mitte September in der herrlichen Gartenanalge der Villa Rufolo statt.

Juli

Die Schulferien sind da und die Italiener urlauben an der Küste oder in den Berge. Preise und Temperaturen klettern. Strandleben, Musik- und Kulturfestivals haben Hochkonjunktur.

Giffoni Film Festival

Das größte Kinderfilmfestival Europas bringt Leben in das Städtchen Giffoni Valle Piana, östlich von Salerno (www.giffonifilmfestival.it). Die elftägige Veranstaltung lockt mit Filmvorführungen, Workshops und Prominenz wie Robert De Niro und Nicholas Cage Kinder und Teenager aus aller Welt an.

Neapolis Festival

Bei Süditaliens größtem Festival der zeitgenössischen Musik lassen internationale Topstars elf Tage die Post abgehen (www.neapolis.it). Hier sind schon Größen wie David Bowie, REM, The Cure, Patti Smith, Architecture in Helsinki und Massive Attack aufgetreten. Auf jeden Fall den aktuellen Veranstaltungsort auf der Website checken.

Sagra del Tonno

Dieses viertägige Thunfischfestival findet alljährlich Ende Juli oder Anfang August im winzigen Cetara statt (www.prolococetara.it). Außer Thunfischgerichten gibt es dabei auch die berühmten Sardellen des Orts zu kosten, aus denen seine legendäre *colatura di alici* (Sardellensauce) hergestellt wird.

August

Im August ist Kampanien heiß, teuer und voll. Die Einheimischen sind im Urlaub und viele Geschäfte und Restaurants machen zumindest einen Teil des Monats Betriebsferien.

Ferragosto

Nach Weihnachten und Ostern ist Ferragosto der wichtigste Feiertag der Italiener. Heute wird an dem Tag Mariä Himmelfahrt begangen, doch schon die alten Römer ehrten zu diesem Termin ihre Götter mit der Feriae Augusti. Die Strände sind brechend voll und insbesondere Neapel feiert, was das Zeug hält.

November

Der Winter kriecht allmählich den Stiefel hinab, aber es ist immer noch eine Menge los, von der Maronenernte bis zu einem Inselfest rund um den heimischen Wein und andere Agrarerzeugnisse.

Vinischia

Gourmets und Weinfreunde von nah und fern reisen zu dem viertägigen Wein- und Schlemmerfest der Insel Ischia an (www.vinischia.it). Zahlreiche Stände präsentieren die besten Erzeugnisse der Insel, von Wein über Käse und Olivenöl bis zum Honig.

Dezember

Jetzt ist es vorbei mit dem Draußensitzen. Doch trotz kühlerer Tage und längerer Nächte wärmt die Weihnachtszeit die Seele mit stimmungsvoller Straßenbeleuchtung, Krippenszenen und leckeren Weihnachtsspezialitäten.

Natale

Die Adventswochen erbauen mit religiösen Veranstaltungen. Viele Kirchen stellen Krippen auf, die hier *presepi* heißen. Und aus dem ganzen Land kommen Besucher nach Neapel, um sich in der Via San Gregorio Armeno und ihren Nebenstraßen mit den berühmten *pastori* (Krippenfiguren) der Stadt einzudecken.

Reise-routen

Ob für ein paar Tage oder ein paar Wochen: Die folgenden Routenvorschläge liefern Anregungen für unvergessliche Entdeckungsreisen. Noch mehr Tipps und Ideen gibt es im Online-Chat mit anderen Reisenden unter www.lonelyplanet.com/thorntree.

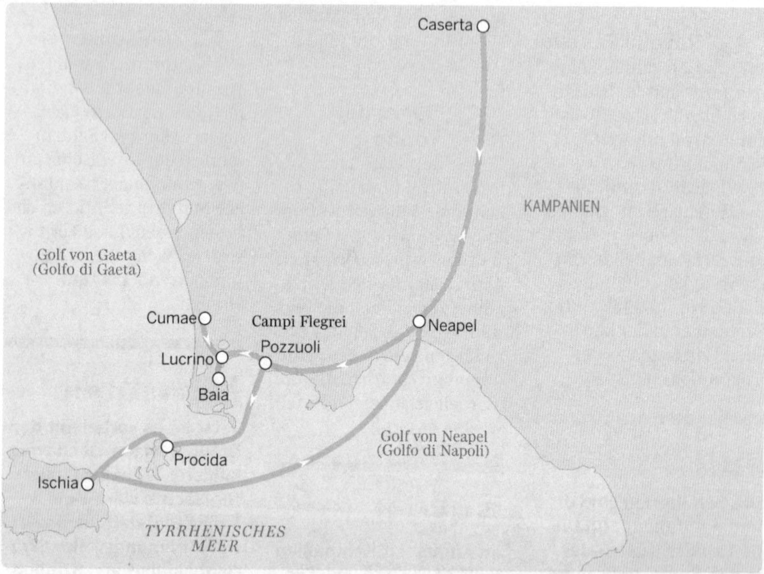

12 Tage
Palazzi, Ruinen & Inseln

Die Tour startet mit vier vollgepackten Tagen in **Neapel**, von der Verkostung der berühmten Pizza und des legendären Espresso über die Besichtigung der freskenstrotzenden Kirchen und *palazzi* bis zum Tagesausflug nach **Caserta**, dessen Schloss selbst Versailles in den Schatten stellt. Von Neapel führt die Reise westwärts zu den Phlegräischen Feldern mit einigen der interessantesten griechisch-römischen Ruinen Italiens. In **Pozzuoli** gibt es das drittgrößte römische Amphitheater von Italien, Überreste des römischen Marktplatzes und die Hexenküche des Solfatara-Kraters zu besichtigen. In **Lucrino** können Besucher wie die Römer baden, in **Baia** sehen, wo die Kaiser planschten, in **Cuma** uralte griechische Ruinen entdecken. Am siebten Tag winkt eine erholsame Fährüberfahrt zu den verschlafenen Fischerdörfern und versteckten Stränden der Insel **Procida**. Am neunten Tag geht es mit einer anderen Fähre weiter nach **Ischia**, der größten Insel im Golf von Neapel. Drei Tage braucht es schon, um ihre archäologischen Schätze, Gärten, Festung und Weinbaubetriebe abzuklappern und in einer der Thermalanlagen zu relaxen. Gut erholt tritt man dann am zwölften Tag die Fährfahrt zurück nach Neapel an.

2 Wochen
Küstentour

Den Auftakt bilden drei Tage **Neapel**, um den künstlerischen, architektonischen und kulinarischen Reichtum der Stadt auszukosten. Dabei sollte man mindestens zwei ihrer tollen Museen sowie Märkte und Katakomben durchstreifen, den *Cristo velato* (verhüllte Christusfigur) in der Cappella San Severo bestaunen und sich die eine oder andere Arie im majestätischen Teatro San Carlo anhören. Der vierte Tag führt auf eine Zeitreise nach **Pompeji** und abends zum entspannten Cocktailgenuss nach **Sorrent**. Tags darauf geht es weiter mit einem Bummel durch die Straßen von Sorrent, einer satten Dosis Kunsthandwerk im Museo Correale und Museo Bottega della Tarsia Lignea und stiller Besinnung im Kreuzgang der Chiesa di San Francesco. Am sechsten Tag steht die Überfahrt nach **Capri** an. Drei Tage dürften reichen, um sich hoffnungslos in die sagenumwobene Insel zu verlieben – auf einer Bootsfahrt durch die schimmernde Blaue Grotte (Grotta Azzurra), einer Sesselliftfahrt auf den Monte Solaro, Spaziergängen durch Seitensträßchen und Wanderungen auf idyllischen Pfaden fernab vom Touristentrubel.

Am neunten Tag geht es mit der Fähre zurück nach Sorrent und dann die Amalfiküste mit ihren Haarnadelkurven und göttlichen Ausblicken entlang. Erste Station: **Positano**. Hier gleich für drei Nächte einchecken und in die Prada-Sandalen schlüpfen, um durch das Gewirr mondäner Gässchen zu stöckeln. Abends munden fangfrische Meeresfrüchte; tagsüber kann man sich ein Boot mieten oder die Wanderschuhe schnüren und zum Höhenrausch auf dem *Sentiero degli Dei* (Weg der Götter) aufbrechen. Am zwölften Tag lädt das geschichtsträchtige **Amalfi** zur Besichtigung seines märchenhaften Doms mit Kreuzgang, bevor der Weg nach **Ravello** hinaufführt, lange ein Lieblingsziel für Komponisten, Schriftsteller und Hollywoodstars. Hier sollte man übernachten, um die unaufdringliche Eleganz des Orts in Ruhe zu würdigen und am nächsten Tag seine Villen und wildromantischen Gärten zu bewundern. Dann heißt es Abschied nehmen, um nach Salerno, der Endstation des Trips, weiterzufahren. Unterwegs gibt es in **Cetara** noch die berühmten Thunfisch- und Sardellenspezialitäten zu probieren und in **Vietri sul Mare** heimische Töpferkunst zu erstehen. Der mittelalterliche Stadtkern von **Salerno** lockt tagsüber mit munterem Straßenleben, leckeren Meeresfrüchten und deliziösem Gebäck und abends mit einem gemütlichen Kneipenbummel – der perfekte Abschluss für die aufregende Küstentour.

9 Tage

Kreuz und quer durch den Cilento

Das Abenteuer beginnt in der unterbewerteten Stadt **Salerno**. Ihr Dom wird von vielen als schönste mittelalterliche Kirche Italiens gepriesen und die fesselnde Multimedia-Präsentation des Scuola Medica Salernitana Museo Virtuale erzählt die Geschiche der mittelalterlichen Medizinerschule der Stadt, damals eine der bedeutendsten in Europa. Der Gang hinauf zum Castello di Arechi wird mit weitem Panoramablick belohnt. Der Spätnachmittag ist die Zeit für eine *passeggiata* (Spaziergang) über die aufpolierte Uferpromenade. Nach Sonnenuntergang lockt das betriebsame mittelalterliche Stadtzentrum mit nettem Kneipenleben und *movida* (Party). Am zweiten Tag geht es für drei Tage landeinwärts, in die wilde Natur des **Parco Nazionale del Cilento e Vallo di Diano**. Italiens zweitgrößter Nationalpark wird von der Unesco als Welterbe geführt. Die *agriturismi* (Unterkünfte auf Bauernhöfen) des Parks sind ideale Stützpunkte, um die berühmten Höhlen der Region zu erkunden, vor allem die Grotta di Castelcivita und Grotta dell'Angelo. Ein paar Stunden sollte man für das mittelalterliche Städtchen Postiglione mit seiner normannischen Festung aus dem 11. Jh. einplanen und einen Vormittag oder Nachmittag für **Padula** und sein riesiges Kartäuserkloster, die Certosa di San Lorenzo. In der Nähe des Klosters liegt das berühmte Valle delle Orchidee (Orchideental), dessen über 70 Orchideenarten im Frühjahr zu einem spektakulären Farbenmeer erblühen. Zu den kuriosen Sehenswürdigkeiten des Nationalparks gehört Roscigno Vecchia, ein Geisterstädtchen, das seit Beginn des vorigen Jahrhunderts verlassen daliegt.

Am fünften Tag führt die Route zurück zur Küste und zu den majestätischen griechischen Tempeln von **Paestum**. Der älteste stammt aus dem 6. Jh. v. Chr. Zur Übernachtung bietet sich **Agropoli** an, wo man am nächsten Vormittag durch das stimmungsvolle *centro storico* (Altstadt) bummeln kann. Zum Mittagessen gibt es in **Santa Maria di Castellabate**, etwas weiter südlich, Fischküche der Extraklasse. Am siebten Tag stehen das mittelalterliche Hügelstädtchen **Castellabate** mit seinen unverschämt malerischen Gässchen und die Ruinen der antiken Stadt **Velia** auf dem Programm. Den krönenden Abschluss des Cilento-Abenteuers bilden zwei faule Strandtage in **Palinuro**, das wie Capri eine faszinierende Grotta Azzurra (Blaue Grotte) besitzt.

Essen & Trinken wie die Einheimischen

Beste Reisezeit

Es gibt keine falsche Jahreszeit für einen Schlemmertrip durch Kampanien. Infos zu speziellen kulinarischen Anlässen: siehe S. 18 und unter den einzelnen Reisezielen.

Frühjahr (März–Mai)

Spargel, Artischocken und Osterspezialitäten. Neapel feiert den *vino* der Region mit dem Festival Wine & The City (S. 80).

Sommer (Juni–Aug.)

Auberginen, Paprika, Tomaten und die Sagra del Tonno in Cetara (S. 180). Besonders probierenswert: *albicocche vesuviane* (vesuvische Aprikosen) und *pere mastantuono* (Mastantuono-Birnen).

Herbst (Sept.–Okt.)

Pilze, Kastanien, schwarze Trüffeln und *mele annurche* (Annurche-Äpfel). Pasta-Orgien beim Gourmetfest Gustaminori (S. 180) in Minori, Inselwein und Agrarprodukte bei der Vinischia (S. 134) auf Ischia.

Winter (Dez.–Feb.)

Weihnachts- und Karnevalsleckereien und traditionelle Winterkost wie *zuppa di castagne e fagioli* (Kastanien-Bohnen-Suppe). Wurstschmaus bei der Sagra della Salsiccia e Ceppone (S. 153) in Sorrent.

Neapel, Pompeji und die Amalfiküste sind ein kulinarisches Paradies. Dank erlesener heimischer Zutaten und geschulter Gaumen hat sich hier eine *der* Gourmetregionen der Welt entwickelt. Nachfolgend ein paar appetitanregende Tipps; mehr dazu auf S. 252.

Gaumenfreuden

So viele Zutaten, so viele Spezialitäten, so wenig Zeit! Ein paar kulinarische Highlights als Orientierungshilfe:

Einmal im Leben

» **Donna Rosa (S. 165), Positano** Michelinbesternte Institution, die solide Hausmannskost mit innovativer Raffinesse serviert.

» **Il Focolare (S. 135), Ischia** Das Slow-Food-Mekka für Fleischesser holt aus heimischen Zutaten das Beste heraus.

» **Da Bruno (S. 84), Neapel** Auf der Karte steht das, was die Fischerboote morgens angelandet haben. Klassische Aromen perfekt zubereitet – einfach unvergesslich.

» **Marina Grande (S. 173), Amalfi** Phantastisch frische Fischgenüsse direkt am Strand.

Preiswert & lecker

» **Pane casareccio** Knuspriges Bauernbrot.

» **Pizza** Aus dem Holzofen oder *fritta* (frittiert).

» **Fritture** Frittierte Snacks wie *crocchè* (Kartoffelkroketten) schmecken am besten von der *friggitoria* (Frittierbude).

RESERVIERUNGEN

Bei allen besseren und angesagten Restaurants ist Reservierung ratsam, besonders für Freitag- und Samstagabend sowie Sonntagmittag. In den Touristenzentren sollte man in der sommerlichen Hauptsaison und um Ostern und Weihnachten generell reservieren. Auch Kochkurse wie bei der Sorrento Cooking School (S. 151), Mamma Agata (S. 178) und Gelateria David (S. 155) rechtzeitig reservieren.

» **Sfogliatella** Teigtasche mit Zimt und Ricotta: in *riccia* (Blätterteig) oder *frolla* (Mürbeteig).

» **Gelato** Das beste italienische Eis wird mit Zutaten der Saison und natürlichen Farbstoffen zubereitet (kein giftgrünes Pistazieneis!).

Spezialitäten der Region

Das italienische Wort für „Lokalpatriotismus" lautet *campanilismo*, aber eigentlich müsste es *formaggisimo* heißen: Treue zum heimischen Käse. Jedes Gebiet hat seine Kultleckereien. Hier nur einige der besten:

» **Neapel** Die beste Pizza Italiens, *spaghetti alle vongole* (mit Muscheln) und *pasta cacio e pepe* (mit Caciocavallo-Käse und Pfeffer). *Sartù* (Reispastetchen mit Käse-, Gemüse- und Fleischfüllung). *Pizza fritta* (frittierte Pizzateigtasche mit einer Füllung aus Wurst, Käse und Tomaten) und *supplì di riso* (gebratene Reisbällchen). Ein typisches Dessert ist *pastiera napoletana* (Kuchen mit Ricotta und Zitrone).

» **Caserta** Weltweit berühmt für seinen unwiderstehlichen *mozzarella di bufala* (Mozzarella aus Büffelmilch).

» **Capri** *Insalata caprese* (Salat mit Mozzarella, Tomate und Basilikum) und hochkalorische *torta caprese* (Mandel-Schokokuchen). Nachgespült wird mit *limoncello* (Zitronenlikör).

» **Ischia** *Spaghetti alla puttanesca* (mit Oliven, Peperoncini, Knoblauch und Tomaten), *coniglio all'ischiatana* (Kaninchen mit Knoblauch, Peperoncini, Tomaten, Kräutern und Weißwein) und dazu aromatischer *vino* von den heimischen Spitzenwinzern Casa D'Ambra und Pietritorcia.

» **Minori** Probierenswerte Pastaspezialitäten wie *scialatielli* (frische dicke Bandnudeln) und *'ndunderi*, altrömische Vorläufer der Gnocchi.

» **Cetara** Hier werden die besten Sardellen Italiens zu *spaghetti con alici e finocchietto selvatico* (mit Sardellen und Wildfenchel) und *colatura di alici* (Sardellensauce) verarbeitet.

» **Salerno & Cilento** In der Region munden außer dem nativen Olivenöl *Colline Salernitane DOP* und Büffelmilch-Mozzarella aus Paestum auch *Cacioricotta di capra* (Ziegenmilchkäse) und *Caciocavallo podolico* (Käse aus Kuhmilch).

Gut zu wissen

Ein paar praktische Tipps zum Essen *alla campana* (nach kampanischer Art):

Wann essen

» **Colazione (Frühstück)** Beschränkt sich oft auf einen Espresso mit einem *cornetto* (italienischen Croissant) oder einer *sfogliatella* (Teigtasche mit süßer Ricotta-Füllung).

» **Pranzo (Mittagessen)** Traditionell die Hauptmahlzeit des Tages; viele Betriebe schließen zur *pausa*. Die meisten Restaurants servieren Mittagessen von 12 bis 15 Uhr, auch wenn sich die Einheimischen nicht vor 14 Uhr zu Tisch setzen.

» **Aperitivo** Der Drink nach Feierabend ist in Neapel sehr beliebt. Hier servieren viele Bars von 17 bis 20 Uhr leckere Häppchen zum Getränk.

» **Cena (Abendessen)** Traditionell etwas weniger üppig als das Mittagessen. Die meisten Restaurants servieren das Abendessen von 19.30 bis 23 Uhr (im Sommer auch später). Die Einheimischen dinieren frühestens ab 20.30 Uhr.

Wo essen

» **Ristorante (Restaurant)** Mit förmlich korrekter Bedienung und gehobener Küche die richtige Wahl für besondere Anlässe.

» **Trattoria** Die zwanglosere Version des Restaurants, mit günstigeren Preisen und regionalen Spezialitäten. Um Lokale mit „Touristenmenü" sollte man einen Bogen machen.

» **Osteria** Früher eine einfache Weinschenke; heute eine gemütliche Trattoria oder Weinbar mit einer Handvoll kleiner Gerichte.

» **Enoteca** Weingeschäft und -lokal, das zum guten Tropfen oft auch leckere Häppchen reicht.

» **Agriturismo** Unterkunft auf einem Bauernhof, der seine Gäste mit Gerichten aus eigenen Erzeugnissen beköstigt.

» **Pizzeria** Günstige Sättigung und kaltes Bier. Etwas Geduld sollte man mitbringen: Die besten Pizzerien sind oft sehr voll.

» **Tavola Calda** Wörtlich „heißer Tisch": Schnellimbiss mit fertigen Gerichten zum kleinen Preis, wie Pasta, Grillfleisch und *pizza al taglio*.

Outdoor-Aktivitäten

Küstengrotten
Durch schimmernde Meereshöhlen gleiten

Wandern an der Amalfiküste
Göttliche Aussicht auf die legendäre Küste

Thermalquellen
Totale Entspannung in heilenden Bädern

Solfatara-Krater
Hier brennt der Boden unter den Füßen

Vesuv
Die Hänge des ruhelosen Vulkans erklimmen

Meeresschutzgebiet Punta Campanella
Nach kuriosen Kreaturen tauchen

Grotte di Castelcivita
Ein Muss für Höhlenfans: die älteste menschliche Siedlung Europas

Positano-Romantik
Zum Sundowner Kurs auf eine wenig bekannte Inselgruppe nehmen

Beste Reisezeit
April–Juni Zwischen Wildblumen wandern
Juli & Sept. Wassersport und Tauchen

Die Region um Neapel punktet mit einigen der aufregendsten Landschaften Italiens. Auf alle, die sich gern im Freien tummeln, wartet hier eine Fülle spannender Angebote, von Tauchtouren vor der Amalfiküste über Wanderungen durch die wilden Wälder des Cilento bis zu Ausritten an Vulkanhängen und Segeltörns zu einsamen Inselstränden.

Wandern

Von entspannten Spaziergängen bis zu anspruchsvollen Wanderungen hat Kampanien für jeden etwas zu bieten. Regelrecht verlaufen kann man sich im Parco di Capodimonte (S. 66) in Neapel, der von seinem Plateau weiten Blick über das Stadtgebiet und den Golf bietet. Das einstige königliche Jagdrevier ist heute die größte Grünanlage der Stadt, mit palmengesäumten Rasenflächen und ruhigen Waldwegen. Am elegantesten bummelt es sich in der Parkanlage der Reggia di Caserta (S.44), die mit Wasserfällen und einem romantischen Englischen Garten bezaubert. Wilder geht es im **Solfatara-Krater** (Karte S. 76; ☎081 526 23 41; www.solfatara.it; Via Solfatara 161; Eintritt 6 €; ⏲8.30 Uhr bis 1 Std. vor Sonnenuntergang) bei Pozzuoli zu, wo ein Wanderweg rund um den ruhelosen Vulkankrater führt. Weiter westlich lockt der Kratersee Lago d'Averno (S. 79) mit einem beschaulicheren Rundweg. Der Gipfel des Vesuv (S. 105) auf der anderen Seite von Neapel ist leichter zu erreichen, als man denkt: Von der Station Ercolano-Scavi Circumvesuviana verkehren regelmäßig Shuttlebusse zum Parkplatz in Gipfelnähe. Von dort führt ein relativ einfacher Fußweg die 860 m bis zum Gipfel hinauf, der für die Mühe mit Rundumblick auf Neapel, den Golf und die fernen Berge des Apennin entschädigt. Der Vulkan liegt im Parco Nazionale del Vesuvio, durch den neun *sentieri* (Naturpfade) diverser Längen und Schwierigkeitsgrade verlaufen. Der anspruchsvollste und lohnendste ist der 6,7 km lange „*Lungo la Strada Matrone*" (Route 6). Er beginnt an der Via Cifelli, 2,5 km nördlich der Station Torre Annunziata Circumvesuviana, und führt den Südosthang des Vulkans hinauf zum Gipfel. Alle neun Routen sind unter www.vesuviopark.it beschrieben. Weniger strapaziös sind Ausritte durch den Nationalpark von Naples Trips & Tours (S. 106). Der Park ist eine Naturoase und Heimat von Igeln, Maulwürfen, Steinmardern, Füchsen und rund 140 Vogelarten, u. a. Buntspechten, Bussarden und Raben. Zur Überraschung vieler haben auch Capri und Ischia spektakuläre Wanderwege zu bieten, auf denen man die Inselnatur fernab vom Strandtrubel genießen kann. An der Amalfiküste eröffnet der passend benannte „Weg der Götter" Wanderern eine abwechlungsreiche Landschaft aus alten Weinbergen, schroffen Küstenfelsen und grünen Tälern. Außerdem gibt es an der Küste noch ein ganzes Netzwerk gut gekennzeichneter Wege. Die örtlichen Touristeninformationen halten Karten der farblich markierten Routen bereit. Südöstlich der Amalfiküste liegt der Parco Nazionale del Cilento & Vallo di Diano mit entspannten und anstrengenderen Wanderungen, kompetenten Führern und ausgezeichneten Karten. Die bemerkenswerte Wildnis beherbergt eine große Vielfalt von Pflanzenarten und eine Reihe seltener Vögel wie den Steinadler und die Alpenkrähe. Die berühmteste Attraktion des Parks sind aber seine unglaublichen Höhlen, wie die Grotte di Castelcivita (S. 191) und Grotta dell'Angelo (S. 192), deren Tropfsteinschmuck an gotische Kathedralen erinnert. Sie sind auf täglich angebotenen Höhlentouren zu erkunden (die Grotte di Castelcivita allerdings nur von März bis September). Ausführlichere Infos zum Wandern in der Region liefert der Wanderführer *Hiking in Italy* von Lonely Planet. Nützliche Informationen über die Nationalparks gibt es auf der Website www.parks.it.

Thermalkuren

Der Golf von Neapel ist seit Jahrtausenden für seine Thermalquellen bekannt, von denen sich unzählige Kurgäste von römischen Kaisern bis zu ausgebrannten Prominenten verwöhnen ließen. Die Terme Stufe di Nerone (S. 78), eines der berühmtesten Thermalbäder der Campi Flegrei, ist leicht mit der Cumana-Bahn von Neapel zu erreichen. Sie verfügt über Innen- und Außenbecken, eine terrassierte Gartenanlage und Saunen, die in den typischen *tufo*-Fels der Gegend gehauen sind. Die Insel Ischia gehört zu *den* hydrothermalen Hotspots der Welt: Sie besitzt nicht weniger als 103 Thermalquellen, 67 Fumarolen und 29 unterirdische Becken. Besucher können ihre Wohltaten in Thermalparks wie Negombo (S. 131) und Giardini Poseidon (S. 133) auskosten, die idyllische Gartenanlagen mit Mineralwasserbecken, Massagen und einem Privatstrand kombinieren. Weniger Luxus, aber mehr Geschichte bietet die Terme Cavascuro (S. 134) mit alten römischen Bädern und Schwitzgrotten.

Strände

Kampanien ist ein schönes Ziel für abwechslungsreichen Wasserspaß. Attraktiver als die Stadtstrände von Neapel ist das klarere Wasser rund um die Inseln im Golf von Neapel,

TIPPS FÜR WANDERER

- » Es ist dringend ratsam, in ein Paar gute Wanderschuhe zu investieren.
- » Tagesrucksack mit etwas zum Drüberziehen für Temperaturstürze mitnehmen.
- » Je nach Jahreszeit an Sonnenschutzmittel, Sonnenbrille und Sonnenhut denken.
- » Einen funktionierenden Kompass einpacken!
- » Reichlich Trinkwasser und ein paar energiereiche Snacks mitnehmen.
- » Eine gute Wanderkarte anschaffen, vor allem für den Parco Nazionale del Cilento.
- » Bei längeren Wanderungen jemanden über die voraussichtliche Dauer der Wanderung und das Gebiet, in dem man wandern will, informieren.

TOP-STRÄNDE

» **Baia di Ieranto** Ein spektakulärer Strand an der Punta-Penna-Landspitze südlich von Sorrent.

» **Il Sorgeto** (S. 134) Per Wassertaxi zum wohlig warmen Thermalstrand auf Ischia.

» **Spiaggia Marmelli** (S. 200) Idyllische kleine Bucht an der Cilento-Küste.

» **Spiaggia di Fornillo** (S. 162) Für Eingeweihte: schöne Alternative zum Hauptstrand von Positano, mit kristallklarem Wasser.

» **Santa Maria di Castellabate** (S. 198) Strandort im Cilento mit samtweichem Sand und sanftblauem Meer.

» **Spiaggia del Castello** (S. 78) Der kleine Strand unterhalb einer imposanten Festung in den Campi Flegrei ist am besten mit dem Boot zu erreichen.

vor der Amalfiküste oder der des Cilento. Wie fast überall in Italien gibt es in Kampanien private und öffentliche Strände. Vor allem an beliebten Zielen wie Capri, Ischia und der Amalfiküste wimmelt es von Privatstränden mit Restaurants, Bars, Sonnenschirm- und Strandliegenvermietung. Der Zutritt zum Strand kostet normalerweise um die 10 €. Wer für seinen Platz im Sand nicht zahlen möchte, muss sich nach einer *spiaggia libera* (kostenloser Strand) umsehen. Diese meist ausgeschilderten Strände bestehen oft aus einem überfüllten, schmalen Sandstreifen in Straßennähe oder gleich neben dem Privatstrand. Manche (aber nicht alle) öffentlichen Strände sind mit Duschen und Toiletten ausgestattet.

Bootstouren

Überall auf den Inseln wie auch an der Festlandküste gibt es Paddel- und Segelboote zu mieten. Erfahrene Segler können mit einer Charteryacht im Golf von Neapel von Insel zu Insel hüpfen oder die Amalfiküste entlangsegeln, Wochenendkapitäne versteckte Buchten per Schlauchboot erkunden. Das ist auch deshalb eine gute Idee, weil viele der besten (und weniger überlaufenen) Badestrände der Region nur per Boot zu erreichen sind. Besucher brauchen aber nicht für *alle* hübschen Küstenfleckchen von Kampanien ein eigenes Boot. Auf Ischia verkehren Wassertaxis vom Dorf Sant'Angelo zum Thermalstrand von Il Sorgeto. Auf Capri gibt es regelmäßige Bootstouren zur spektakulären Blauen Grotte (Grotta Azzurra) und von Positano starten u. a. romantische Abendfahrten zu den Li-Galli-Inseln. Weiter westlich fahren Boote von Conca dei Marini und Amalfi zur **Grotta dello Smeraldo** (Smaragdgrotte; Eintritt 5 €; ⏲März–Okt. 9–16 Uhr, Nov.–Feb. 9–15 Uhr). Alle vier Jahre richtet Amalfi zur Erinnerung an seine glorreiche Seefahrtgeschichte die **Regata delle Antiche Repubbliche Marinare** (Regatta der alten Seerepubliken) aus, eine jährliche Ruderregatta zwischen den ehemals mächtigen Seehandelsrepubliken Amalfi, Venedig, Genua und Pisa. Amalfi ist das nächste Mal 2016 an der Reihe. Die örtlichen Touristeninformationen geben Auskunft über Bootsausflüge und seriöse Bootsvermieter.

Tauchen

Kampanien ist auch ein beliebtes Ziel für Taucher. Überall vermieten Tauchschulen Ausrüstung und bieten Kurse und Tauchtouren für jedes Niveau an. Manche sind fast ganzjährig geöffnet, andere nur in der Saison, meist von Mai bis Oktober. Zu den besten Tauchrevieren der Region gehört das **Meeresschutzgebiet Punta Campanella** vor der Spitze der Halbinsel von Sorrent. Es lockt mit kleinen Riffen, bunter Meeresfauna und vielfarbiger Algenvegetation. Meiden sollten Tauchurlauber den August, wenn der größte Teil der kampanischen Küste von Badegästen belagert ist und die Preise in schwindelnde Höhen steigen. Informationen über Tauchschulen und -plätze gibt es bei den Touristeninformationen und online bei **DiveItaly** (www.diveitaly.com).

Reisen mit Kindern

Top-Ziele für Kinder

Neapel

Spannende Aktivitäten: In Pompeji und Herculaneum auf Zeitreise gehen, geheimnisvolle Zisternen, Gänge und unheimliche Katakomben unter den Straßen der Stadt erkunden, im Wissenschaftsmuseum experimentieren, geologische Spektakel hautnah erleben.

Die Inseln

Wasserabenteuer: Ein Boot mieten, um versteckte Badebuchten zu entdecken, durch eine verwunschene Grotte gleiten oder in den Pools eines Thermalparks planschen.

Amalfiküste

Jede Menge Abwechslung: Entspannung auf einem sommerlichen Bootsausflug, Badespaß an einem berühmten Strand, eine Wanderung hoch über der Küste oder eine kleine Geschichtslektion in einem kuriosen Papiermuseum.

Salerno & der Cilento

Wildnis und Kultur: Altertümliche Heilmethoden und neue Kinofilme bestaunen oder wilde Flüsse befahren, wilde Tiere entdecken und Stalaktiten von Stalagmiten unterscheiden lernen.

Im kindernärrischen Kampanien sind kleine Besucher hochwillkommen. Dampfende Bodenspalten, ein schlummernder Vulkan und alte Skelette fesseln die kindliche Phantasie. Die Region hat zwar kaum spezielle Einrichtungen für die Kleinen und die Kombination aus neapolitanischer Hektik, kurvenreichen Küstenstraßen und dem buggyunfreundlichen Kopfsteinpflaster der archäologischen Stätten kann sich manchmal als etwas stressig erweisen, aber mit ein bisschen Planung wird's trotzdem für alle ein toller Familienurlaub.

Highlights für Kinder

Wer mit Kindern unterwegs ist, erkundigt sich am besten bei den örtlichen Touristeninformationen nach Familienaktivitäten, Festivals und sonstigen Veranstaltungen. Viele Museen und Sehenswürdigkeiten bieten ermäßigten Eintritt für Kinder. Noch mehr Infos liefern der Lonely Planet *Travel with Children* und die Website www.italiakids.com.

Kultur mit Spaßfaktor

» **MAV (Museo Archeologico Virtuale), Ercolano** Zurück ins Jahr 79 n. Chr.: Das Museum erweckt die weltberühmten Ruinen der Region mit Hologrammen, Videos und Rekonstruktionen zum Leben und macht ihre reale Erkundung umso spannender.

» **Città della Scienza, Bagnoli, Neapel** In dem aufregenden Wissenschaftsmuseum können kleine Entdecker vom Magnetfeld bis zum Gencode alles erforschen. Dazu gehört ein Hightech-Planetarium, das tiefe Einblicke ins Universum eröffnet.

» **Museo Didattico della Scuola Medica Salernitana, Salerno** Faszinierendes Multimedia-Museum für die Ärzte von übermorgen, das sich den gruseligen Methoden der mittelalterlichen Medizin widmet. Aber nicht zu Hause nachspielen!

Naturabenteuer

» **Solfatara-Krater, Pozzuoli** Der flache Vulkankrater vermittelt eine Ahnung davon, wie es ist, wenn das Erdinnere in Wallung gerät ...

» **Vesuv** Hier können die Kids in den Schlund des schlummernden Ungeheuers hinabspähen oder im Sattel über seine bewaldeten Hänge traben.

» **Negombo, Ischia** Ein echtes Wasserparadies ist dieser Thermalpark mit 14 Mineralwasserbecken und Thermalstrand sowie Massagen und Schönheitskuren für die gestressten Eltern.

» **Blaue Grotte, Capri** Dagegen sieht Disney alt aus – die Spezialeffekte der Grotta Azzurra von Capri sind nicht zu toppen.

» **Wanderwege, Amalfiküste** Handykameras klicken um die Wette auf diesen Trimmpfaden mit Traumblick aufs Tyrrhenische Meer.

» **Parco Nazionale del Cilento e Vallo di Diano, Cilento** Kicks ohne Ende, vom Flussrafting über Höhlentouren bis zur handfesten Mithilfe im *agriturismo* (Ferienbauernhof).

Zeitreisen

» **Pompeji** Die begehbaren Ruinen sind besser als jedes Geschichtsbuch: antike Theater, Häuser, Läden und sogar ein Stadion.

» **Herculaneum** Kleiner als Pompeji und daher für einen Kurzbesuch geeigneter. Außerdem besser erhalten, mit verkohltem Mobiliar und Innenausstattung, die die Antike lebendig vor Augen führt.

» **Napoli Sotterranea, Neapel** Wie im Gruselmärchen wird man erst in ein Haus und dann durch eine geheime Luke in ein Labyrinth griechisch-römischer Gänge und Zisternen hinabgeführt.

» **Catacomba di San Gennaro, Neapel** Noch mehr unterirdischen Nervenkitzel verspricht diese uralte Begräbnisstätte mit mysteriösen Fresken und einem Ambiente wie aus *Jäger des verlorenen Schatzes*.

» **Anfiteatro Flavio, Pozzuoli** Das drittgrößte römische Amphitheater in Italien und *der* Ort für eigene Gladiatorenkämpfe. Die Gewölbe unter der Arena gehören zu den besterhaltenen des Landes.

» **Cimitero delle Fontanelle, Neapel** In der Friedhofshöhle voller Menschenschädel und -knochen ist jeden Tag Halloween. Um ihre Mysterien richtig würdigen zu können, sollte man sie mit einer Führung besichtigen.

Reiseplanung

Reisezeit

Die beste Zeit für einen Familienurlaub in Neapel und Umgebung ist Mai, Juni oder September. Dann ist es warm und sonnig, ohne die Menschenhorden der Hauptsaison (Juli und August). Für Strandspaß ist der Juli am besten. Zum Carnevale im Februar oder März locken bunte Festwagen und Kostüme, im Dezember bezaubern die berühmten *presepi* (Krippen) der Region.

Unterkünfte

In der Hauptsaison (Sommer) ist auf den Campingplätzen der Bär los. Viele bieten dann Aktivitäten für junge Gäste an. Auch Hostels und Apartments sind mit ihren Mehrbettzimmern, Gästeküchen und Aufenthaltsräumen für Familien gut geeignet. *Agriturismo*-Unterkünfte auf Bauernhöfen verheißen Platz zum Austoben und flauschige Freunde.

Unterkünfte früh reservieren. Doppelzimmer im Hotel bieten nicht immer Platz für Zustellbetten; vorher nachfragen. Für kleine Kinder, die im Elternbett schlafen, berechnen manche Hoteliers nichts. Die Website www.booking.com gibt für alle aufgeführten Hotels Auskunft über Unterbringungsmöglichkeiten für Kinder und etwaige Preisaufschläge.

Essen

Die meisten Lokale sind kinderfreundlich, vor allem Trattorien und Pizzerien. Bei der Tischreservierung nach einem *seggiolone* (Hochstuhl) fragen. Kindermenüs sind unüblich, aber Gerichte von der Speisekarte gibt es meist auch als *mezzo piatto* (halbe Portion).

Grundbedarf

Säuglingsmilch in Pulver- oder flüssiger Form sowie Sterilisationslösungen gibt es in den Apotheken. Einwegwindeln sind in Supermärkten und Apotheken zu kaufen. Kartons mit Frischmilch werden in Supermärkten und Bars mit „Latteria"-Schild verkauft. H-Milch ist sehr beliebt und in vielen abgelegenen Gegenden die einzig verfügbare Sorte.

Verkehrsmittel

Reisen mit Kinderwagen sind nicht immer stressfrei. Das gilt besonders in Neapel, wo die Busse oft überfüllt sind und die Bahnen teils höher sind als der Bahnsteig (u. a. auf der U-Bahnlinie 2). Kinder unter 1 m Größe fahren umsonst mit. Die meisten Autovermieter verleihen gegen eine kleine Gebühr Kindersitze, die man aber vorab reservieren sollte.

Neapel & die Amalfiküste im Überblick

Neapel

Essen ✓✓✓
Geschichte ✓✓✓
Museen ✓✓✓

Pizza und Pasta

Wenn Italiener im ganzen Land behaupten: *si mangia bene a Napoli* (man isst gut in Neapel), dann kann das nur Gutes bedeuten. In den lauten und quirligen Straßen der Stadt werden im harten Konkurrenzkampf um die italienische Krone der Kochkunst die berühmtesten Kulinaria des Landes aufgetischt: Kaffee, Pizza, Tomaten, Pasta, *sfogliatelle* (süße Ricottakuchen), *babà* (Rumkuchen) und eine Fülle an Meeresfrüchten, die auf alle möglichen Arten verspeist werden.

Antike Stätten

Die Neapolitaner leben im Schatten des Vesuvs und halten sich an das Motto *carpe diem* (nutze den Tag). Warum auch nicht? Überall um sie herum, in Pompeji, Ercolano, Pozzuoli, Baia und Cuma, werden sie daran erinnert, dass das Leben kurz und unberechenbar ist. Selbst unter der Stadt liegen Relikte längst vergangenen Lebens, von geisterhaften römischen Märkten und Theatern bis zu Grabfresken und Totenschädeln.

Museen & Galerien

Neapel quillt über vor tollen Museen und Galerien. Die Palette reicht von Schwergewichten wie dem Museo Archeologico Nazionale, dem Palazzo di Capodimonte und der Certosa e Museo di San Martino bis zu weniger bekannten Kleinodien wie dem Modearchiv Museo del Tessile e dell'Abbigliamento Elena Aldobrandini. Es ist ein einziger Kulturrausch: gewaltige Skulpturen, spannende Gemälde, fröhliche Fresken, sogar eine Hightech-Ode an Italiens prächtigstes Opernhaus.

S. 34

Die Inseln

Thermalbäder ✓✓
Landschaften ✓✓✓
Essen ✓✓✓

Thermalbäder

Die Thermalquellen von Ischia lindern bereits seit der Antike erschöpfte Muskeln. Hier finden Besucher ein bisschen Zen an einem sprudelnden Strand, entspannen in einem römischen Bad, um sich dann in einer weitläufigen Wellnessanlage Packungen und Massagen zu widmen.

Insel-Schlemmereien

Ob man nun *torta caprese* auf einer Piazza auf Capri, Kaninchenbraten in einer rustikalen Trattoria auf Ischia oder frisch gefangenen Fisch an einem Strand auf Procida speist, das kulinarische Erlebnis wird auf jeden Fall unvergesslich sein.

Herrliche Landschaften

Von Capris schwindelerregenden Klippen und der neonblauen Grotte über Ischias prächtige Gärten und Weinberge bis zu den, pastellfarbenen Dörfern der Insel Procida ist Schönheit überall im Golf von Neapel zu finden. Also raus mit der Kamera, und die Freunde in den sozialen Medien werden grün vor Neid.

S. 110

Amalfiküste

Landschaft ✓✓✓
Aktivitäten ✓✓✓
Kultur ✓✓

Bilderbuchküste
Himmelhohe Klippen, Fischerdörfer, terrassierte Weingärten und das türkise Tyrrhenische Meer – die hinreißendste und berühmteste Küste Italiens hat hinter jeder Ecke schöne Ausblicke zu bieten.

Im Rausch der Natur
Aktive Menschen werden hier restlos verwöhnt, ob über, unter oder auf dem Meeresspiegel. Sie können in kristallklarem Wasser schwimmen oder tauchen, mit dem Boot von Höhle zu Höhle segeln oder den Massen auf einem Bergwanderweg entkommen – die Amalfiküste ist immer spannend.

Kunst & Architektur
Hochmoderne Skulpturen in Positano, mittelalterliche Klöster in Amalfi, klassische Klänge in Ravello; jenseits der schimmernden Yachten, der überfüllten Strände und in Gucci gekleideten Schönheiten wartet ein kleiner, aber kostbarer Schatz kultureller Vielfalt.

S. 146

Salerno & der Cilento

Ruinen ✓✓
Natur ✓✓✓
Essen ✓✓

Griechische Ruinen
Lange vor Eintreffen der Römer tummelten sich hier die Griechen. An die Macht und Eleganz von *Magna Graecia* (Großgriechenland) erinnern die stoischen Tempel von Paestum und die idyllischen Ruinen von Velia.

Wilde Natur
Tiefe, dunkle Wälder, aufregende Stromschnellen und kathedralenartige Höhlen voller Relikte der Menschheitsgeschichte: der Parco Nazionale del Cilento e Vallo di Diano ist eines der größten und unberührtesten Naturgebiete des Landes.

Eine volle Speisekammer
Köstlicher Büffelmilchmozzarella und pfeffriges Olivenöl, perfekte Artischocken und samtige weiße Feigen, glitzernde Meeresfrüchte und pralle Törtchen – in Salerno und dem Cilento gibt es eine Fülle an hochgelobten regionalen Köstlichkeiten.

S. 182

❯ **Alle Einträge sind von unseren Autoren empfohlen, und ihre Lieblingsunterkünfte, -Restaurants usw. sind zuerst aufgeführt**

❯ **Empfehlungen von Lonely Planet:**

LP TIPP Das empfehlen unsere Autoren

Nachhaltig und umweltverträglich

GRATIS Hier bezahlt man nichts

Alle in diesem Buch vorgestellten Reiseziele listet das Register auf.

Reiseziele

NEAPEL 34

GOLF VON NEAPEL 93

DIE INSELN 110

Capri 114
Ischia 127
Procida 140

AMALFIKÜSTE 146

SORRENT 150
Westlich von Sorrent 158
Östliche von Sorrent 161
STÄDTE AN DER AMALFIKÜSTE 162
Positano 162
Praiano 168
Amalfi 171
Ravello 175
Minori 179
Cetara 180
Vietri sul Mare 181

SALERNO & DER CILENTO 182

Salerno 185
Paestum 189
Parco Nazionale del Cilento e Vallo di Diano 190
Agropoli 196
Cilento-Küste 198
Palinuro 200

SCHLAFEN 202

NEAPEL 203
Centro Storico & Mercato 203
Toledo & Quartieri Spagnoli 205
Santa Lucia & Chiaia 206
Vomero, Capodimonte & La Sanità 207
Mergellina & Posillipo . . . 208
DIE INSELN 208
Capri 208
Ischia 210
Procida 212
AMALFIKÜSTE 212
Sorrent 212
Massa Lubrense 214
Sant'Agata sui due Golfi . . 215
Marina del Cantone 215
Positano 215
Von Positano bis Amalfi . . 217
Amalfi 218
Ravello 219
SALERNO & DER CILENTO 220
Salerno 220
Paestum 220
Agropoli & Cilento-Küste 221
Parco Nazionale del Cilento 222

Neapel

3,1 MIO.

Inhalt »

Sehenswertes ... 38
Festivals & Events ... 80
Essen ... 80
Ausgehen & Unterhaltung ... 87
Shoppen ... 89
Golf von Neapel ... 93

Gut essen

» Palazzo Petrucci (S. 80)
» Da Bruno (S. 84)
» Ristorantino dell'Avvocato (S. 84)
» Pizzeria Starita (S. 85)
» Gay-odin (S. 82)

Schön übernachten

» Casa D'Anna (S. 207)
» La Ciliegina Lifestyle Hotel (S. 205)
» Cerasiello B&B (S. 220)
» Hotel Piazza Bellini (S. 203)

Auf nach Neapel

Viele Besucher betrachten Neapel nur als chaotisches Tor zu Zielen wie Capri oder der Amalfiküste. Großer Fehler. Italiens drittgrößte Stadt ist auch eine der ältesten, kunstreichsten und kulinarisch verlockendsten. Das *centro storico* (historischer Stadtkern) ist ein Weltkulturerbe der UNESCO, die Museen besitzen einige der feinsten Artefakte der Archäologie und Kunst Europas und die Fülle an Palästen und Schlössern lässt Rom wie eine Provinzstadt erscheinen. Und dann das Essen: Neapel ist eines der gastronomischen Schwergewichte Italiens, wo die leckersten Pizzas, Pastakreationen und Kaffees auf den Tisch kommen.

Freilich kann Neapel anarchisch, schlampig und vernachlässigt wirken. Aber hinter dem Dreck und den Graffiti verbirgt sich eine Stadt mit atemberaubenden Fresken, Skulpturen und Panoramen sowie einem berückenden Straßenleben. Die Leute kommen spontan ins Gespräch und sind zutiefst freundlich. Willkommen in Italiens unglaublichstem Meisterwerk.

Entfernungen (km)

	Neapel	Pompeji	Ercolano	Vesuv
Pompeji	24			
Ercolano	08	16		
Vesuv	20	24	11	
Castellammare di Stabia	28	05	19	29

Unterkunft

Das *centro storico* steckt voller Kirchen und Sehenswürdigkeiten, Kunsthandwerksateliers und Studentenkneipen. Santa Lucia am Meer bietet noble Hotels, Chiaia schicke Läden und *aperitivo*-Bars. Die von Wäscheleinen durchzogenen Quartieri Spagnoli liegen in Laufnähe aller drei Viertel. Weitere Informationen siehe Kapitel Unterkunft (S. 202).

DREI PERFEKTE TAGE

1. Tag Kreuzgänge, Klassiker & Campari

Auf die Farbenpracht im Kreuzgang der Basilica di Santa Chiara (S. 39) folgt ein Bummel über die Via Benedetto Croce und die Via San Biagio dei Librai (Spaccanapoli) mit zahllosen Palazzi und Kirchen, Highlights sind Lanfrancos Kuppelfresko im Dom (S. 43) und ein Gemälde Caravaggios in der Pio Monte della Misericordia (S. 45). Nachmittags steht ein Besuch des erstaunlichen Cristo velato (verhüllter Christus) in der Cappella Sansevero (S. 38) an, dann geht's im Museo Archeologico Nazionale (S. 49) tiefer in die Vergangenheit. Schließlich belohnen ein Essen im Palazzo Petrucci (S. 80) und ein paar Drinks auf der Piazza Bellini (S. 45).

2. Tag Märkte, Kunst und Dolce Vita am Meer

Nach einem Bummel über den La Pignasecca (S. 54) wartet die Kunst im Palazzo Reale di Capodimonte (S. 63) oder im Certosa e Museo di San Martino (S. 66). Nachmittags führt ein Spaziergang hinab zur Uferpromenade Lungomare (S. 60) und zum Castel dell'Ovo (S. 61) mit Panoramablick. Von dort sind die Schicki-Boutiquen in Chiaia ganz nah. Abends geht's nach einem *aperitivo* im Nàis (S. 88) oder in der Enoteca Belledonne (S. 87) zum Abendessen im Ristorantino dell'Avvocato (S. 84) oder im Da Bruno (S. 84).

3. Tag Vulkanaussichten und -ausbrüche

Am dritten Tag geht's in die Vororte und auf den Vesuv (S. 105) zu seinem trügerisch friedlichen Krater und schwindelerregenden Aussichten. Wieder hinab führt der Weg durch die geisterhaften Straßen des antiken Pompeji (S. 96) oder Herculaneum (S. 93). Abends wartet eine Vorstellung im Teatro San Carlo (S. 89).

Unterwegs vor Ort

Buslinie R2 verbindet die Stazione Centrale mit der Piazza Municipio. Metrolinie 1 verkehrt zwischen Vomero (Vanvitelli), Via Toledo (Toledo) und Piazza Borsa (Università). Die Verlängerung (soll Ende 2013 in Betrieb gehen) fährt weiter bis Piazza Municipio, Via Duomo und Stazione Centrale. Linie 2 verbindet die Stazione Centrale (Piazza Garibaldi) mit dem *centro storico* (Piazza Cavour), Chiaia, Mergellina, Fuorigrotta und Pozzuoli. Standseilbahnen fahren nach Vomero ab Via Toledo, Montesanto und Piazza Amedeo. Circumvesuviana-Züge fahren nach Ercolano und Pompei und Cumana-Züge nach Pozzuoli und den Campi Flegrei.

NICHT VERSÄUMEN

Die Erkundung von Neapels unterirdischer Geisterwelt aus antiken Aquädukten, Schreinen und Katakomben. Zu den besten gehören die Catacomba di San Gennaro, der Cimitero delle Fontanelle und der Complesso Monumentale di San Lorenzo.

Römische Ruinen

» Ruinen von Pompeji (S. 96)

» Ruinen von Herculaneum (S. 93)

» Villa Oplontis (S. 105)

» Parco Archeologico di Baia (S. 76)

» Anfiteatro Flavio (S. 72)

Ungewöhnliche Sehenswürdigkeiten

» Cimitero delle Fontanelle (S. 67)

» Catacomba di San Gaudioso (S. 68)

» Complesso Museale di Santa Maria delle Anime del Purgatorio ad Arco (S. 43)

» Casa e Chiesa di Santa Maria Francesca delle Cinque Piaghe (S. 55)

» Museo Nitsch (S. 55)

Highlights

1. Giuseppe Sanmartinos herausragenden *Cristo velato* (verhüllter Christus) in der **Cappella Sansevero** (S. 38) bestaunen.
2. Antike Kunst und Artefakte im mächtigen **Museo Archeologico Nazionale** (S. 49) bewundern.
3. Ein Da capo in Italiens prachtvollstem Opernhaus, dem **Teatro San Carlo** (S. 89), einfordern.
4. Caravaggio, Warhol und königliche Opulenz im monumentalen **Palazzo Reale di Capodimonte** (S. 63) kombinieren.
5. In den liebevoll restaurierten **Catacombe di San Gennaro** (S. 68) die unterirdische Geisterwelt aus antiken Fresken und Begräbnisstätten erkunden.
6. Erhabene Architektur, Kunst und die Aussicht vom Kloster **Certosa e Museo di San Martino** (S. 66) genießen.
7. In Neapels lebhaftesten, leckersten Straßenmarkt, den **Mercato di Porta Nolana** (S. 47), eintauchen.
8. Im mit Majolika gekachelten Klostergang der **Basilica di Santa Chiara** (S. 39) Ruhe finden.
9. Eine Nacht lang auf der szenigen **Piazza Bellini** (S. 45) trinken, quatschen und flirten.

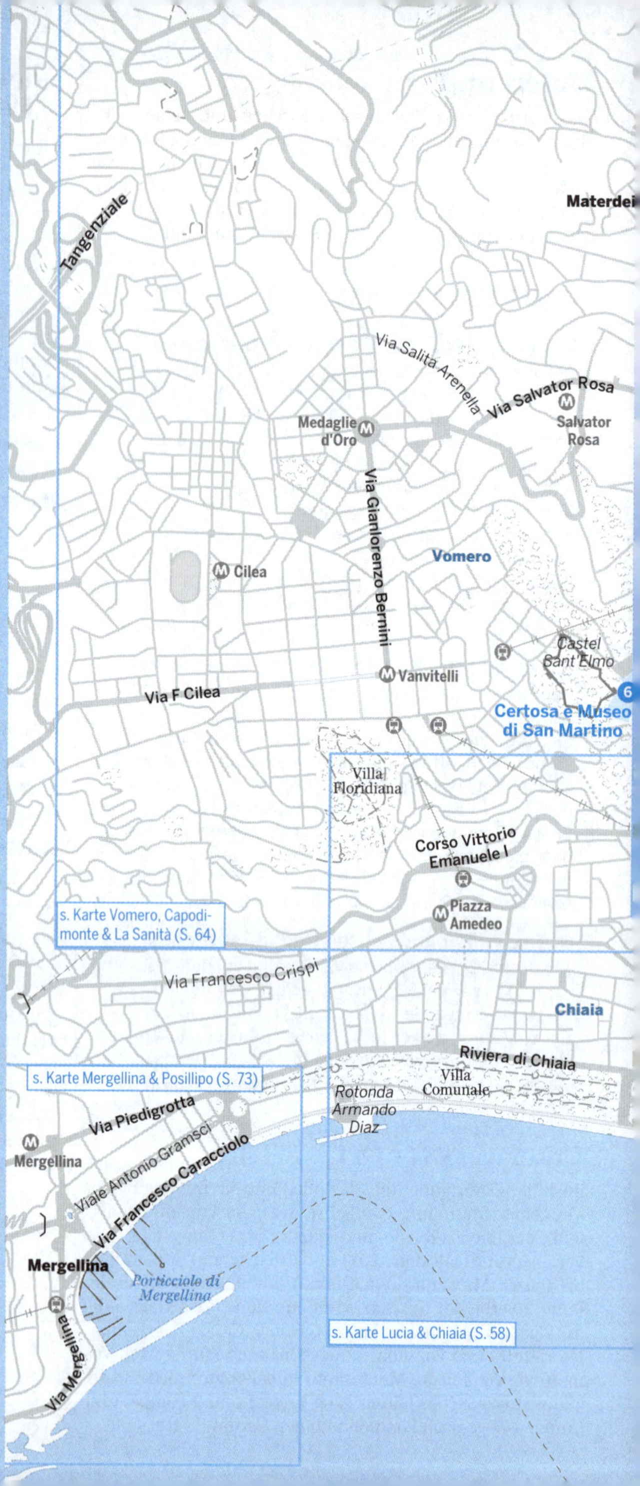

5 Catacombe di San Gennaro (700m);
4 Palazzo Reale di Capodimonte (800m)
Orto Botanico
Via Foria
Corso G Garibaldi
Corso Novara
Via Casanova
Materdei
s. Karte Centro Storico & Mercato (S. 40)
Via Carbonara
Cavour
Corso Meridionale
Stazione Centrale
s. Karte Toledo & Quartieri Spagnoli (S. 50)
2 Museo
Museo Archeologico Nazionale
Via Atri
Garibaldi
Corso A Lucci
Salita Tarsia
Piazza Bellini 9
Cappella Sansevero 1
Centro Storico
Via Duomo
Mercato di Porta Nolana
7
Corso Umberto I
Dante
Via Nilo
Basilica di Santa Chiara 8
Corso G Garibaldi
Stazione Circumvesuviana
Montesanto
Duomo
Università (Universität)
Stazione Cumana di Montesanto
Via Toledo
Toledo
Mercato
Via Amerigo Vespucci
Toledo
Università
Via Cristoforo Colombo
Bacino del Piliero
Quartieri Spagnoli
Municipio
Castel Nuovo (Maschio Angioino)
Molo Angioino
Porto Immacolatella
Teatro San Carlo 3
Via A F Acton
Via C Console
Santa Lucia
Pizzofalcone
Via Santa Lucia
Via Nazario Sauro
Via Partenope
Borgo Marinaro
N
0
1 km

Geschichte

Nach der Gründung des benachbarten Cuma im 8. Jh. v. Chr. gründeten die alten Griechen etwa 680 v. Chr. die Stadt, die sie Parthenope nannten. Unter den Römern wurde die Gegend eine Art antikes Miami: ein sonnendurchfluteter Badeort, der auch Menschen wie Vergil anlockte. Die Sorglosigkeit fand mit dem unerwarteten Ausbruch des Vesuvs 79 n. Chr. ein Ende.

1139 fiel Neapel in die Hände der Normannen. Ein Jahrhundert später übernahmen die französischen Angevinen die Macht und erhöhten mit dem gewaltigen Castel Nuovo das Ansehen der Stadt. Im 16. Jh. befand sich Neapel unter spanischer Herrschaft und erblühte dank der kolonialen Reichtümer Spaniens. 1600 war Neapel Europas größte Stadt und eine aufblühende Barockschönheit, die von Künstlern wie Luca Giordano, Giuseppe de Ribera und Caravaggio ausgeschmückt wurde.

Trotz der verheerenden Pest von 1656 wuchs Neapels Selbstbewusstsein unter den Bourbonen (1734–1860), unter denen monumentale Bauten wie das Teatro San Carlo und der Königspalast in Caserta entstanden und somit den repräsentativen Ruf der Stadt festigten.

Nach einer missglückten Phase als Republik 1799 folgte eine kurze Episode unter den Franzosen und eine letzte Ära der Bourbonenherrschaft. 1860 schließlich inspirierte der nationalistische Rebell Giuseppe Garibaldi die Stadt, die Marionettenfäden zu durchtrennen und sich einem vereinten Italien anzuschließen.

Sehenswertes

CENTRO STORICO & MERCATO

Verborgene Kreuzgänge, kultische Schreine und brüllende *pizzaioli* (Pizzabäcker): Das *centro storico* ist eine betörende urbane Melange. Die drei von Ost nach West verlaufenden *decumani* (Hauptstraßen) folgen dem originalen Straßenverlauf des antiken Neapolis. Die meisten der großen Sehenswürdigkeiten liegen um die verkehrsreichsten dieser klassischen Verkehrswege: die „Spaccanapoli" (bestehend aus Via Benedetto Croce, Via San Biagio dei Librai und Via Vicaria Vecchia) und die Via dei Tribunali. Nördlich der Via dei Tribunali bilden die Via della Sapienza, Via Anticaglia und Via Santissimi Apostoli den ruhigeren dritten *decumanus*.

Südöstlich des *centro storico* liegen die schäbigen, hektischen Straßen des Viertels Mercato, eine chaotische, schmuddelige Mischung aus billigen Hotels, sri-lankischen Gewürzläden und zusammengewürfelten Märkten, darunter der Mercato di Porta Nolana mit all seinen Köstlichkeiten.

LP TIPP Cappella Sansevero KAPELLE

(Karte S. 40; ☎081 551 84 70; www.museosansevero.it; Via de Sanctis 19; Erw./erm. 7/5 €; ⌚Mo & Mi–Sa 10–17.40, So 10–13.10 Uhr; Ⓜ Dante) In der Kapelle mit ihren Freimaurersymbolen liegt Giuseppe Sanmartinos phantastische Skulptur *Cristo velato* (verhüllter Christus). Dessen marmorner Schleier ist so realistisch, dass die Versuchung groß ist, ihn anzuheben und Christus darunter anzuschauen. Sie ist eine von mehreren künstlerischen Wunderwerken, zu denen auch Francesco Queirolos Skulptur *Disinganno* (Ernüchterung), Antonio Corradinis *Pudicizia* (Sittsamkeit) und die unbändig farbenprächtigen Fresken von Francesco Maria Russo gehören, die seit ihrer Entstehung 1749 nicht angetastet wurden.

Die Kapelle wurde ursprünglich gegen Ende des 16. Jhs. als Grablege für die Familie di Sangro gebaut, aber erhielt ihre heutige barocke Ausstattung zwischen 1749 und 1766 durch den Fürsten Raimondo di Sangro, der die besten Künstler engagierte. In Queirolos *Disinganno* stellt der Mann, der sich aus einem Netz zu entwirren versucht, Raimondos Vater Antonio dar, den Herzog von Torremaggiore. Nach dem frühen Tod seiner Frau ließ Antonio den jungen Raimondo zurück, um sich ganz dem Reisen und hedonistischen Vergnügungen zu widmen. Als er älter war, kehrte er reumütig nach Neapel zurück und wurde Priester, um sich von den Sünden loszusagen. Diesen Befreiungsversuch zeigt Queirolos Meisterwerk.

Noch anrührender ist Antonio Corradinis *Pudicizia,* deren verschleierte weibliche Figur eine Hommage an Raimondos Mutter Cecilia Gaetani d'Aquila d'Aragona ist. Raimondo war erst elf Monate alt, als sie starb. Der verlorene Blick der Statue und die zerbrochene Tafel repräsentieren ein Leben, das viel zu früh endete.

Ebenfalls ein frühes Ende fand der originale, vielfarbige Marmorboden der Kapelle, nachdem die Kapelle und der benachbarte Palazzo dei di Sangro 1889 teilweise einstürzten. Fragmente des Bodens, der von Francesco Celebrano entworfen wurde, sind noch in dem Gang ab der rechten Seite der Kapelle erhalten. Der Gang führt zu einer

Treppe, zu deren Füßen zwei sorgfältig konservierte menschliche Arteriengeflechte aufbewahrt sind, jeweils von einem Mann und einer Frau. Um die Modelle wird noch immer diskutiert: Sind die Arteriennetze echt oder nachgebildet? Und wenn sie echt sind, wie konnten sie so unglaublich gut konserviert werden? Nach über zwei Jahrhunderten umweht den Alchemistenfürsten noch immer ein Geheimnis.

LP TIPP Basilica di Santa Chiara

KIRCHE, MUSEUM

(Karte S. 40; ☎081 1957 5915; www.monasterodisantachiara.eu; Via Benedetto Croce; Nonnenkloster Erw./erm. 5/3,50 €; ⏲Basilika 7.30–13 & 16.30–20 Uhr; Kreuzgang & Museum Mo–Sa 9.30–17.30, So 10–14.30 Uhr, letzter Eintritt 30 Min. vor Schließung; Ⓜ Dante) Die mächtige **Basilika** ist riesig und sieht täuschend echt gotisch aus. In Wirklichkeit ist sie eine Nachbildung aus dem 20. Jh., da Gagliardo Primarios Original aus dem 14. Jh. im Zweiten Weltkrieg schwer beschädigt wurde. Das Glanzstück ist der an die Basilika angrenzende **Kreuzgang**, der mit wunderbar farbenprächtigen Majolikakacheln und Fresken aus dem 17. Jh. üppig ausgeschmückt ist.

Die angevinischen Säulengänge stammen zwar noch aus dem 14. Jh., aber das heutige Aussehen erhielt der Kreuzgang im 18. Jh. durch das Werk von Domenico Antonio Vaccaro. Die Gänge, die den zentralen Garten mit Lavendel und Zitrusbäumen umlaufen, sind von 72 achteckigen und gekachelten Säulen gesäumt, die mit Bänken verbunden sind. Die von Donato e Giuseppe Massa bemalten, farbigen Kacheln stellen diverse ländliche Szenen dar, von Jagden bis zu Vignetten bäuerlichen Lebens. Die vier inneren Wände sind von Fresken franziskanischer Geschichten aus dem 17. Jh. bedeckt.

Ein kleines und elegantes **Museum** neben dem Kreuzgang zeigt überwiegend kirchliche Exponate, aber auch die ausgegrabene Ruine eines Badehauses aus dem 1. Jh. samt eines bemerkenswert gut erhaltenen *laconicum* (Dampfbad).

Die Klosteranlage wurde von Robert von Anjou für seine Frau Sancia di Maiorca in Auftrag gegeben, um dort 200 Mönche und die Gräber der angevinischen Königsfamilie unterzubringen. Die Basilika selbst, von Roberts undankbarem Sohn Karl von Anjou abfällig als „Stall" bezeichnet, wurde von Domenico Antonio Vaccaro, Gaetano Buonocore und Giovanni Del Gaizo im 18. Jh. in üppigem Barock neu gestaltet. Am 4. August 1943 wurde sie jedoch bei einem alliierten Luftangriff direkt getroffen, der Wiederaufbau 1953 fertiggestellt. Zu den Bestandteilen, die dem Feuer entkamen, gehören Teile eines Freskos aus dem 14. Jh. links des Haupttors und eine Kapelle mit den Gräbern der Bourbonenkönige von Ferdinand I. bis Francesco II.

LP TIPP Complesso Monumentale di San Lorenzo Maggiore

KIRCHE, HISTORISCHE STÄTTE

(Karte S. 40; ☎081 211 08 60; www.sanlorenzomaggiorenapoli.it; Via dei Tribunali 316; Kircheneintritt frei, Ausgrabungen & Museum Erw./erm. 9/6 €; ⏲Mo–Sa 9.30–17.30, So 9.30–13 Uhr; 🚌C55 bis Via Duomo) Architektur- und Geschichtsfans sollten diesen vielschichtigen Kirchenkomplex unbedingt besuchen. Dessen atemberaubende **Basilika** gilt als eines der schönsten mittelalterlichen Gebäude Neapels. Mit Ausnahme der grazilen Fassade von Ferdinando Sanfelice wurden die barocken Umbauten im letzten Jahrhundert entfernt und die originale strenge gotische Eleganz freigelegt. Unterhalb des Baus führen außergewöhnliche **Ruinen** 2000 Jahre zurück in die Vergangenheit.

Dort unten lässt sich auf dem Weg mit antiken Bäckereien, Weinkellereien und Waschhäusern die griechisch-römische Stadt erahnen. Ganz am Ende des *cardo* (Straße) befindet sich ein *cryptoporticus* (Markthalle) mit sieben Gewölberäumen.

Der Bau der Basilika selbst begann 1270 mit der Apsis, die französische Architekten errichteten. Italienische Architekten führten die Arbeiten im folgenden Jahrhundert fort und verwendeten dabei antike Säulen für das Kirchenschiff. Katharina von Österreich wurde hier 1323 in einem Grab mit herrlichen Mosaiken bestattet. Der Legende nach soll sich hier Boccaccio in Marie d'Anjou verliebt haben, das Vorbild seiner Figur Fiammetta, und auch der Dichter Petrarch wohnte 1345 im angrenzenden Konvent.

Zum Kirchenkomplex gehört auch das **Museo dell'Opera di San Lorenzo Maggiore** mit seinem faszinierenden Schatz archäologischer Fundstücke, wie griechisch-römische Sarkophage, Keramiken und Geschirr aus den Ausgrabungsstätten unter dem Gelände. Zu den weiteren Kostbarkeiten gehören anschauliche Keramiken aus dem 9. Jh., angevinische Fresken, Gemälde von Giuseppe Marullo und protzige Kirchengewänder für Bischöfe, die aus dem 16. Jh. stammen.

Centro Storico & Mercato

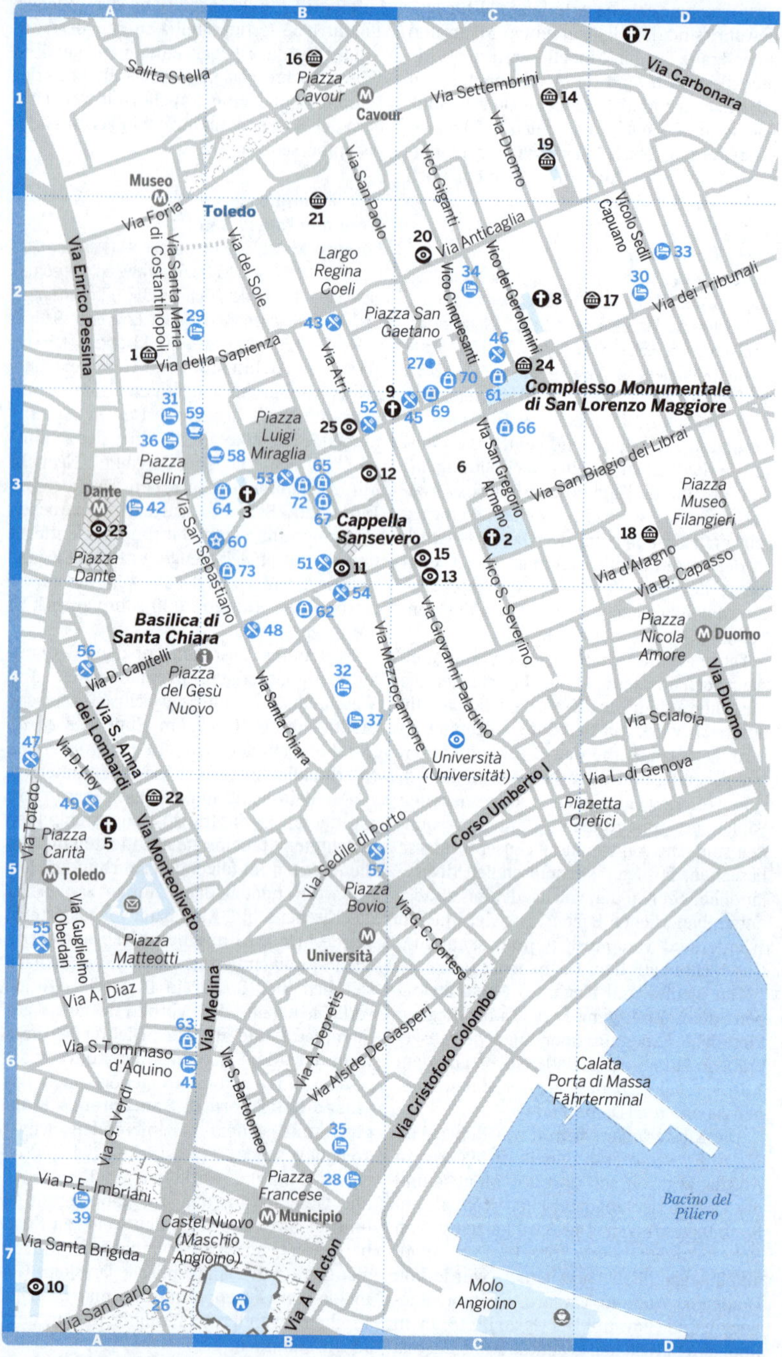

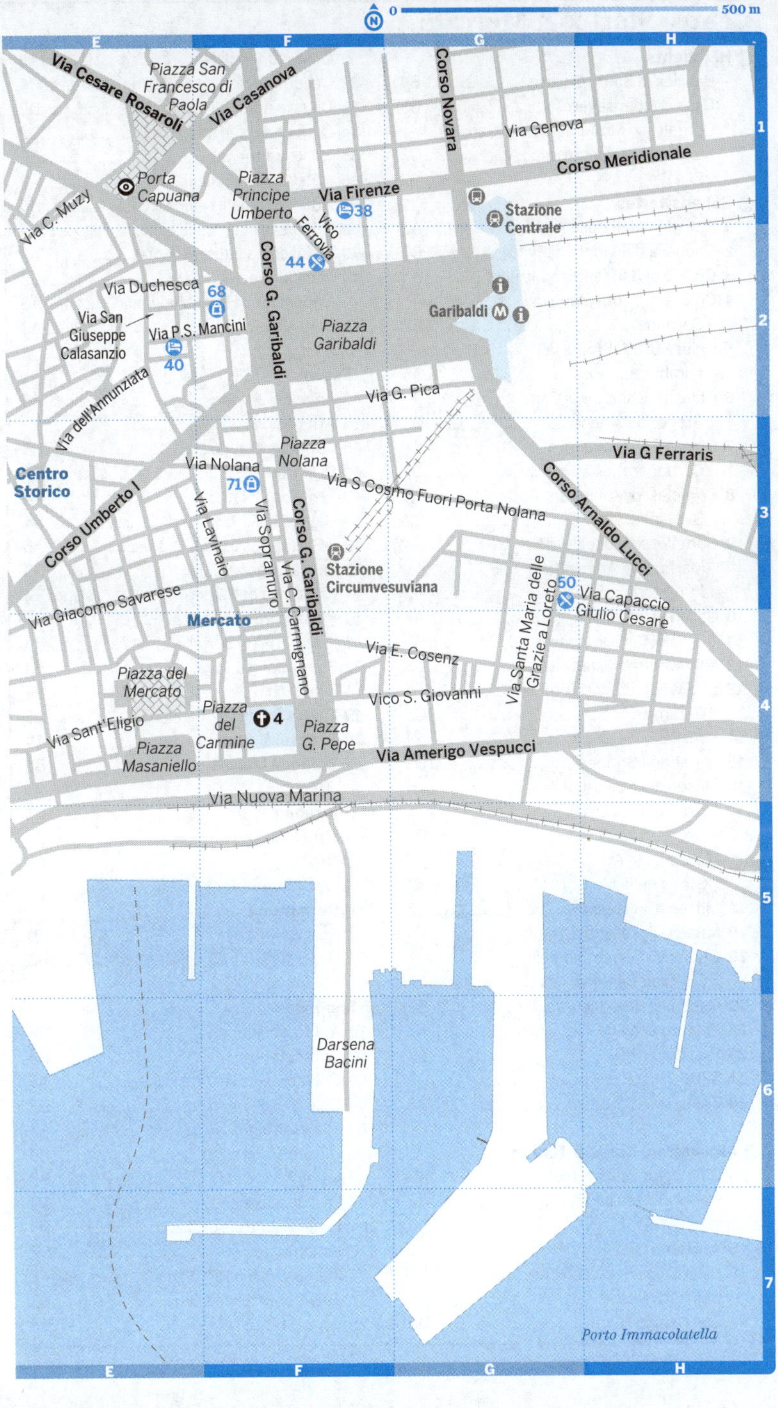

0
500 m
E
F
G
H
1
2
3
4
5
6
7
Via Cesare Rosaroli
Piazza San Francesco di Paola
Via Casanova
Corso Novara
Via Genova
Corso Meridionale
Porta Capuana
Piazza Principe Umberto
Via Firenze
38
Vico Ferrovia
Stazione Centrale
Via C. Muzy
44
Corso G. Garibaldi
Via Duchesca
68
Via San Giuseppe Calasanzio
Via P.S. Mancini
40
Piazza Garibaldi
Garibaldi
Via dell'Annunziata
Via G. Pica
Piazza Nolana
Via Nolana
71
Centro Storico
Via G Ferraris
Via S Cosmo Fuori Porta Nolana
Corso Arnaldo Lucci
Corso Umberto I
Via Lavinaio
Via Sopramuro
Via C. Carmignano
Stazione Circumvesuviana
Via Santa Maria delle Grazie a Loreto
50
Via Capaccio Giulio Cesare
Via Giacomo Savarese
Mercato
Via E. Cosenz
Piazza del Mercato
Vico S. Giovanni
Piazza del Carmine
4
Piazza G. Pepe
Via Sant'Eligio
Piazza Masaniello
Via Amerigo Vespucci
Via Nuova Marina
Darsena Bacini
Porto Immacolatella

Centro Storico & Mercato

Highlights
Basilica di Santa Chiara B4
Cappella Sansevero B3
Complesso Monumentale di San Lorenzo Maggiore C2

Sehenswertes
1 Accademia di Belle Arti A2
2 Cappella del Monte di Pietà C3
3 Chiesa di San Pietro a Maiella B3
4 Chiesa di Santa Maria del Carmine F4
5 Chiesa di Sant'Anna dei Lombardi A5
6 Chiesa e Chiostro di San Gregorio Armeno C3
7 Chiesa San Giovanni a Carbonara D1
8 Complesso Monumentale dei Girolamini C2
9 Complesso Museale di Santa Maria delle Anime del Purgatorio ad Arco B3
10 Galleria Umberto I A7
11 Guglia di San Domenico B3
12 Laboratorio Scarabattola B3
13 Lisa Weber Laboratorio di Ceramica C3
14 MADRE C1
15 Maradona Shrine C3
16 Museo del Sottosuolo B1
17 Museo del Tesoro di San Gennaro D2
Museo delle Arti Sanitarie e Di Storia della Medicina .... (siehe 21)
18 Museo di Filangieri D3
19 Museo Diocesano di Napoli C1
20 Officina D'Arti Grafiche di Carmine Cervone C2
21 Ospedale degli Incurabili B2
22 Palazzo Gravina A5
23 Piazza Dante A3
24 T293 .... C2
25 Zhao B3

Aktivitäten, Kurse & Touren
26 City Sightseeing Napoli A7
27 Napoli Sotterranea C2

Schlafen
28 Bella Capri Hostel & Hotel B7
29 Belle Arti Resort A2
30 Caravaggio Hotel D2
31 Costantinopoli 104 .... A3
32 Decumani Hotel de Charme B4
33 DiLetto a Napoli D2
34 Dimora dei Giganti C2
35 Hostel of the Sun B6
36 Hotel Piazza Bellini A3
37 Hotel Pignatelli Napoli B4
38 Hotel Zara F1
39 La Ciliegina Lifestyle Hotel A7
40 Mancini Hostel E2
41 Napolit'amo Hotel Medina A6
42 Port Alba Relais A3

Essen
43 Angelo Carbone B2
44 Attanasio F2
45 Campagnola C3
46 Di Matteo C2
47 Fantasia Gelati A4
48 Gay-odin B4
49 Il Garum A5
50 La Masardona G3
La Stanza del Gusto .... (siehe 36)
51 Palazzo Petrucci B3
52 Pizzeria Gino Sorbillo B3
53 Pizzeria Vesi B3
54 Scaturchio B4
55 Tavola Calda Da Angelone A5
56 Timpani & Tempura A4
57 Trattoria Mangia e Bevi B5

Ausgehen
58 Intra Moenia B3
59 Nea A3

Unterhaltung
Konzertkasse .... (siehe 10)
60 Galleria 19 .... B3

Shoppen
61 Ars Neapolitana C2
62 Charcuterie B4
63 Cilento A6
64 Colonnese B3
65 Elia's Vintage B3
66 Giuseppe Ferrigno C3
67 Kiphy B3
68 La Duchessa F2
69 La Scarabattola C3
70 Limonè C2
71 Mercato di Porta Nolana F3
72 Salvatore Malinconico B3
73 Scriptura B3

Duomo KIRCHE, RUINE, MUSEUM

(☎081 44 90 97; www.duomodinapoli.it; Via Duomo; Eintritt Taufkapelle 1,50 €; ⏲Dom, Taufkapelle & archäologischer Bereich Mo–Sa 8.30–13 & 15.30–19.30, So 8.30–13.30 & 16.30–19.30 Uhr; 🚌C55 bis Via Duomo) Neapels Dom ist auf jeden Fall ein Muss, ob nun wegen Giovanni Lanfrancos Fresko in der Cappella di San Gennaro (Kapelle des hl. Januarius), der Mosaiken aus dem 4. Jh. in der Taufkapelle oder dem sich dreimal im Jahr ereignenden Wunder von San Gennaro. Er wurde 1272 von Karl I. von Anjou in Auftrag gegeben, 1315 geweiht und 1456 durch ein Erdbeben weitgehend zerstört. In den folgenden Jahrhunderten wurde er umfassend verschönert und umgebaut.

Erst Ende des 19. Jhs. erhielt er die großartige neogotische Fassade. Innen fällt gleich die vergoldete Kassettendecke des Mittelschiffs ins Auge, die mit spätmanieristischer Kunst geschmückt ist. Der obere Abschnitt des Schiffs und das Querschiff sind das Werk des barocken Vielarbeiters Luca Giordano.

Die **Cappella di San Gennaro** (Kapelle des hl. Januarius, auch Kapelle der Schätze genannt) aus dem 17. Jh. hinter dem linken Seitengang wurde von Giovanni Cola di Franco entworfen und 1637 vollendet. An der Kapelle arbeiteten die berühmtesten Künstler jener Zeit und hinterließen die großartigsten barocken Werke Neapels. Zu den Highlights gehören Giuseppe de Riberas ergreifendes Gemälde *Der heilige Januarius im feurigen Ofen* und Giovanni Lanfrancos schwindelerregendes Kuppelfresko. In einem Stahlschrank hinter dem Altar ist die Silberbüste aus dem 14. Jh. verborgen, in der sich der Schädel von San Gennaro und die zwei Ampullen mit seinem sich wundersam verflüssigenden Blut befinden.

Die nächste Kapelle ostwärts enthält eine Urne mit den Gebeinen des Heiligen und einen Schrank voller Oberschenkelknochen, Schien- und Wadenbeine. Unter dem Hochaltar ist die **Cappella Carafa**, eine Renaissancekapelle, die für noch mehr Relikte des Heiligen errichtet wurde.

Hinter dem Nordgang befindet sich eine der ältesten Basiliken Neapels, die **Basilica di Santa Restituta** aus dem 4. Jh. Sie wurde in den Dom integriert und nach dem Erdbeben von 1688 fast vollständig umgebaut. Dahinter liegt der **archäologische Bereich** des Doms, der faszinierende Relikte griechischer und römischer Gebäude und Straßen zeigt. Hier steht auch die **Taufkapelle**, die älteste Westeuropas, mit ihren glitzernden Mosaiken aus dem 4. Jh.

Wer von Neapels kultischer Verehrung für San Gennaro fasziniert ist, sollte das **Museo del Tesoro di San Gennaro** (Karte S. 40; www.museosangennaro.com; Via Duomo 149; Eintritt 7 €; ⏲März–Dez. tgl. 9–17.30 Uhr, Jan. & Feb. Do–Di 10–17.30 Uhr; 🚌CS bis Via Duomo) neben dem Dom besuchen. Zu dessen funkelnder Sammlung kostbarer Votivgaben gehören Bronzebüsten, Silberampullen, prachtvolle Gemälde und eine vergoldete Sänfte aus dem 18. Jh., in der die Büste des Heiligen an verregneten Prozessionstagen getragen wurde.

Complesso Museale di Santa Maria delle Anime del Purgatorio ad Arco KIRCHE

(Karte S. 40; ☎081 551 95 47, 333 3832561; www.purgatorioadarco.com; Via dei Tribunali 39; ⏲Führungen Mo–Fr 10–13, Sa 10–17 Uhr, So geschl.; Ⓜ Dante) Die 1638 geweihte faszinierende *chiesa delle cape di morte* (Kirche der Totenschädel) liegt auf zwei Ebenen. Die obere Kirche besitzt schöne Gemälde – Luca Giordanos *Der Tod des heiligen Alessio* und Massimo Stanziones *Madonna mit den Seelen des Fegefeuers* –, die untere Kirche hingegen ist vor allem berühmt, weil hier die *anime pezzentelle* (arme Seelen) verehrt werden.

In dem großen, namenlosen Grab im Zentrum des Bodens wurden zwischen dem 17. und frühen 19. Jh. zahllose Einwohner bestattet, die sich ein Grab in der Kirche nicht leisten konnten. Der unterirdische Grabbau voller anonymer Knochen wurde zum Mittelpunkt für den Kult der *anime pezzentelle,* in dem Gläubige Schädel adoptierten und für ihre Seele beteten. Sie hofften, dass die Seele, ist sie erst einmal im Himmel, aus Dankbarkeit Gnadenerweise und Wohltaten bieten würde. Bis zu 60 Gottesdienste wurden hier täglich gehalten und an Allerseelen reichten die Schlangen zum unterirdischen Gewölbe bis zum 450 m entfernten Dom. Begräbnisse fanden hier zwar nach dem Edikt von Saint-Cloud (ein napoleonischer Erlass, der Bestattungen innerhalb der Stadt verbot) nicht mehr statt, aber die Mauerschreine blieben. Der berühmteste gehört „Lucia", einem Schädel mit einem Diadem, der nach dem Neonschild am Schrein benannt ist. Der Legende nach handelt es sich um den Schädel einer jugendlichen Braut aus dem 18. Jh., deren tragischer Tod an Tuberkulose sie zur inoffiziellen Schutzpatronin junger Bräute machte. Bis heute hinterlegen jene, die noch an den Kult glauben, Schmuck und Brautsträuße an ihrem Schrein.

In der oberen Kirche sind besonders Dioniso Lazzaris prächtige, florentinische Marmorintarsien sehenswert, ebenso wie die kleine, aber sehr schöne Sammlung von Sakralkunst und Priesterroben in der Sakristei. Die Kirche wird manchmal für abendliche Kulturveranstaltungen genutzt – das Programm ist telefonisch zu erfahren.

Ospedale degli Incurabili HISTORISCHES GEBÄUDE

(Karte S. 40; ☎339 5446243, 081 44 06 47; TBC; Via Maria Longo 50; Spende 5 €; ⏲90-min. Führung Sa 9–14 Uhr, Orto medico & Chiostro Santa Maria delle Grazie TBC; Ⓜ Piazza Cavour) In dem Krankenhaus und Klosterkomplex aus dem 16. Jh. befindet sich die Farmacia Storica degli Incurabili aus dem 18. Jh., eine atemberaubende Apotheke, die wie ein Wunder original erhalten blieb. Sie besteht aus einer prachtvollen Empfangshalle und einem Laboratorium, auf den aufwendigen Walnussregalen stehen dekorative Majolikavasen und Pietro Bardellinos gewaltiges Deckengemälde stellt eine Episode aus Homers *Ilias* dar, in der Macaon den verwundeten Menelaos heilt. Ein ungewöhnlicheres, aber nicht weniger bemerkenswertes Element der Empfangshalle ist eine Rokokointarsie, die eine Allegorie einer Kaiserschnittgeburt darstellt.

Trotz des eingeschränkten Zutritts (nur mit Führung; zur Anmeldung vorher anrufen oder mailen) lohnt eine Besichtigung der **Farmacia** (Apotheke). Einige der besten Barockarchitekten und -künstler waren hier tätig: Domenico Antonio Vaccaro gestaltete die Fassade, Bartolomeo Vecchione entwarf die Innenräume und Gennaro di Fiore schnitzte die Regale. Letzterer arbeitete auch mit Carlo Vanvitelli zusammen an der **Reggia di Caserta** (Palazzo Reale; www.reggiadicaserta.beniculturali.it; Viale Douhet 22, Caserta; Erw./erm. 13,20/6,60 €; ⏲Palast Mi–Mo 8.30–19 Uhr, Mostra Terrea Motus Mi–Mo 9–18 Uhr, Park Mi–Mo 8.30 Uhr–1 Std. vor Sonnenuntergang, Giardino Inglese Juni–Aug. Mi–Mo 8.30 Uhr–2 Std. vor Sonnenuntergang, im restl. Jahr kürzere Zeiten; 🚉Caserta). Die Majolikavasen wurden von Lorenzo Salandra und Donato Massa bemalt, dessen berühmteste Kachelarbeiten übrigens im Kreuzgang der Basilica di Santa Chiara (S. 39) zu finden sind. Es versteht sich von selbst, dass die Apotheke als eines der schönsten Beispiele Neapels der Handwerkskunst des 18. Jhs. gilt.

Die Apotheke teilt sich den Cortile degli Incurabili (Hof der Unheilbaren) mit dem **Museo delle Arti Sanitarie** (Medizinhistorisches Museum; Karte S. 40; Via Maria Longo 50, Ospedale degli Incurabili; Eintritt frei; ⏲Mo–Sa 9–13.30 Uhr; 🚉Cavour, Museo), in dem eine angsteinflößende Sammlung alter chirurgischer Instrumente und anatomischer Drucke zu sehen ist. Zur Sammlung gehört auch ein originaler *flagello della pesta,* eine schnabelförmige Holzmaske, die während der berüchtigten Pestausbrüche der Stadt getragen wurde.

Gegenüber der Apotheke führen Stufen hinauf zum Hauptgebäude des Krankenhauses, durch das der herrlich ruhige **Orto Medico** (Medizingarten) zu erreichen ist, der liebevoll mit Heilkräutern bepflanzt ist. Im Zentrum stehen ein kleiner Brunnen und ein schöner, 400 Jahre alter Kampferbaum. Ein paar Schritte weiter geht es zum kleineren **Chiostro Santa Maria delle Grazie,** dessen üppiger tropischer Bewuchs von einem freskenbemalten Gewölbesäulengang umgeben ist.

Chiesa del Gesù Nuovo KIRCHE

(☎081 551 86 13; Piazza del Gesù Nuovo; ⏲7–13 & 16.15–20 Uhr; Ⓜ Dante) Die Kirche aus dem 16. Jh. ist eines der schönsten Exemplare der Renaissancearchitektur Neapels. Ihre von Giuseppe Valeriani entworfene Fassade ist eigentlich die des Palazzo Sanseverino, der in eine Kirche umgewandelt wurde. Innen herrscht jedoch Barock vor – Größen wie Francesco Solimena, Luca Giordano und Cosimo Fanzago verwandelten den Tonnengewölberaum in die freskengeschmückte Pracht, die heute zu sehen ist.

Ein Gegenstück zu der Opulenz ist eine kleine Kapelle, die dem vielgeliebten lokalen Heiligen Giuseppe Moscati (1880–1927) gewidmet ist, einem redlichen Arzt, der die Armen der Stadt versorgte. Die Wände sind mit Votivgaben übersät (darunter goldene Spritzen) und es gibt eine Nachbildung des Arbeitszimmers des guten Mannes, samt dem Sessel, in dem er starb.

Die Kirche liegt an der Nordseite der wunderschönen Piazza del Gesù Nuovo, ein beliebter nächtlicher Treffpunkt von Studenten und Linken. In ihrem Zentrum ragt Giuseppe Genuinos üppige **Guglia dell'Immacolata** empor, die zwischen 1747 und 1750 errichtet wurde. Am 8. Dezember, dem Festtag der Immacolata, klettern Feuerwehrmänner auf die Spitze und legen einen Blumenkranz zu Füßen der Jungfrau Maria.

Pio Monte della Misericordia KIRCHE, GALERIE
(☎081 44 69 44; www.piomontedellamisericordia.it; Via dei Tribunali 253; Eintritt 6 €; ⏲Do–Di 9–14 Uhr; 🚌C55 bis Via Duomo) Im 1. Stock der achteckigen Kirche aus dem 17. Jh. befindet sich eine kleine, recht gute Kunstsammlung aus der Renaissance und dem Barock, darunter Werke von Francesco de Mura, Giuseppe de Ribera und Paul van Somer. Die Schau stiehlt jedoch das Gemälde über dem Hauptaltar: Caravaggios Meisterwerk *Le Sette Opere di Misericordia* (Die sieben Gnadenakte), das von vielen für das bedeutendste Gemälde Neapels gehalten wird.

Die Komposition, die hervorragend den damals in Neapel revolutionären Chiaroscuro-Stil des Künstlers veranschaulicht, galt als einzigartig, da sie die verschiedenen Handlungen in einer einzigen, nahtlos choreografierten Szene darstellt. Ebenfalls in der Galerie im 1. Stock ist auch die *Declaratoria del 14 Ottobre 1607* ausgestellt, ein originales Kirchendokument, das die Zahlung von 400 Dukaten an Caravaggio für sein Meisterwerk belegt.

Port'Alba STRASSE
(Via Port'Alba; Ⓜ Dante) Die Port'Alba ist ein stimmungsvolles Zugangstor in das *centro storico,* das an Nachmittagen unter der Woche am reizvollsten ist. Mit all den Buchläden und -ständen ist es eine Stöberkiste für ledergebundene Klassiker, einen zerlesenen Roman von Manzoni oder alte Postkarten und Zeitschriften. Das Tor, das auf die Piazza Dante führt, wurde 1625 von Antonio Alvárez, dem spanischen Vizekönig von Neapel, geöffnet.

Die nach Süden führende Via San Sebastiano am östlichen Ende der Via Port'Alba besitzt die meisten Musikinstrumentenläden der Welt, neben der 49th Street in New York.

Piazza Bellini PIAZZA
(Piazza Bellini; Ⓜ Dante) Der vielseitige Platz mit seinen vielen Bars und den Ruinen der griechischen Stadtmauer aus dem 4. Jh. ist einer der besten Orte, um bei einem Spritz zu entspannen. Hier trifft sich vorzugsweise die Szene und ist am Abend am schönsten, wenn hier Studenten, Linke und reichlich flirtende Blicke den Platz beleben.

Auf der Piazza befindet sich auch das Clubhaus der kämpferischen Mastiffs, des harten Kerns der Fans des neapolitanischen Fußballclubs. Vor ihrem Clubhaus zwischen dem literarisch orientierten Intra Moenia (S. 88) und dem saloppen Caffè Arabo sind sie oft beim Debattieren, um die Feinheiten des Torhütens zu sehen.

Chiesa di San Pietro a Maiella KIRCHE
(Karte S. 40; ☎081 45 90 08; Piazza Luigi Miraglia 25; ⏲8–12 Uhr; Ⓜ Dante) Die Kirche, die dem Einsiedler Pietro del Morrone gewidmet ist, der 1294 zum Papst Coelestin V. aufstieg, präsentiert eine bemerkenswerte Kombination aus gotischer Zurückhaltung und barockem Überschwang. Die Kapelle links vom Altarraum ist mit Fresken aus dem 14. Jh. von Giovanni Barrile bemalt, das Kirchenschiff hingegen ist von zehn hinreißenden Deckengemälden des Barockkünstlers Mattia Preti geschmückt.

Weitere barocke Details stammen von Cosimo Fanzago, der den Marmoraltar, die mehrfarbige Balustrade und den Boden des Querschiffs entworfen hat, und von Massimo Stanzione, dessen *Madonna erscheint Coelestin V.* in einer der Seitenkapellen rechts hängt. Das Conservatorio di Musica San Pietro a Majella di Napoli – eine der besten Musikakademien Italiens – ist im angrenzenden Konvent untergebracht.

GRATIS **Cappella del Monte di Pietà** KAPELLE
(Karte S. 40; ☎081 580 71 11; Via San Biagio dei Librai 114; ⏲Sa 9–19, So bis 14 Uhr; 🚌C55 bis Via Duomo) Der imposante Komplex aus dem 16. Jh. war ursprünglich Sitz des Pio Monte di Pietà, einer Organisation, die zinslose Darlehen an verarmte Schuldner ausgab. Am eindrucksvollsten ist die perfekt erhaltene manieristische Kapelle mit den die vier üppig geschmückten Seitenräumen. Rechts und links vom Eingang stehen zwei Skulpturen von Pietro Bernini, darüber thront Michelangelo Naccherinos *Pietà*. Die Fresken aus dem 17. Jh. von Belisario Corenzio sind atemberaubend.

Piazza San Domenico Maggiore PIAZZA
(Piazza San Domenico Maggiore; Ⓜ Dante) Mittelpunkt des attraktiven Platzes ist die **Guglia di San Domenico** (Karte S. 40; Dante) aus dem 18. Jh. Das Denkmal stammt von Cosimo Fanzago, Francesco Antonio Picchiatti und Domenico Antonio Vaccaro und wurde zu Ehren des hl. Dominikus errichtet, weil er die Pestepidemie von 1656 stoppte. Die untreue Maria d'Avalos und ihr Liebhaber Don Fabrizio hatten weniger Glück – im **Palazzo dei Di Sangro** (Piazza San Domenico 9) ermordete 1590 Marias eifersüchtiger Ehemann, der neapolitanische Musiker Carlo Gesualdo, die Verliebten.

Etwas heiterer ist die gotische Chiesa di San Domenico Maggiore (S. 46), deren merkwürdiges Kirchenschiff den Nordrand der Piazza begrenzt. Wer ein Gesicht in der Fassade sieht, hat keineswegs den Verstand verloren – es wurde mit Absicht angebracht, um die Rückseite der Kirche nach dem Bau der Piazza aufzupeppen.

Chiesa di San Domenico Maggiore KIRCHE

(☎081 45 91 88; Piazza San Domenico Maggiore 8a; ⏲Mo–Sa 8.30–12 & 16–19, So 9–13 & 16.30–19.15 Uhr; Ⓜ Dante) Das von Karl I. von Anjou beauftragte und 1324 vollendete Gotteshaus war die königliche Kirche der Angeviner. Von den wenigen Überbleibseln aus dem 14. Jh., die von den zahllosen Umbauten der Kirche verschont blieben, sind die Fresken von Pietro Cavallini in der Cappella Brancaccio die Krönung. Auch die Sakristei ist beachtenswert. In ihr befinden sich ein wunderschönes Deckenfresko von Francesco Solimena und 45 Särge von Aragon-Fürsten und anderen Adligen.

In der Cappellone del Crocifisso soll das *Crocifisso tra La Vergine e San Giovanni* aus dem 13. Jh. zum hl. Thomas von Aquin gesprochen und gefragt haben: „*Bene scripsisti di me, Thoma; quam recipies a me pro tu labore mercedem?*" („Du hast Gutes über mich geschrieben, Thomas, was wirst du dafür erhalten?") – „*Domine, non aliam nisi te*" („Nichts außer dich, oh Herr"), antwortete Thomas diplomatisch. Interessanterweise ist hier auch der erste Bischof von New York, Richard Luke Concanen (1747–1810), bestattet.

Via San Gregorio Armeno STRASSE

Neapel ist berühmt für die traditionellen *presepi* (Weihnachtskrippen) und in dieser engen Straße kaufen viele Italiener ihre Krippenfiguren. Die zahllosen Läden und Werkstätten in der *decumanus maior* (Hauptstraße) des antiken Neapolis zwischen Spaccanapoli und Via dei Tribunali verkaufen alles, von anbetenden Eseln bis zu kitschigen Prominentenkarikaturen.

In Nr. 8 befindet sich die Werkstatt von **Giuseppe Ferrigno** (Karte S. 40; Via San Gregorio Armeno 8; 🚌CS bis Via Duomo), dessen Terrakottafiguren die berühmtesten in der Straße sind.

Chiesa e Chiostro di San Gregorio Armeno KIRCHE, KLOSTER

(Karte S. 40; ☎081 420 63 85; Via San Gregorio Armeno 44; ⏲Kirche tgl. 9.30–12 Uhr, Kreuzgang Mo–Fr 9.30–12, Sa & So 9.30–12.45 & 15–17 Uhr; 🚌C55 bis Via Duomo) Der Bombast in diesem reich geschmückten Klosterkomplex aus dem 16. Jh. ist maßlos. Die Kirche besitzt ein üppiges Chorgestühl aus Holz und Pappmaschee, einen prächtigen Altar von Dionisio Lazzari sowie Luca Giordanos meisterliches Fresko *Die Einschiffung, Reise und Ankunft der armenischen Nonnen mit den Reliquien des hl. Gregor*. Der grandiose Kreuzgang des Komplexes ist über ein Tor in der Vicolo Giuseppe Maffei zugänglich.

Giordanos berühmtes Fresko erzählt davon, wie im 13. Jh. Nonnen aus Konstantinopel fliehen mussten, um der Verfolgung zu entgehen. In Neapel angekommen, gründeten die gottgefälligen Flüchtlinge dieses Kloster und benannten es nach dem Bischof von Armenien, Sankt Gregor, dessen sterbliche Überreste sie mitgebracht hatten. Bekannter ist jedoch, dass sie auch die Reliquien und das getrocknete Blut der Santa Patrizia aufbewahrten, die nach ihrer Flucht aus Konstantinopel irgendwann zwischen dem 4. und 8. Jh. in Neapel starb. Patrizias getrocknetes Blut soll sich jeden Dienstag verflüssigen, anders als das des Schutzheiligen Neapels San Gennaro, der das nur dreimal im Jahr schafft.

Im wunderbar friedlichen Kreuzgang stehen ein skurriler barocker Brunnen, der mit Masken, Delphinen und Seepferdchen verziert ist, und zwei exquisite Statuen von Matteo Bottigliero, die Christus und den Samariter darstellen. An der Südseite befindet sich die alte Bäckerei des Konvents, die noch immer mit alten Küchenutensilien ausgestattet ist. In der Nähe steht die *Cappella della Madonna dell'Idria*. Die mit Gemälden des Barockmalers Paolo De Matteis geschmückte Kapelle ist der einzige erhaltene Teil des ursprünglichen mittelalterlichen Konvents.

Vom Kreuzgang aus können Besucher den herrlich verzierten *Coro delle monache* (Chorgestühl der Nonnen) betreten, der auf das Kirchenschiff und den Altar hinabschaut. Wer Glück hat, kann vielleicht auch einen Blick auf die 612 Jahre alte hölzerne Weihnachtskrippe des Chors werfen, die meist in einem Holzschrank an der Südwand verwahrt wird. Bemerkenswert sind auf jeden Fall die diskreten Fenster in der Kuppel über dem Chorgestühl. Sie gehören zu einem geheimen zweiten Chorgestühl, der verborgen wurde, damit auch kranke, bettlägerige Nonnen dem Gottesdienst beiwohnen konnten.

Piazzetta Nilo PIAZZA

(Via Nilo, Piazzetta Nilo; Ⓜ Dante) Auf dem staubigen kleinen Platz trifft man auf zwei lokale

Götter. Der eine ist der alte ägyptische Flussgott Nilo, dessen Marmorstatue **Statua del Nilo** von den alexandrinischen Kaufleuten errichtet wurde, die hier in römischer Zeit lebten. Rätsel umgeben die Statua del Nilo: Sie verschwand auf mysteriöse Weise, als die Ägypter wieder wegzogen, tauchte dann aber im 15. Jh. wieder auf, allerdings ohne Kopf. Im 18. Jh. erhielt sie ein prächtiges bärtiges Haupt und wurde in *Il Corpo di Napoli* (der Körper von Neapel) umbenannt.

Gegenüber der Statue befindet sich an der Außenwand der Bar Nilo der ironische **Maradona-Schrein** (Karte S. 40), der dem argentinischen Fußballer und ehemaligen Gott des SCC Neapel Diego Armando Maradona gewidmet ist.

An einem epischen Gedicht zu Ehren Maradonas klebt ein kleines, schwarzes Haar – „Kapel Original of Maradona" steht auf dem englischen Schildchen, eine direkte Übersetzung des italienischen *Capello originale di Maradona* (originales Haar von Maradona). Der kleine Behälter ist mit echten Tränen Maradonas gefüllt ... Schande über jeden, der meint, es sei nur Wasser.

Napoli Sotterranea — TOUR

(Unterirdisches Neapel; Karte S. 40; ☎081 29 69 44; www.napolisotterranea.org; Piazza San Gaetano 68; Touren Erw./erm. 9,30/6 €; ⏲Englischsprachige Touren Mo–Fr 10, 12, 14, 16 & 18 Mo–Fr, zusätzl. Touren Do, Sa & So; 🚌C55 bis Via Duomo) Die stimmungsvolle Tour führt 40 m in die Tiefe und erkundet Neapels antikes Labyrinth aus Aquädukten, Gängen und Zisternen.

Die Gänge wurden ursprünglich von den Griechen zur Gewinnung von Kalktuff als Baustein und zur Kanalisierung des Wassers vom Vesuv herausgeschlagen. Das von den Römern erweiterte Kanal- und Zisternennetz diente im Zweiten Weltkrieg als Luftschutzbunker. Teile der Tour führen bei Kerzenlicht durch extrem enge Passagen – nichts für dicke Bäuche!

Basilica di San Paolo Maggiore — KIRCHE

(☎081 45 40 48; Piazza San Gaetano 76; ⏲Mo–Sa 9–19 Uhr; 🚌C55 bis Via Duomo) Die prachtvolle Basilika stammt zwar aus dem 8. Jh., wurde aber Ende des 16. Jhs. fast völlig neu gebaut. Im riesigen, mit Goldstuck ausgestatteten Innenraum befinden sich Gemälde von Massimo Stanzione und Paolo De Matteis sowie ein eindrucksvoller geometrischer Boden von Nicola Tammaro. Sahnehäubchen ist jedoch die opulente **Sakristei**, die mit leuchtenden Fresken des Barockmeisters Francesco Solimena ausgeschmückt ist.

Die Doppeltreppe von 1603 ... Hauptfassade der Basilika ist d... von Francesco Grimaldi. Viel älter ... zwei Säulen links und rechts des E... die von einem Castor und Pollux g... römischen Tempel stammen, der hier einst stand.

Mercato di Porta Nolana — MARKT

(Porta Nolana; ⏲Mo–Sa 8–18, So bis 14 Uhr; 🚌R2 bis Corso Umberto I) Auf dem farbenprächtigen Markt, einem der ältesten der Stadt, knurrt einem der Magen. Der Namenspatron des Markts ist das mittelalterliche Stadttor **Porta Nolana** am Kopf der Via Sopramuro. Die zwei zylindrischen Türme, optimistisch Glaube und Hoffnung benannt, stützen einen Bogen, der mit einem Basrelief des Ferdinand I. von Aragon zu Pferd geschmückt ist.

Der Markt darunter und dahinter ist ein betörender Ort, wo schreiende Fischhändler und *frutti vendoli* (Obsthändler) auf verlockend duftende Feinkostläden, Bäckereien und mehr und mehr ethnische Lebensmittelläden treffen. Hier gibt es alles, von prallen Tomaten und Mozzarella bis zu knusprigem *casareccio*-Brot, billigem Gepäck und Raubkopien von 1980er-CDs.

Chiesa di Sant'Angelo a Nilo — KIRCHE

(☎081 420 12 22; Vico Donnaromita 15; ⏲Mo–Sa 8.30–13 & 16.30–18.30, So 8.30–13 Uhr; Ⓜ Dante) Die schlichte Kirche aus dem 14. Jh. besitzt eines der ersten großen Kunstwerke der neapolitanischen Renaissance – das majestätische Grabmal des Kirchengründers Kardinal Brancaccio. Der Sarkophag wird zwar zum künstlerischen Erbe Neapels gezählt, wurde aber tatsächlich in Pisa von Donatello, Michelozzo und Pagno di Lapo Partigiani geschaffen. Nach einjähriger Arbeit wurde das gemeißelte Prachtstück 1427 nach Neapel verbracht.

Complesso Monumentale dei Girolamini — KIRCHE, GALERIE

(Karte S. 40; ☎081 44 91 39; Via Duomo 142; ⏲Kirche Mo–Sa 9.30–12, So 9.30–14 Uhr, Kreuzgang & Kunstgalerie Sa 10–12.30 Uhr; 🚌C55 bis Via Duomo) Die üppige, barocke **Chiesa dei Girolamini** hat zwei Fassaden; die imposantere aus dem 18. Jh. kann von der Piazza dei Girolamini an der Via dei Tribunali bewundert werden. Die wahren Highlights befinden sich jedoch nebenan im Kloster aus dem 17. Jh.: der wunderschöne **Kreuzgang** mit verblichenen Majolikakacheln und die **Kunstgalerie** im oberen Stock mit Werken r großen Meister Luca Giordano, Battista Caracciolo und Giuseppe de Ribera.

MADRE MUSEUM

(Museo d'Arte Contemporanea Donnaregina; Karte S. 40; ☎081 1931 3016; www.museomadre.it; Via Settembrini 79; Erw./erm. 3,50/1,50 €, Mo frei; ⏲Mo & Mi–Sa 10.30–19.30, So bis 23 Uhr; 🚌C55 Richtung Via Duomo, Ⓜ Piazza Cavour) Zur Zeit der Recherche war die Zukunft von Neapels einst wunderbarem zeitgenössischen Museum noch ungewiss. Die „historische Sammlung" moderner Gemälde, Fotografien, Skulpturen und Installationen von Meistern wie Mario Merz, Damien Hirst und Olafur Eliasson war auf unbestimmte Zeit geschlossen. Nur die Auftragsinstallationen im 1. Stock waren zu besichtigen. Zu den von Neapel inspirierten Installationen gehören Werke von Francesco Clemente, Anish Kapoor, Rebecca Horn und Jeff Koons.

Aktuelle Infos stehen auf der Website.

Museo Diocesano di Napoli MUSEUM

(Karte S. 40; ☎081 557 13 65; www.museodiocesanonapoli.it; Largo Donnaregina, Chiesa di Santa Maria Donnaregina Nuova; Erw./erm. 5/4 €; ⏲Mo & Mi–Sa 9.30–16.30, So 9.30–14 Uhr; Ⓜ Piazza Cavour) Prachtvolle Barockarchitektur und sakrale Kunst verbinden sich in der umgestalteten Chiesa di Santa Maria Donnaregina Nuova. Die Sammlung des heutigen Diözesanmuseums von Neapel umfasst Renaissancetriptychons und Holzskulpturen aus dem 19. Jh. bis hin zu Werken von Barockmeistern wie Luca Giordano, Fabrizio Santafede und Andrea Vaccaro.

Die Highlights der Sammlung sind die letzten Gemälde von Giordano, die beidseitig des Hauptaltars der Kirche hängen, Paolo De Matteis' *San Sebastiano Curato dalle Pie Donne* (Der hl. Sebastian wird von frommen Frauen umsorgt) und ein Fresko des jungen Francesco Solimena, *Il Miracolo delle Rose di San Francesco* (Das Rosenwunder des Franz von Assisi) oberhalb des Altarraums.

An Wochenenden im April und Mai finden in dem Museum oft **klassische Konzerte** mit der Nuova Orchestra Alessandro Scarlatti (www.nuovaorchestrascarlatti.it) statt. Tickets (14 €) gibt es im Museum. Auf den Websites des Museums oder des Orchesters ist das Programm zu erfahren.

Museo di Filangieri MUSEUM

(Karte S. 40; ☎081 203 175, 081 749 93 05; http://filangieri.sbapsaena.campaniabeniculturali.it; Via Duomo 288; 🚌C55 bis Via Duomo) Das herrlich verrückte Museum ist nur bei telefonischer Anmeldung zu besichtigen (Änderungen stehen auf der Website). Es zeigt asiatische und europäische Rüstungen, antike Keramik sowie opulente Gemälde aus dem 15. bis 19. Jh. Ein Großteil der Sammlung gehörte dem Fürsten Gaetano Filangieri aus dem 19. Jh., dessen private, walnussgetäfelte *biblioteca* (Bibliothek) ihm einen überragenden Blick auf das Prunkstück des Gebäudes, die *Sala Agata* (Agatha-Saal), ermöglichte. Zur Zeit der Recherche waren die neuen Eintrittspreise und Öffnungszeiten noch nicht bestätigt. Aktuelle Infos gibt es im Museum oder in der Touristeninformation.

In der Sala Agata befinden sich viele der Museumshighlights, wie Luca della Robbias zierliche Skulptur *Testa di fanciullo imberbe* (Kopf eines bartlosen Jungen), Adriaen Hendriex van Ostades humoristisches Gemälde *Interno di taverna* (In der Taverne) und Giuseppe de Riberas zutiefst psychologisches Gemälde *Santa Maria Egiziaca* (hl. Maria von Ägypten).

Das Museumsgebäude selbst stammt aus dem späten 15. Jh. und ist architektonisch stark von der florentinischen Renaissance beeinflusst. Kaum zu glauben ist, dass der Palazzo bei der Erweiterung der Via Duomo in den 1880er-Jahren komplett abgetragen und 20 m weiter hinten wieder aufgebaut wurde.

Santissima Annunziata KIRCHE, HISTORISCHE STÄTTE

(☎081 254 26 08; Via dell'Annunziata 34; ⏲Mo–Sa 8–12 & 17.30–19.30, So 7.30–13 Uhr, ehem. Waisenhaus Mo–Sa 9–18 Uhr, Krypta Mo–Sa 8–12 & 17.30–19.30, So 7.30–13 Uhr; 🚌R2 bis Corso Umberto I) Der spannendste Teil in dem Kirchenkomplex aus dem 14. Jh. ist die berüchtigte **ruota** (Rad) in der Wand des Waisenhauses links der Basilika. Bis in die 1980er-Jahre wurden in einen Hohlraum in dem Rad ungewollte Kinder abgelegt. Auf der anderen Seite der Wand nahm eine Nonne das Kind entgegen, wusch es im angrenzenden Becken und trug das Datum des Eingangs ein. Ältere Kinder wurden manchmal in den Hohlraum gequetscht, wodurch sie schwere Verletzungen erlitten.

Die Basilika selbst wurde von Luigi Vanvitelli und seinem Sohn Carlo nach dem verheerenden Feuer von 1757 weitgehend neu gestaltet (die 57 m hohe Kuppel ist eine der Neuerungen). Zum Glück hatte die **Sakristei** von 1580 (rechts vom Kirchenschiff) das Feuer überstanden. Auf den kunstvoll geschnitzten Holzschränken von Girolamo D'Auria und Salvatore Caccavello sind Szenen aus dem Neuen Testament dargestellt. Die Gewölbefresken von Belisario Corenzio drehen sich um das Alte Testament. Wenn die Sakristei geschlossen ist, schließt der Küster auf höfliche Anfrage den Raum auf.

Ebenfalls eine Überlebende des Feuers ist die *mamma chiatta* (mollige Mutter), eine Holzfigur der Jungfrau Maria in der dritten Kapelle auf der linken Seite des Kirchenschiffs. Ihr Abbild wurde einst auf die Bleimedaillons der Kinder geprägt, die im ehemaligen Waisenhaus abgegeben wurden.

Weiter geht es zum Haupthof des Gebäudes. Ist die erste Tür in der linken Wand geöffnet, lohnt es sich einzutreten und hinter den roten Vorhang links zu blicken. Dahinter befindet sich Carlo Vanvitellis außergewöhnliche, runde und gewölbte **Krypta** mit sechs Altären. Der Hauptaltar zeigt eine Statue der *Madonna mit Kind* von Domenico Gagini und Stuckarbeiten von Giuseppe Sanmartino, Schöpfer des phantastischen *Cristo Velato* in der Cappella Sansevero.

T293 — GALERIE

(Karte S. 40; www.t293.it; Via dei Tribunali 293; ⌚Di–Fr 12–19 Uhr; 🚌C55 bis Via Duomo) Das raffinierte T293 ist eine phantastische Überraschung für Liebhaber zeitgenössischer Kunst. Die Galerie, die sich oberhalb einer unscheinbaren Treppe verbirgt, hat ein Händchen für aufregende Ausstellungen einiger der spannendsten Künstler der Welt (wie Henrik Olai Kaarstein, Damien Roach und Martin Soto Climent). Auf der Website sind die aktuellen Ausstellungen zu erfahren.

Chiesa di Santa Maria del Carmine — KIRCHE

(Karte S. 40; ☎081 20 11 96; Piazza del Carmine; ⌚Mo, Di & Do–Sa 6.30–12, Mi 6.30–13.30, So 6.30–14 Uhr; 🚌R2 bis Corso Giuseppe Garibaldi) Der *campanile* (Glockenturm) aus dem 17. Jh. ist der höchste in Neapel, zudem besitzt die ikonische Kirche ein berühmtes bewegliches Kruzifix. Das Kreuz, das heute in einem Tabernakel unter dem Hauptbogen der Kirche hängt, soll 1439 im Krieg zwischen Alfons von Aragon und Robert von Anjou einer Kanonenkugel ausgewichen sein, die auf die Kirche abgefeuert wurde. Ebenso wundersam ist die byzantinische Ikone der *Madonna della Bruna* aus dem 13. Jh. hinter dem Hauptaltar, die alljährlich am 16. Juli mit einem Feuerwerk gefeiert wird.

Die allseits beliebte Chiesa di Santa Maria del Carmine ist überhaupt von Legenden umwoben. Laut neapolitanischer Folkl[...] wurde der Staufer Konrad (Corradino) [...] Schwaben 1268 des Versuchs angekla[...] Karl I. von Anjou zu entthronen. Seine Mutter Elisabeth von Bayern versuchte daraufhin verzweifelt, Geld für seine Freilassung aufzutreiben. Das Geld traf jedoch zu spät ein, Konrad wurde geköpft und seine gramerfüllte Mama überließ das Geld der Kirche (unter der Bedingung, dass die Karmelitermönche für ihn jeden Tag beteten). Sie stimmten zu, die Kirche wurde gebaut, und bis heute steht im Querschiff ein Denkmal für Konrad.

Die **Piazza del Mercato** gleich nordwestlich der Kirche und der Piazza del Carmine hat eine noch dunklere Vergangenheit. Hier brach die Pest von 1656 aus, hier auch wurden über 200 Unterstützer der gescheiterten Parthenopäischen Republik von 1799 systematisch hingerichtet.

TOLEDO & QUARTIERI SPAGNOLI

Die von Palazzi flankierte Via Toledo (auch Via Roma genannt) wurde im 16. Jh. vom spanischen Vizekönig Don Pedro de Toledo geschaffen. Sie ist heute Neapels Haupteinkaufsstraße und eine beliebte Flaniermeile für die abendliche *passeggiata* (Bummel). An ihrem südlichen Ende bildet die quirlige Piazza Trento e Trieste den Abschluss, weiter nördlich wird sie zur Via Enrico Pessina und führt in ihrem Verlauf Richtung Capodimonte an der Piazza Dante und dem Museo Archeologico Nazionale vorbei.

Direkt westlich der Via Toledo liegen die engen Straßen der Quartieri Spagnoli (Spanisches Viertel), die ursprünglich zur Unterbringung der spanischen Soldaten Don Pedros gebaut wurden. Viel Sehenswertes gibt es dort nicht, aber die von Wäscheleinen überspannten Straßen bergen versteckte Schätze, von lärmenden Trattorias und szenigen Kulturtreffs bis zum unbedingt sehenswerten Pignasecca-Markt. Hier ist reinstes *Napoli popolana* (Arbeiterschichts-Neapel) zu erleben – aber immer auf die Handtasche achten.

LP TIPP Museo Archeologico Nazionale — MUSEUM

(Karte S. 50; ☎081 44 01 66; www.museoarcheologiconazionale.campaniabeniculturali.it; Piazza Museo Nazionale 19; Eintritt 6,50 €; ⌚Mi–Mo 9–19.30 Uhr; Ⓜ Museo, Piazza Cavour) Ein Besuch des archäologischen Nationalmuseums ist unverzichtbar: Es zeigt viele der schönsten Mosaike und Fresken aus Pompeji und Herculaneum

Toledo & Quartieri Spagnoli

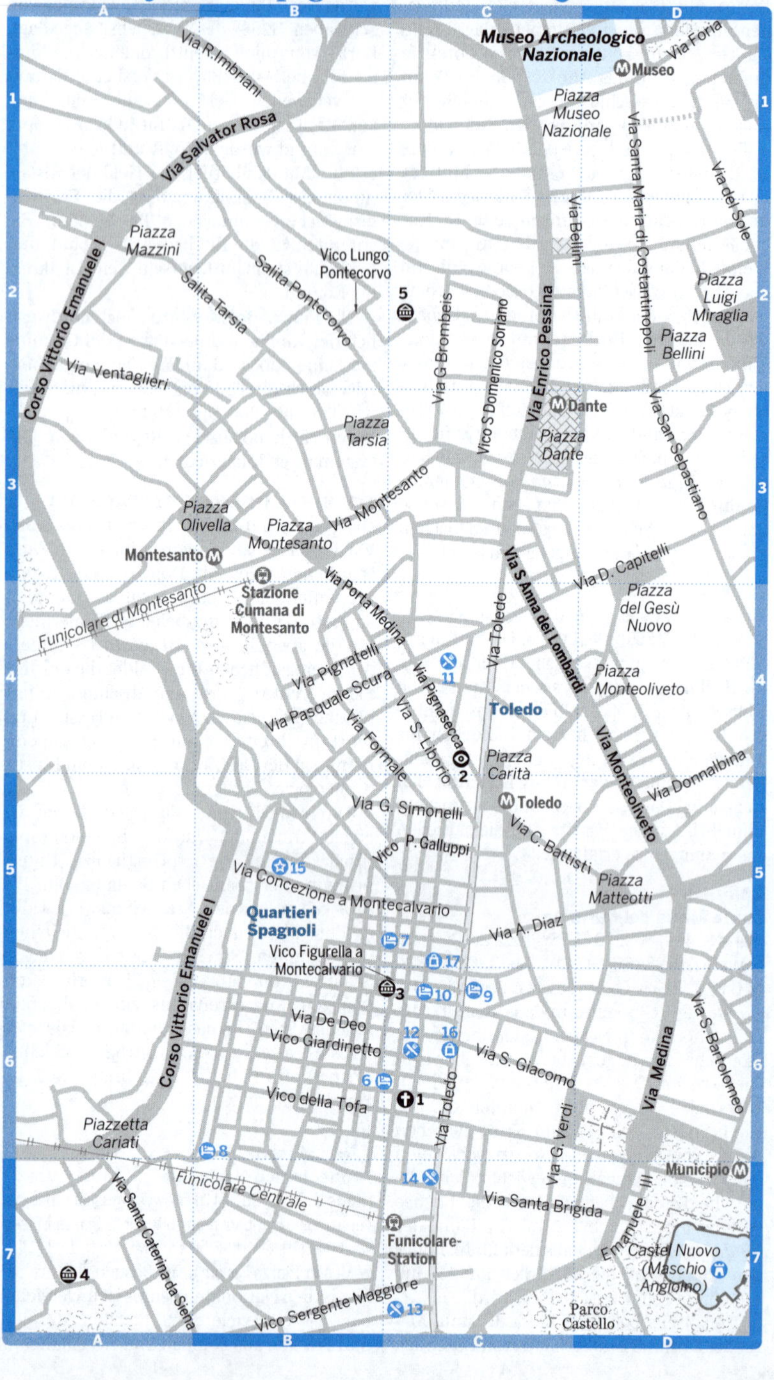

Toledo & Quartieri Spagnoli

Highlights
Museo Archeologico Nazionale C1

Sehenswertes
1 Casa e Chiesa di Santa Maria Francesca delle Cinque Piaghe............C6
2 La Pignasecca............C4
3 Largo Baracche............C6
4 Museo del Tessile e dell'Abbigliamento Elena Aldobrandini............A7
5 Museo Nitsch............C2

Schlafen
6 Hotel Il Convento............B6
7 Hotel Toledo............C5
8 La Concordia B&B............B6
9 Napolit'amo Hotel Toledo............C6
10 Sui Tetti di Napoli............C6

Essen
11 Antiche Delizie............C4
12 Hosteria Toledo............C6
13 Kukai............C7
14 Pintauro............C7

Unterhaltung
15 Galleria Toledo............B5

Shoppen
16 Napolimania............C6
17 Talarico............C5

sowie unschätzbare klassische Skulpturen wie den gewaltigen *Toro Farnese* (Farnese-Stier). Bevor es in die Ausstellungen über vier Stockwerke geht, lohnt sich die Ausgabe von 12 € für den Kurzführer *Das Archäologische Nationalmuseum Neapel,* veröffentlicht bei Electa, oder von 5 € für einen Audioguide (in mehreren Sprachen), um sich auf die Highlights zu konzentrieren.

Das Museum, ursprünglich eine Kavalleriekaserne, wurde Ende des 18. Jhs. vom Bourbonenkönig Karl VII. gegründet, um die umfangreiche Antikensammlung unterzubringen, die er von seiner Mutter Elisabetta Farnese geerbt hatte.

Im Untergeschoss befindet sich die Borgia-Sammlung ägyptischer Altertümer und Epigraphen, im Erdgeschoss die Farnese-Sammlung kolossaler griechischer und römischer Skulpturen, einschließlich des *Toro Farnese* (Farnese-Stier) in Saal XVI und des muskulösen *Ercole* (Herkules) in Saal XI. Der von Plinius erwähnte *Toro Farnese,* vermutlich die römische Kopie eines griechischen Originals, entstand im frühen 3. Jh. n. Chr. und beschreibt den Tod von Dirke, der Königin von Theben. Laut griechischer Mythologie wurde sie von Zethos und Amphion an einen wilden Stier gebunden, um sie für die schlechte Behandlung von deren Mutter Antiope, der ersten Frau von Lykos, des Königs von Theben, zu bestrafen. Die aus einem einzigen massiven Marmorblock gemeißelte Skulptur wurde 1545 nahe den Bädern von Caracalla in Rom entdeckt und von Michelangelo restauriert. 1787 kam sie nach Neapel.

Der *Ercole* wurde in der gleichen römischen Ausgrabungsstätte entdeckt und verblieb wie der *Toro Farnese* bis 1787 in Rom. Der ursprünglich beinlose Herkules erhielt von Guglielmo della Porta neue Beine. Es heißt, dass die Farnese von della Portas Werk so beeindruckt waren, dass sie sich weigerten, die originalen Beine wieder anzubringen, als diese schließlich gefunden wurden. Die Bourbonen hatten jedoch keine Bedenken und brachten die Originale wieder an. Die Beine von della Porta sind an der Wand hinter dem *Ercole* ausgestellt.

Wer wenig Zeit hat, sollte sich diese beiden Meisterwerke anschauen, bevor es direkt in den Zwischenstock mit seinen herrlichen pompejischen Mosaiken geht. Von den Mosaiken, die aus der Casa del Fauno stammen, ist *La battaglia di Alessandro Contro Dario* (Die Schlacht Alexanders gegen Darius) in Saal LXI das herausragendste. Das 20 m² große Mosaik ist die bekannteste Darstellung Alexanders des Großen und wurde vermutlich von alexandrinischen Handwerkern geschaffen, die gegen Ende des 2. Jhs. v. Chr. in Italien arbeiteten. In Saal LIX lohnt ein Blick auf die amüsanten *Scene di commedia: musici ambulanti* (Komödienszene: Straßenmusikanten), die eine bunt gemischte Truppe umherziehender Musikanten porträtieren. Ebenso herausragend sind die Mosaiken einer Katze, die eine Ente tötet, in Saal LX und eine Abbildung von Niltieren in Saal LXIII.

START: PORTA NOLANA
ZIEL: PIAZZA BELLINI
STRECKE: 3 KM
DAUER: 4 STUNDEN

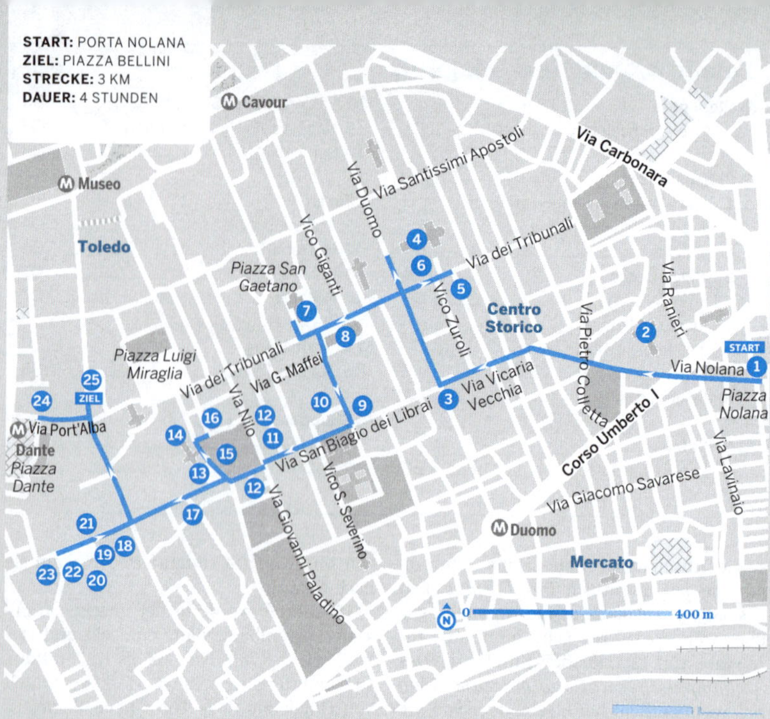

Spaziergang

Centro Storico: ein Bummel durchs Weltkulturerbe

Das über 2000 Jahre alte *centro storico* (historischer Stadtkern) von Neapel ist ein lärmender Haufen von Widersprüchen. Hektische Straßen führen über stille Ruinen, bröckelnde Fassaden verbergen mächtige barocke Innenräume und Kultschreine stehen neben hedonistischen Bars. Kein anderer Stadtteil ist so faszinierend und berauschend und kein anderer bietet eine solche Dichte an Kunst- und Architekturschätzen.

Der Spaziergang beginnt am Stadttor 1 **Porta Nolana** aus dem 15. Jh., dessen Außenmauer ein Marmorrelief von Ferdinand I. schmückt, dem illegitimen Sohn von Alfonso V. von Aragon, der von 1458 bis 1494 König von Neapel war. An der anderen Seite des Tors steht eine Büste aus dem 17. Jh. von San Gaetano. Heute ist die Porta Nolana bekannter als Zugang zum Mercato di Porta Nolana, dessen Backstände, Fischhändler, Metzger, Feinkost- und Obststände zu einem appetitanregenden Bummel einladen.

Nach Erkundung der Farben und Düfte des Markts führt der Weg westwärts über die Via Nolana. Nach Überquerung des Corso Umberto I. geht es rechts in die Via Egiziaca a Forcella und dann wieder rechts in die Via dell'Annunziata. Ein Stück weiter ist auf der rechten Seite die 2 **Santissima Annunziata** zu sehen, berühmt für ihr Waisenhaus und die *ruota,* ein Holzrad, in dem einst Babys abgelegt wurden. Zurück zur Via Egiziaca a Forcella geht es rechts ab, dann über die Via Pietro Colletta hinweg, die sich erst nach links krümmt und dann in die Via Vicaria Vecchia mündet. An der Kreuzung mit der verkehrsreichen Via Duomo steht eine der ältesten Kirchen Neapels, die 3 **Basilica di San Giorgio Maggiore**. Sie wurde im 4. Jh. vom hl. Severus errichtet, aber Mitte des 17. Jhs. von Cosimo Fanzago gründlich umgebaut. Die originale frühchristliche Apsis ist heute Teil des Haupteingangs. Zwei Blocks weiter in nordwestlicher Richtung auf der Via Duomo ragt Neapels Dom empor, der 4 **Duomo**. Hier versammeln sich jeden Mai, September und Dezember Tausende, um zu erleben, wie sich das geronnene Blut des San Gennaro auf wundersame Weise verflüssigt.

Der Weg führt zurück über die Via Duomo bis zur Via dei Tribunali. Die Straße, von den Römern *decumanus maior* genannt, verläuft parallel zum *decumanus inferior,* heute Spaccanapoli oder Via San Biagio dei Librai. Bevor es rechts in den Kern des *centro storico* geht, lohnt ein kleiner Abstecher nach links, um Caravaggios Meisterwerk *Le Sette Opere di Misericordia* (Die sieben Gnadenakte) in der 5 **Pio Monte della Misericordia** zu bewundern und einen schnellen Blick auf die 6 **Guglia di San Gennaro** auf dem kleinen Platz gegenüber der Kirche zu werfen. Der Obelisk von 1636 mit Mauerwerk von Cosimo Fanzago und einer Bronzestatue von Tommaso Montani ist ein monumentales „*grazie*" an San Gennaro für den Schutz Neapels beim Ausbruch des Vesuvs von 1631.

Nach Überquerung der Via Duomo führt der Weg zur Piazza San Gaetano, die etwa 150 m nach rechts liegt. Der winzige Platz, auf dem einst das römische Forum stand, wird heute von der imposanten 7 **Basilica di San Paolo Maggiore** beherrscht, deren opulente Barocksakristei eine der verborgenen Glanzstücke der Stadt ist. Gegenüber der Piazza befindet sich das 8 **Complesso Monumentale di San Lorenzo Maggiore**, unter dessen nüchterner, aber schöner gotischen Basilika römische *scavi* (Ausgrabungen) liegen. Nach einem Blick in den Untergrund geht es weiter über die 9 **Via San Gregorio Armeno**. Im Dezember kommen Leute aus ganz Italien, um in den Geschäften in der Straße einzukaufen. Sie sind auf *presepi* (Weihnachtskrippen) spezialisiert, die in keinem traditionellen italienischen Haus zu Weihnachten fehlen dürfen. In der Straße steht auch die 10 **Chiesa e Chiostro di San Gregorio Armeno**, die berühmt für ihren extravaganten Rokokoraum und das wöchentliche Wunder ist – das Blut der Santa Patrizia soll sich hier jeden Dienstag verflüssigen.

Die Straße trifft auf die Via San Biagio dei Librai. Etwa 250 m weiter rechts, wo die Statua del Nilo steht, liegt die 11 **Piazzetta Nilo**. Diese antike Statue stellt den Nilus, den griechischen Gott des Nils, dar. Weniger imposant ist der Altar für den Fußballer Maradona an der Wand gegenüber der Statue. Die 12 **Chiesa di Sant'Angelo a Nilo** ein Stück weiter links birgt ein herrliches Grabmal, dessen Stil durch die Gotik und die Renaissance beeinflusst wurde. Von hier sind es nur ein paar Schritte zur hübschen 13 **Piazza San Domenico Maggiore**, Standort der imposanten 14 **Chiesa di San Domenico Maggiore**. In dieser Kirche soll ein Kreuz zum hl. Thomas von Aquin gesprochen haben; der Theologe lehrte im angrenzenden Kloster. Haus Nr. 9 ist der 15 **Palazzo dei Di Sangro**, wo am 16. Oktober 1590 der Adlige und Komponist Carlo Gesualdo seine Frau und Cousine Maria d'Avalos und ihren Liebhaber Fabrizo Carafa brutal ermordete, als er sie in flagranti erwischt hatte. Der listige Gesualdo, der d'Avalos der Untreue verdächtigte, ließ seine Frau glauben, er sei zur Jagd abgereist. Um die Ecke des Palazzo verläuft die Via Francesco de Sanctis, wo die unbedingt sehenswerte 16 **Cappella Sansevero** steht. Das Schmuckstück von einer Kapelle birgt die faszinierende Skulptur *Cristo velato* (verhüllter Christus). Der venezianische Bildhauer Antonio Canova hat bekanntermaßen gesagt, dass er zehn Jahre seines Lebens dafür gegeben hätte, ihr Schöpfer zu sein.

Zurück auf der Via San Biagio dei Librai wird die Straße zur Via Benedetto Croce. Auf der linken Seite, bei der Nr. 45, steht der 17 **Palazzo Carafa della Spina**, der von Domenico Fontana Ende des 16. Jhs. entworfen und in der ersten Hälfte des 18. Jhs. umgebaut wurde. Sein barocker *portone* (Eingang) mit Satyren als Balkonstütze und dem Wappen der Familie Carafa gehört zu den schönsten Neapels. Beidseitig des Eingangs stehen zwei marmorne Seeungeheuer, deren offene Mäuler einst zum Löschen von Fackeln genutzt wurden. Weiter westlich befindet sich die 18 **Basilica di Santa Chiara**, ein Zeugnis der Kunstfertigkeit der Restaurateure Neapels, nachdem das Gebäude im Zweiten Weltkrieg durch Bomben fast vollständig zerstört worden war. Nach der Stille des angrenzenden gekachelten Kreuzgangs der Basilika geht es auf die 19 **Piazza del Gesù Nuovo**, wo es nachts hoch hergeht, und zum Haus Nr. 14, der 20 **Libreria Dante & Descartes**, einem bildungsbürgerlichen Buchladen, der bei Autoren und Intellektuellen beliebt ist. Die Nordseite der Piazza wird von der üppig verzierten 21 **Chiesa del Gesù Nuovo** beherrscht, in der Mitte des Platzes steht die 22 **Guglia dell'Immacolata**, die zwischen 1747 und 1750 geschaffen wurde; die vergoldete Kupferstatue der Jungfrau Maria wurde 1753 hinzugefügt. Filmliebhaber werden beim 23 **Palazzo Pandola** in der Nr. 33 den Hauptbalkon erkennen. Er taucht in der Schlussszene von Vittorio De Sicas *Matrimonio all'italiana* (Hochzeit auf Italienisch) auf, einer Komödie mit Sophia Loren und Marcello Mastroianni. Vom Platz geht es zurück zur ersten Kreuzung und dort links in die Via San Sebastiano mit ihren zahllosen Musikinstrumentenläden. An der nächsten Kreuzung verläuft die von Buchläden gesäumte Via Port'Alba nach links zur 24 **Port'Alba**, einem Stadttor von 1625, das auf die Piazza Dante führt.

Wieder zurück auf dem gleichen Weg geht es nach links in die Via San Sebastiano, wo sich einen Block weiter rechts die 25 **Piazza Bellini** öffnet. Der perfekte Abschluss für den Spaziergang ist eines der Cafés an der Piazza – aber nicht vergessen, vorher die Reste der griechischen Stadtmauer aus dem 4. Jh. v. Chr. unter dem Platz anzuschauen.

Im **Gabinetto Segreto** (Geheimkammer) hinter den Mosaiken befindet sich eine kleine, aber oft betrachtete Sammlung antiker Erotika. Den Eingang bewacht die Marmorstatue eines lüsternen Pan, der sich um eine sehr scheue Daphne schlingt. Pan wird dann im berühmtesten Exponat der Sammlung auf frischer Tat ertappt, diesmal mit einer Ziege – eine kleine und verblüffend elegante Statue aus der Villa dei Papiri in Herculaneum. Es gibt auch eine Serie von neun Gemälden, die erotische Positionen darstellen – eine Art „Auswahlmenü" für Bordellbesucher.

Die riesige **Sala Meridiana** (Sonnenuhrsaal) im 1. Stock, ursprünglich die königliche Bibliothek, birgt den *Farnese Atlante*, eine Statue des Atlas, der die Weltkugel auf den Schultern trägt, sowie verschiedene Gemälde aus der Farnese-Sammlung. Die Decke schmückt Pietro Bardellinos farbenprächtiges Fresko von 1781, das den *Triumph von Ferdinand IV. von Bourbon und Maria Karolina von Österreich* darstellt.

Der übrige 1. Stock ist überwiegend den faszinierenden Fundstücken aus Pompeji, Herculaneum, Boscoreale, Stabiae und Cuma gewidmet. Darunter befinden sich atemberaubend lebhafte, mythologisch gefärbte Wandfresken aus der Villa di Agrippa Postumus und der Casa di Meleagro, sowie zwei Gladiatorenhelme, Keramiken und Glas – sogar Eierbecher. In den Sälen LXXXVI und LXXXVII ist eine außergewöhnliche Sammlung von Vasen unterschiedlicher Herkunft ausgestellt, viele davon sorgfältig aus Bruchstücken zusammengesetzt. Ebenfalls auf diesem Stockwerk werden diverse Kupfergravierungen und griechische Grabvasen gezeigt.

Wer unbedingt bestimmte Sammlungen des Museums sehen will, sollte vorher anrufen, ob die entsprechenden Galerien auch geöffnet sind; Personalmangel führt leider oft dazu, dass Teile des Museums stundenweise geschlossen sind.

Galleria di Palazzo Zevallos Stigliano — GALERIE

(☎081 42 50 11; www.palazzozevallos.com; Via Toledo 185; Erw./erm. 4/3 €; ⊙Di–Fr & So 10–18, Sa 10–20 Uhr; 🚌R2 bis Piazza Trieste e Trento) Die Stuckatur und die Fresken aus dem 19. Jh. im Palazzo Zevallos Stigliano aus dem 17. Jh. sind zwar hinreißend, aber das Glanzstück ist Caravaggios letztes Meisterwerk *Das Martyrium der hl. Ursula* (1610). Das Bild, das der Künstler Wochen vor seinem einsamen Tod vollendete, beschreibt die brutale Szene eines rachsüchtigen Hunnenkönigs, der das Herz seiner unwilligen jungfräulichen Braut Ursula durchsticht.

Hinter der sterbenden Märtyrerin ist ein gequälter Caravaggio zu sehen, eine unheimliche Ahnung seines eigenen drohenden Schicksals. Die stürmische Geschichte des Künstlers und des Gemäldes wird im kostenlosen, höchst informativen Audioguide erläutert. Caravaggios Gemälde ist das Prachtstück der kleinen **Kunstgalerie** des Palazzos, zu deren anderen bemerkenswerten Werken auch ein faszinierender bebilderter Stadtplan Neapels im 17. Jh. von Alessandro Baratta und Landschaftsgemälde aus dem 18. und 19. Jh. von Anton Smink Pitloo und Gaspar van Wittel gehören. Letzterer ist der Vater des berühmten Architekten Luigi Vanvitelli.

Galleria Umberto I — ARCHITEKTUR

(Karte S. 40; Via San Carlo; 🚌R2 bis Via San Carlo) Die berühmteste Einkaufspassage Neapels aus dem 19. Jh. erinnert an die Mailänder Galleria Vittorio Emanuele. Sie ist eine atemberaubende Kombination aus üppig verzierten Fassaden der Neorenaissance und einer grazilen Glasdecke, die von einer 56 m hohen Kuppel gekrönt ist. Die *galleria* mit ihrem prächtigen Marmorboden ist abends am spektakulärsten, wenn sie zum surrealen Schauplatz für spontane Fußballspiele wird.

Accademia di Belle Arti — GALERIE

(Karte S. 40; ☎081 44 18 87; www.accademiadinapoli.it; Via Santa Maria di Costantinopoli 107, Eingang in der Via Bellini; Eintritt frei; ⊙Di–Sa 10–13.30, Fr 14–18 Uhr; Ⓜ Dante) Die Galerie im 2. Stock der angesehenen Akademie der schönen Künste zeigt eine bedeutende Sammlung neapolitanischer Werke aus dem 19. und 20. Jh., viele von ehemaligen Studenten der Akademie, wie dem Aquarellmaler Giacinti Gigante und dem Bildhauer Vincenzo Gemito. Dass Gemito 1874 so viele Büsten geschaffen hat, ist kein Zufall – er produzierte wie verrückt, um sich vom Militärdienst freikaufen zu können.

Das Gebäude aus dem 17. Jh. selbst war einst das Konvent der Kirche San Giovanni Battista delle Monache. Es wurde 1864 vom Architekten Enrico Alvino gründlich umgebaut, der dem Bau eine klassizistische Fassade, eine prächtige Treppe und zwei edle Löwen verlieh, die den Haupteingang bewachen.

La Pignasecca — MARKT

(Karte S. 50; Via Pignasecca; ⊙8–13 Uhr; Ⓜ Toledo) Neapels ältester Straßenmarkt ist ein Ausflug für alle Sinne in eine Welt aus zappelnden Meeresfrüchten, verlockenden Delikatessen und fachkundigen *casalinghe* (Hausfrauen) auf der Suche nach makellosen Lebensmitteln. Im Antiche Delizie werden lokaler Käse und Wein angeboten, an den Straßenständen alles Mögliche, von verbilligtem Parfum und Wäsche bis zu neapolitanischen Hip-Hop-CDs und spottbilligen Designertaschen und -klamotten.

Piazza Dante PIAZZA

(Karte S. 40; Ⓜ Dante) An heißen Sommerabenden verwandelt sich die Piazza Dante in ein kommunales Wohnzimmer, wo ganze Familien bummeln, essen, rauchen, Karten spielen, Ballons hinterherjagen und über die Schwiegereltern meckern.

Die Ostseite des Platzes wird von der enormen Fassade des **Convitto Nazionale** beherrscht, das Paradestück von Luigi Vanvitellis spektakulärem Platz aus dem 18. Jh. Das Gebäude ist dem Bourbonenkönig Karl VII. gewidmet, aber die Hauptfigur ist heute ein sandgestrahlter Marmor-Dante, der über die Via Toledo blickt.

Unter all befindet sich die die **Metrostation Dante**, die gleichzeitig als innovativer Kunstraum mit Installationen von einigen Größen der Kunstszene dient. Über der nach unten fahrenden Rolltreppe ist Joseph Kosuths *Queste Cose Visibili* (Diese sichtbaren Dinge) zu sehen. Das irritierend große und neonleuchtende Werk ist ein Zitat aus Dantes philosophischem Werk *Das Gastmahl*. An der Wand unten an der Rolltreppe verlaufen die abtrünnigen Zuggleise des Künstlers Jannis Kounellis über weggeworfene Schuhe. Rechts dahinter steht über dem zweiten Rolltreppenpaar *Intermediterraneo,* Michelangelo Pistolettos riesige spiegelnde Karte des Mittelmeers.

Chiesa di Sant'Anna dei Lombardi KIRCHE

(Karte S. 40; ☎081 551 33 33; Piazza Monteoliveto; ⌚9–13 & 16–18 Uhr; Ⓜ Toledo) Die prachtvolle Kirche, als ein wahres Museum der Renaissancekunst bezeichnet, ist ein Beleg für die engen Verbindungen, die einst zwischen den Dynastien Aragon aus Neapel und Medici aus Florenz bestanden. Ein besonderes Highlight ist Guido Mazzonis spektakuläre *Pietà* von 1492. Das Ensemble besteht aus acht lebensgroßen Terracottafiguren, die sich um den leblosen Körper Christi gruppieren.

Die Figuren waren ursprünglich bemalt, aber selbst ohne die Farbe sind sie ziemlich eindrucksvoll. Die **Sakristei** ist an sich schon ein Kunstwerk. Die Wände sind mit prachtvoll intarsierten Holzpaneelen von Giovanni da Verona verkleidet und die Decke ist mit Giorgio Vasaris Fresken aus dem 16. Jh. bemalt, die die *Allegorien und Symbole des Glaubens* darstellen.

Gegenüber der Kirche auf der anderen Seite der Via Monteoliveto befindet sich der **Palazzo Gravina** (Karte S. 40; Via Monteoliveto 3) aus dem 16. Jh., der Sitz des Fachbereichs Architektur der Universität Neapel.

Casa e Chiesa di Santa Maria Francesca delle Cinque Piaghe KIRCHE, HISTORISCHE STÄTTE

(Karte S. 50; ☎081 42 50 11; Vico Tre Re a Toledo 13; ⌚Kirche 7–12 Uhr, Wohnung 9–12, an jedem 6. des Monats auch um 16.30–19.30 Uhr; Ⓜ Toledo) Das Heiligtum ist die Essenz des besonderen kultischen Katholizismus Neapels. Es war einst die Wirkungsstätte der Santa Maria Francesca delle Cinque Piaghe, Mystikerin und Empfängerin von Stigmata, der einzigen heilig gesprochenen Frau der Stadt. Hier befindet sich auch der wundertätige Holzstuhl, der ein besonderer Hit unter unfruchtbaren Gläubigen ist: Sie setzen sich auf ihn, in der Hoffnung, schwanger zu werden.

(Wer eine Segnung wünscht, kann sie von den Töchtern der Santa Maria Francesca erbitten, die den Komplex leiten.)

Das heilige Möbelstück steht in der sorgfältig konservierten **Wohnung** der Heiligen aus dem 18. Jh. Die Wände sind hier bedeckt von modernem Babyzeug und lebhaften Gemälden aus dem 18. und 19. Jh., die heilige Wunderheilungen darstellen – Votivgaben jener, deren Gebete erhört wurden. Weitere Gegenstände im Haus sind die blutbefleckten Kleider der Stigmatikerin, ihr Bett und Kissen, ihre Selbstgeißelungsschnüre und ein seltenes, handbemaltes Spinett von 1682.

Die Wohnung liegt über einer winzigen **Kapelle**, die berühmt für ihre schöne neapolitanische Sakralkunst aus dem 18. Jh. ist, darunter glasäugige Heiligenstatuen. Besonders selten ist die Statue der *Divina Pastora* (himmlische Schäferin) an der linken Seite des Schiffs. Sie ist die einzige Skulptur dieser Art in Neapel, eine ungewöhnliche Darstellung einer liegenden Jungfrau Maria mit einem Schäferhut, der aus dem Spanien des 18. Jhs. stammt. Eine Statue der Santa Maria Francesca links des Schiffs enthält die Gebeine der heiligen Neapolitanerin.

Museo Nitsch MUSEUM

(Karte S. 50; ☎081 564 16 55; www.museonitsch.org; Vico Lungo Pontecorvo 29d; Erw./erm. 10/

5 €; ⌚Mo–Fr 10–19, Sa 10–14 Uhr; Ⓜ Dante) 1974 wurde der österreichische Aktionskünstler Hermann Nitsch eingeladen, um in Neapel eine seiner „Aktionen" aufzuführen (eine blutige, ritualisierte Kunstperformance). Er wurde daraufhin sofort verhaftet und aus Italien abgeschoben. Das geniale, wenn auch für zimperliche und leicht beleidigte Zeitgenossen nicht geeignete Museum und Kulturzentrum dokumentiert die faszinierenden, symbolischen, kontroversen Werke des heute verehrten Künstlers mittels Fotografien, Video, Gemälden und Requisiten.

In dem Zentrum in einem umgebauten Kraftwerk mit tollem Blick vom Dach finden auch regelmäßig Kulturveranstaltungen statt, wie z. B. Vorführungen avantgardistischer Filme.

GRATIS **Largo Baracche** GALERIE

(Karte S. 50; ☎393 3641664; www.largobaracche.org; Piazza Baracche; ⌚nach Vereinbarung; Ⓜ Toledo) Das unterirdische Largo Baracche ist eine antike Ruine, diente im Zweiten Weltkrieg als Luftschutzbunker und ist heute eine Kunstgalerie, die junge und begabte lokale Nachwuchskünstler unterstützt. Auf der Website sind kommende Ausstellungen angekündigt, und unbedingt die Leute bitten, das Licht auszuschalten – es ist die einzige Möglichkeit, die im Dunkeln leuchtenden Wandbilder der neapolitanischen Straßenkünstler **cyop&kaf** (www.cyopekaf.org) zu sehen.

SANTA LUCIA & CHIAIA

An ihrem südlichen Ende führt die Via Toledo ins noble Santa Lucia, zu dessen großartigen Sehenswürdigkeiten die weitläufige Piazza del Plebiscito, der mit Kunst vollgestopfte Palazzo Reale, das samtige Teatro San Carlo und weiter im Osten die ehemalige Angevinerfestung Castel Nuovo (Maschio Angioino) gehören. Direkt südlich des Castel Nuovo ankern am Molo Beverello die Fähren nach Capri, Ischia, Procida und Sorrent, weiter südwestlich verspeisen Gäste an kerzenbeleuchteten Tischen im Borgo Marinaro am Hafen Fisch und Meeresfrüchte.

Die Via Santa Lucia wird vom Monte Echia und dem Viertel Pizzofalcone überragt, das seit dem 7. Jh. v. Chr. bewohnt und ein kaum bekanntes Gewirr aus dunklen Straßen, makabren Votivschreinen und umwerfenden Aussichten ist.

Chiaia weiter westlich ist Neapels Schickiviertel mit der modeversessenen Via Calabritto, dem ehemaligen Rothschild-Haus Villa Pignatelli und den schicksten Bars der Stadt.

LP TIPP **Palazzo Reale** MUSEUM, PALAST

(Königlicher Palast; Karte S. 58; ☎081 40 04 54; Piazza del Plebiscito; Erw./erm. 4/3 €; ⌚Do–Di 9–19 Uhr; 🚌R2 bis Piazza Trieste e Trento) Der prachtvolle Palazzo Reale, im 16. Jh. als Monument spanischer Glorie errichtet (Neapel stand in jener Zeit unter spanischer Herrschaft), ist heute das **Museo del Palazzo Reale** mit einer reichhaltigen und eklektischen Sammlung barocker und klassizistischer Möbel, Porzellan, Tapisserien, Statuen und Gemälde, die in den königlichen Wohnräumen des Palastes ausgestellt sind.

Zu den Highlights gehört das restaurierte Teatrino di Corte, ein opulentes Privattheater, das 1768 von Ferdinando Fuga zu Ehren der Hochzeit von Ferdinand IV. und Maria Karolina von Österreich eingerichtet wurde. Angelo Vivas Statuen von Apollo und den Musen an den Wänden sind bemerkenswerterweise aus Pappmaschee.

Süffisantes Grinsen wartet in der Sala XII, wo das Gemälde *Gli esattori delle imposte* (Die Steuereintreiber) des niederländischen Malers Marinus Claesz van Roymerswaele aus dem 16. Jh. bestätigt, dass sich die Einstellung zu Steuereintreibern in 500 Jahren kaum verändert hat.

Der nächste Saal, die Sala XIII, war im 19. Jh. das Arbeitszimmer Joachim Murats, wurde aber im Zweiten Weltkrieg von alliierten Soldaten als Snackbar genutzt. Was dann in der Sala XXIII wie ein Wasserrad aussieht. ist tatsächlich ein raffiniertes, rotierendes Lesepult, das Giovanni Uldrich im 18. Jh. für Maria Karolina gefertigt hatte.

Die Cappella Reale (königliche Kapelle) birgt einen kolossalen *presepe* (Weihnachtskrippe) aus dem 18. Jh. Die eindrucksvoll detailreichen Figuren der heiligen drei Könige, drallen Bäuerinnen und mampfenden Esel wurden von etlichen berühmten neapolitanischen Künstlern geschaffen, darunter auch Giuseppe Sanmartino, dem Bildhauer der unglaublichen Skulptur *Cristo velato* (verhüllter Christus), die sich in der Cappella Sansevero (S. 38) befindet.

Die einst eindrucksvollen hängenden Gärten, die sich von der Sala IX aus erstrecken, sind noch immer wegen Restaurierung geschlossen, werden aber manchmal für den Maggio dei Monumenti (S. 80) geöffnet. Bildschön ist aber auch der Garten links des Haupteingangs im Erdgeschoss des Palastes mit Blick auf die Bucht. Der Eintritt ist frei.

Im Palast befindet sich auch die **Biblioteca Nazionale** (Nationalbibliothek; Karte S. 58; ☎081 781 92 31; www.bnnonline.it; Piazza del Plebiscito, Palazzo Reale; Eintritt frei; ⏰Mo–Fr 8.30–19.15, Sa 8.30–13.15 Uhr, Papyrus-Ausstellung schließt um 13 Uhr; 🚌R2 bis Piazza Trieste e Trento), die von Domenico Fontana entworfen und erst zwei Jahrhunderte später im Jahr 1841 fertiggestellt wurde. Sie enthält mindestens 2000 Papyri, die in Herculaneum entdeckt wurden, und Fragmente einer koptischen Bibel aus dem 5. Jh. Eintritt in die Bibliothek nur mit Lichtbildausweis.

Memus MUSEUM

(Museum & Historisches Archiv des Teatro San Carlo; Karte S. 58; www.memus.org; Piazza del Plebiscito, Palazzo Reale; Erw./erm. 10/5 €; ⏰Mo, Di, Do & Fr 10–17, Sa & So bis 19 Uhr; 🚌R2 bis Piazza Trieste e Trento) Das hochmoderne Museum im Palazzo Reale (Eintrittskarten am Kartenschalter für den Palast) dokumentiert die Geschichte des ältesten noch aktiven Opernhauses Europas, des Teatro San Carlo (S. 89). Die Sammlung verbindet historische Kostüme, Schaubilder, Instrumente und Memorabilien mit interaktiven Multimediaexponaten, die Musik und Bühnenbilder des Theaters zum Leben erwecken. Einen tieferen Einblick vermitteln die Computer im 1. Stock. Der Eintritt ist im Ticket zum Palazzo Reale enthalten.

Piazza del Plebiscito PIAZZA

(Karte S. 58; Piazza del Plebiscito; 🚌R2 bis Piazza Trieste e Trento) In Sachen Grandezza ist die Piazza del Plebiscito kaum zu überbieten. Wohin auch immer das Auge fällt, ist der Anblick beeindruckend. Im Nordwesten führen weinbewachsene Hänge hoch zum Castel Sant'Elmo und zum Kloster Certosa di San Martino, im Osten präsentiert der rosafarbene Palazzo Reale seine älteste Fassade. Und im Westen steht Pietro Banchinis klassizistische Kopie des römischen Pantheon, die **Chiesa di San Francesco di Paola** (Karte S. 58; ☎081 74 51 33; Piazza del Plebiscito; ⏰8.30–12 & 16–19 Uhr).

Die Kirche ist ein spätere Ergänzung in Joachim Murats ursprünglicher Kolonnadengestaltung der Piazza von 1809. Sie wurde von Ferdinand I. 1817 in Auftrag gegeben, um nach dem napoleonischen Intermezzo die Wiedereinsetzung seines Königreichs zu feiern. Vor ihr wachen Antonio Canovas Statue eines galoppierenden König Karl VII. von Bourbon und Antonio Calís Darstellung von Karls Sohn Ferdinand I.

An der Nordseite geht die Piazza Plebiscito in die Piazza Trieste e Trento über, das quirlige Herz und Standort des glamourösesten Cafés der Stadt, das Caffè Gambrinus (S. 87) – der ideale Ort, um sich die schicke Sonnenbrille aufzusetzen, sich den Angebern anzuschließen und die Passanten zu begutachten.

Castel Nuovo BURG, MUSEUM

(☎081 795 58 77; Piazza Municipio; Eintritt 5 €; ⏰Mo–Sa 9–19, letzter Eintritt 18 Uhr) Die klotzige Burg aus dem 13. Jh., von den Neapolitanern auch Maschio Angioino (angevinischer Bergfried) genannt, ist eines der markantesten Wahrzeichen Neapels. Sie birgt auch das **Museo Civico** (Stadtmuseum), zu dessen Sammlung Fresken, Gemälde und Skulpturen aus dem 14. bis 20. Jh. gehören.

Die Geschichte der Burg beginnt mit Karl I. von Anjou, der nach Übernahme Neapels und des staufischen Königreichs Sizilien nun nicht nur seine neuen süditalienischen Gebiete beherrschte, sondern auch Besitztümer in der Toskana, Norditalien und der französischen Provence hatte. Es lag daher nahe, seine neue Dynastie in Neapel zu etablieren statt im sizilianischen Palermo. Karl begann also mit einem ehrgeizigen Bebauungsplan zur Erweiterung des Hafens und der Stadtmauern. Zu diesem Projekt gehörte auch der Umbau eines franziskanischen Konvents in eine Burg, die noch immer an der Piazza Municipio steht.

Sie wurde 1282 fertiggestellt und Castrum Novum (neue Burg) genannt, um sie von den älteren Bauten Castel dell'Ovo und Castel Capuano zu unterscheiden. Sie entwickelte sich zum beliebten Tummelplatz von Intellektuellen und Künstlern jener Zeit – Giotto dankte seinen königlichen Gastgebern, indem er einen Großteil der Innenräume bemalte. Vom ursprünglichen Bauwerk ist jedoch nur noch die Cappella Palatina erhalten; der Rest ist das Ergebnis aragonesischer Umbauten zwei Jahrhunderte später sowie von sorgfältigen Restaurierungen vor dem Zweiten Weltkrieg.

Der zweistöckige Renaissancetriumphbogen am Eingang – der **Torre della Guardia** – gedenkt dem siegreichen Einzug von Alfonso I. von Aragon in Neapel 1443. Die düstere, steinerne **Sala dei Baroni** (Saal der Barone) ist nach den Baronen benannt, die hier 1486 wegen Verschwörung gegen König Ferdinand I. von Aragon niedergemetzelt wurden. Das markante Rippengewölbe ist eine Verbindung aus antiken römischen und spanisch-spätgotischen Einflüssen.

Santa Lucia & Chiaia

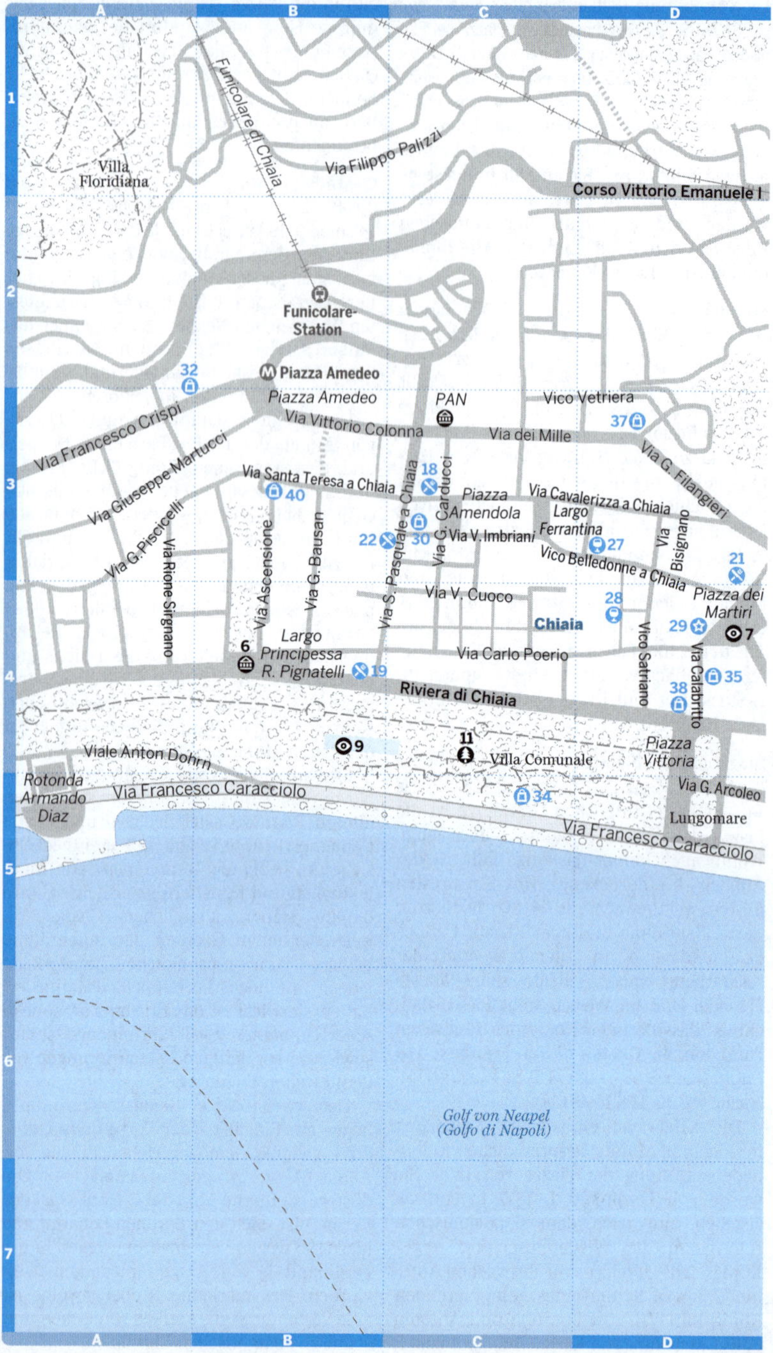

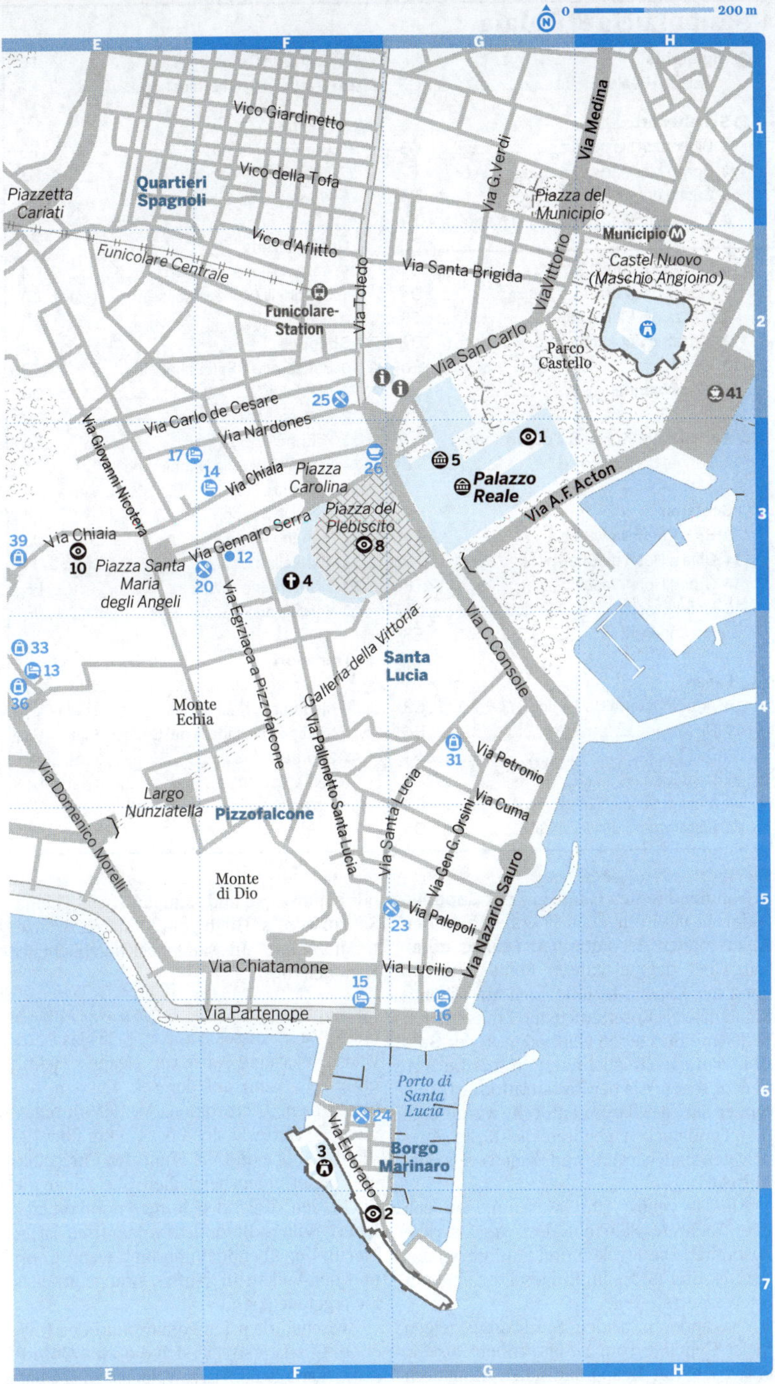
0
200 m
E
F
G
H
1
2
3
4
5
6
7
Vico Giardinetto
Via Medina
Quartieri Spagnoli
Vico della Tofa
Via G.Verdi
Piazza del Municipio
Piazzetta Cariati
Municipio
Vico d'Aflitto
Castel Nuovo (Maschio Angioino)
Funicolare Centrale
Via Santa Brigida
Via Vittorio
Funicolare-Station
Via Toledo
Via San Carlo
Parco Castello
41
25
Via Carlo de Cesare
Via Nardones
1
Via Giovanni Nicotera
17
5
26
14
Via Chiaia
Piazza Carolina
Palazzo Reale
Via A.F. Acton
Piazza del Plebiscito
39
Via Chiaia
Via Gennaro Serra
8
10
Piazza Santa Maria degli Angeli
12
20
4
Via Egiziaca a Pizzofalcone
Galleria della Vittoria
Via C.Console
33
13
Santa Lucia
36
Monte Echia
Via Pallonetto Santa Lucia
31
Via Petronio
Via Domenico Morelli
Via Santa Lucia
Largo Nunziatella
Pizzofalcone
Via Cuma
Via Gen. G. Orsini
Monte di Dio
Via Nazario Sauro
23
Via Palepoli
Via Chiatamone
Via Lucilio
15
16
Via Partenope
Porto di Santa Lucia
24
Via Eldorado
3
Borgo Marinaro
2

Santa Lucia & Chiaia

Highlights

Palazzo Reale ... G3

Sehenswertes

1 Biblioteca Nazionale ... G3
2 Borgo Marinaro ... F7
3 Castel dell'Ovo ... F6
4 Chiesa di San Francesco di Paola ... F3
5 Memus ... G3
6 Museo Pignatelli ... B4
7 Piazza dei Martiri ... D4
8 Piazza del Plebiscito ... F3
9 Stazione Zoologica ... B4
10 Via Chiaia ... E3
11 Villa Comunale ... C4

Aktivitäten, Kurse & Touren

12 Tunnel Borbonico ... F3

Schlafen

13 B&B Cappella Vecchia ... E4
14 Chiaja Hotel de Charme ... F3
15 Grand Hotel Vesuvio ... F6
16 Hotel Excelsior ... G6
17 Nardones 48 ... E3

Essen

18 Antica Osteria Da Tonino ... C3
19 Da Bruno ... B4
20 Da Ettore ... F3
21 L.U.I.S.E. ... D3
22 Moccia ... C3
23 Ristorantino dell'Avvocato ... G5
24 Trattoria Castel dell'Ovo ... F6
25 Trattoria San Ferdinando ... F2

Ausgehen

26 Caffè Gambrinus ... F3
27 Enoteca Belledonne ... D3
28 Nàis ... D4

Unterhaltung

29 Associazione Scarlatti ... D4
Feltrinelli (Konzertkasse) ... (siehe 33)

Shoppen

30 Bancarelle a San Pasquale ... C3
31 Bowinkel ... G4
32 Contemporastudio ... A2
33 Feltrinelli ... E4
34 Fiera Antiquaria Napoletana ... C5
35 Finamore ... D4
36 Livio De Simone ... E4
37 Mariano Rubinacci ... D3
38 Marinella ... D4
39 Tramontano ... E3
40 Verdegrano ... B3

Transport

Caremar ... (siehe 41)
Medmar ... (siehe 41)
Navigazione Libera del Golfo ... (siehe 41)
41 Siremar ... H2
SNAV ... (siehe 41)
Tirrenia ... (siehe 41)

Von den Fresken Giottos in der **Cappella Palatina** sind nur noch Fragmente an den Abkantungen der gotischen Fenster erhalten. Über dem eleganten Renaissanceeingang der Kapelle befindet sich ein schönes katalanisches Rosettenfenster. Links der Kapelle sind durch den Glasboden in der **Sala dell'Armeria** (Rüstkammer) römische Ruinen zu sehen, die bei Restaurationsarbeiten an der Sala dei Baroni entdeckt wurden. Zu den Fundstücken gehören die Reste eines privaten Badebeckens und Skelette aus dem Mittelalter.

All das gehört zum Museum, das sich über mehrere Säle auf drei Stockwerken ausbreitet. Die Fresken und Skulpturen aus dem 14. und 15. Jh. im Erdgeschoss sind der interessanteste Teil.

Die anderen beiden Stockwerke zeigen meist Gemälde vom 17. bis frühen 20. Jh., entweder von neapolitanischen Künstlern oder mit Neapel und Kampanien als Thema. Sehenswert ist Guglielmo Monacos Bronzetor aus dem 15. Jh., samt steckengebliebener Kanonenkugel.

Lungomare STRASSE, PARK, AQUARIUM

(Küste; Via Francesco Caracciolo; 154 bis Piazza Vittoria) Wer eine Pause von Neapels Hektik nötig hat, kann auf der seit Kurzem verkehrsfreien Uferpromenade tief durchatmen. Sie erstreckt sich über 2,5 km über die Via Partenope und Via Francesco Carrociolo und bietet einen herrlichen Blick über die Bucht, den Vesuv, zwei Burgen und Vomeros Liberty-Villen. Besonders romantisch ist es hier in der Abenddämmerung, wenn Capri und der Vulkan in sanftes, orangefarbenes Licht getaucht sind.

Zwischen dem Lungomare und der Riviera di Chiaia erstreckt sich die **Villa Comunale** (Karte S. 58; Piazza Vittoria; 7–24 Uhr;

C25 bis Riviera di Chiaia), ein langer, baumbestandener Park, der von Luigi Vanvitelli für private Vergnüglichkeiten der Bourbonen gestaltet wurde. Zu den zahlreichen Brunnen gehört auch die Fontana delle Paperelle (Entenbrunnen), die den berühmten Toro Farnese ersetzte, nachdem der 1825 ins Museo Archeologico Nazionale gebracht wurde.

Im Park befindet sich auch Europas ältestes Aquarium, die eher uninteressante **Stazione Zoologica** (Aquario; Karte S. 58; 081 583 32 63; www.szn.it; Viale Aquario 1; Erw./Kind 1,50/1 €; Di–Sa 9–18, So 9–19.30 Uhr; C25 bis Riviera di Chiaia). In den abgetakelten Becken in einem stattlichen klassizistischen Gebäude von Adolf von Hildebrandt leben 200 Arten von Meeresflora und -fauna aus dem Golf von Neapel.

GRATIS Castel dell'Ovo — BURG

(Karte S. 58; 081 240 00 55; Borgo Marinaro; Mo–Sa 9–18, So bis 14 Uhr; 154 bis Via Santa Lucia) Neapels älteste Burg, von den Normannen im 12. Jh. erbaut, verdankt ihren Namen (Burg des Eis) Vergil. Der römische Dichter soll angeblich an der Stelle der heutigen Burg ein Ei vergraben und davor gewarnt haben, dass die Burg (und Neapel) fallen würden, wenn das Ei zerbricht. Zum Glück stehen beide noch und ein Aufstieg auf den Burgwall wird mit einem atemberaubenden Panorama belohnt.

Die Burg wurde von den Staufern, Angevinen und von Alfons von Aragon genutzt, der sie militärisch befestigt hatte, und liegt auf der felsigen, von Restaurants gesäumten „Insel" **Borgo Marinaro** (Karte S. 58; C25 bis Via Partenope). Der Legende nach wurde hier die untröstliche Sirene Partenope an Land geschwemmt, nachdem es ihr nicht gelungen war, Odysseus mit ihrem Gesang zu verführen. Auf der Insel ließen sich im 7. Jh. v. Chr. erstmals die Griechen nieder, die sie Megaris nannten. Ihre günstige Lage entging auch nicht dem römischen General Lucullus, der hier seine Villa hatte, lange bevor die Burg die Skyline veränderte. Abgesehen von der Aussicht bietet die Burg heute auch regelmäßige Kunstausstellungen.

Museo Pignatelli — MUSEUM

(Karte S. 58; 081 761 23 56; http://museopignatelli.campaniabeniculturali.it; Riviera di Chiaia 200; Erw./erm. 2/1 €; Mi–Mo 8.30–14, letzter Eintritt 13 Uhr; C24 bis Riviera di Chiaia) Als Ferdinand Acton, ein Minister am Hof von König Ferdinand IV. (1759–1825), Pietro Valente 1826 bat, die Villa Pignatelli zu entwerfen, kreierte Valente dieses bemerkenswerte pompejische Gebilde. Die aristokratische Sammlung des heutigen Museo Pignatelli enthält luxuriöse Möbel, dekorative Kunst, königliche Jagdpeitschen sowie Gemälde und Büsten aus der umfänglichen Kunstsammlung des Banco di Napoli.

1841 kauften und erweiterten die Rothschilds die Villa, 1867 lebte hier der Herzog von Monteleone, Diego Aragona Pignatelli Cortes, dessen Enkelin Rosina Pignatelli sie (und ihre Schätze) schließlich dem Staat schenkte. Highlights der ständigen Ausstellung sind eine schöne Sammlung italienischen und ausländischen Porzellans im Salotto Verde (grüner Salon) und ein mit Leder verkleidetes Rauchzimmer. Die Schätze des Banco di Napoli befinden sich im Untergeschoss. Zur Sammlung neapolitanischer Werke, die überwiegend aus dem 17. bis 19. Jh. stammen, gehört auch Francesco Solimenas meisterliches Gemälde *Agar e l'angelo* (Hagar und der Engel; 1695–1699). Im 3. Stock finden jährlich etwa drei Wechselausstellungen statt – darunter war zuletzt eine Ausstellung mit alter japanischer Fotografie zu sehen.

Das angrenzende **Museo delle Carrozze** besitzt eine Sammlung von Kutschen aus dem 19. und 20. Jh., ist aber auf unbestimmte Zeit geschlossen.

Tunnel Borbonico — TOUR

(Bourbonentunnel; Karte S. 58; 081 764 58 08; www.tunnelborbonico.info; Vico del Grottone 4; 10 €; Führungen 10, 12, 15.30 & 17.30 Uhr; R2 bis Piazza Trieste e Trento) Die stimmungsvolle Tour des Kulturvereins Borbonica Sotterranea führt durch einen als Fluchtweg für die königliche Bourbonenfamilie gebauten Tunnel. Die Touren können auf der Website des Vereins gebucht werden.

Via Chiaia — STRASSE

(Karte S. 58; R2 bis Piazza Trieste e Trento) Die beliebte Fußgängerstraße zwischen der Piazza Trieste e Trento und der Piazza dei Martiri lädt zum Schaufensterbummel unter den Dauergebräunten ein. Besonders beliebt ist sie als abendliche Flaniermeile, zudem steht hier (Nr. 149) der **Palazzo Cellamare** aus dem 16. Jh. Er wurde als Sommerresidenz für Giovan Francesco Carafa gebaut und beherbergte später zahlreiche Gäste der Bourbonen, darunter Goethe und Casanova.

Das Gebilde Richtung westlichem Ende der Straße, das wie ein Triumphbogen aussieht, ist tatsächlich eine Brücke, die 1636 als Verbindung der Hügel Pizzofalcone und

KUNST UNTERWEGS

Untergrundkunst ist in Neapel wortwörtlich zu nehmen, da nämlich viele Metrostationen der Stadt von einheimischen und ausländischen Spitzenkünstlern gestaltet wurden. Zu entdecken sind Mario Merzs blaue Neonzahlen in der Vanvitelli, eine witzige Fiat-Installation von Perino & Vele in der Salvator Rosa und Technicolorwandzeichnungen von Sol LeWitt in der Materdei. Und dann sind da noch die Schnappschüsse von bedeutenden italienischen Fotografen in der Museo oder Jannis Kounellis' gespenstische Schuhinstallation in der Dante.

Die meisten „Kunststationen" der Stadt liegen an der Linie 1, die derzeit verlängert wird. Ihre neuesten Stationen – Università und Toledo – sind zweifellos die bislang besten.

Der Popstar unter den Industriedesignern Karim Rashid gestaltete die Università, eine verspielte, bonbonfarbene Ode an das digitale Zeitalter. Der Eingang zur Metrostation ist mit weißen Fliesen verkleidet, auf jeder ist ein Wort gedruckt, das im letzten Jahrhundert entstanden ist. In der Station selbst befinden sich linsenförmige Symbole, die Perspektive und Farbe ändern, eine Skulptur, die neuronale Netzwerke und Synapsen des Hirns darstellt, Bahnsteigstufen mit abstrakten Porträts von Dante und Beatrice, und sogar die Bahnsteigwände sind verziert mit leuchtenden, „animierten" Kunstwerken (beharrlich hinstarren).

Nicht weniger atemberaubend ist die Station Toledo, deren Eingangshalle Ruinenteile einer aragonesischen Festung und ein spektakuläres Wandmosaik des Konzeptkünstlers William Kentridge besitzt. Das Mosaik stellt ein Mischmasch neapolitanischer Ikonen dar, von San Gennaro und einem *pizzaiolo* (Pizzabäcker) bis zur berühmten Skulptur *Farnese Atlante* des Museo Archeologico Nazionale. Ein weiteres Wandbild von Kentridge schwebt über den Rolltreppen (es heißt, dass die Katze den Künstler selbst repräsentiert).

Die Station Toledo geht bis 50 m unterhalb des Meeresspiegels hinab, was sich in der Farbgestaltung widerspiegelt – die Farben wandeln sich von Ocker (für Neapels Tuffstein) allmählich in ein strahlendes Blau, je tiefer es geht. Dort „unter dem Meer" befindet sich ein spektakulärer Mosaikschacht, durch den Licht vom Himmel darüber hinabströmt. Die Lichtinstallation des Schachts stammt vom Künstler Bob Wilson, dessen wellenartige Hallenpaneele sich „bewegen", wenn Leute vorbeihasten.

Zur Zeit der Recherche bot **MetroNapoli** (www.metro.na.it) dienstags um 10 Uhr einstündige Gratistouren (meist auf Italienisch) durch die Stationen Museo, Dante und Università an, die in der Vorhalle der Station Museo losgingen (aktuelle Infos auf der Website). Ansonsten kann man über jede Kunststation auf der Website von MetroNapoli nachlesen und sie auf eigene Faust erkunden ... alles zum Preis einer Fahrkarte.

Mortella gebaut wurde. Hinter der Brücke zweigt rechts die noble Via Gaetano Filangieri ab, wo sich bis hoch zur Via dei Mille stylisch herausgeputzte Einwohner und Läden unter den verspielten Stile Liberty (italienischer Jugendstil) mischen.

Piazza dei Martiri PIAZZA

(Karte S. 58; 🚇C24 bis Piazza dei Martiri) Wenn Chiaia Neapels gute Stube ist, dann ist die Piazza dei Martiri die Chaiselongue. Herzstück des Platzes ist Enrico Alvinos Denkmal für neapolitanische Märtyrer aus dem 19. Jh., dessen vier Löwen die antibourbonischen Aufstände von 1799, 1820, 1848 und 1860 repräsentieren. Nr. 30 ist der **Palazzo Calabritto**, entworfen von Luigi Vanvitelli, der als Architekt des gewaltigen Palazzo Reale in Caserta am bekanntesten ist.

Große Namen aus der Modebranche reihen sich um die Ecke in der exklusiven Via Calabritto aneinander, darunter der legendäre neapolitanische Schneider Finamore (S. 81). An der Piazza selbst befindet sich der Buch- und Musikladen Feltrinelli (S. 92), wo die Einheimischen gerne stöbern, flirtend Blickkontakt aufnehmen und im hauseigenen Café einen Espresso schlürfen.

VOMERO, CAPODIMONTE & LA SANITÀ

Alle Straßen mögen zwar nach Rom führen, aber drei neapolitanische Standseilbahnen führen nach Vomero, einem Stadtteil in den Hügeln, wo eine gewisse Anarchie freundlichen *professori*, Liberty-Villen und der hinreißenden Certosa di San Martino weicht.

Das ehemalige königliche Jagdrevier Capodimonte nordöstlich von Vomero besitzt mit dem Palazzo Reale di Capodimonte sein eigenes kulturelles Juwel, wo Namen wie Caravaggio, Botticelli und Warhol die königlichen Hallen schmücken.

Das chaotische Viertel Sanità hingegen (eingequetscht zwischen Via Foria und Via Santa Teresa degli Scalzi direkt südlich von Capodimonte) ist eine eigentümlich betörende Mischung aus *bassi* (einzimmrige, einstöckige Häuser), barocken Treppen und antiken Katakomben. Für viele ist dies das bodenständigste und authentischste Neapel, was auch den Zuzug vieler Künstler und Alternativer erklärt. Hier wurde auch der legendäre italienische Komiker Totò geboren (in der Via Santa Maria Antesaecula 109, um genau zu sein!).

LP TIPP Palazzo Reale di Capodimonte PALAST, MUSEUM, PARK

(Karte S. 64; ☎081 749 91 11; www.polomuseale napoli.beniculturali.it/museo_cp/museo_cp.html; Parco di Capodimonte; Erw./erm. 7,50/3,75 €; ⏲Museum Di–Do 8.30–19.30, letzter Eintritt 18 Uhr; Park 7.45–1 Std. vor Sonnenuntergang; 🚌R4 bis Via Miano) Der Bau des riesigen Palastes dauerte über ein Jahrhundert. Ursprünglich war er als Jagdhaus für Karl VII. gedacht, aber die Pläne des Königs wurden immer großspuriger. Bei seiner Vollendung 1759 hatte Neapel einen neuen Palazzo. Während der Dekade französischer Herrschaft (1806–1815) war er die offizielle Residenz von Joseph Bonaparte und Joachim Murat; heute ist er das **Museo Nazionale di Capodimonte** mit einer erstklassigen Kunstsammlung.

Die umfangreiche Sammlung des Museums, die Karl zum großen Teil von seiner Mutter Elisabetta Farnese geerbt hatte, verteilt sich über drei Stockwerke und 160 Räume. Der 1. Stock ist von der Galleria Farnese und dem Appartamento Reale (königliches Apartment) belegt, der 2. Stock von der Galleria delle Arti a Napoli und der oberste Stock ist moderner Kunst gewidmet.

Das ganze Museum an einem Tag zu besichtigen ist unmöglich – es sind mindestens zwei Tage nötig, um sich überhaupt zurechtzufinden. Für die meisten Besucher reicht jedoch ein voller Vormittag für eine kurze Highlighttour. Die 5 € für den aufschlussreichen Audioguide sind eine lohnende Ausgabe.

Zu den Highlights im 1. Stock gehören Familienporträts der Farnese von Raffael und Tizian in Saal 2 und Masaccios berühmte *Crocifissione* (Kreuzigung; 1426) in Saal 3. Botticellis *Madonna col Bambino e due angeli* (Madonna mit Kind und zwei Engeln; Saal 6), Bellinis *Trasfigurazione* (Verklärung; Saal 8) und Parmigianinos *Antea* (Saal 12) sind alle ein Muss, während Joachim Beukelaers ausschweifende Marktszenen aus dem 16. Jh. in Saal 18 den Appetit anregen. In Saal 20, ist ein bedrückt dreinblickender Herkules zwischen der gestrengen Tugend und der lebensfrohen Sünde in Annibale Carraccis Gemälde *Ercole al bivio* (Herkules am Kreuzweg) aus dem 16. Jh. hin- und hergerissen.

In der **Galleria delle Cose Rare** (Galerie seltener Objekte) steht Kardinal Alessandro Farneses goldgeprägtes, blaues Majolika-Tafelgeschirr. Der elegante Tafelaufsatz, der die Jägerin Diana darstellt, kann als Kelch benutzt werden, wenn der abnehmbare Kopf des Hirsches entfernt wird.

Eine Studie in königlicher Ausschweifung ist das **Appartamento Reale** (königliches Apartment) im 1. Stock, das die Räume 31 bis 60 umfasst. Die opulenten Zimmer sind wahrhaftig vollgestopft mit wertvollem Capodimonte-Porzellan, schweren Vorhängen und glänzenden Marmorintarsien. Der Salottino di Porcellana (Raum 52), dessen Wände mit verspielter Porzellanstuckatur verschnörkelt sind, ist ein außerordentliches Beispiel der Chinoiserie des 18. Jhs. Im Appartamento Reale hängt auch Volaires *Eruzione del Vesuvio dal Ponte Maddalena* (Ausbruch des Vesuvs von der Maddalena-Brücke).

Der 2. Stock ist bis unters elegante Dach vollgestopft mit Werken, die zwischen dem 13. und 18. Jh. in Neapel entstanden. Der erste Raum ist jedoch mit riesigen belgischen Tapisserien aus dem 16. Jh. ausgestattet, die Episoden aus der Schlacht von Pavia darstellen. Simone Martinis Werk *San Ludovico di Tolosa* (1317) ist prachtvoll im Raum 66 ausgestellt. Sein goldenes Bild porträtiert die Heiligsprechung von Ludwig, den Bruder von König Robert von Anjou, und gilt als das schönste Exemplar der Kunst des 14. Jh., das im Museum gezeigt wird.

Das Bild *Flagellazione* (Geißelung; 1607–1610), für das viele nach Capodimonte kommen, hängt in respektvoller Einsamkeit in Raum 78 am Ende eines langen Korridors. Caravaggios fesselndes Bild eines Jesus kurz vor seiner Geißelung wurde ursprünglich für die Familienkapelle der de Franchis in der Chiesa di San Domenico Maggiore

Vomero, Capodimonte & La Sanità

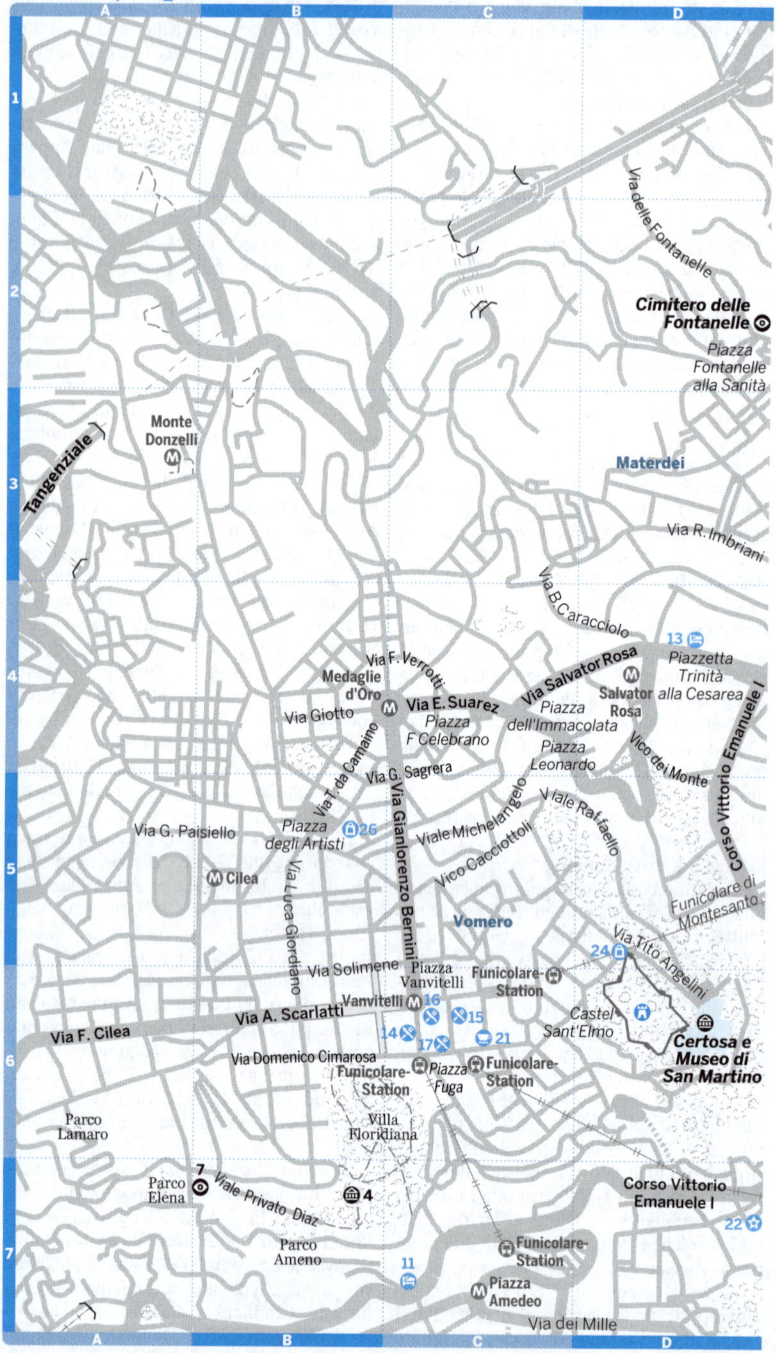

0
500 m
N
E
F
G
H
1
2
3
4
5
6
7
Palazzo Reale di Capodimonte
Via Capodimonte
Catacomba di San Gennaro
2
8
Corso Amedeo di S. Duca d'Aosta
Salita Capodimonte
Stella
Albergo dei Poveri
Orto Botanico
1
La Sanità
9
20
18
Via Sanità
Vico Lammatari
Via dei Cristallini
Vico Cristallini
3
Via Foria
Via Sanità
Vico della Calce
6
Via Antonio Villari
Via Mario Pagano
Via dei Vergini
10
5
Via Cesare Rosaroli
Via Stella
Materdei
Via Materdei
19
Via Santa Teresa degli Scalzi
Cavour
Via Carbonara
Piazzetta San Gennaro a Materdei
Museo
Via Anticaglia
Via Enrico Pessina
Piazza San Gaetano
Via dei Tribunali
Via Atri
Centro Storico
Salita Pontecorvo
Via Vicaria Vecchia
Corso Umberto I
Dante
Piazza Dante
Piazzetta del Nilo
Via B. Capasso
Montesanto
Duomo
Mercato
Stazione Cumana di Montesanto
Via Mezzocannone
Via Pignasecca
Via S. Anna dei Lombardi
Corso Umberto I
Toledo
Piazetta Orefici
25
Toledo
12
Università
Via Speranzella
Via A. Diaz
Via Cristoforo Colombo
Via Medina
Fährterminal Calata Porta di Massa
Quartieri Spagnoli
Bacino del Piliero
Via Toledo
Via G. Verdi
Vico d'Aflitto
Municipio
Molo Angioino
Funicolare-Station
Via Vittorio
Castel Nuovo (Maschio Angioino)
Via Nardones
23
NEAPEL

Vomero, Capodimonte & La Sanità

Highlights
- Catacomba di San Gennaro E1
- Certosa e Museo di San Martino D6
- Cimitero delle Fontanelle D2
- Palazzo Reale di Capodimonte F1

Sehenswertes
1 Basilica Santa Maria della Sanità & Catacomba di San Gaudioso F2
2 Chiesa di Madre di Buon Consiglio E1
3 Laboratorio Oste F3
4 Museo Nazionale della Ceramica Duca di Martina B7
5 Palazzo dello Spagnuolo G3
6 Palazzo Sanfelice F3
7 Riccardo Dalisi Studio B7

Aktivitäten, Kurse & Touren
8 Cooperativa Sociale Onlus „La Paranza" E1

Schlafen
Casa D'Anna .... (siehe 3)
9 Casa del Monacone F2
10 Cerasiello B&B G3
11 Grand Hotel Parker's C7
12 Hotel San Francesco al Monte E6
13 La Controra D4

Essen
14 Antica Cantina di Sica C6
15 Donna Teresa C6
16 Fantasia Gelati C6
17 Friggitoria Vomero C6
18 Mario Gallucci F2
19 Pizzeria Starita E3
20 Tarallificio Esposito F2

Ausgehen
21 Fonoteca C6

Unterhaltung
22 Centro di Musica Antica Pietà de' Turchini D7
23 Teatro San Carlo F7

Shoppen
24 De Paola Cameos D5
25 La Pignasecca E6
26 Mercatino di Antignano B5

gemalt. Und wie bei seinem anderen neapolitanischen Meisterwerk *Le sette opere di misericordia* (Die sieben Gnadenakte) hatten die Intensität und die revolutionäre Darstellung von Licht einen großen Einfluss auf seine Zeitgenossen.

Die 28 übrigen Räume im 2. Stock enthalten Werke von Ribera, Giordano, Solimena und Stanzione. Zugegeben, die Aufmerksamkeit mag jetzt etwas ermatten. In dem Fall reicht jetzt nur noch ein schneller Besuch in der kleinen Galerie für moderne Kunst im 3. Stock, um sich Andy Warhols poppigen Vesuv und dann zurück im 2. Stock (Raum 90) Giuseppe de Riberas *San Girolamo e l'angelo* (hl. Hieronymus und der Engel) anzuschauen. Im 2. Stock befinden sich auch Werke aus dem Gabinetto Disegni e Stampe (Kabinett der Zeichnungen und Drucke), darunter mehrere Skizzen von Michelangelo und Raffael.

Zum Glück liegt der von Giovanni Antonio Medrano entworfene Palast in dem weitläufigen, 130 ha großen **Parco di Capodimonte** (Eintritt frei; 9 Uhr–1 Std. vor Sonnenuntergang; R4 bis Via Miano), dessen Seen, Wälder und verschiedenen Gebäude aus dem 18. Jh. (darunter die ehemalige königliche Porzellanmanufaktur Palazzo Porcellane) eine Wohltat nach jeglicher kultureller Überdosis sind.

LP TIPP Certosa e Museo di San Martino

MUSEUM, KLOSTER

(Karte S. 64; 848 80 02 88; http://museosanmartino.campaniabeniculturali.it; Largo San Martino 5; Erw./erm. 6/3 €; Do–Di 8.30–19.30, letzter Eintritt 18 Uhr; Montesanto bis Morghen, M Vanvitelli) Das Kartäuserkloster, ursprünglich 1325 von Karl von Anjou gegründet, wurde über die Jahrhunderte von den Meistern der italienischen Kunst und Architektur ausgestattet und umgebaut, vor allem von Giovanni Antonio Dosio im 16. Jh. und ein Jahrhundert später vom Barockmeister Cosimo Fanzago. Heute ist es ein großartiges Schaustück neapolitanischer Kunstwerke, die von den ansässigen Mönchen mit Bedacht gesammelt wurden.

Die **Klosterkirche** und die angrenzenden Räume sind Schatzkammern von Fresken und Gemälden von einigen der großartigsten neapolitanischen Künstlern des 17. Jhs. Im *pronaos* (einem kleinen Raum mit drei

Wänden und einem Säulenvorbau) scheinen Micco Spadaros Fresken der Verfolgung der Kartäuser die Perspektive zu verschieben, da die Beine der sitzenden Figuren über nicht vorhandene Kanten hängen. In der ganzen Kirche sind ansonsten Werke von Francesco Solimena, Massimo Stanzione, Giuseppe de Ribera, Luca Giordano und Battista Caracciolo zu entdecken. Besonders interessant ist die Sakristei, die mit außergewöhnlich detailreichen Holzintarsien und -schnitzereien ausgeschmückt ist.

Der **Chiostro dei Procuratori** neben der Kirche ist der kleinere der zwei Kreuzgänge des Klosters. Ein prächtiger Gang zur Linken führt zum größeren **Chiostro Grande** (großer Kreuzgang), der zu den schönsten Italiens zählt. Er wurde ursprünglich von Giovanni Antonio Dosio Ende des 16. Jhs. gestaltet und von Fanzago ergänzt und besteht aus einer großartigen Verbindung aus toskanisch-dorischen Säulengängen, Gärten und Marmorstatuen. Die gruseligen Schädel an der Balustrade sind eine heitere Erinnerung für die Mönche an ihre eigene Sterblichkeit.

Nur ein Stück vom Chiostro dei Procuratori entfernt befindet sich die **Sezione Navale**, deren zwei Ausstellungsräume sich auf die Geschichte der bourbonischen Kriegsflotte von 1734 bis 1860 konzentrieren. Die Sammlung zeigt einige detailgetreue Modelle von ehemals königlichen Kriegsschiffen aus dem späten 18. bis zum 19. Jh. sowie originale Marinewaffen. Das wahre Highlight ist jedoch die kleine Sammlung königlicher Barkassen, darunter ein vergoldetes Teil mit Baldachin, das von Karl VII. genutzt wurde, und ein wunderschön geschnitztes Geschenk aus dem 18. Jh. vom türkischen Sultan Selim III. an Ferdinand IV.

Eines der vielen Highlights des Museums ist die **Sezione Presepiale** mit ihrer skurrilen Sammlung seltener neapolitanischer *presepi* aus dem 18. und 19. Jh. Das Spektrum der Weihnachtskrippen reicht von winzig – eine steckt etwa in einer kunstvoll ausgearbeiteten Eierschale – bis zur gigantischen Cuciniello-Schöpfung, die eine ganze Wand der einstigen Klosterküche einnimmt. Engel fliegen hinab auf eine prächtig detailreiche Landschaft aus steinernen Häusern, Schäfern und Frohlockenden, alles aus Holz, Kork, Pappmaschee und Terrakotta.

Das **Quarto del Priore** im Südflügel birgt den Großteil der Gemäldesammlung und die berühmtesten Besitztümer des Museums, nämlich Pietro Berninis liebevolle *La vergine col bambino e San Giovannino* (Madonna und Kind mit dem jungen Johannes dem Täufer).

Eine bildhafte Geschichte Neapels wird in der Abteilung **Immagini e Memorie di Napoli** (Bilder und Erinnerungen an Neapel) erzählt. Hier hängen Porträts von historischen Figuren (Don Pedro de Toledo in Raum 33, Maria Carolina di Borbone in Raum 43) und antike Stadtpläne, darunter ein 35-teiliger Kupferstich in Raum 45. Außerdem gibt es Räume, die jeweils wichtigen historischen Ereignissen gewidmet sind, wie der Revolte von Masaniello (Raum 36) und der Pest (Raum 37). Raum 32 enthält die wunderschöne Tavola Strozzi (Strozzi-Tafel), deren sagenhafte Darstellung des maritimen Neapel aus dem 15. Jh. eine der berühmtesten historischen Aufzeichnungen der Stadt ist.

Bitte beachten: Einige der Ausstellungen können tagsüber für einige Stunden geschlossen sein. Es ist also sinnvoll vorher anzurufen, falls ein spezieller Teil des Museums von Interesse ist.

LP TIPP Cimitero delle Fontanelle FRIEDHOF

(Karte S. 64; ☎081 744 37 14; Piazza Fontanelle alla Sanità 154; ⏰Do–Di 10–17 Uhr; 🚌C51) Der etwas makabre Fontanelle-Friedhof, auf dem derzeit schätzungsweise 8 Mio. menschliche Knochen liegen, wurde während der Pest von 1656 angelegt und während der Choleraepidemie von 1837 zum Hauptfriedhof der Stadt. Gegen Ende des 19. Jhs. entwickelte er sich zu einem Kultort der Totenverehrung, wo die Leute Schädel adoptierten und für deren Seele beteten.

Der Brauch, als *culto delle anime pezzentelle* (Kult der armen Seelen) bezeichnet, entwickelte sich, als Pater Gaetano Barbati 1872 mit der Säuberung und Katalogisierung der verwaisten Gebeine begann. Gemeindemitglieder schlossen sich ihm an, adoptierten anonyme Schädel, bauten kleine *scarabattole* (Kästen) für sie und beteten für ihre Seelen. Sie hofften, dass die Seele nach ihrer Befreiung aus dem Fegefeuer aus Dankbarkeit Wohltaten erweisen würde. Pater Gaetano hätte sich zweifellos im Grabe umgedreht, als der Erzbischof von Neapel 1969 den Brauch verbot und ihn als „fetischistisch" erklärte. Jahrzehnte später ist der Friedhof noch immer Zeugnis für die Verschmelzung von Religion und Heidentum in der Spiritualität Neapels.

Von den zahllosen Toten, die hier beerdigt sind, konnten nur die zwei in den Särgen im linken Kirchenschiff identifiziert werden: Graf Filippo Carafa und seine mumifizierte Frau Donna Margherita Petrucci. Der Legende nach erstickte die arme Margherita an einem *gnocco* (Gnocchi), daher wohl ihr etwas panischer Gesichtsausdruck. Im linken Kirchenschiff befindet sich auch der mysteriöse „schwitzende" Schädel namens Donna Concetta. Für die Gläubigen war der Schädel die Wahrsagerin des Friedhofs: Schwitzt der Schädel, ist die Frage mit ja beantwortet; schwitzt der Schädel nicht, ist die Frage verneint. Wie genau der „Trick" der Donna Concetta funktioniert, bleibt ein Rätsel.

Der Friedhof kann zwar auf eigene Faust erkundet werden, aber mangels Informationen ist die Teilnahme an einer Führung, wie die von der Cooperativa Sociale Onlus „La Paranza" (S. 68), viel aufschlussreicher. Die am Eingang angebotenen Touren sind zu vermeiden.

LP TIPP Catacomba di San Gennaro KATAKOMBE

(S. 64; ☎081 744 37 14; www.catacombedinapoli.it; Via di Capodimonte 13; Erw./erm. 8/5 €, inkl. Eintritt in die Catacomba di San Gaudioso; ⌚1-std. Touren jede Stunde Mo–Sa 10–17, So bis 13 Uhr; 🚌R4 bis Via Capodimonte) Neapels älteste und heiligste Katakombe, die jüngst dank eines noch anhaltenden kommunalen Restaurierungsprojekts erweitert wurde, entwickelte sich zu einer christlichen Pilgerstätte, als San Gennaros Leichnam hier im 5. Jh. beigesetzt wurde. Sie ist eine stimmungsvolle jenseitige Welt aus Gräbern, Gängen und breiten Vorhöfen, zu deren Schätzen christliche Fresken aus dem 2. Jh., Mosaiken aus dem 5. Jh. und das älteste bekannte Porträt San Gennaros gehören.

Es gibt hier drei Arten von Gräbern, jeweils für eine unterschiedliche soziale Schicht. Die Reichen ließen sich in einem offenen *cubiculum* bestatten, das ursprünglich von Gattern geschützt und mit farbenfrohen Wandfresken geschmückt war. Ein *cubiculum* links vom Eingang hat ein besonders schönes Grabfresko von Mutter, Vater und Kind. Tatsächlich handelt es sich um drei Schichten von Fresken, bei jedem Tod in Auftrag gegeben. Die kleineren, rechteckigen Wandnischen, *loculum* genannt, waren der Mittelschicht vorbehalten, die *forme* (Bodengräber) hingegen für die Armen gedacht.

Ein Stück weiter befindet sich die sogenannte *basilica minore* (kleine Basilika), in der die Gräber von San Gennaro und dem Erzbischof von Neapel Giovanni I. aus dem 5. Jh. liegen. Irgendwann zwischen 413 und 431 hatte Giovanni I. die sterblichen Überreste des Märtyrers von Pozzuoli nach Neapel begleitet und sie hier begraben, bevor der Lombardenfürst Sico I. von Benevento sie im 9. Jh. klaute. In der *basilica minore* sind auch Fragmente eines Fresko erhalten, die Neapels ersten Bischof, Sant'Aspreno, darstellen. Bis ins 11. Jh. wurden die Bischöfe der Stadt in dieser Katakombe bestattet.

Dicht an der kleinen Basilika befindet sich ein Grab aus dem 3. Jh., dessen pompejianisch geprägte Ausschmückung christliche und heidnische Elemente verbindet. In dem Bild von drei Frauen, die eine Burg bauen, repräsentieren die Figuren die drei Tugenden, während die Burg die christliche Kirche symbolisiert.

Die jüngst eröffnete untere Ebene der Katakombe ist sogar noch älter. Sie stammt aus dem 2. Jh. und ist mit typisch heidnischen Motiven, wie Früchten und Tieren, geschmückt. Das Gemälde an der Seite von San Gennaros Grab – eine Darstellung des Heiligen mit dem Vesuv und dem Somma auf seinen Schultern – ist das erste bekannte Bildnis von San Gennaro als Beschützer von Neapel. Ebenfalls in der unteren Ebene befindet sich die Basilica di Agrippino, benannt nach Sant'Agrippino. Er war der sechste Bischof von Neapel und auch der erste Christ, der im 3. Jh. in der Katakombe bestattet wurde.

Die Touren durch die Katakombe organisiert die **Cooperativa Sociale Onlus „La Paranza"** (Karte S. 64; ☎081 744 37 14; www.catacombedinapoli.it; Via Capodimonte 13; ⌚Infostand 10–17 Uhr; 🚌R4 bis Via Capodimonte). Deren Kartenschalter befindet sich links von der **Chiesa di Madre di Buon Consiglio** (Karte S. 64; ☎081 741 00 06; Via Capodimonte 13; ⌚Mo–Sa 8–12.30 & 17–19, So 9–13 & 17–19 Uhr), einer winzigen Replik des Petersdom in Rom von 1960. Die Kooperative bietet auch einen faszinierenden Stadtspaziergang mit Namen Il Miglio Sacro (die heilige Meile) an, der durch das benachbarte Viertel Sanità führt. Er muss zuvor gebucht werden; Infos siehe Website.

Basilica Santa Maria della Sanità & Catacomba di San Gaudioso KIRCHE, KATAKOMBE

(Karte S. 64; (☎081 544 13 05; www.catacombedinapoli.it; Piazza Sanità 14; Basilika frei, Katakombe Erw./erm. 8/5 €, inkl. Eintritt Catacomba di San Gennaro;

⌚Basilika tgl. 9–13.30 Uhr, 50-min. Katakombentour tgl. 10, 11, 12 & 13 Uhr; ⓂPiazza Cavour, Museo) Die barocken Gemälde von Andrea Vaccaro und Luca Giordano sind zwar toll, ebenso wie die beiden zeitgenössischen Skulpturen von Riccardo Dalisi, aber die Atmosphäre in der Katakombe unter der Basilika aus dem 17. Jh. macht den Besuch erst unvergesslich. Der Zugang verbirgt sich in der **Cappella di San Gaudioso** aus dem 5. Jh. unter dem Hochaltar. Die feuchten Wände der Katakombe zeigen eine eher makabre Methode mittelalterlicher Begräbnisse.

Die Leichen wurden zunächst in den gewölbten Wandnischen abgelegt, wo die *sciacciamorti* (buchstäblich „Leichenquetscher") sie dann anstachen, damit Blut und Körperflüssigkeiten abflossen. Waren sie ausgetrocknet, wurden die Leichen begraben und der Schädel an die Wand über ein Fresko des lieben Verstorbenen zementiert. Der Schädel über einem Körperfresko mit Pinseln und Lineal gehörte dem manieristischen Maler Giovanni Balducci aus dem 16. Jh. Der florentinische Künstler hatte mit den Dominikanern eine Vereinbarung getroffen – als Gegenleistung für die kostenlose Ausschmückung ihrer Katakombe sollte er hier begraben werden (was damals ein Privileg war). Reste von Balduccis Fresken sind noch vorhanden, aber viel besser erhalten ist das Mosaik *Trionfo della croce* (Triumph des Kreuzes) aus dem 5. oder 6. Jh. Die Erdtöne und die ungewöhnlich großen Lämmer lassen vermuten, dass der Künstler aus Afrika stammte. Der Bezug zu Afrika setzt sich mit dem Namenspatron der Katakombe fort: San Gaudioso war ein nordafrikanischer Bischof, der in Neapel 452 n. Chr. starb und an dieser Stelle begraben wurde.

In der Cappella di San Gaudioso selbst ist an der Wand ein höchst farbenprächtiges Fresko aus dem 9. Jh., es zeigt die Madonna mit Kind, flankiert vom hl. Gregor und dem hl. Marcian. Das jüngst restaurierte Bild wurde in den 1990er-Jahren unter einem bekannten Fresko aus dem 19. Jh. entdeckt.

Castel Sant'Elmo — BURG, MUSEUM

(☎081 578 40 30; www.polomusealenapoli.beniculturali.it; Via Tito Angelini 22; Erw./erm. 5/2,50 €;⌚Burg Mi–Mo 8.30–19.30, letzter Eintritt 18.30 Uhr, Museum Mi–Mo 9–18 Uhr; ⓂVanvitelli, Montesanto bis Morghen) Die sternförmige Festung war ursprünglich eine dem hl. Erasmus geweihte Kirche. Etwa 400 Jahre später, 1349, baute Robert von Anjou sie in eine Festung um, 1538 ließ der spanische Vizekönig Don Pedro de Toledo sie weiter befestigen. Bis in die 1970er-Jahre diente sie als Militärgefängnis; heute ist sie berühmt für ihre atemberaubende Aussicht und das **Museo del Novecento** für neapolitanische Kunst des 20. Jhs.

Die Gemälde- und Skulpturensammlung des Museums dokumentiert wichtige Einflüsse auf die neapolitanische Kunstszene, wie Futurismus und die Bewegung Arte nucleare (Atomkunst). Zu den herausragenden Werken zählen Eugenio Vitis sinnliche *La schiena* (Der Rücken) in Raum 7, Raffaele Lippis verstörende *Le quattro giornate di Napoli* (Die vier Tage von Neapel) in Raum 9 und Salvatore Cotugnos auffallende, namenlose Skulptur einer gefesselten, eingewickelten, verhaltenen Gestalt in Raum 17. Letztere erinnert merkwürdig an Giuseppe Sanmartinos erstaunlichen *Cristo velato* (verhüllter Christus) in der Cappella Sansevero (S. 38).

GRATIS Museo Nazionale della Ceramica Duca di Martina — MUSEUM, GÄRTEN

(Nationalmuseum für Keramik; Karte S. 64; ☎081 578 84 18; http://floridiana.spmn.campaniabeniculturali.it; Via Domenico Cimarosa 77; ⌚Museum 8.30–14, letzter Eintritt 13.15 Uhr, Gärten 8.30 Uhr–1 Std. vor Sonnenuntergang; ⓂVanvitelli) Das Nationalmuseum für Keramik besitzt eine herrliche Sammlung aus 6000 Stücken mit kostbaren Stücken chinesischen Ming-Porzellans (1368–1644) und japanischen Edo-Vasen (1615–1867) im unteren Stock, fröhliche Renaissance-Majolika im mittleren Geschoss und europäisches Porzellan (darunter einige prachtvolle Stücke aus Meißen) im obersten Stock. Hinzu kommen ein paar Gemälde von Meistern wie Francesco Solimena, Francesco De Mura und Vincenzo Camuccini.

Das Museum ist in der imposanten **Villa Floridiana** (Via Domenico Cimarosa 77; Eintritt frei; ⌚8.30 Uhr–1 Std. vor Sonnenuntergang; ⓂVanvitelli) untergebracht, ein nicht gerade schlichtes Geschenk von König Ferdinand I. an seine zweite Frau, die Herzogin von Floridia. Die üppigen, gepflegten Gärten lohnen allein schon einen Besuch mit ihren verträumten Aussichten auf Bucht und Stadt und einem hübschen kleinen Brunnen mit Schildkröten.

Palazzo dello Spagnuolo — ARCHITEKTUR

(Karte S. 64; Via dei Vergini 19; ⓂPiazza Cavour, Museo) Im barockreichen Neapel können sogar Treppen ein Ereignis sein und das

Meisterwerk im Hof dieses Palazzos ist einer der größten Hits. Die Treppe wurde von Ferdinando Sanfelice 1738 entworfen und ihre zwei Aufstiege mit fünfteiligen Gewölbebögen kamen in Filmklassikern wie Luigi Zampas *Processo alla città* (Stadt ohne Moral) und Vittorio de Sicas *Giudizio universale* (Das Jüngste Gericht findet nicht statt) zum Einsatz.

Unglaublicherweise trabten einst Pferde die Treppen herauf, um faulen Reitern einen Tür-zu-Tür-Service zu bieten.

Wenn Sanfelices ausladendes architektonisches Statement Lust auf mehr gemacht hat, führt ein kurzer Weg nach Norden zu seinem Erstlingswerk im **Palazzo Sanfelice** (Karte S. 64; Via della Sanità 2; MCavour). Nach ihrer Vollendung 1726 war die zweistiegige Diva das Stadtgespräch und von nun an gab es kein Halten mehr für Sanfelice, der seine dramatischen Treppenentwürfe in verschiedenen Palazzi in der ganzen Stadt perfektionierte.

Keines dieser beiden Gebäude ist eigentlich für Besucher geöffnet, aber der Pförtner lässt einen rein, wenn man ihn nett fragt. Pförtner arbeiten in der Regel zu den üblichen Geschäftszeiten. Der frühe Nachmittag ist daher schlecht, um jemanden anzutreffen.

Museo del Tessile e dell'Abbigliamento Elena Aldobrandini MUSEUM

(Karte S. 50; ☎081 497 61 04; www.fondazionemondragone.it; Piazzetta Mondragone 18, Fondazione Mondragone Napoli; Eintritt frei; ⌚Mo–Fr 9.30–18 Uhr; 🚌Centrale bis Corso Vittorio Emanuele) Trotz fehlender Informationen zu den Ausstellungen ist das winzige Textil- und Modemuseum ein Kleinod. Besucher können hier eine wunderschöne Auswahl von Gewändern aus der Mitte des 20. Jhs. bestaunen, darunter Kreationen des verstorbenen neapolitanischen Modeschöpfers Emilio Schuberth, der „Schneider der Stars" genannt wurde und Mentor von Valentino war. Der genauso berühmte Designer Livio De Simone aus Capri ist ebenfalls vertreten. Gezeigt werden zudem alte Hüte, Handschuhe, Kirchengewänder und Reproduktionen von Kleidungsstücken aus dem 16. und 17. Jh.

Eines der ungewöhnlicheren Exponate zeigt Reproduktionen der Kleider, die in *Las Meninas* (die Ehrendamen), dem Meisterwerk des Malers Diego Velázquez aus dem 17. Jh., getragen werden. Das Museum befindet sich in der Fondazione Mondragone, die Mitte des 17. Jhs. als „Heimstatt für adlige Damen und Jungfrauen" gegründet wurde.

> **ERMÄSSIGUNGEN**
>
> Wer die Sehenswürdigkeiten nur auf die Schnelle besuchen will, ist mit der **Campania artecard** (☎800 60 06 01; www.campaniartecard.it) hervorragend bedient. Das Rundumticket, das Museumseintritt und Fahrkarten abdeckt, gibt's in verschiedenen Varianten. Das **Dreitageticket** Neapel und Campi Flegrei (Erw./erm. €16/10) erlaubt freien Eintritt in drei beteiligte Sehenswürdigkeiten, gewährt 50 % Ermäßigung in anderen und kostenlose Nutzung öffentlicher Verkehrsmittel in Neapel und den Campi Flegrei. Andere Varianten kosten zwischen 12 und 30 € und gelten bis Pompeji und Paestum. Die Karte ist online, in der Stazione Centrale oder in den entsprechenden Stätten und Museen erhältlich.

Chiesa San Giovanni a Carbonara KIRCHE

(Karte S. 40; ☎081 29 58 73; Via Carbonara 5; ⌚Mo–Sa 9–17.30 Uhr; MPiazza Cavour, Museo) Die opulenten Skulpturen lohnen einen Abstecher in diese gotische Kirche. Andrea de Firenze, toskanische Bildhauer und norditalienische Maler arbeiteten gemeinsam an dem Mausoleum für König Ladislaus in einer Mischform aus Gotik und Renaissance, das sich 18 m hinter dem Hauptaltar erhebt. Die runde Cappella Caracciole del Sole dahinter erfreut mit ihren farbenfrohen Fresken aus dem 15. Jh. und Leonardo da Besozzos Grab für Giovanni Caracciolo, den ehrgeizigen Liebhaber von König Ladislaus' Schwester, der Königin Johanna II. von Neapel.

Caracciolos zunehmende politische Macht war der Grund, warum die Königin seinen Tod veranlasste. 1432 wurde er im nahen Castel Capuano erdolcht.

Weitere bedeutende Werke sind die Cappella Caracciolo di Vico (bekannt für ihren römischen Stil des frühen 16. Jhs. in Süditalien), das *Monumento Miroballo* von Tommaso Malvito und Jacopo dell Pila sowie die farbenprächtige Cappella Somma aus dem 14. Jh. mit manieristischen Fresken und einem exquisiten Altar aus dem 16. Jh. von Annibale Caccarello und Giovan Domenico d'Auria. Die Doppeltreppe aus dem 18. Jh., die zur Kirche selbst hinauf-

DER FLUCH DES HAUPTMANNS

Von den vielen Geschichten, die sich um den Cimitero delle Fontanelle (S. 67) winden, fasziniert keine so sehr wie die von *il Capitano* (der Hauptmann), dessen Schädel als mittlerer am Fuß der drei Golgathakreuze des Friedhofs liegt.

Der Legende nach hatte eine fromme junge Frau aus La Sanità den Schädel adoptiert, ein üblicher Brauch in Neapel bis Ende der 1960er-Jahre. So unpassend es auch scheint, diente der Cimitero delle Fontanelle auch als Liebesnest für Verliebte, die sonst nicht wissen wohin. Das war auch dem keineswegs frommen Liebsten der Frau bekannt, der sie überredete, ihre Jungfräulichkeit an diesem Ort zu verlieren.

Die junge Frau trat nachdenklich und nervös vor den Hauptmann und bat den Schädel, ihre Beziehung zu segnen und ihnen eine glückliche Ehe zu gewähren. Der Liebste hatte für Aberglauben nichts übrig, machte sich über sie und den Hauptmann lustig, stach in die Augenhöhlen des Schädels und forderte ihn auf, zur Hochzeit zu kommen. Um es noch schlimmer zu machen, entjungferte er seine Geliebte an Ort und Stelle.

Später auf dem Hochzeitsbankett des Paares tauchte ein Fremder in einer altmodischen Offiziersuniform und mit einer Augenklappe auf. Der junge Bräutigam, genauso dreist wie an jenem verhängnisvollen Tag auf dem Friedhof, schnappte sich den Gast beim Verlassen und verlangte zu wissen, wer ihn eingeladen habe. Der Offizier drehte sich um, lächelte und erwiderte „Du ... auf dem Fontanelle“. Dann öffnete er seinen Mantel und enthüllte ein komplettes Skelett, das sofort auf den Boden zerbröselte.

Kein Wunder, dass der Schock Bräutigam und Braut tötete, deren letzte Ruhestätte passenderweise ein Geheimnis bleibt. Einige behaupten, die Leichname des Paares lägen auf dem Cimitero delle Fontanelle, andere glauben, dass ein Grabfresko eines Paares in der Catacomba di San Gaudioso (S. 68) ihren Ruheort der ewigen Reue kennzeichne.

führt, ist das Werk des Barockmeisters Ferdinando Sanfelice.

Die Kirche erhielt ihren Namen nach ihrem Standort auf einem ehemaligen angevinischen *carbonarius* (Müllverbrennungsanlage).

Laboratorio Oste MUSEUM, GALERIE

(Karte S. 64; ☎081 44 44 45; www.facebook.com/LaboratorioOste; Via dei Cristallini 138; ⌚meist Mo–Fr 9–18 Uhr; Ⓜ Piazza Cavour, Museo) Der verstorbene Annibale Oste war einer der berühmtesten Bildhauer und Designer Neapels. Seine Werkstatt ist heute eine kleine Galerie und Archiv, in der einige seiner Werke zu sehen sind. Dazu zählen verspielte Lichtskulpturen, Vasen und phantasievolle Möbelstücke aus den Jahren 2001 bis 2010. Die alte Werkstatt, für sich schon zauberhaft, wird nun liebevoll von seinen Künstlerkindern Mariasole und Vincenzo geführt. Der auffallende zeitgenössische Schmuck Vincenzos wird ebenfalls ausgestellt (und verkauft).

Annibale Oste, der von seinen Kollegen für einen Visionär gehalten wurde, hauchte so unterschiedlichen Materialen wie Bronze, Stahl, Holz, Alabaster und Glas Lebendigkeit und Verspieltheit ein. Seine Verwendung von Fiberglas in den 1970er-Jahren wurde als wegweisend gelobt und seine Kreationen – darunter ein Behälter, der an einen köstlichen riesigen Schokoladenblock erinnert – bilden eine außergewöhnliche Sinfonie aus Strukturen, Formen und Farben. Der Hof des Gebäudes wurde übrigens einst als Theaterbühne genutzt, das Büro der Werkstatt diente als Garderobe für die Schauspieler. Zu ihnen gehörte auch der junge Totò, der später einer der größten Komödianten Italiens wurde.

Wer einen Besuch plant, sollte auf jeden Fall vorher mailen oder anrufen, um sicher zu sein, dass jemand da ist.

MERGELLINA & POSILLIPO

Mergellina auf der westlichen Seite des mittlerweile verkehrsfreien Lungomare zeugt mit seinen Liberty-Palazzi und dem etwas schmuddeligen Uferbereich von verblichener Pracht. Kitschige Hafenbuden verkaufen Eis an verliebte Teenager und in der Nähe legen Tragflächenboote zu den Inseln ab.

Posillipo weiter westlich auf der Landzunge, die den Golf von Neapel von der Bucht von Pozzuoli trennt, ist ein grünes, nobles Viertel mit großen Villen, verborgenen Badebuchten und der grünen Oase des Parco Virgiliano.

Porticciolo HAFEN

(Karte S. 73; Via Francesco Caracciolo; Ⓜ Mergellina) Mergellinas Hafen, in dem einst die Fischerflotte der Gegend festmachte, ist heute eine viel besuchte Kombination aus ankernden Yachten, kitschigen neapolitanischen Buden, neonbeleuchteten Eissalons und Bars. Mit einer Eiscremebrioche aus dem Chalet Ciro Mergellina lässt sich wunderbar der Postkartenblick auf das *castello* und den Vulkan genießen.

Von hier lässt sich gut eine gemächliche *passeggiata* (Bummel) ostwärts über den verkehrsfreien Lungomare (Strandpromenade; S. 60) machen oder, wem die Steigung nichts ausmacht, nach Südwesten über die Via Posillipo, die zauberhafte Aussichten auf die Bucht, die Stadt und Villen mit üppigen Gärten bietet.

Parco Vergiliano PARK, ARCHÄOLOGISCHE STÄTTE

(Karte S. 73; ☎ 081 66 93 90; Salita dell Grotta 20; ⌚ 9–18 Uhr; Ⓜ Mergellina) Wer die steilen Stufen zu diesem kaum bekannten Park hinaufsteigt, findet den längsten römischen Tunnel der Welt. Das 700 m lange Stück verband einst Neapel mit Pozzuoli. Oben auf der Treppe liegt das Grab von Vergil, der 19 v. Chr. in Brindisi starb. Der Legende nach wurde der Leichnam des römischen Dichters nach Neapel gekarrt und in diesem augustinischen Gewölbe begraben.

Im Park ist auch der Dichter Giacomo Leopardi aus dem 19. Jh. bestattet.

Parco Virgiliano PARK

(Karte S. 73; Viale Virgilio; ⌚ Ende Juni–Sept. 7–1 Uhr, Mai–Ende Juni 7–24 Uhr, restl. Jahr 7–21 Uhr; 🚌 140 bis Via Posillipo) Der allseits beliebte Park hoch über dem schimmernden Meer an der westlichsten Spitze des noblen Posillipo-Hügels ist ideal, um sich auf einer Terrasse niederzulassen und den Blick zu genießen – von Capri im Süden und Nisida, Procida und Ischia im Südwesten bis zur Bucht von Pozzuoli und Bagnoli im Westen. Vor dem Haupteingang findet donnerstags von 9 bis 14 Uhr der angsagte **Markt** von Posillipo statt.

Geschichtskenner werden wissen, dass sich auf der winzigen Insel Nisida Brutus gegen seinen allzu ehrgeizigen Erzfeind Julius Cäsar verschworen haben soll.

CAMPI FLEGREI

Die oft ignorierten Campi Flegrei (Phlegräische Felder) erstrecken sich westlich vom Posillipo-Hügel bis zum Tyrrhenischen Meer. Ihrer hässlichen Zersiedelung setzen sie dampfende aktive Krater, grüne Vulkanhänge und beeindruckende antike Ruinen entgegen. Die Siedlungen der alten Griechen sind Italiens älteste, der Monte Nuovo hingegen ist der jüngste Berg Europas. Tor zu der Region ist die Hafenstadt Pozzuoli mit ihren archäologischen Sehenswürdigkeiten und den Fähren nach Ischia und Procida.

POZZUOLI & UMGEBUNG

Pozzuoli (das antike Dikaiarchia) wurde um 530 v. Chr. von politischen Flüchtlingen der ägäischen Insel Samos gegründet und erblühte unter den Römern, die es 194 v. Chr. kolonisierten. Sie benannten den Ort in Puteoli (kleine Quellen) um und bauten ihn zu einer wichtigen Hafenstadt aus. Hier soll auch der hl. Paulus gelandet sein, wurde San Gennaro enthauptet und verbrachte die Filmdiva Sophia Loren ihre Kindheit. Bradyseismische Bewegungen (das langsame Heben und Senken der Erdkruste) ließ den Meeresgrund von Pozzuoli zwischen 1982 und 1984 um 1,85 m ansteigen, wodurch der Hafen zu seicht für große Schiffe wurde.

Überhaupt ist die Stadt von geologischen Eigentümlichkeiten umgeben, vom zischenden Solfatara-Krater (S. 74) 1,2 km östlich bis zum jungen Berg Monte Nuovo 3 km westlich.

LP TIPP **Anfiteatro Flavio** RUINE

(☎ 081 526 60 07; Via Terracciano 75; Erw./erm. 4/2 €; ⌚ unterschiedlich, meist Mi–Mo 9 Uhr–1 Std. vor Sonnenuntergang; 🚆 Cumana bis Pozzuoli, Ⓜ Pozzuoli) In seiner Glanzzeit fasste Italiens drittgrößtes Amphitheater über 20 000 blutdürstige Zuschauer, die hier nachgestellte Seeschlachten bejubelten (ja, das Stadion wurde manchmal dafür geflutet) und sich der Schadenfreude hingaben, wenn Löwen die gefangenen Christen jagten. Die am besten erhaltenen Teile des antiken Stadions, das von Nero geplant und von Vespasian (69–79 n. Chr.) vollendet wurde, liegen unter der Hauptarena.

Beim Schlendern zwischen den umgefallenen Säulen können Besucher über den komplizierten Mechanismus grübeln, mit dem die Käfige mit den Raubtieren durch die „Dachluken“ hoch zu ihren Opfern gehievt wurden. 305 n. Chr. warf der Kaiser Diokletian sieben christliche Märtyrer den Löwen vor. Sie überlebten, wurden aber später geköpft. Einer der sieben war San Gennaro, der Schutzheilige Neapels.

Die Öffnungszeiten können schwanken, also besser vorher anrufen.

Mergellina & Posillipo

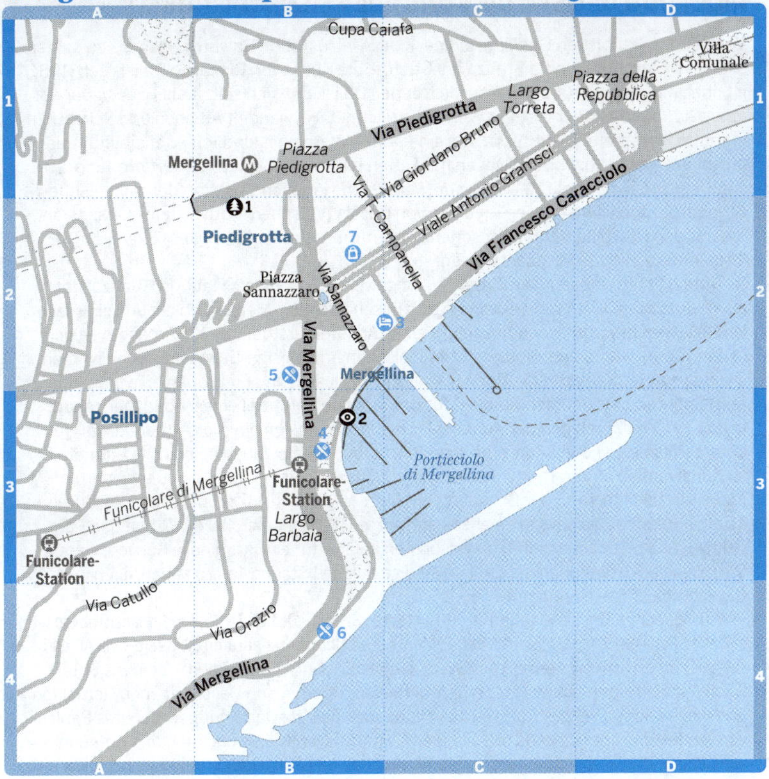

Rione Terra HISTORISCHE STÄTTE, RUINE

(☎848 80 02 88; Largo Sedile di Porto; Erw./erm. 4/2 €; ⏱unterschiedlich; Cumana bis Pozzuoli, Ⓜ Pozzuoli) Rione Terra ist Pozzuolis ältestes Viertel und die antike Akropolis, der Burgberg der Stadt. Unter den heutigen Gebäuden aus dem 17. Jh. liegt eine archäologische Schatzgrube aus Straßen, Läden und sogar einem Bordell, die aus der Zeit stammen, als Pozzuoli noch die antike Hafenstadt Puteoli war. Die Stätte ist öfter geschlossen als geöffnet, die Touristeninformation von Pozzuoli kennt die aktuellen Öffnungszeiten.

Wer das Glück hat, die Ruinen erkunden zu können, läuft über den *decumanus maximus* – entlang antiker Tavernen, Bäckereien (samt intakten Mahlsteinen) und Graffiti, die der Dichter Catallus in einer düsteren Sklavenzelle gekritzelt hatte. Archäologen machten die aufsehenerregende Entdeckung, als vulkanische Aktivität in den 1970er-Jahren zu einer Massenevakuation des Viertels führte. Der Dom von Pozzuoli aus dem 16. Jh. ist um ein antikes Kapitol gebaut, das selbst in der augustinischen Zeit von Lucius Cocceius opulent umgebaut wurde.

Mergellina & Posillipo

Sehenswertes
- **1** Parco Vergiliano B2
- **2** Porticciolo B3

Schlafen
- 3 Hotel Ausonia C2

Essen
- 4 Chalet Ciro Mergellina B3
- 5 Di Girolamo Giuseppe B2
- 6 Don Salvatore B4

Shoppen
- 7 Anna Matuozzo B2

[RI]CCARDO DALISI & DIE KUNST DER MENSCHLICHKEIT

[Vo]n seinen Skulpturen *Dedicate a Klee* in der Metrostation Salvator Rosa bis zu seinen skurrilen Skulpturen in La Stanza del Gusto – die Kunst von Riccardo Dalisi (geb. 1931) ist charakteristisch für das moderne Neapel. Dalisi, der sich selbst als „*Il designer del opera buffa*" (Designer lustiger Werke) bezeichnet, verwandelt Alteisen und Schrott in lebhafte, verspielte Skulpturen, die eine phantasiereiche, kindliche Sensibilität ausstrahlen – von „tanzenden" Dosen mit Hüten bis zu „verliebten" *caffettiere* (Espressokannen). Die neapolitanische *caffettiera* – eine längliche Version der italienischen Standardmodelle – ist in der Tat eines von Dalisis typischen Motiven, eine Obsession, die mit dem Auftrag der italienischen Designfirma Alessi begann, ein Exemplar für ihren Katalog von 1979 zu entwerfen.

Trotz etlicher anderer berühmter Aufträge von z. B. Zanotta, Fiat und Bisazza, hat Dalisi stets Starallüren vermieden und sich Bescheidenheit, Menschlichkeit und ein soziales Gewissen bewahrt. Nach Abschluss eines Architekturstudiums 1957 machte er sich in den 1960er-Jahren als Pionier der italienischen Anti-Design-Bewegung einen Namen. Die Bewegung prangerte die Konsumhaltung im Design an und propagierte Individualität, Spontaneität und den Respekt für das kreative Potenzial eines jeden Menschen. In den 1970er-Jahren gab der Künstler Workshops in *design povero* (Armendesign) für unterprivilegierte neapolitanische Jugendliche, in denen er ihnen beibrachte, Altmetall zu Kunstwerken zu verarbeiten. Seine jüngste Zusammenarbeit mit den Bewohnern des rauen Viertels führte zu der Gründung der **Iron Angels** (☎331 8860287; www.ironangels.it), eine Kunstkooperative in einer säkularisierten Gemeindekirche, die Arbeit und Perspektive für Jugendliche bietet, die ansonsten anfällig für eine kriminelle Karriere wären. Die recycelten Kreationen der Gruppe sind an etlichen Standorten zu sehen, auch in der Catacomba di San Gennaro (S. 68).

Ein Besuch in Dalisis eigenem **Atelier** (Karte S. 64; ☎081 68 14 05; studiodalisi@libero.it; Calata San Francesco 59; Eintritt frei; ⏲Mo–Fr 9–14 Uhr; vorher anrufen; 🚌C28 bis Via Aniello Falcone) ist erwartungsgemäß ein wunderbares Erlebnis. Seine Räume sind bis unters Dach mit charismatischen Prototypen, aktuellen Arbeiten und Dalisis eigenen Gemälden und Illustrationen vollgestopft (recycelt wird auch hier, da Dalisi nur gebrauchtes Papier verwendet, das überwiegend aus Schulen stammt). Der freundliche *maestro* bietet auch kostenlose drei-, vier- oder fünftägige Workshops an (Anmeldung eine Woche zuvor), allerdings spricht Dalisi nur Italienisch. Im Atelier sind zwar alle Besucher willkommen, aber der Zeitpunkt sollte zuvor telefonisch bei Dalisis Assistentin Carla Rabuffetti vereinbart werden.

Solfatara-Krater VULKAN

(☎081 526 23 41; www.solfatara.it; Via Solfatara 161; Erw./erm. 7/4,50 €; ⏲8.30 Uhr–1 Std. vor Sonnenuntergang; Ⓜ Pozzuoli, dann 900 m zu Fuß nordwärts über die Via Solfatara) Der dampfende, beängstigende und surreale Krater wurde von den Römern Foro Vulcani (Sitz des Feuergottes) genannt. Am anderen Ende des Kraters sind die Stufe zu sehen, zwei antike Grotten, die Ende des 19. Jhs. ausgegraben wurden, um zwei backsteinerne *sudatoria* (Schwitzräume) zu schaffen. Sie werden Fegefeuer und Hölle genannt und erreichen beide Temperaturen von bis zu 90 °C.

Der beißende Dampf und der brodelnder Schlamm und das schwefelhaltige Wasser des Kraters werden seit Tausenden Jahren für ihre Heilkraft gerühmt. Wem der Gedanke, den Krater zu Fuß anzusteuern, wie Fegefeuer erscheint, kann einen der Stadtbusse ab der Metrostation Pozzuoli zum Berg hoch nehmen und den Fahrer bitten, am Solfatara anzuhalten.

Tempio di Serapide RUINE

(Tempel des Serapis; Via Serapide; 🚌Cumana bis Pozzuoli, Ⓜ Pozzuoli) Der abgesunkene und durch bradyseismische Erdverschiebungen über die Jahrhunderte schwer beschädigte und gelegentlich vom Meer überflutete Platz gleich östlich des Hafens war überhaupt kein Tempel, sondern ein antikes *macellum* (Markt). Er erhielt seinen Namen nach der Statue des ägyptischen Gotts Serapis, die hier 1750 gefunden wurde. Die antiken Toiletten (beidseitig der östlichen Apsis) werden als Werk historischer Erfindungsgabe betrachtet.

Mercato del Pesce di Pozzuoli MARKT

(Fischmarkt von Pozzuoli; Karte S. 76; Via Nicola Fasano; ⌚Di–So 7.30–13.30 Uhr; Cumana bis Pozzuoli, Ⓜ Pozzuoli) Pozzuolis stimmungsvoller Fischmarkt ist genau richtig für einen appetitanregenden Morgenspaziergang. Gutes Wetter bringt den besten Fang ein, vor allem die üblichen lokalen Schätze des Meeres wie *pesce azzurro* (Makrelen) *pesce bandiera* (Fächerfisch), *seppie* (Tintenfisch), *polipi* (Oktopus), *alici* (Sardellen) und *gamberoni* (Riesengarnelen). Der zweite der beiden Gänge ist eine köstliche Orgie aus dicken Salami und *salsiccie* (Würsten), prallem Käse, lokalem Obst und Gemüse sowie knusprigem *casareccio* (Hausmacherbrot).

Hungrig? Proviant für ein improvisiertes Picknick gibt's auf dem nahen Monte Nuovo (S. 75). Der Markt liegt nur 300 m nordwestlich der antiken Marktruine des **Tempio di Serapide** (Karte S. 76; Via Serapide; Cumana bis Pozzuoli, Ⓜ Pozzuoli).

Monte Nuovo PARK

(Neuer Berg; Karte S. 76; ☎081 804 14 62; Via Virgilio; ⌚Mo–Sa 9 Uhr–1 Std. vor Sonnenuntergang, So 9–13 Uhr; Cumana bis Arco Felice) Am 29. September 1538 um 20 Uhr erschien nahe der antiken römischen Siedlung Tripergole ein Riss in der Erde, der über sechs Tage mit aller Gewalt eine Mischung aus Bimsstein, Feuer und Rauch ausspie. Am Ende der Woche hatte Pozzuoli einen neuen, 134 m hohen Nachbarn. Heute ist Europas jüngster Berg ein üppig grünes und friedliches Naturreservat, dessen schattige Hänge mit Meerblick ideal für ein Picknick sind.

Die „Zeugung" des Bergs begann jedoch schon Anfang der 1530er-Jahre, als ungewöhnlich hohe seismische Aktivitäten die Gegend erschütterte. In jener Zeit bemerkten die Leute auch eine dramatische Erhebung des Lands zwischen Lago d'Averno, Monte Barbaro und dem Meer, eine Verschiebung, die die Küste um mehrere hundert Meter versetzte. Sie ahnten jedoch nicht, dass unter ihnen ein Monte Nuovo für sein großes Debüt übte.

Città della Scienza MUSEUM

(Wissenschaftsstadt; Karte S. 76; ☎081 242 00 24; www.cittadellascienza.it; Via Coroglio 104; Erw./erm. 7,50/5,50 €; ⌚Di–Sa 9–17, So 10–19 Uhr, März–Mai auch Mo 9–17 Uhr, Ende Juli–Mitte Sept. geschl.; Cumana bis Bagnoli, dann C1 oder R7) Die riesige und interaktive Città della Scienza, Teil eines langfristigen Sanierungsprojekts des Stahlwerkgeländes Bagnoli, liegt 5 km südöstlich von Pozzuoli und macht Wissenschaft richtig spannend. Sie ist besonders ein Hit bei Kindern, die in der Wissenschaftshalle etwas über Physik erfahren, im Hightechplanetarium (3 €) durch Sternbilder laufen oder einfach wie verrückt lustige Knöpfe drücken können.

LUCRINO, BAIA & BACOLI

Die drei Ortschaften erstrecken sich westlich von Pozzuoli entlang einer dicht bebauten und interessanten Küstenstraße. Die erste ist Lucrino mit dem stillen Lago d'Averno (dem mythologischen Eingang zur

EIN SKANDALÖSES HAUS

Kaum ein Haus hat die lokalen Klatschmäuler so beflügelt wie der **Palazzo Donn'Anna** (Largo Donn'Anna 9; 140 bis Via Posillipo) am Meer in Posillipo. Das unvollständige, halb verfallene und doch seltsam schöne Gebäude erhielt seinen Namen nach Anna Carafa. Ihr Mann Ramiro Guzman, der spanische Vizekönig von Neapel, ließ es ihr als Hochzeitsgeschenk erbauen. Als sich Guzman 1644 zurück nach Spanien verdrückte, blieb seine Frau mit gebrochenem Herzen in Neapel zurück. Sie starb kurz danach und der architektonische Tausendsassa Cosimo Fanzago gab das Bauprojekt auf. Der prachtvolle, aber verlassene Bau steht an der Stelle einer älteren Villa, La Sirena (die Meerjungfrau), der angebliche Schauplatz von Königin Johannas skandalösen Sexorgien und Verbrechen aus Leidenschaft (die launische Johanna soll ihre Liebhaber direkt ins Meer entsorgt haben). Unklar ist, von welcher Königin Johanna genau die Rede ist. Einige glauben, ihre königliche Fiesheit sei Johanna I. (1326–82) gewesen, die Tochter von Karl, dem Herzog von Kalabrien, zu deren angeblichen Missetaten der Mord an ihrem Ehemann gehörte. Andere schließen auf Johanna II. (1373–1435), die Schwester von König Ladislaus, deren Appetit auf Männer noch heute Stoff für lasterhafte Legenden ist. Der Palazzo Donn'Anna ist der Öffentlichkeit nicht zugänglich.

Campi Flegrei

Hölle) und einem berühmten Thermalbad. Baia, 3 km weiter nach Südwesten, ist nach Baios benannt, einem Schiffskameraden von Odysseus, der hier starb und begraben wurde. Der Großteil der antiken Stadt, einst ein glanzvoller römischer Badeort mit einem liederlichen Ruf, liegt nun unter Wasser (wiederum durch bradyseismische Bewegungen), jedoch helfen stimmungsvolle Ruinen und ein jüngst erweitertes archäologisches Museum der Phantasie auf die Sprünge. Nochmals 4 km südwärts liegt das verschlafene Fischernest Bacoli, wo sich die magische Piscina Mirabilis befindet.

LP TIPP **Parco Archeologico di Baia** RUINE

(Karte S. 76; ☎081 868 75 92; Via Sella di Baia; Erw./erm. Sa & So 4/2 €, Di–Fr frei; ⏲Di–So 9 Uhr–1 Std. vor Sonnenuntergang; Cumana bis Fusaro, dann 900 m zu Fuß oder EAV-Bus bis Baia) In römischer Zeit war die Ruine aus dem 1. Jh. v. Chr. Teil einer weitläufigen Palast- und Badanlage. Kaiser amüsierten sich und ihre Gäste in opulent ausgestalteten Thermalbädern, die hinab zum Meer reichten. Zu den erhaltenen Bruchstücken gehören herrliche Bodenmosaiken, ein wunderschön stuckiertes *balneum* (Badezimmer), ein Freilufttheater und der Tempio di Mercurio, dessen Kuppel mit Rundfenstern älter war als das römische Pantheon.

Die Kuppel überdachte einst das *frigidarium* (Kaltwasserbecken), das sich ungefähr 7 m unter dem heutigen Meeresspiegel befindet. Mit den marmorverkleideten Wänden und den glitzernden Mosaiken der Kuppel muss es ein sehr prachtvoller Anblick gewesen sein.

Zur Zeit der Recherche mussten Besucher der Stätte am Wochenende ihre Eintrittskarten im Voraus im Museo Archeologico dei Campi Flegrei (S. 78) kaufen. Es ist sinnvoll, sich vorher telefonisch nach Änderungen zu erkundigen. Mit öffentlichen Verkehrs-

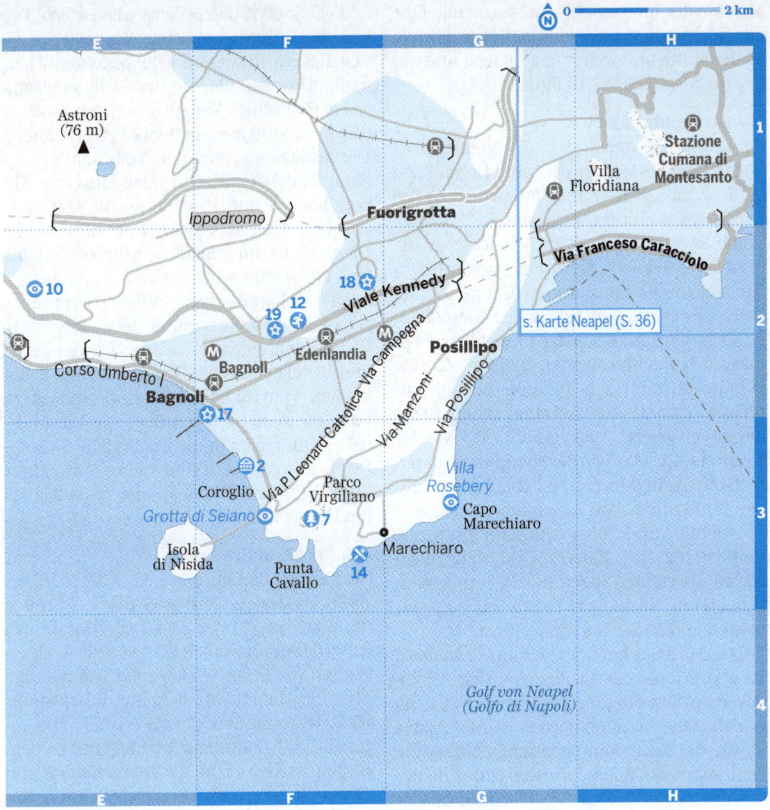

Campi Flegrei

Highlights

Parco Archeologico di Baia B2

Sehenswertes

1 Anfiteatro Flavio D2
2 Città della Scienza F3
3 Lago d'Averno C1
4 Mercato del Pesce di Pozzuoli D2
5 Monte Nuovo C1
6 Museo Archeologico dei Campi Flegrei C2
7 Parco Virgiliano F3
8 Piscina Mirabilis C3
9 Scavi Archeologici di Cuma B1
10 Solfatara-Krater E2
11 Tempio di Serapide D2

Aktivitäten, Kurse & Touren

12 Edenlandia F2
13 Terme Stufe di Nerone C2

Essen

14 Da Cicciotto F3
15 Da Giona C4
16 Exytus Caffè D2

Unterhaltung

17 Arenile Reload F2
18 Stadio San Paolo F2
19 Teatro Palapartenope F2

Shoppen

Cartolibreria '900 ..... (siehe 11)

mitteln ist die Stätte mit dem Cumana-Zug bis zum Bahnhof Fusaro und dann 150 m zu Fuß nach Norden zur Via Fusaro zu erreichen. Von dort sind noch weitere 900 m zu Fuß ostwärts über die Via Fusaro. Von der Via Fusaro verkehrt auch der EAV-Bus nach

Miseno, der montags bis samstags ungefähr alle 30 Minuten und sonntags jede Stunde zu der Stätte und weiter nach Bacoli und der Piscina Mirabilis (S. 78) fährt.

Museo Archeologico dei Campi Flegrei MUSEUM, BURG

(Archäologisches Museum der Campi Flegrei; Karte S. 76; ☎081 523 37 97; http://museoarcheologicocampiflegrei.campaniabeniculturali.it; Via Castello 39; Eintritt Sa & So 4 €, Di–Fr frei; ⏲unterschiedlich, meist Di–So 9–13 Uhr; 🚌EAV-Bus nach Baia) Das Archäologische Museum der Campi Flegrei ist eines der weniger bekannten Kleinodien Neapels, wo antike Schätze ohne Menschenmassen betrachtet werden können. Zu den Highlights zählt ein bezauberndes Nymphäum, das aus dem versunkenden Baiae herausgebaggert und geschickt wieder zusammengesetzt wurde. Nymphäen waren Nymphenheiligtümer und beliebte Orte, um den Bund fürs Leben zu schließen.

Weitere Attraktionen sind eine bronzene Reiterstatue des Kaisers Domitian (nach seiner Absetzung abgewandelt, um seinem beliebteren Nachfolger Nerva zu gleichen) sowie Fundstücke aus Rione Terra.

Das Museum befindet sich im Castello di Baia, das Ende des 15. Jhs. von den Aragonesen als Verteidigung gegen eine mögliche französische Invasion gebaut wurde. Später wurde die Burg vom spanischen Vizekönig Don Pedro de Toledo erweitert und diente fast das ganze 20. Jh. lang als Armeewaisenhaus. Der Blick auf die Bucht ist grandios.

Da sich die Öffnungszeiten ständig ändern, ist es immer sinnvoll, das Museum vorher anzurufen.

Terme Stufe di Nerone THERMALBAD

(Karte S. 76; ☎081 868 80 06; www.termestufedinerone.it; Via Stufe di Nerone 37; Eintritt inkl. Massage ab 50 €; ⏲Sept.–Juni Di, Do & Fr 8–23, Mo, Mi & Sa bis 20, So bis 15 Uhr, Juli & Aug. Mo–Sa 8–20, So bis 15 Uhr; 🚆Cumana bis Lucrino) Der vom Besichtigen ermattete Körper wird einen Besuch in diesem sehr beliebten Thermalbad danken, das an der Stelle eines antiken römischen Vorgängers gebaut wurde (die Reste sind noch in der Bar zu erkennen). Die muskelentspannende Kombination aus dampfenden Grotten, therapeutischen Mineralbädern und -becken sowie Massagen (40-minütige Massagen mit ätherischen Ölen 35 €) und Schönheitsbehandlungen sind ein wohliges Intermezzo.

Die Behandlungen sollten mindestens zwei Tage im Voraus online gebucht werden. Wer keinen eigenen Badeanzug, Handtuch und Badelatschen hat, kann alles an der Bar kaufen. Vom Bahnhof Lucrino sind es zu Fuß 500 m südwestlich über die Via Miliscola, dann rechts in die Via Stufe di Nerone. Der Eingang liegt 200 m weiter. Autofahrer zahlen auf dem Parkplatz des Bads 2,50 €, für Motorroller sind es 2 €.

Piscina Mirabilis RUINE

(Wunderbares Becken; Karte S. 76; ☎081 523 59 68; Via Piscina Mirabilis; ⏲unterschiedlich; 🚆Cumana bis Fusaro, dann 🚌EAV-Bus bis Bacoli) Der Besuch der größten römischen Zisterne der Welt erfordert vorherige telefonische Anmeldung. Aber die Mühe lohnt sich, um dieses unterschätzte antike Wunder zu erleben. Das sogenannte „wunderbare Becken" mit seinem gespenstischen Licht, 48 hohen Säulen und einem Tonnengewölbe gleicht eher einer unterirdischen Kathedrale als einem gigantischen Wassertank. Die 12 600 m³ Wasser der Zisterne aus der augustinischen Zeit versorgten die Kriegsflotte im nahen Miseno. Süßwasser floss aus dem Aquädukt des Flusses Serino in die Zisterne, wo es mit hydraulischen Maschinen zur Terrasse hochgepumpt wurde und durch Türen im zentralen Raum herausfloss. Ingenieure staunen noch heute über die ausgefeilte Technik.

EIN TRAUMSTRAND

Direkt unter dem Castello di Baia liegt die wunderbare Spiaggia del Castello (Burgstrand). Der Sandstrand, der sich zu beiden Seiten erstreckt, ist nur mit dem **Boot** (☎338 169 34 48; Ticket einfach 2,50 €, Sa, So & Aug. 4 €; ⏲Juni–Aug. 8.30–19 Uhr, April–Mai & Anfang–Mitte Sept. bis 18 Uhr) von einem nahen Steg aus zu erreichen. Zum Anlegesteg geht es mit dem EAV-Bus nach Baia bis vor die FIART-Fabrik gleich südlich des Orts. Von dort sind es weitere 250 m zu Fuß südwärts und dann links in die Auffahrt neben dem grünen Tor an der Kurve. Am Ende des Wegs sind dann der Parkplatz und der weiße Steg, wo Liegestühle (5/6 € werktags/wochenends) und Sonnenschirme (5 €) zum stilvollen Sonnenbad verliehen werden. An Sommerwochenenden kommen die Massen, besser ist es unter der Woche.

Lago d'Averno SEE, RUINE

(Averno-See; Karte S. 76; Via Lucrino Averno; Cumana bis Lucrino) In Vergils *Aeneis* steigt Aeneas am Lago d'Averno in die Unterwelt hinab. Eine Hölle ist in einer so sanften Umgebung, wo alte Weingärten und Zitrushaine den Krater umgeben, nur schwer vorzustellen. Ein beliebter Wanderweg führt nun um den See herum, der einen kurzen Fußweg von 1 km nördlich des Bahnhofs Lucrino liegt.

Der Name des Sees entstammt dem griechischen Wort άορνος *(avernos)*, was „ohne Vögel" bedeutet. Der Legende nach sollen Vögel, die über ihn hinweg flogen, vom Himmel gefallen sein. Eine wahrscheinliche Erklärung für dieses Phänomen waren die giftigen vulkanischen Gase aus den Fumarolen des Sees. Das mag zwar tragisch für die gefiederten Viecher gewesen sein, aber für den römischen General Vipsanius Agrippa erwies sich der Lago d'Averno als nützlich. Er verband ihn 37 v. Chr. mit dem benachbarten Lago Lucrino und dem Meer und verwandelte das Höllentor in eine strategisch günstig gelegene Marinewerft. Die Kriegsschiffe sind wohl verschwunden, aber die Ruine des **Tempio di Apollo** (Apollotempel) am Seeufer ist noch vorhanden. Das Thermalbad aus der Zeit Hadrians im 2. Jh. n. Chr. besaß einst ein Kuppeldach, das fast so groß wie das des Pantheon in Rom war. Allerdings sind nur noch vier große Bogenfenster erhalten.

CUMA

Cuma wurde im 8. Jh. v. Chr. von griechischen Kolonisten der Insel Euböa gegründet und übte eine mächtige Faszination auf die antike Welt aus. Heute gehören die Ruinen mit ihrem Blick über üppige mediterrane Flora und das Tyrrhenische Meer zu den stimmungsvollsten der Region.

Scavi Archeologici di Cuma RUINE

(Karte S. 76; 081 854 30 60; Via Montecuma; Eintritt 4 €; 9 Uhr–1 Std. vor Sonnenuntergang, letzter Eintritt 1 Std. vor Schließung; Cumana bis Fusaro, dann EAV-Bus bis Cuma) Cuma wurde im 8. Jh. v. Chr. gegründet und war die erste griechische Siedlung auf dem italienischen Festland. Die Ruinen sind mythenumwoben: Im Antro della Sibilla Cumana (Höhle der Sibylle von Cumae) übermittelte das Orakel angeblich Botschaften von Apollo.

Der Dichter Vergil schrieb, vermutlich von einem Besuch der Höhle inspiriert, dass Aeneas hier die Sibylle aufsuchte, die ihm den Weg zum Tor in die Unterwelt des Hades im nahen Lago d'Averno wies. Profaner sind jüngste Untersuchungsergebnisse, dass der 130 m lange, trapezförmige Tunnel tatsächlich als Teil der Verteidigungsanlagen von Cuma gebaut wurde.

Noch mythenreicher ist der Tempio di Apollo (Apollotempel), der an jener Stelle gebaut wurde, wo Dädalus nach seinem Flug in Italien gelandet ist. In der griechischen Mythologie erhoben sich Dädalus und sein Sohn Ikarus in die Lüfte, um dem kretischen König Minos zu entkommen. Unterwegs flog Ikarus zu dicht an die Sonne und stürzte ins Meer ab, da seine Flügel aus Wachs und Federn durch die Hitze geschmolzen waren. Auf der Spitze der antiken Akropolis steht die Ruine des Tempio di Giove (Jupitertempel) aus dem 5. Jh. v. Chr. Er wurde später in eine christliche Basilika umgebaut, von der noch die Reste des Altars und des runden Taufbeckens zu sehen sind.

Vom Bahnhof Fusaro Cumana geht es 150 m zu Fuß nordwärts zur Via Fusaro, von wo der EAV-Bus nach Cuma montags bis samstags alle 30 Minuten und sonntags stündlich abfährt.

FUORIGROTTA

In der Vorstadt Fuorigrotta zwischen Neapel und den Campi Flegrei gibt es mehrere Freizeitangebote, darunter auch den berühmten Vergnügungspark der Stadt.

VOR DEM BESUCH

Vor dem Besuch der Campi Flegrei lohnt sich ein Abstecher in der hilfsbereiten **Touristeninformation** (081 526 66 39; www.infocampiflegrei.it; Largo Matteotti 1a; Mo–Fr 9–15 Uhr; Cumana bis Pozzuoli, Pozzuoli) in Pozzuoli, um sich Informationsmaterial und Karten der Gegend zu besorgen. Die Touristeninformation, die fünf Minuten zu Fuß bergab von der Metrostation liegt, verkauft auch preisgünstige Kombitickets (4 €) für den Eintritt ins Museo Archeologico dei Campi Flegrei, in den Parco Archeologico di Baia und die Scavi Archeologici di Cuma.

Ebenso nützlich ist der Buchladen **Cartolibreria '900** (Karte S. 76; 081 526 13 63; Via Pergolesi 38c/d; Mo–Sa 9–13 & 16–20 Uhr; Cumana bis Pozzuoli, Pozzuoli), der tolle Bücher und Informationen über die Gegend sowie Internetzugang hat (1 € pro Std.).

Edenlandia VERGNÜGUNGSPARK

(Karte S. 76; ☎081 239 40 90; www.edenlandia.it; Viale Kennedy 76; Erw./Kind unter 1,10 m 3 €/frei, pro Fahrt ab 2 €, Ticket für unbegrenzte Fahrten 12 €; ⏱unterschiedlich, s. Website; Cumana bis Edenlandia) Neapels größter Vergnügungspark ist herrlich kitschig und ein Riesenspaß. Er hat eine Unmenge an Attraktionen, darunter Autoscooter, ein Märchenschloss, ein 3-D-Kino und einen Flugsimulator. Die 3 € Eintritt gelten auch für das 3-D-Kino, das Varieté und das Kindertheater.

Festivals & Events

Festa di San Gennaro RELIGION

Am Samstag vor dem ersten Sonntag im Mai strömen die Gläubigen in den Dom, um die wundersame Verflüssigung von San Gennaros Blut zu erleben. Das geschieht auch am 19. September und am 16. Dezember.

Maggio dei Monumenti KULTUR

Kulturfest den ganzen Mai über mit zahllosen Konzerten, Bühnenvorstellungen, Ausstellungen, Führungen und anderen Events in der ganzen Stadt.

Wine & The City KULINARIA

(www.wineandthecity.it) Ein viertägiges Fest des regionalen *vino* mit Gratisweinproben und Kulturveranstaltungen in Geschäften in Chiaia und dem *centro storico;* im Mai.

Napoli Teatro Festival THEATER

(www.napoliteatrofestival.it) Drei Wochen mit italienischer und internationaler Theater- und Bühnenkunst an konventionellen und unkonventionellen Veranstaltungsorten in der ganzen Stadt; im Juni. Ein kürzeres sechstägiges Fest findet im September statt.

Napoli Film Festival FILM

(www.napolifilmfestival.com) Sechs Tage italienische und internationale Filme und Filmgespräche; unterschiedliche Termine.

Madonna del Carmine RELIGION

Pilger und Feuerwerk auf der Piazza del Mercato zu Ehren der wundertätigen Madonna der Chiesa di Santa Maria del Carmine; 16. Juli.

Essen

Neapel ist einer der gastronomischen Lieblinge Italiens, und die Lage an der Bucht begünstigt noch die wahrhaft unvergesslichen Mahlzeiten. Weiße Tischdecken, Kerzenlicht und Rechnungen über 50 € gibt es zwar überall, aber einige der besten Leckereien sind in den schlichten Trattorias zu finden, wo drei Gänge mit Hauswein schon unter 15 € zu haben sind. Noch billiger sind Neapels unzählige erstklassige Pizzerias und *friggitorie* (Frittenbuden). Leider schließen viele Restaurants für zwei Wochen im August. Wer in dieser Zeit da ist, sollte vorher anrufen.

CENTRO STORICO & MERCATO

LP TIPP **Palazzo Petrucci** KAMPANISCH €€€

(Karte S. 40; ☎081 552 40 68; www.palazzopetrucci.it; Piazza San Domenico Maggiore 4; 5-Gänge-Menü 50 €; ⏱Di–So mittags, Mo–Sa abends; Ⓜ Dante) Das progressive Petrucci bringt frischen Wind in die Gastronomie und erfreut den Gaumen mit meist gelungenen Kreationen wie „Lasagne" aus rohen Garnelen und Mozzarella oder Zwiebelsuppe mit pochierten Eiern. Die kenntnisreiche und gewandte Bedienung und ein gehobenes Flair machen es zur perfekten Wahl für eine besondere Feier. Eine hinreißende kulinarische Reise bietet das preiswerte Verkostungsmenü.

Pizzeria Gino Sorbillo PIZZA €

(Karte S. 40; ☎081 44 66 43; www.accademiadellapizza.it; Via dei Tribunali 32; Pizzas ab 2,50 €; ⏱Mo–Sa; Ⓜ Dante) Es wird zwar heiß diskutiert, ob Gino Sorbillos Pizzas wirklich die besten der Stadt seien, aber das hält die lärmenden Gäste nicht zurück. Wir heben Gino deswegen hervor, weil es in der Nachbarschaft zwei weitere Sorbillo-Pizzerias gibt, alle aus einer Familie von 21 Pizzabäckergeschwistern. Ginos Pizzas sind riesig und lecker und werden am besten gekrönt von einem samtigen *semifreddo,* das frisch in der bekannten *pasticceria* Scaturchio (S. 82) gemacht wird. Die Kombination aus Schoko und *torroncino* (Mandelnougat) macht süchtig.

Danach lohnt ein Blick auf den ehemaligen Kondomautomaten im Keller, der jetzt neapolitanische Glücksbringer ausgibt. Er ist einer von mehreren hauseigenen Werken des Künstlerduos Ulderico & Ognissanti.

La Stanza del Gusto OSTERIA, ITALIENISCH €€

(Karte S. 40; ☎081 40 15 78; www.lastanzadelgusto.com; Via Costantinopoli 100; Mittagsangebot 13 €, Verkostungsmenüs 35–65 €; ⏱Di–Sa 11–24 Uhr, So nur mittags; Ⓜ Dante) Der „Raum des Geschmacks" setzt auf hochwertige Zutaten von Kleinproduzenten und besteht aus einer trendigen „Käsebar" im Erdgeschoss, einem eleganteren Restaurant im 1. Stock und einem kleinen Laden im Keller, der Delikatessen und Wein verkauft. Ehrlich gesagt sind die Verkostungsmenüs mit den

DIE SCHNEIDER VON NEAPEL

Mailand mag zwar das bejubelte Gesicht des italienischen Stils sein, aber Neapel ist das Herz und die Seele. Die Maßschneider der Stadt sind legendär und zogen einst Leute wie den italienischen König Emmanuel III. aus dem frühen 20. Jh. an.

Der Schlüssel zu diesem Erfolg ist die Verarbeitung in traditioneller Handarbeit, hochwertige Stoffe und größte Sorgfalt bei Details und Form. Die Anzüge sind eher salopp als formell – schmaler, geschmeidiger Schnitt, natürliche und nicht versteifte Schultern (prima zum Gestikulieren), hoch angesetzte Armlöcher und die typische Brusttasche *barchetta* (kleines Boot).

Ein klassisches neapolitanisches Hemd besteht oft aus feinem italienischen, schweizerischen oder irischen Leinen, handgenähten Kragen, Schulterpassen, Ärmeln und Knopflöchern sowie gerafften Fältelungen an der Schulter.

Die meisten Boutiquen verkaufen auch Prêt-à-porter-Kleidung und Accessoires (auch Anzüge von der Stange). Ein Hemd oder einen Anzug nach Maß zu fertigen, erfordert ein paar Anproben und dauert drei bis acht Wochen. Fertige Stücke werden auch ins Ausland versendet.

Mit der Kreditkarte bewaffnet geht es zu den folgenden Edelschneidern für ein neapolitanisches Outfit:

Anna Matuozzo (Karte S. 73; ☎081 66 38 74; www.annamatuozzo.it; Viale Antonio Gramsci 26; Mergellina) Die stille Signora Matuozzo war einst der Lehrling von Mariano Rubinacci. Heute sind die Signora und ihre Töchter berühmt für ihre maßgeschneiderten Hemden mit Perlmuttknöpfen und traditionellen, handgefertigten Nähten. Seidenkrawatten in satten Farben vervollständigen den eleganten Look. Anproben müssen gebucht werden.

Cilento (Karte S. 40; ☎081 551 33 63; www.cilento1780.com; Via Medina 61–63; 🚌R2 bis Piazza Municipio) Cilento gibt es schon seit 1780 und ist nicht nur ein Herrenatelier, sondern eine kulturelle Institution, in der Kleidungsstücke der Familie aus dem 18. und 19. Jh. ausgestellt sind und das sogar ein eigenes reizendes Museum nebenan unterhält (geöffnet auf Anfrage). Außer ihren Maßanzügen kosten auch die siebenfaltigen Seidenkrawatten sehr viel Geld. Ebenso verlockend sind die schönen handgefertigten Schuhe, Cilento-Polohemden von der Stange, Damen- und Herrentaschen, seltene Parfums und Schals.

Finamore (Karte S. 58; ☎081 246 18 27; www.finamore.it; Via Calabritto 16; 🚌C25 bis Riviera di Chiaia) Maßgeschneiderte und handgenähte sowie Konfektionshemden in wunderbaren Farben wie Königsblau, Zartrosa und Zitrusgrün. Es gibt auch passende Krawatten und Schals.

Mariano Rubinacci (Karte S. 58; www.marianorubinacci.net; Via Filangieri 26; Piazza Amedeo) Wunderschöne, leichte und exakt passende Anzüge vom Großvater des neapolitanischen Schneiderhandwerks. Zu den Kunden gehörte einst auch der neapolitanische Filmregisseur Vittorio de Sica.

Marinella (Karte S. 58; www.marinellanapoli.it; Via Riviera di Chiaia 287; 🚌C25 bis Riviera di Chiaia) Der einstige Lieblingsladen von Luchino Visconti und Aristoteles Onassis ist das beste Geschäft für Prêt-à-porter- und Maßkrawatten. Hinzu kommen unwiderstehliche Luxusaccessoires, wie Schuhe, Hemden, Pullover und klassische Colognes.

„modern italienischen" Gerichten wechselnder Qualität und durchwachsenem Service ihr Geld nicht wert. Das „Käsezimmer" hingegen ist absolut *perfetto*, um Käse und *salumi* (Wurst und Schinken) zu probieren und Wein zu trinken.

Campagnola KAMPANISCH €€
(Karte S. 40; ☎081 45 90 34; Via dei Tribunali 47; Mahlzeiten 18 €; ⊙Di geschl.; Ⓜ Dante) Ein Besitzerwechsel hat dem Urgestein neues Leben eingehaucht. Es wurde mit etwas Kunst und freundlichen, jungen Bedienungen aufgehübscht und serviert nun verführerische Gerichte wie zum Beispiel köstliche Pastakreationen, darunter eine super *genovese* (Pasta mit Ragout aus geschmortem Lamm, Tomaten und Zwiebeln) und herrlich erfrischende Spaghetti *olive e caperi* (mit Oliven und Kapern). Der Rumkuchen babà ist einzigartig.

La Masardona PIZZA FRITTA €

(Karte S. 40; Via Capaccio Giulio Cesare 27; Pizza fritta klein/normal ab 2,50/4 €; ⌚Di, Mi & Fr–So 7–15.30, Sa bis 22.30 Uhr; Ⓜ Garibaldi) Neapels typische Pizza fritta – frittierter Pizzateig gefüllt mit *ciccioli* (getrockneten Schweineschmalzwürfeln), Salami, Schinken, geräuchertem Provola, Ricotta, Tomaten – schmeckt am besten in diesem schlichten Laden mit Kultstatus. Die meisten Stammkunden bestellen sie *senza ricotta* (ohne Ricotta) und spülen sie mit einem süßen Marsala hinunter. Es gibt auch eine Version mit Endivien, Oliven und Provola-Käse. Beide gibt es auch als kleinen Imbiss, genannt *batti l'occhio.*

Di Matteo SNACKS, PIZZA €

(Karte S. 40; ☎081 45 52 62; Via dei Tribunali 94; Snacks 0,50 €, Pizzas ab 2,50 €; ⌚Mo–Sa 9–24 Uhr; 🚌C55 bis Via Duomo) Di Matteos goldene *crocchè* (Kartoffelkroketten) sind wie eine kulinarische Umarmung. Tatsächlich verkauft der kleine Straßenstand dieser einfachen Pizzeria einige der besten frittierten Snacks Neapels, von Pizza fritta bis zu nahrhaften *arancini* (frittierten Reisbällchen). Tische gibt es drinnen im Laden mit der charakteristischen fahlen Beleuchtung, mürrischen Kellnern und köstlichen Pizzas, die am besten mit einer Flasche kaltem Bier schmecken.

LP TIPP **Gay-odin** SCHOKOLADE €

(Karte S. 40; ☎081 551 07 94; www.gay-odin.it; Via Benedetto Croce 61; Eis ab 1,70 €; ⌚So–Do 9–20.15, Fr & Sa bis 23.30 Uhr; Ⓜ Dante) Das Gay-odin ist nicht nur ein Schokoladenladen, sondern eine Institution, die die feinsten Kakaokreationen der Stadt herstellt, wie die sehr neapolitanischen Schoko-„*cozze*" (Muscheln). Ein Hammer für den Gaumen sind die schokoladenüberzogenen Kaffeebohnen oder der feurige *peperoncino-cioccolato* (Chilischokolade). Die Filiale verkauft auch Gay-odins köstliches Eis; sie stellen das beste Milcheis der Stadt her.

Timpani & Tempura KAMPANISCH, FEINKOST €

(Karte S. 40; www.timpanietempura.it; Vico della Quercia 17; Timbale-Gerichte 9 €; ⌚Feinkostladen Di–Sa 9.30–19.30, Mo & So bis 15.30, Mittagessen ab 12.30 Uhr; Ⓜ Dante) Der winzige Slow-Food-Laden verkauft nicht nur tollen regionalen Käse, Wein, Pasta, Marmeladen und andere verlockende Sachen, sondern serviert auch wohltuende *timbali* – Pastapasteten, die im 18. Jh. erfunden wurden. Zu den Varianten gehören *paccheri in piedi* (Ricotta, Kuhmilchmozzarella und San-Marzano-Tomaten) und die deftige *sartù* (Reis, Erbsen, Fleischbällchen, Provola-Käse und Hühnerleber).

Scaturchio KONDITOREI €

(Karte S. 40; ☎081 551 70 31; Piazza San Domenico Maggiore 19; Gebäck ab 1,50 €; ⌚7.20–20.40 Uhr; Ⓜ Dante) In einer Stadt, die berüchtigt für ihre hüfterweiternden Verlockungen ist, genießt diese *pasticceria* an einer Piazza Kultstatus. Es gibt hier zwar all die üblichen Klassiker (auch eine besonders köstliche *babà*), aber der Star ist das *ministeriale*, das im 19. Jh. erfunden wurde. Die Zutaten für die schnapshaltige Cremefüllung dieses Medaillons aus dunkler Schokolade sind ein streng gehütetes Geheimnis.

Trattoria Mangia e Bevi KAMPANISCH €

(Karte S. 40; ☎081 552 95 46; Via Sedile di Porto 92; Mahlzeiten 7 €; ⌚Mo–Fr mittags; Ⓜ Università) Die laute und quirlige Trattoria ist ein unbedingtes Muss. Hier drängen sich gepiercte Studenten und bebrillte *professori* um die Gemeinschaftstische, um tolle Hausmannskost zu Tiefstpreisen zu spachteln. Das Angebot wechselt täglich und enthält solche Köstlichkeiten wie gegrillten Provola-Käse, saftige *salsiccia* (Schweinswürste) und mit *peperoncino* (Chilli) gewürzte *friarielli* (Brokkoli).

Das *casareccio*-Brot ist knusprige Perfektion und ideal zu einem Plastikbecher Wein.

Angelo Carbone KONDITOREI €

(Karte S. 40; ☎081 45 78 21; Largo Regina Coeli 4–8; Gebäck ab 1 €; ⌚7–20 Uhr; Ⓜ Piazza Cavour, Museo) Die kitschige Bar-Pasticceria-*rosticceria* liegt abseits der Touristenpfade, aber ist bei Einheimischen wohlbekannt. Sie macht ordentlich buttrige *sfogliatella* (Teigtaschen mit süßem Ricotta) sowie einen himmlischen *pasticcino crema e amarena* (Mürbeteigtasche gefüllt mit Kirschen und Vanillecreme). Herzhafte Angebote sind u. a. sättigende *panini* (2,50 €). Straßentische stehen gegenüber neben den freskenbemalten Säulengängen der Chiesa Santa Maria Regina Coeli.

Attanasio IMBISS €

(Karte S. 40; ☎081 28 56 75; Vico Ferrovia 1–4; Snacks ab 1,10 €; ⌚Di–So 6.30–19.30 Uhr; Ⓜ Garibaldi) Wer glaubt, dass die *sfogliatella* von Pintauro knusprige Perfektion sei, sollte in dieser altmodischen Backbude mal in die brennend heiße Ricottafüllung beißen und seine Meinung überprüfen. Darüber hinaus gibt es aber noch viele Platten voller frischer, praller Leckereien, von cremigen *cannolli siciliani* bis zur schmelzzarten, rumhaltigen *babà*. Wer Herzhaftes vorzieht, sollte sich den deftigen mit Provola-Käse, Ricotta und Salami gefüllten *pasticcino rustico* nicht entgehen lassen.

Pizzeria Vesi PIZZA €
(Karte S. 40; ☎081 29 99 95; Via dei Tribunali 388; Pizzas ab 3 €; ⏲12–17 & 19–1 Uhr; Ⓜ Dante) Wenn das Gino Sorbillo geschlossen ist, sorgt diese beliebte Pizzeria für Ersatz. Die Pizzas sind mehr als gut und es gibt Straßentische zum voyeuristischen Mampfen.

TOLEDO & QUARTIERI SPAGNOLI

Trattoria San Ferdinando KAMPANISCH €€
(Karte S. 58; ☎081 42 19 64; www.trattoriasanferdinando.net; Via Nardones 117; Mahlzeiten 30 €; ⏲Mo–Sa mittags, Mi–Fr abends; 🚌R2 bis Piazza Trieste e Trento) Im safranfarbenen San Ferdinando mit seinen Theaterplakaten und Programmzetteln trifft sich die kultivierte Theater- und Intellektuellenszene. Eine Kostprobe neapolitanischer Köstlichkeiten bietet ein gemischter Antipasti-Teller (*antipasto misto*) mit Angeboten des Tages nach Wahl. Zu den hervorragenden Meeresfrüchten gehören die delikaten *seppia ripieno* (gefüllte Tintenfische), während die hausgemachten Desserts einen wunderbaren Abschluss bilden.

Il Garum ITALIENISCH €€
(Karte S. 40; ☎081 542 32 28; Piazza Monteoliveto 2A; Mahlzeiten 35 €; ⏲mittags & abends; Ⓜ Toledo) Das dezent beleuchtete Garum, rustikal und doch vornehm, ist ein solides Restaurant mit leckeren Klassikern in neuem Gewand. Zu den besten Gerichten gehören Rigatoni mit Zucchinischnitzeln und Muscheln und exzellente Calamari, gefüllt mit saisonalem Gemüse und Käse. Für Desserts wie *torta di ricotta e pera* (Ricotta-Birnen-Torte), alle mit Stolz hausgemacht, sollte aber noch Platz bleiben.

Kukai JAPANISCH €€
(Karte S. 50; ☎081 41 19 05; www.kukai.it; Via Carlo de Cesare 52; Mahlzeiten 30 €; 🚌R2 bis Piazza Trieste e Trento) Keine Lust mehr auf Spaghetti? Dann sollte man sich den Eingeweihten anschließen und frisches, authentisches japanisches Essen verspeisen, an dem selbst Tokioter nichts auszusetzen hätten. Zum fundierten Sushi-Angebot gehören hervorragend zubereitete *sashimi, uramaki* und *temaki,* warme Speisen sind knusprige *tempura, teppanyaki* und sättigende Nudeln. Dazu gibt es Sake oder Sapporo und zum Abschluss *maccha keki* (Grüntee- und Ricottaflan mit Schokolade überzogen).

Antiche Delizie FEINKOST €
(Karte S. 50; ☎081 551 30 88; Via Pasquale Scura 14; ⏲Mo–Sa 8–20 Uhr; Ⓜ Montesanto) Gut abgehangener Schinken, leckere Salami und die beste Mozzarella weit und breit: Der legendäre Feinkostladen ist der beste für den Picknickproviant. Freitags gibt's die göttlichen *caprignetti* (Ziegenkäse mit Kräutern). Andere Leckereien sind ansonsten *provolone del Monaco* (Käse, der in Weinkellern reifte), vorbereitete Antipasti und aus dem Weinkeller eine Flasche des lokalen Greco del Tufo.

Fantasia Gelati EISSALON €
(Karte S. 40; ☎081 551 12 12; Via Toledo 381; Eis ab 2 €; ⏲7.30–24 Uhr; Ⓜ Toledo) Viele Eiscremefans schwören, dass Gay-odin (S. 82) das beste Sahneeis macht, aber das Fruchtsorbet ist hier unschlagbar. Jeder kann sich selbst ein Bild machen beim gefährlich köstlichen *cuore nero* (dunkle Schokolade). Die Geschmacksrichtungen *gelato caldo* (heißes Eis) sind eigentlich nicht wärmer, nur cremiger. Eine weitere Filiale befindet sich in Vomero.

Hosteria Toledo KAMPANISCH €€
(Karte S. 50; ☎081 42 12 57; www.hosteriatoledo.it; Vico Giardinetto 78; Mahlzeiten 26 €; ⏲tgl. mittags, Mi–Mo abends; Ⓜ Toledo) Der behagliche und einladende Laden in den Quartieri Spagnoli mit seinen nostalgischen Fotos von Neapel und gerahmten Banknoten lässt Anwohner und ortsfremde Gäste gleichermaßen von den soliden kampanischen Klassikern schwärmen. Hier gibt's leckerste *paste e fagioli con le cozze* (Pasta mit Bohnen und Muscheln), pralle *gamberini alla griglia* (gegrillte Krabben) oder *contorni* (Beilagen) wie geräucherte und gepefferte *zucchini alla griglia* (gegrillte Zucchini).

Pintauro KONDITOREI €
(Karte S. 50; ☎348 7781645; Via Toledo 275; sfogliatelle 2 €; ⏲Sept.–Mai Mo–Sa 8–14 & 14.30–20, So 9–15 Uhr; 🚌R2 bis Piazza Trieste e Trento) Das nach Zimt duftende Pintauro ist eine weitere lokale Institution (selbst die Besitzerin sieht aus wie eine entfernte Verwandte von Sofia Loren) und verkauft perfekte *sfogliatelle* (Blätterteigtaschen) an erschöpfte Kunden. Es gibt auch eine feine *babà*.

Tavola Calda Da Angelone KAMPANISCH €
(Karte S. 40; Via Guglielmo Oberdan; Mahlzeiten 7 €; ⏲Mo–Sa mittags; Ⓜ Toledo) Das angesagte cafeteriaartige Lokal serviert spottbilliges neapolitanisches Essen für eine gemischte Gästeschar aus beschlipsten Bürokraten

und Arbeiterfamilien. Oben im kitschigen Restaurant rasselt ein Kellner die bewährten Angebote runter, wie *gatò di patate* (Kartoffel-Käse-Salami-Torte) und Orecchiette-Pasta mit Provola, Ricotta und Tomatensauce.

SANTA LUCIA & CHIAIA

LP TIPP Ristorantino dell'Avvocato
KAMPANISCH €€

(Karte S. 58; ☎081 032 00 47; www.ilristorantinodellavvocato.it; Via Santa Lucia 115–117; Verkostungsmenü 40 €; ⊙tgl. mittags, Di–Sa abends; 🚌154 bis Via Santa Lucia) Das elegante und doch einladende Restaurant hat schnell den Respekt neapolitanischer Feinschmecker gewonnen. Deren Liebling ist der leutselige Chefkoch und Besitzer Raffaele Cardillo, dessen Leidenschaft für die kulinarischen Traditionen seiner Region sich mit seinem Geschick für raffinierte, erfrischende Pfiffigkeiten verbindet – wie Gnocchi mit frischen Muscheln, Pistazienbröseln, Zitrone, Ingwer und Knoblauch.

Das Verkostungsmenü ist preiswert und die weinversierte Bedienung empfiehlt dazu gerne den idealen italienischen Tropfen. Donnerstags bis sonntags muss reserviert werden.

LP TIPP Da Bruno
ITALIENISCH €€€

(Karte S. 58; ☎081 251 24 11; Riviera di Chiaia 213–214; Mahlzeiten 45 €; ⊙Di–So; 🚌C25 bis Riviera di Chiaia) Anspruchsvolle Feinschmecker werden hier von außerordentlich frischen Meeresfrüchten, den 250 Weinen und dem untadeligen Service angelockt. Der Gaumen wird zunächst vom *antipasto misto* gekitzelt, zu dem oft ein delikater Salat aus Tintenfisch, Kartoffel und Tomate gehört, dann geht es weiter zu Köstlichkeiten wie der Spezialität *granseola con vermicelli* (Meerspinne mit Vermicelli-Pasta). Das hausgemachte Tiramisu ist ein unvergesslicher Abschluss.

Trattoria Castel dell'Ovo
FISCH & MEERESFRÜCHTE €€

(Karte S. 58; ☎081 764 63 52; Via Luculliana 28; Mahlzeiten 35 €; ⊙Fr–Mi mittags & abends, Nov.–April So abends geschl.; 🚌154 bis Via Santa Lucia) Die Einheimischen tun zwar viele der größeren Restaurants am Borgo Marinaro als Touristenfallen ab, aber sie lieben diesen billigeren Laden in der dritten Generation. Hier sitzen sie neben schaukelnden Booten und essen klassische Fischgerichte wie *zuppa di pesce* (Fischsuppe), *alici fritte* (frittierte Sardellen) und *insalata di polipo* (Tintenfischsalat mit Tomaten). Reservierung ist ratsam (es reicht am gleichen Tag), Kreditkarten werden nicht akzeptiert, nur Bargeld.

Da Ettore
KAMPANISCH €€

(Karte S. 58; ☎081 764 35 78; Via Gennaro Serra 39; Mahlzeiten 25 €; ⊙tgl. mittags, Di–Sa abends; 🚌R2 bis Piazza Trieste e Trento) Die behagliche Trattoria mit acht Tischen hat einen super Ruf. An den Wänden sind berühmte Fans verewigt, wie der Komödienschauspieler Totò, auch eine gerahmte Textpassage des Krimischriftstellers Massimo Siviero, der das Ettore in einer seiner Geschichten erwähnte. Hinreißend sind die soliden regionalen Gerichte wie die charakteristische *pasta patata e provola* (Pasta mit Kartoffeln und Provola-Käse). Das Sonntagsessen muss zwei Tage zuvor reserviert werden.

Antica Osteria Da Tonino
ITALIENISCH €€

(Karte S. 58; ☎081 42 15 33; Via Santa Teresa a Chiaia 47; Mahlzeiten 18 €; ⊙tgl. mittags, Fr & Sa abends; Ⓜ Piazza Amedeo) Der schlagfertige, über 80 Jahre alte Tonino (von seiner Frau J. R. genannt) ist noch gut in Form, ebenso wie seine althergebrachte Osteria. Vorne holen eilige *signore* ihre Bestellungen zum Mitnehmen ab, an den wenigen, stets vollen Tischen essen Rubinacci-Anzugträger, alte Leute und auch mal ein Nobelpreisträger (Dario Fo aß hier schon) einfache Hausmannskoste wie *rigatoni ragù e ricotta* (Rigatoni mit Fleisch- und Ricottasauce).

Moccia
PASTICCERIA €

(Karte S. 58; ☎081 41 13 48; Via San Pasquale a Chiaia 21–22; Gebäck ab 0,70 €; ⊙Mi–Mo; 🚌C24 bis Riviera di Chiaia) Bei den glänzenden Auslagen mit delikaten Erdbeertörtchen, rumreicher *babà* und sahnigem Eis (lecker ist die Kombination Wassermelone und Pfirsich) ist in dieser Konditorei niemand sicher – geföhnte Matriachinnen, hungrige Akademiker oder superdünne Chiaia-Prinzessinnen. Die Mandel-*caprese* ist die beste der Stadt und schmeckt am besten mit einem Espresso.

L.U.I.S.E.
FEINKOST €

(Karte S. 58; ☎081 41 77 35; Piazza dei Martiri 68; Snacks ab 1,20 €, Mahlzeiten 15 €; ⊙Mo–Sa 7.30–20.30, So 8.30–15.30 Uhr; 🚌C24 bis Piazza dei Martiri) L.U.I.S.E., eine schicke kleine Gourmetoase, verkauft eine breite Palette, von fettem lokalen Käse bis zu hausgemachten Lebensmitteln und leckeren Wein. Im Hinterzimmer essen Angestellte mittags sättigende *parmigiana di melanzane* (Auberginenauflauf mit Parmesan), Risotto und Gnocchi. Eilige Reisende können sich frisch frittierte *pizza fritta,* knusprige *arancini* und zuckrige *pasticcini crema amarena* (Gebäck mit Kirschsahne gefüllt) einpacken lassen und mitnehmen.

VOMERO, CAPODIMONTE & LA SANITÀ

Pizzeria Starita PIZZA €

(Karte S. 64; ☎081 557 46 82; Via Materdei 28; Pizzas ab 3,50 €; ⏲Di–So; Ⓜ Materdei) Die riesige Gabel und Kelle, die in der kultischen Pizzeria an der Wand hängen, hat Sophia Loren in *L'Oro di Napoli* benutzt und die Küche machte die *pizze fritte*, die die Schauspielerin in dem Film verkauft hat. Zu den über 60 Pizzasorten gehört zwar auch die leckere *fiorilli e zucchini* (Zucchini, Zucchiniblüten und Provola-Käse), wir bleiben jedoch der klassischen Marinara treu.

Antica Cantina di Sica KAMPANISCH €€

(Karte S. 64; ☎081 556 75 20; Via Gianlorenzo Bernini 17; Mahlzeiten 30 €; ⏲Di–So; Ⓜ Vanvitelli) Das vornehme kulinarische Refugium serviert klassische regionale Gerichte mit erfreulicher Aufmerksamkeit für Details. Das hinreißende Antipasto ist eine anregende Einführung (z. B. zarte Kutteln in leichter Tomatensauce und buttriger *parmigiana di melanzana*) und die *frittura mista* (gemischte frittierte Meeresfrüchte) bleiben bis zum letzten Bissen kross. Die

VERBORGENE KUNST

In dunklen Straßen, hinter unbeschilderten Türen und in unscheinbaren Höfen verstecken sich im *centro storico* unzählige Handwerksateliers. In diesen verborgenen Winkeln pflegen, reinterpretieren oder manchmal revolutionieren einige der faszinierendsten Künstler neapolitanische Traditionen, von akribisch gefertigten Krippenfiguren bis zu Popporträts der heiligen Familie auf Motorrollern. Die eigenwillige Kunstszene der Stadt kann bei den folgenden Adressen erlebt werden:

» **Laboratorio Scarabattola** (Karte S. 40; www.lascarabattola.it; ⏲nur nach Vereinbarung, Mo–Fr 11–14 & 16–18, Sa 11–14 Uhr; Dante) In den zwei Werkstätten, die sich an einem Innenhof gegenüber liegen, brennt, bemalt und sägt ein charmantes Geschwisterteam (plus Verwandte) detailreiche *presepe* – krippenartige Figuren für ihren Laden La Scarabattola. Sie verbinden Techniken des 18. Jhs. mit modernem Empfinden und ihre Detailgenauigkeit hat ihnen weltweit Anerkennung eingebracht. Ein Besuch muss in ihrem Laden La Scarabattola (S. 90) vereinbart werden.

» **Lisa Weber Laboratorio di Ceramica** (Karte S. 40; ☎334 8410039; Via Giovanni Paladino 4; ⏲Di–Fr 11–13.30 & 17–19, Sa 11–13.30, Mo 17–19 Uhr, So & Aug. geschl.; Dante) Dies ist die urige Werkstatt der Schweizer Keramikerin Lisa Weber, deren Kreationen von lustig durchsichtigen Kerzenständern und pompejanischen Terracottavasen und -krügen bis zu skurrilen Teeservices und Lampen reichen.

» **Zhao** (Karte S. 40; ☎329 3469011; Via Atri 31; ⏲unterschiedlich; Dante) In einem winzigen Studio, das mit einem gigantischen Schlüssel aus dem 18. Jh. geöffnet wird, vervollständigt der Bildhauer und Maler Fragmente antiker Terrakottafigurinen und schafft dadurch einfache und doch verblüffende Werke, die buchstäblich alt und neu verbinden. Das Thema des „Aufpralls der Zeiten" findet sich auch in seinen neapolitanischen Spielkarten wieder, die auf Metrofahrkarten handgemalt sind. Ein Besuch muss zwei Tage zuvor angemeldet werden. Allerdings spricht Salvatore nur Italienisch.

» **Officina D'Arti Grafiche di Carmine Cervone** (Karte S. 40; ☎081 29 54 83; carmine.cervone@libero.it; Via Anticaglia 12; ⏲Mo–Sa 9.30–14 & 15–18.30 Uhr; Cavour) Wer Drucke und Typografie schätzt, sollte Carmines einzigartige Druckerei nicht versäumen, die vollgestopft ist mit alten Maschinen, darunter auch eine Linotype aus dem späten 19. Jh. Carmine spricht nur etwas Englisch, das tut der Begeisterung des Jungspunds für sein Handwerk und seiner Liebe, es vorzuführen, keinen Abbruch. Er arbeitet oft mit Künstlern zusammen und produziert Drucke, Lithografien und Bücher in limitierten Auflagen. Am tollsten ist, dass er auch einzigartige Visitenkarten oder Einladungen entwerfen und drucken kann (dauert zwei Tage), falls Besucher gern ein Andenken mit nach Hause nehmen wollen.

hausgemachten Desserts (wie die samtige *cassata napoletana*) sind ebenfalls genial.

LP TIPP **Friggitoria Vomero** IMBISS €

(Karte S. 64; ☎081 578 31 30; Via Cimarosa 44; Snacks ab 0,20 €; ⏲Mo–Fr 9.30–14.30 & 17–21.30, Sa 9.30–14.30 & 17–23 Uhr; Centrale bis Fuga) Die spartanische Imbissstube ist legendär und macht einige der besten *fritture* (frittierte Snacks) der Stadt, wie frittierte Auberginen, Kartoffeln und *zeppole* (süße Teigbällchen), *frittatine di maccheroni* (gebratene Pasta mit Ei) und *supplì di riso* (Reisbällchen). Sie liegt gegenüber der Standseilbahn und somit günstig für eine Erfrischung, bevor es hinauf zur Certosa di San Martino geht.

Donna Teresa ITALIENISCH €

(Karte S. 64; ☎081 556 70 70; Via Michele Kerbaker 58; Mahlzeiten 14 €; ⏲Mo–Sa; MVanvitelli) Das winzige Lokal – es gibt nur neun Tische – hat einen erstklassigen Ruf für solide Hausmannskost. Mamma Teresas Foto blickt wohlwollend auf die Stammgäste hinab, die einfache Klassiker wie *pasta provola e melanzane* (Pasta mit Provola-Käse und Auberginen) und *salsicce al sugo* (Würstchen mit Tomatensauce) mampfen. Die Speisekarte ist kurz, wechselt täglich und lockt die Massen an, also früh eintreffen.

Tarallificio Esposito IMBISS

(Karte S. 64; Via Sanità 129; Snacks ab 0,40 €; ⏲Mo–Sa 6–20.30, So 8–15 Uhr; MPiazza Cavour, Museo) Gebackene *taralli mandorlati* (herzhafte mürbe Mandelkringel) mit Pfeffer, Mandeln und Schweineschmalz machen echt süchtig. In dieser altehrwürdigen Bäckerei in Sanità gibt es sie in großen Mengen. Über den Klassiker hinaus gibt es noch leckerste Varianten wie buttrige *taralli* (knusprige Kringel) mit *friarielli* (Brokkoli), *olio* (Olivenöl) und Zitronenglasur. Magenfüllender ist die leckere Focaccia.

Mario Gallucci SCHOKOLADE €

(Karte S. 64; www.cioccolatonapoli.com; Vico Lammatari 38; ⏲Mo–Fr 8.30–13 & 14–18.30, Sa 8.30–13 Uhr; MPiazza Cavour, Museo) Der traditionelle Schokoladenladen in einer Seitenstraße in Sanità ist seit 1890 gefährlich für die schlanke Linie. Neben einer sündhaften Auswahl an Pralinen und Trüffeln aus dunkler, weißer und Milchschokolade, gibt es hier auch sehr neapolitanische essbare Souvenirs, wie riesige Schokozitronen und eine *caffettiera* (Espressokanne) aus Schokolade mit ebenfalls essbaren *tazze* (Tassen).

Fantasia Gelati EISSALON €

(Karte S. 64; ☎081 578 83 83; Piazza Vanvitelli 22; Eis ab 2 €; ⏲Mo–Fr 7–1, Sa bis 2, So bis 1.30 Uhr; MVanvitelli) Diese Filiale des Eiskönigs von Neapel verkauft frische, saisonale, eisige Perfektion an Vomeros bürgerliche Schlemmer. Sollte jeder probieren!

MERGELLINA & POSILLIPO

LP TIPP **Da Cicciotto** FISCH & MEERESFRÜCHTE €€

(Karte S. 76; ☎081 575 11 65; Calata Ponticello a Marechiaro 32; Mahlzeiten 40 €; ⏲tgl.; 140 bis Via Posillipo) Das zwanglose und doch elegante Cicciotto auf einer Klippe im Fischerdorf Marechiaro ist ein routinierter Charmeur. Zu den kulinarischen Highlights gehören ein erstklassiges Carpaccio-Antipasto (hauchdünne Scheiben von Fisch, mit Zitronensaft und Olivenöl beträufelt), leicht panierte und mit Ricotta gefüllte Zucchiniblüten und *pacchetti*-Pasta mit Krebs und Kirschtomaten.

Desserts wie *crostata* (Törtchen) mit Zitronencreme, wilden Erdbeeren und Chantilly-Creme sind ebenfalls faszinierend. Reservierung ratsam.

Don Salvatore KAMPANISCH €€

(Karte S. 73; ☎081 68 18 17; www.donsalvatore.it; Via Mergellina 4a; Mahlzeiten 40 €; ⏲Do–Di; 140 bis Via Mergellina) Der Schlüssel zum Glück? Laue Nächte, Meeresbrisen und perfekte Meeresfrüchte. In dem stylischen Oldtimer mit seiner *dolce-vita*-Terrasse und gedämpft beleuchtetem Innenraum sind zumindest letzteren Zutaten garantiert. Hier weichen kulinarische Klischees kreativen Leckereien wie *cecinielle* (Fischfrikadellen), wohltuende *minestra in brodo* (sämige Nudelsuppe) und *seppie con uva passa* (junge Tintenfische mit Pinienkernen und Rosinen).

Di Girolamo Giuseppe BÄCKEREI, PIZZA €

(Karte S. 73; ☎081 66 44 98; Via Mergellina 55e; Pizza al taglio ab 1,50 €, Pasta ab 3 €; ⏲8–15 & 17–23 Uhr; MMergellina) Ein liebenswerter Bäckerei-Imbiss mit leckerem Essen auch zum Mitnehmen, wie sehr gute *pizza al taglio* (Pizzascheiben) mit Belägen wie Kürbis, Tomaten, Basilikum und Oliven. Weitere Knüller sind *pizza fritta*, Focaccia, *pasta al forno* à la Mama und plattenweise köstliche, glänzende *crostate*.

Chalet Ciro Mergellina EISSALON €

(Karte S. 73; ☎081 66 99 28; www.chaletciro.it; Via Mergellina 31; Gebäck ab 1,50 €, Eisbrioche 4 €; ⏲Do–Di 7–2 Uhr; MMergellina) Die Bude am Meer mit Kultcharakter hat so ziemlich alles, von Kaffee und Kuchen bis Crêpes, aber das beste ist die *brioche con gelato,* ein süßes, mit köstlichem Eis gefülltes Gebäck mit *panna* (Sahne) obendrauf. Gezahlt wird drinnen, dann das Eis an der Theke zur Straße ausgesucht und die Kalorien mit einem Bummel an der Bucht abgearbeitet.

CAMPI FLEGREI

Da Giona FISCH & MEERESFRÜCHTE €€

(Karte S. 76; ☎081 523 46 59; www.dagiona.it; Via Dragonara 6, Miseno; Mahlzeiten 35 €; ⏲Mai–Okt. mittags & abends, Nov.–April nur mittags; Ⓜ Cumana) Das altmodische, sonnengebleichte Restaurant direkt am Sandstrand mit Blick auf Procida und Ischia hat in Neapel Kultstatus (am Wochenende reservieren). Die Speisen aus Meeresfrüchten sind einfach, frisch und sättigend, vom *antipasto misto* (zu dem oft gebratene Zucchini und Garnelen, mariniertes Carpaccio und Tintenfischsalat gehören) bis zu unvergesslichen *spaghetti alle vongole* (Spaghetti mit Muscheln).

Wenn das Wetter mitspielt, lohnt ein Tisch auf der schlichten Veranda (oder direkt auf dem Strand), wo sich die Zeit wunderbar mit einem Glas einheimischen Falanghina vertrödeln lässt. Zu erreichen mit der Bahn von Cumana nach Fusaro, dann mit dem EAV-Bus nach Miseno.

Exytus Caffè CAFÉ €

(Karte S. 76; ☎081 526 70 90; Corso della Repubblica 126, Pozzuoli; Cornetto 0,80 €; ⏲7.30–2 Uhr; 🚆Cumana bis Pozzuoli, Ⓜ Pozzuoli) Das Exytus mag zwar nur eine schlichte Bude sein, aber es ist ein Straßencafé mit hohem Ansehen. Draußen genießen die Gäste Espresso mit einer perfekten *schiuma zuccherata* (süßem Schaum), dazu ein super *cornetto* (Croissant); besonders lecker ist die Kombination *crema e amarena* (Vanillecreme und Kirsche).

🍷 Ausgehen & Unterhaltung

Neapolitaner trinken gerne und im *centro storico* kaufen viele Leute einfach eine Flasche Bier in der nächsten Bar und trinken sie auf der Straße. Die Bars konzentrieren sich hier um die Piazza Bellini, die Via Cisterno dell'Olio und die Piazza del Gesù Nuovo, wo vor allem Studenten, Künstler und die Alternativszene für eine dynamische Laissez-faire-Atmosphäre sorgen. Wer elegantes Proseccoschlürfen vorzieht, kann sich direkt in die feinen Bars von Chiaia bequemen, die für ihren abendlichen Aperitivo berühmt sind (Gourmetknabbereien für den Preis eines Drinks, tgl. 18.30–21.30 Uhr). Beliebte Amüsiermeilen sind die Via Ferrigni, Via Bisignano und Vicolo Belledonne a Chiaia.

Neapel kann sich zwar in Sachen Unterhaltung nicht mit London, Mailand oder Berlin messen, hat aber einige spitzenmäßige Kulturangebote, von Oper und Ballett bis zu anregendem Theater und klassischen Ensembles. Das Programm wird in Tageszeitungen wie dem *Corriere del Mezzogiorno* oder *La Repubblica* (Neapelausgabe) oder auf www.napoliunplugged.com angekündigt oder ist in der Touristeninformation zu erfahren. Bei kleineren Veranstaltungen kann die Eintrittskarte an der Abendkasse gekauft werden, bei größeren sind sie im Kartenverkauf im Feltrinelli (Karte S. 58) erhältlich.

Cafés & Bars

Caffè Gambrinus CAFÉ

(Karte S. 58; ☎081 41 75 82; www.grancaffegambrinus.com; Via Chiaia 12; ⏲Do–Do 7–1, Fr bis 2, Sa bis 3 Uhr; 🚌R2 bis Piazza Trieste e Trento) Das prächtige Gambrinus mit seinen Kronleuchtern ist Neapels ältestes und ehrwürdigstes Café. Oscar Wilde hat hier schon ein paar Gläschen getrunken und Mussolini ließ einige der Räume schließen, um linke Intellektuelle zu verbannen. Klar, die Preise sind gesalzen, aber die abendlichen Aperitivo-Häppchen sind gut und bei einem Spritz die elegante Piazza Triesto e Trento zu genießen, lohnt allemal.

Nea CAFÉ, GALERIE, BAR

(Karte S. 40; www.neartgallery.it; Via Constantinopoli 53; ⏲Mo–Mi 9–19 Uhr, Do–So bis spät; 📶; Ⓜ Dante) Die weiß gestrichene Kunstgalerie, die so passend an der szenigen Piazza Bellini liegt, hat ihre eigene, kerzenbeleuchtete Café-Bar mit Straßentischen zu Füßen einer barocken Treppe. Nach Besuch der Ausstellungen von meist italienischer und internationaler Kunst des 20. Jhs. erfrischt ein Kaffee oder ein Spritzer. Auf Neas Facebookseite sind aktuelle Lesungen, Livemusik oder DJs angekündigt.

Enoteca Belledonne BAR

(Karte S. 58; ☎081 40 31 62; www.enotecabelledonne.com; Vico Belledonne a Chiaia 18; ⏲Di–Sa 10–13.30 & 17 Uhr–spät, Mo & So 19–24 Uhr; 📶; 🚌C24 bis Riviera di Chiaia) Unverputzte Ziegelwände und Regale voller Flaschen bilden ein behagliches Ambiente in der beliebtesten Weinbar Neapels – wie abends an den Massen, die sich bis auf die Straße drängen, zu sehen ist. Es gibt eine Liste gut ausgewählter, meist italienischer Weine und eine Häppchenauswahl, zu der *salumi* und Käse (12 €), Crostini (5 €) und Bruschette (6 €) gehören.

Nàis BAR
(Karte S. 58; Via Ferrigni 29; ⌚So–Do 18.30–1, Fr & Sa bis 3 Uhr; 🚌C24 bis Riviera di Chiaia) Von all den Aperitivo-Bars in der Via Ferrigni mögen wir das Nàis am allerliebsten. Statt kitschiger, clubartiger Einrichtung sorgen freundliche Barkeeper, bequeme Velourbänke und ein Bücherregal für ein warmes, geschmackvolles und fröhliches Flair. Hier lassen sich gut bei einem Glas Wein und einem guten Aperitivo-Teller die Schickis beobachten.

Intra Moenia CAFÉ
(Karte S. 40; ☎081 29 07 20; Piazza Bellini 70; ⌚10–2 Uhr; 📶; Ⓜ Dante) Trotz der schludrigen Bedienung ist das szenige Café samt Buchladen und Verlag an der Piazza Bellini recht nett zum Ausspannen. Es gibt hier Bücher in limitierter Auflage über neapolitanische Kultur, altmodische Postkarten und Intellektuelle, die Prosecco schlürfen. Der Hauswein kostet 4 € pro Glas und es gibt eine Auswahl an Salaten, Snacks und klassischem neapolitanischem Essen für hungrige Lebenskünstler.

Fonoteca CAFÉ, BAR
(Karte S. 64; www.fonoteca.net; Via Morghen 31, C/F; ⌚Mo–Do 12–1, Fr & Sa bis 2, So 18.30–1.30 Uhr; Ⓜ Vanvitelli) Im hippen Fonoteca, ein Mix aus Musikladen, Café und Bar, können Gäste nach Herzenslust trinken, grooven und lesen. Die CD-Auswahl reicht von Electronica und Classic Rock bis zu Jazz, Blues und World, die Bücher drehen sich um Kunst und Musik und hinten in der schicken Bar gibt's *caffè,* Cocktails und Snacks, wie Bruschetta und Salate. Sogar Internet wird geboten (2,50 € pro Stunde).

Livemusik & Clubs

Associazione Scarlatti KLASSISCHE MUSIK
(Karte S. 58; ☎081 40 60 11; www.associazionescarlatti.it; Piazza dei Martiri 58; 🚌C24 bis Piazza dei Martiri) Neapels führender Verein für klassische Musik organisiert alljährlich ein Programm mit Kammermusikkonzerten an verschiedenen Veranstaltungsorten, wie dem Teatro San Carlo und dem Castel Sant'Elmo. Zu den lokalen Künstlern gesellen sich internationale Gäste, wie das Amsterdam Baroque Orchestra, das Orchester des St. Petersburger Mariinski-Theaters und der belgische Komponist Philippe Herreweghe.

Centro di Musica Antica Pietà de' Turchini KLASSISCHE MUSIK
(Karte S. 64; ☎081 40 23 95; www.turchini.it; Via Santa Caterina da Siena 38; 🚌Centrale bis Corso Vittorio Emanuele) Die wunderschöne säkularisierte Kirche bietet Klassikfans einen Ohrenschmaus. Das Haus des historischen Orchestra Cappella della Pietà dei Turchini bildet eine stimmungsvolle Kulisse für Konzerte meist neapolitanischer Musik des 17. bis 19. Jhs. Karten kosten um die 10 €, das Veranstaltungsprogramm steht auf der Website.

Galleria 19 CLUB
(Karte S. 40; www.galleria19.it; Via San Sebastiano 19; ⌚Di–So; Ⓜ Dante) In dem coolen und hypermodernen Club in einem langen, hallenartigen Keller mit Chesterfield-Sitzen und Industrielampen tummeln sich werktags Studenten und am Freitag und Samstag Leute in den 20ern und 30ern bei Electronica-Sessions. Hier steht auch der beste Barmixer der Stadt hinter dem Tresen, Gianluca Morziello, berühmt für seinen Cucumber Slumber. Zur Zeit der Recherche war geplant, den Club auch tagsüber als Café/Bar zu öffnen.

Arenile Reload CLUB, LIVEMUSIK
(Karte S. 76; www.arenilereload.com; Via Coroglio 14b; ⌚April–Sept. tgl. je nach Wetter; 🚆Cumana bis Bagnoli) Der größte der Strandclubs Neapels bietet Cocktails am Pool, Sehen und gesehen Werden beim *aperitivi*-Schlürfen sowie Livemusik und Tanz unter den Sternen. Der Club liegt nur ein kurzes Stück zu Fuß vom Bahnhof Bagnoli der Cumana-Bahn.

Teatro Palapartenope LIVEMUSIK
(Karte S. 64; ☎081 570 00 08; www.palapartenope.it; Via Barbagallo 115; ⌚Kartenvorverkauf Mo–Fr 9–13 & 14–17.30, Sa 9–12.45 Uhr; 🚆Cumana bis Edenlandia) Das architektonisch langweilige Palapartenope in der Vorstadt Fuorigrotta westlich vom Zentrum Neapels ist die größte Konzerthalle der Stadt. Sie fasst über 6000 Zuschauer und bringt berühmte italienische und internationale Acts auf die Bühne, zu denen bereits der lokale Schlagersänger Pino Daniele sowie die alten Popikonen Lou Reed und Spandau Ballet gehörten.

Oper, Ballett & Theater

LP TIPP **Teatro San Carlo** OPER, BALLETT
(Karte S. 64; ☎Kartenverkauf 081 797 23 31, Führungen 081 553 45 65, sonntägl. Sondertour 081 797 24 68; www.teatrosancarlo.it; Via San Carlo 98; Vorstellungen ab 15 €; Führung Erw./erm. 5/3 €, Sonntagstour 15 € inkl. Aperitivo; ⌚Theaterkasse Mo–Sa

10–19, So 10–15.30 Uhr, Führungen Mo–Sa 10–16 Uhr, Sonntagstour 11 & 12.30 Uhr; R2 bis Piazza Treiste e Trento) Ein Abend in Italiens größtem und ältestem Opernhaus ist ein magisches Erlebnis. Das originale Theater von 1737 brannte zwar 1816 nieder, aber Antonio Niccolinis Wiederaufbau aus dem 19. Jh. ist schiere Opulenz. Eine 76 Mio. € teure Restaurierung brachte es wieder zum Strahlen, und die sechs Ebenen mit vergoldeten Logen und die perfekte Akustik bilden eine unvergessliche Kulisse für Oper, Ballett und zeitgenössische Sinfonien von Weltrang. Ist auch gut so – das neapolitanische Publikum ist bekanntermaßen anspruchsvoll.

Opernsaison ist hier von Januar bis Dezember mit Sommerpause. Besucher müssen für einen Platz in der obersten Galerie mit 50 € rechnen, für einen Platz im Parkett mit 100 € oder – für Leute nachweislich unter 30 Jahren – 30 € für einen Platz in einer Seitenloge. Karten fürs Ballett kosten 35 bis 90 €, 25 € für unter 30-Jährige. Karten für einmalige Veranstaltungen kosten oft nur 15 € – Infos dazu auf der Website. Nicht alle Vorstellungen finden auf der Hauptbühne statt, manche auch auf kleineren Bühnen wie dem Teatrino di Corte im benachbarten Palazzo Reale (S. 56).

Wer sich keine Vorstellung anschaut, kann die Schönheit des Gebäudes im Rahmen einer Führung genießen. Zu den Spezialtouren am Sonntag (müssen reserviert werden) gehören Schauspieler und ein Aperitivo. Im benachbarten Palazzo Reale befindet sich auch das Memus (S. 89), das neue Multimediamuseum des Theaters.

Galleria Toledo THEATER
(Karte S. 50; 081 42 50 37; www.galleriatoledo.org; Via Concezione a Montecalvario 34; Theaterkasse Di–Sa 18–19.30 Uhr; M Toledo) Alles was innovativ, unabhängig oder experimentell ist, wird wahrscheinlich in diesem Kulttheater in den Quartieri Spagnoli aufgeführt. Die Vorführungen umfassen italienische und internationale Stücke und Konzerte, manchmal gibt es auch den einen oder anderen abgefahrenen Kunstfilm. Telefonische Buchungen werden angenommen (auch am Wochenende), die Karten müssen dann 30 Minuten vor Vorstellungsbeginn an der Theaterkasse abgeholt werden.

Sport

LP TIPP **Stadio San Paolo** FUSSBALL
(Karte S. 76; Piazzale Vincenzo Tecchio; M Napoli Campi Flegrei) Neapels Fußballclub Napoli hat nach Juventus Turin und AC Milan die meisten Fans Italiens und sich ein Spiel im drittgrößten Stadion des Landes anzuschauen ist eine hoch aufregende Angelegenheit. Saison ist von Ende August bis Ende Mai, die Plätze kosten 20 bis 200 €. Tickets gibt's in Tabakläden, bei **Azzurro Service** (081 593 40 01; www.azzurroservice.net; Via Francesco Galeota 19; Mo–Fr 9–13 & 15.30–19 Uhr, an Spieltagen auch Sa & So; Napoli Campi Flegrei) oder im **Box Office** (Karte S. 40; 081 551 91 88; www.boxofficenapoli.it; Galleria Umberto I 17; Mo–Fr 9.30–20, Sa 9.30–13.30 & 16.30–20 Uhr; R2 bis Piazza Trieste e Trento) gegen Vorlage eines Fotoausweises. An Spieltagen werden Tickets auch im Stadion verkauft.

Shoppen

Shoppen in Neapel ist mit all den Spezialläden und Familientraditionen ein ganz besonderes Erlebnis. Neapolitanische Schneider und Luxuslabels haben sich in Chiaia in der Via Calabritto, Via dei Mille und Via Gaetano Filangieri niedergelassen. Antiquitäten sind in der Via Domenico Morelli in Chiaia und in der Via Costantinopoli im *centro storico* zu finden. Ebenfalls im *centro storico* liegt die angesagte Vico San Domenico Maggiore mit ihren interessanten kleinen Läden, die von Vintageklamotten bis zu Bioseife alles Mögliche verkaufen. Das ultimative neapolitanische Shoppingerlebnis sind die legendären Märkte, wo es alles gibt, von spottbilligen sexy Unterhosen, Kleidern und Schuhen bis zu Töpfen und Pfannen. Viele Läden sind im August für zwei Wochen geschlossen.

CENTRO STORICO & MERCATO

Scriptura LEDERWAREN
(Karte S. 40; Via San Sebastiano 22; Mo 15–20, Di–Sa 10.30–20 Uhr; M Dante) Der Familienbetrieb Scriptura stellt wunderschöne, weiche Lederwaren aus erstklassigem toskanischen Leder her. Dazu zählen Hand- und Umhängetaschen, Brieftaschen, Gürtel und in Leder gebundene Notizbücher, deren Stil- und Farbspektrum von klassisch bis modern reichen. Das Schöne ist, dass die Preise bezahlbar sind: Handtaschen kosten ab 36 € und Brieftaschen ab 30 €.

Kiphy KOSMETIK
(Karte S. 40; 393 8703280; www.kiphy.it; Vico San Domenico Maggiore 3; Di–Sa 10.30–14 & 15–19 Uhr, Juni–Aug. Sa geschl.; M Dante) Der flippige Laden mit Manufaktur, benannt nach einem sagenhaften Parfum aus dem alten Ägypten,

verkauft reine, handgemachte Seifenblöcke, die so schön aussehen wie sie riechen. Zu den Varianten unter den tief hängenden Lampen gehört auch eine erfrischende Orangen- und Zimtmischung. Die frisch hergestellten Shampoos, Cremes und Öle werden aus biologischen Zutaten aus fairem Handel hergestellt und können nach persönlichen Wünschen komponiert werden. Zudem sind die Produkte toll verpackt, bezahlbar und mit Liebe gemacht.

La Scarabattola KUNSTHANDWERK

(Karte S. 40; ☎081 29 17 35; www.lascarabattola.it; Via dei Tribunali 50; ⊙Mo–Sa 10–18 Uhr; 🚌C55 bis Via Duomo) Nicht nur wurden La Scarabattolas handgemachte Figuren von *magi* (weisen Männern), Teufeln und neapolitanischen volkstümlichen Gestalten auf großen Ausstellungen (auch auf der Biennale in Venedig) gezeigt, sondern zu ihren Fans gehört auch die spanische Königsfamilie. Neben den Figuren sind auch die eleganten, zeitgenössischen Keramikkreationen (wie an Pulcinella angelehnte Platzkartenhalter) ein kultiviertes Souvenir. Wer nett fragt, darf vielleicht auch den Meistern in ihrer nahen Werkstatt bei der Arbeit zusehen.

Ars Neapolitana KUNSTHANDWERK

(Karte S. 40; ☎392 537 71 16; Via dei Tribunali 303; ⊙Mo–Fr 10–18.30, Sa bis 15 Uhr, Ende Okt.–Anfang Jan. auch Sa & So 10–18.30 Uhr; 🚌C55 bis Via Duomo) Guglielmo Muoio verkaufte seinen ersten *pastore* (Krippenfigur) im Alter von 13 Jahren. Zehn Jahre später hatte der begabte Kunsthandwerker sogar schon eine Ausstellung im Europäischen Parlament in Straßburg. In seiner kleinen Werkstatt mit Laden formt und bemalt er beeindruckend detailgetreue Heilige aus Terracotta, Engel und folkloristische Gestalten des 18. Jhs.

Colonnese DRUCKE, BÜCHER

(Karte S. 40; www.colonnese.it; Via San Pietro a Maiella 32–33; Ⓜ Dante) Der distinguierte Buchladen neben einem der angesehensten Musikkonservatorien Italiens ist erfüllt von den Tönen übender Musiker. Die meisten neuen und alten Titel sind zwar auf Italienisch, aber es gibt auch hochwertige originale und reproduzierte neapolitanische Drucke aus dem 17. und 18. Jh. Auf Anfrage werden auch die Sammlerstücke alter Postkarten aus dem späten 19. und frühen 20. Jh. hinter dem Ladentisch hervorgeholt.

Elia's Vintage MODE

(Karte S. 40; ☎081 29 15 89; www.eliasvintage.it; Vicoletto San Domenico; Ⓜ Dante) Ein neues Outfit bietet dieser exzentrische Modeladen, wo Vintagekleider und -accessoires neben flippigen Unikaten hängen, die von Angela und ihrer Schwägerin, der Kostümbildnerin Antonella, entworfen und handgenäht werden. Von aufwendig gestrickten Schals bis zu rüschigen Filzhalsbändern und Taschen aus Rockabilly-Bierverschlüssen gibt es hier alles. Selbst die Schmucksäckchen wurden aus alten Stofffetzen hergestellt.

Salvatore Malinconico MODE

(Karte S. 40; ☎331 4909562; Vico San Domenico Maggiore 19; ⊙Mo–Sa 10–20 Uhr; Ⓜ Dante) Der junge Designer Salvatore Malinconico arbeitet alte Kleider und Stoffe in ausgefallene, durch die Architektur inspirierte Kleider und Jacken um. Er verkauft eine kleine Auswahl an fertigen Kreationen – wie verführerische schwarze Cocktailkleider mit farbigen Seitenbahnen – oder fertigt auch auf Wunsch etwas völlig Neues und Großartiges. Ein Kleid dauert manchmal nur drei Stunden, aber ein Termin muss vorher vereinbart werden.

Charcuterie ESSEN & TRINKEN

(Karte S. 40; ☎081 551 69 81; Via Benedetto Croce 43; ⊙Mo–Sa 9–20, So bis 14.30 Uhr; Ⓜ Dante) Selbst an den Türen hängen in dem vollgestopften kleinen Feinkostladen Gourmetköstlichkeiten. Hier gibt es Pasta, Makronen und Grappa (Tresterschnaps) ebenso wie Olivenöl mit Zitronenaroma und schokoladenüberzogene Feigen.

Limonè ESSEN & TRINKEN

(Karte S. 40; ☎081 29 94 29; www.limoncellodinapoli.it; Piazza San Gaetano 72; 🚌C55 bis Via Duomo) Um sich an den Geschmack von Neapel noch lange nach der Heimkehr erinnern zu können, sind ein paar Flaschen von Limonès hausgemachtem Bio-*limoncello* (Zitronenlikör) ideal. Einen Schluck zum Kosten gibt's sicherlich umsonst. Weitere leckere Mitbringsel sind Zitronenpasta, Grappa mit Zitrone und eine erfrischende *crema di melone* (Melonenlikör).

TOLEDO & QUARTIERI SPAGNOLI

Talarico KUNSTHANDWERK

(Karte S. 50; ☎081 40 77 23; www.mariotalarico.it; Vico Due Porte a Toledo 4b; ⊙Mo–Sa 8–20 Uhr; Ⓜ Toledo) Mario Talarico und seine Neffen haben den schlichten Regenschirm in Kunstwerke verwandelt, die bei internationalen Staatsoberhäuptern höchst gefragt sind. Jedes Stück ist ein Unikat, samt Perlmuttknöpfen, einer Hornspitze und einem Griff aus einem einzigen Baumast. Die Spitzenex-

AUF ZUM MARKT!

Porta Nolana und La Pignasecca sind nur zwei der lärmenden und legendären Märkte Neapels. Auf den folgenden Märkten gibt's günstige Schuhe, Designerimitationen und gelegentlich ein feines altes Fundstück.

» **Bancarelle a San Pasquale** (Karte S. 58; Via San Pasquale a Chiaia, Via Imbriani & Via Carducci; Mo–Mi, Fr & Sa 8–14 Uhr, Aug. geschl.; C25 bis Riviera di Chiaia) An den Ständen in der Via Imbriani hängen coole Klamotten, Sarongs (vor dem Bauch geknotete Röcke aus Asien) und Avantgardeschmuck. Der Abschnitt zwischen Via Carducci und Via San Pasquale ist Fisch, Gewürzen, Obst und Gemüse vorbehalten. Nicht feilschen!

» **Fiera Antiquaria Napoletana** (Karte S. 58; Villa Comunale; letzte zwei Wochenenden im Monat 8–14 Uhr, Aug. geschl.; C25 bis Riviera di Chiaia) Der Antiquitätenmarkt verkauft altes Besteck, Schmuck, Möbel, Gemälde, Drucke und wunderbaren überteuerten Trödel.

» **La Duchessa** (Karte S. 40; Via San Giuseppe Calasanzio und Seitenstraßen; Mo–Sa 8–14 Uhr, Aug. geschl.; R2 bis Piazza Garibaldi) Ungeschönt, multikulti und unfassbar billig; hier gibt's günstige Jeans, Schuhe, Unterhosen, Makeup und DVD-Raubkopien. Echte Musikfans kommen früh an und stöbern nach originalen, neuesten CDs und schwer zu ergatternden Special Editions für nur 3 €.

» **Mercatino di Antignano** (Karte S. 64; Piazza degli Artisti; Mo–Sa 8–13 Uhr, Aug. geschl.; Medaglie D'Oro) Der Markt hoch oben in Vomero wird wegen Taschen, Schmuck, Bettwäsche, Küchenutensilien, Schuhen und Kleidung aus der aktuellen und letzten Saison gern besucht.

» **Mercatino di Posillipo** Nicht der billigste Markt, aber der beste für hochwertige Waren. Hier gibt es echte Designerlabel (die Taschen von D&G und Louis Vuitton sind allerdings Imitationen), Badebekleidung für Damen, Unterwäsche und Bettwäsche. Nur die afrikanischen Händler lassen sich aufs Feilschen ein.

» **Mercato di Poggioreale** (Via Nuova Poggioreale; Fr–Mo 8–13 Uhr, Aug. geschl.; No 1 bis Via Nuova Poggioreale) Der sehr beliebte Markt im alten Schlachthaus der Stadt hat allein 40 Schuhstände mit Designerrestposten und schlichten Alltagsmarken. Ebenso toll sind billige Freizeitkleidung, Anzüge, bunte Stoffballen und Küchenutensilien.

emplare kosten zwar bis zu 300 €, aber es gibt auch bezahlbarere Exemplare, die Preisbewusste im Regen singen lassen.

Napolimania SOUVENIRS

(Karte S. 50; 081 41 41 20; www.napolimania.com; Via Toledo 312; Toledo) In dem ausgefallenen Schrein für lokale Popkultur gibt es Totòfiguren aus Plastik, neapolitanische „Überlebensausrüstung" und Unterhosen und Tops mit witzigen lokalen Sprüchen.

SANTA LUCIA & CHIAIA

Bowinkel DRUCKE

(Karte S. 58; 081 764 07 39; www.bowinkel.it; Via Santa Lucia 25; 154 bis Via Santa Lucia) Die schönsten alten Drucke, Fotografien, Aquarelle und klassischen Rahmen der Stadt. Wer hier nicht findet, was er sucht, kann es in der Filiale an der **Piazza dei Martiri 24** (081 764 43 44) versuchen. Der belesene Besitzer Umberto spricht etwas Englisch und verschickt auch ins Ausland.

Contemporastudio SCHMUCK

(Karte S. 58; 081 247 99 37; www.asadventrella.it; Via Francesco Crispi 50; Mo–Fr 10–13.30 & 16–19.30, Sa 10–13.30 Uhr; Piazza Amedeo) Eine betonverkleidete Galerie, die flippigen, experimentellen Schmuck des Neapolitaners Asad Ventrella verkauft: Ketten aus solidem Silber, das wie *penne rigate* geformt ist, schwere, zweifarbige Ringe aus Titan und Aluminium sowie schneidig aussehende Manschettenknöpfe für den stilbewussten Herrn.

Livio De Simone MODE

(Karte S. 58; 081 764 38 27; Via Domenico Morelli 15; C24 bis Piazza dei Martiri) Der verstorbene Livio De Simone brachte Capri auf den Laufsteg, als er Leute wie Audrey Hepburn und Jackie O. in seine kühnen, bunten Kreationen kleidete. Seine Tochter Benedetta, von Insel, Sommer und Meer inspiriert, hält seine Vision mit den charakteristischen hand- und blockbedruckten *robe cheme-*

siers (Hemdkleidern), Kleidern, Anzügen, Mänteln und passenden Taschen und Schuhen am Leben.

Tramontano LEDERWAREN

(Karte S. 58; ☎081 41 48 37; www.tramontano.it; Via Chiaia 143–144; 🚌C24 bis Piazza dei Martiri) Tramontano genießt mit Fans wie Woody Allen höchstes Ansehen mit seinen vorzüglich gearbeiteten neapolitanischen Lederwaren, von butterweichen Brieftaschen bis zu glamourösen Handtaschen und adrett-coolen Schultertaschen. Traditionell wird jedes Jahr zu Weihnachten eine neue Modelltasche vorgestellt, die von einem klassischen Song inspiriert ist ... z. B. Patti Smiths „Kimberley".

Feltrinelli BÜCHER, MUSIK

(Karte S. 58; ☎081 240 54 11; www.lafeltrinelli.it; Piazza dei Martiri 23; ⏲Mo–Fr 10–21, Sa bis 23, So 10–14 & 16–22 Uhr; 🚌C24 bis Piazza dei Martiri) In dem dreistöckigen Buch- und Musikkaufhaus gibt's alles, von italienischen Musik-CDs und DVDs bis hin zu Romanen und dicken Bildbänden, plus Café und einer Kartenvorverkaufsstelle. Im Keller befindet sich eine einigermaßen große englischsprachige Abteilung.

Verdegrano KERAMIK

(Karte S. 58; ☎081 40 17 54; Via Santa Teresa a Chiaia 17; ⏲Di–Sa 10.30–13 & 17–19.30 Uhr, Okt.–Ende Mai Mo vormittags geschl., Ende Mai–Sept. Sa nachmittags geschl.; Ⓜ Piazza Amedeo) Die eigene *casa* daheim erhält mit den exquisit handbemalten Töpfen, Vasen, Tellern und dekorativen Stücken aus Porzellan ein Stück mediterranes Flair. Die Preise sind vertretbar und es gibt auch einige gut verpackbare, kleinere Stücke für die Rückreise.

VOMERO, CAPODIMONTE & LA SANITÀ

De Paola Cameos SCHMUCK

(Karte S. 64; ☎081 578 29 10; Via Annibale Caccavello 67; ⏲Mo–Sa 9–20, So bis 14 Uhr; 🚌Centrale bis Fuga) Wunderschöne, fein geschnitzte Schmucksteinreliefs (Kameen) sowie Ketten, Ohrringe, Anhänger und Armbänder aus Koralle werden hier in traditionellem, aber auch in modernem Design verkauft. Es gibt keinen Kaufdruck.

ℹ Praktische Informationen

Notfälle

Krankenwagen (☎118)

Loreto-Mare-Krankenhaus (Ospedale Loreto-Mare; ☎081 20 10 33; Via Amerigo Vespucci 26)

Polizei (☎113, 112)

Polizeiwache (Questura; ☎081 794 11 11; Via Medina 75) Hat ein Büro für Ausländer. Meldung eines Autodiebstahls: ☎113.

Touristeninformation

Touristeninformation Piazza del Gesù Nuovo (Piazza del Gesù Nuovo 7; ⏲Mo–Sa 9–19, So 9–14 Uhr); Stazione Centrale (S. 278); Via San Carlo (S. 278)

ℹ An- & Weiterreise

FLUGHAFEN Capodichino (NAP; ☎081 789 61 11; www.gesac.it), 7 km nordöstlich des Stadtzentrums, ist der größte Flughafen Süditaliens, der Neapel mit den meisten italienischen und mehreren europäischen Städten verbindet. Der Billigflieger Easyjet betreibt mehrere Strecken von/nach Capodichino, darunter London, Paris-Orly, Berlin und Genf.

ZUG Neapel ist Süditaliens Bahnknotenpunkt und liegt an der Hauptstrecke Mailand-Palermo mit guten Verbindungen zu anderen italienischen Städten.

Die italienische Bahngesellschaft Trenitalia (S. 280) fährt regelmäßig nach Rom (2. Klasse 10,50–43 €, 70 Min.–3 Std., bis zu 30-mal tgl.).

SCHIFF/FÄHRE Schnellfähren und Tragflügelboote nach Capri, Ischia, Procida und Sorrent legen am Molo Beverello vor dem Castel Nuovo ab; Tragflächenboote nach Capri, Ischia und Procida fahren auch ab Mergellina.

Die Fähren nach Sizilien, den Liparischen Inseln und nach Sardinien legen am Molo Angioino (gleich neben dem Molo Beverello) und an der benachbarten Calata Porta di Massa ab.

Verzeichnis der Fährgesellschaften siehe Kapitel Verkehrsmittel & -wege.

BUS Die meisten landesweiten sowie die meisten internationalen Busse fahren an der Piazza Garibaldi ab.

Regionalbusse werden von zahlreichen Gesellschaften betrieben, die zweckmäßigste ist **SITA** (☎089 405 145; www.sitabus.it). Busse ab Neapel fahren u. a. nach Amalfi, Positano und Salerno. SITA-Fahrkarten gibt es am Porto Immacolatella nahe dem Molo Angioino oder in der Via Galileo Ferraris nahe der Stazione Centrale, wo auch jeweils die Busse abfahren.

AUTO Neapel liegt an der Autostrada del Sole von Norden nach Süden, der A1 (nordwärts nach Rom und Mailand) und der A3 (südwärts nach Salerno und Reggio di Calabria).

ℹ Unterwegs vor Ort

STADTBUS Der Flughafenbus Alibus (S. 282) verkehrt zwischen Flughafen und Piazza Garibaldi (Stazione Centrale) sowie Molo Beverello (3 €, 45 Min., alle 20–30 Min.).

ANM-Busse (S. 282) befahren die Stadt und die Randgebiete. Viele Strecken führen über die Piazza Garibaldi vor der Stazione Centrale. Dort befindet sich auch der ANM-Informationskiosk. Nützliche Strecken siehe Kapitel Verkehrsmittel & -wege.

METRO Metronapoli (S. 283) betreibt drei Metrolinien. Linie 1 (gelb) und Linie 2 (blau) sind am nützlichsten. Linie 2 fährt von der Via Gianturco zur Piazza Garibaldi (Stazione Centrale) und weiter nach Pozzuoli. Linie 1 beginnt derzeit an der Piazza Bovia (Università) und verläuft nordwärts über die Via Toledo nach Vomero und die nördlichen Vororte. Die Verlängerung, die Ende 2013 fertig sein soll, wird auch an der Piazza Municipio, in der Via Duomo und der Stazione Centrale halten. Bis dahin kreuzen sich die Linie 1 und 2 nur am Bahnhof Museo (Linie 1)/Cavour (Linie 2). Fahrkarten (auch gültig für Bus, Standseilbahn und Straßenbahn) gibt es am Kiosk, in Tabakläden oder an Fahrkartenautomaten in den Metrostationen.

Die Bahn Circumvesuviana (S. 283) fährt häufig nach Sorrent (4 €, 70 Min.) und hält in Ercolano (2,10 €, 20 Min.), Pompei (2,80 €, 40 Min.) und anderen Orten an der Küste. Startbahnhof ist die Stazione Circumvesuviana.

Die Ferrovia Cumana (S. 283) und die Circumflegrea fahren ab Stazione Cumana di Montesanto an der Piazza Montesanto, 500 m südwestlich der Piazza Dante, nach Pozzuoli (1,20 €, alle 25 Min.) und anderen Orten in den Campi Flegrei.

STANDSEILBAHN Drei Bahnen verbinden das Zentrum Neapels mit Vomero, eine vierte fährt von Mergellina nach Posillipo.

TAXI Offizielle Taxipreise zum Flughafen sind: 23 € von einem Hotel am Meer oder vom Tragflächenbootterminal in Mergellina, 19 € ab der Piazza del Municipio oder dem Fährterminal Molo Beverello sowie 15,50 € ab der Stazione Centrale.

Bei folgenden Taxigesellschaften kann ein Taxi bestellt werden:

» **Consortaxi** ☎081 22 22

» **Consorzio Taxi Napoli** ☎081 88 88

» **Radio Taxi Napoli** ☎081 556 44 44

» **Radio Taxi La Partenope** ☎081 01 01

SCHIFF/FÄHRE Die Metro del Mare, auf unbestimmte Zeit ausgesetzt, verbindet normalerweise Bacoli und Pozzuoli mit Neapel und fährt von dort nach Sorrent, Positano und Amalfi.

Von Ostern bis Oktober sind Amalfi, Positano, Salerno, Capri, Neapel und Sorrent durch Fähren oder Tragflächenboote miteinander verbunden.

STRASSENBAHN Zwei Linien fahren am Ufer entlang. Linie 1 verbindet den Mercato di Poggioreale mit der Piazza Garibaldi, dem Molo Beverello (Fährterminal) und der Piazza Vittoria in Chiaia.

GOLF VON NEAPEL

Neapels archäologische Stätten waren über Jahrhunderte unter meterdickem vulkanischem Schutt begraben und gehören zu den besterhaltenen und spektakulärsten römischen Ruinen, die es gibt. Und hier, inmitten der dichten Besiedlung zwischen Neapel und Castellammare, liegen Italiens größte Touristenhits: Pompeji und Herculaneum sowie zahllose weniger bekannte Kleinodien, von noblen antiken Villen bis zum größten Trödelmarkt des Landes mit viel Kleidung.

Pompeji, Herculaneum und Oplontis liegen in Laufweite von Bahnhöfen der Strecke Neapel–Sorrent der Circumvesuviana-Bahn, aber Stabiae und Boscoreale sind etwas abseitiger gelegen.

Zum Vesuv ist es übrigens nur eine kurze Busfahrt von Pompei oder Ercolano.

Sehenswertes

LP TIPP **Ruinen von Herculaneum** RUINEN

(☎081 732 43 38; www.pompeiisites.org; Corso Resina 6, Ercolano; Erw./erm. 11/5,50 €, Kombiticket inkl. Pompeji, Oplontis, Stabiae & Boscoreale 20/10 €; ⏲April–Okt. 8.30–19.30 Uhr, Nov.–März bis 17 Uhr, letzter Eintritt 90 Min. vor Schließung; Circumvesuviana bis Ercolano-Scavi) Die Ruinen von Herculaneum, zu Unrecht vom antiken Pompeji in den Hintergrund gedrängt, warten mit einer Fülle an archäologischen Funden auf, von antiken Werbetafeln und stilvollen Mosaiken bis zu verkohlten Möbeln und vom Grauen ergriffenen Skeletten. Der hervorragend erhaltene römische Fischerort mit 4000 Einwohnern ist kleiner und leichter zu überblicken als Pompeji und kann mit einem Stadtplan und einem **Audioguide** (6,50 €, 10 € für 2 Pers.) erkundet werden.

Vom Haupteingang am Corso Resina führt ein breiter Boulevard zum Kartenschalter links. Dort gibt es einen kostenlosen Stadtplan samt Begleitheft, mit dem es dann zum eigentlichen Eingang zu den Ruinen weitergeht.

Herculaneum und Pompeji erlitten zur gleichen Zeit das gleiche Schicksal. Die Stadt wurde 62 n. Chr. von einem Erdbeben zerstört und dann 79 n. Chr. beim Ausbruch des Vesuvs von einer 16 m dicken Schlammlawine überrollt, die den Ort praktisch versteinerte. Deswegen waren sogar vergänglichere Fundstücke wie Möbel und Kleidung bemerkenswert gut erhalten. Den Einwohnern erging es tragischerweise nicht so gut; Tausende Menschen versuchten mit dem

Boot zu fliehen, erstickten aber an den giftigen Gasen des Vulkans. Was übrigens wie ein Graben um die Stadt aussieht, war in der Antike die Küste. Dort haben Archäologen 1980 um die 300 Skelette entdeckt, die sterblichen Reste von Menschen, die zum Strand flohen, aber dann von den schrecklichen Hitzewellen des Vesuvs überwältigt wurden.

Die Stadt selbst wurde 1709 wiederentdeckt und bis 1874 gab es hier periodisch Amateurausgrabungen. Viele Fundstücke wurden nach Neapel verbracht, um die Häuser der Wohlhabenden zu schmücken oder um in Museen zu enden. Professionelle Ausgrabungen wurden erst wieder 1927 aufgenommen und dauern bis heute an. Da aber ein großer Teil der antiken Stätte unter dem modernen Ercolano begraben ist, geht es nur langsam voran. Stets sind einige Häuser wegen Restaurierung geschlossen; zur Zeit der Recherche waren das die Terme Suburbane und die Casa dell'Atrio a Mosaico.

Casa d'Argo & Casa dello Scheletro

Zu Beginn des Wegs Richtung Nordosten auf dem Cardo III steht die Casa d'Argo (Argus-Haus). Die vornehme Bleibe hatte ihren Eingang ursprünglich zum Cardo II (noch nicht ausgegraben). Um seinen von Säulen umgebenen und palmenbewachsenen Garten gruppieren sich ein *triclinium* (Esszimmer) und andere Wohnräume. Die Casa dello Scheletro (Haus des Skeletts) auf der anderen Straßenseite ist ein kleineres Haus mit fünf verschiedenen Mosaikböden, darunter einer mit weißen Pfeilen am Eingang, der verwirrten Gästen den Weg weist. Bemerkenswert im Innenhof ist das Oberlicht mit seinen Resten eines antiken Sicherheitsgitters. Von den Wandmosaiken mit mythologischen Themen sind nur die verblichenen Teile Originale; die anderen befinden sich heute im Museo Archeologico Nazionale (S. 49).

Terme Maschili

Die Terme Maschili (Männerbäder) gleich auf der anderen Seite des Decumano Inferiore (eine der Hauptstraßen des antiken Herculaneum) waren die Männerabteilung der Terme del Foro (Forumsbäder). Bemerkenswert ist die antike Latrine links des Eingangs. Dahinter ist das *apodyterium* (Umkleideraum), samt Bänken für wartende Kunden und einem praktischen Wandregal zur Aufbewahrung von Schuhen und Togen. Wem dann nach einem erfrischenden Bad war, ging ins *frigidarium* (Kaltbad) links, die weniger Abgehärteten machten sich gleich auf ins *tepadarium* (Warmbad) rechts. Der abgesunkene Mosaikboden zeugt

Herculaneum

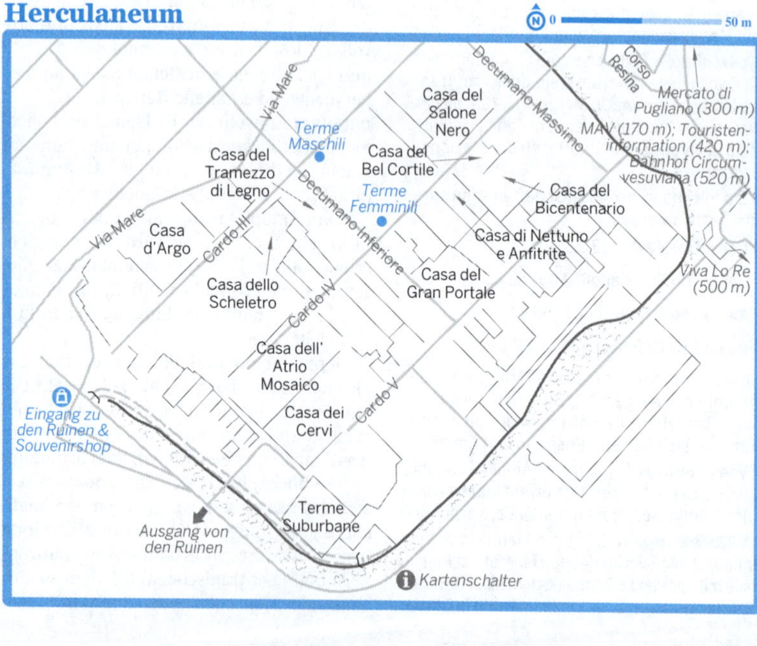

von der seismischen Aktivität vor dem katastrophalen Ausbruch des Vesuvs. Hinter diesem Raum liegen das *caldarium* (Heißbad) und ein Sportgelände.

Decumano Massimo

Am Ende des Cardo III zweigt der Decumano Massimo nach rechts ab. Die antike Hauptstraße ist von Läden gesäumt; Fragmente von Werbung schmücken noch die Wände, wie jene rechts der Casa del Salone Nero. Die antike Konsumenteninformation führt sogar Gewicht und Preis der Waren auf.

Ein Kruzifix, das in einem der oberen Zimmer in der Casa del Bicentenario (Zweihundertjahrhaus) weiter östlich in der Decumano Massimo gefunden wurde, ist ein möglicher Hinweis auf Christen im alten Herculaneum.

Casa del Bel Cortile & Casa di Nettuno e Anfitrite

Wer vom Decumano Massimo in den Cardo IV abzweigt, erblickt die Casa del Bel Cortile (Haus des schönen Innenhofs). Innen liegen drei der 300 Skelette, die von Archäologen 1980 am antiken Küstenverlauf gefunden wurden. Fast zwei Jahrtausende später ist es immer noch ein ergreifender Anblick, (mutmaßlich) Mutter, Vater und Kleinkind in ihren letzten, entsetzlichen Lebensmomenten zusammengedrängt zu sehen.

Nebenan liegt die Casa di Nettuno e Anfitrite (Haus des Neptun und der Amphitrite), ein Adelssitz, der seinen Namen von den Mosaiken im Nymphäum (Brunnen und Bad) erhielt. Die warmen Farben, in denen der Meeresgott und seine Nymphenbraut gehalten sind, deuten an, wie verschwenderisch die Innenräume einst gewesen sein müssen.

Ein kurzer Weg weiter südwestlich über den Cardo IV führt zur Frauenabteilung der Terme del Foro, den Terme Femminili. Die Bäder sind zwar kleiner als ihr Gegenstück für Männer, haben aber dafür schönere Bodenmosaiken – beachtenswert ist die wunderschön gearbeitete nackte Figur des Triton im *apodyterium* (Umkleideraum).

Casa del Tramezzo di Legno

Auf der anderen Seite der Decumano Inferiore befindet sich die Case del Tramezzo di Legno (Haus der Holztrennwand), das ungewöhnlicherweise zwei Atrien besitzt. Wahrscheinlich gehörten die Atrien zu zwei unterschiedlichen Häusern, die im 1. Jh. n. Chr. zusammengelegt wurden. Das berühmteste Relikt ist hier natürlich eine wunderbar erhaltene hölzerne Trennwand zwischen Atrium und *tablinum,* in dem der Besitzer mit seinen Kunden Geschäfte besprach. Im zweiten Raum an der linken Seite des Atriums sind noch die Reste eines antiken Betts zu sehen.

Casa dell'Atrio a Mosaico

Weiter südwestlich auf dem Cardio IV steht die Villa Casa dell'Atrio a Mosaico (Haus des Mosaikatriums) mit ihren großflächigen Bodenmosaiken, die allerdings von Zeit und Natur schief und uneben wurden. Besonders bemerkenswert ist das schwarz-weiße Schachbrettmosaik im Atrium.

Nun geht es zurück über den Cardo IV und dann rechts in den Decumano Inferiore. Dort befindet sich die Casa del Gran Portale (Haus des großen Portals), benannt nach den eleganten korinthischen Ziegelsäulen beidseitig des Haupteingangs. Innen sind einige gut erhaltene Wandgemälde zu sehen.

Casa dei Cervi

Die Casa dei Cervi (Haus der Hirsche), über den Cardo V zugänglich, ist ein imposantes Exemplar eines römischen Adelshauses, das vor der vulkanischen Schlammlawine am Meeresufer lag. In der zweistöckigen Villa um einen zentralen Innenhof hängen Wandbilder und einige schöne Stillleben. Im Innenhof stehen ein marmornes winziges Hirschpaar, das von Hunden angegriffen wird, und eine faszinierende Statue eines betrunkenen, pinkelnden Herkules.

Terme Suburbane

Den südlichsten Rand der Stätte markieren die Terme Suburbane (Vorstadtbäder) aus dem 1. Jh. n. Chr., eine der am besten erhaltenen Bäderanlagen überhaupt. Sie besteht aus tiefen Becken, Gipsfriesen und Basreliefs über Marmorsitzen und -böden. Es ist auch die geeigneteste Stelle, um die dicken vulkanischen Ablagerungen zu sehen, die den antiken Küstenstrich regelrecht erdrückten.

An- & Weiterreise

Wer mit dem Circumvesuviana-Zug (2,10 € von Neapel oder Sorrent) zu den *scavi* (Ruinen) anreist, steigt am Bahnhof Ercolano-Scavi aus und läuft noch 500 m bergab zu den Ruinen – die *scavi* sind in der Hauptstraße Via IV Novembre ausgeschildert. Unterwegs liegt rechts die **Touristeninformation** (Via IV Novembre 82; ⏲Mo–Sa 8–18 Uhr; 🚆Circumvesuviana bis Ercolano-Scavi).

MAV MUSEUM
(Museo Archeologico Virtuale; ☎081 1980 6511; www.museomav.com; Via IV Novembre 44; Erw./erm. 7,50/6 €, 3-D-Dokumentation 4 €; ⌚Di–So 9.30–17.30 Uhr, letzter Eintritt 16.30 Uhr; 🚇Circumvesuviana bis Ercolano-Scavi) Das „virtuelle archäologische Museum" haucht mit Hightechhologrammen und computergeneriertem Bildmaterial Ruinen wie das Forum von Pompeji und die Villa Jovis auf Capri virtuelles Leben ein. Es ist besonders für Kinder spannend und vermittelt einen Einblick, wie eindrucksvoll die bröckelnden Säulen einst waren. Das Museum liegt an der Hauptstraße zwischen dem Bahnhof Ercolano-Scavi und den Ruinen von Herculaneum.

Mercato di Pugliano MARKT
(Via Pugliano; ⌚Mo–Sa 9–13 Uhr; 🚇Circumvesuviana bis Ercolano-Scavi) Beidseitig der Via Pugliano im Zentrum von Ercolano erstreckt sich Italiens größter Markt für Secondhandkleidung, wo vom üblichen Trödel bis zu fabelhaften, ausgefallenen Fundstücken (tolle Cocktailkleider, Handtaschen aus Schallplatten und die eine oder andere Militärjacke) alles Mögliche verkauft wird. Einer der besten Läden ist **Old Star** (Via Pugliano 60; ⌚Mo–So 8–13 Uhr; 🚇Circumvesuviana bis Ercolano-Scavi); auf höfliche Bitte dürfen Besucher die kostbaren Einzelstücke oben anschauen, die oft von internationalen Designern als Studienobjekt und Inspirationsquelle ausgeliehen werden.

Zu finden sind hier auch Vintagestücke von Moschino und Fendi, verschnörkelte indische Mode der 1970er-Jahre und hochwertige Kaschmirpullover. Vom Bahnhof Ercolano-Scavi sind es 400 m bergab zur Prima Traversa Mercato. Der Abzweig nach rechts führt nach 200 m zur Via Pugliano.

LP TIPP **Ruinen von Pompeji** RUINEN
(☎081 857 53 47; www.pompeiisites.org; Eingänge Porta Marina & Piazza Anfiteatro; Erw./erm. 11/5,50 €, Kombiticket inkl.Herculaneum, Oplontis, Stabiae & Boscoreale 20/10 €; ⌚April–Okt. 8.30–19.30 Uhr, Nov.–März 8.30–17 Uhr, letzter Eintritt 90 Min. vor Schließung) Die Ruinen von Pompeji sind von unschätzbarem Wert und zwar deswegen, weil sie nicht einfach 79 n. Chr. vom Vesuv hinweggefegt wurden, sondern unter einer Schicht *lapilli* (brennenden Bimssteinfragmenten) begraben wurden. Das Resultat ist ein bemerkenswert gut erhaltenes Stück antiken Lebens, wo Besucher auf römischen Straßen laufen und in jahrtausendealten Wohnungen und Geschäften (einschließlich eines Bordells) herumschnüffeln können.

So furchtbar dieser Ausbruch auch war, es hätte schlimmer sein können. 17 Jahre zuvor wurde Pompeji (auf Italienisch Pompei) von einem Erdbeben zerstört und ein Großteil der 20 000 Einwohner evakuiert. Viele waren zur Zeit des Vesuvausbruchs noch nicht zurückgekehrt, denn es starben 2000 Männer, Frauen und Kinder.

Die Ursprünge Pompejis sind ungewiss, aber es scheint wahrscheinlich, dass es im 7. Jh. v. Chr. von den kampanischen Oskern gegründet wurde. Im Lauf der nächsten sieben Jahrhunderte fiel die Stadt an die Griechen und die Samniten. 80 v. Chr. wurde sie zur römischen Kolonie.

Nach dem katastrophalen Untergang verschwand Pompeji aus dem Gedächtnis der Menschen, bis 1594 der Architekt Domenico Fontana beim Ausgraben eines Kanals auf die Ruinen stieß. Die eigentliche Erforschung begann aber erst 1748. Von den ursprünglichen 66 ha Pompejis wurden erst 44 ausgegraben. Das heißt natürlich nicht, dass Besucher ungehinderten Zugang zu jeder Ecke des Weltkulturerbes haben. Oft sind Abschnitte ohne ersichtlichen Grund abgesperrt, es gibt kaum eine eindeutige Beschilderung, dafür aber hin und wieder streunende Hunde. Audioguides sind eine sinnvolle Ausgabe und ein guter Stadtführer ebenfalls hilfreich, wie *Pompeii* von Electa Napoli für 10 €.

Zur Zeit der Recherche war die Casa dei Vettii wegen Restaurierung geschlossen. Die Terme Suburbane gleich außerhalb der Stadtmauern sind nur am Wochenende nach Anmeldung über www.arethusa.net zu besichtigen. Hier befinden sich auch die erotischen Fresken, die bei ihrer Freilegung 2001 den Vatikan schockierten. Die anzüglichen Bilder schmücken die Umkleideräume der einstigen privaten Bäderanlage.

Porta Marina

Der Haupteingang zur Stätte ist die Porta Marina, das eindrucksvollste der sieben Tore in der antiken Stadtmauer. Der heute wie damals verkehrsreiche Durchgang verband ursprünglich die Stadt mit dem nahen Hafen, daher auch der Name des Tors. Gleich zur Rechten hinter dem Tor liegt der Tempio di Venere (Venustempel) aus dem 1. Jh. v. Chr., einst der opulenteste Tempel Pompejis.

(Fortsetzung auf S. 103)

Neapel & die Amalfiküste historisch

Wunder der Antike »
Tragödie in Pompeji »
Das Barock »

Apollotempel, Pompeji

KEN WELSH/GETTY IMAGES ©

Wunder der Antike

Süditalien ist eine sonnendurchflutete Fundgrube antiker Kunst und Architektur, von Weltkulturerbetempeln und -städten bis zu kaum bekannten archäologischen Schätzen. Wen die Vergangenheit reizt, der kommt hier auf seine Kosten.

Pompeji

1 Das einzigartige Pompeji (S. 96) bringt die Antike wie keine andere Stätte zum Leben. Im Amphitheater wird die Welt der Gladiatoren lebendig, in den Kammern des Lupanar ist noch wilde Lust zu ahnen und der Orto dei Fuggiaschi beschwört die letzten Momente des Lebens herauf.

Herculaneum

2 Das Mini-Pompeji Herculaneum (S. 93) ist noch besser erhalten als sein Rivale. Hier sind noch Reste von alten Läden, Werbung und verkohlten Möbeln bis hin zu Mosaiken und sogar einem antiken Sicherheitsgitter zu sehen.

Campi Flegrei

3 Die Phlegräischen Felder stecken voller Geschichte: die Sibylle von Cuma (S. 79), die antiken Schätze im Museo Archeologico dei Campi Flegrei (S. 72) oder das Anfiteatro Flavio (S. 72), in dem die Märtyrer litten.

Paestum

4 Griechische Tempel verlieren nie ihre Anziehungskraft und die in Paestum (S. 189) gehören zu den großartigsten außerhalb Griechenlands. Die ältesten Bauten hier stammen aus dem 6. Jh. v. Chr., was das römische Kolosseum ziemlich modern wirken lässt.

Unterirdisches Neapel

5 Gruselige Aquädukte, mysteriöse Krypten und lautlose Straßen: Unter Neapel liegt ein Wunderland griechisch-römischer Ruinen, wie unter dem Complesso Monumentale di San Lorenzo Maggiore (S. 39) oder auf einer Napoli-Sotterranea-Tour (S. 47) zu sehen ist.

Von oben links im Uhrzeigersinn
1. Säulen in Pompeji 2. Mosaik, Terme del Foro, Herculaneum 3. Anfiteatro Flavio, Pozzuoli

1

3

MARTIN MOOS/GETTY IMAGES ©

LONELY PLANET/GETTY IMAGES ©

Tragödie in Pompeji

24. August 79 n. Chr.

8 Uhr Gebäude wie die **Terme Suburbane** **1** und das **Forum** **2** werden noch nach einem Erdbeben im Jahr 63 n. Chr., das der Stadt erheblichen Schaden zugefügt hatte, repariert. Trotz heftiger nächtlicher Erdbeben ahnen die Einwohner nichts von der kommenden Katastrophe.

Mittags Hungrige Bewohner strömen ins **Thermopolium di Vetutius Placidus** **3**. Lüsterne schleichen ins **Lupanar** **4**, und Gladiatoren trainieren für die abendlichen Spiele im **Amphitheater** **5** Ein gewaltiger Knall kündigt den Ausbruch an. Geschockte Menschen beobachten, wie eine dunkle Wolke aus Vulkanasche um die 14 km aus dem Krater emporschießt.

15–17 Uhr Lapilli (brennender Bimsstein) regnen auf Pompeji. Entsetzte Menschen fliehen oder suchen Schutz. Nach zwei Stunden ist die Aschewolke 25 km hoch und der Himmel schwarz. Dächer stürzen unter dem schweren Geröll ein und begraben die Bewohner unter sich.

25. August 79 n. Chr.

Mitternacht Schlammlawinen stürzen auf Herculaneum herab. Lapilli und Asche regnen weiterhin auf Pompeji herab, brechen durch Gebäude und ersticken alle, die in ihnen Zuflucht suchen.

4–8 Uhr Asche und Gas rollen über Herculaneum. Weitere Ströme bedecken Pompeji und töten alle verbliebenen Einwohner, auch jene im **Orto dei Fuggiaschi** **6**. Die vulkanische „Decke" wird über zwei Jahrtausende Schätze wie die **Casa del Menandro** **7** und die **Villa dei Misteri** **8** bewahren.

TOP-TIPPS

- » **Besichtigung** am Nachmittag
- » **Ein Besuch** dauert drei Stunden
- » **Bequeme** Schuhe und Hut: ein Muss
- » **Trinkwasser** nicht vergessen
- » **Nicht** mit Blitzlicht fotografieren

Terme Suburbane
Nicht nur das Laconicum (Sauna), Caldarium (Dampfbad) und das große, beheizte Schwimmbecken erhitzten die Körper; auch die Wände dieses Vorstadtbadehauses heizten mit den frivolsten Fresken der Stadt ordentlich ein.

Forum
Das Forum, eine Art antiker Times Square, liegt an der Kreuzung der Hauptstraßen von Pompeji und war im 1. Jh. n. Chr. für den Verkehr gesperrt. Auf den Sockeln am Südrand standen Statuen der kaiserlichen Familie.

Villa dei Misteri

In der Villa befindet sich der weltberühmte Dionysische Fries. Weitere Highlights sind die Trompe-l'œil-Wandverzierungen im Cubiculum (Schlafzimmer) und die ägyptisierenden Kunstwerke im Tablinum (Empfangsraum).

Lupanare

Die Prostituierten in dem Bordell waren oft griechische oder asiatische Sklavinnen. Auf den Steinbetten lagen einst Matratzen und bei den eingravierten Namen an den Wänden handelt es sich wohl um die der Frauen und ihrer Kunden.

Thermopolium di Vetutius Placidus

Auf der Theke dieser antiken Snackbar standen einst Urnen mit warmem Essen. Das Lararium (Hausschrein) an der Rückwand stellt Dionysos (Gott des Weins) und Merkur (Gott der Diebe und Kaufleute) dar.

Augenzeugenbericht

In seinen Briefen an Tacitus (56–117 n. Chr.) gibt Plinius der Jüngere (61–112 n. Chr.) einen spannenden Katastrophenbericht.

Casa del Menandro

Das Haus gehörte wahrscheinlich der Familie von Poppaea Sabina, Neros zweiter Frau. Im Raum links vom Atrium sind Gemälde zum Trojanischen Krieg und ein mehrfarbiges Mosaik von Pygmäen, die auf dem Nil rudern.

Orto dei Fuggiaschi

Der Garten der Flüchtenden zeigt die Gipsformen von 13 Menschen, die dort beim Vesuvausbruch Zuflucht suchten – die höchste Opferzahl, die an einem Ort gefunden wurde. Die zusammengekauerten Leichen sind ein bewegender Anblick.

Amphitheater

Richter, Senatoren und die Sponsoren und Veranstalter der Spiele saßen in dem altgedienten Amphitheater bei Gladiatorenkämpfen und gelegentlichen Krawallen in der ersten Reihe. Die Brüstung um das Stadion ist mit Szenen von Kämpfen, Siegesfeiern und Jagden bemalt.

Das Barock

Das von Natur aus extravagante, überschwängliche und laute Neapel fand im Barock einen Seelenverwandten. Als boomende Metropole gierte die Stadt nach allem Bombastischen und Schwülstigen – wofür das Barock reichlich sorgte.

Cappella di San Gennaro

1 Jeder Schutzheilige verdient etwas Aufmerksamkeit und Neapels San Gennaro erhält viel davon in der Kapelle (S. 43), in der sich sein Blut befindet. Von Cosimo Fanzagos Skulpturen bis zu Giovanni Lanfrancos Paradiesfresko ist sie eine spirituelle Glanzleistung.

Kirche der Certosa di San Martino

2 Die Kartäusermönche in diesem Kloster (S. 66) beauftragten die Meister des Barock, ihre Kirche auszuschmücken. Ihre Gebete wurden mit Skulpturen, Gemälden und Intarsien aus Holz und Stein beantwortet.

Reggia di Caserta

3 Vier Höfe, über 1000 Zimmer, 24 Prunksäle, eine Bibliothek, ein Theater und einer der aufwändigsten Gärten Europas: der Palast von Caserta (S. 44), Weltkulturerbe, sorgte für ein fulminantes Ende des Barock.

Cappella Sansevero

4 Francesco Maria Russos lebhaftes Gewölbefresko blieb erstaunlicherweise seit 1749 unberührt. Die Kapelle der Familie di Sangro (S. 38) steckt aber ohnehin voller umwerfender Offenbarungen, darunter Giuseppe Sanmartinos Skulptur *Cristo velato*.

Farmacia Storica dell'Ospedale degli Incurabili

5 Die Farmacia Storica dell'Ospedale degli Incurabili (S. 44) aus dem 18. Jh. ist die Diva italienischer Apotheken und höchst originalgetreu erhalten, und zwar mit hinreißenden Walnussschränken, Majolikakacheln und interessanten Ölbildern.

1

2

Von oben nach unten
1. Fresken, Cappella di San Gennaro, Neapel
2. Hof, Certosa di San Martino, Neapel

(Fortsetzung von S. 96)

Das Forum

Weiter nordöstlich über die Via Marina geht es zum grasbewachsenen *foro* (Forum), das von Kalksteinsäulen gerahmt ist. Es war der Hauptplatz der Stadt, dessen umliegenden Gebäude von seiner Rolle als Zentrum kommunaler, kommerzieller, politischer und religiöser Aktivitäten zeugen.

An seinem südwestlichen Ende liegen die Reste der **Basilika**, im 2. Jh. v. Chr. Sitz des Stadtgerichts und der Börse. Die halbrunden Apsiden sollten später die Gestaltung frühchristlicher Kirchen beeinflussen. Der **Tempio di Apollo** (Apollotempel) gegenüber der Basilika ist das älteste und bedeutendste religiöse Gebäude Pompejis. Ein Großteil dessen, was heute zu sehen ist, einschließlich des bemerkenswerten Säulenportikos, stammt aus dem 2. Jh. v. Chr. Es gibt aber auch Fragmente einer früheren Version aus dem 6. Jh. v. Chr.

Am Nordende des Forums steht der **Tempio di Giove** (Jupitertempel), von dem zwei Triumphbögen erhalten sind, und der **Granai del Foro** (Forumskornspeicher), in dem heute Hunderte Amphoren sowie etliche Gipskörper aufbewahrt sind. Letztere wurden im 19. Jh. hergestellt, indem Gips in die Hohlräume gegossen wurde, die von längst verwesten Leichen hinterlassen wurden. Das **Macellum** in der Nähe war einst der größte Fleisch- und Fischmarkt der Stadt.

Lupanare

Vom Markt führt der Weg nach Nordosten über die Via degli Augustali zum Vicolo del Lupanare. Auf halbem Weg in der schmalen Gasse steht das Lupanare, das einzige offizielle Bordell der Stadt. Das kleine, zweistöckige Gebäude mit fünf Zimmern in jedem Stockwerk hat etliche anzügliche Fresken, die eine Art „Auswahlmenü" für die lüsterne Kundschaft waren.

Teatro Grande

Zurück Richtung Süden wird der Vicolo del Lupanare zur Via dei Teatri. Am Ende befindet sich das grüne Foro Triangolare, das ursprünglich wohl aufs Meer und den Fluss Sarno blickte. Die Hauptattraktion hier war und ist noch das Teatro Grande aus dem 2. Jh. v. Chr., ein Theater mit 5000 Plätzen, die in die Lavamasse gehauen wurden, auf der Pompeji ursprünglich erbaut wurde. Der mit einem Säulengang umgebene Quadriportico dei Teatri hinter der Bühne diente ursprünglich zum Flanieren der Zuschauer zwischen den Akten und später als Kaserne für Gladiatoren. Das **Teatro Piccolo** nebenan (auch Odeion genannt) war einst ein Theaterhaus, das berühmt für seine Akustik war, der vorrömische Tempio di Iside (Isistempel) war ein beliebter Hort kultischer Verehrung.

Terme Stabiane & Casa della Venere in Conchiglia

Die Via Marina wird in östlicher Richtung zur Via dell'Abbondanza (Straße des Überflusses). Die einstige Hauptstraße der Stadt ist gesäumt von antiken Läden. Dort befinden sich auch die Terme Stabiane, eine typische Bäderanlage aus dem 2. Jh. v. Chr. Nach Eintritt durch das Vestibül hielten sich die Badegäste im gewölbten *apodyterium* auf, um sich dann ins *tepidarium* und *caldarium* zu begeben. Besonders eindrucksvoll ist das Stuckgewölbe im Umkleideraum der Männer mit seinen verspielten Bildern von *putti* (Putten) und Nymphen.

Der Casa della Venere in Conchiglia (Haus der Venus in der Muschel) Richtung

TOUREN DURCH POMPEJI

Vor dem Kartenbüro werden Besucher in der Regel von Touristenführern angesprochen. Autorisierte Führer tragen ein Erkennungsschildchen. Zu den seriösen Tourenanbietern gehören die folgenden:

» **Yellow Sudmarine** (☎329 101 03 28; www.yellowsudmarine.com)

» **Torres Travel** (☎081 856 78 02; www.torrestravel.it)

Eine Tour kostet um 100 €, ob für eine Person, ein Paar oder eine Gruppe mit bis zu 25 Personen.

Weitere Informationen erteilt die Touristeninformation an der **Porta Marina** (☎081 536 32 93; www.pompeiturismo.it; Piazza Porta Marina Inferiore 12; ⏲Mo–Sa 8–15.45 Uhr) oder im **Zentrum Pompejis** (☎081 850 72 55; Via Sacra 1; ⏲Mo–Fr 8–15.30, Sa 8.30–14 Uhr, So geschl.).

Pompeji

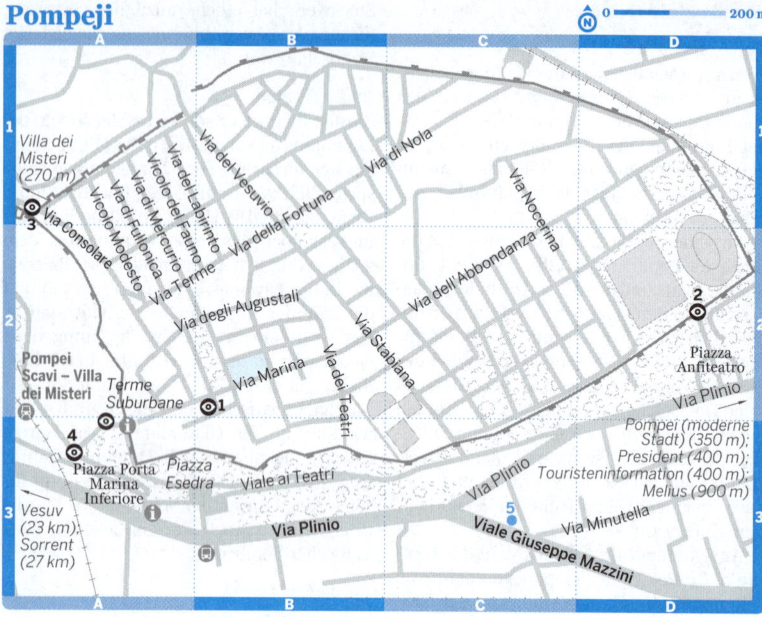

Pompeji

Sehenswertes

1 Basilika B2
2 Piazza Anfiteatro Eingang & Kartenschalter D2
3 Porta Ercolano A1
4 Porta Marina Eingang & Kartenschalter A3

Aktivitäten, Kurse & Touren

5 Torres Travel C3

Nordostende der Via dell'Abbondanza sieht man die Bombentreffer aus dem Zweiten Weltkrieg, die sie 1943 beschädigten, nicht mehr an. Sie sieht zwar von außen recht gewöhnlich aus, birgt aber ein hinreißendes Peristyl (einen von Kolonnaden umgebenen Hof) mit einem kleinen, gepflegten Garten. Hier im Garten befindet sich auch das erstaunliche Venusfresko, nach dem das Haus benannt ist.

Amphitheater

Gleich südöstlich der Casa della Venere in Conchiglia haben im grasbewachsenen Amphitheater Gladiatorenkämpfe bis zu 20 000 Menschen in ihren Bann geschlagen. Es wurde 70 v. Chr. gebaut und ist das älteste bekannte römische Amphitheater überhaupt. Gegenüber in der **Grande Palestra** hielten sich schlanke Menschen der Antike fit, einem Sportfeld mit einem eindrucksvollen Säulengang aus der augustinischen Zeit. In der Mitte liegen die Reste eines Schwimmbeckens.

Casa del Fauno

Von der Grande Palestra geht es zurück über die Via dell'Abbondanza und dann rechts in die Via Stabiana, um einige der prächtigsten Häuser Pompejis zu besichtigen. Links in die Via della Fortuna und dann rechts in die Via del Labirinto geht es zum Vicolo del Mercurio und dem Eingang zur Casa del Fauno (Haus des Fauns), dem größten Wohnhaus Pompejis. Es belegt eine ganze *insula* (Straßenblock), besitzt zwei Atrien im vorderen Teil (bescheidenere Häuser hatten nur eins) und ist nach der zierlichen Bronzestatue im *impluvium* (Regenbecken) benannt. Hier hatten auch die ersten Ausgräber Pompejis großartigste Mosaiken gefunden, die sich heute zum großen Teil im Museo Archeologico Nazionale (S. 49) in Neapel befinden. Zu den kostbaren verbliebenen Resten gehört ein herrlicher, geometrisch gemusteter Marmorboden.

An der **Casa del Poeta Tragico** (Haus des tragischen Dichters) ein paar Straßen-

ABSTECHER

ANTIKE VILLEN

Oplontis, das unter den unansehnlichen Straßen von Torre Annunziata begraben ist und erstmals im 18. Jh. entdeckt wurde, war einst eine noble Vorstadt am Meer unter der Verwaltung von Pompeji. Nur zwei Häuser wurden ausgegraben und nur eines, die Villa Poppaea, ist zu besichtigen. Die Villa ist ein prachtvolles Beispiel einer *otium*-Villa (ein Privathaus, das für Ruhe und Erholung genutzt wurde), das vermutlich Sabina Poppaea gehörte, Neros zweiter Frau. Besonders herausragend sind die in satten Farben gemalten Wandbilder aus dem 1. Jh. im *triclinium* (Speiseraum) und *calidarium* (Heißwasserbad) im Westflügel. Am Ostrand der Villa ist ein Garten mit einem beneidenswerten Schwimmbecken (17 m mal 61 m). Die Villa liegt 300 m vom Bahnhof Torre Annunziate der Circumvesuviana-Bahn entfernt.

Stabiae südlich von Oplontis lag am Hang des Varano, einst mit Blick über das Meer, heute über das moderne Castellammare di Stabia. In Stabiae sind zwei Villen zu besichtigen: die Villa Arianna aus dem 1. Jh. v. Chr. und die größere Villa San Marco, die über 11 000 m² umfassen soll. Keine ist in einwandfreiem Zustand, aber die Fresken in der Villa Arianna legen nahe, dass sie einst ziemlich beeindruckend gewesen sein muss. Beide sind mit dem Bus ab dem Bahnhof Via Nocera der Circumvesuviana-Bahn erreichbar.

Die archäologische Stätte **Boscoreale** etwa 3 km nördlich von Pompeji besteht aus einem rustikalen Landhaus aus dem 1. Jh. v. Chr. und einem faszinierenden Antiquarium mit Fundstücken aus Pompeji, Herculaneum und der Umgebung. Zu den ungewöhnlicheren Ausstellungsstücken zählen römische Stofffetzen und ein verkohlter Brotlaib. Zur Zeit der Recherche mussten Besucher noch vom Bahnhof Pompei Scavi-Villa dei Misteri der Circumvesuviana-Bahn 2 km bis hierhin laufen. Die Touristeninformation in Pompeji hat aktuelle Infos.

Die Öffnungszeiten sind überall gleich: April–Okt. 8.30–19.30 Uhr (letzter Eintritt 18 Uhr) und Nov.–März 8.30–17 Uhr (letzter Eintritt 15.30 Uhr). Für alle drei Stätten gilt eine **Eintrittskarte** (Erw./erm. 5,50/2,75 €). Sie sind auch in einem Kombiticket für fünf Stätten enthalten (Erw./erm. 20/10 €), zu denen auch Pompeji und Herculaneum gehören.

züge weiter hängt eines der ersten Schilder der Welt, das vor einem bissigen Hund warnt (*Cave Canem*). In der **Casa dei Vettii** weiter nördlich in der Via di Mercurio befindet sich eine berühmte Darstellung des Priapus, dessen übergroßer Phallus auf zwei Waagschalen ruht ... sehr zum Missvergnügen vieler männlicher Beobachter.

Villa dei Misteri

Von der Casa del Fauna geht es über die Straße nach Westen und dann rechts in die Via Consolare, die durch die **Porta Ercolano** aus der Stadt hinausführt. Hinter der **Villa di Diomede** liegt schließlich die Villa dei Misteri mit 90 Zimmern, einer der vollständigsten Bauten von Pompeji. Die dionysischen Friese, das bedeutendste Fresko, das noch vor Ort ist, bedeckt die Wand im großen Speiseraum. Es ist eines der größten Gemälde der Antike und stellt die Einführung einer angehenden Braut in den Kult des Dionysos, des griechischen Gotts des Weins, dar. Die Villa war einst ein Gutshaus, dessen eigene Weinkelterei am Nordrand noch zu sehen ist.

Wer mit dem Circumvesuviana-Zug (ab Neapel 2,80 €, ab Sorrent 2,10 €) zu den *scavi* (Ruinen) fährt, steigt am Bahnhof Pompei Scavi-Villa dei Misteri neben dem Haupteingang an der Porta Marina aus. Autofahrer folgen der Ausschilderung von der A3 zu den *scavi*.

Vesuv VULKAN

(www.parconazionaledelvesuvio.it; Erw./erm. 8/5 €; ⌚Juli & Aug. 9–18 Uhr, April–Juni & Sept. bis 17 Uhr, März & Okt. bis 16 Uhr, Nov.–Feb. bis 15 Uhr, Kartenbüro schließt 1 Std. zuvor) Seit er sich 79 n. Chr. in die Geschichte katapultierte, ist der Vesuv über 30-mal ausgebrochen. Der verheerendste Ausbruch war 1631, der jüngste 1944. Was die Bedrohung durch den Berg jedoch wettmacht, ist der spektakuläre Blick vom **Krater** – ein atemberaubendes Panorama über die weite Stadt, die funkelnden Inseln und die Monti Picentini, ein Teil der Apenninen. Die Eintrittskarte enthält übrigens auch eine kostenlose Führung halbwegs um den Krater. Die Führer warten am Eingangstor; jede Bitte um Trinkgeld kann ignoriert werden, da sie verpflichtet sind, die Führung umsonst anzubieten.

Die Anfahrt mit Bus oder Auto endet am Gipfelparkplatz und dem Kartenbüro. Von dort führt ein 860 m langer, relativ einfacher Pfad hoch zum Gipfel (35 Min.), der am besten in Sportschuhen und einem Pulli im Gepäck bewältigt wird (oben kann es recht kühl sein, selbst im Sommer). Bei schlechtem Wetter wird der Pfad gesperrt und der Busverkehr eingestellt.

Der Berg selbst war einst höher als er heute ist – seine damals einzige Spitze reichte etwa 2000 m hoch statt der heutigen 1281 m. Sein heftiger Ausbruch von 79 n. Chr. überschüttete nicht nur Pompeji mit Bimsstein und drängte die Küstenlinie mehrere Kilometer zurück, sondern zerstörte auch einen Teil des Berggipfels, schuf dabei eine riesige Caldera und zwei neue Gipfel.

Der Vesuv ist das Zentrum des **Parco Nazionale del Vesuvio** (Nationalpark Vesuv; www.parconazionaledelvesuvio.it) mit neun interessanten Naturwanderwegen um den Vulkan. Eine Wanderkarte ist im Kartenbüro erhältlich, eine kostenlose und kleinere Version auf der Website. **Naples Trips & Tours** (☎349 7155270; www.naplestripsandtours.com) bietet zudem täglich eine Reittour durch den Park (bei gutem Wetter). Die Tour kostet 50 €, dauert drei Stunden und schließt den Transfer von/nach Neapel oder dem Circumvesuviana-Bahnhof Ercolano-Scavi mit ein. Im Preis enthalten sind auch Helm, Sattel, Führer und (ganz wichtig) Kaffee.

RÜSTZEUG FÜR POMPEJI

Wer die Ruinen von Pompeji im Sommer besucht, sollte eine Kopfbedeckung, Sonnenschutz und viel Wasser mitnehmen. Mit kleinen Kindern ist ein Besuch am frühen Morgen oder spätnachmittags sinnvoll, wenn die Sonne nicht zu heiß brennt. Die unebenen Böden, die mit Kinderwagen recht schwierig sein können, sind leider nicht zu ändern. Um dem Ort gerecht zu werden, sollten mindestens drei bis vier Stunden eingeplant werden. Und unbedingt den Reisepass oder Ausweis mitbringen, um Ermäßigungen zu erhalten oder einen Audioguide zu leihen.

Das **Museo dell'Osservatorio Vesuviano** (Museum des Vesuvobservatoriums; ☎081 610 84 83; www.ov.ingv.it; Eintritt frei; ⏲Sa & So 10–14 Uhr) erzählt auf ungefähr halber Höhe des Bergs die Geschichte von 2000 Jahren Vesuvbeobachtung.

Die einfachste Anfahrt zum Vesuv ist mit dem Bus von Ercolano bis zum Kraterparkplatz. Die Busse von **Vesuvio Express** (☎081 739 36 66; www.vesuvioexpress.it; Piazzale Stazione Circumvesuviana, Ercolano) fahren täglich von 9.30 bis 16 Uhr alle 40 Minuten. Abfahrt ist am Piazzale Stazione Circumvesuviana vor dem Bahnhof Ercolano-Scavi der Circumvesuviana-Bahnlinie. Die Fahrt dauert 20 Minuten pro Strecke und die Rückfahrkarte (einschließlich Eintritt zum Vulkangipfel) kostet 18 €.

Autofahrer zweigen von der A3 am Ercolano Portico ab und folgen den Schildern zum Parco Nazionale del Vesuvio.

Essen

LP TIPP President KAMPANISCH €€
(☎081 850 72 45; www.ristorantepresident.it; Piazza Schettini 12; Mahlzeiten 40 €; ⏲Nov.–März Mo & So abends geschl., 2 Wochen im Jan. geschl.; 🚊FS bis Pompei, 🚊Circumvesuviana bis Pompei Scavi-Villa dei Misteri) Mit den hängenden Kronleuchtern, Bacharach-Melodien und atemberaubend liebenswürdigem Service wirkt das President wie ein privates Speisezimmer in einem Audrey-Hepburn-Film. Herrscher des Charmes ist der Besitzer Paolo Gramaglia, dessen Leidenschaft für lokale Erzeugnisse nur die großartige Kreativität der Speisen gleichkommt, die am besten mit einem Verkostungsmenü (40–70 €) gewürdigt werden.

Verzückung erlebt der Gaumen bei Wundern wie Aubergine *millefoglie* mit Cetara-Sardellen, Mozzarella *filante* (geschmolzener Mozzarella) und ein geriebener Tarallo-Kringel, die wie eine verpackte *caramella* (Lutscher) präsentiert wird. Ein Wort der Warnung: Wer mit dem *treno regionale* (Regionalzug) vom nahen Bahnhof Pompei (näher und praktischer als der Bahnhof Pompei Scavi-Villa dei Misteri des Circumvesuviana-Zugs) zurück nach Neapel fahren will, sollte auf www.trenitalia.com zuerst die Fahrzeiten checken, da der letzte Zug von Pompei oft schon um 21.40 Uhr abfährt.

LP TIPP Viva Lo Re KAMPANISCH €€
(☎081 739 02 07; www.vivalore.it; Corso Resina 261, Ercolano; Mahlzeiten 30 €; ⏲Di–Sa, So nur

Vesuv

mittags, Aug. geschl.; 🚆Circumvesuviana bis Ercolano-Scavi) Das Viva Lo Re (Lang lebe der König) auf der sogenannten *Miglio d'oro* (goldene Meile) – ein einst prächtiger Straßenabschnitt gesäumt von Villen des 18. Jhs. – ist eine stilvolle, einladende Oase mit alten Drucken und Bücherregalen sowie einer hervorragenden Weinkarte, liebenswürdigem Personal und einer der besten verfeinerten Regionalküchen.

Start- und Höhepunkt ist ein kunstvolles Antipasto, zu dessen „Häppchen" eine *polpettina di baccalà* (Frikadellen aus salzgetrocknetem Kabeljau), *crocchetta di taleggio con porcino* (Taleggio- und Steinpilzkroketten) und eine mit Ricotta gefüllte Zucchiniblüte gehören. Zum Abschluss gibt es einige köstliche Desserts wie himmlische Erdbeertörtchen.

Melius FEINKOST €

(☎081 850 25 98; Via Lepanto 156–160; ⏰Mo–Sa 8–14 & 16.30–20.30, So 8–14 Uhr; 🚆FS bis Pompei) Der verführerische Gourmetladen verkauft lokale Delikatessen wie beispielsweise frischen *mozzarella di bufala*, Graniano-Pasta, *sopressata Cilentana* (geräucherte Salami aus dem Cilento), Zitronenmarmelade von der Amalfiküste und *liquore alla mela annurca*, einen Likör aus Annurca-Äpfeln. Zu einem feinen Picknick fehlen dann nur noch ein knuspriges, frisches Brot, eine Flasche Falanghina und einige köstliche Fertiggerichte; die pfeffrigen marinierten Auberginen und die *pizza di scarole* (Endivienpizza) sind gleichermaßen göttlich.

ℹ An- & Weiterreise

ZUG Circumvesuviana-Züge (S. 283) verkehren häufig zwischen der Stazione Circumvesuviana (an die Stazione Centrale angeschlossen) in Neapel und Sorrent. Sie halten in Ercolano (2,10 € ab Neapel oder Sorrent) und Pompei (2,80 € ab Neapel, 2,10 € ab Sorrent). Ausstieg für die Ruinen von Herculaneum ist der Bahnhof Ercolano-Scavi und für die Ruinen von Pompeji der Bahnhof Pompei Scavi-Villa dei Misteri.

Regionalzüge verbinden das Zentrum Pompeis mit der Stazione Centrale in Neapel.

BUS **SITA-Busse** (☎089 405 145; www.sitabus.it) nach Pompei fahren alle 30 Minuten neben dem Hauptbahnhof (Stazione Centrale) in Neapel ab (2,80 €) Von Ercolano verkehren die Busse von Vesuvio Express (S. 283) von 9.30 bis 16 Uhr alle 40 Minuten zum Vesuv (18 €, einschließlich Eintritt zum Gipfel).

NEAPOLITANISCHE WEIHNACHTSKRIPPEN

Neapel hat zwar kein Monopol auf Weihnachtskrippen, aber keine anderen können sich solch künstlerischer Feinheit rühmen wie die *presepe napoletano* (neapolitanische Weihnachtskrippe). Das Besondere daran ist die unglaubliche Detailgenauigkeit, von den lebensnahen Mini-*prosciutti* (Schinken) in der Taverne bis zu den aufwendig gekleideten *pastori* (Krippenfiguren), die den neugeborenen Christus anbeten.

Die Ursprünge der Weihnachtskrippen reichen zwar bis in die ersten Jahrhunderte des Christentums zurück, aber Neapels erste *presepi* stammen von 1535. In jenem Jahr hatte ein allseits beliebter Priester namens Gaetano da Thiene auf die Tradition verzichtet und seine Krippenfiguren in neapolitanische Kleider gesteckt statt in traditionelle biblische Gewänder.

Da Thienes Krippenverschönerung entfachte eine Leidenschaft, die ihren Zenith mit dem *presepe del Settecento* (Krippe der 1700er-Jahre) aus dem 18. Jh. erreichte. Diese oft monumentale Krippe unterschied sich massiv von der bescheideneren Heimwerkerversion, dem *presepe popolare* (Volkskrippe). Die Szenerie des *presepe popolare* war oft düster, schwermütig und abgründig und nur die Krippe selbst hell erleuchtet (als Symbol des Lichts der Erlösung), die barocke Variante hingegen liegt in idyllischer, sonniger Landschaft, deren Farbtöne die Paletten der großen Maler jener Zeit widerspiegeln.

Trotz ihrer unterschiedlichen Größe und Gestaltung teilten beide Versionen die gleiche reichhaltige Symbolik, von der Taverne als Repräsentanten der Sünde bis zum Bach oder Brunnen als Symbol der Läuterung. Im *presepe del Settecento* ist die Krippenszene selbst oft in der Ruine eines heidnischen Tempels, was sowohl den Triumph des Christentums über das Heidentum zeigt als auch die Faszination der archäologischen Entdeckungen jenes Jahrhunderts, wie Pompeji.

Dem Adel und Bürgertum Neapels des 18. Jhs. ermöglichte der *presepe* eine praktische Verbindung von Glaube und Ego. Die Krippe wurde sowohl zum Symbol von Reichtum und gutem Geschmack als auch eine Meditation über das Weihnachtswunder. Die besten Bildhauer wurden beauftragt und die schönsten Stoffe verwendet. Selbst die Königsfamilie war mit dabei: Karl III. von Bourbon fragte den angesehenen *presepe*-Experten, den Dominikanermönch Padre Rocco, zur Gestaltung seines Prachtstücks mit 5000 *pastore* um Rat, das heute noch im Palazzo Reale (S. 56) ausgestellt ist. Aber selbst das verblasst im Vergleich zu der monumentalen Krippe in der Certosa e Museo di San Martino (S. 66), die als die großartigste der Welt gilt.

Jahrhunderte später noch wird die Tradition von *presepe*- und *pastore*-Händlern in der ganzen Stadt gepflegt. Leider verkaufen viele von ihnen heute fabrikgefertigte Reproduktionen, nur einige wenige Werkstätten oder Ateliers fertigen noch ihre *pastori* auf althergebrachte Weise per Hand. Zu ihnen gehören Ars Neapolitana (S. 90) und La Scarabattola (S. 90), die diese Ehre mit Sorrelle Corcione, Fratelli Sinno und weiter außerhalb im Vorort Torre del Greco mit dem altgedienten *presepe*-Maestro Salvatore Giordano teilen.

Diese Kunsthandwerker halten sich getreu an das goldene Zeitalter des *presepe*. Die Büste eines jeden *pastore* wird aus feinkörnigem Lehm auf einem feuchten Holzblock namens *il morto* („der tote Mann") geformt, angefangen bei der Brust, gefolgt vom Hals und schließlich dem Kopf. Wenn die elementare Büste geformt und für eine Stunde luftgetrocknet ist, beginnt die Arbeit an den Details, von den Halsmuskeln über die Nase bis zu den Falten. Die Tradition verlangt, dass die körperlichen Merkmale des *pastore* jenen der Vergangenheit entsprechen, daher auch das häufige Vorkommen von Zahnlücken, Warzen und Kröpfen. Interessanterweise bezeichnen manche Neapolitaner „ästhetisch gehandicapte" Menschen humorvoll als *„curiuso comm'a nu'pastore"* (hässlich wie eine Krippenfigur).

Nach Fertigstellung wird die Büste in einem Brennofen über acht Stunden gebrannt. Anschließend erhält sie Glasaugen und wird entweder mit Acrylfarben oder traditionellen Ölfarben bemalt. Dann wird die Büste mit dem restlichen Körper verbunden (Hanffäden um ein Metallskelett) und zu guter Letzt in ein aufwendiges, handgefertigtes Gewand gehüllt.

AUTO Von Neapel verläuft die A3 entlang des Golfs von Neapel nach Südwesten. Ausfahrt zu den Ruinen von Herculaneum ist Ercolano Portico, von wo der Weg zum Parkplatz an der Stätte ausgeschildert ist. Die gleiche Ausfahrt gilt für den Vesuv mit Ausschilderung zum Parco Nazionale del Vesuvio. Nach Pompeji geht es über die Ausfahrt Pompeji mit Ausschilderung Pompei Scavi. Parkplätze (etwa 7 € pro Tag) sind deutlich markiert und unübersehbar angekündigt.

Die Inseln

Inhalt »

Capri 114
Ischia 127
Procida 140

Gut essen

» È Divino (S. 119)
» Il Focolare (S. 135)
» Il Geranio (S. 119)
» Caracale (S. 144)

Schön übernachten

» Hotel Villa Eva (S. 208)
» Mezzatorre Resort & Spa (S. 211)
» Hotel Semiramis (S. 211)
» Hotel La Vigna (S. 213)

Auf zu den Inseln

Wie bunte Spielsteine sind die Inseln in die samtig blaue Bucht geworfen. Völlig zu Recht sind sie berühmt und entsprechend gut besucht. Procida, Ischia und Capri unterscheiden sich nicht nur in Atmosphäre und Landschaft, sondern auch in Bezug auf Sehenswürdigkeiten, Aktivitätsangebot und Größe. Das malerische Procida ist die kleinste in diesem Inseltrio. Das winzige, friedliche, unverfälschte Juwel lässt sich schon in wenigen Stunden erkunden. Der angesagte Gegensatz dazu ist Capri mit seinem Hochglanzangebot an Erlebnissen, Sehenswürdigkeiten und Einkaufsmöglichkeiten. Hier ist eine sorgfältige Tagesplanung gefragt – von der Auswahl der Schuhe ganz zu schweigen (vor allem bei akuter Wanderlust). Auf Ischia, der größten der drei Inseln, sollte man gleich Prioritäten setzen: Natürliche Heilquellen, botanische Gärten, versteckte Buchten und phantastisches Essen sind nur ein kleiner Ausschnitt des breiten Angebots. Wem das alles zu anstrengend ist, der kann gleich die Strände anpeilen und macht damit sicher auch keinen Fehler – sie sind die besten im Golf von Neapel.

Entfernungen (km)

	Capri	Procida	Ischia	Sorrent	Pozzuoli
Procida	47				
Ischia	33	09			
Sorrent	18	68	51		
Pozzuoli	32	12	20	32	
Neapel	33	25	32	28	20

Unterwegs vor Ort

Wer sich den Helikopterflug nicht leisten kann (und wer kann das schon?), kommt nur mit einer Fähre auf die Inseln Procida, Ischia und Capri. Achtung: Die Fähren von Positano und Amalfi fahren nur zwischen Ostern und September. Den Rest des Jahres ist man auf die Fähren und Tragflügelboote angewiesen, die in Neapel und Sorrent ablegen. Die Infrastruktur der öffentlichen Verkehrsmittel ist auf allen drei Inseln hervorragend; auch Wanderer und Radfahrer kommen hier auf ihre Kosten.

DREI PERFEKTE TAGE

Tag 1: Einfache Freuden auf Procida

Nur eine kurze Fährfahrt von Neapel entfernt, lockt diese malerische, unverfälschte Insel Besucher zu einem friedlichen Tag fernab der lauten, überfüllten Straßen der Stadt. Ein entspannter Spaziergang im *centro storico* (historisches Zentrum) endet mit einem einfachen Mahl aus frischen Meeresfrüchten an der wunderschönen Marina Corricella mit Blick auf den Fischerhafen. Am Nachmittag bietet sich eine Bootsfahrt rund um die stimmungsvollen versteckten Buchten der Insel an.

Tag 2: Ischias Gärten, Läden & Thermen

Ischia sollte man schon möglichst früh am Tag ansteuern und als Erstes zwischen exotischen Pflanzen durch die schattigen Pfade des Botanischen Gartens von La Mortella wandern. Zum Mittagessen eignen sich die strandnahen Lokale im malerischen Sant'Angelo. Nachmittags ist Verwöhnprogramm angesagt: Jetzt geht's mit dem Wassertaxi zur Terme Cavascuro, der ältesten natürlichen Heilquelle der Insel. Der Tag endet mit einem Bummel durch die bunt gemischten Läden an der Via Roma, in Fußnähe des Fähranlegers.

Tag 3: Capri, die natürliche Schönheit

Wer am meisten von Capri haben will, kommt frühmorgens, bevor die Massen einfallen, und geht erst mal auf den symbolträchtigen Platz – La Piazzetta –, wo sich jetzt auch die Einheimischen einfinden. Nachdem man die schicken Ladenzeilen hinter sich gelassen hat, geht's zu den nahe gelegenen Terrassen der Giardini di Augusto, die mit den schönsten Ausblick der Insel bieten. Nach dem Mittagessen in einem Terrassenrestaurant mit Meerblick entfaltet sich die Schönheit der Insel auf einem leichteren oder anspruchsvollen Wanderweg.

Unterkunft

Capri bietet Luxus in Sternequalität, stilvolle B&Bs und bequeme, moderne Unterkünfte im mittleren Preissegment. Ischia und Procida haben preislich ein breites Angebot, aber alle drei sind rein saisonal ausgerichtet: Die meisten Hotels sind etwa von November bis Ostern geschlossen. Weitere Infos stehen im Kapitel Unterkunft.

NICHT VERSÄUMEN

Relaxen fernab der Touristenmassen, vor allem auf Ischia und Capri im Hochsommer. Auf Entdeckungsreise gehen: in Seitenstraßen, beim Wandern, im Boot, auf dem Fahrrad ...

Schöne Ausblicke

» Monte Solaro (Capri; S. 117)

» Villa Jovis (Capri; S. 114)

» Marina Corricella (Procida; S. 141)

» Monte Epomeo (Ischia; S. 135)

Die besten Badestellen

» Punta Carena (Capri; S. 117)

» Spiaggia di Chiaia (Procida; S. 142)

» Punta Caruso (Ischia; S. 136)

» Blaue Grotte (Capri; S. 123)

Infos im Internet

» **Capri Online** (www.caprionline.it) Bietet Infos rund um Capri.

» **Ischia Online** (www.ischiaonline.it) Eine gute Allround-Website.

» **Isola di Procida** (www.isoladiprocida.it) Website mit Unterkunftsbuchung.

» **Anacapri Life** (www.anacapri-life.com) Hat die neuesten Infos zu Anacapri.

» **Ischia and Procida Islands Tourist Office** (www.infoischiaprocida.it) Die Website der örtlichen Touristeninformation.

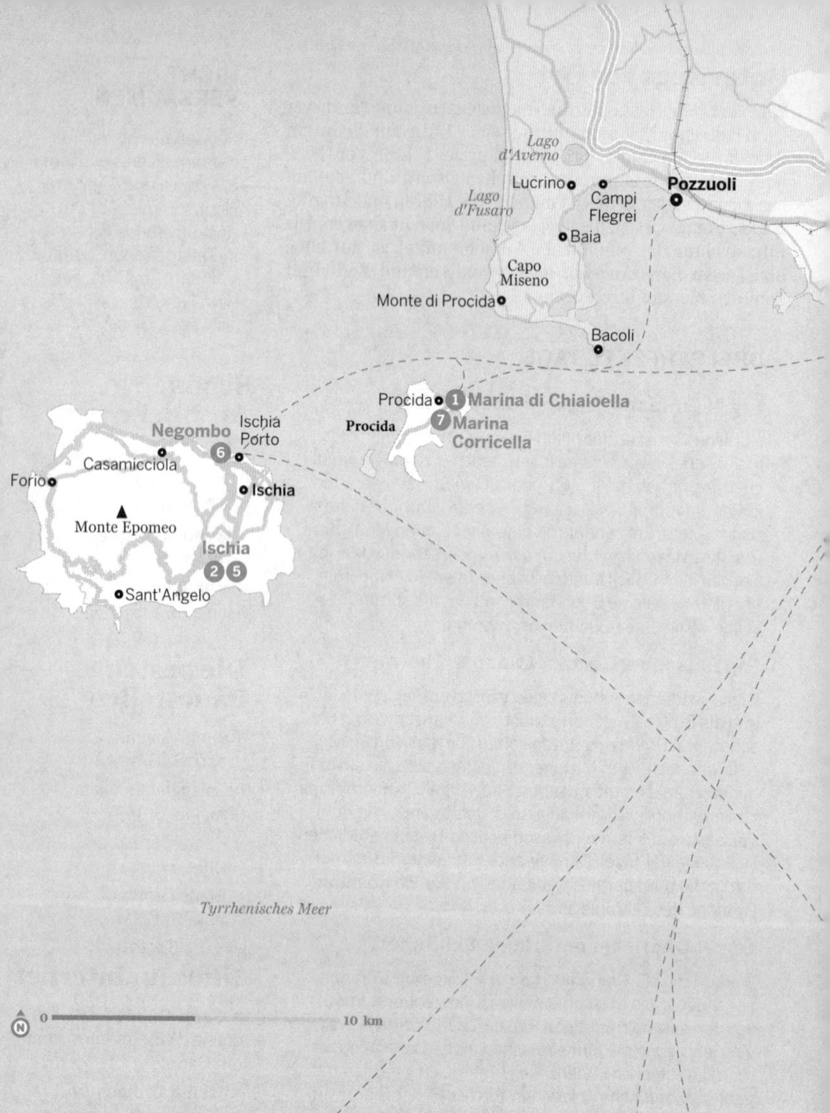

Highlights

❶ Ein gemütliches Mittagessen im Fischrestaurant mit Blick auf die Bucht vor Procida das **Marina di Chiaiolella** (S. 142)

❷ Mit einem Leihroller den verborgenen Charme von **Ischia** (S. 127) entdecken

❸ Mit dem Sessellift auf den höchsten Punkt von Capri fahren: den **Monte Solaro** (S. 117)

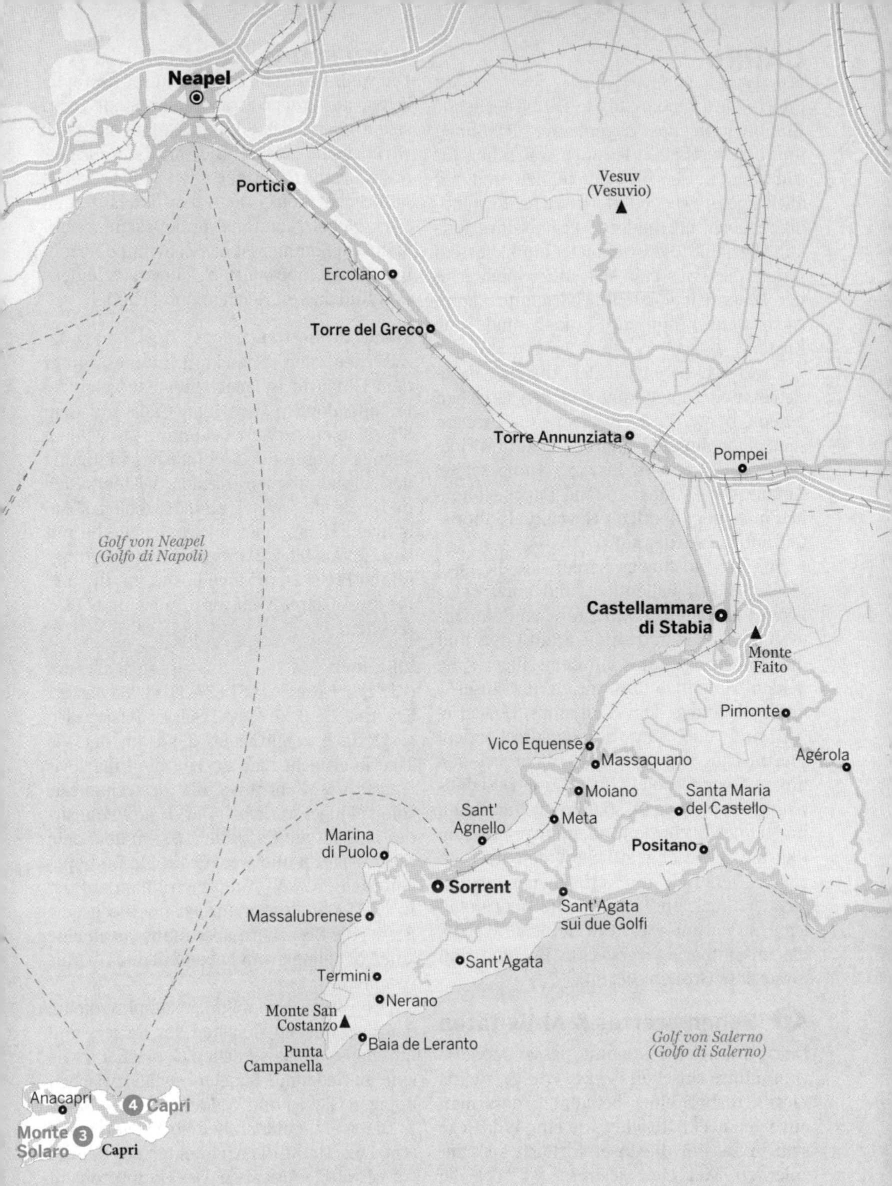

4 **La Piazzetta** (S. 121): Mitten in Capris dickstem Café-Treiben einen entspannten Drink nehmen

5 Relaxen an einem der unberührten Sandstrände auf **Ischia** (S. 136)

6 Ein beruhigendes Bad und eine Massage im Thermenpark **Negombo** (S. 131) genießen

7 Sich im pastellfarbenen Örtchen **Marina Corricella** (S. 141) unter die Fischer mischen

CAPRI

12 130 EW.

Capri – die legendäre Idylle. Die bestechende Kombination aus sagenhafter Schönheit und hedonistischen Freuden war schon für römische Kaiser unwiderstehlich und hat auch später weder auf russische Revolutionäre noch auf moderne Promis ihre Wirkung verfehlt. Die Insel bietet auf kleinstem Raum alles, was man sich unter mediterraner Schönheit vorstellt: charmante Plätze, coole Cafés, römische Ruinen und raue Küsten.

Capri war bereits in der Altsteinzeit besiedelt und später kurz von den Griechen besetzt, bevor Kaiser Augustus die Insel zu seinem Lieblingsspielplatz erklärte und Tiberius sich 27 n. Chr. hier zur Ruhe setzte. Anfang des 20. Jhs. erstand Capri schließlich in seinem heutigen Gewand als Touristenzentrum wieder auf.

Für Tagesausflügler erfreut sich die Insel einer riesigen Beliebtheit und auch unter Promis ist sie ein Favorit für den Sommerurlaub. Ganz klar, dass die Stadt Capri und ihre Rivalin Anacapri auf dem Hügel – die beiden Hauptballungszentren der Insel – fast vollständig dem Tourismus verschrieben sind, und zwar mit entsprechendem Preisniveau. Wer allerdings nicht bei den ungezwungen coolen Cafés und Designerboutiquen haltmacht, sondern weiterschaut, findet auch nach wie vor den unverfälschten Charme der Insel: stattliche Villen, überwucherte Gemüsebeete, verblichener, abblätternder Stuck und farbenfrohe Bougainvillea. Und darunter glitzern tiefblaue Wellen, die unsichtbar in versteckte Buchten und mysteriöse Grotten fließen.

Sehenswertes & Aktivitäten

Der Name Capri stammt passenderweise vom altgriechischen Wort *kaprie* (wilde Ziege); manch einer behauptet, dass man auch genauso trittsicher wie eine Wildziege sein muss, um die Insel wirklich kennenzulernen. Wer eher gestresst ist oder die falschen Schuhe dabei hat, kann Capris Sehenswürdigkeiten allerdings auch per Seilbahn, Bus oder Taxi erreichen. Die Insel lässt sich in drei ganz unterschiedliche Bereiche teilen: die kultivierte, verdammt gut aussehende Stadt Capri, das ländlichere, ruhigere Anacapri und die lebhafte Marina Grande, an der fast alle Besucher ankommen (sofern sie nicht mit dem Hubschrauber unterwegs sind).

CAPRI-STADT

Die weiß getünchten Steinhäuser und winzigen, autofreien Straßen der Stadt Capri sehen eher nach Filmkulisse aus als nach wirklichem Leben. Die Miniaturausgabe des exklusiven mediterranen Schicks ist das natürliche Biotop der Luxushotels, teuren Bars, Nobelrestaurants und Designerboutiquen. Im Sommer ist das Zentrum überfüllt mit kamerabewehrten Tagesausflüglern und Rudeln von Reichen und Schönen.

Piazza Umberto I. PIAZZA

Zwischen den Schickimicki-Cafés unter dem Uhrturm ist auch dieser aufgemotzte Freiluftsalon, in dem man Capri auf dem Silbertablett serviert bekommt – vor allem abends, wenn die Lieblingsbeschäftigung der Einheimischen daraus besteht, sich in Schale zu werfen und im Freien abzuhängen. Hier in der allerersten Reihe mit bestem Ausblick zu sitzen, hat allerdings seinen Preis: Der Kaffee kostet um die 6 €, für zwei Gläser Weißwein muss man 16 € rechnen.

Villa Jovis HISTORISCHES GEBÄUDE

(Villa des Jupiter; ☎081 837 06 34; Via Amaiuri; Erw./erm. 2/1 €; ⌚9 Uhr–1 Std. vor Sonnenuntergang) Nach gemütlichen 2 km an der Via Tiberio erreicht man zu Fuß die Villa Jovis östlich des Zentrums, die der Phantasie sofort Flügel verleiht. Der Hauptwohnsitz des Tiberius auf Capri steht 354 m über dem Meeresspiegel und war die größte und opulenteste der zwölf römischen Villen auf der Insel. Heute steht natürlich nur noch eine Ruine, die Besuchern aber immer noch eine gute Vorstellung vom Lebensstil des Tiberius vermittelt.

Der riesige Vergnügungskomplex diente den fleischlichen Gelüsten des Kaisers und umschloss die kaiserlichen Gemächer sowie eine ausgedehnte Badelandschaft zwischen üppigen Gärten und Wäldern.

Die spektakuläre, aber höchst unpraktische Lage stellte die Architekten des Kaisers vor gewaltige Aufgaben. Das Hauptproblem bestand darin, genügend Wasser für die Bäder und die 3000 m^3 großen Gärten zu sammeln und zu speichern. Die Lösung war schließlich ein komplexes Kanalsystem, mit dem Regenwasser in vier riesige Wasserspeicher geleitet wurde. Die Überreste sind auch heute noch gut zu erkennen.

Die Treppe hinter der Villa führt zum 330 m hohen Salto di Tiberio (Sprung des Tiberius), einer senkrechten Klippe, von der aus der Kaiser angeblich in Ungnade gefallene Untertanen ins Meer werfen ließ. Ob Wahrheit oder Legende: Der Ausblick ist atemberaubend. Wer Höhenangst hat, sollte sich hier mit äußerster Vorsicht bewegen.

Von der Villa aus führt ein kurzer Spaziergang entlang der Via Tiberio und der Via Matermània zum Arco Naturale. Der riesige Steinbogen wurde vom Meer ausgehöhlt und ist nicht zuletzt ein wunderbares Fotomotiv.

Chiesa di Santo Stefano KIRCHE
(Piazza Umberto I.; ⌚8–20 Uhr) Die Barockkirche an der Piazza Umberto stammt aus dem 17. Jh. Zu seinen Reizen gehören ein gut erhaltener Marmorboden aus der Villa Jovis und eine Statue des San Constanzo, Schutzpatron von Capri. Sehr schön sind auch die beiden träge zurückgelehnten Patrizier in der Kapelle auf der Südseite des Altars, die fatal an das leicht dekadente Volk in den Cafés vor der Tür erinnern. Neben der nördlichen Kapelle liegt der Reliquienschrein eines heiligen Knochens, der Capri angeblich im 19. Jh. vor der Pest bewahrt hat.

GRATIS **Certosa di San Giacomo** KLOSTER
(☎081 837 62 18; Viale Certosa 40; ⌚Di–So 9–14 Uhr) Das malerische Kloster gilt allgemein als das schönste noch erhaltene Beispiel hiesiger Architektur und beherbergt heute eine Schule, eine Bibliothek, einen Ausstellungsraum mit wechselnden Exponaten sowie ein Museum mit beeindruckenden Malereien aus dem 17. Jh. Besonders schön ist die verblichene Pracht der beiden Kreuzgänge: Der kleinere stammt aus dem 14., der größere aus dem 16. Jh.

Das Kloster hat eine erschütternde Geschichte: Nachdem es zur Festung des mächtigen Kartäuserordens wurde, wurde es im 16. Jh. während der Piratenangriffe durch die Sarazenen heftig attackiert. Hundert Jahre später zogen sich die Mönche auf der Flucht vor der Pest hierher zurück. Die restliche Bevölkerung war eher der Meinung, sie hätten sich für die Pflege der Erkrankten engagieren sollen, und warf erbost ihre Pesttoten über die Klostermauern. Als Gegenmittel gegen die dunkle Vergangenheit des Klosters können Besucher in der Kirche die Fresken aus dem 17. Jh. auf sich wirken lassen.

Der Weg zum Kloster führt östlich der Piazza Umberto I. entlang der kurvigen Via Vittorio Emanuele III.

GRATIS **Giardini di Augusto** GÄRTEN
(Gärten des Augustus; ⌚Sonnenaufgang–Sonnenuntergang) Wer der Touristenmeute entkommen will, wendet sich am Kloster Certosa di San Giacomo Richtung Südosten und erreicht am Ende der Via G. Matteotti eine unerwartete grüne Oase: das bunte Blütenmeer der Giardini di Augusto. Der von Kaiser Augustus angelegte Garten lohnt sich auch wegen des atemberaubenden Ausblicks. Geradeaus liegen die **Isole Faraglioni**, drei dramatische Kalksteinsäulen, die senkrecht aus dem Meer ragen.

Bewohnt werden die 109, 81 und 104 m hohen Inselchen von einer seltenen blauen Eidechsenart, von der man lange glaubte, sie sei nur hier heimisch. Inzwischen wurde sie jedoch auch an der Küste Siziliens entdeckt. Die Eidechsen von hier aus zu fotografieren, überfordert leider selbst das stärkste Teleobjektiv, aber dafür ist ein Foto der Inseln auch ein beeindruckendes Souvenir. Von den Gärten aus schlängelt sich die hübsche Via Krupp hinunter zur Marina Piccola. Unterwegs führt sie vorbei an einer Plattform mit Lenin-Büste, die auf die Straße herabblickt – wie und warum sie da hingekommen ist, scheint aber niemand zu wissen.

ANACAPRI & UMGEBUNG

Anacapri ist zwar ruhiger als ihre Nachbarstadt Capri, aber Tourismus ist auch hier kein Fremdwort. Er konzentriert sich hauptsächlich um die Villa San Michele di Axel Munthe und die Souvenirläden an den Hauptstraßen. Wer etwas weiterforscht, stellt aber schnell fest, dass Anacapri im Grunde immer noch das ruhige, ländliche Örtchen ist, das es immer schon war.

Villa San Michele di Axel Munthe HISTORISCHES GEBÄUDE
(☎081 837 14 01; Via Axel Munthe; Erw./erm. 5 €/frei; ⌚9–18 Uhr) Das ehemalige Haus des etwas selbstherrlichen schwedischen Arztes Axel Munthe sollte auf keiner Reiseroute fehlen. Wo heute die Villa steht, stand auch schon während der römischen Ära eine Villa. Der Garten mit den perfekt gepflegten Blumenbeeten lädt zu einem geruhsamen Spaziergang mit wunderschönen Aussichtspunkten und einigen römischen Skulpturen ein, die sich in einem Erinnerungsfoto ganz wunderbar machen.

Wer zwischen Juli und September hier ist, erwischt vielleicht auch eines der klassischen Konzerte im Garten. Termine und Reservierungsinfos stehen auf der Website der Axel-Munthe-Stiftung.

Capri

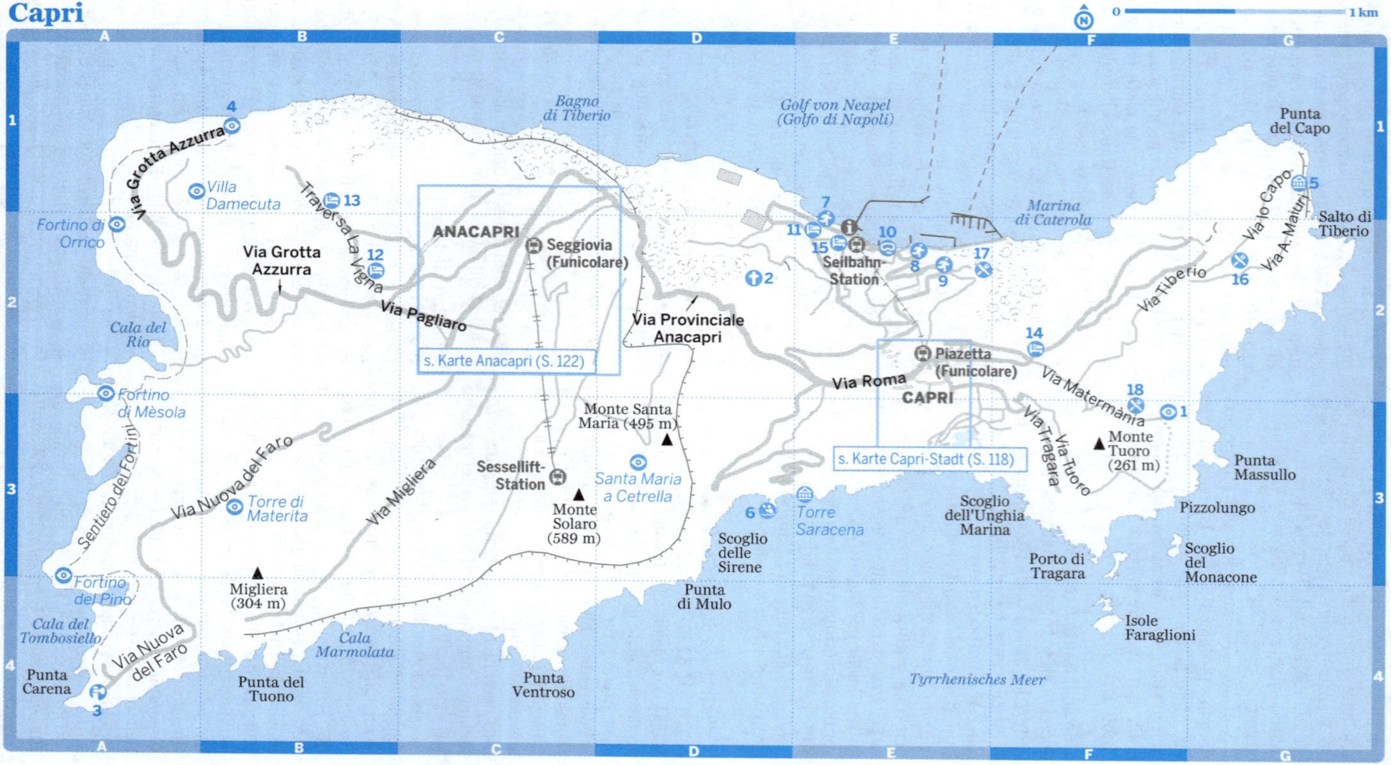
0
1 km
Bagno di Tiberio
Golf von Neapel (Golfo di Napoli)
Punta del Capo
Salto di Tiberio
Marina di Caterola
Via Grotta Azzurra
Villa Damecuta
Fortino di Orrico
Traversa La Vigna
Via Grotta Azzurra
ANACAPRI
Seggiovia (Funicolare)
Seilbahn-Station
Via Pagliaro
Via Provinciale Anacapri
Via Tiberio
Via lo Capo
Via A. Maiuri
Cala del Rio
s. Karte Anacapri (S. 122)
Piazzetta (Funicolare)
Via Roma
CAPRI
Via Matermània
Via Tragara
Via Tuoro
Monte Tuoro (261 m)
Fortino di Mèsola
Monte Santa Maria (495 m)
Santa Maria a Cetrella
Sessellift-Station
Monte Solaro (589 m)
s. Karte Capri-Stadt (S. 118)
Punta Massullo
Sentiero dei Fortini
Via Nuova del Faro
Torre di Materita
Via Migliera
Torre Saracena
Scoglio dell'Unghia Marina
Pizzolungo
Scoglio delle Sirene
Porto di Tragara
Scoglio del Monacone
Fortino del Pino
Migliera (304 m)
Punta di Mulo
Isole Faraglioni
Cala del Tombosiello
Cala Marmolata
Punta Carena
Punta del Tuono
Punta Ventroso
Tyrrhenisches Meer

Capri

Sehenswertes

1 Arco Naturale F3
2 Chiesa di San Costanzo D2
3 Faro A4
4 Blaue Grotte B1
5 Villa Jovis G1

Aktivitäten, Kurse & Touren

6 Bagni Lo Scoglio delle Sirene D3
7 Banana Sport E2
8 Capri Whales E2
9 Ciro dei Motorini E2
10 Sercomar E2

Schlafen

11 Belvedere e Tre Re E2
12 Hotel Bussola B2
13 Hotel Villa Eva B1
14 Hotel Villa Sarah F2
15 Relais Maresca E2

Essen

16 La Savardina da Edouardo G2
17 L'Approdo E2
18 Le Grottelle F3
Trattoria da Giovanni a Gradola ...(siehe 4)

LP TIPP Seggiovia del Monte Solaro — BERG

(☎081 837 14 28; einfach/hin & zurück 7,50/10 €; ⌚9.30–17 Uhr) Der Sessellift der Seggiovia del Monte Solaro ist der schnellste und schmerzfreieste Weg zu Capris höchstem Gipfel: Die ruhige, landschaftlich wunderschöne Fahrt zur Bergstation dauert ganze zwölf Minuten. Von dort aus ist der Ausblick unglaublich – bei klarer Sicht sieht man den ganzen Golf von Neapel, die Amalfiküste sowie die Inseln Ischia und Procida.

Wer jetzt vom vielen Fotografieren Hunger bekommen hat, kann seinen Kalorienbedarf in der Cafeteria mit Snacks, Eis und Getränken wieder auffüllen.

Casa Rossa — MUSEUM

(☎081 838 21 93; Via Guiseppe Orlandi 78, Anacapri; Eintritt 3 €; ⌚10–13.30 & 17.30–20 Uhr) Das auffällige „rote Haus" im marokkanischen Stil wurde 1876 vom amerikanischen Colonel Clay MacKown erbaut. Der um einen Wehrturm aus dem 16. Jh. entstandene Bau beherbergt heute eine bunte Mischung an Malerei aus dem 19. Jh., darunter einige bewegende Capri-Bilder von Gonsalvo Carelli (1818–1900) und dem Franzosen Eduard Alexandre Sain, der in Bildern wie *Hochzeit auf Capri* die Atmosphäre der Insel im 19. Jh. aufs Schönste eingefangen hat.

Ebenfalls zu sehen ist die kolossale römische Statue aus dem 1. Jh., die Anfang des 19. Jh. bei Ausgrabungen in der Blauen Grotte entdeckt wurde.

Chiesa di San Michele — KIRCHE

(Piazza San Nicola; Erw./erm. 2 €/frei; ⌚9.30–19 Uhr) Wer etwas für die Farben, feinen Muster und die Tradition antiker Majolikakacheln übrig hat, wird diese atemberaubende Kirche sehr lieben. Der herrliche achteckige Majolikaboden aus dem 18. Jh. zeigt ein lebendiges Bild von Adam und Eva, umgeben von einer bizarren Menagerie, zu der unter anderem ein Einhorn, ein Stier, mehrere Ziegen und ein Elefant gehören.

Faro — LEUCHTTURM

(Punta Carena) Über der Punta Carena, Capris rauem Südwestzipfel, erhebt sich der *faro:* der zweithöchste und hellste Leuchtturm Italiens. Von den Felsen in der Nähe kann man im Sommer wunderbar (und gefahrlos) ins klare, türkisfarbene Wasser springen und schwimmen.

Wer sich gerne in die Tiefe stürzt, nimmt den Bus, der im Sommer alle 20 Minuten (für die Hartgesottenen auch im Winter alle 40 Minuten) vom Zentrum von Anacapri zum *faro* fährt.

MARINA GRANDE

Capris größter Hafen ist mit seinem etwas heruntergekommen Charme sehr italienisch und hat dabei wenig mit dem weltmännischen Glamour auf dem Hügel gemein. Für alle, die ganz dringend schwimmen wollen, gibt's westlich des Hafens einen 200 m langen Kieselstrand.

Chiesa di San Costanzo — KIRCHE

(Via Marina Grande) Die älteste Kirche der Insel ist die einzige wirkliche Sehenswürdigkeit in der Nähe des Yachthafens. Die weiß getünchte *chiesa* wurde im 5. Jh. erbaut und dem Schutzpatron von Capri geweiht, der sich unterwegs von Konstantinopel nach Rom vor einem Sturm auf die Insel rettete und hier blieb. Der ursprüngliche Bau entstand auf römischen Mauerresten, während die heutige byzantinische Kirche das Ergebnis eines Umbaus im 10. Jh. ist.

Capri-Stadt

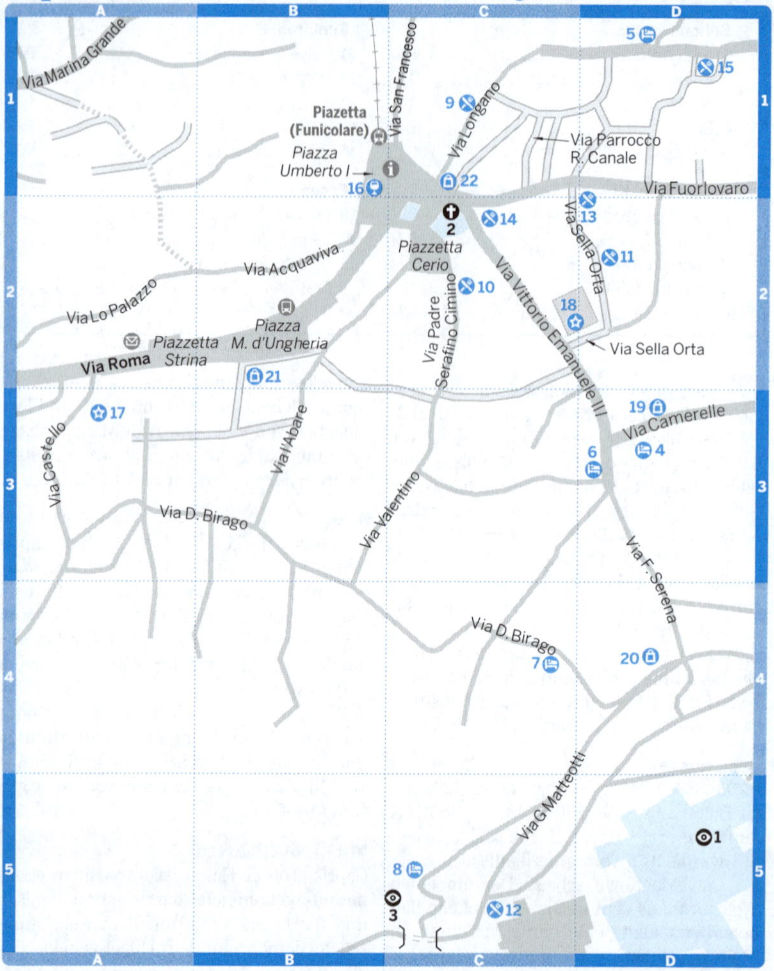

Sercomar TAUCHEN
(081 837 87 81; www.capriseaservice.com; Via Colombo 64; Nov. geschl.;) Bietet verschiedene Tauchpakete vom Tauchgang mit höchstens drei Teilnehmern (100 €) über den Solo-Tauchgang (150 €) bis zum Anfängerkurs mit vier Tauchgängen (350 €). Außerdem im Angebot sind halbstündige Schnorchelkurse für Kinder (Mindestalter 12 Jahre) ab 35 €.

Banana Sport BOOTSVERLEIH
(081 837 51 88; Verleih 2 Std./Tag 75/175 €; Juni–Sept.) Banana Sport liegt am östlichen Ende der Strandpromenade und verleiht Motorschlauchboote für fünf Personen, mit denen man die versteckten Buchten und Grotten der Insel erkunden kann. Damit lässt sich auch die beliebte kleine Bucht **Bagno di Tiberio** gut erreichen, die westlich der Marina Grande liegt. Angeblich schwamm auch Tiberius einst hier – wobei er im Gegensatz zu den heutigen Besuchern wohl kaum 8,50 € für den Eintritt zu diesem Privatstrand berappen musste.

Capri Whales BOOTSVERLEIH
(081 837 58 33; www.capriwhales.it; Marina Grande 17; Verleih 2 Std. 90 €; Mai–Okt.;) Die Schlauchboote sind mit Kühlbox, Schnorchelausrüstung, Schwimminseln und Was-

Capri-Stadt

Sehenswertes
1 Certosa di San Giacomo ... D5
2 Chiesa di Santo Stefano ... C2
3 Giardini di Augusto ... C5

Schlafen
4 Grand Hotel Quisisana ... D3
5 Hotel Esperia ... D1
6 Hotel Gatto Bianco ... D3
7 Hotel La Tosca ... C4
8 Hotel Villa Krupp ... C5

Essen
9 Al Grottino ... C1
10 Donna Rachele ... C2
11 È Divino ... D2
12 Il Geranio ... C5
13 La Capannina ... D2
14 Raffaele Buonacore ... C2
15 Scialapopola ... D1

Ausgehen
16 Bar Pulalli ... B1

Unterhaltung
17 Guarrancino ... A3
18 Taverna Anema e Core ... C2

Shoppen
19 Capri Watch ... D3
20 Carthusia I Profumi di Capri ... D4
21 Da Costanzo ... B2
22 La Parisienne ... C1

serspielzeug bestens für Familien mit Kindern ausgestattet.

MARINA PICCOLA

Die Marina Piccola liegt direkt südlich der Marina Grande auf der Südseite der Insel und ist kaum mehr als eine Reihe privater Badeeinrichtungen. Der 50 m lange Kieselstrand ist von der Stadt Capri aus mit einer kurzen Busfahrt oder zu Fuß bergab in 15 Minuten erreichbar und am westlichen Ende durch den **Scoglio delle Sirene** (Fels der Sirenen), am östlichen durch den **Torre Saracena** (Sarazenenturm) begrenzt. Es ist nicht der allerbeste Schwimmstrand, dafür ragen in etwa 10 m Abstand davor zwei Felsen aus dem Wasser, die sich hervorragend als Sprungbrett eignen.

Bagni Lo Scoglio delle Sirene KANUFAHREN
(☎081 837 02 21; ⏲Juni–Sept.) Am Strand gibt es mehrere Anbieter, die Kanus verleihen, darunter dieser zuverlässige Laden, der pro Stunde etwa 15 € für einen Zweisitzer und 8 € für einen Einsitzer verlangt.

Essen

Kulinarisch gibt es auf Capri nur eins: traditionell italienisches Essen in einer traditionell italienischen Trattoria. Die Preise sind gesalzen, fallen aber merklich je weiter man sich von Capri-Stadt entfernt.

Das berühmteste Vermächtnis der Insel an die Welt ist natürlich die *insalata caprese*, ein Salat aus frischen Tomaten, Basilikum und Mozzarella, beträufelt mit Olivenöl. Ebenfalls einen Bissen wert ist aber auch der gleichnamige Käse, eine Kreuzung aus Mozzarella und Ricotta, ganz zu schweigen von *ravioli caprese*, die eben mit diesem Käse und mit Kräutern gefüllt sind.

Genau wie die Hotels sind viele Restaurants im Winter geschlossen.

CAPRI-STADT & UMGEBUNG

LP TIPP **È Divino** KAMPANISCH €€
(☎081 837 83 64; Via Sella Orta; Gerichte 20 €; ⏲Fr–Mi, Juni–Sept. nur abends) Das verblasste Schild ist leicht zu übersehen, das Lokal ein gut gehütetes Geheimnis. Der Raum hinter der Eingangstür erinnert eher an ein traditionelles Wohnzimmer und verrät seinen wahren Charakter nur durch den verführerischen Duft aus der Küche und das leise Klingeln der Weingläser. Die Speisekarte wechselt täglich, je nachdem, was Garten oder Markt gerade an frischen Zutaten hergeben.

Ein Teil der Tische steht draußen unter den Zitronenbäumen, der Rest verteilt sich über mehrere wohnliche Räume voller Antiquitäten und Familienfotos. Einen offenen Kamin gibt's auch noch.

Il Geranio MEERESFRÜCHTE €€€
(☎081 837 06 16; www.geraniocapri.com; Via G. Matteotti 8; Gerichte 50 €; ⏲April–Okt.) Heiratsantrag, Jahrestag, Abschiedsschmerz – hier ist die richtige Kulisse dafür. Die Terrasse bietet einen atemberaubenden Ausblick über die Pinien hinweg zum Meer und dahinter auf die außergewöhnlichen Felsformationen der Faraglioni di Capri. Spezialität des Hauses sind Meeresfrüchte, vor allem

der Fisch in Salzkruste. Sehr gut sind auch der Oktopussalat und die Linguine mit Safran und Miesmuscheln. Übrigens sieht hier nicht nur die Landschaft aus wie eine Filmkulisse – auch die Garderobe der Gäste ist ganz großes Kino.

Al Grottino KAMPANISCH €€
(081 837 05 84; Via Longano 27; Gerichte ab 30 €; April–Okt.) Das Lokal liegt zwei Fußminuten von der Piazzeta entfernt in einer kleinen Gasse und hat meist eine Schlange vor der Tür. Den guten alten Klassiker gibt es schon seit 1937 und bereits in den 1950er- und 1960er-Jahren war er ein Favorit der Promis (sehr schön dokumentiert durch die Fotos im Fenster).

Bis heute lockt die Küche Einheimische wie Besucher mit traditionell neapolitanischen Gerichten wie *ravioli al ragú* (Ravioli in Fleisch-Knoblauch-Soße) und Spezialitäten wie *cocotte* (hausgemachte Pasta mit gemischten Meeresfrüchten in einer Paella-artigen Pfanne). Dem kleinen Speisesaal mangelt es nicht an traditionellen Einrichtungsdetails – selbst die dekorativen Chianti-Flaschen fehlen nicht.

L'Approdo KAMPANISCH €€
(081 837 89 90; www.approdocapri.com; Piazzeta Ferraro 8, Marina Grande; Pizza ab 4 €, Gerichte 25 €) Wer mit Hunger von der Fähre steigt, muss nicht lange leiden. Nach dem Fähranleger links und drei Minuten zu Fuß liegt das rettende Lokal. Sehr gut ist der Antipastiteller (15 €), aber auch eine der vielen Pizzen ist eine gute Wahl, z. B. die *sfilatino* mit Ricotta, Schinken und Mozzarella.

Die Meeresfrüchte sind teurer, aber dafür am selben Tag aus dem Meer gezogen. Im Angebot sind Leckereien wie Languste vom Grill und Risotto mit Meeresfrüchten. Die geräumige Terrasse bietet einen malerischen Ausblick auf die bunten Fischerboote und -netze und fast nichts erinnert an Capris berühmten Glamour.

La Capannina TRATTORIA €€€
(081 837 07 32; Via le Botteghe 12; Gerichte 50 €; Mitte März–Okt.) Die berühmteste Trattoria der Insel wurde schon in den 1930er-Jahren eröffnet und ist ein altgedienter Favorit der Promis. Die Einrichtung ist so etwas wie die Hollywoodversion eines rustikalen Lokals (rosa Tischtücher, rosa Rosen, hängende Kupfertöpfe und gedrechselte Holzstühle), die Küche serviert die klassische Hausmannskost der Insel.

Beliebt sind vor allem die qualitativ hochwertige Pasta mit Meeresfrüchten, *ravioli caprese,* Fleisch und frischer Fisch vom Grill sowie die Spezialität des Hauses: *linguine al sugo di scorfano* (Linguine mit Drachenkopf). Eine Reservierung ist dringend zu empfehlen.

La Savardina da Edouardo KAMPANISCH €€
(081 837 63 00; Via lo Capo 8; Gerichte 30 €; März–Okt.) Allein schon der Spaziergang zu diesem entspannten Restaurant im ländlicheren Capri sorgt für gesunden Appetit. Aber keiner der erschöpften Wanderer, die die Terrasse unter Zitronenbäumen mit Blick aufs Meer und Ischia erreichen, hat es jemals bereut. Das familiengeführte Lokal serviert hervorragendes Essen aus regionalen Zutaten; was auf den Tisch kommt, ist ebenso lecker wie kompromisslos schlicht. Wie wäre es z. B. mit gegrilltem Mozzarella mit Zitronenblättern als Vorspeise, gefolgt von saftigen Lammkoteletts oder einer Ravioli-Variation?

Scialapopola TRATTORIA €€
(081 837 90 54; Via Gradoni Sopramonte 6–8; Gerichte ab 25 €) Die einladende Trattoria in einer Seitenstraße ist fröhlich dekoriert mit getrockneten Chilis und schleifenverzierten Tamburinen. Auf der Speisekarte stehen hausgemachte Klassiker wie *pasta e ceci con noci* (Pasta mit Kichererbsen und Nüssen), aber auch ein paar internationale Überraschungen wie vegetarischer Couscous. An der gut frequentierten Theke gibt's Essen zum Mitnehmen, unter anderem auch Pizza.

Le Grottelle KAMPANISCH €€
(081 837 57 19; Via Arco Naturale 13; Gerichte um 28 €; April–Okt.) Wer die Angebetete ordentlich beeindrucken will, ist hier richtig. Dabei ist es nicht so sehr das Essen, das den Stich macht; es ist zwar in Ordnung (schlichte Pasta, gefolgt von Fisch, Hühnchen oder Kaninchen vom Grill), aber der Knüller ist die phantastische Lage. Erstens liegt das Lokal nur 150 m vom Arco Naturale entfernt. Zweitens sitzen die Gäste entweder in einer Höhle oder (die attraktivere Alternative) auf einer Terrasse oberhalb eines bewaldeten Hügels, der spektakulär ins Meer abfällt.

Trattoria da Giovanni a Gradola TRATTORIA €
(Grotta Azzurra; Gerichte 18 €; April–Okt.) Wer noch den Sand vom Strand zwischen den Zehen hat, ist in dieser entspannten Trattoria genau richtig. Gleich hinter den aufgemotz-

ten Badeanlagen der Blauen Grotte liegt sie perfekt für ein Mittagessen im Sommer und bietet von den einfachen Holztischen auf der schmalen Terrasse einen wunderbaren Blick auf den tiefblauen Ozean. Zu den Standards auf der Speisekarte gehören *parmigiana di melanzane* (gebackene Aubergine mit Tomate und Parmesan), Fisch vom Grill sowie *pasta e fagioli* (ein Eintopf mit Nudeln und Bohnen).

Raffaele Buonacore SNACKS €

(081 837 78 26; Via Vittorio Emanuele III 35; Snacks 2–4,50 €; März–Okt.;) Der beliebte Imbiss ist ideal für einen schnellen Boxenstopp und macht ein Mordsgeschäft mit süßen und herzhaften Snacks wie *frittata*, *panini*, Gebäck, Waffeln und Eis. Schwer zu toppen sind vor allem ihre *sfogliatelle* (Blätterteig mit Zimt-Ricotta-Füllung) und die federleichten *caprilu al limone* (Zitronen-Mandel-Kuchen) für lächerliche 0,90 €.

Donna Rachele TRATTORIA €€

(081 837 53 87; www.donnarachele.com; Via Padre Serafino Cimmino 2; Pizza ab 6 €, Gerichte 25 €) Der Laden versteckt sich in einer Ecke und verbreitet die Atmosphäre einer traditionellen Trattoria: kleine Räume, Bilder aus Kacheln und Flaschen an den Wänden. Auch draußen stehen auf den Terrassen ein paar Tische. Mit den Antipasti (gegrillte Artischocken, sautierter Spinat oder weiße Bohnen) werden Vegetarier glücklich, Fischfetischisten werden Hauptgerichte wie *moscardini* (Oktopus in Pizza-ähnlicher Teigkruste) und die traditionell neapolitanische Fischsuppe lieben.

ANACAPRI & UMGEBUNG

La Rondinella ITALIENISCH €€

(081 837 12 23; Via Guiseppe Orlandi 295; Gerichte 28 €; Fr–Mo) La Rondinella ist ein entspanntes, ländlich gestyltes Restaurant, das schon sehr lange gleichbleibend gute Qualität auf den Tisch bringt – angeblich hatte schon Graham Greene hier einen Lieblingstisch in der Ecke. Auf der Speisekarte stehen diverse italienische Klassiker wie *saltimbocca alla Romana* (Kalbfleischscheiben mit Schinken und Salbei).

Für alle, die eher mal etwas anderes probieren möchten, bietet der Koch Michele eine eigene Kreation: *linguine alla ciammura*, ein leckeres Nudelgericht mit cremiger weißer Soße aus Sardellen, Knoblauch und Petersilie. Wer dann noch Platz hat, schließt seinen Magen mit einem Stück *torta di mandorle* (Schokoladen-Mandel-Tarte).

Le Arcate KAMPANISCH €€

(081 837 33 25; Via de Tommaso 24; Gerichte 30 €) Wer Einheimische nach einem guten Restaurant fragt, wird sehr oft hierher verwiesen. Die Inneneinrichtung des unprätentiösen Lokals setzt sich aus Hängekörben mit Efeu, sonnengelben Tischtüchern und alte Terracottafliesen zusammen. Spezialität des Hauses sind die hervorragenden *primi* (erste Gänge) und Pizzen. Der echte Knüller ist allerdings das *risotto con polpa di granchio, rughetta e scaglie di parmigiano* (Risotto mit Taschenkrebs, Rucola und gehobeltem Parmesan).

Trattoria il Solitario TRATTORIA €

(081 837 13 82; Via Giuseppe Orlandi 96; Pizza ab 4,50 €, Gerichte um 20 €; April–Okt.;) Viel näher als hier kommt man definitiv nicht mehr an eine Privateinladung heran. Die Tische stehen in einem kleinen Hinterhof mit Zitronenbäumen und Kinderspielzeug in der Ecke. Überhaupt hat die ganze Atmosphäre etwas entspannt Ferienhaftes.

Auf der unspektakulären Speisekarte stehen die üblichen Inselgerichte: Pasta und Meeresfrüchte, Fleisch vom Grill und Pizza. Aber die Portionen sind groß und die Qualität ist hoch. Unter den Pizzen ist auch eine große Auswahl an *pizza bianche* – sehr angenehm für alle, die schon langsam keine Tomaten mehr sehen können.

Ausgehen

Das Nachtleben auf Capri dreht sich primär um Sehen und Gesehenwerden. Das bedeutet in erster Linie: sich in Schale werfen und abhängen, idealerweise in einem der vier Cafés auf der Piazzetta (Piazza Umberto I.). Neben den Cafés ist das Nachtleben leider recht farblos – dafür, dass sich die Einheimischen so gerne aufbrezeln, gibt es erstaunlich wenige Nachtclubs.

Bar Pulalli WEINBAR

(081 837 41 08; Piazza Umberto I., Capri-Stadt; Mi–Mo 12–15 & 19–24 Uhr) Von den Tischen auf der Außenterrasse kann man bequem und diskret die schicken Besucher der Piazza darunter begutachten. Die hervorragenden Weine des Hauses kommen aus ganz Italien (Sizilien, Sardinien, Puglia und Basilicata), die Flaschenpreise liegen zwischen eher günstigen 12 € und beinahe herzinfarktträchtigen 250 €. Dazu schmeckt ein Käse-Salami-Teller (12 €); sehr gut sind auch die gegrillten Garnelen (15 €), aber bitte beherrschen und die Schalen nicht übers Geländer auf die teuren Frisuren werfen.

Anacapri

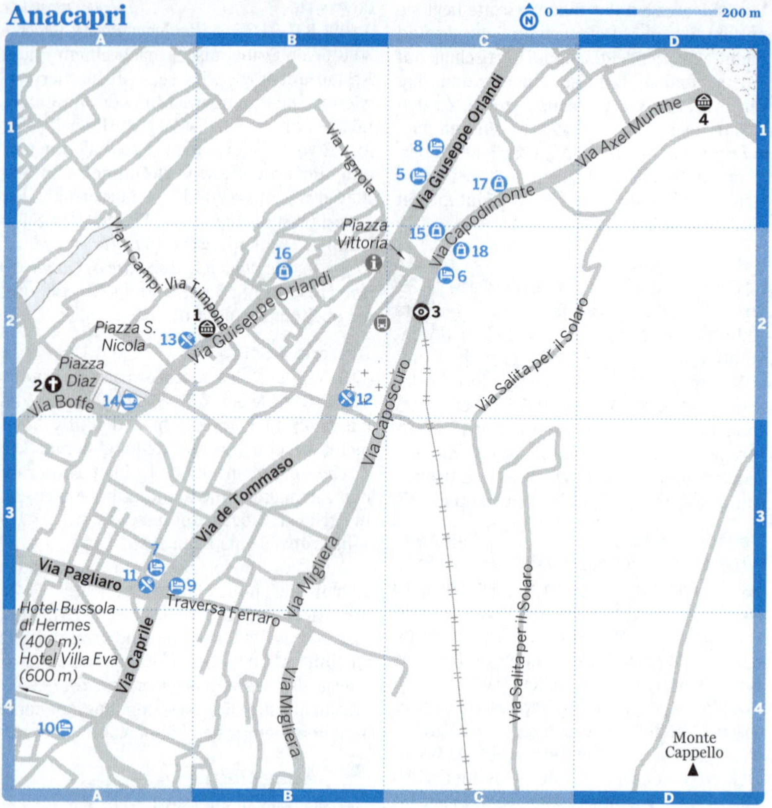

Anacapri

Sehenswertes

1 Casa Rossa B2
2 Chiesa di San Michele A2
3 Seggiovia del Monte Solaro C2
4 Villa San Michele di Axel Munthe D1

Schlafen

5 Albergo Loreley C1
6 Capri Palace C2
7 Casa Mariantonia A3
8 Hotel Bellavista C1
9 Hotel Carmencita A3
10 Hotel Senaria A4

Essen

11 La Rondinella A3
12 Le Arcate B2
13 Trattoria il Solitario A2

Ausgehen

14 Caffè Michelangelo A2

Shoppen

15 Capri Naturale C2
16 Elegantia B2
17 Limoncello di Capri C1
18 Pop Gallery C2

Taverna Anema e Core CLUB

(☎081 837 64 61; www.anemaecore.com; Via Sella Orta 39E, Capri-Stadt; ⏲April–Okt.) Hinter einer eher bescheidenen Fassade versteckt der charismatische Guido Lembo seine Taverna Anema e Core, einen der bekanntesten Clubs der Insel. Die coole und raffinierte Bar mit Nachtclub zieht eine angenehme Mischung aus superschicken und leger gekleideten Gästen an, die die entspannte Atmosphäre und regelmäßige Livemusik schätzen. Dazu gehört auch zuverlässig authentische neapolitanische Gitarrenmusik mit Gesang.

Guarrancino LIVEMUSIK
(☎081 837 05 14; Via Castello 7, Capri-Stadt; ⊙April–Okt.) Das Musiklokal unter den Arkaden wurde 1972 gegründet, als die Brüder Brun und Gianni Lembo begannen, mit dem Repertoire ihres Vaters aufzutreten (dem auch das Lokal ursprünglich gehörte). Die heutigen Auftritte sind nicht gerade anspruchsvoll, dafür verbreiten sie eine fröhliche Urlaubsatmosphäre und alle Gäste singen gut gelaunt mit.

Caffè Michelangelo CAFÉ
(Via Giuseppe Orlandi 138, Anacapri) Das Caffè Michelangelo ist nicht so protzig, dafür liegt es zwischen geschmackvollen Läden und in der Nähe zweier wunderschöner Piazzas ideal zum Leutebeobachten bei einem entspannten Cocktail. Die großen, gepolsterten Stühle auf der erhöhten Terrasse machen das Ganze erst recht einladend.

Shoppen

Capri hat wohl weltweit die größte Dichte an Designerboutiquen und eine entsprechend konservative und teure Shoppingszene. Entlang der beiden wichtigsten Einkaufsmeilen (der Via Vittorio Emanuele III und der Via Camarelle) finden sich alle großen Namen der Modebranche sowie zahlreiche Schmuck- und Schuhgeschäfte. Wer Souvenirs oder Gourmet-Leckereien sucht, kommt an der Zitrone nicht vorbei. Vom T-Shirt bis zum Geschirrtuch: überall Zitronen. Die Insel ist außerdem berühmt für ihr Parfüm und den Limoncello. Ersteres riecht nach Zitronen, Letzterer schmeckt wie süßer Wodka mit Zitrone.

LP TIPP **Pop Gallery** KERAMIK
(☎081 978 05 13; Via Capodimonte 24, Anacapri; ⊙April–Okt.) Wem das allgegenwärtige Zitronenmotiv schon zum Hals heraushängt, wird von den modernen italienischen Skulpturen und Kunstobjekten in dieser Avantgardegalerie entzückt und inspiriert sein. Besonders raffiniert sind die künstlichen Seeohren – oder auch die modellierten Köpfe von Paolo Sandulli mit ihren schlecht frisierten Haaren aus grell gefärbtem Naturschwamm. Wer sich dafür interessiert, kann auch seine Werkstatt in Praiano besuchen.

La Parisienne MODE
(☎081 837 02 83; www.laparisiennecapri.it; Piazza Umberto I. 7, Capri-Stadt) La Parisienne wurde 1906 eröffnet (nein, das ist kein Druckfehler!) und hat sich in den 1960er-Jahren

NICHT VERSÄUMEN

BLAUE GROTTE

Bei Weitem die berühmteste Attraktion auf Capri ist natürlich die **Blaue Grotte** (Grotta Azzurra; Erw./erm. 12,50 €/frei; ⊙9–17 Uhr; 👪), eine atemberaubende Meereshöhle, die in einem gespenstisch blauen Licht leuchtet.

Die unter einheimischen Fischern längst bekannte Grotte wurde 1826 von zwei Deutschen – dem Schriftsteller Augustus Kopisch und dem Maler Ernst Fries – neu entdeckt. Recherchen ergaben dann allerdings, dass Kaiser Tiberius bereits 30 n. Chr. einen Kai mit *nymphaeum* in die Höhle bauen ließ. Im hinteren Bereich sieht man noch heute den gemeißelten römischen Landesteg.

Die 54 mal 30 m große und 15 m hohe Grotte ist in prähistorischer Zeit angeblich um 20 m abgesunken, wodurch jede Öffnung bis auf den 1,3 m hohen Eingang blockiert wurde. Hierin liegt das Geheimnis des magisch blauen Lichts: Das Sonnenlicht kommt unter dem Wasser durch eine kleine Öffnung herein und wird vom Wasser gebrochen. Zusammen mit der Reflexion durch den weißen Sandboden erzeugt dies die intensiv blaue Farbe, der die Grotte ihren Namen verdankt.

Wer sie sehen will, macht am besten eine Bootstour von der Marina Grande. Die Rundfahrt kostet 18,50 €; im Preis enthalten sind die Hin- und Rückfahrt zur Höhle, das Ruderboot in die Höhle selbst und der Eintrittspreis. Das Ganze dauert eine gute Stunde. Die singenden „Kapitäne" sind ebenfalls im Preis inbegriffen, es ist also wirklich nicht notwendig, ihnen auch noch ein Trinkgeld zu geben.

Bei rauer See ist die Grotte geschlossen. Schwimmen ist darin verboten, vor dem Eingang jedoch erlaubt. Dazu einfach mit dem Bus bis Grotta Azzurra fahren, die Treppe hinunterlaufen und von der kleinen Betonplattform springen.

DIE PROMI-INSEL

Als Synonym für mediterranen Schick genießt Capri schon seit Jahrhunderten einen Ruf als Liebling der Prominenten.

Der erste illustre Inselbewohner, der hier seine Zelte aufschlug, war 27 n. Chr. der Kaiser Tiberius. Der für seine sexuellen Perversionen (zumindest, wenn man dem römischen Schriftsteller Suetonius glauben darf) bekannte Römer ließ sich 12 Villen auf der Insel bauen, darunter die riesige Villa Jovis. Daneben hat er auch in der Bevölkerung tiefe Kerben hinterlassen, die dafür sorgten, dass sein Name bis heute auf Capri mit dem Bösen schlechthin gleichgesetzt wird. Als der schwedische Arzt Axel Munthe Anfang des 20. Jhs. anfing, die römischen Ruinen zu durchstöbern und schließlich eine Villa am Standort eines tiberischen Palastes baute, hieß es unter Einheimischen nur abfällig, das sei alles „*roba die Tiberio*" – Tiberius' Zeug.

Was die Insel aber wirklich zum Magneten für Promis machte, war weniger die Geschichte des Tiberius als die Entdeckung der Blauen Grotte im Jahr 1826. Die Geschichte der spektakulären Höhle sprach sich wie ein Lauffeuer unter Künstlern, Intellektuellen, Industriellen und Schriftstellern herum, die nun alle die einsame Schönheit der Insel selbst sehen wollten (obwohl sich manch einer auch eher von der Käuflichkeit der einheimischen Jungs angezogen fühlte). Einer der ersten Wiederholungsgäste, der deutsche Industrielle und Waffenhersteller Alfred Krupp, wurde in einen homosexuellen Skandal verwickelt, während der Schriftsteller Norman Douglas und der französische Graf Jacques Fersen die gesamte Gerüchteküche in Bewegung hielten.

Die Insel diente auch dem einen oder anderen russischen Revolutionär als Fluchtpunkt: 1905 siedelte Maxim Gorki nach einem gescheiterten Putsch gegen den Zar nach Capri, fünf Jahre später kam auch Lenin zu Besuch.

Anfang des 20. Jhs. kamen der chilenische Dichter Pablo Neruda und auch der Schriftsteller Thomas Mann regelmäßig auf die Insel; die britischen Schriftsteller Compton Mackenzie und Graham Greene lebten hier über längere Perioden und die während des Zweiten Weltkriegs bekannte Sängerin Gracie Fields verbrachte hier ihren Ruhestand.

Auch heutige Sternchen lassen sich mit Vorliebe auf Capri blicken: Mariah Carey besitzt hier eine Ferienvilla, Liz Hurley wurde beim Einkauf eines Hochzeitskleids gesichtet und Leonardo di Caprio auf der Terrasse eines Cafés. Sie sind es, die den Ruf der Insel bis heute aufrechterhalten – und dafür sorgen, dass die überarbeiteten Paparazzi im Geschäft bleiben.

mit der Caprihose endgültig einen Namen gemacht. Richtig bekannt wurde das kecke Beinkleid vor allem durch Audrey Hepburn, die das Teil natürlich hier gekauft hatte. Eine Maßanfertigung ist innerhalb eines Tages fertig, aber die berühmte Hose wird auch von der Stange verkauft (ab 200 €).

Ein weiterer Hollywoodkunde war Clark Gable, dem vor allem die Bermudas gefielen, die damals (unglaublich, aber wahr) als etwas ordinär galten.

Limoncello di Capri GETRÄNKE
(☎081 837 29 27; Via Capodimonte 27, Anacapri) Nicht vom knallgelben Schild irritieren lassen! Dieser historische Laden hat mit den besten Limoncello der ganzen Insel. Und nicht nur das: Hier wurde er erfunden. Zumindest behaupten das die Inhaber. Angeblich mixte Vivica, die Großmutter des aktuellen Besitzers, den ersten zitronigen Tropfen als Verdauungsschnäpschen für die Gäste ihres kleinen Gästehauses.

Heute produziert der Laden an die 70 000 Flaschen pro Jahr – und außerdem Zitronen- und Orangenpralinen (unbedingt probieren!), Zitronenmarmelade und Zitronenhonig. Darüber hinaus gibt's auch noch ein Zitronensorbet (2 €) mit zwei Prozent Alkoholgehalt.

Carthusia I Profumi di Capri PARFÜM
(☎081 837 03 68; Via F. Serena 28, Capri-Stadt) Das berühmte blumige Parfüm aus Capri wurde angeblich 1380 vom Prior des Klosters Certosa di San Giacomo erfunden – allerdings eher aus Versehen. Für einen überraschenden Besuch der Königin stellte er ihr zu Ehren ein Bouquet aus den schönsten Blumen der Insel zusammen. Als er drei Tage später das Wasser in der Vase wechseln wollte, stellte er fest, dass es einen mysteriösen Blu-

VIER SCHÖNE WANDERUNGEN AUF CAPRI

Trotz seiner geringen Größe hat Capri ein paar großartige Wanderungen zu bieten. Ein Netzwerk gut gepflegter Wanderwege zieht sich über die ganze Insel – teilweise durch Gebiete, die selbst im Hochsommer fast menschenleer sind. Nachfolgend sind vier der beliebtesten und bekanntesten Wanderungen beschrieben. Karten dazu gibt's bei der Touristeninformation.

Arco Naturale bis Punta Dell'arcera

» Länge 1,2 km

» Dauer 1¼ Stunden

Die Wanderung beginnt am **Arco Naturale**, einem Kalksteinbogen, der einst Teil einer großen Grotte war. Am Ende der Via Matermània geht's zum Restaurant Le Grottelle (S. 120) und dann die nahe gelegene Treppe hinunter. Etwa auf halber Höhe liegt die riesige **Grotta di Matermàni**, die den Römern als *nymphaeum* (Wassernymphenschrein) diente, mit Resten eines Wandmosaiks aus Muscheln. Unten angekommen führt der Pfad die Küste entlang nach Süden. Links erscheint auf der Landzunge Punta Massullo eine auffällige Flachdach-Villa: die **Villa Malaparte**, das ehemalige Ferienhaus des toskanischen Schriftstellers Curzio Malaparte (1898–1957). Auf dem Weg nach Westen um den unteren Waldsaum des **Monat Tuoro** wird der Ausblick aufs Meer immer beeindruckender. Ein paar Hundert Meter weiter kommt rechts eine Treppe zum **Belvedere di Tragara**, der einen atemberaubenden Blick auf die Isole Faraglioni bietet.

Anacapri bis Monte Solaro

» Länge 2 km

» Dauer 2 Stunden

Capris höchster Punkt ist der Gipfel des Monte Solaro (S. 117), der sich 589 m über Anacapri erhebt. Man erreicht ihn mit dem *seggiovia* (Sessellift) von der Piazza Pittoria oder zu Fuß. Wer zu Fuß geht, biegt von der Via Axel Munthe nach rechts in die Via Salita per il Solaro ab. Der Wanderweg steigt steil an bis zum Pass von **La Crocetta**, der durch ein markantes Eisenkruzifix gekennzeichnet ist. Hier teilt sich der Weg: Rechts führt er zum Gipfel mit spektakulärem Ausblick über den Golf von Neapel und die Amalfiküste, links zum Cetrella-Tal und zur Einsiedelei **Santa Maria a Cetrella**, die i. d. R. samstagnachmittags bis Sonnenuntergang geöffnet hat. Wem der Aufstieg zu anstrengend ist (so geht es vielen), nimmt den Sessellift nach oben und geht zu Fuß hinunter.

Anacapri bis Belvedere Di Migliera

» Länge 2 km

» Dauer 45 Minuten

Dieser liebliche, entspannte Weg führt zum **Belvedere di Migliera**, einer Aussichtsplattform mit spektakulärem Panoramablick auf das Meer. Die Route könnte kaum einfacher sein: Von der Piazza Vittoria geht's auf der Via Caposcuro geradeaus und dann weiter auf ihrer Verlängerung, der Via Migliera. Unterwegs führt der Weg vorbei an Obstgärten, Weinbergen und kleinen Waldstücken. Vom Belvedere aus kann man über den **Torre di Materita** nach Anacapri zurück. Wer sich noch nicht ausgelastet fühlt, besteigt noch den Monte Solaro. Aber Achtung: Der anstrengende Aufstieg wird vom Club Alpino Italiano (CAI; Italienischer Alpenverein) als mittelschwer eingestuft.

Carena bis Punta Dell'arcera, der Sentiero Dei Fortini

» Länge 5,2 km

» Dauer 3 Stunden

Der herrliche, streckenweise anstrengende **Sentiero dei Fortini** (Weg der kleinen Festungen) schlängelt sich an der wenig bekannten Westküste entlang vom Südwestzipfel der Insel an der Punta Carena bis nach Norden zur Punta dell'Arcera in der Nähe der Blauen Grotte (S. 123). Der nach den drei Küstenfestungen (Pino, Mésola und Orrico) benannte Wanderweg führt durch die unberührteste Landschaft, die Capri zu bieten hat.

menduft angenommen hatte. Dieser wurde zur Grundlage des Parfüms, das heute in diesem schicken Outlet verkauft wird.

Capri Naturale MODE

(☎081 837 47 19; Via Capodimonte 15, Anacapri; ⊙April–Okt.) Capri Naturale, einer der besseren Läden an der touristischen Via Capodimonte, ist auf Damenmode spezialisiert. Typisch für das Warenangebot sind hauchdünne Leinenkleider in leuchtendem Blau oder tauchgefärbtem Lavendellila. Eine kleine Auswahl handgemachter Sandalen ist ebenfalls zu haben. Alles wird regional hergestellt, wofür die Preise wiederum durchaus angemessen sind.

Da Costanzo SCHUHE

(☎081 837 80 77; Via Roma 49, Capri-Stadt; ⊙März–Nov.) 1959 kaufte sich Clarke Gable in diesem winzigen, unprätentiösen Schuhgeschäft an der Hauptstraße ein paar handgemachte Sandalen (womöglich als Ergänzung zu den Bermudas, die er davor bei La Parisienne gekauft hatte). Der Laden existiert noch heute und bietet Passanten wie Schuhfetischisten ein überwältigendes Sortiment farbenfroher Schuhmode. Die Preise beginnen bei etwa 90 € – eine vergleichsweise kleine Investition für ein Stück Hollywoodgeschichte.

Capri Watch UHREN

(☎081 837 71 48; www.capricapri.com; Via Camerelle 2, Capri-Stadt) Die atemberaubende Auswahl an Uhren in diesem Laden stammt aus der Werkstatt des örtlichen Uhrmachers Silvio Staiano. Die Preise für eine relativ einfache Uhr beginnen bei erstaunlich günstigen 40 € und enden mit einigen Nullen mehr bei den edelsteinbesetzten Zeitmessern für die oberen Zehntausend.

Elegantia MODE

(Via Giuseppe Orlandi 75, Anacapri) Wer immer schon so einen Schlabberhut in Pastellfarben wollte, bekommt hier für 15 €, was sein Herz begehrt. Der Inhaber kopiert auch Kleidungsstücke und führt Änderungen und Reparaturen durch.

ℹ Praktische Informationen

Touristeninformationen

Capri Tourism (www.capritourism.com) **Anacapri** (☎081 837 15 24; www.capritourism.com; Via Giuseppe Orlandi 59; ⊙8.30–20.30 Uhr); **Capri-Stadt**(☎081 837 06 86; www.capritourism.com; Piazza Umberto I.; ⊙8.30–20.30 Uhr); **Marina Grande** (☎081 837 06 34; www.capritourism.com; am Hafenkai; ⊙9–13 & 15.30–18.45 Uhr).

ℹ An- & Weiterreise

Wer nicht das nötige Kleingeld (1300 €) für den Helikopterflug vom Flughafen Capodichino in Neapel hat, kommt mit der Fähre auf Capri an.

Sam Helicopter (☎0828 35 41 55; www.capri-helicopters.com)

Fähre

Die beiden wichtigsten Fährverbindungen führen von Neapel und Sorrent (allerdings saisonabhängig) nach Capri. Weitere Fähren legen auch auf Ischia und an der Amalfiküste (Amalfi, Positano und Salerno) ab.

Caremar (☎081 837 07 00; www.caremar.it) betreibt Fähren zwischen Neapel und Capri (7-mal tgl., 12 €, 1¼ Std.) sowie Tragflügelboote von/nach Sorrent (4-mal tgl., 13 €, 25 Min.).

Gescab (☎081 807 18 12; www.gescab.it) bietet eine Tragflügelbootverbindung zwischen Sorrent und Capri (18-mal tgl., 15 €, 20 Min.).

Die Tragflügelboote der **Navigazione Libera del Golfo** (☎081 552 07 63; www.navlib.it)

ERSTE ORIENTIERUNG

Alle Tragflügelboote und Fähren legen an der Marina Grande an, dem Verkehrsknotenpunkt der Insel. Capri-Stadt erreicht man von hier aus am schnellsten mit der Seilbahn. Es gibt aber auch Busse und (teurer) Taxis. Zu Fuß ist es ein anstrengender, 2,3 km langer Anstieg entlang der Marina Grande. Oben angekommen geht's dann an der Kreuzung mit der Via Roma nach links (Osten) ins Zentrum oder nach rechts (Westen) zur Via Provinciale di Anacapri, die schließlich in die Via Giuseppe Orlandi übergeht und nach Anacapri führt.

Die winzige Piazza Umberto I. ist der Mittelpunkt der Stadt Capri. Nur einen Katzensprung Richtung Osten entfernt liegt die Via Vittorio Emanuele III, die zur größten Einkaufsmeile führt: der Via Camerelle.

Auf dem Hügel in Anacapri halten Busse und Taxis an der Piazza Vittoria. Von hier aus führt die Hauptstraße Via Giuseppe Orlandi nach Südwesten und die Via Capodimonte zur Villa San Michele di Axel Munthe.

verkehren zwischen Neapel und Capri (bis zu 8-mal tgl., 18,70 € 45 Min.).

SNAV (☎081 837 75 77; www.snav.com) bietet ebenfalls eine Tragflügelbootverbindung zwischen Neapel und Capri (bis zu 13-mal tgl., 18 €, 45 Min.).

Weitere Infos zu den Fährverbindungen zur Insel gibt's im Abschnitt „Verkehrsmittel und -wege" (S. 284) im Kapitel Praktische Informationen.

Unterwegs vor Ort

Bus

Sippic (☎081 837 04 20; Via Roma, Bus Station, Capri; 1,80 €) betreibt eine regelmäßige Busverbindung zwischen Marina Grande, Anacapri und Marina Piccola. Weitere Buslinien verbinden Anacapri mit Marina Grande und Marina Piccola.

Die Busse der **Staiano Autotrasporti** (☎081 837 24 22; Via Tommaso, Busbahnhof, Anacapri; 1,80 €) bedienen die Blaue Grotte und den Faro von Punta Carena.

Leihroller

Ciro dei Motorini (☎081 837 80 18; www.capriscooter.com; Via Marina Grande 55, Marina Grande; pro Std./Tag 15/60 €) Hier ist die beste Adresse für Leihroller an der Marina Grande.

Rent A Scooter (☎081 837 38 88; Piazza Barile 20, Anacapri; pro Std./Tag 15/65 €)

Seilbahn

Seilbahn (1,80 €; ⊙6.30–12.30) Die erste Herausforderung für Besucher der Insel ist der Weg von der Marina Grande zur Stadt Capri. Am meisten Spaß macht die Seilbahn, vor allem wegen des schönen Ausblicks auf die Zitronenhaine und die umgebende Landschaft.

Ischia

62 027 EW.

Die vulkanische Felszunge Ischia ist die am besten erschlossene und größte der Inseln im Golf von Neapel. Sie ist eine faszinierende Mischung aus riesigen Kurorten, verschütteten Nekropolen, rheumatischen deutschen Touristen und spektakulärer Landschaft mit Wäldern, Weinbergen und malerischen Ortschaften. Trotzdem zieht die Insel nur einen Bruchteil der Tagesausflügler an, die im Sommer von Neapel in Richtung Capri schippern. Wenn sie wüssten, dass die Strände hier viel schöner sind, wäre es vielleicht schnell vorbei mit der Ruhe.

Das Ziel der meisten Gäste sind die Städte Ischia Porto, Ischia Ponte, Casamicciola Terme, Forio und Lacco Ameno an der Nordostküste. Und jede von ihnen hat etwas anderes zu bieten: Ischia Porto hat die besten Bars und Casamicciola das größte Verkehrschaos, während Ischia Ponte und Lacco Ameno die reizvollsten Städtchen sind.

Das autofreie Sant'Angelo an der ruhigeren Südküste bietet eine entspannte Mischung aus gemütlichem Hafen, Katzen, die sich in der Sonne aalen und lebhaften Stränden in nächster Nähe. Zwischen den beiden Küsten liegt eine wenig frequentierte Landschaft aus dichten Kastanienwäldern, über die Ischias höchster Berg, der Monte Epomeo, wacht.

Im 8. Jh. war die Insel eine wichtige Station auf der Handelsroute zwischen Griechenland und Norditalien, seitdem hat sie aber einiges an Katastrophen erlebt. 1301 floh die Bevölkerung vor einem Ausbruch des heute erloschenen Monte Arso für vier Jahre aufs Festland. Fünfhundert Jahre später (1883) wurde der blühende Kurort Casamicciola von einem Erdbeben in Schutt und Asche gelegt; mehr als 1700 Menschen kamen ums Leben. Bis heute ist der Name der Stadt in der Umgangssprache gleichbedeutend mit totaler Zerstörung.

Sehenswertes & Aktivitäten

Die meist schwindelerregenden und mit dichtem Wald bewachsenen Hänge des Inselinneren liegen umschlossen von einem schmalen besiedelten Küstenstreifen. Offenes Weideland und ausgedehnte Wanderungen sind hier eher nicht angesagt – allerdings werden hervorragende geologische Führungen angeboten. Flachland ist auf Ischia Mangelware, ebenso wie Straßen. Ganz klar, dass die umlaufende Schnellstraße im Hochsommer ziemlich voll wird. Der Umweltaspekt ist eine Sache; die Vorliebe der einheimischen Jugend für waghalsige Überholmanöver in uneinsehbaren Kurven eine andere. Insgesamt genug Gründe, sich auf dieser Insel auf das gut ausgebaute Busnetz oder auf ein Taxi zu verlassen. Weitere Infos hierzu auf S. 139.

ISCHIA PORTO & ISCHIA PONTE

Nominell sind Ischia Porto und Ischia Ponte zwei getrennte Ortschaften. De facto bilden sie aber eine einzige mäandernde Schlange aus pastellfarbenen Häusern, ausgedehnten Terrassenbars, Restaurants und palmenbeschatteten Läden und Hotels.

Der Fährhafen war bis 1854 ein Kratersee, der auf die Bitte des spanischen Königs Ferdinand II. zum Meer durchgebrochen wurde. Angeblich konnte er den Gestank des Sees nicht ertragen; wahrscheinlicher ist jedoch, dass er sich davon eine Steigerung seiner Einnahmen durch den Schiffsverkehr

Ischia

versprach. Wie auch immer: Gelohnt hat es sich auf jeden Fall. Heute ist der Hafen von Restaurants gesäumt, die frischen Fisch im Angebot haben. Weiter im Osten liegt die traumhaft schöne **Spiaggia dei Pescatori** (Strand der Fischer), eine unwiderstehliche Mischung aus bunt bemalten Fischerbooten, goldgebräunter Haut, knalligen Sonnenschirmen und Müttern, die ihre speckigen Kinder (oder Männer) zum Mittagessen rufen.

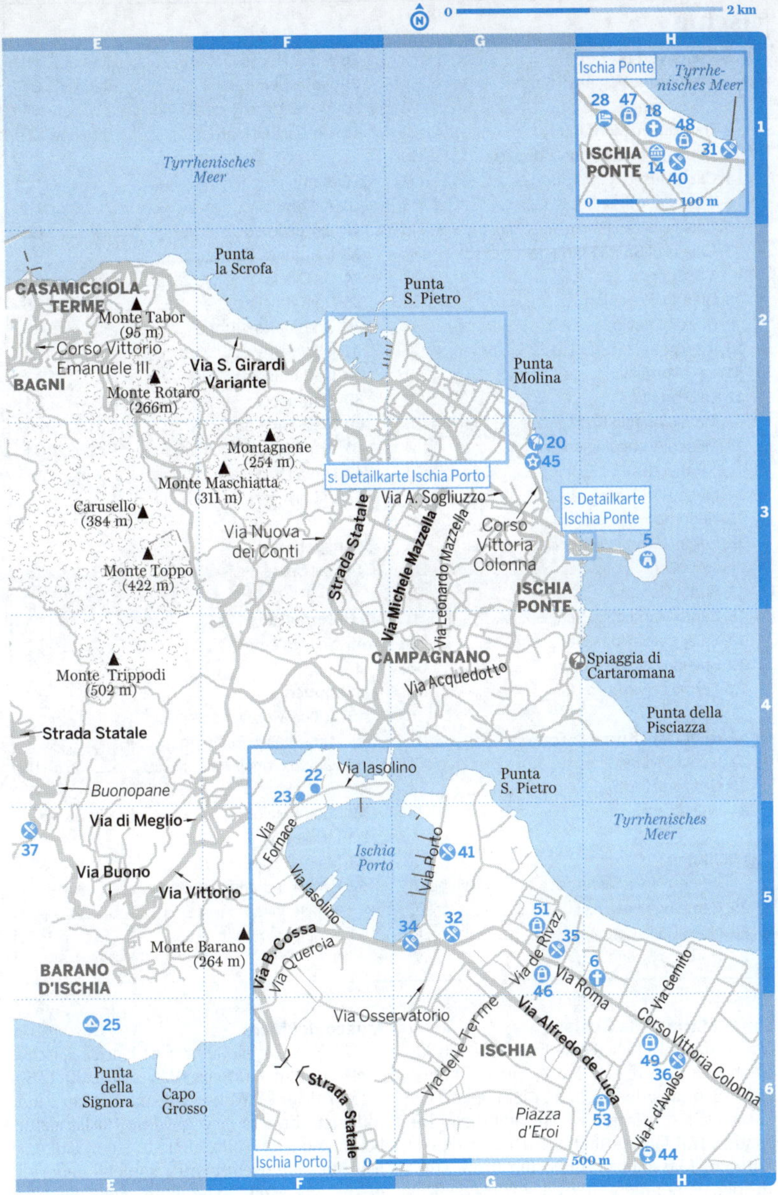

Chiesa di San Pietro

KIRCHE

(Ecke Corso Vittoria Colonna & Via Gigante, Ischia Porto; ⌚8–12.30 & 16–19.30 Uhr) Die Barockkirche aus dem 18. Jh. hat eine hübsche, konvex gebogene Fassade, halbkreisförmige Kapellen und eine erhöhte Terrasse, die bei flirtenden Teens und tratschlustigen *signore* (Frauen) gleichermaßen beliebt ist. Mit einem Eis aus der nächsten *gelateria* lässt es sich wunderbar eintauchen in diese Dolce Vita.

Ischia

Sehenswertes
1 Area Archeologica di Santa Restituta ... C1
2 Baia di San Montano ... C1
3 Cappella di San Nicola di Bari ... D3
4 Casa Museo ... D4
5 Castello Aragonese ... H3
6 Chiesa di San Pietro ... H5
7 Chiesa di Santa Maria del Soccorso ... A3
8 Giardini Poseidon ... B4
9 Giardini Ravino ... B3
10 Il Sorgeto ... C6
11 La Colombaia ... B1
12 La Mortella ... B2
Museo Angelo Rizzoli ... (siehe 13)
13 Museo Archeologico di Pithecusae ... C1
14 Museo del Mare ... H1
15 Negombo ... C1
16 Parco Termale Aphrodite Apollon ... D6
17 Punta Caruso ... B1
18 Santa Maria della Scala ... H1
19 Spiaggia dei Maronti ... D6
20 Spiaggia dei Pescatori ... G3
21 Terme Cavascuro ... D5

Aktivitäten, Kurse & Touren
22 Ischia Diving ... F4
23 Orizzonti Blu ... F4
24 Westcoast ... B3

Schlafen
Albergo il Monastero ... (siehe 5)
25 Camping Mirage ... E6
26 Hotel Casa Celestino ... D6
27 Hotel La Sirenella ... C1
28 Hotel Norris ... H1
29 Hotel Semiramis ... B4
30 Mezzatorre Resort & Spa ... B1
Umberto a Mare ... (siehe 42)

Essen
31 Al Pontile ... H1
32 Bar de Maio ... G5
33 Cantine di Pietratorcia ... B4
34 Da Ciccio ... G5
35 Da Raffaele ... G5
36 Gran Caffè Vittoria ... H6
37 Il Focolare ... E5
38 La Cantina del Mare ... D2
39 Montecorvo ... C4
40 Ristorante da Ciccio ... H1
41 Ristorante La Pantera Rosa ... G5
42 Umberto a Mare ... A3
43 Zi Carmela ... B3

Ausgehen
44 Bar Calise ... H6

Unterhaltung
45 New Valentino ... G3

Shoppen
46 Antica Macelleria di Francesco Esposito ... G5
47 Filippo Cianciarelli ... H1
48 Ischia Sapori ... H1
49 Judith Major ... H6
50 L'Isoletto ... C6
51 Maria Rosaria Ferrara ... G5
52 Percorsi Comunicanti in Galleria ... D6
53 Scaglione Renato ... H6

Santa Maria della Scala KIRCHE

(Via Luigi Mazzella, Ischia Ponte; ⌚8–12.30 & 16.30–20 Uhr) Der Torre del Mare, ein auffälliger Wachturm aus dem 15. Jh., dient heute der Kathedrale von Ischia als Glockenturm. Die heutige, 1751 fertiggestellte Kirche wurde von Antonio Massinetti entworfen und steht auf den Fundamenten zweier früherer Kirchen – eine aus dem 13. und eine aus dem 17. Jh. Hinter der blätternden Fassade finden sich noch der ursprüngliche Taufstein aus dem 14. Jh., ein romanisches Kruzifix und ein wehmütiges Gemälde von Giacinto Diano.

Museo del Mare MUSEUM

(☎081 98 11 24; Via Giovanni da Procida 2, Ischia Ponte; Erw./erm. 4 €/frei; ⌚März–Jan. 10.30–12.30 & 15–17 Uhr; 👪) Wer ein Seemannsherz hat (oder zumindest eine gewisse Vorliebe für Schiffsmodelle) sollte sich auf jeden Fall das Schifffahrtsmuseum mit seinen liebevoll dokumentierten Exponaten ansehen. Zu sehen sind unter anderem Votivgaben der Seemänner an die Heiligen, wunderschön gearbeitete Schiffsmodelle und aufschlussreiche Fotografien aus dem Inselleben des 20. Jhs., z. B. die Ankunft des allerersten amerikanischen Autos im Jahr 1958 –

damals mit Sicherheit ein richtig großes Ereignis.

LACCO AMENO

In den 1950er- und 1960er-Jahren tummelten sich französische Sternchen und europäische Königskinder im legendären Kurort Terme Regina Isabella. Die Promis sind verschwunden, aber das örtliche Wahrzeichen ist geblieben – die 10 m hohe Felsformation **Il Fungo** (der Pilz), die der Monte Epomeo vor Tausenden von Jahren ins Meer gespuckt hat.

Der Legende nach wurde die Leiche der Märtyrerin Restituta im 4. Jh. n. Chr. unter der Obhut eines seetüchtigen Engels in einem Boot an den nahe gelegenen Strand von San Montano gespült. Ihr Kult setzte mit ihr von Nordafrika nach Italien über und wird historisch mit der Austreibung der Katholiken aus Nordafrika durch den Vandalenkönig Genseric in Verbindung gebracht.

Jedes Jahr im Mai stellen die Einwohner von Lacco Ameno am Strand ihre Ankunft nach.

Area Archeologica di Santa Restituta AUSGRABUNGSSTÄTTE

(☎081 98 05 38; Piazza Restituta; Eintritt 3 €; ⌚Mo–Sa 9.30–12.30 & 17–19, So 9.30–12.30 Uhr) Unter der hübschen, rosa getünchten **Chiesa di Santa Restituta**, die nach dem Erdbeben von 1883 wieder aufgebaut wurde, liegt eine Sehenswürdigkeit, die man sich nicht entgehen lassen sollte: die **Area Archeologica**. Ausgrabungen zwischen 1951 und 1974 legten einen altgriechischen Brennofen, einen Tempel und eine Straße aus der römischen Ära, Bestattungsamphoren aus dem 4. Jh. und eine frühchristliche Basilika frei. Weitere uralte Objekte – von römischen Armbändern über Votivgaben bis zu einem 3300 Jahre alten Ofen aus Procida – sind in zahlreichen Vitrinen ausgestellt.

Die Sammlung im Erdgeschoss liegt dann viel näher an der Gegenwart und umfasst exquisite *pastori* (Krippenfiguren) aus dem 17. Jh., farbenfrohe Keramik aus dem 18. Jh., klerikale Festtagsgewänder sowie die noch heute bei der jährlichen Prozession in der Bucht von San Montano verwendete Holzstatue der hl. Restituta aus dem 18. Jh. Besucher können sich am Kartenschalter einen informativen, handgeschriebenen Führer zu den Ausgrabungen ausleihen.

Museo Archeologico di Pithecusae MUSEUM

(☎081 99 61 83; www.pithecusae.it; Corso Angelo Rizzoli 210, Lacco Ameno; Eintritt inkl. Museo Angelo Rizzoli 5 €; ⌚Di–So 9.30–13 & 15–18.30 Uhr) Das Museo Archeologico di Pithecusae ist in der eleganten Villa Arbusto (ehemaliges Wohnhaus des Promis Angelo Rizzoli) untergebracht und steht damit bereits an einem höchst historischen Ort, nämlich mit Blick auf den Monte Vico, auf dem einst die Siedlung und Akropolis von Pithecusae standen. Das Museum stellt eine faszinierende Sammlung bedeutender Funde aus der hellenischen Besiedlungszeit der Insel aus, die die verschiedensten Objekte von importierter Keramik bis zu Teilen der Akropolis selbst umfasst.

Highlight ist der legendäre Becher des Nestor aus dem 7. Jh. v. Chr. in Sala (Saal) II. Die Inschrift auf dem Becher gehört zu den ältesten Zeugnissen griechischer Schrift überhaupt und lobt passenderweise Ischias Wein. Teil desselben Ausstellungsraums ist außerdem das Museo Angelo Rizzoli.

Museo Angelo Rizzoli MUSEUM

(☎081 99 61 83; www.pithecusae.it; Corso Angelo Rizzoli 210, Lacco Ameno; Eintritt inkl. Museo Archeologico di Pithecusae 5 €; ⌚Di–So 9.30–13 & 15–18.30 Uhr; 👪) Als weit weniger seriöser Kontrapunkt zu all der Archäologie huldigt dieses kleine, unterhaltsame Museum dem Mann, der in den 1950er-Jahren aus dem bescheidenen Nest Lacco einen Promi-Hotspot machte. Coole Paparazzi-Fotos und Zeitungsausschnitte des Hitchcock-mäßigen Rizzoli und seiner berühmten Freunde zieren die Wände der Zimmer, die einst Gina Lollabrigida, Grace Kelly, Federico Fellini und Konsorten beherbergten.

Genauso bemerkenswert ist der Garten der Villa, der mit Zitronenbäumen, Springbrunnen, Kinderspielplatz und Fünfsterne-Ausblick auf die Campi Flegrei auch wirklich seiner illustren Gäste würdig war.

Negombo THERME

(☎081 98 61 52; www.negombo.it; Baia di San Montano, Lacco Ameno; Eintritt ganzer Tag 30 €, ab 13 Uhr 25 €, ab 15.30 Uhr 17 €; ⌚April–Okt. 8.30–19 Uhr) Verwöhnprogramm gefällig? Na, dann mal hereinspaziert! Das Negombo ist eine Kreuzung aus Thermalbad und botanischem Wunderland. Die Kombi aus über 500 exotischen Pflanzenarten, Zen-ähnlichen Thermalbecken, Hammam, modernen Skulpturen und einem Privatstrand in der Bucht von San

NICHT VERSÄUMEN

CASTELLO ARAGONESE

Die elegante Ponte Aragonese aus dem 15. Jh. verbindet die Stadt mit dem **Castello Aragonese** (Burg von Aragonien; ☎081 99 28 34; Rocca del Castello, Ischia Ponte; Erw./erm. 10/6 €; ⌚9–19 Uhr; 👪), einer riesigen, prächtigen Burg, die hoch auf einem felsigen Inselchen thront. Die erste Festung wurde vom syrakusischen Tyrann Gerone I. im Jahr 474 v. Chr. erbaut, der heutige Bau stammt jedoch größtenteils aus dem 15. Jh. Damals befahl König Alfonso von Aragonien eine gründliche Runderneuerung der älteren angevinischen Festung. So entstanden befestigte Bastionen, der heutige Fahrdamm und eine in den Felsen gehauene Zugangsrampe.

Weiter oben liegt noch die sonnengebleichte Ruine der Cattedrale dell'Assunta aus dem 14. Jh., die 1809 unter britischem Kanonenbeschuss zusammenbrach. Die Krypta unter der Ruine stammt aus dem 11. Jh. Hier sind noch Teile einer von Giotto inspirierten Freske aus dem 14. Jh. zu sehen. Besser erhalten ist die Chiesa dell'Immacolata aus dem 18. Jh., deren Dom mit gebogenen Tympanonfenstern sich über dem Grundriss eines griechischen Kreuzes erhebt. Der Bau wurde vom angrenzenden Convento delle Clarisse (Klarissenkloster) in Auftrag gegeben, blieb dann aber schmucklos, als dem Orden das Geld ausging. Die Klarissinnen selbst wurden nach ihrem Tod als gruseliges Memento mori sitzend auf den steinernen Sitzen des makabren Cimitero delle Monache Clarisse bestattet.

Wer noch weiter geht, erreicht die elegante, achteckige Chiesa di San Pietro a Pantaniello und das düstere Carcere Borbonico, einst das Gefängnis für die Anführer des Risorgimento (italienische Vereinigungsbewegung im 19. Jh.), darunter Poerio, Pironti, Nusco und Settembrini. Empfehlenswert sind auch das Museo delle Torture, ein kleines Museum mit mittelalterlichen Folterinstrumenten, und der große Tunnel aus dem 15. Jh. Bei der Besichtigung bringt vielleicht etwas märchenhafte Romantik einen Lichtstrahl in die düstere Geschichte der Burg: Im 16. Jh. lebte hier die dichtende Prinzessin Vittoria Colonna, die auf dieser Burg Ferrante d'Avalos heiratete, bevor sie eine enge Bindung zu Michelangelo einging. Der große Künstler widmete ihr diverse romantische Gedichte und schickte ihr außerdem ein Gemälde – die *Kreuzigung* – für ihre Privatkapelle.

Montano zieht wie viele andere Thermen auf Ischia ein jüngeres Publikum an.

Müde Füße werden im japanischen Labyrinthbecken wiederbelebt, die dekadente *tavola calda* (Snackbar) und das umfassende Angebot an Massage- und Kosmetikbehandlungen vervollständigen das attraktive Bild. Gäste mit Auto oder Roller können ganztägig auf dem Gelände parken (Auto/Roller 4/2,50 €). Wer kostenlos in der Bucht baden möchte, folgt den Schildern zur *spiaggia* (Strand) direkt vor dem Negombo.

FORIO & DIE WESTKÜSTE

Forio ist die größte Stadt der Insel und war in den 1950er-Jahren der liebste Urlaubsort von Tennessee Williams und Truman Capote. Sie hat bis heute nicht ihren Reiz verloren: Hier gibt es einige der besten Restaurants auf Ischia, schöne Strände und ein paar atemberaubende botanische Gärten.

Chiesa di Santa Maria del Soccorso KIRCHE
(Via Soccorso 1, Forio; ⌚10–Sonnenuntergang) Die blendend weiße Kirche am westlichen Stadtrand war im 14. Jh. Teil eines Augustinerklosters. 1791 bzw. 1854 wurde sie durch eine Seitenkapelle und eine Kuppel ergänzt, wobei Letztere nach dem Erdbeben von 1883 noch einmal erneuert wurde. Die ungleichen Majolikafliesen aus dem 18. Jh., die die halbreisförmige Treppe vor der Kirche zieren, sind wirklich wunderschön – der Ausblick ebenfalls.

Giardini Ravino BOTANISCHE GÄRTEN
(☎081 99 77 83; www.ravino.it; SS270, Forio; Erw./erm. 9/4 €; ⌚9 Uhr–Sonnenuntergang, März–Mitte Nov. Di & Do geschl.) Der 6000 m³ große Garten, der ganz und gar dem stolzen Kaktus gewidmet ist, ist die persönliche Vision des hiesigen Botanikers Giuseppe D'Ambra, der seit den 1960er-Jahren Pflanzen von seinen Reisen mitbringt. Die Sammlung ist breit gefächert und umschließt auch andere Sukkulentenarten, die teilweise wohl homöopathische Eigenschaften besitzen.

Sonntags um 11 Uhr gibt es eine Führung, ansonsten empfiehlt es sich, vorher zu reservieren. Im Garten gibt es neben Konzerten und Kunstausstellungen auch Apartments für Selbstversorger.

La Mortella BOTANISCHE GÄRTEN
(☎081 98 62 20; www.lamortella.it; Via F. Calese 39, Forio; Erw./erm. 10/5 €; ⏲April–Nov. Di, Do, Sa & So 9–19 Uhr) La Rotella entstand, inspiriert durch die maurischen Gärten der Alhambra in Granada, nach einem Entwurf von Russell Page und gilt als einer der schönsten botanischen Gärten Italiens. Es lohnt sich auf jeden Fall, sich dafür ein paar Stunden Zeit zu nehmen. Rund um die Terrassen, Tümpel, Palmen und Springbrunnen sind mehr als 1000 seltene, exotische Pflanzen aus aller Welt angepflanzt.

Dazu gehört u. a. die riesige Seerosenart Victoria Amazonica, deren Blätter von Weiß zu Karminrot wechseln. Dieses Paradies auf Erden wurde vom verstorbenen britischen Komponisten Sir William Walton und dessen argentinischer Frau Susana (die 2010 ebenfalls im Alter von 83 starb) eingerichtet, die sich 1949 hier niederließen und solch illustre Gäste wie Sir Laurence Olivier, Maria Callas und Charlie Chaplin in ihr Haus luden. Das kleine Museum widmet sich dem Leben des Komponisten, während Gäste des eleganten Cafés sanft von seiner Musik berieselt werden. Im Frühjahr und Herbst gibt's hier auch klassische Konzerte.

Geo-Ausflüge WANDERN
(Geo-Ausflüge; ☎englische Informationen unter 081 90 30 58; www.eurogeopark.com) Im Gegensatz zu Capri und Procida ist Ischia für Wanderer nicht gerade leicht zugänglich. Für alle, die sich trotzdem für das Hinterland interessieren, bietet der italienische Geologe Aniello Di Lorio diverse geführte Wanderungen über die Insel an. Sie dauern zwischen drei und fünf Stunden (17–26 €), schließen ein Mittagessen ein und beginnen an verschiedenen Sammelpunkten, wobei eine Abholung in Casamicciola oder Panza 5 € extra kostet.

Die Führung ist meist auf Italienisch oder Deutsch. Auch wer nicht alle Erklärungen versteht, bekommt hier die Gelegenheit, wunderschöne Teile der Insel zu sehen, die allein kaum zu finden sind.

La Colombaia KULTUREINRICHTUNG
(☎081 333 21 47; www.fondazionelacolombaia.it; Via F. Calise 130, Forio; Eintritt 5 €; ⏲10–13 & 16–20 Uhr) Der besondere Reiz an La Colombaia ist die ungezähmte ländliche Umgebung. Außerdem fühlt sich die stattliche Neorenaissance-Villa noch immer wie bewohnt an. Kein Wunder eigentlich, denn sie ist die ehemalige Junggesellenbude des extravaganten italienischen Regisseurs Luchino Visconti.

Der 1906 als Sohn einer der reichsten Familien in Mailand geborene Visconti drehte 1969 den für das beste Drehbuch oskarnominierten Film *Die Verdammten* über eine deutsche Familie, die dem Nationalsozialismus verfällt. Sein ästhetisch restauriertes Wohnhaus beherbergt heute eine Kunststiftung, die u. a. eine Dokumentarfilmbibliothek über Visconti und die Geschichte des Kinos sowie Kostüme, Kulissenteile und Standfotos aus seinen Filmen zeigt. Darüber hinaus werden hier das Ischia Film Festival und regelmäßige unkonventionelle Ausstellungen veranstaltet.

Giardini Poseidon THERME
(Gärten des Poseidon; ☎081 908 71 11; www.giardini poseidon.it; Via Mazzella, Spiaggia di Citara; Tages-

NICHT VERSÄUMEN

CASA MUSEO

Zuerst die gute Nachricht: Der Weg zum Museum ist gut beschildert und einen Parkplatz gibt's ebenfalls. Die schlechte Nachricht: Das Museum liegt an einem gefährlichen Eck auf der Bergstraße zwischen Buonopane und Fontana. Trotzdem ist es jeden Umweg wert, denn das bezaubernde **Casa Museo** (Museumshaus; ☎349 7198879; SS270 Serrara Fontana; ⏲10–19 Uhr) ist viel interessanter als sein Name. Die direkt in den Felsen gehauenen Ausstellungsräume enthalten außergewöhnliche Skulpturen und Schnitzereien aus Stein, Holz und Kieselsteinen (in letzterem Fall z. B. recht schrullige Stücke wie die lebensgroße Skulptur eines Schweins). Wunderbar sind auch der steinerne Neptun-Kopf, phantasievolle Reptilien aus Kieseln, Holzmöbel aus knorrigen Baumstämmen und die feinen Kieselmosaike an allen Wänden (selbst im Klo!). Besucher kommen sich fast vor wie Alice im Wunderland, denn die Felsgänge führen in alle Richtungen – oder in manchen Fällen auch nirgends hin. Der Eintritt ist frei, aber Spenden sind willkommen.

karte 30 €; ⏲April 9–18.30, Mai–Okt. 8.30–19 Uhr) Südlich von Forio locken die riesigen Giardini Poseidon Thermenfans mit einem großen Angebot an Behandlungen und Anlagen. Dazu gehören Massagen, Saunen, Whirlpools, verschiedene Gesundheitsbehandlungen sowie Terrassenbecken, die sich die ganze Vulkanklippe hinunterziehen. Wem das alles zu anstrengend ist, dem steht unten immer noch der wunderschöne Privatstrand zur Verfügung.

SANT'ANGELO & DIE SÜDKÜSTE

Das winzige Örtchen Sant'Angelo zieht mit seinen schicken Boutiquen, Restaurants am Meer und tollen Stränden eine modische Klientel an. Stille Gässchen führen den Berg hinunter zur angesagten Piazetta Ottorino Troia, wo gebräunte Italiener bei einem Campari spätabends einem Sommerkonzert lauschen. Und über all das wacht der riesige *scoglio* (Fels). Er ist mit dem Ort über eine Sandbank voller Fischerboote, Sonnenschirme und *bagnini* (Rettungsschwimmer) verbunden.

Vom Pier fahren bunt bemalte Wassertaxis zum Sandstrand **Spiaggia dei Maronti** (einfache Fahrt 5 €) oder zur abgeschirmten Bucht **Il Sorgeto** (einfache Fahrt 7 €) mit seiner dampfenden Thermalquelle. Die Bucht erreicht man auch zu Fuß vom Dörfchen Panza aus, allerdings ist der Weg schlecht ausgeschildert.

Terme Cavascuro THERME

(☎081 99 92 42; www.cavascura.it; Via Cavascura 1, Spiaggia dei Maronti, Sant'Angelo; Thermalbad 12 €, Fangobehandlung und Thermalbad 27 €; ⏲Mitte April–Mitte Okt. 8.30–13.30 & 14.30–18 Uhr) Wer mit dem Wassertaxi nach Cavascura (einfache Fahrt 3,50 €) fährt und den Schildern 300 m in eine steinige Schlucht folgt, kann sich auf das urige Thermalbad der Terme Cavascuro freuen. Diese schnörkellose Freilufttherme zwischen hohen Klippen ist die älteste auf Ischia. Die Römer haben die Bäder hier schon in den Fels gehauen und in der Grotte geschwitzt.

Gegen einen Aufpreis kann man sich noch eine Gesichtsverjüngung mit Fango und Massage (24 €), eine Maniküre (15 €) oder eine Anti-Stress-Massage gönnen (30 €). Das schwefelhaltige Wasser soll gegen Rheuma, Bronchitis und Hautkrankheiten helfen.

Parco Termale Aphrodite Apollon THERME

(☎081 99 92 19; www.aphrodite.it; Via Petrelle, Sant'Angelo; Eintritt 40 €; ⏲April–Okt. 8–18 Uhr) Ein spektakulärer, wenn auch teilweise schweißtreibender, Spaziergang über der Küste führt nach 2 km von Sant'Angelo zu dieser luxuriösen Therme, die heute Teil des Miramare Sea Resorts ist. Hinter den Efeuranken am Eingang verbirgt sich ein marmorverkleideter Komplex aus Fitnessstudios, Saunen, üppigen Terrassengärten und zwölf Becken mit verschiedenen Temperaturen, darunter eines speziell zum Wasserradfahren. Die Therme bietet außerdem ein großes Angebot an Schönheits- und Wellnessbehandlungen.

Orizzonti Blu TAUCHEN

(☎340 4259162; www.orizzontiblu.net; Via Iasolino 86, Ischia Porto) Für alle, die tiefer ins blaue Meer abtauchen wollen, bietet dieser angesehene Veranstalter Tauchgänge im offenen Meer sowie Kurse, darunter ein sechsstündiger Divemaster-Kurs (800 €).

Ischia Diving TAUCHEN

(☎081 98 18 52; www.ischiadiving.net; Via Iasolino 106, Ischia Porto; Einzeltauchgang 60 €) Dieser gut etablierte Tauchveranstalter bietet einige Tauchpakete mit attraktivem Preis, z. B. fünf Tauchgänge mit Ausrüstung für 225 €.

Westküste BOOTSVERLEIH

(☎081 90 86 04; www.westcoastischia.it; Porto di Forio; Bootsverleih ab 100 €) Westcoast verleiht ganztägig Motorboote und Schlauchboote (mit oder ohne Steuermann). Das ist vor allem im August interessant, wenn alle beliebteren Strände überfüllt sind und ruhige Sandstrände zur Mangelware werden.

Festivals & Events

Auf Ischia drehen sich die Feste um alles, was im Leben schön ist: Essen, Wein und Filme, mit einer Prise entspanntem Jazz, der die Sommerabende versüßt.

Ischia Film Festival FILM

(www.ischiafilmfestival.it) Kostenlose Filme und Ausstellungen an den schönsten Schauplätzen der Insel – z. B. Castello Aragonese, Villa Arbusto und La Colombaia (meist im Juni).

Vinischia KULINARIA

(www.vinischia.it) Scharenweise kommen die Gourmets an die Lungomare Aragonese zu dieser viertägigen Huldigung an Wein und Essen der Region mit kostenlosen Verkostungen und Konzerten (meist im Juni und Juli).

Festa di Sant'Anna RELIGION

(www.infoischiaprocida.it; Ischia) Das allegorische „Anzünden des Castello Aragonese" findet mit einer hypnotischen Prozession aus Booten und Feuerwerk am Festtag der hl. Anna statt (26. Juli).

Ischia Jazz Festival MUSIK
(www.ischiajazz.com) Ischias alljährliches Jazzfestival zelebriert fünf Tage lang das smoothe italienische Saxofon, ergänzt durch eine Prise ausländischen Jazz (meist im September).

Essen

Zwar gehören Meeresfrüchte logischerweise zu Ischias Spezialitäten, aber die Insel ist auch bekannt für ihre Kaninchen, die auf den Bauernhöfen des Hinterlands gezüchtet werden. Eine weitere Delikatesse der Region ist der *rucolino*, ein Likör aus Rucolablättern, der nach Lakritz schmeckt.

Cantine di Pietratorcia WEINGUT €€
(☎081 90 72 32; www.pietratorcia.it; Via Provinciale Panza 267, Forio; Gerichte 30 €; ⏲April–Okt.) Der erstklassige Winzer liegt inmitten einer Idylle aus wuchernden Reben, wilden Feigenbäumen und Rosmarinbüschen und ist zu Recht der siebte Himmel der Feinschmecker. Nach einer Führung durch die alten Steingewölbe schmeckt der hiesige Wein besonders gut mit ein paar Leckerbissen aus dem Degustationsmenü. Zur Auswahl stehen duftende *bruschetta*-Varianten, Käse, herzhafte kampanische Wurst und würzige *salumi* (Wurstwaren). Bei vorheriger Reservierung ist auch ein richtiges Abendessen zu haben.

Montecorvo ITALIENISCH €€
(☎081 99 80 29; www.montecorvo.it; Via Montecorvo 33, Forio; Gerichte 30 €) In diesem außergewöhnlichen Lokal ist ein Teil des Speisesaals direkt in den Fels gehauen und die Terrasse sieht aus wie mitten im Dschungel. Spezialität des Inhabers Giovanni sind die Tagesgerichte, wobei Fleisch und Fisch vom Grill seine Spezialität sind. Die Speisekarte umfasst außerdem eine gute Auswahl an Pasta und vegetarischen Antipasti.

Das Restaurant versteckt sich im üppigen Grün außerhalb von Forio. Um herzufinden, sind gute Pfadfinderqualitäten gefragt, aber zum Glück ist der Weg gut ausgeschildert. Hinter hohen Pinien, einem rauschenden Wasserfall und einer steilen Treppe erwartet die Gäste erst mal die überschwängliche Begrüßung von Giovanni. So ist er halt.

Il Focolare TRATTORIA €€
(☎081 90 29 44; Via Creajo al Crocefisso, Barano d'Ischia; Gerichte 25 €) Die Trattoria gehört zu den beliebtesten auf Ischia – wer dem allgegenwärtigen Fisch auf der Insel auch mal in Richtung Fleisch entkommen will, macht hier keinen Fehler. Das gemütliche, rustikale Lokal ist familiengeführt mit einer soliden, traditionellen Fleischauswahl auf der Speisekarte: Steak, Lammkotelett und Spezialitäten wie *coniglio all'Ischitana* (typisches Kaninchengericht mit Tomaten, Knoblauch und Kräutern) oder *tagliatelle al ragu di cinghiale* (dünne Bandnudeln mit Wildschweinragout).

Die hausgemachten Nachtische sind ebenfalls vom Feinsten. Der Inhaber Riccardo D'Ambra betreibt das Restaurant zusammen mit seinem Sohn Agostino und ist der führende regionale Verfechter der Slow-Food-Bewegung. Meeresfrüchte, Kaffee und alkoholfreie Getränke sind hier Fehlanzeige. Wer darauf Wert legt, muss wohl oder übel weiterziehen.

Ristorante La Pantera Rosa KAMPANISCH €€
(☎081 99 24 83; Via Porto, Riva Destra, Ischia Porto; Gerichte 28 €) Dieses entspannte Restaurant im Hafen hat eine gute Auswahl zu guten Preisen für alle, die mal ohne Abendgar-

MONTE EPOMEO

Wanderschuhe schnüren und nichts wie hoch auf den 788 m hohen **Monte Epomeo**! Der durch den Ausbruch eines Unterwasservulkans geformte Berg lässt sich von der Ortschaft Fontana aus in 50 Minuten (etwa 2,5 km) besteigen und bietet einen unübertroffenen Ausblick über den Golf von Neapel. In der Nähe des Gipfels steht die kleine **Cappella di San Nicola di Bari** aus dem 15. Jh., die einen besonders hübschen Majolikaboden hat. Die angrenzende Eremitage wurde im 18 Jh. von einem Gouverneur der Insel erbaut, der sich von allem Weltlichen abwandte, nachdem er knapp dem Tod entronnen war, und sein restliches Leben dem Glauben widmete. Nach einem Blick ins Innere kann man fröhlich ins Tal zurückkehren und seinem Schöpfer danken, dass der eigene Glaube gutes Essen und Wein nicht ausschließt, die beide in Ischia durchaus zu haben sind.

ISCHIAS SCHÖNSTE STRÄNDE

Spiaggia dei Maronti (einfach 5 €) Der lange, äußerst populäre Sandstrand wird von natürlichen Dampfgeysiren gewärmt. Von Barano aus fährt ein Bus hierher, von Sant'Angelo ein Wassertaxi. Aber zu Fuß geht's auch: auf einem Pfad Richtung Osten von Sant'Angelo.

Il Sorgeto Erreichbar per Wassertaxi (einfach 7 €; April–Okt.) von Sant'Angelo oder zu Fuß von Panza aus. Ganz unten wartet eine kleine Bucht mit blubbernder Thermalquelle; im Winter besonders schön.

Spiaggia dei Pescatori Zwischen Ischia Porto und Ischia Ponte liegt der stimmungsvollste und beliebteste Strand der Insel. Der perfekte Familienstrand.

Baia di San Montano Genau westlich von Lacco Ameno liegt diese kristallklare Bucht mit warmem, seichtem Wasser. Hier ist auch der Thermenpark Negombo (S. 136).

Punta Caruso Der abgeschiedene, felsige Strand am Nordwestzipfel der Insel hat klares, tiefes Wasser. Ein Fußweg führt von der Via Guardiola hinab zum Strand. Bei rauer See nicht für Kinder geeignet.

derobe essen wollen. Auf der Speisekarte stehen sämtliche traditionellen Pasta- und Pizzavariationen neben einigen sehr empfehlenswerten Spezialitäten wie *risotto alla pescatora* (Meeresfrüchterisotto). Der sprachbegabte Inhaber Amedeo spricht neben Italienisch auch fließend Englisch und Französisch.

La Cantina del Mare MEERESFRÜCHTE €€

(081 333 03 22; www.lacantinadelmare.it; Corso Angelo Rizzoli 20, Lacco Ameno; Gerichte 25 €) Mitgebrachte Stullen am Strand haben einen großen Nachteil: Es ist immer Sand drin. Die Lösung ist der freundliche Laden gleich auf der anderen Straßenseite. Einheimische und Touristen, die den Sand zwischen den Zähnen leid sind, bekommen hier hervorragendes Essen – Spezialität des Hauses sind Meeresfrüchte. Auch das Brot ist eine Besonderheit, denn es stammt aus dem ältesten Backofen der Insel und wird täglich frisch geliefert. Ob auf der hübschen Terrasse oder zwischen den Weinregalen im stimmungsvoll beleuchteten Innenraum, man sitzt hier sehr schön. Die Inhaber sprechen Englisch.

Da Raffaele ITALIENISCH €€

(081 99 12 03; www.daraffaele.it; Via Porto 29, Ischia Porto; Gerichte 28 €; März–Nov.;) Das hell erleuchtete, einladende Lokal liegt sehr günstig mitten auf der Via Roma. Die Speisekarte hält kaum Überraschungen bereit; dafür ist alles sehr gut gemacht. Eine gute Wahl ist die *frittura di pesce all'ischitana* (Fischplatte vom Grill; 13 €), empfehlenswert sind aber auch die *melanzane a funghetti* (gegrillte Auberginen mit Tomaten, Pilzen, Knoblauch und Basilikum). Am unterhaltsamsten ist ein Tisch vor dem Lokal, wo man die Passanten auf der Fußgängerzone beobachten kann.

Ristorante da Ciccio KAMPANISCH €€

(081 99 16 86; Via Luigi Mazzella 32, Ischia Ponte; Gerichte 25 €; Mi–Mo) Himmlische Meeresfrüchte und der charmante Inhaber Carlo sind das unschlagbare Erfolgsrezept dieses stimmungsvollen Restaurants. Die Highlights sind die *tubattone* (Pasta mit Muscheln und Pecorino), die pikante Miesmuschelsuppe mit Croutons und *peperoncino* (Chili) und der wunderbare Schoko-Mandel-Kuchen. Im Sommer stehen die Tische auch draußen auf dem Gehsteig, wo es einen wunderschönen Ausblick auf die Burg gibt.

Umberto a Mare KAMPANISCH €€€

(081 99 71 71; Via Soccorso 2, Forio; Gerichte 46 €; März–Dez.) Im Schatten der Soccorso-Kirche im Stil der spanischen Mission bietet dieses Restaurant am Meer sowohl eine ruhige Café-Bar mit leichten Snacks als auch ein formelleres Restaurant mit saisonal wechselnder Speisekarte. Besonders gut sind die Canneloni mit Thunfisch, Tomaten und *peperoncino,* Penne mit Hummer und Spargel sowie das delikate *al profumo di mare* (leicht gegrillter Fisch, frisch aus dem Meer). Absolut empfehlenswert ist das Orangensorbet als Nachtisch.

Da Ciccio CAFÉ €

(081 199 13 14; Via Porto 1, Ischia Porto; Snacks ab 1 €) Die heiß geliebte Bar kommt wie gerufen für müde Neuankömmlinge frisch von der Fähre. Hier gibt's leichte Mahlzeiten,

superleckeres Gebäck und gefährlich gutes Eis – vor allem die Bio-Erdbeere! Herzhafte Gaumenfreuden wie die Calzone mit Spinat, Pinienkernen und Rosinen (1,20 €) gibt es zum Essen vor Ort oder auch zum Mitnehmen. Wer nichts essen möchte, kann sich wenigstens mit einer Orangen-Minze-*granita* abkühlen.

Bar de Maio EIS €

(☎081 99 18 70; Piazza Antica Reggia 9, Ischia Porto; Eis 2 €) Diese Bar arbeitet bei ihren einheimischen Stammkunden bereits seit 1930 an der Erhöhung der Cholesterinwerte – mit supercremigem Eis, Kaffee, Cocktails und Snacks. Am besten macht man es sich mit der Eistüte auf der Piazza bequem, dann kann man beim Eislecken gleichzeitig die Passanten beobachten. Den Einheimischen zufolge ist das hier die beste Eisdiele auf der ganzen Insel.

Gran Caffè Vittoria CAFÉ €

(☎081 199 16 49; Corso Vittoria Colonna 110, Ischia Porto; Gebäck 2 €) Das elegante, holzgetäfelte Café am besseren Ende des Hafens tut seit über 100 Jahren sein Bestes gegen die schlanke Linie seiner Kunden, was ihm mit unwiderstehlichem Kuchen, Gebäck, Kaffee und Cocktails auch bestens gelingt, serviert von altmodischen Kellnern mit Fliege.

Al Pontile ITALIENISCH €

(☎081 98 34 92; Via Luigi Mazzella 15, Ischia Ponte) Die Tische vor und hinter dem Lokal haben über die Einkaufsstraße bzw. übers Meer hinweg alle einen stimmungsvollen Ausblick auf die Burg. Auf der beruhigend kurzen Speisekarte stehen Nudelstandards wie *puttanesca* mit Kapern, Tomaten und Oliven sowie die üblichen Hauptgerichte mit Fleisch und Fisch. Gegen ein entsprechend freundliches Lächeln bringt der Wirt

ISCHIA KULINARISCH

Ischias Restaurantfachmann Carlo Buono zur klassischen Küche seiner geliebten Insel:

„Vom seidigen Olivenöl bis zu den prallen *pomodorini* (Kirschtomaten) sind frische, saisonale Zutaten das A und O von Ischias Küche. Wie auch in der neapolitanischen Küche liegt die Betonung auf einfacher, unkomplizierter Hausmannskost aus erstklassiger Ware. Traditionell kennt Ischias Küche zwei Varianten: Küste und Berg. Jahrhundertelang haben die Fischer aus Lacco Ameno und Sant'Angelo ihren Fang bei den Bauern aus Barano und Serrara Fontana gegen Wein, Gemüse, Schweinefleisch und Kaninchen getauscht.

Kaninchen ist ein richtig typisch ischitanisches Fleisch; heute gibt es sogar ein Comeback der traditionellen Haltung in der *fossa* (Grube), bei der die Kaninchen statt im Stall auf natürliche Art in tiefen *fosse* gezüchtet werden. Das Ergebnis ist ein zartes, schmackhaftes Fleisch. An vorderster Front dieser Rückkehr zum Altbewährten steht Riccardo D'Ambra, örtlicher Slow-Food-Papst und Chef der berühmten Trattoria Il Focolare (S. 135), die vor allem für ihre Kaninchen- und Berggerichte bekannt ist. Was man sich auf dieser Insel definitiv nicht entgehen lassen sollte, ist das beliebte Sonntagsessen *coniglio all'ischitana* (Hase auf ischitanische Art), das mit Olivenöl, ungeschältem Knoblauch, Chili, Tomate, Basilikum, Thymian und Weißwein zubereitet wird.

Aber nicht nur das Land – auch das Meer unterliegt den Jahreszeiten. Was an Meeresfrüchten auf die Teller kommt, hängt also auch von der Saison ab. Typische regionale Fischsorten sind z. B. *pesce bandiera* (Segelfisch), der flache *castagna, lampuga* und *palamide* (ein kleiner Thunfisch). Eine beliebte Art der Zubereitung ist in *acqua pazza* (verrücktes Wasser), das ist eine delikate Soße aus *pomodorini,* Knoblauch und Petersilie, die traditionell auf den Fischerbooten gekocht wird. Gebratener Fisch ist ebenfalls typisch für die Region; eine frische, mit Zitrone beträufelte Portion *frittura di mare* (gemischte, gebratene Meeresfrüchte) ist schwer zu toppen. Von Mai bis September ist *totano*-Saison (Tintenfisch). Dann sind die *totani imbotti* (mit Oliven, Kapern und Brotkrümeln gefüllte und in Wein gedünstete Tintenfische) besonders gut.

Genauso gut ist auch frisches *casareccio*-Brot aus dem Holzofen. Es ist außen knusprig und innen fest und damit ideal für die *scarpetta* (das Sauberputzen des Tellers), aber auch mit Salami oder *parmigiano* belegt nicht zu verachten. Wer noch Platz für einen Nachtisch hat, begibt sich am besten auf die Suche nach einem Stück *torta caprese,* einem saftigen Schoko-Mandel-Kuchen. *Buon appetito.*

mit der Rechnung eine Flasche Limoncello vorbei.

Zi Carmela KAMPANISCH €

(☎081 99 84 23; Via Schioppa 27, Forio; Gerichte 20 €; ⏲April–Okt.; 👪) Das mehrere Jahrzehnte alte Restaurant hat eine wunderschöne Terrasse, die mit Kupferpfannen, Keramiktassen sowie Knoblauch- und Chili-Girlanden geschmückt ist. Einheimische, die sich auskennen, kommen wegen der Meeresfrüchte her: *fritturina e pezzogne* (ein regionaler Weißfisch, im Pizza-Holzofen mit Kartoffeln und Kräutern gegart) oder *tartare di palamito al profumo d'arancia* (Fisch-Tatar mit Zitrone). Wer sich nicht entscheiden kann, ist mit dem viergängigen Tagesmenü für 28 € gut bedient.

Ausgehen

Ischia ist nicht Ibiza. Trotzdem ist rund um Ischia Porto ganz schön was los und eine Handvoll Bars und Nachtclubs hat auch bis in die Puppen geöffnet.

Bar Calise BAR

(☎081 99 12 70; Piazza degli Eroi 69, Ischia Porto; ⏲Do–So 19–15 Uhr) Die Bar in Hafennähe gehört zu Ischias ältesten und verströmt eine träge-vornehme Atmosphäre. Kellner mit Westen servieren Cocktails und Kaffee, dazu gibt's live gespielte Latin-, Swing- und Folkmusik.

New Valentino CLUB

(☎081 98 25 69; www.valentinoischia.eu; Corso Vittoria Colonna 97, Ischia Porto; ⏲21–open end) Eine ausgelassene Gute-Laune-Disko mit pulsierendem Licht, packender Musik und – ästhetisch überraschend – hübschen, traditionellen Majolikakacheln.

Shoppen

Ischias Shoppingmeile konzentriert sich um die Via Roma und die kleinen Sträßchen, die nach Ischia Ponte führen. Vom taschentuchgroßen Bikini zum dekadenten *babà* (in Rum getränkter Biskuit) gibt es hier genügend Einkaufsmöglichkeiten für einen Kreditkarteninfarkt. Entspannter geht es in den winzigen Boutiquen und Kunstgalerien von Sant'Angelo und Forio zu.

LP TIPP **Filippo Cianciarelli** KERAMIK

(www.ceramichecianciarelli.it; Via Luigi Mazzella 113, Ischia Ponte) Filippo heißt der Schöpfer dieser lebhaft und originell gemusterten Stücke. Darunter sind auffällige, pyramidenförmige Vasen, abstrakte Keramikmosaike und kleinere, kofferfreundliche Teile wie Teller, Tassen u. Ä. Und: Ausnahmsweise ist nirgends auch nur eine einzige gemalte Zitrone zu sehen.

Maria Rosaria Ferrara SCHUHE

(☎081 98 54 18; Via Venanzio Marone 5, Ischia Porto) Nach einer Pediküre brauchen die zarten Füßchen etwas Besonderes. Zum Beispiel diese kunstvollen, handgefertigten Ledersandalen in dezenten Sorbetfarben mit echten Muscheln, glänzenden Perlen und funkelnden Pailletten. Maria macht auch persönliche Anfertigungen passend zum Lieblingsfummel.

Antica Macelleria di Francesco Esposito ESSEN

(☎081 98 10 11; Via delle Terme 2, Ischia Porto) Dieser hundertjährige Delikatessenladen ist der Himmel für Feinschmecker. Ab 8 Uhr morgens gibt's frischen Mozzarella mit *casareccio* aus dem Holzofen, eine Käseauswahl, bei der einem das Wasser im Mund zusammenläuft, *prosciutto*, hausgemachte Salami mit *peperoncino* und marinierte Paprika. Mit anderen Worten: Alle Zutaten für ein Picknick am Strand. Selbst der obligatorische *falanghina* (trockener Weißwein) fehlt nicht im Sortiment.

Ischia Sapori ALKOHOLIKA

(☎337 972465; Via Luigi Mazzella 5, Ischia Ponte) Rucola ist doch nur ein Salat – oder? Wer das dachte, wird hier schnell eines Besseren belehrt, denn dieser gewitzte kleine Gemüseladen ist der Erfinder des *rucolino,* eines regionalen Digestifs mit Lakritzgeschmack, der aus eben diesem Grünzeug besteht. Das Rezept wird strengstens gehütet – das Produkt selbst weniger.

Der Laden verkauft außerdem Wein aus eigenem Anbau, Gourmetlebensmittel, in Limoncello getränkten *babà,* Olivenölseife und Parfüm. Und alles zu fairen Preisen und mit wunderbar italienischem Flair verpackt.

Judith Major MODE

(☎081 98 32 95; Corso Vittoria Colonna 174, Ischia Porte) Der Name klingt wie eine strenge Schullehrerin. Erstaunlicherweise verbirgt sich dahinter aber eine peppige Boutique, die den exklusiven Vertrieb des italienischen Modelabels Brunello Cucinelli hat. Der Look entspricht ungefähr Polo Ralph Lauren mit sexy italienischer Note. Das Angebot umfasst Kaschmirpullover, legere Hemden, Blazer und schicke Damenmode. In der Schuhabteilung gibt's für Männer Prada, Barrett und Alberto Guardiani und für Frauen Stuart Weitzman und Pedro Garcia. Kurz: Alles, um auf dem nächsten Segeltörn richtig gut auszusehen.

L'Isoletto ESSEN

(☎081 99 93 74; Via Chiaia delle Rose 36, Sant'Angelo) Hier kann man sich mit allem eindecken, was die regionale Küche an Gaumenfreuden zu bieten hat: vom pikanten *peperoncino* über den in Rum getränkten *babà* und *cannoncelli* (mit Zitronensahne gefülltes Gebäck) bis zum ischitanischen Wein und dem unvermeidlichen Limoncello. Weniger geschmackvoll (dafür aber entzückend kitschig) sind die Touristensouvenirs. Das Sortiment besteht aus Wunderwerken wie Tischsets mit Muscheln oder 3D-Dekotellern für die Wand.

Percorsi Comunicanti in Galleria KERAMIK

(☎081 90 42 27; Via Sant'Angelo 93, Sant'Angelo) Als willkommene Abwechslung zu den Tellern mit lachender Sonne und den Souveniraschenbechern bietet diese schicke kleine Galerie schwungvolle, moderne Keramik vom neapolitanischen Künstler Massimiliano Santoro. Eine kleine Auswahl an Muranoglasschmuck und Designkaftans aus Seide könnten die Urlaubskasse weiter belasten.

Scaglione Renato SCHMUCK

(☎081 98 45 03; Via Alfredo de Luca 123, Ischia Porto) Der kleine Juwelier hat eine kleine, aber sehr feine Auswahl exquisiter Schmuckstücke mit Türkisen, Amethysten, Bernstein und Koralle. Die Preise sind etwas günstiger als bei der hochglanzpolierten Konkurrenz in der nahe gelegenen Via Roma.

ℹ Praktische Informationen

Touristeninformation (☎081 507 42 11; www.infoischiaprocida.it; Corso Sogliuzzo 72, Ischia Porto; ⊙Mo–Sa 9–14 & 15–20 Uhr) Bietet eine kleine Auswahl an Karten und Broschüren.

ℹ An- & Weiterreise

Caremar (☎081 837 07 00; www.caremar.it) betreibt eine Tragflügelbootverbindung zwischen Neapel und Ischia (bis zu 7-mal tgl., 17 €, 30 Min.).

Alilauro (☎ 081 837 69 95; www.alilauro.it) bietet ebenfalls eine Tragflügelbootverbindung zwischen Neapel und Ischia (10-mal tgl., 20 €, 50 Min.).

SNAV (☎081 837 75 77; www.snav.com) hat eine weitere Tragflügelbootverbindung zwischen Neapel und Ischia (4-mal tgl., 18 €, 1 Std.).

Weitere Infos zu den Fähr- und Tragflügelbootverbindungen zur Insel gibt's im Abschnitt Verkehrsmittel und -wege (S. 284) im Kapitel Praktische Informationen.

ℹ Unterwegs vor Ort

Fähren und Tragflügelboote fahren auch nach Casamicciola Terme und Ischia Porto, wichtigstes Tor nach Ischia und Drehscheibe für alle Touristen. Der Haupt-Busbahnhof der Insel liegt zu Fuß eine Minute westlich des Fähranlegers und bedient die gesamte Insel. Östlich des Fähranlegers geht die Einkaufsstraße Via Roma allmählich in den Corso Vittoria Colonna über, der Richtung Südosten nach Ischia Porto führt.

Auto & Roller

Wer ohne Auto anreist, tut dieser kleinen Insel einen richtigen Gefallen. Auto oder Roller für einen Tagestrip können bei zahlreichen Vermietungen geliehen werden. **Balestrieri** (☎081 98 56 91; www.autonoleggio alestrieri.it; Via Iasolino 35, Ischia Porto) vermietet Autos (ab 40 € pro Tag) und Roller (30 €). Mountainbikes (15 € pro Tag) sind ebenfalls Teil des Angebots.

ALLES ZUM THEMA FÄHRE

Wer auf die Inseln will, fährt höchstwahrscheinlich mit der Fähre. Achtung: Die Fähren von Positano und Amalfi fahren nur zwischen Ostern und September. Den Rest des Jahres ist man auf die Fähren und Tragflügelboote angewiesen, die in Neapel und Sorrent ablegen. Die in diesem Kapitel unter Anfahrt aufgeführten Informationen beziehen sich nur auf die Hochsaison und sind nicht umfassend. Detaillierte Fahrpläne sind auf den Websites der jeweiligen Fährgesellschaft sowie im hinteren Teil dieses Führers unter Praktische Informationen aufgeführt. In Neapel legen die Fähren sowohl von Beverello als auch vom benachbarten Hafen Mergellina ab. An beiden steht jeweils eine Reihe von Schalterhäuschen, an denen Abfahrtszeiten, Liegeplatz und Preise gut sichtbar angeschlagen sind. Im Allgemeinen muss nicht im Voraus reserviert werden, allerdings ist es ratsam, etwa 35 Minuten vor Abfahrt vor Ort zu sein, falls der Andrang groß ist.

Die Insel darf mit diesen Leihfahrzeugen nicht verlassen werden.

Bus

Der größte Busbahnhof der Insel liegt in Ischia Porto. Die beiden wichtigsten Buslinien sind die Linie CS (Circolo Sinistro; Kreis links), die gegen den Uhrzeigersinn um die Insel fährt, und die Linie CD (Circolo Destro; Kreis rechts), die das Gleiche im Uhrzeigersinn tut. Beide durchfahren alle Städte im 30-Minuten-Takt. Die Busse fahren in der Nähe aller Hotels und Campingplätze vorbei. Eine einfache Fahrkarte ist 90 Minuten gültig und kostet 1,40 €. Eine Tageskarte zur mehrfachen Verwendung kostet 4,50 €, eine Zweitageskarte 7 €. Taxis und Mikrotaxis (Dreiradautos mit Rollermotor) stehen ebenfalls zur Verfügung.

Parken

Für alle, die in der Hochsaison ein Auto mieten, wird Parken zu einer richtigen Plage. Wer schlau ist, nimmt daher einen Smart, der auch noch in die kleinste Lücke passt. Am Ortseingang von Sant'Angelo gibt es einen kleinen Parkplatz (2 Std. 3 €); im Zentrum von Ischia Porto und Ponte ist jeweils ein beschilderter Parkplatz (1 Std. 1,50 €).

Procida

10 700 EW.

Die kleinste Insel im Golf von Neapel ist gleichzeitig ihr bestgehütetes Geheimnis. Hobbykünstler aufgepasst: Bei dieser lieblichen Mischung aus versteckten Zitronenhainen, wettergegerbten Fischern und pastellfarbenen Häusern entsteht das Aquarell schon fast von selbst. Procida liegt glücklich im blinden Fleck des Massentourismus wie eine Blaupause des früheren Portofino und ist erfrischend ungekünstelt. Vom August einmal abgesehen, wenn die Strände von Festlanditalienern bevölkert sind, findet man auf den schmalen, sonnengebleichten Gassen der Insel nur Einheimische: drahtige Jungs mit Angelruten, müde junge Mütter mit Kinderwagen und runzlige alte Seebären, die ihre alten Seemannsgarne spinnen. Hier sind die Hotels kleiner, es gibt nicht so viele Kellner, die gebrochenes Deutsch sprechen, der Empfang ist authentisch und nicht durch Tourismus verfälscht.

Einen ersten, stimmungsvollen Eindruck der Insel geben die bröckelnden Rosa-, Weiß- und Gelbtöne der Häuser an der Marina Grande. Unter voll behängten Wäscheleinen flicken Fischer ihre Netze, während in den leicht abgewetzten Restaurants der Fang des Tages serviert wird.

Selbst im Hochsommer zieht Procida nicht die Touristenhorden an, die ihre bekannteren Nachbarn überrennen. Kurz: Die kleine Insel ist ideal für alle, die der Masse entfliehen wollen.

Sehenswertes & Aktivitäten

Wer viel Zeit im Gepäck hat, erkundet Procida am besten zu Fuß. Unwiderstehlich schön sind vor allem Marina Grande, Marina Corricella und Marina di Chiaiolella. Hier finden sich auch die meisten Hotels, Bars und Restaurants. Viele Strände gibt's hier nicht – außer dem Lido di Procida, wo man in allen Monaten außer im August wirklich keine Probleme hat, ein schönes Plätzchen zu finden.

Procida

Sehenswertes
1 Spiaggia di Chiaia B3

Aktivitäten, Kurse & Touren
2 Barcheggiando A4
3 Blue Dream Yacht Charter Boating B1
4 Procida Diving Centre A4

Schlafen
5 Casa Giovanni da Procida B3
6 Casa Sul Mare D5
7 Hotel Crescenzo A4
8 Hotel La Corricella D5
9 Hotel La Vigna D1
10 Le Grand Bleu Guesthouse B2

Essen
11 Bar Cavaliere D4
12 Caracale D5
13 Da Giorgio D4
14 Fammivento D4
15 La Conchiglia B3
La Lampara .... (siehe 8)
16 Ristorante Scarabeo B2

Shoppen
17 Enoteca Borgo Antico D4
18 Maricella D4
19 Mediterraneo D4

Abbazia di San Michele Arcangelo MUSEUM
(☎081 896 76 12; Via Terra Murata 89, Terra Murata; Eintritt 2 €; ⊙9.45–12.45 & 15.30–18 Uhr) Hier kann man im schwindelerregenden Ausblick über die Bucht schwelgen, bevor man sich der Abbazia di San Michele Arcangelo zuwendet. Die einstige Abtei wurde im 11. Jh. erbaut und zwischen dem 17. und 19. Jh. umgestaltet. Heute beherbergt sie ein kleines Museum mit einigen fesselnden Gemälden, die aus Dankbarkeit von schiffbrüchigen Seeleuten gemalt wurden. Außerdem gibt es noch eine Kirche und ein ganzes Labyrinth an Katakomben, die zu einer winzigen Geheimkapelle führen.

MARINA CORRICELLA

In einem pastellfarbenen Kaleidoskop aus Rosa, Gelb und Weiß ergießen sich die Häuser der Ortschaft **Marina Corricella** hinab von der Piazza dei Martiri mit ihrem Rundumpanorama. Am Hafen liegen als Ergänzung des Regenbogens Fischerboote neben aufgehäuften Netzen und geschmeidigen Katzen. Im Sommer wird das Bild noch zusätzlich vervollständigt durch Terrassencafés und Restaurants. Der Film *Il Postino*, der international Erfolg hatte, wurde zum Teil hier gedreht. Der Ort strahlt eine einzigartige Magie aus – das muss man erlebt haben.

Procida

Weiter südlich führt eine steile Treppe abseits der Via Pizzaco hinunter zur **Spiaggia di Chiaia**, einem der schönsten Strände der Insel. Mehrere gute Fischrestaurants hat er auch noch in petto.

MARINA DI CHIAIOLELLA

Die rosa, weiß und blau getünchte **Marina di Chiaiolella** war einst der Krater eines Vulkans. Heute sind hier anstelle von Lava Yachten, altmodische Restaurants und ein ganz entspannter Charme zu finden. Vom Pier aus fahren bunt bemalte Wassertaxis zu mehreren hervorragenden Stränden der Umgebung (ab 8 €). Das kristallklare Wasser ist hier außerdem ideal zum Tauchen.

Procida Diving Centre TAUCHEN

(☎081 896 83 85; Via Cristoforo Colombo 6, Marina di Chiaiolella; ⌚Mai–Okt.; 👪) Das ideal am Yachthafen gelegene, gut etablierte Tauchzentrum organisiert Tauchgänge und Kurse und verleiht die Ausrüstung. Je nach Können bietet Procida vier Tauchreviere: Punta Pizzaco (fortgeschrittene Anfänger bis erfahrene Taucher), Secca delle Formiche (Anfänger bis Fortgeschrittene), Capo Bove (Anfänger), und Punta Solchiaro (fortgeschrittene Anfänger). Die Preise reichen von 45 € für einen einfachen Tauchgang bis 130 € für einen Schnorchelkurs. Ebenfalls im Angebot sind anspruchsvollere Tauchgänge im offenen Meer sowie Rettungskurse.

Cesare BOOTSTOUR

(Marina Corricella; 2½ Std. 26 €; ⌚Mai–Okt.; 👪) Am Hafen der Marina Corricella muss man nur sein Italienisch hervorkramen und nach dem freundlichen Cesare fragen. All seine farbenfrohen Boote tragen seinen Namen auf der Seite. Sollte er nicht da sein, findet man ihn meist ganz in der Nähe in einer der Strandbars. Cesare bietet großartige Bootsfahrten sowie Halbtagesausflüge in einer traditionellen Galeone (mind. 25 Pers., 100 €).

Barcheggiando BOOTSFAHRTEN

(☎081 810 19 34; Marina Chiaiolella) Dieser Laden verleiht Motorboote und *gommoni* (Holzboote) ab 100 € pro Tag.

Blue Dream Yacht Charter Boating BOOTSVERLEIH

(☎339 5720874, 081 896 05 79; www.bluedreamcharter.com; Via Ottimo 3, Pioppeto) Wer eher zur Champagnerfraktion gehört, kann hier eine Yacht mit sechs Schlafplätzen chartern (ab 1500 € pro Woche).

Barobe & Gommoni FAHRRADVERLEIH

(☎339 7163303; Via Roma 134, Marina Grande; 10 € pro Tag; 👪) Eine der besten Arten, die Insel zu erkunden, ist eine Tour mit einem Leihfahrrad. Hier können außerdem kleine, offene Mikrotaxis für zwei bis drei Stunden gemietet werden. Je nach Verhandlungsgeschick bewegt sich der Preis um 35 €.

Festivals & Events

Prozession der Misteri RELIGION

Bei der farbenfrohen Prozession am Karfreitag werden eine Holzstatue von Christus und der Madonna Addolarata zusammen mit lebensgroßen Gips- und Pappmaché-Darstellungen des Leidens Christi über die ganze Insel gerollt. Die Männer tragen dabei blaue Tuniken mit weißer Kapuze, während sich junge Frauen oft als Madonna verkleiden.

Essen

Hier sind die schönsten Restaurants direkt am Meer nicht automatisch überteuert und enttäuschend: Die Trattorias am Hafen haben fangfrische Klassiker auf der Karte. Diverse Trattorias im Hinterland verwenden Gartenzutaten aus eigenem Anbau sowie Wild aus eigener Schlachtung. Ein besonderer Tipp ist die pikante *insalata al limone*, ein Zitronensalat mit Chiliöl. Wer mit den Fischern einen heben will, tut das am besten in den bodenständigen Bars der Marina Grande.

Bar Cavaliere PASTICCERIA €

(☎081 810 10 74; Via Roma 76, Marina Grande; Gebäck ab 1 €) Procidas beste Konditorei hat exquisite Kuchen, Gebäck und süße Teilchen. Besonders angesagt ist die *lingua di bue* (Ochsenzunge), eine Zunge aus Blätterteig, die mit *crema pasticcera* (Vanillecreme) gefüllt ist. Und da jeder weiß, dass Zucker durstig macht, ist es ein besonderes Glück, dass der Laden auch gleichzeitig eine Cocktailbar ist.

La Conchiglia MEERESFRÜCHTE €€

(☎081 896 76 02; www.laconchigliaristorante.com; Via Pizzaco 10, Solchiaro; Gerichte 25 €; ⌚März–Okt.) Der Ausblick könnte direkt aus einer Touristenbroschüre stammen: türkisfarbenes Wasser und im Hintergrund die sanften Farben der Marina Corricella. Das Restaurant selbst ist eleganter als die meisten hier auf der Insel und serviert kulinarische Juwelen wie *spiedini di mazzancolle* (Garnelenspieße) und ganz hervorragende *spaghetti alla povera* (Spaghetti mit *peperoncino*, grü-

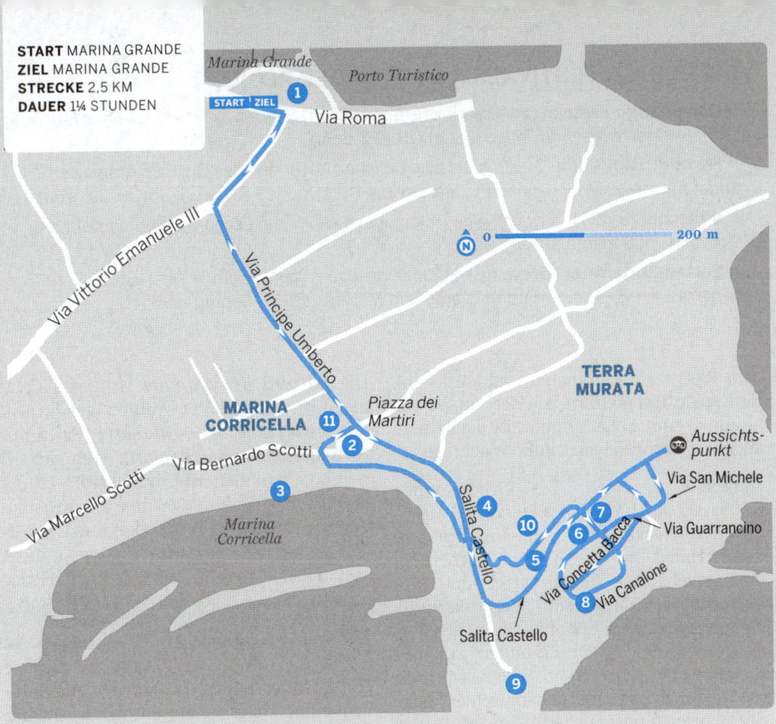

Spaziergang

Ein wunderschöner Rundgang

An der Marina Grande hinter der Kirche 1 **Santa Maria della Pietà** links und an der Via Vittorio Emanuele III rechts abbiegen. Nach 200 m geht's links in die Via Principe Umberto, die allmählich ansteigt. Nach etwa 500 m erreicht man die 2 **Piazza dei Martiri** mit wunderschönem Blick auf die 3 **Marina Corricella**.

Die Kirche hier aus dem 17. Jh. hat schöne Mosaike. Der Weg führt weiter auf der Salita Castello vorbei am 4 **Castello d'Avalos** aus dem 16. Jh. An den Kanonen beginnt der uralte Bezirk der Terra Murata. Hier geht's durch die 5 **Porta Romantica** und dann Richtung Belvedere. Rechts auf die Via San Michele und jenseits der 6 **Porta di Mezzomo** einen Boxenstopp für ein Eis an der winzigen 7 **Bar del Castello** einlegen. Nach links auf der Borgo San Michele weiter Richtung Belvedere laufen, um den spektakulären Blick auf den Golf von Neapel zu genießen.

Danach umkehren und nach 20 m links zur 8 **Abbazia di San Michele Arcangelo** abbiegen, deren Kapelle aus dem 7. Jh. stammt. Auf selbem Weg zurück und dann auf der Via Concetta Bacca und der Via Canalone zur Rückseite der Kapelle. Von hier aus hat man einen guten Blick über die verlassene Kirche 9 **Santa Margherita Vecchia**, die nach und nach restauriert wird. Am Ende der Straße führt der Weg nach rechts durch einen kleinen, von einfachen Häusern flankierten Tunnel. Anschließend die Via Guarrancino hinunter und zurück über die Porta di Mezzomo. Nach etwa 50 m führt rechts eine steile Treppe zum ehemaligen Burggraben, umgeben von surreal gezahntem Fels. Der Pfad kommt am ehemaligen Gefängnis 10 **Penitenziari di Grazia** raus und ist mit der Straße zur Piazza dei Martiri verbunden. Von dort führt eine Treppe zum Yachthafen. Ein schöner Spaziergang geht am malerischen Strand entlang und rechts eine steile Treppe hinauf, dann weiter zwischen Obstgärten auf der Via Bernado Scotti bis zur Mündung der Straße und links vorbei an der 11 **Chiesa San Leonardo** aus dem 18. Jh. Zum Schluss in die Via Principe Umberto und zurück zum Hafen.

DIE BESTEN FESTIVALS & EVENTS DER REGION

» **Capri Tango Festival** (www.capritourism.com; Capri) Eine wirbelnde Kombi aus Musik, Tanz, Ausstellungen und Tangokursen (19.–22. Juni).

» **Festa di Sant'Anna** (S. 134) Das allegorische „Anzünden des Castello Aragonese" findet mit einer hypnotischen Prozession aus Booten und Feuerwerk am 26. Juli statt.

» **Vinischia** (S. 134) Die viertägige Huldigung an Wein und Essen der Region zieht die Gourmets in Scharen an.

» **Settembrata Anacaprese** (www.capritourism.com; Capri) Alljährliches Fest der Traubenernte mit gastronomischen Events und Märkten (1.–15. September).

nem Pfeffer, Kirschtomaten und Sardellen). Eine steile Treppe führt von der Via Pizzaco hinunter zum Lokal. Wahlweise kann man auch von Corricella aus ein Boot nehmen.

Caracale MEERESFRÜCHTE €

(☎081 896 91 92; Via Marina Corricella 6, Marina Corricella; Gerichte 20 €) An diesem unprätentiösen Hafen mit seinen alten Fischerbooten, aufgehäuften Fischernetzen und umherstreifenden Katzen sind alle Restaurants ein unvergessliches Erlebnis. Dieses ist allerdings eines der besten. Besonders gut sind die einfachen Gerichte mit Meeresfrüchten (z. B. die Suppe mit Miesmuscheln oder der Schwertfisch vom Grill) und dazu der pikante Zitronensalat mit frischer Minze. Mmmmmh!

Da Giorgio TRATTORIA €

(☎081 896 79 10; Via Roma 36, Marina Grande; Gerichte 18 €; ⊙März–Okt.; 👪) Das Lokal gibt sich größte Mühe mit angemessenen Preisen, einladenden Blumenkästen am Fenster und günstigem Bier. Die Speisekarte ist ohne große Überraschungen, dafür sind die Zutaten frisch, pikant und authentisch – z. B. die Kirschtomaten auf den *gnocchi alla sorrentina* (Gnocchi mit einer Soße aus Tomaten, Basilikum und Pecorino) oder der frisch geriebene Parmesan.

La Lampara MEERESFRÜCHTE €€

(☎081 896 75 75; Hotel La Corricella, Marina Corricella; Gerichte 25 €; ⊙Mai–Okt.) Die Restaurantterrasse bietet einen wunderbaren Blick auf den Hafen; passend dazu werden die besten Gerichte auf der Speisekarte mit fangfrischen Meeresfrüchten zubereitet. Eine gute Einstimmung sind die marinierten Meeresfrüchte, danach vielleicht die herzhaften *ravioli a'sapore di mare* (mit Meeresfrüchten gefüllte Ravioli).

Fammivento MEERESFRÜCHTE €€

(☎081 896 90 20; Via Roma 39, Marina Grande; Gerichte 25 €; ⊙So abend, Mo & Nov.–März geschl.) Die *frittura di calamari* (frittierte Calamari) sind ein schöner Auftakt, gefolgt von den *fusilli carciofi e calamari* (Pasta mit Artischocken und Calamari). Wer sich so richtig verwöhnen will, bestellt die *zuppa di crostaci e moluschi* (Suppe aus Krustentieren und Muscheln). Man kann sich natürlich auch das Menü für 14 € gönnen, muss sich danach aber womöglich nach Hause rollen lassen.

Ristorante Scarabeo KAMPANISCH €€

(☎081 896 99 18; Via Salette 10; Gerichte 28 €) Hinter einem Dschungel aus Zitronenbäumen liegt die ehrwürdige Küche der Signora Battinelli. Hier zaubert sie zusammen mit ihrem Ehemann Franco Klassiker wie *fritelle di basilico* (gebackene Pastetchen aus Brot, Ei, Parmesan und Basilikum) und hausgemachte Ravioli mit Aubergine und *provola* (10 €). Das Lokal hat eine eigene Kaninchenzucht und stellt auch selber *falanghina* her. Das alles alles kann man sich unter den dicken Zitronen an der Pergola genüsslich einverleiben. Das Lokal liegt ungefähr im Zentrum der Insel.

Shoppen

Die ruhige Insel Procida hat für Shoppingfreaks nicht viel zu bieten. Gut einkaufen kann man hier vor allem rüschenbesetzte Strandkleider und Wein.

Enoteca Borgo Antico ALKOHOLIKA

(☎081 896 96 38; Via Vittorio Emanuele III 13, Marina Grande) Der schicke kleine Laden hat die besten kampanischen Weine und eine Handvoll anderer italienischer Tropfen auf Lager. Der freundliche Inhaber berät seine Kunden gerne dazu, welche regionalen Weine die besten oder die günstigsten sind (allerdings auf Italienisch). Darüber hinaus sind auch Limoncello und eine große Auswahl an Grappa in traditioneller wie modernerer Geschmacksrichtung zu haben.

Maricella ACCESSOIRES
(☎081 896 05 61; www.maricella.it; Via Roma 161, Marina Grande) Die süße kleine Boutique verkauft knallbunte Accessoires, darunter auch Schmuck, in den man am liebsten hineinbeißen möchte: Ketten, deren Perlen aussehen wie M&Ms, hellgelbe Ohrringe, deren Farbe an Zitronenbrause erinnert, Ringe mit Klunkern wie Riesenbonbons ..., aber auch hübsche Sandalen, Basttaschen und Strandtaschen.

Mediterraneo MODE
(☎081 196 69 09; Via Roma 32, Marina Grande) In diesem Laden bestehen die Klamotten aus hauchdünner Baumwolle – perfekt für die glutheißen Sommertage. Fließende Kleider, gemustert wie eine Wildblumenwiese, lange, federleichte Röcke, transparente, schneeweiße Hemden und einige elegantere Modelle mit wunderschön buntem Design.

Praktische Informationen

Touristeninformation

Pro Loco (☎081 810 19 68; www.prolocoprocida.it; Via Roma, Stazione Marittima, Marina Grande; ⌚9.30–18 Uhr) Die bescheidene Touristeninformation in der Fahrkartenausgabestelle für Fähren und Tragflügelboote bietet wenig gedrucktes Material, sollte aber zu Aktivitäten u. ä. Infos liefern können.

An- & Weiterreise

Bus

Caremar (☎081 837 07 00; www.caremar.it) betreibt eine Tragflügelbootverbindung zwischen Neapel und Procida (bis zu 8-mal tgl., 13 €, 25 Min.).

SNAV (☎081 837 75 77; www.snav.com) bietet eine Tragflügelbootverbindung zwischen Neapel und Procida (4-mal tgl., 18 €, 25 Min.).

Weitere Infos zu den Fährverbindungen zur Insel gibt's im Abschnitt Verkehrsmittel und -wege (S. 284) im Kapitel Praktische Informationen.

Unterwegs vor Ort

Mit einer Fläche von nur 3,8 km² lässt sich die Insel leicht zu Fuß erschließen. Ein vermutlich sehr gelangweilter Mensch hat errechnet, dass jedes Ziel auf der Insel mit höchstens 6000 Schritten erreichbar ist.

Bus

Das überschaubare Busnetz besteht aus vier Linien, die sternförmig von der Marina Grande aus abfahren (1 €). Die Buslinie L1 verbindet den Hafen mit der Via Marina di Chiaiolella.

Amalfiküste

Inhalt »

Sorrent 150
Westlich von Sorrent 158
Östlich von Sorrent 161
Städte an der Amalfiküste 162
Positano 162
Praiano 168
Amalfi 171
Ravello 175
Minori 179
Cetara 180
Vietri sul Mare 181

Gut essen

» Donna Rosa (S. 165)

» Next 2 (S. 166)

» Marina Grande (S. 173)

» L'Antica Trattoria (S. 154)

Schön übernachten

» Pensione Maria Luisa (S. 215)

» Ulisse (S. 213)

» Hotel Caruso (S. 219)

» Hotel Lidomare (S. 218)

Auf zur Amalfiküste

Die Unesco stufte die Amalfiküste als einzigartiges Beispiel einer mediterranen Landschaft ein: Von Schluchten durchsetzte Steilhänge, die fast vertikal ins Meer stürzen, üppig grüne Vegetation und malerische Städtchen ergeben ein betörend schönes Panorama. Und doch befällt einen angesichts dieser ungebändigten Naturgewalten eine leichte Gänsehaut.

Positano und Amalfi sind die Glanzlichter in der funkelnden Kette der Küstenstädtchen. Das in stolzer Höhe thronende Ravello inspirierte mit seinen prunkvollen Villen schon Richard Wagner. Sorrent und Salerno sind die beiden Tore zu diesem Küstenabschnitt. Während sich der malerisch auf Klippen drapierte Badeort Sorrent trotz Massentourismus seine Authentizität bewahren konnte, ließ sich Salerno von vorneherein nicht aus der Ruhe bringen, konzentrierte sich auf seinen Fischerei- und Handelshafen und hielt die hübsche Altstadt in Schuss.

Nicht nur ästhetisch, auch kulinarisch ist die Amalfiküste Genuss pur. Es gibt ansprechende Hotels. Und wer vom Küstenrummel die Nase voll hat, findet landeinwärts eines der schönsten Wandergebiete Italiens mit gut markierten Wegen.

Entfernungen (km)

	Sorrent	Amalfi	Positano	Ravello
Amalfi	25			
Positano	13	10		
Ravello	32	03	16	
Minori	30	05	15	06

Unterwegs vor Ort

Wer Sorrent als Basislager wählt, kann von April bis September mit der Fähre zu fast allen wichtigen Küstenorten schippern. Fahrrad und Roller sind ideal für Ausflüge ins Inland, das auch gut durch Wanderwege erschlossen wird. Die Bahnlinie Circumvesuviana pendelt zwischen der Piazza Garibaldi in Neapel und Sorrent. Von dort fahren regelmäßig Busse nach Positano, Amalfi und Salerno. Wer unabhängiger sein will, kann in Sorrent einen Wagen mieten und dann die berühmte Küstenstraße abklappern. Allerdings ist hier im Sommer so viel los, dass man im Pkw trotz geringer Entfernungen nicht unbedingt am schnellsten ist.

DREI PERFEKTE TAGE

1. Tag: Das Meer ruft

Wenn die Sonne über dem malerischen Positano aufgeht, bringt ein Cappuccino an der Spiaggia Grande den Kreislauf in Schwung. Auf dem Bummel über die Klippen nach Fornillo gibt's die neueste Strandmode sowie eine hübsche Kirche zu sehen. Nach dem entspannten Mittagessen dort wartet die Fähre nach Amalfi mit seiner herrlichen Kathedrale, den mittelalterlichen Gassen, Museen und verführerischen *pasticcerie*. Für ein stimmungsvolles Abendessen bietet sich ein Spaziergang nach Atrani an.

2. Tag: Wandern im Paradies

Wunderschöne Wege schlängeln sich an malerischen Klippen entlang landeinwärts. Ambitionierte Wanderer kommen auf dem *Sentiero degli Dei* (Weg der Götter) dem Himmel ein Stück näher. Der Ausflug dauert sechs Stunden, ist also in mehrfacher Hinsicht atemberaubend. Wer sich das nicht antun will, findet in Touristeninformationen und Buchläden Karten mit Alternativvorschlägen.

3. Tag: Auf in den wilden Westen!

Per Mietwagen geht's ab Sorrent auf der schmalen Küstenstraße mit Ansichtskartenpanoramen auf Berge und Meer durch Oliven- und Zitronenhaine nach Marina di Puolo für ein Päuschen am Strand. Am Aussichtspunkt von Massa Lubrense schießen viele ein Foto von Capri, bevor sie zur beeindruckenden Punta Campanella weiterfahren. Nächster Halt ist Nerano, um sich auf dem einstündigen Spaziergang zum Strand in der Baia di Leranto die Beine zu vertreten. Noch ein Abstecher ins entspannte Sant'Agata und dann ist es auch schon wieder Zeit, sich auf den Rückweg nach Sorrent zu machen.

Unterkunft

Wer sich auch landeinwärts umschauen will, wählt am besten Sorrent als Standort, denn von dort aus sind die Verkehrsverbindungen am günstigsten. Positano, Amalfi und Ravello sind landesweit bekannt für besonders noble Unterkünfte. Im Sommer sollte man rechtzeitig reservieren, im Winter machen die meisten Hotels Betriebsferien. Mehr dazu steht im Kapitel Unterkünfte auf S. 202.

NICHT VERSÄUMEN

Kaum eine Gegend bietet so viel fürs Auge und so eine gute Infrastruktur für Streifzüge zu Fuß. Ob gemütlicher Spaziergang, Entdeckungstour ohne große Steigungen oder zünftige Wanderung, die Riesenauswahl an gut markierten Wegen lässt keine Wünsche offen.

Kulinarische Feste

» Sagra della Salsiccia e Ceppone (Sorrent; S. 153)

» Gustaminori (Minori; S. 180)

» Sagra del Tonno (Cetara; S. 180)

Strände

» Baia de Leranto (S. 154)

» Spiaggia di Fornillo (S. 162)

» Marina di Praia (S. 169)

» Bagni Regina Giovanna (S. 151)

Infos im Internet

» **Positano Online** (www.positanoonline.it) Für Touristen relevante, allgemeine Informationen über Positano.

» **Sorrento Online** (www.sorrento-online.com) Für Touristen relevante, allgemeine Infos über Sorrent.

» **Urlaub an der Costiera Amalfitana** (www.urlaub-amalfi.de) Nützliche Infos aller Art über die gesamte Amalfiküste.

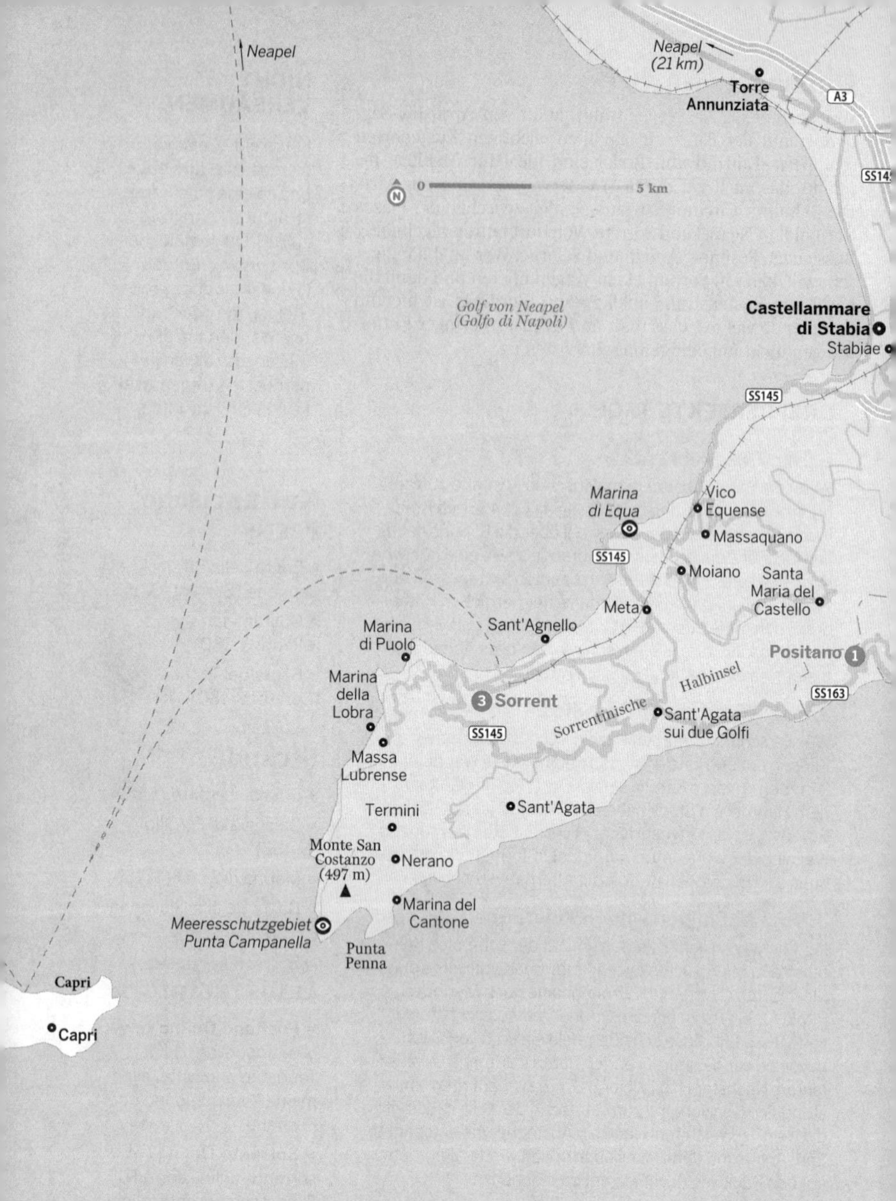

Highlights

1 Mit der gestylten Menge durch die steilen Gässchen von **Positano** (S. 162) bummeln, die vor Designershops nur so strotzen

2 Im winzigen Hafen von **Cetara** (S. 180) eine Meeresfrüchteplatte verputzen

3 Fürs Souvenirregal traditionelle Intarsienarbeiten in **Sorrent** (S. 150) erstehen

4 Die Nacht in einem atemberaubend schön gelegenen Club in **Praiano** (S. 168) durchtanzen

5 Von Amalfi ins benachbarte **Atrani** (S. 171) spazieren, um die historische Piazza, die Straßencafés und den hübschen, in einer Bucht versteckten Strand zu genießen

6 In **Amalfi** (S. 171) ein Boot chartern und sich damit auf die Suche nach dem perfekten Badeplatz machen

7 Die berauschenden Ausblicke von der Terrazza dell'infinito der **Villa Cimbrone** (S. 177) von Ravello für immer ins Herz schließen

SORRENT

16 589 EW.

Trotz konzentrierter Besucherattacken hat sich Sorrent seine Würde nicht nehmen lassen. Selbst die Souvenirs sind hier nicht ganz so kitschig wie anderswo. In den Auslagen der vielen alteingesessenen Läden locken Keramik, Spitze und *intarsie* (Einlegearbeiten), für die der Ort berühmt ist. Das Einzige, was hier wirklich fehlt, ist ein richtiger Strand; Sorrent sitzt auf steilen Klippen mit Blick auf Neapel und den Vesuv.

Aber es ist ein idealer Ausgangspunkt für Ausflüge in die Region. An der Südspitze der Halbinsel warten ländliche, vom Tourismus noch unverdorbene Gegenden. Im Osten lockt die Amalfiküste, im Norden Pompeji mit seinen Ausgrabungsstätten und über den Wellen zeichnet sich die Silhouette der Insel Capri ab.

Sehenswertes

Die Innenstadt ist übersichtlich und alle Hauptattraktionen liegen in Gehweite der Piazza Tasso.

Museo Correale MUSEUM

(☎081 878 18 46; www.museocorreale.com; Via Correale 50; Eintritt 7 €; ⏲Di–Sa 9.30–18.30 Uhr, So 9.30–13.30 Uhr) Uhrensammler, Archäologiefans und Liebhaber von Stickereien kommen in dem Museum östlich des Stadtzentrums gleichermaßen auf ihre Kosten. Die Sammlung neapolitanischen Kunsthandwerks aus dem 17. bis 19. Jh. wird durch Uhren, Keramik und Möbel aus dem übrigen Europa, China und Japan ergänzt. Im Erdgeschoss sind Hinterlassenschaften der Griechen und Römer ausgestellt.

Das Gebäude und einen Großteil der Sammlung bekam die Stadt in den 1920er-Jahren von den Grafen Alfredo und Pompeo Correale geschenkt. Die Gärten bezaubern mit seltenen Pflanzen und wunderschönen Ausblicken auf die Küste.

Marina Grande HAFEN

(Via Marina Grande) Der ansprechende Sandstreifen im Hafen Marina Grande könnte glatt als *spiaggia* (Strand) durchgehen. Es gibt Plätzchen zum Sonnenbaden, auf den Anlegern stehen Liegen und Sonnenschirme herum. Die Hafenanlagen sind zwar lange nicht so ausgedehnt wie auf der Insel Procida im Golf von Neapel, aber mit den pastellfarbenen Häusern, den bunten Booten und Fischern, die ihre Netze flicken, ist die Stimmung hier ganz ähnlich.

Dazu kommen diverse bodenständige Lokale, die den Tagesfang lecker zuzubereiten wissen.

Sedile Dominava HISTORISCHES GEBÄUDE

(Via San Cesareo) Eingeklemmt zwischen Souvenirläden mit Zitronenkitsch ist der von einer Kuppel gekrönte *palazzo* aus dem 15. Jh. eine echte Erholung fürs Auge. Leider sind die Fresken mittlerweile etwas verblasst. Auf der nach zwei Seiten zur Straße hin offenen Terrasse traf sich im Mittelalter alles, was Rang und Namen hatte. Heute residiert hier eine Arbeitervereinigung, die Rentnern Gelegenheit bietet, eine Runde Karten zu klopfen – eine echte Fotoidylle.

Centro Storico HISTORISCHES ZENTRUM

(Corso Italia) Das geballte Line-up historischer Gebäude in dieser Straße wird von zahllosen Läden, Bars und Restaurants in Beschlag genommen. Aber wer einmal um die Ecke biegt, landet in schmalen, gepflasterten Gassen, die von Häusern mit den traditionellen grünen Fensterläden flankiert werden. Ab und zu schiebt sich ein *palazzo,* eine Piazza oder eine Kirche dazwischen. Und an Souvenirläden, Trattorien und architektonischen Hinguckern herrscht in dem Gassengewirr auch kein Mangel.

GRATIS **Duomo** KATHEDRALE

(Corso Italia; Eintritt frei; ⏲8–12 & 16–20 Uhr) Um ein Gefühl für Sorrents Vergangenheit zu bekommen, bietet sich ein Bummel von der Piazza Tasso entlang der Via Pietà an. Nach zwei mittelalterlichen Stadthäusern taucht die Kathedrale auf – mit dem herrlichen Außenfresko, ihrem dreistöckigen Glockenturm, vier klassischen Säulen und der eleganten Majolikauhr eine echte Augenweide. Highlights im Innenraum sind der Bischofsthron aus Marmor (1573) und das mit den hier so beliebten Intarsien verzierte Chorgestühl.

Die im 15. Jh. erbaute Kathedrale wurde im Laufe der Jahrhunderte mehrmals umgestylt. Die Fassade stammt vom Anfang des 20. Jhs.

Museo Bottega della Tarsia Lignea MUSEUM

(☎081 877 19 42; Via San Nicola 28; Eintritt 8 €; ⏲Di–So 9.30–13 & 16–18 Uhr) Seit dem 18. Jh. ist Sorrent berühmt für seine Möbel mit kunstvollen Einlegearbeiten aus verschiedenfarbigen Hölzern. Das Museum zeigt einige beeindruckende Beispiele, ist aber mit seiner Architektur aus dem 18. Jh. und den wunderschönen Fresken auch selbst ein Hingucker.

Eine weitere Sammlung mit Gemälden, Drucken und Fotografien vermittelt einen Eindruck davon, wie die Stadt und ihre Umgebung im 19. Jh. aussahen. Wer eine (neue) Intarsienarbeit kaufen möchte, sollte bei Gargiulo & Jannuzzi vorbeischauen. Das renommierte Spezialgeschäft verschickt auch ins Ausland.

GRATIS **Chiesa di San Francesco** KIRCHE
(Via San Francesco; ⌚8–13 & 14–20 Uhr) Neben dem Park der Villa Communale steht eine der schönsten Kirchen der Stadt. Vogelgezwitscher und blühende Bougainvilleen unterstützen den Zauber des Kreuzgangs mit den arabisch inspirierten Kolonnaden, achteckigen Säulen und durchbrochenen Bögen. Mit Sommerkonzerten weltberühmter Musiker aus dem klassischen Bereich hat die Kirche einen durchschlagenden Erfolg. Wer sich dafür interessiert, kann das Programm in der Touristeninformation mitnehmen. Auch die regelmäßig stattfindenden Kunstausstellungen sind ein Besuchermagnet.

Il Vallone dei Mulino HISTORISCHE STÄTTE
(Via Fuorimura, Tal der Mühlen) Gleich hinter der Piazza Tasso ist von der Via Fuorimura aus ein beeindruckendes Naturphänomen zu sehen: Der tiefe Spalt in der Bergflanke entstand durch einen Vulkanausbruch vor 35 000 Jahren. Lange Zeit war Sorrent von drei solcher Schluchten umgeben, aber nur diese hier ist bis heute geblieben. Ihren Namen verdankt sie den Getreidemühlen, die früher hier standen (Überreste sind noch deutlich zu erkennen).

GRATIS **Basilica di Sant'Antonino** KIRCHE
(Piazza Sant'Antonino; ⌚9–12 & 17–19 Uhr) Der Schutzpatron von Sorrent gab der ältesten Kirche der Stadt (11. Jh.) ihren Namen. Zu ihrer Zierde tragen diverse antike Fundstücke, ein paar dunkle Gemälde aus dem Mittelalter und – seltsamerweise – zwei Walrippen bei. Anscheinend hat Sant'Antonio diverse Wunder bewirkt und eines davon war die Rettung eines Kindes aus einem Walmagen. Die Reliquien des Heiligen liegen unterhalb des barocken Kirchenschiffs in einer Krypta aus dem 18. Jh.

Aktivitäten

Um die schroffe, unnahbar wirkende Küstenlinie zu erkunden, ist ein Charterboot eigentlich am besten geeignet. Aber auch für Wanderer bieten sich einige gute Möglichkeiten.

Bagni Regina Giovanna STRAND
(Pollio Felix; 👪) Sorrent hat leider keinen echten Strand. Deshalb pilgern viele 2 km westwärts nach Bagni Regina Giovanna, wo sich zwischen den Ruinen der römischen Villa Pollio Felix ein von Felsen durchsetzter Sandstreifen ausbreitet. Dank des klaren Wassers wirkt das Ganze recht malerisch und lädt zu ausgedehnten Spaziergängen ein (einfach der Via Capo folgen). Wer seine Kräfte fürs Schwimmen und Sonnenbaden sparen will, nimmt den SITA-Bus in Richtung Massa Lubrense.

Parco Villa Comunale PARK
(⌚8–24 Uhr) Trotz üppiger Vegetation bietet der durchstrukturierte Park herrliche Ausblicke auf den Golf von Neapel und den Vesuv. Da es viele hierher zieht, um den Sonnenuntergang mitzuerleben, ist einiges los. Bänke, eine kleine Bar und Straßenmusiker machen die Idylle perfekt.

Sic Sic BOOTFAHREN
(☎081 807 22 83; www.nauticasicsic.com; Marina Piccola; ⌚Mai–Okt.) Die besten Strände sind eigentlich nur per Boot zu erreichen. Dieser Anbieter verleiht verschiedene Modelle, Preise ab etwa 40 € pro Stunde und 100 € pro Tag. Auch Bootsausflüge, Arrangements für Hochzeitsfotos und Ähnliches können hier gebucht werden.

Kurse

Sorrento Cooking School KOCHEN
(☎081 878 35 55; www.sorrentocookingschool.com; Viale dei Pini 52, Sant'Agnello) Es bleibt jedem selbst überlassen, ob er einen urlaubsfüllenden Kochkurs bucht oder in einem lockeren, vierstündigen Workshop (60 €) lernt, Basisgerichte wie Pizza, Ravioli oder Tiramisu (okay, das ist eher eine Sünde als ein Basisgericht) zu zaubern. Die Kochschule liegt idyllisch inmitten von Zitronenbäumen, am Ende des Unterrichts werden die gemeinsam hergestellten Köstlichkeiten plus Weine aus der Gegend verputzt.

Sant'Anna Institute Sorrento Lingue SPRACHKURS
(☎081 807 55 99; www.sorrentolingue.com; Via San Francesco 8) Wer träumt nicht davon, seinen Einkaufszettel in perfektem Italienisch herunterrattern zu können? Die Sprachschule war eine der ersten an der Amalfiküste und ihre Schüler kommen aus allen vier Him-

Sorrent

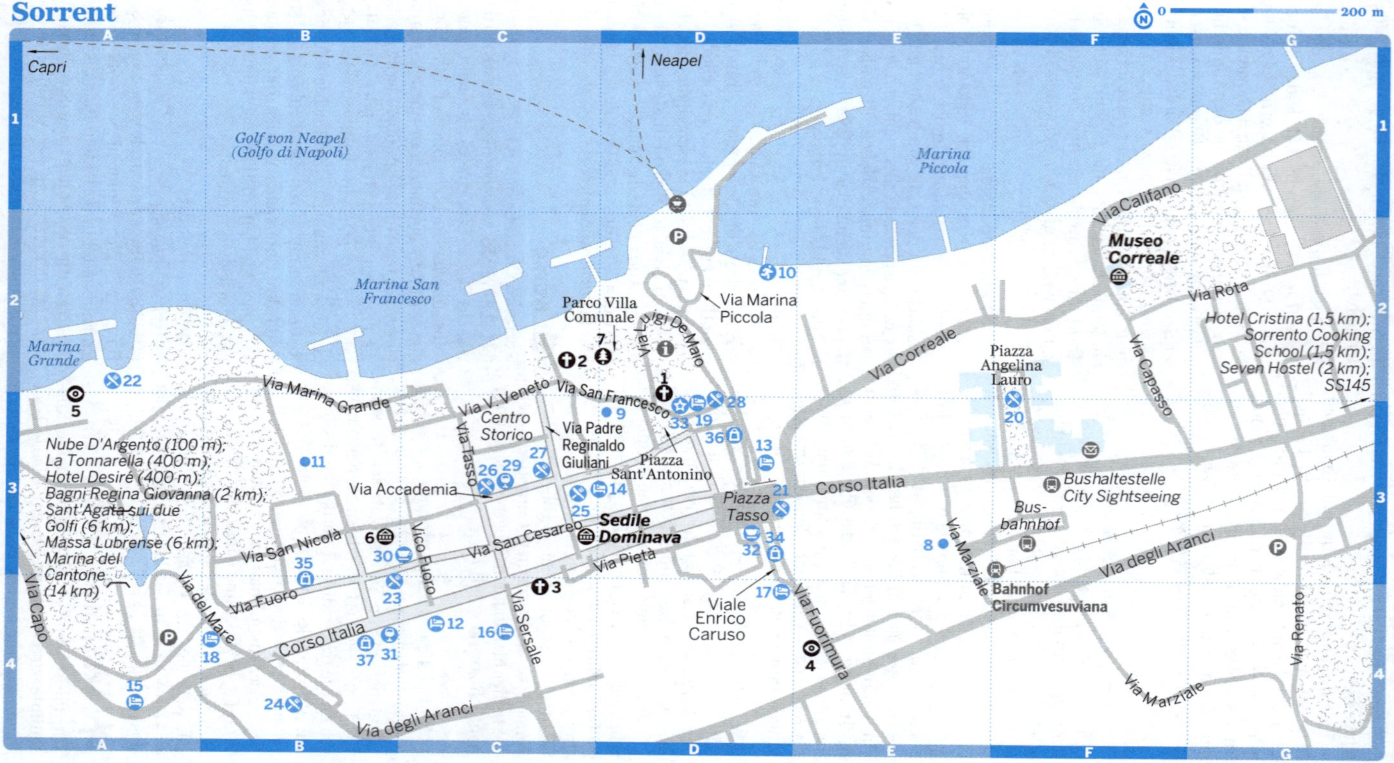
0 200 m
Capri
Neapel
Golf von Neapel
(Golfo di Napoli)
Marina Piccola
Marina San Francesco
Marina Grande
Via Califano
Museo Correale
Via Rota
Hotel Cristina (1,5 km);
Sorrento Cooking School (1,5 km);
Seven Hostel (2 km);
SS145
Via Capasso
Piazza Angelina Lauro
Via Correale
Via Marina Piccola
Parco Villa Comunale
Via Luigi De Maio
Via Marina Grande
Via V. Veneto
Via San Francesco
Centro Storico
Via Padre Reginaldo Giuliani
Piazza Sant'Antonino
Via Tasso
Via Accademia
Via San Cesareo
Sedile Dominava
Via Pietà
Piazza Tasso
Corso Italia
Bushaltestelle City Sightseeing
Busbahnhof
Bahnhof Circumvesuviana
Via Marziale
Via degli Aranci
Via Renato
Viale Enrico Caruso
Via Fuorimura
Via Sersale
Vico Fuoro
Via San Nicolà
Via Fuoro
Via del Mare
Via Capo
Nube D'Argento (100 m);
La Tonnarella (400 m);
Hotel Desiré (400 m);
Bagni Regina Giovanna (2 km);
Sant'Agata sui due Golfi (6 km);
Massa Lubrense (6 km);
Marina del Cantone (14 km)
1
2
3
4
5
6
7
8
9
10
11
12
13
14
15
16
17
18
19
20
21
22
23
24
25
26
27
28
29
30
31
32
33
34
35
36
37

Sorrent

Highlights
Museo Correale ... F2
Sedile Dominava ... C3

Sehenswertes
1 Basilica di Sant'Antonino ... D2
2 Chiesa di San Francesco ... C2
3 Duomo ... C4
4 Il Vallone dei Mulino ... E4
5 Marina Grande ... A3
6 Museo Bottega della Tarsia Lignea ... B3
7 Parco Villa Comunale ... D2

Aktivitäten, Kurse & Touren
8 Gelateria David ... E3
9 Sant'Anna Institute Sorrento Lingue ... D3
10 Sic Sic ... D2
11 Sorrento Cooking School ... B3

Schlafen
12 Casa Astarita ... C4
13 Grand Hotel Excelsior Vittoria ... D3
14 Hotel Astoria ... D3
15 Hotel Rivage ... A4
16 Mignon ... C4
17 Plaza Hotel ... D4
18 Ulisse ... B4
19 Villa Elisa ... D3

Essen
20 Angelina Lauro ... F3
21 Aurora Light ... D3
22 Da Emilia ... A2
23 Inn Bufalito ... B4
24 La Fenice ... B4
25 L'Antica Trattoria ... C3
26 O'Murzill ... C3
27 Refood ... C3
28 Ristorante il Buco ... D3

Ausgehen
29 Bollicine ... C3
30 Cafè Latino ... C3
31 English Inn ... B4
32 Fauno Bar ... D3

Unterhaltung
33 Teatro Tasso ... D3

Shoppen
34 Gargiulo & Jannuzzi ... D3
35 La Rapida ... B4
36 Stinga ... D3
37 Venti10 ... B4

melsrichtungen. Ein Wochenkurs kostet ab 198 € plus 75 € Einschreibegebühr.

Festivals & Events

Sorrent Festival MUSIK
Die Klassikkonzerte im Kreuzgang der Chiesa di San Francesco finden zwischen Juli und September statt und haben Weltruf. Weitere Infos gibt's in der Touristeninformation.

Sant'Antonino RELIGION
Zu Ehren von Sant'Antonino, dem Schutzheiligen von Sorrent, findet immer am 14. Februar eine Prozession statt und ein riesiger Markt baut seine Stände auf. Der gute Mann soll Sorrent im Zweiten Weltkrieg gerettet haben, als Salerno und Neapel schwer bombardiert wurden.

Settimana Santa RELIGION
(Karwoche) An Gründonnerstag um Punkt Mitternacht wälzt sich die erste, in ganz Italien berühmte Prozession mit von weißen Gewändern und Kapuzen verhüllten Büßern durch die Straßen. Bei der zweiten Prozession am Karfreitag tragen die Teilnehmer Schwarz im Gedenken an den Tod Christi.

Sagra della Salsiccia e Ceppone KULINARIA
Wer Wurst mag, wird sich nach diesem Fest am 13. Dezember alle Finger lecken: Über einem riesigen Feuer werden tonnenweise Würste gegrillt. Dazu gibt's süffigen Wein von den umliegenden Rebhängen.

Essen

Im Stadtzentrum wimmelt es nur so von Bars, Cafés, Trattorien, Restaurants und sogar dem einen oder anderen Kebab-Imbiss. Die Touristenfallen outen sich durch aufdringliche, beschürzte Kellner, die draußen auf Kundenfang gehen, und/oder durch verblasste Fotos der angebotenen Gerichte (mies und teuer). Es gibt zwar auch Ausnahmen, aber wer flexibel ist, sollte lieber ein Stück raus aufs Land fahren. Dort gibt's richtig gute Lokale und in Sant'Agata sui due Golfi sogar eines, das in ganz Italien berühmt ist.

DIE HALBINSEL ERWANDERN

Die **Baia de Leranto**, die wie ein riesiges Hufeisen zwischen der **Punta Campanella** und der **Punta Penna** liegt, gilt als schönster Badeplatz der sorrentinischen Halbinsel. Sie kann entweder per Boot oder zu Fuß von Nerano aus erreicht werden. Der steile Abstieg liegt auf dem 6,5 km langen, idyllischen Wanderweg, der im nahe gelegenen Termini beginnt.

Insgesamt gibt's zwanzig Wanderwege (zusammen 110 km), um die Gegend zu erkunden. Für eine Tagestour bietet sich die 14,1 km lange **Alta Via dei Monti Lattari** an, die in den Fontanelle-Hügeln bei Positano beginnt und hinunter zur Punta Campanella führt. Aber es gibt auch kürzere, familienfreundliche Wege.

Alle ansässigen Touristeninformationen bieten Wanderkarten an, auf denen die Routen farbig markiert sind. Abgesehen von der Alta Via dei Monti Lattari, die rot-weiß eingezeichnet ist, stehen die roten Linien für längere Wanderwege. Von Küste zu Küste geht's in Blau, von Dorf zu Dorf in Grün, Rundwege sind gelb. Die Wege selbst sind an sich recht gut markiert, aber manche Zeichen sind schon etwas verblasst (manchmal bis zur Unkenntlichkeit).

L'Antica Trattoria KAMPANISCH €€
(☎081 807 10 82; Via Padre Reginaldo Giuliani 33; Menü ab 39 €) Am schönsten ist es oben auf der Terrasse mit Blumentrögen, traditionellen Fliesen und Weinranken – da scheint der Straßentrubel meilenweit entfernt. Das mit Recht als beste Essadresse der Stadt gepriesene Restaurant hat vor allem Klassiker auf der Karte. Die Pasta ist hausgemacht, fangfrischer Fisch des Tages wird im Salzteig gegart und es gibt auch vegetarische sowie glutenfreie Angebote. Für den romantischen Touch sorgt ein Mandolinenspieler.

LP TIPP **Aurora Light** KAMPANISCH €€
(☎081 877 26 31; www.auroralight.it; Piazza Tasso 3–4; Gerichte 25 €) Auf den ersten Blick scheint die stark vegetarisch geprägte Speisekarte eher kalifornisch als kampanisch zu sein. Kreative Salate enthalten Kichererbsen und Spinatblätter oder Fenchel, rote Bete und Orangen. Aber bei näherem Hinsehen wird klar, dass sich der junge Besitzer auch mit traditionellen Gerichten auskennt und sie mit eigenen Ideen aufpeppt. Er serviert Bohnensuppe mit Babytintenfisch, Auberginen *alla parmigiana* mit Schwertfischsauce und wickelt Paprikafilets um köstliche Füllungen.

Die Lage an der Piazza Tasso ist ideal zum Leutegucken – aber leider durch einen Schleier von Abgasen.

Inn Bufalito KAMPANISCH €€
(☎081 365 69 75; www.innbufalito.it; Vico 1 Fuoro 21; Gerichte 25 €; ⏲April–Nov.) Der Besitzer Franco Coppola (nein, nicht der Regisseur) setzt voll auf heimische Produkte und ist Mitglied bei Slow Food. Seine lässig gestylte Mozzarella-Bar bietet weit mehr als nur Snacks, beispielsweise ein sorrentinisches Käsefondue oder Büffel-Carpaccio. Dazu kommen Events wie Käseverkostungen, Foto- und Kunstaustellungen sowie gelegentlich Livemusik.

O'Murzill NEAPOLITANISCH €€
(☎081 020 23 71; Via Accademia 17; Gerichte ab 20 €) Wer hier reinkommt, wähnt sich in einer Dorfkneipe: Der Speisesaal mit nur sechs Tischen hat Wohnzimmeratmosphäre, dahinter liegt die offene Küche. Die Karte ist kurz und neapolitanisch: Pasta mit Hummer, einfache Antipasti wie gegrillte Champignons mit Knoblauch, Chili, Petersilie und Olivenöl, alles wie bei Muttern, zu korrekten Preisen und ohne Anbiederungsversuche wie kostenlose Tomatenbruschetta oder *limoncello* am Schluss.

Ristorante il Buco KAMPANISCH €€€
(☎081 878 23 54; Rampa Marina Piccola 5; Gerichte 55 €; ⏲Feb.–Dez. Do–Di) Wo früher die Mönche ihren Wein lagerten, lassen sich heute ausgehfein gestylte Gäste mit Leckerbissen verwöhnen, die nichts mit klösterlicher Kargheit zu tun haben. Regional und innovativ heißt die Devise: Das kann Pasta mit Drachenkopf sein oder *treccia* (lokale Käsesorte) mit Garnelen an einer Sauce aus Tomaten, Kapern und Oliven. Im Sommer gibt's auch Tische im Freien, nicht weit von einem der alten Stadttore. Reservierung empfohlen.

Angelina Lauro KAMPANISCH €
(☎081 807 40 97; Piazza Angelina Lauro 39–40; Selbstbedienung, Gerichte 15 €; 👪) Rafael, des-

sen Familie das Lokal seit 1980 betreibt, ist Wirt mit Leib und Seele. Sein weitläufiges, grell beleuchtetes Lokal erinnert zwar etwas an eine Kantine, aber dafür ist das Essen billig, reichhaltig und gut. Vor allem Leute, die sich schwer entscheiden können, finden es genial, mit dem Tablett an der Tagesauswahl an Pasta, Fleischgerichten und Beilagen vorbeizuschlendern und aufzuladen, was sie gerade anmacht. Rafael hat auch eigenen Wein und Olivenöl aus eigener Herstellung.

Da Emilia TRATTORIA €
(☎081 807 27 20; Via Marina Grande 62; Gerichte 20 €; 👪) Seit 1947 wuselt dieselbe Familie in diesem stimmungsvollen, schon etwas abgenutzten Restaurant mit Blick auf die Fischerboote der Marina Grande. An den Wänden des großen Speisesaals hängen Jugendfotos der ehemaligen Stammkundin Sophia Loren und die Karte mit Dauerbrennern wie Muscheln mit Zitrone oder Spaghetti mit Miesmuscheln.

Refood KAMPANISCH €€
(☎081 878 14 80; www.refoods.it; Via Accademia 10; Gerichte 35 €; ⏲17.30–24 Uhr) Die postmoderne Einrichtung mit raffinierter Beleuchtung, auf Putz verlegten Leitungsrohren und Sesselbezügen mit Rautenmuster hat so gar nichts von einer traditionellen Trattoria. Die Küche liefert Spezialitäten wie Fischtopf mit dicken Maccheroni oder ein klassisches Chateaubriand.

La Fenice KAMPANISCH €€
(☎081 878 16 52; Via degli Aranci 11; Gerichte 24 €; ⏲Di–So) Für ein romantisches Tête-à-tête ist das Lokal zu groß und zu hell, aber die Einheimischen schwören auf seine perfekt gemachte, bodenständige Küche. Vor allem Fisch und Meeresfrüchte wie Muscheln mit Knoblauch und Petersilie oder gegrillter Tintenfisch schmecken hier unschlagbar gut.

🍷 Ausgehen & Unterhaltung

Sorrent bietet die ganze Palette an Ausgehmöglichkeiten: Bier vom Fass und dazu Sky Sports auf dem Großbildschirm, einen Schoppen Wein aus der Gegend in einer holzgetäfelten Bar oder bunte Cocktails im schicken Ambiente eines Cafés.

Cafè Latino CAFÉ
(☎081 878 37 18; Vico I Fuoro 4A; ⏲April–Sept. 10–1 Uhr) Hier hat sich wohl schon so manches Pärchen gefunden: Wer auf der von Orangen- und Zitronenbäumen umstandenen Terrasse über einem exotischen Cocktail einen Schlafzimmerblick zugeworfen bekommt, muss einfach schwach werden! Todsichere Verführer sind Mary Pickford (Rum, Ananassaft, Grenadine und Maraschino) oder ein kühles Glas Weißwein. Und wer einfach nicht mehr loskommt, kann auch hier essen (Gerichte rund 30 €).

Bollicine BAR
(☎081 878 46 16; Via Accademia 9; ⏲18–1 Uhr) Auf der Weinkarte der unauffälligen Bar mit dunkler Holzeinrichtung stehen alle großen italienischen Namen und eine interessante Auswahl lokaler Tropfen. Unentschlossene können sich vom netten Barmann beraten lassen. Für den kleinen Hunger gibt es *panini* (Sandwiches), Bruschetta und ein oder zwei Pastagerichte.

English Inn PUB
(☎081 807 43 57; Corso Italia 55; ⏲20–3 Uhr) Schon die große Gartenterrasse mit Orangenbäumen und üppigen Bougainvilleen ist ein Grund, hierherzukommen. Aber das vorwiegend englische Publikum fährt auch auf die Discobeats, die Karaokenächte und das frisch gezapfte Guinness ab. Die Partystimmung dauert bis spät in die Nacht und wer schlapp macht, kommt mit einem

ECHTES GELATO – SELBST GEMACHT

Wer seine Gäste mit echtem italienischen Speiseeis aus Eigenproduktion beeindrucken will, bucht einen Kurs bei der renommierten **Gelateria David** (☎081 807 36 49; www.gelateriadavidsorrento.it; Via Marziale 19). Hier wird schon seit drei Generationen Eis gerührt. Davids einstündige Demonstration kostet 10 € und endet mit einem „Eismacher-Diplom". Die Workshops finden auf Nachfrage statt, wer sich dafür interessiert, ruft einfach an oder schaut persönlich vorbei (David spricht gut Englisch). Zu seinen Spezialitäten gehören *profumo de Sorrento*, ein Sorbet aus Orangen, Zitronen und Mandarinen, sowie *babà al ron* (mit Rumgeschmack). Da er nur frische Früchte verwendet (einzige Ausnahme: Mangos), ändert sich sein Angebot je nach Saison. Natürlich gibt's bei ihm auch die klassischen Standardsorten, aber so cremig-schmelzend, wie es die großen Marken einfach nie hinkriegen.

TART SORRENT
EL AMALFI
RECKE 51 KM
DAUER 2 STUNDEN

Tour-Tipp

„Das grüne Band“: Von Sorrent nach Amalfi

Als Alternative zur Amalfitana (s. „Das blaue Band“, S. 160) führt diese Route durch wunderschöne Berglandschaften. 1 **Sorrent** geht's an der Küste entlang auf der SS145 in Richtung Neapel. Kurz vor der Ausfahrt Castellammare di Stabia auf die SS366 abbiegen nach 2 **Pimonte**, wo Traktoren die Hauptstraße entlangtuckern und am Marktplatz der erste Stopp wartet: Die köstliche *torta palummo* im Caffè Palummo, muss einfach probiert werden! Zurück auf der SS366 geht es nun durch Buchenwälder, hinter denen sich pinienbewachsene Berge erheben, tief hinein in den Parco Regionale dei Monte Lattari.

Nächster Halt: das für Molkereiprodukte bekannte, hübsche Dorf 3 **Agérola**. Verschiedene Geschäfte bieten lokale Käsesorten wie *fior di latte* (Kuhmilchmozzarella) und *caciocavallo* (traditioneller, kürbisförmiger Brühkäse) an, in denen das Aroma der saftig grünen Weiden der Umgebung steckt. Auch die Salami und Frischwürste sind hier superlecker. Die Straße führt weiter nach 4 **Bomerano** (37 km), das Wanderern, die den „Weg der Götter“ (s. S. 170) gegangen sind, bekannt vorkommen wird. Nach einem Blick auf das Deckenfries der Chiesa San Matteo Apostolo aus dem 16. Jh. schmecken z. B. pochierte Eier auf Toast im Albergo Gentile (das auf mitteleuropäische Wanderer eingestellt ist). Hausgemachten Jogurt gibt es bei Fusco in der Via Principe di Piemonte Nr. 3.

Nun strebt die Straße mit steilen Kurven der Küste entgegen. Haltebuchten bieten unterwegs Gelegenheit, den Blick auf das Meer mit Conca dei Marina im Hintergrund zu genießen. In 5 **Furore** kann der Wagen direkt an der malerischen Kirche Maria Ss. delle Grazie abgestellt werden, um einen Sprung in das Restaurant mit Terrasse und Feinkostabteilung nebenan zu machen. Wie praktisch, dass die Straße nun am Bergrand entlang um den Meeresarm von Furore führt, denn von hier oben sieht er richtig spektakulär aus. Nach 49,7 km teilt sich die Straße und stellt einen vor die Qual der Wahl: Noch einen Abstecher nach Positano (16 km) oder gleich nach 6 **Amalfi** (1 km)?

Speckeierfrühstück sicher wieder auf die Beine.

Fauno Bar CAFÉ
(☎081 878 11 35; Piazza Tasso; ⏲Dez.–Okt. 8–24 Uhr) Das elegante Café belegt die halbe Piazza Tasso und bietet somit Logenplätze zum Leutegucken. Auf der Karte stehen peppige Drinks zu gepfefferten Preisen – die Cocktails fangen bei 8,50 € an. Snacks und Sandwiches gibt's ab 7 €.

Teatro Tasso THEATER
(☎081 807 55 25; www.teatrotasso.com; Piazza Sant'Antonino; Eintritt 25 €; ⏲März–Okt. Mo–Sa 21.30 Uhr) Das Teatro Tasso ist so ein richtig nostalgisches Etablissement im Stil eines Varieté-Theaters. Auf dem Programm steht das *Sorrento Musical,* eine 75-minütige, schmalzige Revue mit neapolitanischen Gassenhauern wie „O Sole Mio" und „Torna a Surriento".

Shoppen

Das autofreie *centro storico* (Altstadt) ist ein Einkaufsparadies. Hier gibt's Intarsienarbeiten, Schmuck aus Muranoglas und Stickereien (z. B. auf gesmokten Mädchenkleidern).

Wenn nicht anders angegeben, haben die folgenden Geschäfte im Sommer durchgehend bis spät abends geöffnet. Im Winter dagegen ist eine Mittagspause üblich.

Gargiulo & Jannuzzi KUNST & KUNSTHANDWERK
(☎081 878 10 41; Viale Enrico Caruso 1) Das altmodische „Warenhaus" von 1863 ist eine Institution. Dienstbeflissene, allwissende Verkäufer helfen den Kunden, sich auf den drei Etagen voller Keramikgeschirr, Holzeinlegearbeiten, Stickereien, Spitze und anderem Kunsthandwerk aus der Gegend zurechtzufinden. Die Auswahl ist riesig, die Preise sind nicht höher als anderswo und ab einem Einkauf von 220 € wird portofrei verschickt.

La Rapida SCHUHE
(☎338 877 705; Via Fuoro 67) Ledersandalen gibt's im *centro storico* an jeder Ecke, aber dieser winzige Laden am Ende der Via Fuoro ist so richtig schön nostalgisch. Gute Qualität und günstige Preise (ab 30 €) trösten darüber hinweg, dass das Sortiment nicht gerade riesig ist. Und es gibt einen Reparaturservice.

Stinga KUNST & KUNSTHANDWERK
(☎081 878 11 30; www.stingatarsia.com; Via Luigi de Maio 16) Seit drei Generationen fertigt eine Familie aus Sorrent diese wunderschönen Intarsienarbeiten, die hier verkauft werden – keine Massenware also, sondern echtes Kunsthandwerk! Form- und Farbgebung sind oft geometrisch oder erinnern an ein Mosaik. Ein weiteres Familienmitglied, Amulè, hat sich auf Schmuck, zum Teil mit Korallen, spezialisiert.

Venti10 ACCESSOIRES
(☎081 180 74 87; Corso Italia 89) Wer einen peppigen Eyecatcher sucht, wird hier fündig: Das Angebot umfasst u. a. wunderschöne Seidenschals, auffälligen Schmuck und schicke Klassiker wie z. B. echte, aus Ecuador importierte Panamahüte in Bonbonfarben (aber auch in traditionellem Beige).

Praktische Informationen

Touristeninformation (☎081 807 40 33; Via Luigi De Maio 35; ⏲Mo–Sa 8.45–18.15 Uhr) Im Circolo dei Forestieri (Ausländerclub).

Anreise & Unterwegs vor Ort

Auto & Motorrad

Wer aus Neapel und dem Norden kommt, nimmt die Autobahn A3 bis zur Ausfahrt Castellammare di Stabia und fährt dann auf der SS145 weiter in Richtung Süden.

Autovermietung

Sorrent ist ein perfektes Standquartier für Ausflüge an die Amalfiküste und darüber hinaus. Das geht am besten mit einem Mietwagen und vor Ort sind alle internationalen sowie eine Handvoll lokaler Anbieter vertreten.

Avis (☎081 878 24 59; www.avisautonoleggio.it; Viale Nizza 53)

Hertz (☎081 807 16 46; www.hertz.it; Via degli Aranci 9)

Autoservizi De Martino (☎081 878 28 01; www.autoservizidemartino.com; Via Parsano 8) Pkw ab 58 € pro Tag und 280 € pro Woche. Motorroller (50 ccm) ab 23 € für vier Stunden.

Parken

Im Hochsommer kann die Parkplatzsuche frustrierend sein, da die meisten Nebenstraßen Anwohnern vorbehalten sind und in der Innenstadt tagsüber weitgehend Fahrverbot herrscht. Gut ausgeschilderte Parkplätze liegen in der Nähe des Fähranlegers, an der Ecke Via degli Aranci und Via Renato und nicht weit von der Via Capo im Westen der Stadt (2 € pro Stunde).

Schiff

Die meisten Fähren nach Capri starten in Sorrent und in den Sommermonaten gibt's auch gute Verbindungen nach Ischia, Neapel und zu den Badeorten an der Amalfiküste.

Gescab (081 807 18 12; www.gescab.it) Tragflächenboote nach Neapel (11 €, 35 Min., 7-mal tgl.), Capri (15 €, 20 Min. 18-mal tgl.), Ischia (18 €, 1 Std., 2-mal tgl.), Positano (13 €, 30 Min., 1-mal tgl.) und Amalfi (14 €, 50 Min., 1-mal tgl.).

Metrò del Mare (199 60 07 00; www.metrodelmare.net; Juni–Sept.) Fähren nach Positano (15 €, 35 Min., 2-mal tgl.), Amalfi (15 €, 1 Std., 2-mal tgl.), Neapel-Beverello (11 €, 30 Min., 1-mal tgl.) und Salerno (15 €, 80 Min., 1-mal tgl.).

Caremar (081 807 30 77; www.caremar.it) Tragflächenboote nach Capri (13 €, 25 Min., 4-mal tgl.)

Vom/Zum Flughafen

Der **Capodichino Airport** (www.gesac.it) von Neapel liegt für Sorrent und die Amalfiküste am günstigsten.

AUTO Viele lokale und internationale Autovermietungen haben eine Filiale im Flughafen.

BUS Curreri (S. 279) hat täglich acht Pendelbusse zwischen Sorrent und dem Flughafen Capodichino. Sie fahren vor der Ankunftshalle ab, Endhaltestelle ist die Piazza Angelina Lauro. Tickets (10 €) für die 75-minütige Fahrt gibt's im Bus.

TAXI Ein Taxi vom Flughafen bis nach Sorrent kostet rund 80 €.

Bus

SITA (199 73 07 49; www.sitabus.it) Die Busse dieser Firma fahren nach Neapel, zur Amalfiküste und nach Sant'Agata. Die Haltestelle liegt gegenüber dem Eingang zum Bahnhof der Circumvesuviana. Tickets gibt's dort in der Bar und in Läden mit dem blauen SITA-Zeichen.

Zug

Auf der Circumvesuviana (S. 283) ab Neapel ist Sorrent der letzte Halt. Die Züge fahren im 30-Minuten-Takt nach Neapel (70 Min.) über Pompei (30 Min.) und Ercolano (50 Min.). Die *Unico Costiera*-Karte (S. 159) lohnt sich.

Westlich von Sorrent

Im Hochsommer bieten die grünen Hügel rund um Sorrent eine gute Fluchtmöglichkeit vor den Touristenmassen. Die Gegend westlich von Massa Lubrense ist noch unverfälscht und wunderschön. Sie wird auch „das Land der Sirenen" genannt, da die verhängnisvollen Jungfrauen aus der griechischen Mythologie angeblich auf den winzigen Inseln des Archipels Li Galli (südlich der sorrentinischen Halbinsel) gelebt haben sollen.

Hier schlängeln sich recht steile Sträßchen durch Hügel mit Oliven- und Zitronenhainen, verschlafene Dörfer und kleine Fischereihäfen. Hinter jeder Kurve wartet ein neues, atemberaubendes Panorama und am schönsten sind die Ausblicke auf der Höhe über der Punta Campanella, dem westlichsten Punkt der sorrentinischen Halbinsel. Von dort aus scheint die Insel Capri zum Greifen nah.

MASSA LUBRENSE

Massa Lubrense ist das erste Städtchen an der Küste westlich von Sorrent. Es liegt 120 m hoch und besteht aus einem kleinen Zentrum und 17 *frazioni* (Teilorten), die durch ein labyrinthisches Netz aus Fußwegen und Maultierpfaden miteinander verbunden sind. Da bekanntlich nicht jeder mit dem Maultier unterwegs ist, gibt's auch gute Straßenverbindungen, auf denen regelmäßig SITA-Busse verkehren.

Sehenswertes & Aktivitäten

Chiesa di Santa Maria della Grazia KIRCHE

(Largo Vescovado; 7–12 & 16.30–20 Uhr) Hier lohnt es sich, die Kamera mitzuschleppen: Vom Hauptplatz Largo Vescovado aus bieten sich herrliche Ausblicke auf die Insel Capri. An seinem Nordrand steht die Chiesa di Santa Maria della Grazia aus dem 16. Jh., ein ehemaliger Bischofssitz. Die hübschen Keramikfliesen im Kirchenschiff würden sich auch als Küchenfußboden gut machen.

Marina della Lobra HAFEN

Unterhalb des Platzes liegt in 2 km Entfernung ein kleiner, von grünen Hängen und halb verfallenen Häuschen umrahmter Hafen (zu Fuß 40 Minuten bergab, der Rückweg dauert eine mühsame Stunde). Hier kann man Boote mieten, um die ansonsten schwer erreichbaren Lagunen und Buchten entlang der Küste auszukundschaften.

Coop Marina della Lobra BOOTSVERMIETUNG

(081 808 93 80; www.marinalobra.com; Marina della Lobra; ab 30 € pro Std.) Ein vertrauenswürdiger Bootsverleih mit Kiosk am Parkplatz.

Essen

La Torre MEERESFRÜCHTE €€

(081 80 89 56; Piazzetta Annunziata 7, Annunziata, Massa Lubrense; Gerichte 42 €; April–Feb. Mi–Mo) Das ansprechende, relaxte Restaurant liegt an einem ruhigen Platz und verwöhnt mit leckeren Klassikern, bei denen Fisch und Meeresfrüchte die Hauptrolle spielen. Als Slow-Food-Mitglied ändert es seine Karte je nach Saison, hat aber auch Dauerbrenner wie *tonani con patate* (Thunfisch mit Kartoffeln) im Repertoire. Wer nicht vor

einer Überdosis Cholesterin zurückschreckt, nimmt den Käseteller mit neun Sorten (6 €), darunter frische *caciottina* aus Massa Lubrense und *provolone del Monaco* (gereifter, halbfester Kuhmilchkäse).

Nach dem Essen auf der Terrasse lohnt ein kurzer Spaziergang zum Aussichtspunkt, um ein Panoramabild von Capri, Ischia, Procida, Neapel und dem Vesuv zu schießen.

Funiculi Funiculá MEERESFRÜCHTE €€

(Via Fontanelle 16, Marina della Lobra; Gerichte 32 €; April–Okt.;) Ausblicke auf Ischia, Capri und den Vesuv sind nicht die einzigen Gründe, sich in dieses nette Lokal am Strand von Marina della Lobra zu setzen. Neben Fisch und Meeresfrüchten bietet es auch sättigende Salate und die üblichen Grillgerichte an. Wenn der Hosenbund schon spannt, begnügen sich Vernunftmenschen mit dem Obstsalat zum Dessert – und Lebenskünstler gehen ins Café nebenan und bestellen eine Crêpe mit Schokofüllung oder einen Eisbecher.

Praktische Informationen

Touristeninformation (081 533 90 21; www.massalubrense.it; Viale Filangieri 11; tgl. 9.30–13 Uhr, Mo, Di & Do–Sa auch 16.30–20 Uhr) Hier gibt's Busfahrpläne und Karten.

Anreise & Unterwegs vor Ort

AUTO Massa Lubrense liegt 20 Autominuten von Sorrent entfernt.

BUS SITA (199 73 07 49; www.sitabus.it) Von 7 bis 21 Uhr fahren Busse im Stundentakt am Bahnhof der Circumvesuviana in Sorrent ab.

PARKEN Entweder die vielen Sträßchen abklappern oder eine der Parkuhren im Zentrum füttern (2 € pro Std.).

SANT'AGATA SUI DUE GOLFI

Sant'Agata sui due Golfi, der bekannteste der 17 Teilorte von Massa Lubrense, schmiegt sich in die Hügel hoch über Sorrent. Von hier bieten sich spektakuläre Ausblicke auf den Golf von Neapel und den Golf von Sorrent (daher der Name „St. Agata über den beiden Golfen"). Trotz der vielen Hotels hat sich das ruhige Örtchen seinen ländlichen Charme erhalten. Wer mehr über Sant'Agata und die Umgebung wissen will, schaut in der kleinen **Touristeninformation** (081 533 01 35; www.santagatasuiduegolfi.it; Corso Sant'Agata 25; 9–13 & 17.30–21 Uhr) am Hauptplatz vorbei.

Wanderer finden hier über 20 markierte und gut in Schuss gehaltene Wege, die zusammen 110 km ergeben. Näheres hierzu weiß die Touristeninformation. Wer Lust auf einen entspannten Spaziergang ohne Kompass und Wanderstiefel hat, kann von der Piazza Tasso aus südwärts über die Viale Caruso und die Via Fuorimuraden einen 3 km langen, malerischen Fußweg nach Sorrent erreichen. Der „Circumpiso" nimmt rund eine Stunde in Anspruch und ist auf der Wanderkarte der Touristeninformation in Grün eingezeichnet.

Sehenswertes

Chiesa di Sant'Agata KIRCHE

(Piazza Sant'Agata; 8–13 & 17–19 Uhr) Die Pfarrkirche im Ortskern wurde im 17. Jh. erbaut. Aus derselben Zeit stammt der berühmte Altar im hübsch dekorierten Inneren, der aus mehreren Marmorsorten mit Einlegearbeiten aus Perlmutt, Lapislazuli und Malachit besteht.

Convento del Deserto KONVENT

(081 878 01 99; Via Deserto; 8.30–12.30 & 16–21 Uhr) Ein 1,5 km langer, steiler Weg führt vom Ortskern hinauf zu dem Karmeliterkloster aus dem 17. Jh., das heute von Benediktinerinnen bewohnt wird (und auch nur für diese von besonderem Interesse ist). Wer nicht unbedingt scharf auf den tollen Rundumblick ist, kann sich den mühsamen Anstieg sparen.

Essen

Für so einen winzigen Ort bietet Sant'Agata erstaunlich viele kulinarisch anspruchsvolle Möglichkeiten.

UNICO COSTIERA

Wer vorhat, oft mit den SITA-Bussen und/oder der Circumvesuviana zu fahren, kann mit dem Ticket **Unico Costiera** (www.unicocostiera.it) viel Zeit und Geld sparen. Es ist wahlweise 45 Minuten (2,40 €), 90 Minuten (3,60 €), 24 Stunden (7,20 €) oder 72 Stunden (15 €) gültig. Die Tages- und Drei-Tages-Karte gilt auch für die Sightseeingbusse zwischen Amalfi und Ravello sowie Amalfi und Maiori. Man kann auch mehrere Tickets auf einmal kaufen (für mehrere Fahrten), denn die Zeit läuft ab Entwertung des Tickets beim Einstieg in den Bus/Zug.

DAS BLAUE BAND

Die **SS163** von **Vietri sul Mare** nach **Sant'Agata sui due Golfi** bei Sorrent ist eine der landschaftlich beeindruckendsten Straßen Italiens. Der sogenannte *Nastro Azzurro* (blaues Band), der unter dem Bourbonenkönig Ferdinand II. angelegt und 1853 fertiggestellt wurde, schlängelt sich in engen Kurven, über tiefe Schluchten und durch Felsentunnel die gesamte Amalfiküste entlang. Über diese Meisterleistung der Ingenieurskunst mokierte sich John Steinbeck in seinem 1953 erschienenen Essay *My Positano* und schrieb, die Straße sei „extra so angelegt worden, dass sie etwas schmaler ist als zwei Autos nebeneinander".

Jedenfalls werden hier Fahrvermögen und Nerven auf eine harte Probe gestellt. Nicht jeder bringt die 50 km so kaltblütig und bravourös wie die hiesigen Busfahrer hinter sich. Haarnadelkurven und gähnende Abgründe, von denen einen meist nur eine hüfthohe Absperrung trennt, stellen jede Achterbahn in den Schatten – aber dafür sind die Ausblicke unterwegs einfach unvergleichlich.

Gerade in den Kehren wird die ursprünglich für Pferdefuhrwerke gebaute Straße besonders schmal. Wenn einem da ein Bus in die Quere kommt, ist Polen offen. Deshalb lohnt es sich, immer ein Auge auf die runden Spiegel am Straßenrand zu haben und die Ohren zu spitzen: Ist ein Hupen zu hören, sofort vom Gas gehen, denn dann ist ein Bus im Anmarsch. Wer kann, vermeidet es, in der Hochsaison (Juli und August) und in den Rush Hours (morgens, Mittagszeit, früher Abend) zu fahren. Und ansonsten heißt es, Ruhe bewahren – auch wenn sich die Kiddies auf dem Rücksitz übergeben oder der Beifahrer einem an den schwierigsten Stellen die Aussicht zeigen will.

Wem das alles zu brenzlig erscheint, der kann auch einfach in einen der SITA-Busse steigen. Die fahren die Route nämlich täglich.

LP TIPP **Ristorante Don Alfonso 1890** MITTELMEERKÜCHE €€€

(☎081 533 02 26; www.donalfonso.com; Corso Sant'Agata 11; Gerichte 115–125 €; ⏲Mo & Di geschl., Juni–Sept. Di abends geöffnet, Jan.–Anf. März & Nov.–Dez. geschl.; P) Zwei Michelin-Sterne leuchten über diesem Restaurant, das zu Italiens besten zählt. Die meisten Zutaten stammen aus dem 6 ha großen Landwirtschaftsbetrieb des Küchenchefs. Der Speisesaal glänzt mit einer Einrichtung von erlesenem Geschmack, die endlose Weinkarte mit allen internationalen Namen lässt keine Wünsche offen.

Das Angebot wird saisonal bestimmt, doch Gerichte wie kurz gebratener Thunfisch an Sauce aus roter Paprika oder Pasta mit Muscheln und Zucchini sind längst zu Ikonen dieses Feinschmeckertempels avanciert. Don Alfonso bietet auch Hotelzimmer und Kochkurse an. Reservierung ist unbedingt erforderlich.

Lo Stuzzichino NEAPOLITANISCH €

(☎081 533 00 10; www.ristorantelostuzzichino.it; Via Deserto 1a; Gerichte 18 €, Pizza ab 5 €; ⏲Feb.–Dez.) Wer an der Kirche die Straße entlanggeht, stößt auf das Lokal des Slow-Food-Mitglieds Paolo de Gregorio, der einen mit offenen Armen empfängt. Seine Spezialitäten sind mit Räucherkäse gefüllte Fischrouladen oder Eintopf aus Meeresfrüchten und Saisongemüse. Die seltenen *gamberetti di Crapolla* (Garnelenart) schmecken viel leckerer, als der Name vermuten lässt.

ℹ Anreise & Unterwegs vor Ort

AUTO Ab Sorrent auf der SS145 westwärts fahren und nach ca. 7 km rechts abbiegen (ausgeschildert).

BUS SITA (☎199 73 07 49; www.sitabus.it) Die Busse starten am Bahnhof der Circumvesuviana in Sorrent und verkehren im Stundentakt.

PARKEN Normalerweise gibt's entlang der Straßen genug Parkplätze, aber im August – und dann vor allem abends – können sie knapp werden.

MARINA DEL CANTONE

Von Massa Lubrense aus führt die Küstenstraße nach **Termini**. Nach einem Fotostopp geht es dann weiter nach **Nerano**, wo es einen wunderschönen Wanderweg hinunter in die malerische **Baia de Leranto** und nach **Marina del Cantone** gibt. Das unauffällige Dörfchen mit seinem Kiesstrand ist nicht nur ideal, um einfach mal zu relaxen. Hier wartet auch eine der begehrtesten Essadressen der Gegend. Nicht selten lassen sich VIPs wie Bill Gates, Michael Caine und

Elton John von Capri herüberschippern, um mal richtig zu schlemmen.

Sehenswertes & Aktivitäten

Viele Taucher kommen in diesen Teil des 11 km² großen Meeresschutzgebiets **Punta Campanella**, in dem das ökologische Gleichgewicht noch stimmt. Die Grotten und Höhlen unter Wasser sind ein Schaukasten mariner Fauna und Flora.

Nettuno Diving TAUCHEN
(081 808 10 51; www.sorrentodiving.com; Via A. Vespucci 39;) Um die Tiefen des bekannten Meeresschutzgebiets zu erforschen, hält der Anbieter PADI-zertifizierte Ausrüstung und Vorschläge für jede Alters- und Leistungsstufe bereit. Auf dem Programm stehen Schnorcheln, Tauchen für Anfänger, Höhlentauchen oder Tauchausflüge vor Capri und den Li-Galli-Inseln. Ein Tageskurs in der Baia de Leranto ist schon ab 25 € (Kinder 15 €) zu haben. Auf Wunsch werden auch Unterkünfte und Komplettprogramme zu korrekten Preisen organisiert.

Anreise & Unterwegs vor Ort

SITA (199 73 07 49; www.sitabus.it) Die SITA-Busse pendeln regelmäßig zwischen Sorrent (Abfahrt am Bahnhof der Circumvesuviana) und Marina del Cantone.

Östlich von Sorrent

Die Region östlich von Sorrent ist besser erschlossen und daher auch nicht mehr so ursprünglich wie der Küstenstreifen im Westen, hat aber trotzdem ihren Reiz. Die Spiaggia di Alimuri in Meta die Sorrento ist der längste Sandstrand der Gegend und 12 km weiter, in Castellamare di Stabia, können antike römische Siedlungsreste besichtigt werden.

Eine **Seilbahn** (Erw./erm. 7/3,50 €; April–Okt. ca. 30-mal tgl.), die am Bahnhof der Circumvesuviana in Castellamare abfährt, bringt einen in acht Minuten hinauf auf den Monte Faito, mit 1131 m einer der höchsten Gipfel der Monti Lattari. Die von dichten Buchenwäldern bedeckte Kuppe lädt zu Wanderungen mit tollen Panoramablicken ein.

VICO EQUENSE

Vico Equense oder Aequa, wie die Stadt bei den alten Römern hieß, liegt 10 km östlich von Sorrent oben auf den Klippen und kann mit der Circumvesuviana erreicht werden (an der fünften Haltestelle aussteigen). Da sich nicht viele Touristen hierherverirren, ist Vico ein nettes, relaxtes Ausflugsziel – und sei es nur, um die berühmte Pizza vom Meter zu essen. Was es sonst noch in dieser Gegend zu sehen gibt, verrät die **Touristeninformation** (081 801 57 52; www.vicoturismo.it; Piazza Umberto I; Mo–Sa 9–14 & 15–20 Uhr, So 9.30–13.30 Uhr) am Hauptplatz.

Das Städtchen ist schnell zu Fuß durchstreift. Von der Piazza Umberto I, die im 19. Jh. im Zentrum angelegt wurde, führt der Corso Filangieri in das kleine Altstadtviertel. Die Aussichtsterrasse dort gibt den Blick frei auf Marina di Equa mit der **Chiesa dell'Annunziata** (Via Vescovado; So 10–12 Uhr). Die einstige Bistumskirche von Vico war das einzige gotische Gotteshaus auf der sorrentinischen Halbinsel. Allerdings sind vom ursprünglichen Gebäude aus dem 14. Jh. nur noch die Seitenfenster beim Hauptaltar und ein paar Gewölbebögen in den Seitenschiffen übrig geblieben. Fast alles andere, auch die abblätternde rosaweiß getünchte Fassade, entstand im 17. Jh.

MEERESFRÜCHTE MIT PROMI-TOUCH

Als einziges unter den Fischlokalen in diesem Hafen ist das **Lo Scoglio** (081 808 10 26; www.restaurantloscoglio.com; Marina del Cantone; Gerichte 50 €) nur auf dem Seeweg zu erreichen. Auf so etwas fahren offensichtlich auch Promis ab, denn erst kürzlich ließen sich Johnny Depp, Stephen Spielberg und Sienna Miller hier blicken, während es bei Elton John, Rod Stewart und Michael Caine schon etwas länger her ist (wie die Fotos an der Wand bezeugen). Die Location ist aber auch ein echter Hingucker: ein Glaspavillon auf einer Holzplattform mit (kitschigem) Springbrunnen, dessen Fontänen sich in einen Fischteich ergießen. Und die Küche ist allererste Sahne (zu entsprechenden Preisen)! Es stehen zwar auch Steaks und *ravioli alla caprese* auf der Karte, aber wer hier kein Seegetier bestellt, wird es sein Leben lang bereuen. Die auf Eis servierte Meeresfrüchteplatte (30 €) ist ein perfekter Auftakt, die Spaghetti *al riccio* (mit Seeigeln) sind ein klassischer Magenschmeichler. Trotz Glamourfaktor ist der Familienbetrieb auf dem Boden geblieben und die *nonna* (Oma) hat alles im Blick.

im Barockstil. In der Sakristei hängen die Porträts sämtlicher Bischöfe von Vico, nur der letzte fehlt: Michele Natale, der hingerichtet wurde, weil er 1799 die (sehr kurzlebige) Parthenopäische Republik unterstützt hatte, ist in Form eines Engels vertreten. Und der hält einen Zeigefinger an den Mund, um den Bischof daran zu erinnern, seine liberalen Gedanken für sich zu behalten.

Essen

Ristorante & Pizzeria da Gigino PIZZA
(☎081 879 83 09; Via Nicotera 15; Pizza vom Meter 12–26 €; ⌚12–1 Uhr 👪) Die fünf Söhne des Pizzakönigs Gigino Dell'Amura, der die Pizza vom Meter erfand, produzieren das gute Stück mittlerweile täglich kilometerweise. Drei riesige Backöfen sind rechts vom Eingang ununterbrochen im Einsatz und obwohl es in dem Schuppen rund 200 Sitzplätze gibt, bilden sich oft Schlangen. Kein Wunder, denn die Auswahl an Belägen ist groß und die Qualität um einiges besser als der Durchschnitt. Leider keine Reservierung möglich.

HISTORISCHE WEILER

In den Hügeln rund um Vico verstecken sich einige uralte Weiler, sogenannte *casali*. Da die Touristenwelle an ihnen vorbeigeschwappt ist, hat sich dort am Alltagsleben seit Jahrhunderten kaum etwas geändert. Um sie zu erreichen, ist allerdings ein modernes Fahrzeug nicht unpraktisch. Von Vico aus geht es über die Via Roma auf die Via Rafaelle Bosco, die in einer großen Schleife durch die *casali* und wieder zurück nach Vico führt. Zu den Attraktionen unterwegs gehören **Massaquano** und die **Capella di Santa Lucia** (Besichtigung auf Anfrage). Ihre berühmten Fresken aus dem 14. Jh. werden der Schule von Giotto di Bondone zugeordnet, die als Wegbereiter des modernen europäischen Malstils gilt. Auch **Moiano** ist sehenswert; von dort führt ein Pfad hinauf zum **Monte Faito**. Und **Santa Maria del Castello** verwöhnt mit traumhaften Ausblicken in Richtung Südwesten.

Drei Kilometer westlich von Vico hat sich **Marina di Equa** auf den Ruinen der antiken Römersiedlung Aequa breitgemacht. Viele Restaurants und Bars entlang der beliebten Kiesstrände weisen noch Spuren dieser Siedlung auf, sei es von der Villa Pezzolo aus dem 1. Jh. n. Chr. oder dem Wehrturm Torre di Caporivo. Auch Reste eines Kalksteinbruchs aus der Zeit der Gotik sind noch zu erkennen.

STÄDTE AN DER AMALFIKÜSTE

Positano

3882 EW.

Mit seinen senkrecht übereinander gestapelten Häuserreihen in sonnengebleichten Rosa-, Orange- und Terrakottatönen über azurblauem Meer ist Positano eindeutig der fotogenste Küstenort. Auch die steilen Sträßchen, in denen sich von Glyzinien umrankte Hotels, Restaurants und Boutiquen drängen, sind echte Hingucker.

Hinter der überirdisch schönen Fassade spielt sich jedoch das ganz normale Leben ab und es tut richtig gut zu sehen, dass auch hier der Putz bröckelt, die Farbe abblättert und es gelegentlich leicht nach Gully riecht. So stellt sich echte süditalienische Urlaubsatmosphäre ein – mit sonnenverbrannten Badegästen, die am Strand eine Pizza essen, Kiddies, die ihren Eltern das x-te *gelato*

NICHT VERSÄUMEN

SPAZIERGANG NACH FORNILLO

Die leichte Tour mit einer (ausnahmsweise gnädigen) Anzahl von Stufen führt von Positanos populärstem Strand, der Spiaggia Grande, zur Spiaggia die Fornillo. Da können die High Heels getrost im Schrank bleiben, denn im relaxten Fornillo ist Freizeitlook angesagt und in der Handvoll Strandbars wird's nach Sonnenuntergang richtig gemütlich.

Der Weg beginnt am Westende der Spiaggia Grande am Fährhafen mit ein paar Treppenstufen hinauf zur Torre Trasita. Das ist einer der vielen mittelalterlichen Wachtürme hier an der Küste, dank derer anrückende Piraten rechtzeitig gesichtet und die Einwohner gewarnt werden konnten. Mittlerweile ist der Turm ein Privatwohnsitz. Der Fußweg führt an bizarren Felsformationen und winzigen, türkis funkelnden Buchten mit schaukelnden Booten vorbei bis zum Strand von Fornillo. Dort können sich durstige Wanderer an kühlen Drinks und leckerer Eiscreme laben.

IM SCHNECKENTEMPO

Positano gehört zu den rund 55 italienischen Città Slow, einer Aktion der 1986 in Norditalien gegründeten Slow-Food-Bewegung. Wer eine „langsame Stadt" sein will, muss u. a. folgende Kriterien erfüllen: nicht mehr als 55 000 Einwohner, keine Fast-Food-Lokale, keine Neonreklame, dafür viele Wander- und Radwege und familiäre Restaurants, die vor allem traditionelle Gerichte aus regionalen Zutaten anbieten. Wer mehr darüber wissen will, klickt sich auf die Webseite www.cittaslow.org.

abquengeln und schicken Schönheiten aus Mailand, die die teuren Klamottenläden abgrasen. Das hat hier übrigens Tradition, schon in den 1960er-Jahren war *Moda Positano* ein Synonym für eleganten Strandlook und der Siegeszug des französischen Bikinis im prüden Italien begann genau hier.

Nach seinem Besuch 1953 schrieb John Steinbeck in einem Artikel für *Harper's Bazaar*: „Positano geht unter die Haut. Es ist ein Traumort, der während des Aufenthalts unwirklich erscheint und erst verführerisch real wird, nachdem man abgereist ist".

Das Städtchen hat etwas, keine Frage. Aber das macht sich leider auch in den Preisen bemerkbar, die hier höher sind als überall sonst an der Küste.

Sehenswertes & Aktivitäten

Die Stadtansicht von Positano ist einfach unvergesslich schön: pastellfarbene, ineinander verschachtelte Häuser, die unglaublich steil über der **Spiaggia Grande** aufragen. Der „große Strand" ist vielleicht nicht jedermanns Traum, da der graue Sand unter einem Meer bunter Sonnenschirme verschwindet. Aber das Wasser ist sauber und das ganze Drumherum eine echte Postkartenidylle. Strandliege und Schirm kosten im abgesperrten Strandbereich rund 18 € pro Person und Tag. Der öffentliche Teil ist gratis und daher natürlich übervölkert.

Im Städtchen kommt man am besten zu Fuß voran. Wer keine Knieprobleme hat, wird sich über die Dutzenden von steilen Gassen und Treppen freuen, die autofreies Schlendern ermöglichen. Ganz Gewiefte nehmen den Bus bis ans obere Ende von Positano, genießen das Panorama dort und bummeln dann gemütlich an allen Attraktionen und Aussichtspunkten des Ortes vorbei bergab.

Chiesa di Santa Maria Assunta KIRCHE

(Piazza Flavio Gioia; ⌚8–12 & 15.30–19 Uhr) Die Kirche ist Positanos berühmteste – und, ehrlich gesagt, auch die einzige – Sehenswürdigkeit. Wer am Wochenende da ist, hat vielleicht das Glück, das Fotomotiv durch eine Hochzeitsgesellschaft aufgewertet zu bekommen. Viele Brautpaare fahren extra hierher, um sich das Jawort zu geben.

Der Innenraum ist hübsch und ganz klassisch eingerichtet, mit ionischen, von goldenen Kapitellen gekrönten Säulen und geflügelten Cherubim, die über jedem Bogen hervorlugen. Der Hauptaltar wird von einer byzantinischen Schwarzen Madonna mit Kind aus dem 13. Jh. dominiert. Bei der Restaurierung von Kirchplatz und Krypta wurden die Reste einer römischen Villa entdeckt, die immer noch ausgebuddelt werden. Die Ausgrabungsstelle ist nicht öffentlich zugänglich.

LP TIPP **Franco Senesi** GALERIE

(☎089 87 52 57; www.francosenesifineart.com; Via dei Mulini 19; ⌚April–Nov. 10–24 Uhr) Zwischen bunten Boutiquen und auf Zitronenmotive konzentrierten Töpferläden stellt Franco Senesi in hellen, großen Räumen über 20 moderne italienische Maler und Bildhauer aus. Besucher können sich in aller Ruhe umschauen, ohne ständig angequasselt zu werden. Die Werke sind so unterschiedlich, dass fast jeder „seinen" Liebling findet – und vielleicht kauft.

Von wunderschönen naturalistischen Bildern über sehr farbintensive surrealistische Werke bis hin zu abstrakten Skulpturen ist alles dabei. Auf Wunsch übernimmt die Galerie den Versand.

Anfang 2012 hat Franco ein paar Häuser weiter noch eine Galerie für zeitgenössische Kunst eröffnet. The White Room zeigt unter anderem interessante Skulpturen des Venezianers Gianfranco Meggiato aus Messingguss.

Palazzo Murat RESIDENZ

(☎089 875 51 77; www.palazzomurat.it; Via dei Mulini 23) Auch wenn das Luxushotel gleich westlich der Chiesa di Santa Maria Assunta

Positano

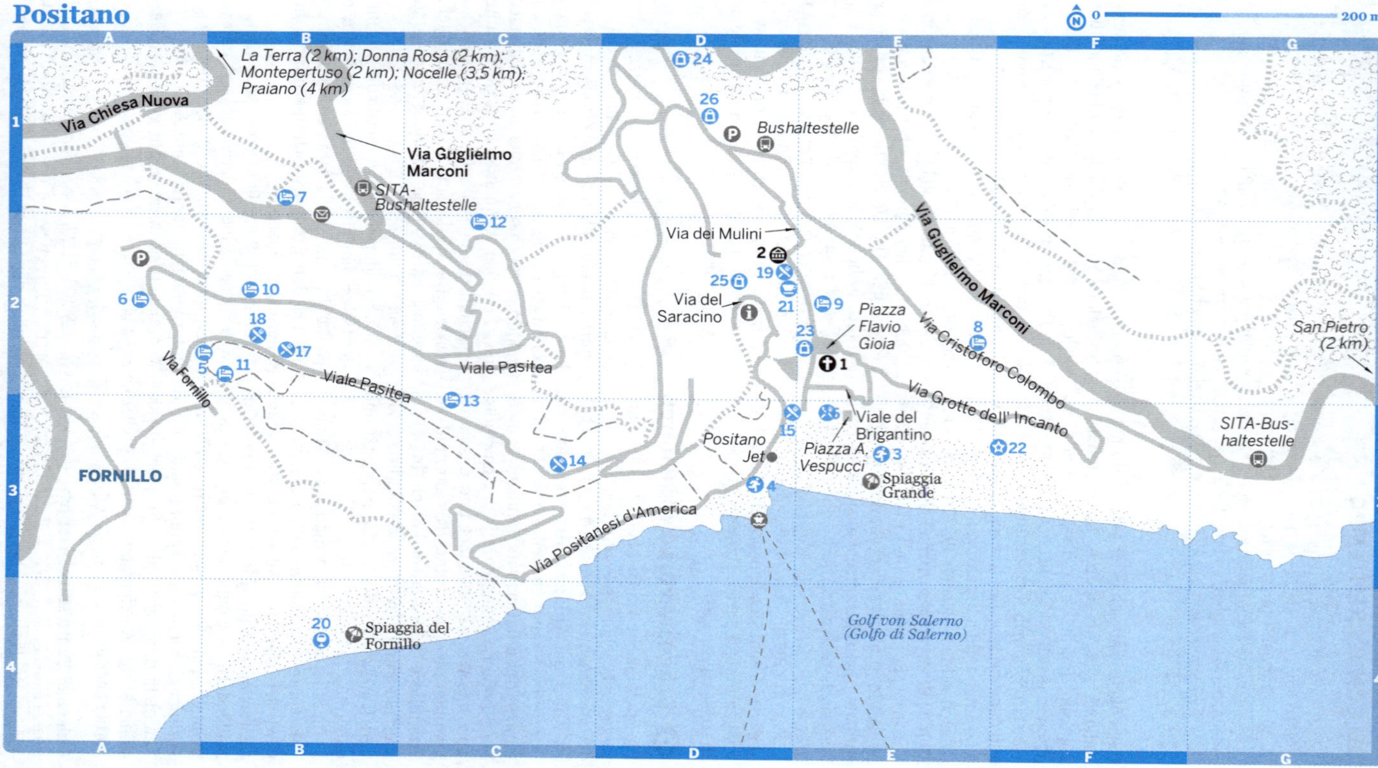
0
200 m
La Terra (2 km); Donna Rosa (2 km); Montepertuso (2 km); Nocelle (3,5 km); Praiano (4 km)
Via Chiesa Nuova
Via Guglielmo Marconi
SITA-Bushaltestelle
Bushaltestelle
Via dei Mulini
Via del Saracino
Viale Pasitea
Via Fornillo
FORNILLO
Piazza Flavio Gioia
Via Cristoforo Colombo
Via Guglielmo Marconi
Via Grotte dell' Incanto
Viale del Brigantino
Piazza A. Vespucci
Positano Jet
Spiaggia Grande
Via Positanesi d'America
SITA-Bushaltestelle
San Pietro (2 km)
Spiaggia del Fornillo
Golf von Salerno (Golfo di Salerno)

Positano

Sehenswertes
1 Chiesa di Santa Maria Assunta E2
2 Franco Senesi D2
Palazzo Murat .... (siehe 9)

Aktivitäten, Kurse & Touren
3 Blue Star E3
4 L'Uomo e il Mare D3

Schlafen
5 Casa Celeste A2
6 Florida Residence A2
7 Hostel Brikette B1
8 Hotel California E2
9 Hotel Palazzo Murat E2
10 Hotel Villa Gabrisa B2
11 Pensione Maria Luisa B2
12 Villa Franco C2
13 Villa Nettuno C3

Essen
14 Da Vincenzo C3
15 La Brezza D3
16 La Cambusa E3
17 Next 2 .... B2
18 Ristorante il Saraceno d'Oro B2
19 Ristorante Max D2

Ausgehen
20 Da Ferdinando B4
21 La Zagara D2

Unterhaltung
22 Music on the Rocks F3

Shoppen
23 Antonello della Mura E2
24 La Bottego di Brunella D1
25 La Botteguccia de Giovanni D2
26 Umberto Carro D1

finanziell nicht infrage kommt, ist es doch einen Besuch wert. Der prächtige, von Blumen überbordende Innenhof ist eine wahre Augenweide, im von Wein umrankten Patio lässt es sich bei einem Glas Wein über das kurze, tragische Leben Joachim Murats reflektieren. Der Schwager Napoleons und König von Neapel (reg. 1808–1818) hatte den Palast als Sommerresidenz für sich und seine Gemahlin, Caroline Bonaparte, bauen lassen.

Blue Star BOOTFAHREN
(☎089 81 18 89; www.bluestarpositano.it; Spiaggia Grande; ⊙Ostern–Nov. 9–20 Uhr) Ein Kiosk an der Spiaggia Grande dient der Agentur Blue Star als Büro, um Motorboote zu vermieten (60 € pro Std., 200 € für 4 Std.) – das ideale Transportmittel für einen Ausflug nach Li Galli, zu den vier Mini-Inseln, wo angeblich die Sirenen Männer ins Verderben lockten. Auf Gallo Lungo steht übrigens eine prächtige Privatvilla, in der einstmals der Tänzers Rudolf Nurejew wohnte. Blue Star bietet auch Bootstouren nach Capri und zur Grotta dello Smeraldo (50 €) an.

L'Uomo e il Mare BOOTFAHREN
(☎089 81 16 13; www.gennaroesalvatore.it; ⊙Ostern–Nov. 9–20 Uhr) Ein italienisch-englisches Pärchen bietet in seinem Kiosk am Fährhafen Bootstouren an. Auf dem Programm stehen z. B. Tagesausflüge nach Capri und Amalfi (ab 50 €) und ein romantischer Trip nach Li Galli bei Sonnenuntergang, Champagner inklusive (30 €).

Essen

Im Großen und Ganzen gilt: Je näher am Meer, desto teurer. Viele Lokale haben den Winter über zu und nehmen nur das Geschäft an Weihnachten und Silvester/Neujahr mit.

Donna Rosa KAMPANISCH €€
(☎089 81 18 06; www.drpositano.com; Via Montepertuso 97–99, Montepertuso; Gerichte ab 38 €; ⊙April–Dez. Mi–Mo) Das hoch über Positano in den Bergen von Montepertuso gelegene Restaurant ist an der gesamten Amalfiküste bekannt. Als Rosas Tochter Raffaella in der einstmals bescheidenen Trattoria den Kochlöffel übernahm, begann der kulinarische Aufschwung. Und der wird sich wohl mit Raffaellas Tochter Erika fortsetzen, die bei Jamie Oliver in London in die Töpfe schaute. Der englische Starkoch hatte das Restaurant auf seiner Hochzeitsreise entdeckt und spontan zu einer seiner ewigen Lieblingsadressen erklärt.

Das Angebot ändert sich zwar ständig, ist aber stets himmlisch – wie auch der Ausblick auf die Küste. Das Schokosoufflé sollte sich keiner entgehen lassen und vorher zu reservieren ist ebenfalls empfehlenswert. Zur Zeit der Recherche waren auch Kochkurse in Planung – aktuelle Infos bietet die Website.

LP TIPP **Next 2** NEAPOLITANISCHE KÜCHE €€
(☎089 812 35 16; www.next2.it; Viale Pasitea 242; Gerichte 30 €; ⌚19–23 Uhr) Alles verströmt hier unaufdringliche Eleganz, vom Farbkonzept in Pistazie und Beige über die im Raum aufgestellten Zitronenbäume bis hin zur Terrasse mit weißen Riesensonnenschirmen und dunklen Korbmöbeln. Für die neu interpretierte neapolitanische Küche werden weitgehend Biozutaten verarbeitet. Das Tagesangebot beschränkt sich auf acht Gerichte, zu denen z. B. gebackener Reis mit Fleischbällchen, Lachs mit Mozzarella oder Riesengnocchi mit Kirschtomaten, Ricotta und Räucherkäse gehören können. Die Desserts zergehen auf der Zunge.

La Cambusa MEERESFRÜCHTE €€
(☎089 81 20 51; Piazza A. Vespucci 4; Gerichte 40 €; ⌚März–Nov.) Das Lokal liegt direkt am Meer, was mittelmäßige Kost zu überteuerten Preisen vermuten lassen könnte. Aber das kommt dem netten Besitzer Luigi nicht in die Tüte! Für die Einheimischen ist und bleibt „die Kombüse“ eine Top-Adresse für Meeresfrüchte.

Am besten sind einfache Gerichte wie Spaghetti mit Muscheln, Wolfsbarsch aus dem Ofen und natürlich Hummer. Eine reiche Auswahl an Beilagen (z. B. gebackene Artischocken) und natürlich die malerische Lage machen das Vergnügen komplett.

Da Vincenzo KAMPANISCH €€
(☎089 87 51 28; Viale Pasitea 172–178; Gerichte 35 €; ⌚April–Nov., im Juli & Aug. mittags geschl.) Bereits die dritte Generation steht hier am Herd, um Wunderbares zu zaubern. Fisch und Meersefrüchte spielen in interessanten Kreationen wie gegrillten Tintenfischarmen mit frittierten Artischocken eine Hauptrolle. Aber auch saisonal orientierte Pastagerichte (Spaghetti mit dicken Bohnen und Ricotta) sind ein Hochgenuss. Im Sommer sorgen Gitarrenspieler mit neapolitanischen Melodien für den musikalischen Background. Mitbesitzerin Marcella fabriziert angeblich die leckersten Desserts der Stadt. Reservierung empfohlen.

La Terra VEGETARISCH €€
(☎089 81 11 79; Via Tagliata 14, Montepertuso) Das tolle Restaurant in den Bergen über Positano ist von der Soja- und Salattristesse vieler vegetarischer Lokale um Welten entfernt. Publikumslieblinge im saisonal orientierten Angebot sind Kürbisrisotto mit Provolone-Käse oder Pasta *primavera* („Frühlingsnudeln“) mit dem ersten, zarten Gemüse aus dem eigenen, großen Garten. Auf Wunsch wird die An- und Rückfahrt organisiert und wer Glück hat, wird während der Wartezeit vom Kellner mit einer Saxofoneinlage unterhalten.

Ristorante il Saraceno d'Oro KAMPANISCH €€
(☎089 81 20 50; Viale Pasitea 254; Gerichte 25 €, Pizza ab 5 €; ⌚März–Okt.) Mit seinen Kellnern, die mit Tellern über die Straße flitzen, wirkt das leicht schäbige Lokal so richtig typisch italienisch. Zum Glück herrscht am Abend kaum Verkehr. Pizza, Pasta und vor allem die Gemüsebeilagen schmecken sehr lecker und die Profiteroles mit Schokosauce zum Dessert sind zum Niederknien.

Ristorante Max KAMPANISCH €€
(☎089 87 50 56; Via dei Mulini 22; Gerichte 40 €; ⌚März–Nov.) Anstatt des sonst üblichen Meerblicks hilft Kunst an der Wand über die Wartezeit hinweg. Vielleicht verabreden sich deshalb hier besonders gerne Damen zum Mittagessen. Das Lokal bietet feste Menüs wie auch Tagesgerichte an, beispielsweise gebratene Muscheln oder mit Ricotta und Lachs gefüllte Zucchiniblüten. Im Sommer finden hier Kochkurse statt.

La Brezza SNACKS €€
(☎089 87 58 11; Via R. Giovanna 2; Snacks ca. 5 €; WLAN) Mit seiner von Edelstahl sowie Grau- und Weißtönen bestimmten Einrichtung, kostenlosem Internetzugang und WLAN plus der Terrasse mit Blick auf Promenade und Strand bietet sich das Lokal für ein schnelles *panino* oder einen anderen Snack an. Zur täglichen Happy Hour (18–20 Uhr) gibt's kleine Knabbereien zum Getränk. Regelmäßige Kunstausstellungen sind ein weiteres Plus.

Ausgehen & Unterhaltung

Mit einem lässig um die Schultern geschlungenen Kaschmirpulli die Hauptstraße auf- und abzustolzieren mag für manche der Inbegriff einer abendlichen Sause sein. Aber viel mehr hat Positano auch nicht zu bieten. Abgesehen von ein paar wenigen Ausnahmen geht das Angebot hier eher in Richtung Pianobar: nett, aber nicht besonders spannend.

LP TIPP **La Zagara** CAFÉ
(☎089 812 28 92; Via dei Mulini 4; Panini 5 €, Gebäck 3 €, Cocktails 5 €) Idyllischer kann ein italienisches Straßencafé gar nicht sein: eine

INSIDERWISSEN

WANDERFÜHRERIN ZIA LUCY

„Tante" Lucy (www.zialucy.it) ist in Positano geboren und aufgewachsen. Da sie die Gegend, ihre Geschichte, Fauna und Flora wie keine andere kennt, bietet sie geführte Wanderungen an.

Welche ist Ihre Lieblingswanderung an der Amalfiküste? Wir haben hier unglaublich viele tolle Wanderrouten. Aber ich muss zugeben, der sogenannte Weg der Götter ist immer noch mein Favorit. Er hat einfach alles: traumhafte Landschaften, wunderschöne Blumen, wie wilde Orchideen, und er ist nicht zu anspruchsvoll, sodass die meisten ihn schaffen.

Irgendwelche Tipps für Wanderer? Obwohl es eigentlich jeder besser weiß, tragen immer noch viele Leute zum Wandern offene Sandalen. Das ist nicht nur wegen der Rutschgefahr riskant, sondern auch wegen der Schlangen, die sich gelegentlich blicken lassen.

Ihr bevorzugtes Restaurant in der Gegend? Ich liebe das La Terra in Montepertuso. Die Besitzer bauen das ganze Gemüse selbst an und die Ausblicke dort sind phantastisch. Wenn ich hier in der Stadt Meeresfrüchte essen will, gehe ich ins La Cambusa.

mit Blumen und Grünpflanzen geschmückte Terrasse, eine schicke Bar, eine verführerische Kuchentheke, distinguierte Kellner in roten Jacken, neapolitanische Klänge im Hintergrund und jede Menge schicker Leute, die daran vorbeiflanieren. Neben köstlichen, cremigen Törtchen werden auch pikante Snacks angeboten, im Sommer gibt's Livemusik.

Music on the Rocks CLUB
(☎089 87 58 74; www.musicontherocks.it; Via Grotte dell'Incanto 51; Eintritt 10–25 €; ⏲Mai–Okt.) Das ist eines der wenigen wirklichen Nachtlokale hier und dazu einer der besten Clubs der Amalfiküste. Auch die Location im Turm am Ende der Spiaggia Grande macht echt was her. Mit eingängigem House und Disco schaffen die DJs relaxte Vibes, die zu unverkrampftem Flirten animieren.

Da Ferdinando BAR
(☎089 87 53 65; Spiaggia dei Fornillo; ⏲22–3 Uhr, Mai–Okt.) Die Strandbar ist nur im Sommer geöffnet, vermietet Liegestühle und bietet Getränke sowie leichte Snacks an. Der Soundtrack ist so locker gemixt, dass jeder nach Sonnenuntergang automatisch in Partystimmung kommt.

Shoppen

An Positanos bunten Boutiquen kommt keiner vorbei – jedes einzelne Schaufenster ist eine wahre Farborgie. Unbestrittener Star im Angebot ist die einfache Zitrone, nicht nur in Form von *limoncello* und Duftkerzen, sondern auch als Motiv auf Geschirrtüchern, Schürzen und Keramik aller Art.

LP TIPP **Antonello della Mura** MODE
(☎089 87 50 20; Via del Saracino 36) Insider in Sachen Mode wissen, dass Antonello am renommierten Londoner St. Martins College of Art and Design studiert hat und hier seine Eigenkreationen anbietet. Seine von römischen Fresken inspirierten, bedruckten Seidenschals würden sich auch gerahmt als Bild gut machen. Sie sind handgearbeitet und mindestens so gut wie die von Hermès, kosten aber rund 100 € weniger. Auch die federleichten Damenklamotten sind einfach unwiderstehlich.

La Bottego di Brunella MODE
(☎089 87 52 28; www.brunella.it; Viale Pasitea 72) Dass die Frauen hier so unbemüht schick aussehen, liegt unter anderem an diesem Laden – einer der wenigen, dessen Angebot tatsächlich „made in Positano" ist (die meisten Boutiquen tun nur so, als ob, und verkaufen Importware). Leinen und Seide in Erdfarben (Beige, Ocker, Braun, Gelb) sind das bevorzugte Material. Brunella hat noch zwei weitere Filialen, die kleinere davon liegt gegenüber dem Palazzo Murat.

La Botteguccia de Giovanni SCHUHE
(☎089 81 18 24; www.labottegucciapositano.it; Via Regina Giovanni 19; ⏲Mai–Okt.) In seiner kleinen Werkstatt hinten im Laden fertigt Giovanni noch Sandalen nach Maß. Die Kunden suchen sich Farbe und Schmuckelemente aus (z. B. Muscheln, was für Positano irgendwie typisch zu sein scheint ...), hinterlassen ihre Schuhgröße und gehen einen Cappuccino trinken, während er sich an die Arbeit macht. Kostenpunkt: ab 50 €.

ABSTECHER

NOCELLE

Nocelle ist ein abgelegenes, verschlafenes Dörfchen auf 450 m Höhe, irgendwo zwischen Positano und Montepertuso. Vom Touristenrummel völlig unbeleckt, bietet es erholsame Stille und berauschende Blicke auf die Küste. Hier passiert so gut wie nichts – und die paar Einwohner sind froh, wenn das so bleibt.

Wer hier länger relaxen will, kann sich in der hübschen **Villa della Quercia** (☎089 812 34 97; www.villadellaquercia.com; Zi. 70–75 €; 📶) einmieten: Zimmer mit Aussicht sind der Trumpf des ehemaligen Klosters. Eine einfache, zuverlässige Essadresse ist die **Trattoria Santa Croce** (⏲April–Okt.) im Ortskern.

Um hinzukommen, bietet sich der Bus ab Positano an (1,20 €, 30 Min., 17-mal tgl.). Selbstfahrer folgen den Schildern ab Positano. Nocelle liegt am Wanderweg *Sentieri degli Dei* (S. 170) und bietet sich für eine kurze Rast bestens an.

Umberto Carro TÖPFERWAREN
(☎089 87 53 52; Viale Pasitea 98; ⏲Mai–Okt.) Angesichts der überwältigenden Auswahl an Keramik aus heimischer Produktion ist Stress beim Packen und Einchecken fast vorprogrammiert. Zum Glück wird die fragile Ware auf Wunsch auch verschickt. Formen und Farben sind von dezenter Eleganz, das Angebot reicht von imposanten Trögen über leuchtend bunte Keramiktierchen und anderen Nippes bis hin zu süßen, kleinen Eierbechern.

ℹ Praktische Informationen

Touristeninformation (☎089 87 50 67; Via del Saracino 4; ⏲Mo–Sa 8–14 & 15.30–20 Uhr) Eine gute Quelle für Infos aller Art, allerdings ist für Kartenmaterial und Ähnliches ein Obolus zu entrichten.

ℹ An- & Weiterreise

Auto & Motorrad

Anfahrt auf der Autobahn A3 bis Ausfahrt Vietri sul Mare und weiter auf der Küstenstraße SS163.

Positano Rent a Scooter (☎089 812 20 77; Viale Pasitea 99; ab 50 € pro Tag) vermietet Roller (gegen Vorlage von Führerschein und Personalausweis).

Bus

Positano liegt an der Küstenstraße SS163, 16 km westlich von Amalfi und 18 km östlich von Sorrent. Die Busse aus Richtung Sorrent halten gegenüber der Bar Internazionale (wo Bustickets verkauft werden), von dort aus geht's zu Fuß auf der Viale Pasitea ins Zentrum. Die Busse aus Richtung Amalfi halten am oberen Ende der Via Cristoforo Colombo, die (viel schneller) zum Ortskern führt. Tickets gibt's in der *tabaccheria* (Tabakladen) am unteren Ende der Via Cristoforo Colombo.

» **SITA** (☎199 73 07 49; www.sitabus.it) Unterhält regen Pendelverkehr nach Amalfi und Sorrent.

» **Flavia Gioia** (☎089 81 30 77; Via Cristoforo Colombo 49) Die Stadtbusse klappern die untere Ringstraße im 30-Minuten-Takt ab. Fahrscheine gibt's im Bus (1,20 €), die Haltestellen (inklusive der beiden, wo auch die SITA-Busse halten) sind gut erkennbar. Flavia Gioia schickt außerdem täglich 17 Busse nach Montepertuso und Nocello.

Parken

Im Sommer ist die Parkplatzsuche ziemlich nervig. Es gibt einige ausgewiesene blaue Zonen (3 € pro Std.) und mehrere privat betriebene, teure Parkplätze. Der **Parcheggio da Anna** (Viale Pasitea 173; 18 € pro Tag) liegt am oberen Ende der Stadt, kurz vor der Pensione Maria Luisa. Vom Parkplatz **Di Gennaro** (Via Pasitea 1; 23 € pro Tag) am Ende der Via Cristoforo Colombo sind die Wege zum Stadtzentrum und Strand kürzer.

Schiff

Von April bis Oktober bestehen ausgezeichnete Fährverbindungen zu anderen Küstenstädten und den Inseln.

Linee Marittime Partenopee (☎081 704 19 11; www.consorziolmp.it) Schickt Tragflächenboote/Fähren von Positano nach Capri (16,50/14,50 €).

Metrò del Mare (☎199 44 66 44; www.metrodelmare.com) Unterhält im Sommer Fährverbindungen nach Neapel Beverello (17 €, 85 Min., 2-mal tgl.), Amalfi (8,50 €, 45 Min., 2-mal tgl.), Sorrent (13 €, 45 Min., 2-mal tgl.) und Salerno (11 €, 45 Min., 2-mal tgl.).

Positano Jet (☎089 87 50 32) Diese Tragflächenboote zischen ab nach Capri (17 €, 45 Min., 3-mal tgl.).

Praiano

1900 EW.

Das einstmalige Fischerdorf hat sich zu einem ansprechenden, entspannten Badeort entwickelt und zeigt eine steigende Affinität zur Kunst. Es hat kein eigentliches Zentrum, sondern besteht aus einer Ansammlung weiß gekalkter Häuschen, die sich locker über den grünen Rücken des Monte Sant'Angelo in Richtung Capo Sottile verteilen. Die Dogen von Amalfi hatten den Ort zu ihrer Sommerresidenz erhoben, ein weiteres Standbein war die Seidenproduktion.

Sehenswertes & Aktivitäten

Wer sich im 120 m hoch gelegenen Praiano umsehen will, muss einige Kondition beim Treppensteigen aufbringen. Mehrere Wanderwege nehmen hier ihren Anfang, darunter die landschaftlich attraktive Tour von der Kirche San Gennaro in westlicher Richtung hinunter zur **Spiaggia della Gavitelli** (rund 300 Stufen!) und weiter zum mittelalterlichen Wehrturm Torre di Grado. Bei Sonnenuntergang besonders romantisch!

Marina di Praia HAFEN
Die meisten Besucher kommen wegen des malerischen Hafens mit anschließendem Strand ein paar Kilometer östlich des Ortskerns. Direkt neben dem Hotel Onda Verde an der SS163 führt ein steiler Pfad durch die Klippen hinunter zu einer kleinen Bucht mit grobem Sandstrand und glasklarem Wasser. Die beste Badestelle liegt direkt vor den Klippen, kurz bevor man ganz unten ankommt. In den ehemaligen Fischerhütten haben sich vier Lokale eingenistet, eines davon serviert hervorragende Meeresfrüchte. Es gibt auch einen Bootsverleih.

Chiesa di San Luca KIRCHE
(Via Oratorio 1) Die Trümpfe der im 16. Jh. erbauten Kirche im oberen Teil des Dorfes sind ein gemusterter Fliesenboden, Gemälde von Giovanni Bernardo Lama (16. Jh.) und eine Büste des Evangelisten Lukas aus dem 17. Jh.

Centro Sub Costiera Amalfitana TAUCHEN
(☎089 81 21 48; www.centrosub.it; Via Marina di Praia; Tauchgänge ab 80 €; 👪) Eine sehr gute Adresse für Tauchfans! Im Angebot sind neben Ausrüstung auch Tauchkurse für Erwachsene und Kinder (ab acht Jahren) sowie nächtliche Tauchexkursionen und ganztägige Ausflüge inklusive Snacks auf dem Boot.

Essen

Da Armandino MEERESFRÜCHTE €€
(☎089 87 40 87; Via Praia 1, Marina di Praia; Gerichte 35 €; ⏲April–Nov.; 👪) Wer auf Fisch und Meeresfrüchte steht, darf sich das weithin berühmte, aber einfache Lokal in einem ehemaligen Bootsschuppen in der Marina di Praia nicht entgehen lassen. Es gibt keine Karte, sondern nur das, was am jeweiligen Tag in die Netze ging – und das ist garantiert lecker! Das malerische Ambiente direkt unter steil aufragenden Klippen und die Ferienatmosphäre machen den Genuss perfekt.

Onda Verde KAMPANISCH €€
(☎089 87 41 43; www.hotelondaverde.it; Via Terramare 3; Gerichte 35 €; ⏲April–Nov.) Das Restaurant gehört zu dem Hotel gleichen Namens und liegt direkt unter dem Wehrturm, auf halber Höhe der Treppe, die hinunter zum Hafen führt. An den Tischen im Freien ist die Aussicht auf die Bucht überwältigend. Im Umgang mit traditionellen Repezpten zeigt sich die Küche sehr einfallsreich und die große Auswahl an Salaten ist für heiße Sommertage genau das Richtige.

NICHT VERSÄUMEN

KUNST IM TURM

Wehrtürme säumen die gesamte Amalfküste. Paradoxerweise werden sie „Sarazener-Türme" genannt, nach den Angreifern, die sie eigentlich abwehren sollten. Die meisten Türme dämmern ihrem Verfall entgegen, einige sind in Privatbesitz. In der **Torre a Mare** (☎339 4401008; www.paolosandulli.com; Torre a Mare; ⏲9–13 & 15.30–19 Uhr) in Praiano stellt Paolo Sandulli seine Skulpturen und Bilder aus, sodass sich die Besichtigung dieses Wehrtums mit Kunstgenuss verknüpfen lässt. Seine „Köpfe" mit wilden Frisuren aus farbintensiven Seeschwämmen sind echte Hingucker (und werden auch in der Pop Gallery verkauft; s. S. 123). Zeichnungen und Skulpturen einheimischer Fischer bringen deren Charakter sehr überzeugend zum Ausdruck und die pummeligen Tennisspielerinnen im Miniröckchen machen einfach Laune. Eine Wendeltreppe führt hinauf zu weiteren Skulpturen und Gemälden. Paolo ist in der Gegend gut vertreten, u. a. auch im noblen Palazzo Murat in Positano.

DER WEG DER GÖTTER

Der 12 km lange **Sentiero degli Dei** (Weg der Götter) von Positano nach Praiano dauert sechs Stunden und ist der wohl berühmteste Wanderweg an der Amalfiküste. Er beginnt in der **Via Chiesa Nuova** im Nordteil von Positano, etwas nördlich der SS163. Am Ende des schmalen Sträßchens führen rechts von der Kirche ein paar Stufen bergauf, dann geht es auf der gegenüberliegenden Seite links zum offiziellen Ausgangspunkt des Wegs. Weiß-rote Streifen dienen als Markierung und tauchen unterwegs immer wieder an Felsen und Bäumen auf (sind aber manchmal schon etwas verblasst). Wer sich das anstrengende Treppensteigen am Anfang ersparen will, nimmt den Bus von Positano nach **Nocelle** und geht ab dort zu Fuß weiter (der Weg ist markiert).

Achtung: Die Wanderung ist nur etwas für Schwindelfreie, denn der Weg schlängelt sich gefährlich nahe am Bergrand mit Höhlen und Überhängen entlang, Felsen fallen fast senkrecht ab zu Schluchten, die vom tiefblauen Meer gesäumt werden. Manchmal ist es auf der Höhe dunstig, was die unwirkliche Atmosphäre noch verstärkt. Wenn die Zypressen wie dunkle Schwerter aus dem Nebel aufragen, glaubt man sich wirklich in einer anderen Welt.

Das riesige, dunkle Loch im Felsen bei **Montepertuso** wirkt, als ob ein Riese hier voller Wut seine Faust hineingerammt hätte. Allerdings hat die lokale Legende eine christlichere Erklärung dafür parat: Im Kampf mit dem Teufel soll die Jungfrau Maria durch einfaches Handauflegen diese Vertiefung geschaffen haben. In **Praiano** fahren Busse wieder zurück nach Positano. Wer eine spektakuläre Variante des Weges gehen will, lässt Praiano und die Küste rechts liegen und biegt stattdessen links ab nach **Bomerano** (ausgeschildert), ein kleines Städtchen in den Bergen zwischen Sorrent und Amalfi, nicht weit von Agerola.

In der Touristeninformation von Positano gibt's eine Broschüre über diesen Weg. Wanderkarten können auch bei www.amalficoastweb.com und www.grottedellangelo.sa.it heruntergeladen werden. Ebenfalls empfehlenswert ist die Karte des CAI (Club Alpino Italiano; Italienischer Alpenverein) *Monti Lattari, Peninsola Sorrentina, Costiera Amalfitana: Carta dei Sentieri* (9 €) im Maßstab 1:30 000. Wer die Wanderung lieber mit einem Führer machen will, kann sich z. B. an den Amerikaner **Frank Carpegna** (www.walkingwiththegods.com) wenden, der schon lange hier wohnt, oder an **Zia Lucy** (www.zialucy.it). Die **Free Ramblers** (www.freeramblers.com), eine lockere Gruppe von Einheimischen, organisieren jede Woche eine Wanderung auf der Halbinsel. Sie endet meist mit einem gemeinsamen Essen und Mitwanderer sind jederzeit willkommen.

La Brace KAMPANISCH €€
(☎089 87 42 26; www.labracepraiano.com; Via G. Capriglione; Gerichte 25 €, Pizza ab 5 €) Das alteingesessene Restaurant an der Hauptstraße ist für seine Meeresfrüchte und Pizzas berühmt. Im Speisesaal geht der Blick über die Dächer hinaus aufs Meer. Besitzer Gianni begrüßt jeden Gast wie einen alten Freund – was auf die vielen Einheimischen, die hier essen, sicher zum Großteil auch zutrifft.

☆ Unterhaltung

LP TIPP **Africana** CLUB
(☎089 81 11 71; www.africanafamousclub.com; nicht weit von der Marina di Praia; ⌚Mai–Sept. Fr & Sa) Viele werden von der Nacht, die sie in diesem wirklich genialen Club erlebt haben, noch ihren Enkeln vorschwärmen. Im Africana steppt schon seit den 1950er-Jahren, als Jackie Kennedy zu den VIP-Gästen gehörte, gewaltig der Bär. Das abgefahrene Höhlenambiente mit natürlichen Abzugslöchern und gläsernem Dancefloor, unter dem Fische etwas verstört ihre Runden drehen, ist sehenswert. Im Sommer bringen Shuttlebusse von Positano, Amalfi und Maiori oder auch Wassertaxis (10 €) von **Positano Boats** (☎339 2539207; www.positanoboats.info) die Gäste hin und zurück.

Shoppen

Eramos Edone TÖPFERWAREN
(☎089 87 40 75; Via Capriglione 140) Die originellen und in leuchtenden Farben bemalten Keramikwaren sind oft vom Meer inspiriert (Teller in Fischform usw.) und bringen einen Hauch von Amalfi auf den heimischen Tisch. Die Preise des 2012 eröffneten Ladens sind korrekt – eine wunderschöne Butterdose kostet beispielswise 25 €.

FURORE

Auch wenn heute nichts mehr daran erinnert, war das winzige Fischerdorf Marina di Furore einstmals ein lebendiges Handelszentrum. Dank seiner Lage blieb es im Mittelalter von fremden Invasoren verschont, seine Wasservorkommen trieben Getreide- und Papiermühlen an.

Das Dorf wurde von Römern gegründet, die einen Zufluchtsort vor den Barbarenhorden brauchten. Es liegt am Ende des sogenannten Furore-Fjords, einem von dramatischen Felsen gesäumten Einschnitt in die Monti Lattari. Der Hauptort liegt auf 300 m Höhe im oberen Vallone del Furore. Trotz bunter Wandmalereien und irgendwie nicht so richtig hierher passender moderner Skulpturen verirren sich das ganze Jahr über kaum Touristen in dieses verschlafene, ländliche Nest.

Wer im Auto unterwegs ist, folgt der SS163 und biegt dann auf die SS366 in Richtung Agerola ab. Vom Busbahnhof in Amalfi fahren SITA-Busse nach Furore (1,20 €, 30 Min., 17-mal tgl.). Auch die auf S. 156 vorgeschlagene Ausflugsfahrt sieht einen Halt in Furore vor.

Amalfi

5428 EW.

Schwer zu glauben, dass das nette, kleine Amalfi mit seinen von Sonne überfluteten Piazzas und seinem schnuckeligen Strand einst eine wichtige Seemacht war und über 70 000 Einwohner hatte! Von einem Ende zum anderen sind es gerade mal 20 Minuten zu Fuß. Und historisch bedeutsame Gebäude sind so gut wie keine zu sehen. Dafür gibt es eine ziemlich brutale Erklärung: Ein Großteil des Städtchens und seiner Bevölkerung ist während eines Erdbebens 1343 einfach ins Meer gerutscht.

Die momentane Einwohnerzahl liegt bei bescheidenen 5000. Allerdings karren Busse im Sommer massenweise Tagesausflügler herbei, sodass ganz schön was los ist. Gleich um die Ecke in einer Bucht liegt **Atrani**. Mit seinem malerischen Gewirr aus weiß getünchten Häusern und Torbögen rund um einen belebten Platz und dem netten Strand ist es auf jeden Fall einen Abstecher wert.

Sehenswertes & Aktivitäten

Die Piazza del Duomo mit dem imposanten Gotteshaus ist Dreh- und Angelpunkt von Amalfi. Eine Ahnung von der glanzvollen Vergangenheit geben die parallel angelegten, engen Sträßchen voller Arkaden und Nischen mit Heiligenstatuen. Die hübsche Strandpromenade ist ideal für ein ausgedehntes, relaxtes Mittagessen

Cattedrale di Sant'Andrea DOM

(☎089 87 10 59; Piazza del Duomo; ⌚9–19 Uhr) Wie eine große, alte Dame thront das imposante Gebäude über einem breiten Treppenaufgang und ist kaum zu übersehen. Meist wimmelt es hier von herumbummelnden Urlaubern, aufgekratzten Studenten und Schwätzchen haltenden Einheimischen, was für eine entspannte Atmosphäre sorgt, in der sich jeder wohlfühlt.

Teile des Doms stammen aus dem frühen 10. Jh. Die auffällige, gestreifte Fassade ist schon zweimal umgestylt worden, zuletzt im ausgehenden 19. Jh. Trotz des Stilmixes dominieren die aus Sizilien importierten, arabisch-normannischen Einflüsse (besonders am Glockenturm aus dem 13. Jh. und bei den zweifarbigen Mauern). Auch die mächtigen Bronzeportale sind ein Hingucker. Ein Adliger aus Amalfi hatte sie in Syrien anfertigen und herbringen lassen, sie waren die ersten ihrer Art in Italien. Die barocke Innenausstattung ist weniger spektakulär, doch der Altar weist immerhin einige schön gearbeitete Statuen auf und einige Mosaike aus dem 12. und 13. Jh. sind ebenfalls sehenswert. Im Hochsommer ist der Dom zwischen 10 und 17 Uhr nur über den daneben liegenden Chiostro del Paradiso zugänglich, wo eine Eintrittsgebühr von 2,50 € fällig wird.

MEISTERSCHAFT IM TURMSPRINGEN

Im Juli findet in Furore ein hochkarätiger Sportwettkampf statt: Bei der Coppa del Mediterraneo (www.comunefurore.it, auf Italienisch) stürzen sich todesmutige Springer aus aller Welt von der 28 m hohen Brücke über dem Furore-Fjord. Die durchschnittliche Fallgeschwindigkeit beträgt 100 km/h! Das Event findet meist am ersten Julisonntag statt und ist ein echtes Highlight. Am spektakulärsten wirkt das Ganze vom Boot aus gesehen.

Amalfi

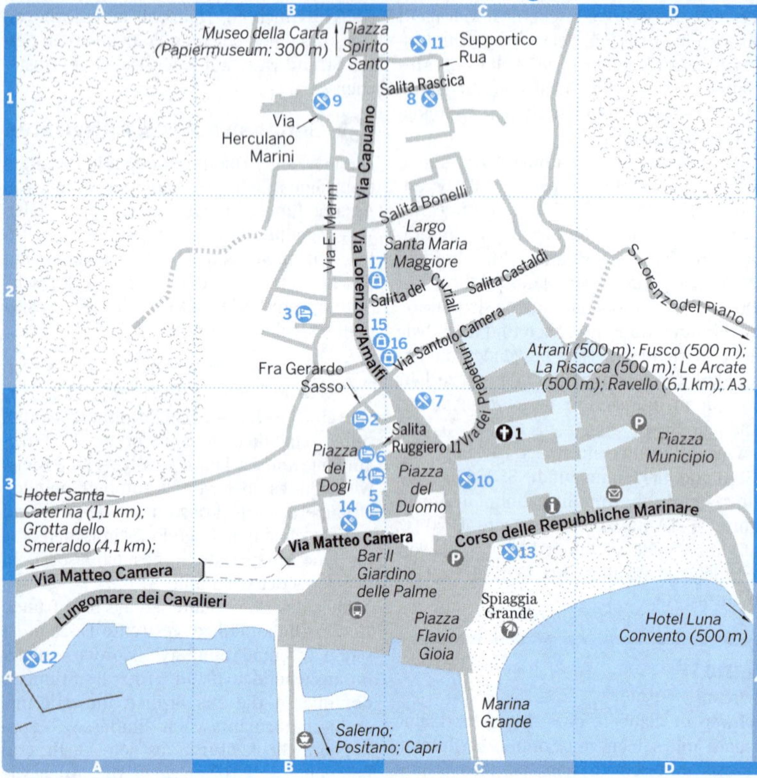

Amalfi

Sehenswertes

1 Cattedrale di Sant'Andrea C3
Chiostro del Paradiso ..... (siehe 1)

Schlafen

2 Albergo Sant'Andrea B3
3 Hotel Amalfi B2
4 Hotel Centrale B3
5 Hotel Lidomare B3
6 Residenza del Duca B3

Essen

7 Da Maria C3
8 Dolcería dell' Antíco Portico C1
9 Il Teatro B1
10 La Pansa C3
11 La Taverna del Duca C1
12 Lo Smeraldino A4
13 Marina Grande C3
14 Ristorante La Caravella B3

Shoppen

15 Anastasio Nicola Sas B2
16 Il Ninfeo C2
17 L'Arco Antico B2

Chiostro del Paradiso KREUZGANG
(☎089 87 13 24; Piazza del Duomo; Erw./erm. 2,50/1 €; ⏲9–19 Uhr) Links vom Domportal liegt der wunderschöne Kreuzgang im maurischen Stil, der 1266 als Grablege für die Prominenz von Amalfi angelegt wurde. Arabische Spitzbögen ruhen auf insgesamt 120 schlanken Marmorsäulen, die den Garten im Zentrum einfassen. Über den Kreuzgang geht es weiter in die Basilica del Crocefisso,

wo schon etwas verblasste Fresken aus dem 14. Jh. und Glasvitrinen mit diversen religiösen Artefakten zu besichtigen sind. In der darunter liegenden, 1206 angelegten Krypta ruhen die sterblichen Überreste von Sant'Andrea.

Grotta dello Smeraldo HÖHLE

(Eintritt 6 €; ⌚9–16 Uhr; 👪) Vier Kilometer westlich von Amalfi bietet sich in der Conca dei Marini einer der spektakulärsten Anblicke der Amalfiküste. Die Höhle, deren Name an das in märchenhaftem Smaragdgrün herausströmende Wasser erinnert, ist ein Muss! Stalaktiten hängen von der 24 m hohen Decke, am Boden wachsen bis zu 10 m hohe Stalagmiten. Immer am 24. Dezember und am 6. Januar pilgern Taucher aus ganz Italien zur Weihnachtskrippe aus Keramik, die unter Wasser aufgebaut wird.

ITA-Busse fahren in regelmäßigen Abständen den Parkplatz oberhalb des Eingangs zur Grotte an. Von dort führen Treppen und ein Lift hinunter zu den Ruderbooten. Täglich um 9 und um 15.30 Uhr fährt in Amalfi ein Boot der Coop Sant'Andrea zur Grotte (Hin- und Rückfahrt 15 €). Der Ausflug dauert ca. 1½ Stunden.

Museo della Carta MUSEUM

(☎089 830 45 61; www.museodellacarta.it; Via delle Cartiere; Eintritt 4 €; ⌚10–18.30 Uhr) Das Papiermuseum ist standesgemäß in einer ehemaligen Papiermühle untergebracht, die aus dem 13. Jh. stammt und damit die älteste Europas ist. Hier stehen uralte, noch voll funktionsfähige Papierpressen, die während der 15-minütigen Besichtigungstour (auf Englisch) angeworfen werden. Dazu wird erklärt, wie früher Papier auf Baumwollbasis und später aus Zellstoff hergestellt wurde. Das animiert zu einem Besuch im Museumsladen mit seinem Sortiment an Papieren (z. T. mit gepressten Blüten) und Schreibgeräten (auch für Kalligrafie).

Amalfi Marine BOOTFAHREN

(☎329 2149811; www.amalfiboats.it; Spiaggia del Porto, Lungomare dei Cavalieri) Wer richtig schön schwimmen gehen will, sollte sich ein Boot leihen und damit aufs Meer hinausfahren. Am Lungomare dei Cavalieri sitzen einige Anbieter, darunter auch dieser hier, der von der Amerikanerin Rebecca Brooks geleitet wird. Boote ohne Skipper gibt's ab 250 € pro Tag (für maximal sechs Passagiere), Tagesausflüge entlang der Küste und zu den Inseln werden für 45 € pro Person angeboten.

Essen & Ausgehen

Dass die meisten Lokale in und um Amalfi vor allem auf Touristen eingestellt sind, ist unvermeidlich. Aber der Standard ist ganz ordentlich und richtige Reinfälle sind selten. Fast überall wird Pizza und Pasta angeboten, dazu Fleisch vom Grill, Fisch und Meeresfrüchte. Die Ausgehszene hält sich in Grenzen, das meiste spielt sich in den Straßencafés und Bars ab. In Atrani ist etwas mehr los, aber richtige Knaller fehlen auch dort.

LP TIPP **Marina Grande** MEERESFRÜCHTE €€

(☎089 87 11 29; www.ristorantemarinagrande.com; Viale Delle Regioni 4; Gerichte 30 €; ⌚März–Okt. Di–So) Schon in der dritten Generation verwöhnt die Familie in ihrem Strandlokal vor allem Einheimische mit fangfrischem Fisch, der auf dem Teller fast noch zappelt. Mit Gerichten wie z. B. warmem Meeresfrüchtesalat und *linguini allo scoglio* (Pasta mit Tintenfisch, Garnelen, Sacmpi, Krebsen und Kirschtomaten) kann sich das Probiermenü (48 €) sehen lassen. Und es kommt noch besser: Das Marina Grande ist Slow-Food-Mitglied und verwendet fast nur Bioprodukte. Reservierung empfohlen.

Dolcería dell' Antíco Portico PASTICCERIA €

(☎089 87 11 43; Via Supportico Rua 10; Gebäck ab 3 €) Unter den Arkaden zaubert der berühmte Konditor Tiziano Mita, der schon in Paris, Mailand und im renommierten Palazzo Sasso in Ravello gearbeitet hat, traditionelle Süßigkeiten mit modernem Touch. Seine *sfogliatella* haben die Form eines *trullo* (für Apulien typische Rundbauten), seine Kekse mit Olivenöl, das Mandelgebäck und die Torte mit Zitronencreme sind leicht und unglaublich lecker. Die Konditorei hat ein paar Tische im Freien und serviert auch Kaffee.

Ristorante La Caravella KAMPANISCH €€€

(☎089 87 10 29; www.ristorantelacaravella.it; Via Matteo Camera 12; Gerichte 60 €, Probiermenü 75 €; ⌚Jan.–Mitte Nov. Mi–Mo; ❄) Mit seiner Regionalküche hat sich dieses Restaurant erst kürzlich einen Michelinstern verdient. Logisch, dass hier innovative Ideen umgesetzt werden, was sich dann beispielsweise in schwarzen Ravioli (mit Tintenfischtinte gefärbt) mit Scampi und Ricotta äußert. Anderes dagegen ist an Einfachheit kaum zu überbieten – Tagesfang vom Grill auf einem Bett von Zitronenblättern – und gerade deshalb unübertrefflich gut. Das Lokal ist eines der wenigen an der Amalfiküste, wo es nur ums Essen geht, nicht ums Ambiente (es liegt nämlich eingeklemmt zwischen einer verkehrsreichen Straße und der alten Werft). Deshalb kommen hier nur wirkliche Gourmets her, die das zu schätzen wissen. Auch Weinfreunde dürften kein Problem haben, unter den 15 000 Angeboten etwas zu finden. Reservierung erforderlich.

Il Teatro TRATTORIA €€
(☎089 87 24 73; Via E. Marini 19; Gerichte 25 €; 👪) Die wunderbar einfache Trattoria versteckt sich in einer idyllischen Seitenstraße des *centro storico*. Die Bögen und Wände des altmodisch eingerichteten Gastraums sind mit Schwarz-Weiß-Fotos und Nippes zugepflastert. Zu den Spezialitäten zählen *pesce spada il teatro* (Schwertfisch in einer Sauce aus Tomaten, Kapern und Olivenöl) sowie diverse vegetarische Gerichte wie *scialatielli al teatro* (Pasta mit Tomaten und Auberginen).

La Taverna del Duca MEERESFRÜCHTE €€
(☎089 87 27 55; Piazza Spirito Santo 26; Pizza ab 7 €, Gerichte 35 €; ⏲Fr–Mi) Hier gibt's nur eines: Schnell den letzten Stuhl auf dem Platz ergattern, denn das Fischlokal ist äußerst beliebt. Das Angebot richtet sich nach dem Tagesfang, aber oft stehen *carpaccio di baccalà* (hauchdünne Scheiben vom Stockfisch), Linguine mit Scampis oder *pasta fagioli e cozze* (Pasta mit Bohnen und Miesmuscheln) auf der Karte. Die reichhaltige Antipastiauswahl ist durchweg lecker und der elegante Speisesaal mit Kerzen und geschmackvollen Ölgemälden eine Augenweide.

Lo Smeraldino MEERESFRÜCHTE €€
(☎089 87 10 70; www.ristorantelosmeraldino.it; Piazzale dei Protontini 1, Lungomare dei Cavalieri; Gerichte 30 €, Pizza ca. 9 €; ⏲März–Dez. Do–Di) Östlich von Marina Grande bietet dieses einladende, in Blau-Weiß gehaltene Strandlokal Meerblick mit Fischerbooten sowie Leckeres für den Magen: knusprige Pizzas, geschmeidige Risotti (z. B. mit Räucherlachs und Kaviar) und einfache Fischgerichte, vom Grill oder gedünstet. Trotz Strandnähe sind Gäste in Pareo und Flipflops nicht gerne gesehen, denn hier herrscht dezente Eleganz. Wer am Wochenende hier essen will, sollte reservieren.

Da Maria KAMPANISCH €€
(☎089 87 18 80; Via Lorenzo d'Amalfi 16; Gerichte 25 €, Pizza ca. 6 €; ⏲Dez.–Okt.; 👪) Am Anfang der Hauptstraße in der Fußgängerzone, nicht weit von der Piazza del Duomo, hat sich dieses Kellerlokal zum quirligen Hotspot entwickelt, wo sich vom Yachtbesitzer aus Neapel bis zum Pauschaltouristen alles trifft. Kein Wunder, denn die Holzofenpizza ist perfekt, Pasta und Fleischgerichte sind ebenfalls in Ordnung (wenn auch leicht überteuert) und die Atmosphäre stimmt.

Le Arcate KAMPANISCH €€
(☎089 87 13 67; Largo Orlando Buonocore, Atrani; Gerichte 25 €, Pizza ab 6 €; ⏲Di–So; ❄) Wenn die Sonne scheint, ist die traumhafte Location am äußersten Ostrand des Hafens kaum zu schlagen: Davor Strand und Wellen, dahinter malerisch-vergammelte Hausdächer und die Kirche von Atrani. Riesige, weiße Sonnenschirme spenden auf der Terrasse Schatten, der Speisesaal liegt in einem Keller aus Naturstein. Abends ist Pizza-Time, während tagsüber z. B. Risotto mit Meeresfrüchten und gegrillter Schwertfisch auf der Karte stehen. Das Essen ist gut, aber nicht ganz so perfekt wie das Ambiente.

Fusco JOGURT €
(Piazza Umberto I 4, Atrani; Jogurt 1,50 €; 👪) Hier gibt's heimische Milchprodukte! Schon der Mozzarella *fior di latte* ist traumhaft, aber die eigentliche Spezialität sind verboten cremige, absolut köstliche Jogurts: Haselnuss, Erdbeer, Mokka, Orange und und und, alle hausgemacht. Fusco hat einen Ableger in Bomerano (Kasten „Das grüne Band" S. 156).

La Risacca BAR
(☎089 87 28 66; www.risacca.com; Piazza Umberto I 16, Atrani; Cocktails 5 €; ⏲10 Uhr bis spät) In der Bar geht es (für Atrani) hoch her. An den gut mit Musik beschallten Tischen draußen am Platz nippen braun gebrannte Studenten an bunten Cocktails und Flaschenbier. Wer einen oder zwei Euro sparen will, kommt zur Happy Hour (von 18 bis 20 Uhr). Gegen Hungerattacken helfen Pizza und Bruschetta.

La Pansa CAFÉ €
(☎089 87 10 65; Piazza del Duomo 40; Hörnchen & Gebäck ab 1,50 €; ⏲Mi–Mo) Hier ist die Zeit stehen geblieben: Wo sonst noch tragen die Kellner schwarze Fliegen? Und das typisch italienische Frühstück – ofenfrische *cornetti* (Hörnchen) und herrlich schaumiger Cappuccino – schmeckt noch genauso wie in der guten alten Zeit!

Shoppen

Wer noch Souvenirs sucht, wird hier garantiert fündig: Die Via Lorenzo d'Amalfi ist voll von Läden mit Töpferwaren, handwerklich hergestellten Geschenkartikeln aus Papier und natürlich *limoncello*. Da vor allem Touristen angesprochen werden, sind Schnäppchen eher selten.

Il Ninfeo TÖPFERWAREN
(☎089 87 36 353; www.amalficoastceramics.com; Via Lorenzo d'Amalfi 28) Für seine Zielgruppe, die Touristen, hat Il Ninfeo den riesigen Verkaufsraum mit der ganzen Palette an Keramikarbeiten bestückt, von XXL-Blumenübertöpfen bis hin zu Kühlschrankmagneten. Wenn nicht zu viel los ist, lässt einen das Personal auf Anfrage die Reste einer römischen Villa im Keller besichtigen. Wahnsinn, was sich im Untergrund dieses Städtchens alles verbirgt!

Anastasio Nicola Sas KULINARISCHES
(☎089 87 10 07; Via Lorenzo d'Amalfi 32) Wenn die Rückreise nicht allzu lange dauert, sind kulinarische Schätze ein tolles Mitbringsel – und der Laden dafür eine ideale Fundgrube. Unter Schinken, die von der Decke baumeln, türmen sich regionale Käse und eingelegte Spezialitäten, dazu gibt's Kaffee, Schokolade, *limoncello* und Pasta in allen nur erdenklichen Formen. Ebenfalls im Sortiment: nach Früchten duftende Seifen sowie Shampoos, Parfüms und Feuchtigkeitscremes auf natürlicher Basis.

L'Arco Antico SOUVENIRS
(☎089 873 63 54; Via Capuano 4) Mit der Papierherstellung begann Amalfi bereits im 12. Jh., um das (damals noch kleine) Heer von Bürokraten zu versorgen. Heute wird hier zwar kaum noch welches produziert, aber viele Läden verkaufen weiterhin Schreibwaren und Papier von exzellenter Qualität. L'Antico Arco hat unter anderem wunderschönes Briefpapier, Notizbücher mit Ledereinband und riesige Fotoalben im Sortiment.

ℹ Praktische Informationen

Touristeninformation (☎089 87 11 07; www.amalfitouristoffice.it; Corso delle Repubbliche Marinare 33; ⏲Mo–Fr 8.30–13.30 & 15–19.15 Uhr, Sa 8.30–12 Uhr) Praktisch für Fahrpläne von Bussen und Fähren.

ℹ An- & Weiterreise

Auto & Motorrad

Auf der Autobahn A3 vom Norden her kommend geht's über die Ausfahrt Vietri sul Mare auf der SS163 bis Amalfi. Vom Süden her kommend führt die Ausfahrt Salerno nach Vietri sul Mare und auf die SS163.

Bus

SITA (☎199 73 07 49; www.sitabus.it) Von der Piazza Flavio Gioia fahren täglich mindestens zwölf SITA-Busse nach Sorrent (über Positano), außerdem bestehen Verbindungen nach Ravello, Salerno und Neapel. Tickets (und Fahrplanauskünfte) gibt's in der **Bar Il Giardino delle Palme** (Piazza Flavio Gioia) gegenüber der Bushaltestelle.

Parken

Parken ist in Amalfi ein echtes Problem. Ein paar Parkplätze liegen an der Piazza Flavio Gioia, nicht weit vom Fährhafen (3 € pro Std.). Das unterirdische Parkhaus mit Zufahrt an der Piazza Municipio verlangt denselben Stundensatz.

Schiff

Linee Marittime Partenopee (☎081 704 19 11; www.consorziolmp.it; Via Guglielmo Melisurgo 4, Neapel) Täglich mehrere Tragflächenboote/Fähren von und nach Capri (hin und zurück 42/37 €).

Metrò del Mare (☎199 44 66 44; www.metrodelmare.com) In der Sommersaison pendeln Fähren dieses Anbieters zwischen Neapel und Amalfi (18 €, 2 Std., 2-mal tgl.), Positano (8,50 €, 20 Min., 3-mal tgl.), Sorrent (14 €, 75 Min., 2-mal tgl.) und Salerno (8,50 €, 50 Min., 1-mal tgl.).

Ravello

2510 EW.

In den Hügeln hoch über Amalfi liegt der Ort Ravello. Ein kleines Schmuckstück, das sich fast ausschließlich auf den Tourismus konzentriert (und als Location für Hochzeiten immer beliebter wird). Schon Künstler wie Wagner, D. H. Lawrence und Virginia Woolfe ließen sich hier inspirieren. Heute kommen Besucher vor allem wegen der prächtigen Gärten und dem unglaublichen Ausblick – dem besten der Welt, wie Gore Vidal überschwänglich behauptete, der einst hier lebte. Fest steht, dass kein anderer Ort an der Amalfiküste ein derartiges Panorama bietet.

Sehr populär ist Ravello als Ziel eines Tagesausflugs ausgehend von Amalfi – was eine stressige, 7 km lange Fahrt durch das Valle del Dragone bedeutet. Wer die romantische, weltentrückte Atmosphäre jedoch richtig genießen will, sollte über Nacht bleiben. Der quirlige Wochenmarkt am Dienstagmorgen hält neben Wein, Mozzarella und Olivenöl auch heruntergesetzte Designerklamotten bereit.

Sehenswertes & Aktivitäten

Auch wer überhaupt keinen Orientierungssinn besitzt und dazu neigt, sich zu verlaufen, kann sich in Ravello wirklich nicht verirren: Von der zentralen Piazza Duomo ausgehend ist alles allerbestens ausgeschildert. In den schmalen Seitenstraßen geht es beschaulicher zu und Trockenmauern, üppig wuchernde Vegetation, einfache Häuschen und liebevoll gehegte Gemüsebeete ergeben zusammen mit der Katze, die sich genüsslich auf dem Fensterbrett sonnt, eine perfekte Idylle.

Ravello 0 — 100 m

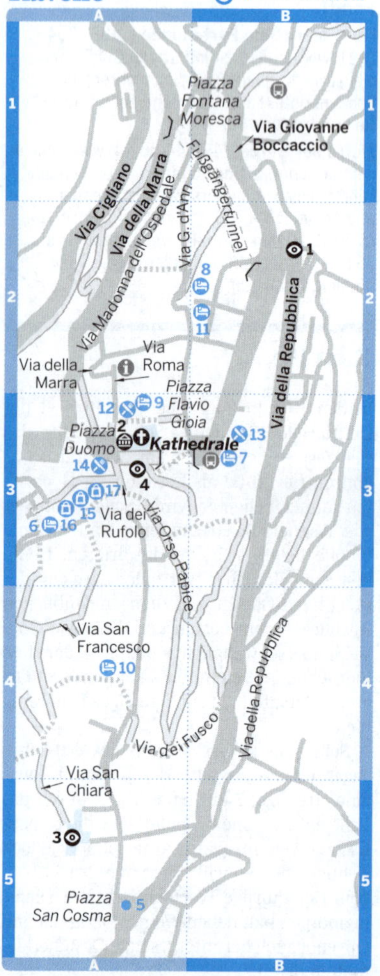

Duomo DOM

(Piazza Duomo; Eintritt Museum 2 €; ⌚8.30–13 & 16.30–20 Uhr) Der Grundstein für die am Ostrand der Piazza Duomo aufragende Kirche wurde bereits 1086 gelegt, doch mittlerweile hat sie schon mehrere Umbauten hinter sich. Die Fassade stammt aus dem 16. Jh., das mittlere Bronzeportal dagegen von 1179 (in ganz Italien gibt's davon nur zwei Dutzend). Der Innenraum wurde Ende des 20. Jhs. renoviert und ist wohl eher eine Interpretation dessen, was ursprünglich hier zu sehen war.

Die Kanzel ist ein echter Hingucker. Sie wird von sechs gedrehten Säulen gestützt, die ihrerseits auf Löwen aus Marmor ruhen. Die prächtigen Mosaikarbeiten mit Pfauen, Vögeln und tanzenden Löwen vervollständigen ihren Schmuck. Dass der Boden in Richtung Vorplatz zusehends in Schräglage gerät, ist Absicht: Das verstärkt den perspektivischen Effekt. Rechts vom Hauptschiff führen Stufen hinunter ins Dommuseum mit einer bescheidenen Sammlung religiöser Artefakte.

Ravello

Highlights
Kathedrale A3

Sehenswertes
1 Auditorium Oscar Niemeyer B2
2 Camo A3
3 Villa Cimbrone A5
4 Villa Rufolo A3

Aktivitäten, Kurse & Touren
5 Mamma Agata A5

Schlafen
6 Affittacamere Il Roseto A3
7 Albergo Ristorante Garden B3
8 Hotel Caruso B2
9 Hotel Toro A3
10 Hotel Villa Amore A4
11 Palazzo Sasso B2

Essen
12 Caffe Calce A3
13 Da Salvatore B3
14 Ristorante Pizzeria Vittoria A3

Shoppen
15 Cashmere A3
16 Profumi della Costiera A3
17 Wine & Drugs A3

RAVELLO ZU FUSS

In Ravello beginnen mehrere Spaziergänge, die zum Teil uralten Pfaden durch die Monti Lattari folgen. Wer sich fit genug fühlt, kann über Treppen, versteckte Wege und Olivenhaine bis hinunter nach **Minori** wandern und unterwegs im malerischen Weiler Torello ein Päuschen einlegen. Dieser Spaziergang beginnt links neben der Villa Rufolo und dauert rund 45 Minuten. Alternativ dazu führt ein Weg in Richtung Amalfi zum historischen Dorf **Scala**, der ältesten Siedlung an der Amalfiküste. Sie erlebte eine Blütezeit als religiöses Zentrum, was sich durch über 100 Kirchen manifestierte. Heute pfeift der Wind durch die kümmerlichen Überreste des Dorfes und seine wettergegerbten Bewohner verrichten geduldig und gelassen dieselben Arbeiten wie schon Generationen vor ihnen. Der romanische **Duomo** (Piazza Municipio; ⌚8–12 & 17–19 Uhr) am Dorfplatz ist ein Ehrfurcht gebietender Zeitzeuge des 12. Jhs. Weitere Vorschläge für Ausflüge zu Fuß hält die Touristeninformation von Ravello bereit.

LP TIPP Villa Rufolo GÄRTEN

(☎089 85 76 57; Piazza del Vescovado; Erw./erm. 5/3 €; ⌚9 Uhr bis Sonnenuntergang) Ein Turm südlich des Doms macht auf den Eingang zu dieser Villa aufmerksam, die für ihre wunderschöne Gartenanlage berühmt ist. Ein Schotte namens Scott Neville Reid hat sie 1853 geschaffen und damit wirklich ein wahres Wunder vollbracht. Unübertreffliche Ausblicke wechseln sich ab mit wilden Farborgien, malerisch dahinbröckelnde Türme kontrastieren mit verschwenderischer Blütenpracht. Als Wagner am 26. Mai 1880 die Gärten besuchte, schrieb er „Endlich habe ich Klingsors Zaubergarten [in dem der zweite Akt seiner Oper *Parsifal* spielt] gefunden."

Die Villa hatte sich die schwerreiche Familie Rufolo im 13. Jh. hinstellen lassen. Neben diversen Päpsten beherbergte sie auch König Robert von Anjou. Die Gärten dienen heute als Open-Air-Konzertsäle im Rahmen des jährlichen Klassikfestivals von Ravello.

Villa Cimbrone GÄRTEN

(☎089 85 80 72; Via Santa Chiara 26; Erw./erm. 6/3 €; ⌚9 Uhr bis Sonnenuntergang) Etwas weiter östlich der Piazza Duomo liegt eine weitere Attraktion, die Anfang des 20. Jhs. geschaffen wurde. Aber nicht die Villa selbst, die aus dem 11. Jh. stammt und heute als Hotel genutzt wird, sondern die verschwenderische Pracht der Gärten lässt einem die Augen übergehen. Am besten wirken sie von der atemberaubenden, mit klassizistischen Statuen und Büsten dekorierten Terrasse aus. Die Villa diente in früheren Tagen als eine Art Unterschlupf für Bohemiens; Greta Garbo und Leopold Stokowski hatten hier ihr heimliches Liebesnest. Weitere illustre Namen auf der Gästeliste sind Virginia Woolfe, Winston Churchill, D. H. Lawrence und Salvador Dalí.

LP TIPP Ravello Festival KLASSISCHE MUSIK

(☎089 85 83 60; www.ravellofestival.com) Zwischen Juni und Mitte September verwandelt sich fast das gesamte Ortszentrum in eine riesige Bühne. Das Programm reicht von Orchesterkonzerten über Kammermusik bis zu Ballettaufführungen, Filmvorführungen und Ausstellungen, deren Reiz sich durch die ungewöhnlichen Locations noch erhöht. Vor allem die überhängende Terrasse der Villa Rufolo ist als Aufführungsort einmalig.

Aber nicht nur im Hochsommer ist Konzertsaison, Ravellos Klassikangebot beginnt bereits im März und dauert bis in den Oktober hinein – allerdings mit einem deutlichen Crescendo im Juni und September. Das sind die Termine für das internationale Pianistenfestival und die Kammermusikwoche, bei denen in- und ausländische Top-Interpreten für wirklich unvergessliche Momente sorgen. Tickets gibt's per Telefon und online ab 25 € plus 2 € Reservierungsgebühr. Weitere Informationen erteilt die Ravello Concert Society.

Auditorium Oscar Niemeyer KONZERTHALLE

(☎346 7378561; www.auditoriumoscarniemeyer.it; Via della Repubblica 12) Die einen hassen, die anderen lieben das moderne Gebäude direkt unterhalb der Hauptzufahrt nach Ravello. Sein Architekt, der Brasilianer Oscar Niemeyer, gab ihm die Silhouette einer Welle, die sich an den Hügel zu schmiegen scheint. Der rechteckige Vorhof ist wie geschaffen für Skulpturen, die im Rahmen international renommierter Wanderaustellungen hier aufgestellt werden. Die Daten der Veranstaltungen im Auditorium stehen auf der Website.

NICHT VERSÄUMEN

KAMEEN-MUSEUM

Camo (☎089 85 74 61; Piazza Duomo 9, Ravello; ⏲Mo–Sa 9.30–12 & 15–17.30 Uhr) ist eigentlich ein Laden, der sich zwischen die vielen Souvenirshops und Touristenlokale quetscht. Aber er verkauft nicht den üblichen Ramsch, sondern exquisite, aus Korallen und Muscheln geschnitzte Schmuckstücke. Und das Allerbeste: Hinter dem Verkaufsraum liegt ein Museum, das sich als wahre Schatztruhe entpuppt – vor allem, wenn der Geschäftsgründer Giorgio Filocamo Zeit hat, um die Hintergrundgeschichten solch erlesener Stücke wie dem Jesus auf einem Kristallkreuz und der Jungfrau Maria aus dem 16. Jh. oder der römischen Amphore aus dem 3. Jh. zu erzählen. Schildpattkämme und Ölgemälde vervollständigen die wunderschöne Sammlung. Alle möglichen Promis, von Hillary Clinton bis zu Susan Sarandon, gehören zu Giorgios Kunden und haben dazu beigetragen, dass solch ein einzigartiger Laden mitten auf Ravellos überteuerter Touristenmeile existieren kann.

KURSE

Mamma Agata KOCHKURSE

(☎089 85 70 19; www.mammaagata.com; Piazza San Cosma 9; 180–230 €) Zusammen mit ihrer Tochter Chiara bietet Mamma Agata private Kochkurse an, in denen sie einfache, aber unglaublich leckere Gerichte zeigt, für die sie hauptsächlich Biozutaten verwendet. Ihre Demonstration endet abends auf der Terrasse mit Meerblick, wo die Teilnehmer die ganzen Köstlichkeiten probieren. Dazu gibt's dann den hausgemachten *limoncello*. Wer will, kann Mamma Agatas Kochbuch kaufen. Die Preise der Kochkurse variieren je nach Jahreszeit.

In den 1960er-Jahren kochte Mamma Agata hier für eine reiche amerikanische Familie. Zu deren Freunden gehörte Humphrey Bogart, der anscheinend süchtig nach Mamma Agatas mit *limoncello* aufgepepptem Zitronenkuchen war und ihn schon zum Frühstück verspachtelte. Weitere illustre Gäste waren Richard Burton, Frank Sinatra und Audrey Hepburn.

Essen

Seltsamerweise bietet Ravello kulinarisch gesehen recht wenig. Klar, es gibt genug Bars und Cafés, die überteuerte *panini* und Pizzas verkaufen. Aber nach einem anständigen Restaurant oder einer netten Trattoria muss man lange suchen. Einige Hotels haben eine ganz gute Küche, in den meisten sind auch Gäste willkommen, die nicht dort übernachten. Dazu kommen noch zwei, drei Nobellokale und damit hat sich's. Die nachstehend aufgeführten Adressen haben im Sommer Hochbetrieb, vor allem um die Mittagszeit. Und die Preise sind hier überall gepfeffert.

Da Salvatore KAMPANISCH €€

(☎089 85 72 27; www.salvatoreravello.co; Via della Republicca 2; Gerichte 28 €; ⏲Di–So) Salvatore liegt kurz vor der Bushaltestelle beim Albergo Ristorante Garden und macht nicht viel her, bietet aber von Terrasse und Speisesaal aus berauschende Ausblicke. Das kreative Küchenteam serviert beispielsweise zarten Tintenfisch auf einem mit *peperoncino* gewürzten Bett aus Kichererbsenpüree. Abends verwandelt sich ein Teil des Lokals in eine relaxte Pizzeria. Was hier aus dem Holzofen kommt, gibt's außerhalb von Neapel nur selten in dieser Qualität.

Ristorante Pizzeria Vittoria PIZZA €€

(☎089 85 79 47; www.ristorantepizzeriavittoria.it; Via dei Rufolo 3; Gerichte 30 €, Pizza ab 5 €; 👪) Auf der Karte stehen 16 verschiedene, durchweg leckere Pizzas, darunter auch die Ravellese mit Kirschtomaten, Zucchini, Mozzarella und Basilikum. Weitere Verführer sind Lasagne mit Kürbis, Räuchermozzarella und Steinpilzen oder die Vorspeisenkreation aus Kichererbsen und Kabeljau. Die kleine Terrasse und körnige Schwarz-Weiß-Aufnahmen von Ravello in der guten alten Zeit schaffen ein Ambiente von zurückhaltender Eleganz.

Caffe Calce CAFÉ €

(☎089 85 71 52; Via Roma 2; Eiscreme 2 €) Mit seiner nostalgischen Einrichtung und der einheimischen Stammkundschaft wirkt das kleine Lokal oberhalb des Domplatzes fast zeitlos. Hier gibt's den besten Kaffee von ganz Ravello und auch Gebäck und Eis sind zuverlässig lecker.

Shoppen

Limoncello und Töpferwaren bestimmen das Souvenirangebot der gesamten Amalfiküste und sind auch hier gut vertreten.

Profumi della Costiera GETRÄNKE
(☎089 85 81 67; www.profumidellacostiera.it; Via Trinità 37) Der hausgemachte *limoncello* wird aus der hier heimischen Zitronensorte *sfusato amalfitano* hergestellt. Die Früchte sind wahre Riesendinger, gut doppelt so groß wie normale Zitronen. Da nach einem traditionellen Rezept gearbeitet wird, enthält der Likör weder Farb- noch Konservierungsstoffe, kann sich dafür aber mit dem IGP-Siegel (*Indicazione Geografica Protetta;* geschützte geografische Herkunft) brüsten. Wer Glück hat, kann miterleben, wie der Likör hinten im Laden auf Flaschen gezogen wird.

Wine & Drugs KULINARISCHES
(☎089 85 84 43; Via Trinità 6) Anders, als der Name vermuten lässt, werden hier keine bewusstseinserweiternden Substanzen verkauft, sondern Grappa, Bio-Olivenöl, Safran und eine große Auswahl heimischer und internationaler Weine. Ein nettes Extra sind die täglich stattfindenden Verkostungen von gereiftem Parmesan, der in ebenso gereiften, nämlich 24 Jahre alten Balsamicoessig getunkt wird. Der Ladenbesitzer sammelt Baseballkappen: Seinen Warensendungen legt er stets eine Kappe aus Ravello bei und zufriedene Kunden aus aller Welt schicken ihm dann ein Exemplar aus ihrer Heimat zurück – bei der letzten Zählung hatte er schon über 400 Stück.

Cashmere DAMENBEKLEIDUNG
(☎089 85 84 67; www.filodautoreravello.it; Via Trinità 8) „Kaschmir" lässt zwar eher an den kühlen Norden denken, aber der winzige, in einer Seitenstraße versteckte Laden ist auf jeden Fall einen Besuch wert. Die qualitativ hochwertigen Kleidungsstücke bestehen hauptsächlich aus reiner Kaschmirwolle und aus Leinen und werden vor Ort produziert.

PARKEN IN RAVELLO

Die Parkgebühren rund um Ravellos Fußgängerzone sind offensichtlich für Ferrarifahrer kalkuliert: 5 € pro Stunde (!), zahlbar nur mit Kreditkarte. Viel billiger ist es, das Auto stehen zu lassen und den Bus von Amalfi nach Ravello zu nehmen. Eine weitere Alternative ist das neue, unterirdische Parkhaus beim Auditorium Oscar Niemeyer (S. 177). Zur Zeit der Recherche war es kurz vor der Fertigstellung und laut Auskunft der Touristeninformation werden die Preise dort erheblich humaner sein.

Praktische Informationen

Touristeninformation (☎089 85 70 96; www.ravellotime.it; Via Roma 18; ⊙9–19 Uhr) Ist bei der Zimmersuche behilflich.

An- & Weiterreise

Auto

Selberfahrer verlassen Amalfi in Richtung Osten und biegen nach etwa 2 km nach Norden ab.

Bus

SITA (☎199 73 07 49; www.sitabus.it) SITA-Busse fahren stündlich von der Haltestelle auf der Ostseite der Piazza Flavio Gioia bis nach Amalfi.

Parken

Das Ortszentrum ist für Autos tabu. Näheres zu Parkmöglichkeiten steht im Kasten auf S. 179.

Minori

3000 EW.

3,5 km östlich von Amalfi (und von Ravello 1 km zu Fuß steil bergab) liegt das unauffällige Städtchen Minori, wo vor allem Italiener Urlaub machen. Neben seinen schicken Nachbarn Positano und Amalfi wirkt es fast etwas schäbig, dafür aber viel authentischer. Auch hier ist der Tourismus eine Haupteinnahmequelle, was die hübsche Promenade, die einladenden Strände und die malerischen, vom Verkehrschaos unbeberührten Einkaufsstraßen bezeugen. Nudelmachen war in Minori schon im Mittelalter gang und gäbe. Die Spezialität des Ortes sind *scialatielli* (frische, dicke Bandnudeln), die auf vielen Speisekarten auftauchen.

Eine kleine **Touristeninformation** (☎089 87 70 87; www.proloco.minori.sa.it; Via Roma 30; ⊙Mo–Sa 9–12 & 17–20 Uhr, So 9–11 Uhr) an der Strandpromenade erteilt allgemeine Auskünfte und hält auch Touristenkarten bereit.

Sehenswertes

GRATIS **Villa Roma Antiquarium** HISTORISCHES GEBÄUDE
(☎089 85 28 93; Via Capodipiazza 28; ⊙9–19 Uhr) So prunkvolle Villen stellten sich die alten Römer hier als Ferienresidenzen hin, bevor der Vesuv 79 n. Chr. dem Spaß ein Ende bereitete. Die am besten erhaltenen Teile liegen rund um den Garten auf dem unteren Niveau.

In den beiden Räumen des angeschlossenen Museums sind Artefakte aller Art zu sehen, darunter eine ganze Reihe von Amphoren aus der Zeit vom 6. Jh. vor bis zum 6. Jh. nach Christus.

Festivals & Events

Gustaminori KULINARIA
Ein fester Termin für alle Foodies an der Amalfiküste ist das Gustaminori, wenn überall im Ort Fressstände (vor allem mit Pasta) aufgebaut werden und Livebands für Stimmung sorgen.

Essen

Il Giardiniello KAMPANISCH €€
(089 87 70 50; www.ristorantegiardiniello.com; Corso Vittorio Emanuele 17; Menü 30 €, Pizza ab 8 €; Do–Di) Schon seit 1955 verwöhnt das leicht zu findende Lokal in einer belebten, autofreien Straße, die von der Promenade abgeht, seine Stammgäste. Auf der nach Jasmin duftenden Terrasse teilen sich viele eine Riesenpizza (40 cm Durchmesser, 16 €) oder essen sich durch das hosenbundsprengende Menü mit der Pasta-Spezialität *scialatiellio*, Fisch aus heimischen Gewässern, Dessert und Wein.

Gambardella PASTICCERIA €
(089 87 72 99; Piazza Cantilena 7; Gebäck ab 1,50 €) Hinter der hübschen, dottergelben Kirche versteckt sich dieses Mekka für beste Kaffee- und Gebäckspezialitäten. Besonders lecker sind *sfogliatella* (Filoteig mit Ricottafüllung) und *torta di ricotta e pere* (Kuchen mit Ricotta und Birnen). Hier werden auch *limoncello* und andere, aus Walderdbeeren, Heidelbeeren, Lorbeer oder wildem Fenchel hergestellte Liköre verkauft.

Cetara

2400 EW.

Direkt hinter **Erchie** und seinem einladenden Strand liegt das von Gourmets hochgelobte, malerische Cetara. Schon im Mittelalter spielte die Fischerei hier eine zentrale Rolle; heute gilt die Hochseeflotte, die der Ort auf Thunfischfang schickt, als eine der größten des gesamten Mittelmeerraums. Die kleinen Boote, die nachts auslaufen und mit starken Lampen ausgerüstet sind, haben es auf Sardellen abgesehen. Erst vor Kurzem wurde hier die Herstellung von *colatura di alici* wieder angekurbelt; der sehr penetrante Sardellenextrakt soll sich aus der Würzsauce *garum*, die die alten Römer aus Fisch herstellten, entwickelt haben. Für Auskünfte und Zimmervermittlung steht eine kleine **Touristeninformation** (328 0156347; Piazza San Francesco 15; 9–13 & 17–24 Uhr) zur Verfügung.

Essen

Al Convento MEERESFRÜCHTE €€
(089 26 10 39; Piazza San Francesco 16; Gerichte 25 €) Schon beim Ambiente – ein Kreuzgang mit (wenn auch verblassten) Fresken aus dem 17. Jh. – kommt Freude auf. Die lokalen Fischspezialitäten setzen noch eins drauf. Neben Sardellen in allen möglichen Varianten ist auch *tagliata di tonna alle erbe* (kurz gegrillte Thunfischstreifen mit Kräutern) ein leckerer Einstieg. Spaghetti mit Sardellen und wildem Fenchel schmecken einfach traumhaft und der Schokoladenkuchen mit Ricotta und Sahne zum Dessert bringt jeden zum Schwelgen.

Festivals & Events

Sagra del Tonno THUNFISCHFESTIVAL
Jedes Jahr feiert der Ort Ende Juli/Anfang August die *sagra del tonno*, bei der sich alles um Thunfisch und Sardellen dreht. Wer es terminlich einrichten kann, sollte sich die Gelegenheit nicht entgehen lassen, die Fischspezialitäten bei Musik und festlicher Atmosphäre zu probieren. Wenn's nicht klappt, ist es auch kein Beinbruch: In fast allen Lebensmittelläden gibt's die Leckereien in Olivenöl eingelegt als Konserve (im Glas, niemals in der Dose kaufen!). Nähere Infos erteilt die Touristeninformation.

DAS TRINKEN DIE EINHEIMISCHEN

Wer hier in eine einfache Bar geht, wähnt sich in Frankreich: In Cetara bestellen sich viele anstelle des obligaten Glases Wasser einen Pernod zum Espresso. Französische Fischer hatten das nach Anis schmeckende Getränk vor ein paar Jahrzehnten hier salonfähig gemacht und irgendwie hat sich diese Sitte bis heute gehalten. Übrigens ist Cetara seit Kurzem die Partnerstadt von Sète (Frankreich) und viele einheimische Fischer sind in der Hoffnung auf bessere Arbeitsbedingungen dort hingezogen.

Vietri sul Mare

8600 EW.

Am Ende der Küstenstraße Amalfitana wartet das kampanische Zentrum für Töpferwaren, Vietri sul Mare. Schon die alten Römer kneteten hier Ton. Nach der Einführung hoher, dreistöckiger Brennöfen erreichte die Produktion im 16. und 17. Jh. industrielle Ausmaße. Grober Pinselstrich und leuchtende, mediterrane Farben sind das Markenzeichen der Keramik aus Vietri sul Mare. Sie gefiel auch dem Königshof in Neapel, der ein Hauptabnehmer wurde. Erst als sich hier in den 1920er- und 1930er-Jahren ausländische Künstler (vor allem Deutsche) niederließen, veränderten sich die traditionellen Muster. Viel mehr fällt auch der nicht besonders engagierten **Touristeninformation** (☎089 21 12 85; Piazza Matteotti; ⏲Mo–Fr 10–13 & 17–20 Uhr, Sa 10–13 Uhr) dazu nicht ein, obwohl sie am Eingang zum *centro storico* liegt, wo sich die Läden mit Töpferwaren aller Art drängen.

GRATIS **Museo della Ceramica** MUSEUM
(☎089 21 18 35; Villa Guerriglia; ⏲Di–Sa 8–15 Uhr, So 9–13 Uhr) Wie sehr Vietri im besten Sinne auf tönernen Füßen steht, verrät das Museum im nahe gelegenen Dörfchen Raito. Es residiert in einer feudalen Villa mit Park und gibt einen guten Einblick in die Entwicklung der heimischen Töpferkunst bis hin zur sogenannten „Deutschen Phase" (1929–1947), als vor allem Künstler aus Deutschland ihren Einfluss geltend machten.

Ceramica Artistica Solimene TÖPFERWAREN
(☎089 21 02 43; www.solimene.com; Via Madonna degli Angeli 7) Die berühmteste Adresse für Keramik in Vietri ist dieser Fabrikverkauf mit seinem Mammutangebot, das von Eierbechern und Kaffeepötten über verspielte Meerjungfrauen bis hin zu Lampen reicht. Wer nichts kaufen will, sollte wenigstens einen Blick auf die ausgefallene Fassade des Geschäfts werfen: Der Hingucker aus Keramik und Glas stammt von Paolo Soleri, einem Schüler des berühmten kalifornischen Architekten Frank Lloyd Wright, der sich als einer der ersten für die organische Bauweise stark machte.

Ceramiche Sara TÖPFERWAREN
(☎089 21 00 53; Via Costiera Amalfitana 14-16) Am Ortseingang (mit einem praktischen Parkplatz daneben) liegt dieser Laden, zu dessen Riesenangebot auch bunte, mit 8 € pro Stück nicht allzu teure Kacheln gehören – die sind perfekt als Topfuntersetzer.

Salerno & der Cilento

Inhalt »

Salerno 185
Paestum 189
Parco Nazionale del Cilento e Vallo di Diano 189
Agropoli 196
Die Cilento-Küste 198
Palinuro 200

Gut essen

» La Cantina del Feudo (S. 187)
» Vicolo della Neve (S. 188)
» Anna (S. 197)
» I Tre Gufi (S. 199)

Schön übernachten

» Agriturismo i Moresani (S. 222)
» Villa Vea (S. 222)
» Marulivo Hotel (S. 221)
» Hotel Calypso (S. 220)

Auf nach Salerno & in den Cilento

Salerno zu Fuß? Das geht schon, aber man sollte sich auf das malerische und farbenfröhliche Straßenlabyrinth im *centro storico* (Altstadt) beschränken. Nur hier fielen im Zweiten Weltkrieg wundersamerweise keine Bomben, nachdem die Stadt zur Hauptstadt des alliierten Italien erklärt worden war. Beeindruckend ist auch die palmengesäumte Strandpromenade. Für die faszinierenden Ausgrabungen in Paestum – darunter weltweit einer der besterhaltenen griechischen Tempel – sollte man sich mindestens drei Stunden Zeit lassen.

Unbedingt empfehlenswert ist der wenig bekannte Cilento, der einen größtenteils unbebauten Küstenstreifen und einen wunderschönen Nationalpark in der Trickkiste hat. Die Gegend ist vor allem bei Wanderern sehr beliebt, die in den *agriturismi* (Unterkünfte auf Bauernhöfen) die perfekte Ausgangsbasis finden. Einige bedeutende Sehenswürdigkeiten gibt es hier allerdings auch, darunter ein außergewöhnliches Kloster, eine beeindruckende archäologische Fundstätte sowie faszinierende Grotten und Höhlen.

Entfernungen (km)

	Salerno	Paestum	Agropoli	Castellabate
Paestum	27			
Agropoli	45	17		
Castellabate	58	30	13	
Palinuro	112	69	62	53

Unterwegs vor Ort

Salerno ist eine Zwischenstation der Fährverbindung Neapel–Sorrent, im Sommer legen hier auch die Schiffe zur Amalfiküste und zu den Inseln an. Die wichtigsten Städte des Cilento erreicht man per Bus oder Fähre. Mit einem Mietwagen ist man allerdings flexibler, um die Dörfer im Hinterland und den Parco Nazionale del Cilento e Vallo di Diano (Nationalpark Cilento und Diano-Tal) zu erkunden, wo Busse bestenfalls sporadisch fahren. Die gesamte Region verfügt über gute Straßen und sorgfältige Beschilderung.

3 PERFEKTE TAGE

Tag 1 – Kultur & Küche

Der erste Tag in Salerno beginnt in der großartigen Kathedrale (S. 185), danach folgt ein stimmungsvoller Spaziergang durch die engen Gassen des kleinen *centro storico* (Altstadt). Nach einer Capuccinopause in der typischen, mit Wäschegirlanden verhangenen Piazza geht's per Zug oder Auto weiter nach Paestum (S. 189), wo auf ein frühes Mittagessen ein Nachmittag mit der Besichtigung der zauberhaften Tempel (S. 190) folgt. Am Abend gibt's in Agropoli (S. 196) ein Essen am Meer.

Tag 2 – Die Cilento-Küste

Die endlose Strandpromenade von Agropoli ist ideal für einen Morgenspaziergang. Nach einem Besuch der Burg (S. 196) und der Altstadt geht's weiter nach Süden entlang einer dramatischen Küste voller versteckter Buchten und hoher Klippen. Unterwegs laden jede Menge kleine Badeorte zum Schwimmen, Spaziergehen oder Essen ein – z. B. Acciaroli (S. 198), wo es Ernest Hemingway besonders gefiel, Pioppi (S. 198) mit seinem Strand aus hellen Kieseln oder das mittelalterliche Pisciotta (S. 199), das mit einer wunderschönen traditionellen Piazza aufwartet. Der Küstentag endet im hübschen Palinuro (S. 200).

Tag 3 – Versteckte Höhlen und Grotten

Auch wenn sie nicht halb so berühmt ist wie ihre Namensschwester in Capri ist die Grotta Azzurra (Blaue Grotte; S. 201) in Palinuro nicht weniger spektakulär. Nach ihrer Besichtigung geht's landeinwärts zum Parco Nazionale del Cilento (S. 189), der zwei schöne Höhlen zu bieten hat: die Grotta di Castelcivita (S. 191) mit einem der größten Höhlensysteme Europas und die Grotta dell'Angelo (S. 192) in Pertosa, die mit dem Boot angesteuert wird. Lohnenswert ist sicher auch die Übernachtung in einem der erstklassigen *agriturismi* innerhalb des Nationalparks.

Unterkunft

Salerno hat zwar keine besondere Auswahl, dafür bieten die Cilento-Küste und der Park aber ein breit gefächertes Angebot an Unterkünften: diskrete *palazzi* (Villen) am Berg, luftige Strandhotels und umweltfreundliche *agriturismi* – und alles wesentlich günstiger als an der Amalfiküste. Weitere Infos stehen im Kapitel Unterkunft (S. 202).

NICHT VERSÄUMEN

Büffelmozzarella aus regionaler Herstellung; der weiche, sahnige und leicht würzige Käse gilt als einer der besten im ganzen Land.

Schöne Strände

» Ascea (S. 199)

» Santa Maria di Castellabate (S. 198)

» Spiaggia Palinuro (S. 200)

» Agropoli (S. 196)

Top-Aktivitäten

» Wracktauchen in Agropoli (S. 196)

» Bootsfahrten im Mondlicht an der Cilento-Küste (S. 199)

» Wandern im Parco Nazionale del Cilento (S. 189)

» Bootsfahrten in die Grotten von Palinuro (S. 201)

Infos im Internet

» **Stadt Salerno** (www.salernocity.com) Umfassende städtische Website.

» **Provinz Salerno** (www.salernomemo.com) Betonung auf Sport und Aktivitäten.

» **Agropoli** (www.commune.agropoli.sa.it) Allgemeine Infos und Lokalnachrichten.

» **Paestum** (www.infopaestum.it) Informationen zu Stadt und Ausgrabungsstätte.

» **Cilento** (www.discovercilento.com) Allgemeine Infos zu Park und Küstenorten.

Highlights

1 Durch die Ruinen der hellenischen Stadt **Velia** (S. 199) streifen

2 Die außergewöhnliche **Certosa di San Lorenzo** (S. 192) in Padula bestaunen

3 Die majestätischen Ausgrabungsstätten von **Paestum** (S. 189) besichtigen

4 In **Salerno** (S. 185) das faszinierende *centro storico* (die Altstadt) besichtigen

5 Bei Sonnenuntergang in **Agropoli** (S. 196) die wunderbare Strandpromenade entlangschlendern

6 Den Ausblick von Salernos **Burg** (S. 196) genießen

7 Eine Bootsfahrt zur faszinierenden **Grotta dell'Angelo** (S. 192) unternehmen

Salerno

139 019 EW.

Wer sich am Augenschmaus der postkartenreifen Ortschaften entlang der Amalfiküste geweidet hat, wird Salerno zunächst nur groß und langweilig finden. Aber der Ort hat einen eigenen, wenn auch etwas raubeinigen Charme, vor allem im lebhaften *centro storico* (Altstadt), wo sich mittelalterliche Kirchen an Trattorias, Weinbars mit Neonlicht und trendige Tattooläden drängen. Erst vor Kurzem hat die Stadt unter dem wachsamen Auge von Oriol Bohigas (der schon für ähnliche Projekte in Barcelona verantwortlich war) 12,5 Mio. € in die Sanierung der Altstadt gesteckt. 2012 wurde außerdem ein dramatisches, von Pritzker-Preisträger Zaha Hadid entworfenes Fährterminal eröffnet. Es kommt durch eine baumgesäumte Strandpromenade besonders zur Geltung gebracht, die viele für eine der schönsten in ganz Europa halten.

Das ursprünglich etruskische und später römische Salerno blühte im 11. Jh. nach Ankunft der Normannen erst so richtig auf. 1076 erklärte Robert Guiscard es zur Hauptstadt seines Herzogtums, wo unter seiner Herrschaft die Scuola Medica Salernitana eröffnet wurde, die als eine der größten medizinischen Lehrstätten des europäischen Mittelalters galt. Viel später – im Jahr 1943 – ging hier die Fünfte US-Armee an Land. Die schweren Kämpfe, die darauf folgten, hinterließen die Stadt in recht ramponiertem Zustand.

Sehenswertes

Salerno ist ein ziemlicher Moloch. Da die wichtigsten Sehenswürdigkeiten aber alle rund um die Altstadt liegen, können sie trotzdem leicht in einem Tag zu Fuß besichtigt werden. Besonders schön ist die elegante Strandpromenade. Wer shoppen will, geht am besten zur Fußgängerzone am Corso Vittorio Emanuele II, der in der Nähe des mittelalterlichen Marktplatzes an der Piazza Sedile del Campo in die Via Mercanti übergeht. Der Marktplatz ist ein Potpourri aus Keramikläden, Boutiquen und eigenwilligen, kleinen Läden.

LP TIPP **Kathedrale** — KIRCHE

(Piazza Alfano; ⏲10–18 Uhr) Salernos beeindruckende Kathedrale lässt sich schlichtweg nicht übersehen. Vielen gilt sie als die schönste mittelalterliche Kirche Italiens. Das im 11. Jh. von den Normannen erbaute und im 18. Jh. ästhetisch neu gestaltete Gotteshaus wurde beim Erdbeben von 1980 schwer beschädigt. Sie ist dem hl. Matthäus (San Matteo) geweiht, dessen sterbliche Überreste angeblich 954 in die Stadt gebracht wurden und die heute in der Krypta unter dem Hauptaltar ruhen.

Besondere Aufmerksamkeit verdient das prächtige Hauptportal aus dem 12. Jh.: die sogenannte **Porta dei Leoni**, die nach den Marmorlöwen am Fuß der Treppe benannt ist. Sie führt in einen wunderschön harmonischen Innenhof, der von zierlichen Bögen umgeben und von einem Glockenturm aus dem 12. Jh. überwacht wird. Ebenfalls von Löwen bewacht sind die riesigen Bronzetüren, die im 11. Jh. in Konstantinopel gegossen wurden. Dahinter liegen das Haupt- und die beiden Seitenschiffe der Kirche selbst. Sie sind hauptsächlich barock und lassen nur noch an wenigen Stellen die ursprüngliche Kirche erahnen, z. B. an Teilen des Bodens von Querschiff und Chor sowie an den beiden erhöhten Kanzeln vor dem Chorgestühl. Die gesamte Kathedrale ist mit außergewöhnlich detaillierten, farbenprächtigen Mosaiken aus dem 13. Jh. geschmückt.

Besonders sehenswert ist die **Cappella delle Crociate** (Kapelle der Kreuzzüge) in der rechten Apsis, die atemberaubende Fresken und weitere wunderbare Mosaiken enthält. Der Name stammt übrigens daher, dass die Waffen der Kreuzfahrer hier gesegnet wurden. Unter dem Altar liegt das Grabmal von Papst Gregor VII. aus dem 11. Jh.

GRATIS **Castello di Arechi** — BURG

(☎089 22 55 78; Via Benedetto Croce; ⏲9–15.30 Uhr) Die Buslinie 19 fährt Besucher von der Piazza XXIV Maggio zu Salernos berühmtem Wahrzeichen: dem Ehrfurcht gebietenden Castello di Arechi, das dramatisch 263 m über der Stadt thront. Die ursprünglich byzantinische Festung wurde im 8. Jh. durch den lombardischen Herzog von Benevento, Arechi II., erbaut und später durch die Normannen und Aragonesen (zuletzt im 16. Jh.) umgebaut.

Der Ausblick auf den Golf von Salerno und die Dächer der Stadt ist spektakulär; Kulturinteressierte können sich auch die Dauerausstellung mit Keramik, Waffen und Münzen ansehen. Wer im Sommer hier ist, sollte bei der Touristeninformation nach dem Spielplan der jährlich stattfindenden Konzertreihe fragen.

Salerno

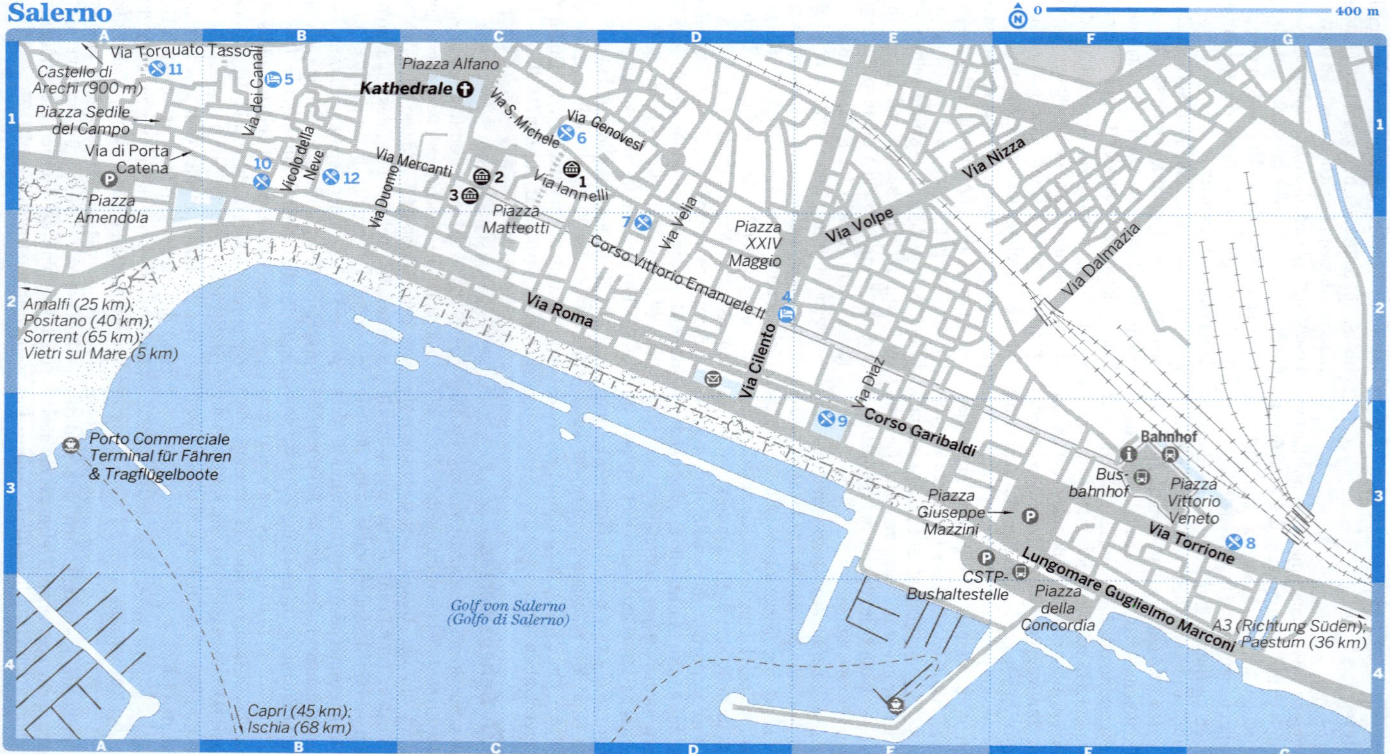
0 400 m
Via Torquato Tasso
Castello di Arechi (900 m)
Piazza Sedile del Campo
Via di Porta Catena
Piazza Amendola
Via dei Canali
Vicolo della Neve
Via Duomo
Via Mercanti
Piazza Alfano
Kathedrale
Via S. Michele
Via Genovesi
Via Iannelli
Piazza Matteotti
Via Velia
Corso Vittorio Emanuele II
Piazza XXIV Maggio
Via Volpe
Via Nizza
Via Dalmazia
Via Roma
Via Cilento
Via Diaz
Corso Garibaldi
Bahnhof
Bus-bahnhof
Piazza Vittorio Veneto
Via Torrione
Piazza Giuseppe Mazzini
CSTP-Bushaltestelle
Piazza della Concordia
Lungomare Guglielmo Marconi
A3 (Richtung Süden); Paestum (36 km)
Amalfi (25 km); Positano (40 km); Sorrent (65 km); Vietri sul Mare (5 km)
Porto Commerciale Terminal für Fähren & Tragflügelboote
Golf von Salerno (Golfo di Salerno)
Capri (45 km); Ischia (68 km)

GRATIS **Museo Pinacoteca Provinciale** MUSEUM

(☎089 258 30 73; Via Mercanti 63; ⌚Di–So 9–20 Uhr) Kunstliebhaber werden einen Besuch des Museo Pinacoteca Provinciale tief im Herzen der Altstadt nicht bereuen. Das Museum verteilt sich auf sechs Galerien und umfasst eine interessante Kunstsammlung, die von der Renaissance bis in die erste Hälfte des 20. Jhs. reicht.

Unter anderem sind hier ein paar schöne Gemälde des von hier stammenden Andrea Sabatini da Salerno zu sehen, der vor allem unter dem Einfluss Leonardo da Vincis stand. Außerdem sind auch diverse Werke ausländischer Künstler ausgestellt, die sich an der Amalfiküste angesiedelt hatten. Dazu gehören eine Reihe filigraner Radierungen des Österreichers Peter Willburger (1942–1998) sowie eine farbenfrohe Stickerei des städtischen Marktes von der polnischen Künstlerin Irene Kowaliska. Das Museum veranstaltet im Sommer außerdem kostenlose Klassikkonzerte.

GRATIS **Museo Didattico della Scuola Medica Salernitana** MUSEUM

(Pädagogisches Museum der medizinischen Fakultät Salerno; ☎089 24 12 92; Via Mercanti 72; ⌚Mo–Fr 9–13 Uhr; 👪) Dieses fesselnde Museum mitten in Salernos Altstadt bringt seinen Besuchern die Lehren und schon beim Zuschauen schmerzhaften Behandlungsmethoden der einst berühmten, heute längst geschlossenen medizinischen Fakultät Salerno in 3D und mit Touchscreen-Technologie näher. Die um das 9. Jh. gegründete Fakultät war im mittelalterlichen Europa das wichtigste Zentrum des medizinischen Wissens und erreichte im 11. Jh. den Höhepunkt ihres Ansehens. Anfang des 19. Jhs. wurde sie geschlossen.

Museo Archeologico Provinciale MUSEUM

(☎089 23 11 35; Via San Benedetto 28; ⌚wegen Renovierung geschl.) Das wichtigste archäologische Museum der Provinz ist bereits seit mehreren Jahren wegen Renovierung geschlossen; ein Neueröffnungsdatum steht nach wie vor nicht fest. Wer sich dafür interessiert, sollte auf jeden Fall vorher bei der Touristeninformation nachfragen. Sollte es tatsächlich offen sein, ist das unangefochtene Highlight ein bronzener Apollo-Kopf aus dem 1. Jh. v. Chr., der 1930 aus dem Golf von Salerno gehoben wurde. Man kann nur spekulieren, welche Schätze noch dort auf dem Meeresboden liegen.

Essen

In der Via Roma in der lebhaften mittelalterlichen Altstadt findet sich von der traditionellen, familiengeführten Trattoria oder Gelateria über peppige Weinbars und Kneipen bis hin zum Nobelrestaurant alles, was das Herz begehrt. Im Sommer ist die breite Strandpromenade ein beliebter Ort für die allabendliche *passeggiata* (Bummel).

LP TIPP **La Cantina del Feudo** KAMPANISCH €€

(☎089 25 46 96; Via Velia 45; Gerichte 28 €; ⌚Di–So; 🖉) Einheimische Insider kennen das Restaurant in einer Seitenstraße der Fußgängerzone Corso Vittorio Emanuele II. Hier ist das Essen noch wie früher bei Oma, als alles noch ganz simpel war, aber der Geschmack einfach stimmte. Die Speisekarte wechselt täglich, dreht sich aber stets um vegetarische Gerichte wie weiße Bohnen mit Chicorée, Nudeln mit Rübenblättern oder Käseravioli mit einer Spinat-Pesto-Soße. Innen herrscht eine ländliche Trattoria-Atmosphäre und draußen auf der Terrasse kann auch gegessen werden.

Salerno

Highlights

Kathedrale C1

Sehenswertes

1 Museo Archeologico Provinciale C1
2 Museo Didattico della Scuola Medica Salernitana C1
3 Museo Pinacoteca Provinciale C1

Schlafen

4 Hotel Montestella D2
5 Ostello Ave Gratia Plena B1
Sant'Andrea .... (siehe 11)

Essen

6 Cicirinella C1
7 La Cantina del Feudo D2
8 Pasticceria Romolo G3
9 Pizza Margherita E3
10 Ristorante Santa Lucia B1
11 Sant'Andrea A1
12 Vicolo della Neve B1

NICHT VERSÄUMEN

SÜSSE SÜNDE

Die *torta ricotta e pera* (Ricotta-Birnen-Tarte) ist in Salerno und der gesamten Region Cilento eine Spezialität. Fast jede *pasticceria* (Konditorei) verkauft die süßen, fruchtigen Dinger, die allerdings meist schnell alle sind. Die Einheimischen lieben sie nämlich auch.

Vicolo della Neve KAMPANISCH €
(☎089 22 57 05; Vicolo della Neve 24; Gerichte 20 €; ⏲Do–Di abends) Das Vicolo della Neve, Inbegriff der Altstadt-Trattoria, ist eine richtige Institution. Es befindet sich in einer der schmuddeligsten Straßen überhaupt und hat alles, was dazugehört: Backsteingewölbe, falsche Fresken und Regionalkunst an den Wänden. Auch die Speisekarte ist ganz und gar authentisch: Pizza, *calzone* (zusammengefaltete Pizza), *peperoni ripieni* (gefüllte Paprika) und erstklassige *parmigiana di melanzane* (gebackene Aubergine mit Tomaten und Parmesan). Wer schlau ist, reserviert; hier kann es unglaublich voll werden.

Pizza Margherita KAMPANISCH €
(☎089 22 88 80; Corso Garibaldi 201; Pizza/Buffet ab 5/6,50 €, Mittagsmenü 8,50 €; 👪) Was aussieht wie eine langweilige, moderne Kantine ist in Wirklichkeit eines von Salernos beliebtesten Mittagslokalen. Die Einheimischen stehen regelmäßig Schlange, um an das Buffet zu dürfen, auf dem sich täglich Mozzarella, Salami und Miesmuscheln in verschiedener Aufmachung neben diversen Salaten tummeln.

Wem das nicht zusagt, kann zum täglich wechselnden Mittagsmenü greifen (Pasta, Hauptgang, Salat und ein halber Liter Wasser), das jeweils an der Tafel angeschrieben steht. Daneben gibt's auch noch eine Speisekarte mit Pizza, Pasta, Salat und Hauptgerichten.

Ristorante Santa Lucia MEERESFRÜCHTE €€
(☎089 22 56 96; Via Roma 182; Pizza ab 5 €, Gerichte 22 €; ⏲Di–So) Die Umgebung an der Via Roma ist so angesagt wie kaum etwas anderes in der Stadt. Aber die Meeresfrüchte in diesem Lokal haben rein gar nichts Aufschneiderisches. Gerichte wie *linguine ai frutti di mare* (dünne Bandnudeln mit Meeresfrüchten) oder Tintenfisch vom Holzkohlegrill klingen nicht gerade originell, sind aber geschmacklich ganz außergewöhnlich – ebenso wie die erstklassige Holzofenpizza.

Pasticceria Romolo PASTICCERIA €
(☎089 23 26 13; Corso Garibaldi 33; Kuchen ab 1,50 €) Gegenüber dem Bahnhof steht seit 1966 diese *pasticceria*, die seitdem auch kaum ihr Dekor geändert hat. Der sehr verführerisch präsentierte Kuchen hat in der ganzen Stadt einen legendären Ruf: *frollini* (Obst- und Schokoladentarte), *amaretti* (Makronen) und der stets unwiderstehliche Leckerbissen *sfogliatelle* (mit frischem Ricotta gefüllter Blätterteig). Ausgefallene Pralinen und eine große Auswahl regionaler und internationaler Weinsorten runden das Angebot ab.

Sant'Andrea KAMPANISCH €€
(☎328 727274; www.ristorantesantandrea.it; Piazza Sedile del Campo 58; Gerichte 25 €) Das Terrassenlokal zwischen historischen Häusern und bunten Wäscheleinen verströmt ein bodenständiges süditalienisches Flair. Die Speisekarte ist überraschend innovativ – etwa Tintenfisch mit Steinpilzen oder mit Rahmgemüse. Das weiße Trüffeleis setzt einen erotisch-süßen Schlusspunkt. Das B&B nebenan gehört ebenfalls den Inhabern des Lokals.

Cicirinella KAMPANISCH €€
(☎089 22 65 61; Via Genovesi 28; Gerichte 25 €) Dieses Restaurant besticht durch eine Kombination aus bodenständiger, einladender Atmosphäre und ausnahmslos guten, delikat zusammengestellten Gerichten. Backsteinwände, Weinregale und eine offene Küche bilden die Kulisse für traditionell kampanisches Essen wie Nudeln mit Meeresfrüchten und Kichererbsen oder einer Miesmuschelsuppe, die nicht nur nach mehr, sondern auch so richtig nach Meer schmeckt.

ℹ Praktische Informationen

Touristeninformation (☎089 23 14 32; Piazza Vittorio Veneto 1; ⏲Mo–Sa 9–14 & 15–20, So 9–12.30 & 17–19.30 Uhr) Hat nur begrenzte Informationen.

ℹ An- & Weiterreise

Fähre

Metrò del Mare (☎199 60 07 00; www.metrodelmare.com; ⏲Juni–Sept.) betreibt eine regelmäßige Fährverbindung von/nach Neapel (1-mal tgl. 20 €, 2½ Std.), Sorrent (1-mal tgl., 15 €, 1 Std.), Amalfi (2-mal tgl., 8,50 €, 20 Min.) und Positano (2-mal tgl., 11 €, 50 Min.).

Linee Marittime Partenopee (☎081 704 19 11; www.consorziolmp.it; Via Guglielmo

Melisurgo 4, Neapel) betreibt eine tägliche Tragflügelbootverbindung von/nach Capri (22 €, 50 Min.).

Alicost (☎089 87 14 83; www.alicost.it; Salita Sopramuro 2, Amalfi) bietet mehrmals täglich eine Tragflügelbootverbindung von/nach Capri (20,50 €, 50 Min.), Amalfi (7,50 €, 20 Min.) und Positano (11 €, 30 Min.).

Die Boote legen am Porto Turistico ab, von der Piazza della Concordia aus 200 m den Kai hinunter. Tickets gibt's an den Schaltern gleich neben dem Anlegeplatz.

Bus

Die Busse der **SITA** (☎199 73 07 49; www.sitabus.it) fahren mindestens einmal stündlich von der Piazza Vittorio Veneto (gleich neben dem Bahnhof) über Vietri sul Mare, Cetara, Maiori und Minori nach Amalfi. Nach Pompeji kommt man am besten mit der Buslinie 50 der **CSTP** (☎089 48 70 01; www.cstp.it), die 15-mal täglich an der Piazza Vittorio Veneto abfährt. An die Südküste und nach Paestum fährt stündlich die Buslinie 34 von der CSTP-Haltestelle an der Piazza della Concordia.

Auto

Salerno liegt an der A3 zwischen Neapel und Reggio di Calabria; ab Salerno ist die A3 Richtung Süden mautfrei. Von der Ausfahrt Salerno der Beschilderung Richtung *centro* (Zentrum) folgen. Wer einen Mietwaren sucht, findet ein **Europcar**-Büro (☎089 258 07 75; www.europcar.com; Via Giacinto Vicinanza) nicht weit vom Bahnhof.

Parken

Salerno hat relativ viele Parkplätze. Den Weg weisen die gut erkennbaren blauen Schilder mit dem „P" auf dem Weg ins Zentrum. Wer ins *centro storico* will, nimmt am besten den Parkplatz an der Piazza Amendola. In der Nähe des Bahnhofs (und der Touristeninformation) sind noch große Parkplätze an der Piazza della Concordia und der benachbarten Piazza Giuseppe Mazzini. Die Parkplätze in Salerno kosten in der Regel etwa 1,50 € pro Stunde.

Zug

Salerno ist eine der größeren Stationen auf den südlichen Strecken nach Kalabrien sowie zur ionischen bzw. der Adriaküste. Vom Bahnhof an der Piazza Vittorio Veneto gibt es drei regelmäßige Züge nach Neapel (alle 30 Min., 9 €, 35 Min.) und Rom (Intercity, stündl., ab 19 €, 3 Std.).

Paestum

Paestum – oder Poseidonia, wie es ursprünglich hieß (nach Poseidon, dem griechischen Gott des Meeres) – wurde im 6. Jh. v. Chr. von griechischen Siedlern gegründet und fiel 273 v. Chr. unter römische Herrschaft. Nach dem Untergang des Römischen Reichs war auch die Stadt Paestum dem Verfall preisgegeben. Brutale Plünderungen durch die Sarazenen sowie regelmäßige Malaria-Epidemien zwangen die dahinschwindende Bevölkerung schließlich, die Stadt endgültig zu verlassen.

Paestum wird hauptsächlich von Tagesausflüglern besucht, hat aber dennoch eine erstaunliche Zahl guter Hotels. Für alle, die weiter Richtung Cilento reisen, ist die hübsche ländliche Umgebung außerdem ein willkommener Zwischentopp. Empfehlungen stehen im Kapitel Unterkunft (S. 220) unter Paestum.

Essen

Nonna Scepa KAMPANISCH €€
(☎0828 85 10 64; Via Laura 53; Gerichte 30 €; 🚼)
Auf dem Gelände gibt es diverse Restaurants, die meisten servieren jedoch mittelmäßiges Essen zu horrenden Preisen. Wen der Hunger übermannt, der ist mit den exzellent zubereiteten, robusten Gerichten im Nonna Scepa besser bedient. Das familienfreundliche Restaurant bewegt sich im mittleren Preissegment und erfreut sich wegen seiner hervorragenden Qualität eines zunehmend guten Rufs in der gesamten Region. Die Auswahl richtet sich strikt nach der Saison und konzentriert sich im Sommer auf frische Meeresfrüchte wie den erfrischend schlichten gegrillten Fisch mit Zitrone.

Beliebt sind auch der Risotto mit Zucchini und Artischocken oder die Spaghetti mit Hummer.

Praktische Informationen

Touristeninformation (☎0828 81 10 16; www.infopaestum.it; Via Magna Crecia 887; ⏲Mo–Sa 9–13.30 & 14.30–19 Uhr)

An- & Weiterreise

Bus

CSTP (☎089 48 70 01; www.cstp.it) Die Buslinie 34 fährt von der Piazza della Concordia in Salerno nach Paestum (12-mal tgl., 3,40 €, 1 Std. 20 Min.).

Parco Nazionale del Cilento e Vallo di Diano

Der Parco Nazionale del Cilento e Vallo di Diano (Nationalpark Cilento und Diano-Tal; ab hier der Einfachheit halber „Parco Nazio-

NICHT VERSÄUMEN

DIE TEMPEL VON PAESTUM

Die **Tempel** (☎0828 81 10 23; Erw./erm. inkl. Museum 10/5 €; ⊙8.45–19.45 Uhr, letzter Einlass 19 Uhr) gehören zum Unesco-Weltkulturerbe und sind mit die besterhaltenen Bauten von Magna Graecia, der griechischen Kolonie, die sich einst über den größten Teil Süditaliens erstreckte. Obwohl die Tempel bereits Ende des 18. Jhs. neu entdeckt wurden, wurde die Stätte in ihrer Gesamtheit erst in den 1950er-Jahren ausgegraben. Da hier die Touristenhorden fehlen, die die Atmosphäre der bekannteren archäologischen Fundstätten stören, herrscht hier wunderbare Ruhe, die sich ganz hervorragend für ein Picknick eignet. Im Frühling sind die Tempel zwischen Feldern voller Klatschmohn und Wildblumen besonders schön.

Besucher bekommen ihre Eintrittskarten gleich östlich der Ausgrabungsstätte im Museum und können dann zum Haupteingang am nördlichen Ende gehen. Das erste richtig atemberaubende Bauwerk ist der **Tempio di Cerere** (Tempel des Ceres) aus dem 6. Jh. v. Chr., der ursprünglich Athena geweiht war, im Mittelalter aber als christliche Kirche diente.

Richtung Süden zeichnet sich der Umriss eines großen, rechteckigen Forums im Herzen der alten Stadt ab. Ein riesiger Wohnbezirk und das weiter südlich gelegene Amphitheater gehören zu den noch teilweise erhaltenen Gebäuden. Beide bieten einen lebendigen Einblick in das tägliche Leben zu Zeiten der Römer.

Der größte und besterhaltene der drei Tempel in Paestum ist der etwa 450 v. Chr. erbaute **Tempio di Nettuno** (Tempel des Neptun). Hier fehlen nur Teile der inneren Mauern und des Dachs. Fast nebenan liegt die sogenannte **Basilika** (eigentlich ein Tempel der Göttin Hera), das älteste noch erhaltene Bauwerk der Stadt. Mit neun Säulen in der Breite und 18 in der Länge ist der Tempel aus der Mitte des 6. Jhs. v. Chr. ein wirklich grandioser Anblick. Am besten, man lässt sich neben einer der Säulen fotografieren, um ein echtes Gefühl für die Größenverhältnisse zu bekommen.

Auch für das **Museum** (☎0828 81 10 23; Erw./erm. 10/4 €; ⊙8.45–19.45 Uhr, letzter Einlass 19 Uhr, 1. & 3. Mo im Monat geschl.) sollte man sich Zeit nehmen. Auf zwei Stockwerken ist hier eine Sammlung faszinierender, wenn auch verwitterter Metopen (Basrelief-Friese) zu sehen. 36 von ihnen stammen aus dem Tempio di Argiva Hera (Tempel der Argive Hera) etwa 9 km nördlich von Paestum, von dem so gut wie nichts anderes mehr übrig ist. Star der Sammlung ist das Fresko Tomba del Truffatore (Grabmal des Tauchers) aus dem 5. Jh. v. Chr. Die Darstellung eines durch die Luft tauchenden Menschen (nicht zu Hause ausprobieren!) repräsentiert vermutlich den Übergang vom Leben in den Tod.

nale del Cilento") ist eine unwiderstehliche Mischung aus dichtem Wald, Blumenwiesen, dramatischen Bergen und Wasser in allen Variationen: Bächen, Flüssen und Wasserfällen. Er ist der perfekte Gegenentwurf zur Touristenhochsaison an der Küste. Italiens zweitgrößter Nationalpark gehört zum Unesco-Weltkulturerbe und umfasst unglaubliche 1810 km², wobei sich auch 80 Ortschaften und Dörfer innerhalb seiner Grenzen befinden.

Das isolierte Gebiet ist schon seit prähistorischer Zeit besiedelt und hat von jeher eher Siedler angezogen, die Zuflucht suchten. Als Erstes flohen die Griechen vor den römischen Angriffen auf Paestum und Velia hierher. Danach suchten frühe Bewohner der Küstenstädte im Hinterland Schutz vor Piraten und Plünderung. Als Nächstes begaben sich Benediktinermönche in diesen kulturellen Schmelztiegel, die in Abgeschiedenheit ihren Glauben praktizieren wollten. Darauf folgten die wohlhabenden Feudalherren, die die Region als geschickte Machtbasis betrachteten.

Jahrhunderte später wurde das Parkgebiet von den gefürchteten *briganti* (Banditen) beherrscht und damit zum Sperrgebiet für Bildungsreisende. Dadurch blieb der Park jahrzehntelang ein weißer Fleck auf der Touristenkarte – sicher einer der Gründe dafür, dass er bis heute so unberührt ist.

Sehenswertes

Wer den Park umfassend erkunden will, braucht ein Auto. Wo es im nahe gelegenen Agropoli Leihwagen gibt, steht auf S. 197.

Wanderer sollten sich einen vollen Tag zum Besuchen der Grotten und der anderen Sehenswürdigkeiten gönnen.

LP TIPP Grotte di Castelcivita HÖHLE
(☎0828 77 23 97; www.grottedicastelcivita.com; Piazzale N. Zonzi, Castelcivita; Erw./erm. 10/8 €; ⌚Führungen von März–Sept. 10.30, 12, 13.30, 15, 16.30 & 18 Uhr; P 👪) Die Grotten sind faszinierende, überirdisch schöne Höhlen aus prähistorischer Zeit. Wer sie besichtigen will, sollte eine Jacke mitnehmen und die Stilettos zu Hause lassen; die Wege sind nass und rutschig. Die Höhlen liegen 40 km südöstlich von Salerno und sind erfreulich wenig touristisch.

Bei Ausgrabungen hat sich herausgestellt, dass die Höhlen bereits vor 42 000 Jahren bewohnt waren und damit die älteste Siedlung in Europa darstellen. Obwohl sie sich auf über 4800 m ausdehnen, ist nur etwa die Hälfte des Höhlenkomplexes für die Öffentlichkeit zugänglich. Die einstündige Standardführung schlängelt sich durch außergewöhnliche Stalagmiten und Stalaktiten. Die natürlich entstandenen Felsformationen changieren in einem unglaublichen Farbenspiel, verursacht durch Algen, Kalk und Eisen.

Höhepunkt der Führung ist eine riesige Mondlandschaft – so etwas wie eine Miniaturausgabe von Death Valley in Kalifornien: die Caverna di Bertarelli (Kaverne des Bertarelli). Die Höhlen sind auch heute noch bewohnt – allerdings von Fledermäusen. Gäste werden gebeten, keine Fotos mit Blitzlicht zu machen, um sie nicht zu blenden. Zwischen Mai und September gibt es auch eine dreistündige Führung (18 €), wenn das Wasser tief im Inneren des Höhlenkomplexes austrocknet. Schutzhelme sind Pflicht und ein gewisses Maß an körperlicher Beweglichkeit und Kondition empfehlenswert.

Parco Nazionale del Cilento (Nationalpark Cilento)

Grotte dell'Angelo HÖHLE

(☎0975 39 70 37; www.grottedellangelo.sa.it; Pertosa; Führungen Erw./erm. 13/10 €; ⊙9–19 Uhr; P 🚻) Neben der Grotta di Castelcivita steckt die jungsteinzeitliche Grotta dell'Angelo mit ihren 35 Mio. Jahren noch in ihren Kinderschuhen. Die von Griechen und Römern als Kultstätte verwendeten Höhlen ziehen sich kreuz und quer durch die Berge und wurden erst 1932 entdeckt. Auf einer Gesamtlänge von etwa 2500 m wechseln sich lange unterirdische Gänge mit luftigen Grotten voller Stalagmiten und Stalaktiten ab.

Der erste Teil der Führung ist eine Boots- oder Floßfahrt auf dem Fluss. Besucher gehen kurz vor dem Wasserfall wieder von Bord (puh!) und gehen dann etwa 800 m zu Fuß weiter, umgeben von wunderbaren Felsformationen und leuchtenden Kristallansammlungen. Die Grotte ist stärker auf Besucher eingestellt als Castelcivita – dementsprechend gibt's hier auch Souvenirläden, Bars und eine Parkgebühr von 3 €.

Certosa di San Lorenzo KLOSTER

(☎0975 77 74 45; Padula; Erw./erm. 4/2 €; ⊙9–19.30 Uhr) Die Certosa di San Lorenzo, eines der größten Klöster in Südeuropa, geht auf das Jahr 1306 zurück und erstreckt sich über eine Fläche von 250 000 m². Allein schon die Zahlen sagen alles: 320 Zimmer und Säle, Dielen, Hausflure und Galerien in einer Gesamtlänge von 2500 m, 300 Säulen, 500 Türen, 550 Fenster, 13 Innenhöfe, 100 Kamine, 52 Treppenhäuser und 41 Springbrunnen. Mit anderen Worten: Es ist einfach riesig.

Da es fast nicht möglich ist, sich wirklich alles anzusehen, ist es sinnvoll, sich auf die Highlights zu konzentrieren. Dazu gehören der riesige zentrale Innenhof (Veranstaltungsort für klassische Sommerkonzerte), die prächtige, holzgetäfelte Bibliothek, die freskenverzierten Kapellen und die Küche mit ihrem immensen Kamin. Eine berühmte Anekdote gibt's ebenfalls, die sich um die Küche rankt: Hier ließ sich Kaiser Karl V. 1534 angeblich das legendäre Omelett aus 1000 Eiern braten. Über die Größe der zugehörigen Bratpfanne schweigen die Historiker; zu sehen ist sie leider auch nicht.

Innerhalb des Klosters befindet sich das **Museo Archeologico Provinciale della Lucania Occidentale** (☎0975 7 71 17; ⊙Di–Sa 8–13.15 &14–15, So 9–13 Uhr) mit einer bescheidenen Sammlung alter Artefakte.

Aktivitäten

Einige hervorragende *agriturismi* bieten hier zusätzliche Aktivitäten wie geführte Wanderungen, Malkurse und Reiten. Weitere Infos dazu im Kapitel Unterkunft (S. 222).

Wanderwege WANDERN

Im Park gibt es 15 gut markierte Wanderwege für jeden Schwierigkeitsgrad von recht anspruchslosen Spaziergängen bis zu ernsthaften Wanderungen, die viel Ausdauer und gesunde Kniegelenke erfordern. Die dramatische Landschaft ist in jeder Hinsicht atemberaubend – vor allem im Frühjahr, wenn echte Flower Power angesagt ist: zarte Narzissen, wilde Orchideen und Tulpen. Und im Sommer konkurrieren strubbelige Kissen

WILD NACH ORCHIDEEN

Der Parco Nazionale del Cilento hat einen großen Reichtum an Flora und Fauna und ist heute ein Unesco-Biosphärenreservat. Unter den extrem seltenen Pflanzen, die hier wachsen, ist auch die Primel von Palinuro (das Symbol des Parks). Gartenliebhaber fallen bestimmt vor Erstaunen über die eigene Gartenschaufel, wenn sie hören, dass außerdem rund 265 wilde Orchideenarten jedes Jahr im Park blühen – das sind 80 % der Arten, die in ganz Europa wachsen!

Allein im passend benannten Valle delle Orchidee (Tal der Orchideen) beim malerischen Örtchen Sassano (9 km westlich der Certosa di San Lorenzo in Padula) blühen zwischen Ende April und Anfang Mai in einem endlosen Farbkaleidoskop etwa 70 Orchideenarten. Die umgebende Landschaft ist allerdings auch wunderschön – wer also das Orchideenspektakel versäumt hat, kann beim Durchfahren immer noch einen Blick auf Füchse, Dachse, Wölfe, Wildschweine und ein paar Vertreter der größten Otternpopulation Italiens erhaschen.

An der Ortseinfahrt von Sassano steht ein Schild mit der Aufschrift *percorso turistico*. Die Straße führt über die mittelalterliche Brücke von Pegio in Wälder voller Weißbirken und schließlich ins Tal, wo sich die ganze Pracht der Orchideen entfaltet. Der Gruppo Escursionistico Trekking (S. 195) bietet auch geführte Touren an.

MOZZARELLA DI BUFALA

Der Wasserbüffel, entfernter Cousin des nordamerikanischen Bisons, wurde im Mittelalter von heimkehrenden Kreuzfahrern nach Italien und insbesondere in die Region Cilento eingeführt. Heute sind die Herden für ihre unverwechselbare Milch bekannt, deren Fett- und Eiweißanteil weit über dem der Kuhmilch liegt. Daraus wird wiederum der unübertroffen weiche, cremige Mozzarella dieser Region, der so wenig mit dem ledrigen, geschmacklosen Abklatsch gemein hat, der außerhalb Italiens in den Regalen liegt.

Im Cilento liefern mehrere Bauernhöfe *bufala*-Milch, darunter auch der einzige Biolieferant in ganz Italien: die Käserei **Tenuta Vannulo** (☎0828 72 47 65; www.vannulo.it; Via G. Galilei Capaccio Scalo; einstündige Tour 4 €, mit Mittagessen 20 €), die nur zehn Autominuten von Paestum entfernt liegt. „Der hier produzierte Mozzarella gilt allgemein als der beste der Region", meint Franco Coppola, Inhaber des Restaurants Buffalito in Sorrent, das auf regionale Zutaten spezialisiert ist. „Dass es sich um einen Biobetrieb handelt, macht den entscheidenden Unterschied in Qualität und Geschmack aus."

Bei Tenuta Vannulo besteht der Mozzarella ausschließlich aus Büffelmilch – ein weiteres Qualitätsmerkmal, denn die meisten Käsereien mischen sie mit Kuhmilch. Außerdem ist der Käse nicht pasteurisiert. Auf dem Bauernhof können im Rahmen einer Führung (auf Englisch und Italienisch) die Produktionsanlage, die Büffelställe und ein Landwirtschaftsmuseum besichtigt werden. Die Führung endet mit der Hauptsache: einer Mozzarellaprobe. Wahlweise kann man auch noch zum Mittagessen bleiben. Besucher sollten vorher unbedingt reservieren.

Wer lediglich frischen Mozzarella kaufen will, kann natürlich auch einfach so vorbeikommen. Allerdings ist er aufgrund der hohen Nachfrage meist schon am frühen Nachmittag ausverkauft. Und das, obwohl täglich rund 408 kg *bufala*-Mozzarella produziert werden, was locker für mehrere Tausend Portionen *caprese* reichen müsste.

aus quietschgelben Wiesenmargeriten mit rotem Klatschmohn.

Abgerundet wird die prächtige Landschaft durch Silbertannen, wilde Kastanien und Buchen, aber auch die spektakulären Klippen, pinienbewachsenen Berge und die vielfältige Fauna aus Wildschweinen, Dachsen und Wölfen tragen ihr Quäntchen bei. Und über allem fliegt der zunehmend seltene Steinadler.

Selbst in der lebhafteren Sommersaison sorgt die überwältigende Größe des Parks dafür, dass sich Wanderer eher nicht über den Weg laufen. Sich hier zu verlaufen ist also eine äußerst einsame und durchaus gefährliche Angelegenheit, sodass eine Wanderung stets sorgfältig geplant sein sollte. Theoretisch liegen bei den Touristeninformationen Wanderführer aus, in der Praxis sind sie jedoch oft vergriffen. Ist das der Fall, kann man sich immer noch die Touristen- und Wanderkarte *Parco Nazionale Del Cilento e Vallo Di Diano: Carta Turistica e dei Sentieri* (7 €) oder die hervorragende Wanderkarte *Monte Stella: Walks & Rambles in Ancient Cilento* von der Comunita' Montana Alento Monte Stella (3 €) kaufen. Daneben bietet der *Rother Wanderführer Cilento* 50 Wanderungen von gemütlichen Spaziergängen bis zu anspruchsvollen Wanderungen. Und die meisten *agriturismi* im Park können auch geführte Wanderungen organisieren.

Eine beliebte Wanderung, die man auf eigene Faust machen kann, ist die Besteigung des Monte Alburno (1742 m), der seine Besucher mit einem wahrhaft spektakulären Ausblick belohnt. Zur Auswahl stehen zwei Wanderwege, die beide im Zentrum der kleinen Ortschaft Sicignano degli Alburni beginnen und gut beschildert am Gipfel enden. Beide Routen dauern etwa vier Stunden. Weniger erfahrene Wanderer folgen hier vielleicht lieber einem Führer (Kasten S. 195).

Roscigno Vecchia — GEISTERSTADT

Roscigno Vecchia liegt 28 km westlich von Teggiano mitten im Herzen des Nationalparks. Anfang des 20. Jhs. floh die Bevölkerung vor einer Serie plötzlicher Murenabgänge, die Originalsteinhäuser stehen jedoch größtenteils noch. Besser hätte man die Stabilität der einheimischen Bauweise kaum demonstrieren können. Häuser, Kirche und zentrale Piazza sind heute geisterhafte Andenken an die einst florierende Gemeinde.

START GROTTA DI CASTELCIVITA
ZIEL CASTELCIVITA
STRECKE 112 KM
DAUER 3 TAGE (INKL. ÜBERNACHTUNGEN)

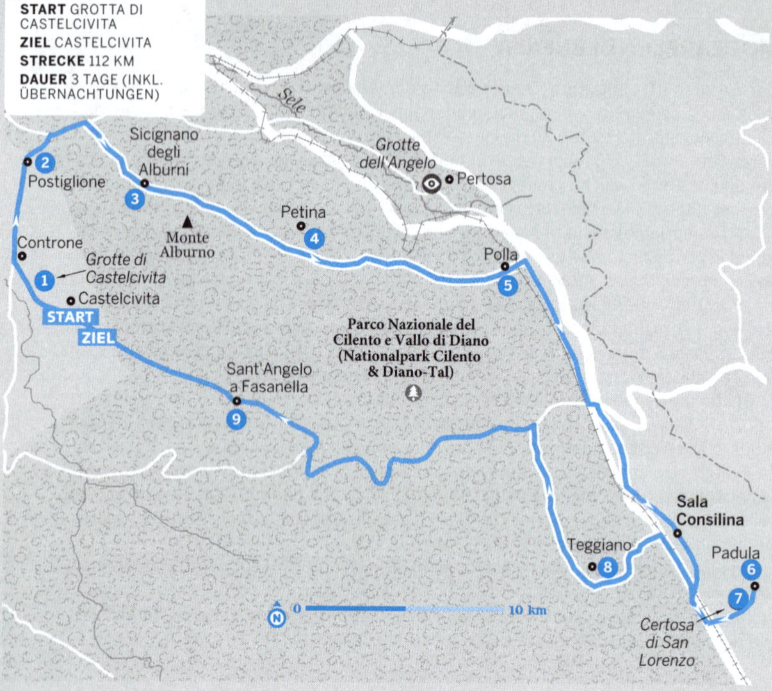

Tour-Tipp

Eine Fahrt durch den Park

Nach einem Besuch in der (1) **Grotta di Castelcivita** geht's auf der SS488 durch Controne und weiter auf der *strada provinciale* 60 Richtung Norden, vorbei an hohen Felsklippen, uralten Steinwänden und üppig grünem Ackerland mit wilden Kirsch- und Feigenbäumen. In (2) **Postiglione** beim mittelalterliche Zentrum und der Normannenburg aus dem 11. Jh. auf die Bremse steigen. Nach einem Kaffee an der Piazza Europa auf der SS19 Richtung Auletta weiterfahren. Die Landschaft wird nun dramatisch bergig mit wunderschön marmorierten Felswänden.

Richtung Osten auf der SS19 der Beschilderung zum (3) **Sicignano degli Alburni** folgen, das mit einer Burg aus dem 14. Jh., Barockkirchen und einem historischen Kloster aufwartet. Hier beginnen auch die beiden Wanderwege auf den Monte Alburno. Übernachten kann man im nahe gelegenen *agriturismo* Sicinius. Am nächsten Tag geht's nach Süden auf der *strada provinciale* 35 vorbei am Dörfchen (4) **Petina**, das dramatisch auf einem Berggrat sitzt. Achtung: Die Straße ist in keinem guten Zustand. Eine ähnlich schöne, aber bessere Route führt Richtung Norden und auf die SS19 und vor-bei an der faszinierenden Grotta dell'Angelo.

Nächster Halt ist (5) **Polla**, in der Römerzeit ein strategisch wichtiger Ort, der heute perfekt ist für einen Spaziergang am Fluss mit Blick auf die Burg aus dem 12. Jh. und düsteren, dunklen Steinhäusern. Samt Picknick geht's weiter auf der SS19 nach Süden (die *autovia* A3 ist schneller, aber längst nicht so schön), der Beschilderung nach (6) **Padula** folgend, um den Nachmittag in der außergewöhnlichen (7) **Certosa di San Lorenzo** zu verbringen. Danach den Wegweisern zum atemberaubenden (8) **Teggiano** folgen, das rund 15 km Richtung Nordwesten liegt und vor Kirchen und Museen schier auseinanderplatzt. Eine Kathedrale und eine Burg runden das Kulturpaket ab. Hier ist Übernachten angesagt.

An Tag drei geht's in aller Frühe nach Norden und dann auf die SS166. Jetzt den Schildern nach (9) **Sant'Angelo a Fasanella** folgen, einer Stadt aus dem 13. Jh. mit römischer Brücke, mittelalterlichen Klöstern und Kirchen sowie einem stimmungsvollen *centro storico*. Nach etwa 18 km Fahrt Richtung Westen erreicht man wieder seinen Ausgangspunkt.

GEFÜHRTE WANDERUNGEN & TOUREN

Mehrere empfehlenswerte Anbieter organisieren geführte Wanderungen durch den Parco Nazionale del Cilento:

» **Gruppo Escursionistico Trekking** (☎0975 725 86; www.getvallodidiano.it; Via Provinciale 29, Silla di Sassano)

» **Associazione Trekking Cilento** (☎0974 84 33 45; www.trekkingcilento.it; Via Cannetiello 6, Agropoli)

» **Associazione Naturalistica Culturale** (☎0974 82 38 52; http://noitour.it; Via Ianni 16, Agropoli)

» **Trekking Campania** (☎339 7456795; www.trekkingcampania.it; Via Yuri Gagarin 16, Salerno)

Die Einwohner wurden schließlich endgültig nach Roscigno Nuovo (heute einfach Roscigno) umgesiedelt. Wie alle Geisterstädte regt auch diese nicht nur die Phantasie an, sie macht auch sehr nachdenklich, denn die Geschichte eines solchen Ortes ist fast immer erschütternd.

Essen

Die kleinen Ortschaften, die über den Park verstreut sind, sind zu einem großen Teil bis heute ziemlich arm. In Bezug auf das Essen ist das nicht unbedingt ein Nachteil, denn das bedeutet oft schlichtes, authentisches Essen mit herzhaften Fleischsoßen aus Hammel- und Ziegenfleisch. Das flache Brot, *focaccia,* das heute in ganz Italien gebacken wird, kommt wie der ähnlich berühmte *bufala*-Mozzarella ursprünglich aus dem Cilento.

Antichi Feudi KAMPANISCH €€
(☎0975 58 73 29; Via San Francesco 2, Teggiano; Gerichte 25 €, Pizzen ab 3 €) Das freundliche Restaurant befindet sich im opulenten, gleichnamigen Boutiquehotel gleich abseits der eleganten Haupt-Piazza in Teggiano. Die Speisekarte variiert je nach Saison, typisch sind jedoch Gerichte wie saftiges Fleisch vom Holzkohlegrill, gegrillte Miesmuscheln mit Olivenöl und Zitrone sowie Fischsuppe. Das Hotelbar-Café hat gute Pizza, darunter die leckere *antichi feudi* mit Pilzen, frischem Käse und gegrillten Auberginen (9 €). Reservierung ist empfehlenswert.

Faunos Trattoria KAMPANISCH €
(☎0889 71 24 44; Loc Sastagne delle Carte, Postiglione; Gerichte 15 €; Pizza ab 3 €; P 👪) Das Lokal liegt leicht zu finden an der Kreuzung auf der Haupteinfahrtstraße in die Stadt mit einer Terrasse zur Straße, vielen Parkplätzen und einem rustikalen Speisesaal mit Deckenbalken im Blockhüttenstil. Sparfüchse bekommen hier eine Pizza schon ab 3 €. Kein Wunder, dass der Laden immer dicht ist. Auf der Speisekarte stehen viele herzhafte Gerichte mit *fagioli* (Bohnen), z. B. *zuppa de fagioli con porcini* (Suppe mit Bohnen und Steinpilzen).

Pasticceria Mery Diano GELATERIA €
(☎0975 797 62; Via San Maria, Teggiano; Eis 1,50 €, Kuchen ab 1,50 €) Gleich ums Eck von der Chiesa di Santa Maria Maggiore (die eine wunderschöne geschnitzte Tür hat) serviert diese kleine Bar mit einer Handvoll Tischen im Freien das beste Eis der Stadt sowie Drinks und Kuchen.

Taverna degli Antichi Sapori KAMPANISCH €
(☎0828 77 25 00; www.tavernadegliantichisapori.it; Via Nazionale 27, Controne; Gerichte ab 12 €) Das helle, geräumige Restaurant mit Backsteinwänden und geranienverzierter Terrasse liegt leicht zu finden an der Hauptdurchfahrtsstraße. Die Speisekarte ist strikt traditionell und vor allem toll, wenn man auf *fagioli* steht – Menschen mit Bohnenaversion sind vielleicht nicht ganz so gut bedient, denn es gibt z. B. *gnocchi e fagioli, pasta e fagioli, lasagne e fagioli, riso* (Reis) *e fagioli* und ein paar Fleischgerichte vom Grill.

Taverna Il Lupo KAMPANISCH €
(☎0975 77 83 76; Via Municipio, Padula; Gerichte ab 16 €; ✎) Das gastfreundliche, familiengeführte Restaurant hat typische Cilento-Gerichte auf der Speisekarte, darunter auch Vegetarisches wie Gemüse-*frittata, zeppole di fiori di zucca* (gebackene Zucchini) und hausgemachte Pasta mit Zwiebeln und weißen Bohnen. Und vor dem übersättigten Heimweg vielleicht noch ein Stück von der himmlisch-saftigen *torta di cioccolata* (Schokoladenkuchen).

BESSER RESERVIEREN

Nicht einfach so in *agriturismi* oder B&Bs im Park auftauchen; oft ist keiner zuhause, die Klingel funktioniert nicht oder Opa hat nicht den richtigen Schlüssel. Der Tourismus ist jung in dieser Region – man sollte ihm Zeit geben und immer reservieren.

Praktische Informationen

NOTFÄLLE

Bergrettung (338 4351474, 118)

TOURISTENINFORMATION

Touristeninformation Paestum (0828 81 10 16; www.infopaestum.it; Via Magna Crecia 887, Paestum; Mo–Sa 9–13.30 & 14.30–19 Uhr) Hat einige Infos zum Parco Nazionale del Cilento.

Touristeninformation Sicignano degli Aburni (0828 97 37 55; Piazza Plebiscito 13, Sicignano degle Aburni; Mo–Sa 9–13.30 & 14.30–17 Uhr)

Vallo della Lucania (0974 71 11 11; http://www.parks.it/parco.nazionale.cilento/Eindex.html; Via Polombo 16, Palazzo Mainenti, Vallo della Lucania; Mo–Sa 9–13.30 & 14.30–17 Uhr) Hat eine hervorragende Website.

Agropoli

20 673 EW.

Das gleich südlich von Paestum gelegene Agropoli ist im Sommer ein sehr beliebter Urlaubsort, den Rest des Jahres aber ein angenehmes, friedliches Städtchen, das eine gute Aktionsbasis für Ausflüge zur Cilento-Küste und in den Park ist. Die äußere Hülle ist ein charakterloses Raster aus Geschäftsstraßen, aber der historische Kern ist ein faszinierendes Gewirr aus engen Pflastergassen mit uralten Kirchen, ehrwürdigen Bewohnern und einer Burg mit grandiosem Ausblick.

Die Stadt ist seit der Jungsteinzeit bewohnt; später kamen Griechen, Römer, Byzantiner und Sarazenen. 915 n. Chr. fiel die Stadt unter die Herrschaft der Bischöfe und anschließend unter die der Feudalherren. Im 16. und 17. Jh. war Agropoli die Zielscheibe nordafrikanischer Raubzüge; während dieser Zeit schrumpfte die Bevölkerung auf wenige Hundert. Heute liegt die Einwohnerzahl bei über 20 000, womit Agropoli die größte und lebhafteste Stadt an der Cilento-Küste ist.

Sehenswertes & Aktivitäten

Zum *centro storico* gelangt man über die Piazza Veneto Victoria, den autofreien Teil des modernen Agropoli, in dem sich Cafés und Eisdielen mit einer bunten Mischung an Geschäften abwechseln. Von dort aus läuft man den Corso Garibaldi entlang und die breite Ennio-Balbo-Scaloni-Treppe hoch bis zum mittelalterlichen *borgo*. Danach immer den Wegweisern zur Burg folgen. Die Stadt ist berühmt für ihre sauberen, goldenen Sandstrände.

GRATIS **Il Castello** BURG

(10–20 Uhr) Die im 5. Jh. von den Byzantinern erbaute Burg wurde während der angevinischen Herrschaft – der Zeit des Blutbads im Vespro-Krieg – weiter befestigt. Auch danach wurde sie immer wieder umgebaut, sodass heute nur noch ein Teil der ursprünglichen Wehrmauer steht. Von hier aus kann man am Festungswall entlang einen schönen Spaziergang durch das historische Zentrum machen: Der Ausblick auf Küste und Stadt ist phantastisch!

Die Burg ist nicht nur ein Ausflugsziel für Touristen: Die Einheimischen haben hier eine Kunstgalerie, deren ständige Ausstellung regionale Künstler zeigt. Außerdem gibt's eine kleine Freilichtbühne, wo im Sommer Konzerte veranstaltet werden.

Cilento Sub Diving Center TAUCHEN

(338 2374603; www.cilentosub.com; Via San Francesco 30; Einzeltauchgang ab 25 €;) Abtauchen gefällig? Hier gibt's alles, was das Herz begehrt. Das Kursangebot reicht von Schnorcheln für Anfänger über Tauchgänge für Jugendliche (ab 12 Jahren) im offenen Meer bis zum Wracktauchen. In letzterem Fall wird zu den für manche erschütternden Wracks von Schiffen, Panzern und Flugzeugen getaucht, die während der bekannteren Gefechte des Zweiten Weltkriegs hier versenkt wurden.

Zu den Tauchrevieren gehören auch spannende Gebiete wie die Küste vor Paestum. Wer weiß: Vielleicht findet man ja hier seinen ganz eigenen bronzenen Apollo?

Essen & Ausgehen

LP TIPP **Anna** PIZZA €

(0974 82 37 63; Lungomare San Marco 32; Gerichte 15 €, Pizzen ab 3 €) Das Lokal am Innenstadtende der Promenade ist bei den Einheimischen schon seit Jahrzehnten der Renner. Das familiengeführte Restaurant hat im

Obergeschoss ein B&B und ist vor allem wegen seiner Pizza bekannt – insbesondere, seit ein britisches Boulevardblatt Annas *Sorpresa* im Mai 2010 zur besten Pizza in ganz Italien gekürt hat. Auf sieben Pizzastücken wird hier eine Auswahl an Miesmuscheln, Auberginen, Zucchini, mariniertem Schweinefleisch, Schinken, Garnelen und scharfer Wurst serviert, die gut und gerne die 10 € wert ist, die sie kostet.

Zu den traditionelleren Gerichten gehören Fisch und Meeresfrüchte wie Schwertfisch vom Grill. Wer morgens einen Zuckerschock zum Aufwachen braucht, hat hier außerdem über acht Sorten *cornetti* zur Auswahl, u. a. mit weißer Schokolade.

Bar Gelateria del Corso BAR €

(Corso Garibaldi 22–24; Eis ab 2 €, Kuchen ab 1,50 €, Cocktails ab 2,50 €) Der beliebteste Ort der Stadt für ein Eis, einen Cocktail oder einen Sahnekuchen. Die bequemen Korbstühle stehen außerdem ideal zum Beobachten der Einkäufer in der Fußgängerzone. Eis-Junkies finden hier ein paar ungewöhnliche Varianten wie *marrón glace* (kandierte Maroni) und *limone sicilia* (sizilianische Zitrone) neben Sorten auf Joghurtbasis wie *frutti di bosco* (Waldbeeren).

U'Sghiz MEERESFRÜCHTE €

(☎0974 82 93 31; Piazza Umberto 1; Gerichte 15 €, Pizza ab 3 €) Die ausgedehnten Räumlichkeiten des Lokals ziehen sich lang und breit durch dieses Gebäude aus dem 17. Jh. in bester Altstadtlage. Dazu gehört auch die Sala degli Affreschi mit Wandgemälde des gemütlichen Inhabers Antonio, der hier samt Familie im griechischen Stil abgebildet ist. Eine Terrasse im Freien gibt's auch. Spezialität des Hauses sind Meeresfrüchte, z. B. *spaghetti a vongole*. Oder etwas von der umfangreichen Pizzakarte.

Ein Viertel roter Hauswein kostet 2 €, eignet sich aber eher als Lösungsmittel; die übrigen Tröpfchen auf der Weinkarte sind deutlich genießbarer und nicht wesentlich teurer.

La Brace KAMPANISCH €

(☎0974 82 16 05; Via A. De Gasperi 60; Gerichte 15 €, Pizzen ab 3 €; ⏱Sa–Do) Die einfache Trattoria in einer lebhaften Seitenstraße bietet keinen Ausblick auf Meer oder Altstadt, dafür wird hier mit Liebe gekocht: Am besten sind Pizza und Meeresfrüchte. Gäste haben die Wahl zwischen dem bonbonfarbenen Speisesaal oder der ruhigen Hinterhofterrasse. Das Lokal ist am Wochenende bei ungestümen italienischen Familien sehr beliebt und eignet sich dann weniger für romantische Schäferstündchen.

Il Gambero MEERESFRÜCHTE €€

(☎0974 82 28 94; Via Lungomare San Marco 234; Gerichte ab 25 €; ⏱Mi–Mo) Das gegenüber dem langen Sandstrand von Agropoli gelegene Restaurant hat von der Terrasse einen wunderbaren Blick auf Sorrent und Capri am Horizont – besonders schön bei Sonnenuntergang (wer jetzt einen Tisch will, sollte früh kommen). Zu den Spezialitäten des Hauses gehören der Meeresfrüchtesalat, Nudeln mit Muscheln und Kürbis sowie eine gemischte Fischplatte vom Grill. Nicht alles auf der Karte enthält Fisch, aber die Meeresfrüchte sind berechtigterweise die Nummer eins. Eine Reservierung ist empfehlenswert.

ℹ Praktische Informationen

Touristeninformation (☎0974 82 74 71; Viale Europa 34; ⏱9.30–14 Uhr) Hat nicht viele Infos, aber immerhin einen einfachen Stadtplan.

ℹ Anreise & Unterwegs vor Ort

Auto

Die Küstenstädte sind gut beschildert und haben in der Regel ausreichend Parkplätze. Autovermietungen gibt's hier jede Menge, z. B. **Alba Rent Car** (☎0974 82 80 99; Via A. De Gasperi 82, Agropoli; ab 50 € pro Tag) oder das preislich ähnliche **LT Trasporti** (☎0974 96 13 66; www.ltgroup.it; Via Colombo 11, Santa Maria di Castellabate).

Der Parco Nazionale del Cilento ist mit dem Auto ähnlich unkompliziert, vorausgesetzt, man hat eine gute Karte. Sich auf die öffentlichen Verkehrsmittel zu verlassen ist hier hingegen unglaublich frustrierend – und zeitraubend erst recht.

Bus

CSTP (☎089 48 70 01; www.cstp.it) betreibt eine regelmäßige Busverbindung von Salerno und Paestum zu mehreren Urlaubsorten an der Cilento-Küste, darunter Agropoli, Santa Maria di Castellabate, San Marco di Castellabate und Acciaroli.

Curcio Viaggi (☎089 25 40 80; www.curcioviaggi.it) befährt mehrere Routen, die den größten Teil der Küste und des Parks abdecken, u. a. gibt es eine tägliche Busverbindung von Pertosa über Teggiano, Sassano und Padula nach Palinuro.

SITA (☎089 22 66 04; www.sitabus.it) fährt täglich von Salerno nach Castelcivita und Polla.

Fähre

Metrò del Mare (☎199 60 07 00; www.metrodelmare.com; ⏲Juni–Sept.) bietet tägliche Fähren von Salerno nach Palinuro (2-mal tgl., 7,50 €, 2 Std.), San Marco di Castellabate (2-mal tgl., 6,50 €, 50 Min.) und Acciaroli (2-mal tgl., 6 €, 1 Std.). Wochentags hat Metrò del Mare auch eine Fährverbindung von Agropoli nach Positano (1-mal tgl., 9 €, 1 Std. 10 Min.), Amalfi (1-mal tgl., 11 €, 1 Std. 35 Min.), San Marco di Castellabate (1-mal tgl., 4,50 €, 15 Min.) und Palinuro (1-mal tgl., 8,50 €, 1 Std. 35 Min.).

Zug

Die meisten Ziele entlang der Cilento-Küste liegen auf der Hauptroute von Neapel nach Reggio di Calabria. Preise und Informationen gibt's bei **Trenitalia** (www.trenitalia.it). Bei Palinuro liegt der nächste Bahnhof in Pisciotta, wo es eine regelmäßige Busverbindung zum Urlaubsort gibt.

Die Cilento-Küste

Die Cilento-Küste hat weder den Hochglanz noch die Raffinesse der Amalfiküste. Dafür kann sie sich allerdings etwas auf ihre Strände einbilden: Hier vereinen sich versteckte Buchten und lange, goldene Sandstrände mit einem höchst willkommenen Mangel an überteuerten Eisdielen und Sonnenliegen. Neben den unten aufgeführten Stränden liegt ganz im Südosten noch **Sapri**, das mit zwei zentral gelegenen, angenehmen Stränden aufwarten kann.

AGROPOLI BIS CASTELLABATE

Etwa 14 km südlich von Agropoli liegt das ehemalige Fischerdorf **Santa Maria di Castellabate**. Am südlichsten Ende fühlt es sich noch greifbar süditalienisch an – die sonnengebleichten Häuser in Altrosa und Ocker, die Fensterläden in traditionellem Grün. Der goldene Sandstrand von Santa Maria dehnt sich auf rund 4 km aus, bietet also selbst im Hochsommer mehr als genug Platz für das eine oder andere Strandhandtuch.

Das mittelalterliche Castellabate liegt 280 m über dem Meer an einer Bergflanke und ist eines der rührendsten historischen Städtchen an der Cilento-Küste. Von Santa Maria de Castellabate kommend markiert der **Belvedere di San Costabile** den Berggipfel. Von hier aus bietet sich ein endloser Ausblick über die Küste. Gleich daneben steht die Ruine einer Burg aus dem 12. Jh. – genauer gesagt nur noch die Wehrmauern – mit zugehöriger Kunstgalerie. Das umgebende Labyrinth aus schmalen, autofreien Gassen wird durch uralte Torbögen, kleine Plätze und den einen oder anderen *palazzo* unterbrochen. Das lebhafte Herz des Ortes schlägt an der Piazza 10 Ottobre 1123, die nicht nur einen Namen voller Zahlen, sondern auch einen Panoramablick über das Valle della Annunziata zu bieten hat.

SAN MARCO DI CASTELLABATE BIS ACCIAROLI

Von Castellabate kommend ist die nächste Station auf der Straße nach Süden die hübsche Bucht bei **San Marco di Castellabate**, die von dem schönen, efeuumrankten Hotel Approdo bewacht wird. Der Hafen, der sowohl unter griechischer wie unter römischer Herrschaft von großer Bedeutung war, hat diverse Grabmale und andere Gegenstände hinterlassen, die heute im Museum von Paestum zu sehen sind. Die Küste zwischen Santa Maria di Castellabate und San Marco ist ein beliebtes Tauchrevier; Informationen dazu gibt's bei **Galatea** (☎334 3485643, 0974 96 67 07; Yachthafen von San Marco di Castellabate; Einzeltauchgang ab 45 €). Der mit blauer Flagge ausgezeichnete Strand von San Marco ist die Verlängerung des Sandstrands von Santa Maria di Castellabate.

Weder Landschaft noch Verkehr sind auf der Küstenstraße nach Süden so dramatisch wie an der Amalfiküste, aber der Ausblick ist trotzdem durchaus hübsch. Diese Gegend fand wohl Ernest Hemingway besonders reizvoll – vor allem **Acciaroli**, das trotz einer Schale aus hässlichem Beton einen charmanten Kern hat. Direkt am Meer steht mit blätternder Fassade und abstrakten Buntglasfenstern aus den 1920er-Jahren die Kirche der **Parrocchia di Acciaroli**. Die umgebenden Straßen und Plätze sind geschmackvoll mit regionalem Stein und traditioneller Bauweise restauriert worden und die angesagten Cafés, Bars und Restaurants haben eine lebhafte Atmosphäre.

PIOPPI BIS PISCIOTTA

Nur 10 km südlich von Acciaroli liegt das winzige und malerische **Pioppi** mit makellos hellem Kieselstrand und einer Handvoll Läden und Restaurants.

Als Nächstes kommt **Marina de Casal Velino**, dessen hübscher Hafen mit familienfreundlichem Sandstrand, Eisständen an allen Ecken, Spielplatz und Tretbooten aufwartet.

Weiter Richtung Südosten hat **Ascea** ein paar eindrucksvolle griechische Ruinen zu bieten, während noch ein Stück weiter das mittelalterliche **Pisciotta** wunderschön hoch über einem Berggrat liegt. Die Terrassenbars und Bänke auf der Piazza Raffaele Pinto direkt im Zentrum sind von zähen, älteren Semestern bevölkert; ansonsten hat der Ort ein paar hervorragende Restaurants und eines der besten Boutiquehotels der Region.

Schließlich lohnt sich auch ein Besuch der von Fischrestaurants und Cafés gesäumten **Marina di Pisciotta**. Ganz am Ende der Promenade geht's zum Strand hinunter, dessen Steine und Kieseln in allen möglichen Schattierungen von Malvenfarben, Grau, Beige und Ocker hübsch gemustert sind. Wie schön könnte man damit zu Hause die Hauseinfahrt pflastern – wenn nur drei Tonnen Handgepäck erlaubt wären!

Sehenswertes & Aktivitäten

Velia AUSGRABUNGSSTÄTTE

(☎0974 97 23 96; Ascea; Erw./erm. 2/1 €; ⏲Mo–Sa 9 Uhr–1 Std. vor Sonnenuntergang) Das Mitte des 6. Jh. v. Chr. von Griechen gegründete Velia wurde später zu einem beliebten Urlaubsort für wohlhabende Römer. Heute kann man durch die stimmungsvollen Ruinen schlendern. Dazu gehören Teile der ursprünglichen Stadtmauern mit Resten eines Tors und mehrerer Türme, die Ruine der Thermalbäder, ein ionischer Tempel, ein Theater sowie Teile der original griechischen Straßen samt Kalksteinpflaster und Rinnstein.

Die Stadt ist vor allem bekannt als Heimatstadt der Philosophen Parmenides und Zeno von Elea; hier wurde auch die berühmte eleatische Philosophenschule gegründet. Wem bei so viel Archäologie das Gehirn überhitzt, kann es im Meer wieder abkühlen: Die moderne Stadt Ascea liegt an einem herrlichen, 5 km langen Sandstrand.

Cilento Explorer BOOTSTOUR

(☎0974 90 00 50; www.cilentoexplorer.com; Piazza Marconi 79, Marina de Casal Velino; ab 28 €) Mit der Angebeteten unterwegs? Wie wäre es dann mit einer romantischen Nachtfahrt unter Sternenhimmel, mit einem Cocktail in der Hand und Liebesgeflüster im Ohr? Nein? Allein unterwegs oder mit Schwiegereltern? Macht nichts: Cilento Explorer hat etwas für jeden Geschmack – von der Bootsfahrt zu einem der umliegenden Grotten bis zum Angelausflug (einheimischer Fischer inklusive).

Essen

LP TIPP **I Tre Gufi** KAMPANISCH €€

(☎0974 97 30 42; Via Roma, Pisciotta; Gerichte 25 €) Von der großen, zentralen Piazza Raffaele Pinto ist dieses Restaurant ausgeschildert. Allein schon die Lage mit Terrasse über einem Pinienhang zum Meer ist ein paar Sterne wert. Auch die Auswahl auf der Speisekarte kann sich sehen lassen; Spezialität des Hauses sind Meeresfrüchte.

Daneben gibt's noch eine Reihe von Salaten und Nudelgerichten, *fagiolini,* Risotto und Tagesgerichte wie Loup de Mer mit Steinpilzen und Oliven. Der Speisesaal hängt voller poppig-abstrakter Gemälde und nebenan ist noch ein Café mit Eisdiele (und hausgemachtem Eis!).

MEDITERRAN IST GESUND!

Pioppi hat allen Grund, sich etwas einzubilden. Ende der 1950er-Jahre startete der amerikanische Medizinforscher Dr. Ancel Keys nämlich eine berühmte Forschungsreihe über die gesundheitlichen Vorzüge des mediterranen Essens, die sich auf Beobachtungen gründete, die er genau hier gemacht hatte. Darin heißt es über die Bewohner von Pioppi: „Die Menschen waren älter und energischer. Sie liefen den Hügel hinauf und hinunter, um wildes Getreide zu sammeln oder liefen noch vor Sonnenaufgang mit dem Ruderboot zum Fischen aus und kehrten am späten Nachmittag wieder heim." Keys fiel vor allem die im Vergleich zu den gut genährten Nordeuropäern und Amerikanern niedrige Rate an Herzleiden unter den armen Leuten dieser Region auf.

Keys stellte selbst auf eine mediterrane Ernährung um und erreichte damit das biblische Alter von 101 Jahren. Wer sich heute jedoch so gesund ernähren will wie die armen Bauern, muss paradoxerweise ziemlich reich sein, denn natives Olivenöl, frischer Fisch und Obst und Gemüse aus biologischem Anbau sind meist wesentlich teurer als industriell verarbeitete Lebensmittel.

Immerhin kann man sich neben die gemütlich im Schatten dahindösenden Oldtimer an der schönen Piazza de Millenario setzen, um sich auszuruhen. Anschließend gönnt man sich dann ein paar Schritte weiter ein gesundes mediterranes Picknick am Strand.

Arlecchino MEERESFRÜCHTE €

(☎0974 96 18 89; Via Guglielmini, Santa Maria di Castellabate; Gerichte 20 €, Pizzen ab 4 €; ⏲März–Nov.; 👪) Das beliebte Arlecchino liegt direkt am Meer am hübschen Südende von Santa Maria und schaut mit großen Fenstern über den kleinen Sandstrand. Das Restaurant serviert in erster Linie Meeresfrüchte – z. B. das höchst empfehlenswerte *sepia alla griglia* (Sepien vom Grill) und ist am Wochenende voll mit Familien. Als Nachtisch empfiehlt sich die beliebte Kalorienbombe der Region: *torta ricotta e pera* (Ricotta-Birnen-Tarte).

Cantina Belvedere KAMPANISCH €€

(☎0974 96 70 30; www.cantinabelvedere.it; Castellabate; Gerichte 30 €; ⏲19.30–24 Uhr) Östlich der Burg hängt dieses Restaurant wie eine Seepocke an der schwindelerregenden Klippe. *Das* ist nun wirklich mal ein unverbaubarer Ausblick. Aber hier gibt's nicht nur landschaftlichen Augenschmaus – auch die Geschmacksnerven gehen nicht leer aus, z. B. mit Oktopus-Carpaccio, Filetsteak mit Pfeffer und jeder Menge Pizza und Pasta. Das Lokal ist bei Hochzeitsgesellschaften sehr gefragt, Reservierung ist also angesagt.

Il Capriccio KAMPANISCH €

(☎0974 84 52 41; Corso da Spiafriddo, Castellabate; Gerichte 18 €) An der Straße nach Perdifumo liegt dieses Lieblingslokal der Einheimischen. Die Aufmachung ist bescheiden; Teil des Gesamtpakets sind eine Terrasse und der freundliche Inhaber Enzo. Die Speisekarte hat alles zu bieten von Fischklassikern wie *zuppa di cozze* (Miesmuschelsuppe) und *polipetti affogati* (gesottener Oktopus) bis hin zu weniger fischigen Alternativen wie *zuppa di ceci* (Kichererbsensuppe).

Auch die *crostata della nonna* (Omas Kuchen) hält das, was der Name verspricht: Sie ist ein Traum aus Blätterteig, Mandeln und Früchten der Saison.

Divino KAMPANISCH €€

(☎339 8080457; Piazza 10 Ottobre 1123, Castellabate; Menü 28–35 €; Gerichte ab 25 €) Von der Burg aus weisen Schilder den Weg durch einen kurzen Tunnel in Richtung La Piazzetta. Hier muss man sich erst einmal die Augen reiben, denn das Schmuckstückchen aus Terrassenrestaurants, pastellfarbenen Häusern und wunderschönem Setting ist fast zu schön, um wahr zu sein. Das Divino ist der Umgebung entsprechend traditionell – sogar bis zum karierten Tischtuch. Den besten Ausblick bietet der romantische Tisch auf der kleinen Terrasse.

Auf der Speisekarte stehen einheimische Favoriten wie *pasta e fagioli* (Nudeln mit weißen Bohnen) und Schwertfisch vom Grill sowie günstige Tagesmenüs.

Pizza in Piazza PIZZA €

(☎320 0966325; Piazza Vittorio Emanuele, Acciaroli; Pizza ab 4 €; ⏲April–Nov.; 👪) Ein erstklassiger Pizzabäcker an dieser hübschen Piazza mit großartigen Gummibäumen und wallenden Glyzinien. Die Pizza gibt's draußen auf der Terrasse oder zum Mitnehmen. Zur Auswahl stehen alle Standardvarianten – allerdings in exzellenter Qualität mit knusprigem Boden und gartenfrischen Zutaten. Unsere besondere Empfehlung gilt der *caprese* (7 €) mit Kirschtomaten, *mozzarella di bufala* und frischem Basilikum.

☆ Unterhaltung

Il Ciclope CLUB

(☎0974 93 03 18; www.ilciclope.com; Marina di Camerota) Die Region Cilento ist den meisten Touristen zwar eher unbekannt, dafür steht sie bei international hochkarätigen DJs ganz oben auf der Hitparade. Pete Tong, Tommy Vee, Marco Carola, David Morales ... In den vier Kalksteinhöhlen des Il Ciclope geben sich sämtliche großen Namen die Ehre; kaum ein Club außerhalb von Ibiza ist so hip wie dieser hier.

Aber Achtung: Bei diesen Höhlenbewohnern ist Schick Trumpf. Fred Flintstone wäre hier nicht reingekommen.

Palinuro

4800 EW.

Palinuro gilt zwar als wichtigster Urlaubsort an der Cilento-Küste, ist dafür aber immer noch relativ ruhig und ohne größere Hotelburgen. Überhaupt macht alles noch ziemlich den Eindruck eines Fischerdorfs. Der Ort liegt geschützt durch eine Landzunge in einer malerischen Bucht mit ausgezeichneten Stränden, die im August gut mit italienischen Urlaubern gefüllt sind. Achtung: Die meisten Hotels und Restaurants sind nur während der Saison von Ostern bis Oktober geöffnet.

Sehenswertes & Aktivitäten

Neben den Grotten ist Palinuro auch für seine Strände berühmt. Südlich der Stadt liegt die ruhige Bucht der Spiaggia Marmelli umgeben von üppigem Grün. Eine steile Treppe führt vom Parkplatz zum Strand hinunter. Hauptstrand des Ortes ist die **Spiaggia Palinuro**, die sich nördlich des

Zentrums auf einer Länge von etwa 4 km ausdehnt. Palinuros postkartenreifer Hafen hat bunte Fischerboote, mehrere Bars und einen breiten Sandstrand zu bieten.

Zentrum des Geschehens sind die Piazza Virgilio mit ihrer modernen, achteckigen Kirche und die Hauptstraße Via Indipendenza, wo man gut shoppen oder eine Kleinigkeit essen kann.

Grotta Azzurra GROTTE

Die Grotta Azzurra in Palinuro wird zwar nicht so hochgehypt wie ihre Namensschwester auf Capri, braucht sich mit ihrem Farben- und Lichtspiel daneben aber wirklich nicht zu verstecken. Ihren Namen verdankt sie dem außergewöhnlichen Effekt des Sonnenlichts, das durch einen unterirdischen Gang auf etwa 8 m Tiefe ins Höhleninnere dringt. Die Sonneneinstrahlung ist am Nachmittag am günstigsten.

Mehrere Anbieter organisiseren Bootsfahrten zur Grotte, die sie in Kiosken am Hafen verkaufen, darunter **Da Alessandro** (☎347 6540931; www.costieradelcilento.it; Fahrt ab 12 €), der neben der Blauen Grotte noch vier andere Höhlen in der Umgebung ansteuert.

Essen & Ausgehen

LP TIPP **Ristorante da Isadora** KAMPANISCH €

(☎0974 93 10 43; Via Indipendenza 156; Gerichte 20 €, Pizzen ab 3,50 €; ⌚März–Okt.) Eines der durchgehend guten Restaurants, mit großer Terrasse und bodenständigem Innenraum (Eckfernseher inklusive). Auf der umfangreichen Speisekarte steht u. a. die hervorragende Spezialität *vicciatella della nonna* (gemischtes Gemüse der Saison, darunter Tomaten, Karotten, Auberginen, Paprika und grüne Bohnen, serviert mit Röstbrot und zusätzlichen Extras wie Räucherkäse, Eiern oder Oktopus).

Die Pizza- und Risotto-Varianten sind hier ebenfalls zu empfehlen. Der Hauswein ist durchaus genießbar und die Auswahl an Grappa-Sorten hervorragend.

Ristorante Miramare MEERESFRÜCHTE €€

(☎0974 93 09 70; Corso Pisacane 89; Gerichte ab 28 €) Das Restaurant in unschlagbarer Lage über türkisfarbenem Meer und kleiner Bucht mit Sandstrand ist Teil des gleichnamigen Hotels und nennt eine breite Terrasse ihr Eigen. Die fischlastige Speisekarte enthält kaum Überraschungen, dafür aber das eine oder andere Zugeständnis an die internationale Küche – z. B. Roastbeef. Mit *spaghetti alla vongole* ist man auf jeden Fall auf der sicheren Seite.

Pasticceria Egidio PASTICCERIA €

(☎0974 93 14 60; Via Santa Maria 15; sfogliatelle 1,50 €) Die von der rundlichen Familie Egidio geführte *pasticceria* hat nicht nur eine Kuchentheke, sondern zudem eine große Bäckerei, die ihre Brote (auch *integrale*!) rechtzeitig zum Picknick frisch aus dem Ofen liefert. Und der Kuchen ist tatsächlich so gut, wie er aussieht: mit frischem Ricotta gefüllte *sfogliatelle*, *frollini* (kleine Törtchen mit Obst und Schokolade) und die allseits beliebten, krümeligen *amaretti* (Makronen).

Bar Da Siena GELATERIA €

(☎0974 93 10 19; Via Indipendenza 53; Eis ab 1,50 €, Cocktails ab 3 €; 👪) Die L-förmige Bar gehört zum Albergo Santa Caterina und serviert das beste Eis der ganzen Stadt: *semi freddi* (Halbgefrorenes) und Joghurteis sowie verführerische Sorten wie *ricotta e pistacchio* (Ricotta mit Pistazien) oder auch das möglicherweise etwas weniger attraktive *zuppa inglese* (englischer Trifle). Die romantische Terrasse ist perfekt für ein romantisches Tête-à-tête mit gemeinsamem Eisbecher.

Babylon BAR

(☎0974 93 14 56; Via Porto 47; Cocktails 5 €; ⌚20–24 Uhr) Dieser willkommene Neuzugang in Palinuros Barszene wurde erst 2012 eröffnet und bietet mit Riesenterrasse, Plexiglasmöbeln und Palmen samstagabends im Sommer eine hippe Kulisse für Livemusik.

Praktische Informationen

Touristeninformation (☎0974 93 81 44; Piazza Virgilio, Palinuro; ⌚Mo–Sa 9.30–13.30 & 17–19, So 9.30–13.30 Uhr) Hat Stadtpläne und allgemeine Infos.

Schlafen

Inhalt »

Neapel ... 203
Capri ... 208
Ischia ... 210
Procida ... 212
Sorrent ... 212
Positano ... 215
Amalfi ... 218
Ravello ... 219
Salerno ... 220

Beste Luxushotels

» Hotel San Francesco al Monte (S. 207), Neapel

» Grand Hotel Vesuvio (S. 206), Neapel

» San Pietro (S. 216), Praiano

Beste Pensionen

» Casa D'Anna (S. 207), Neapel

» Cerasiello B&B (S. 207), Neapel

» Casale Giancesare (S. 220), Paestum

Beste Agriturismi

» Agriturismo La Tore (S. 215), Massa Lubrense

» Agriturismo i Moresani (S. 222), Cilento

» Villa Vea (S. 222), Cilento

Wo übernachten?

In Neapel und Umgebung gibt es nun wirklich keinen Mangel an guten Unterkünften. Im Umland (insbesondere an der Amalfiküste und auf den Inseln Ischia, Capri und Procida) bewegen sie sich allerdings im oberen Preissegment, die Preise sind in der Regel saisonal unterschiedlich.

In der bröckelnden Altstadt von Neapel gibt es freskenverzierte Zimmer im Palazzo aus dem 16. Jh., kerzenbeschienene Unterkünfte im umgebauten Kloster oder Betten im Gästezimmer eines örtlichen Künstlers oder Intellektuellen.

Aufgrund der überwältigenden Besucherzahl kann die Zimmersuche auf den beliebten Inseln Capri, Ischia und Procida sowie in den Urlaubsorten entlang der Amalfiküste in der Hochsaison problematisch werden; es empfiehlt sich dringend, so früh wie möglich im Voraus zu buchen.

Im Hinterland der Costiera Amalfiatana – und erst recht im Cilento (vor allem in und um den Nationalpark) stehen Besuchern immer mehr *agriturismi* (Unterkünfte auf dem Bauernhof) zur Auswahl. Wer einen Urlaub abseits der fotografierwütigen Touristenmassen und in ländlicher Umgebung bevorzugt, sollte sie ernsthaft in Erwägung ziehen, zumal sie auch eine gute Ausgangsstation für Aktivitäten wie Wandern und Mountainbiken darstellen. Ansonsten ist die Palette der Unterkünfte der in Neapel sehr ähnlich: vom opulenten Palazzo bis zum eigenwilligen B&B und dazwischen noch ein paar günstige *pensioni* und Campingplätze.

Preise

Die Preisangaben in diesem Führer beziehen sich auf die Kosten für ein Doppelzimmer mit eigenem Bad, jedoch ohne Frühstück (außer dort, wo es ausdrücklich angegeben ist). Die Preise reichen von der Nebensaison bis zur Hauptsaison.

» € Günstig, unter 80 €

» €€ Standard, 80–250 €

» €€€ Gehoben, über 250 €

HOCH- UND NEBENSAISON

Die Hochsaison geht von Juli bis August, wobei um Ostern und Weihnachten ebenfalls Höchstpreise gelten. Zu diesen Zeiten sollte unbedingt im Voraus gebucht werden. In der Nebensaison fallen die Preise um 30 bis 50 %. Im Winter (November bis Ostern) sind viele Unterkünfte – vor allem an der Küste und auf den Inseln – komplett geschlossen. In Städten und größeren Ortschaften bleiben sie eher ganzjährig geöffnet. In der Nebensaison herrscht relativer Besuchermangel. In den dann noch geöffneten Unterkünften ist es jetzt kein großes Problem unterzukommen.

NEAPEL

Das *centro storico* von Neapel ist eine hochprozentige Mischung aus historischen Sehenswürdigkeiten, lebhaften Plätzen und Streetlife. Hier schlägt das Herz der Stadt – hier kann man auch gut sein Lager aufschlagen. Die Auswahl reicht von B&B-Geheimtipps über Designer-Apartments bis zu umgebauten Barockpalazzi.

Mercato ist näher am Bahnhof und voller Budgethotels. Wir haben hier nur eines aufgeführt (Hotel Zara), das zum Zeitpunkt der Recherche sauber und zuverlässig war. Aber Vorsicht: Das Viertel ist tagsüber chaotisch und nachts nicht gerade sicher.

Centro Storico & Mercato

LP TIPP **Dimora dei Giganti** B&B €€

(Karte S. 40; ☎338 9264453, 081 033 09 77; www.dimoradeigiganti.it; Vico Giganti 55; EZ 40–60 €, DZ 55–80 €, 3BZ 70–95 €, 4BZ 85–110 €, inkl. Frühstück; P❄📶; Ⓜ Piazza Cavour) Dieses weltmännische B&B wird von einem warmherzigen, sympathischen Team geführt. Die vier farblich abgestimmten Zimmer haben eigens hergestellte Lampen mit Skulpturfuß, ethnisch inspirierte Möbel und Designerbäder. Die Küche ist modern, die Lounge gemütlich und die mit Majolika gekachelte Terrasse charmant. Und es kommt noch besser: Trotz ruhiger Lage in einer Seitenstraße ist die Unterkunft nur einen Katzensprung vom lebhaften Herz der Altstadt entfernt.

Costantinopoli 104 BOUTIQUEHOTEL €€

(Karte S. 40; ☎081 557 10 35; www.costantinopoli104.it; Via Santa Maria di Costantinopoli 104; EZ/DZ/Suite 170/220/250 €; ❄@📶≈; Ⓜ Dante) Das schicke, friedliche Costantinopoli 104 ist mitten im Künstlerviertel der Stadt in einer neoklassizistischen Villa untergebracht. Die stellenweise etwas abgewetzten Zimmer haben eine unaufdringliche Eleganz und sind gemütlich und makellos sauber. Die im 1. Stock haben eine Sonnenterrasse, die im Erdgeschoss gehen zum kleinen, palmenbeschatteten Swimmingpool hinaus.

Geschmackvolle Antiquitäten, zeitgenössische Kunst und ein Buntglasfenster im Jugendstil vervollständigen das Bild einer wirklich verführerischen Stadtoase.

Hotel Piazza Bellini BOUTIQUEHOTEL €€

(Karte S. 40; ☎081 45 17 32; www.hotelpiazzabellini.com; Via Costantinopoli 101; EZ 72–142 €, DZ 84–154 €, 3BZ 112–182 €; ❄@📶; Ⓜ Dante) Das relativ neue Art-Hotel in einem Palazzo aus dem 16. Jh. steht nur wenige Schritte vom lebhaften Ausgehzentrum der Piazza Bellini entfernt. Die kühlen weißen Räume werden von original Majolika-Kacheln und den Arbeiten von Nachwuchskünstlern akzentuiert und sind zurückhaltend-cool eingerichtet mit Designermöbeln, schicken Bädern und direkt auf die Wände gemalten Spiegelrahmen. Zimmer im 5. und 6. Stock haben Balkone mit Panoramablick.

ONLINERESSOURCEN

» **Rent a Bed** (www.rentabed.com) Hat eine große Auswahl an B&Bs und Apartments in Neapel, auf den Inseln der Bucht und an der Amalfiküste.

» **Agriturismo.it** (www.agriturismo.it) Bietet eine breite Palette an *agriturismi* (Bauernhof-Unterkünften) mit Beschreibungen, Reservierungsdetails und allgemeinen Infos.

» **Sorrento Tourism** (www.sorrentotourism.com) Liefert u. a. Unterkunftsinfos zur Sorrentinischen Halbinsel.

» **Porta Napoli** (www.hotel.portanapoli.com) Hat eine umfassende Liste von Apartments, B&Bs und Hotels in Neapel, im Golf von Neapel, an der Amalfiküste sowie im Cilento.

ONLINEBUCHUNG

Weitere Unterkunftskritiken von Lonely-Planet-Autoren stehen unter hotels.lonelyplanet.com. Dort sind sowohl unabhängige Kritiken als auch Empfehlungen für die besten Unterkünfte aufgeführt. Und das Allerbeste: Hier kann man auch gleich online buchen.

Decumani Hotel de Charme BOUTIQUEHOTEL €€
(Karte S. 40; ☎081 551 81 88; www.decumani.it; Via San Giovanni Maggiore Pignatelli 15; EZ 89–124 €, DZ 89–134 €, inkl. Frühstück; ❄@📶; 🚌R2 bis Via Mezzocannone) Dieses frische, elegante Boutiquehotel ist im ehemaligen Palazzo des Kardinals Sisto Riario Sforza, dem letzten Bischof des Bourbonenkönigreichs, untergebracht. Die schlichten, stilvollen Zimmer haben hohe Decken, Parkettböden, Möbel aus dem 19. Jh. und moderne Bäder mit geräumiger Dusche sowie rustikal hölzernen Ablageflächen. Die Luxuszimmer haben außerdem einen Whirlpool. Absolutes Highlight ist jedoch das atemberaubende Barockfoyer.

Hostel of the Sun HOSTEL €
(Karte S. 40; ☎081 420 63 93; www.hostelnapoli.com; Via G Melisurgo 15; B 16–18 €, EZ 30–35 €, DZ 60–70 €; ❄@📶; 🚌R2 bis Via Depretis) Das ultrafreundliche Hostel (genannt: HOTS) in Hafennähe wurde erst kürzlich renoviert und wird regelmäßig mit Lobeshymnen überhäuft. Die fröhliche, kontaktfreudige Unterkunft ist im 7. Stock (der Aufzug kostet 0,05 €) und hat farbenfrohe Schlafsäle sowie eine nette Hausbar, die von 20–23 Uhr Cocktails für 3 € ausschenkt. Ein paar Stockwerke tiefer gibt's auch eine Reihe Standardhotelzimmer mit eigenem Bad.

Zu den Extras gehören der kostenlose Wäscheservice ab vier Tage Aufenthalt.

Port Alba Relais B&B €€
(Karte S. 40; ☎081 564 51 71; www.portalbarelais.com; Via Port'Alba 33; EZ 65–99 €, DZ 80–160 €, inkl. Frühstück; ❄@; Ⓜ Dante) Das kecke B&B in einer Straße voller Altbauten und Buchläden hat sich auch selbst der Liebe zum Buch verschrieben: Das Foyer hat riesige Bücherregale voller Literatur, Kunstgegenstände und antiquarischer Fundstücke wie einer Ausgabe von Dantes *Göttlicher Komödie* aus dem Jahr 1745. Die sechs Zimmer sind schick und eindeutig von Armani inspiriert, mit gedeckten Farben, Einrichtungsdetails aus Edelstahl und Duschen mit Mosaikkacheln. Zimmer 216 hat außerdem einen Whirlpool. Die Zimmer liegen zwar an der lebhaften Piazza Dante, sind dank doppelverglaster Fenster aber trotzdem nicht laut.

DiLetto a Napoli B&B €
(Karte S. 40; ☎338 926 44 53, 081 033 09 77; www.dilettoanapoli.it; Vicolo Sedil Capuano 16; EZ 35–55 €, DZ 50–75 €, 3BZ 65–90 €, 4BZ 80–105 €, inkl. Frühstück; P❄📶; Ⓜ Piazza Cavour) Das gewitzte B&B in einem Palazzo aus dem 15. Jh. hat vier Zimmer mit alten *cotto*-Kachelböden, Organzavorhängen, kunsthandwerklich gestalteten Lampen und von den Inhabern selbst – Architekten – handgefertigten Möbeln. Die Bäder sind genauso stylisch. Die kultivierte Lounge ist mit Einbauküche und Esstisch ausgestattet, sodass die Gäste gemeinsam essen und herumhängen können.

Belle Arti Resort B&B €€
(Karte S. 40; ☎081 557 10 62; www.belleartiresort.com; Via Santa Maria di Costantinopoli 27; EZ 65–99 €, DZ 80–160 €; ❄@; Ⓜ Dante) Die mondäne Unterkunft ist schon deutlich mehr Boutique als B&B und kombiniert modern-coole Einrichtung mit antiken Details. Die makellosen Zimmer sind teilweise so groß wie eine kleine Suite. Vier haben Deckenfresken, alle haben Marmorbäder und unkonventionell bemalte Kopfbretter an den Betten. Schwere rote Vorhänge im Flur unterstreichen den lässigen Schick noch zusätzlich.

Caravaggio Hotel HOTEL €€
(Karte S. 40; ☎081 211 00 66; www.caravaggiohotel.it; Piazza Riario Sforza 157; EZ 80–150 €, DZ 120–190 €, Suite 150–240 €; ❄@📶; 🚌CS5 bis Via Duomo) Hier hängen kühne abstrakte Gemälde gegenüber von Steinbögen, gelbe Sofas stehen an den 300 Jahre alten Backsteinwänden und Holzbalken stützen die Decken der Viersternezimmer. Einige Zimmer haben einen Whirlpool, die Gemeinschaftslounge ist schick und das Frühstücksbuffet besteht aus regionalen Erzeugnissen.

Hotel Pignatelli Napoli HOTEL €
(Karte S. 40; ☎081 658 49 50; www.hotelpignatellinapoli.com; Via San Giovanni Maggiore Pignatelli 16; EZ 45 €, DZ 60–80 €, inkl. Frühstück; @📶; 🚌R2 bis Via Mezzocannone) Das Hotel Pignatelli hat sich in einem restaurierten Haus aus dem 15. Jh. eingerichtet und ist schick, aber dennoch günstig. Die Zimmereinrichtung mit schmiedeeisernen Bettgestellen und Wandleuchten aus Bronze könnte man als eine Art rustikale Renaissance beschreiben; manche

Zimmer haben außerdem echte Holzbalken an der Decke. Die Krönung ist allerdings der warmherzige, gastfreundliche Inhaber Ciro.

Mancini Hostel HOSTEL €
(Karte S. 40; ☎081 553 67 31; www.hostelpensionemancini.com; Via PS Mancini 33; B 15–18 €, EZ ohne Bad 25–35 €, DZ ohne Bad 35–45 €, DZ 50–60 €, 3BZ 60–75 €, inkl. Frühstück; ❄@📶; Ⓜ Garibaldi) Zugegeben: Eine Adresse im Bahnhofsviertel wirkt erst einmal eher schmuddlig. Aber das sichere, entspannte Hostel macht seine Lage mit freundlichem Personal und moderner Gemeinschaftsküche (perfekt nach einem Einkauf auf dem nahe gelegenen Porta-Nolana-Markt!) mehr als wett. Alle vier Schlafsäle (drei gemischt, einer für Frauen) sind hell und sauber und haben moderne Bäder. Es gibt auch ein paar einfache Doppel- und Dreibettzimmer mit eigenem Bad.

Hotel Zara HOTEL €
(Karte S. 40; ☎081 28 71 25; www.hotelzara.it; 2. OG, Via Firenze 81; EZ 39–45 €, DZ 46–62 €, 3BZ 60–80 €, EZ mit Gemeinschaftsbad 30–35 €, DZ mit Gemeinschaftsbad 40–50 €, inkl. Frühstück; ❄@📶; Ⓜ Garibaldi) Das makellos saubere Hotel ist zu Fuß vom Hauptbahnhof leicht erreichbar und Welten entfernt von der schäbigen Straße vor der Tür. Die Zimmer sind spartanisch, aber sauber, die Einrichtung funktional und modern, mit TV und Doppelverglasung. Nettes Detail: die hauseigene Buchbörse. Der Aufzug kostet 0,05 €.

Bella Capri Hostel & Hotel HOSTEL €
(Karte S. 40; ☎081 552 94 94; www.bellacapri.it; Via G Melisurgo 4; B 16–20 €, EZ 50–60 €, DZ 60–80 €, 3BZ 75–95 €, EZ mit Gemeinschaftsbad 40–50 €, DZ mit Gemeinschaftsbad 50–60 €, inkl. Frühstück; ❄@📶; 🚌R2 bis Via Depretis) Die zentral gelegene, freundliche Unterkunft bietet auf zwei Stockwerken sowohl Hostel- als auch Hotelzimmer. Die Hotelzimmer hätten ein wenig mehr Pflege verdient, sind aber durchweg sauber. Das Hostel ist etwas peppiger: fröhliche Zitrusfarben, Küche, mehr normale Betten als Stockbetten und ein Badezimmer pro Schlafsaal. Der Wäscheservice kostet 7 €, es gibt keine Ausgangssperre. Nicht vergessen: Der Aufzug kostet 0,05 €.

Toledo & Quartieri Spagnoli

Die Via Toledo ist Neapels wichtigste Geschäftsstraße und die Lieblingsmeile der Neapolitaner zum Spazierengehen. Direkt im Westen liegt das derbe Quartieri Spagnoli, dessen krimineller Ruf jedoch übertrieben ist. Hier gibt's eine stimmungsvolle Mischung aus superschmalen Gassen, lebhaften *trottorie* (informellen Restaurants) und gemütlichen Unterkünften vom heimeligen Hotel bis zum B&B über den Dächern.

La Ciliegina Lifestyle Hotel BOUTIQUEHOTEL €€
(Karte S. 40; ☎081 1971 8800; www.cilieginahotel.it; Via PE Imbriani 30; DZ 150–250 €, Junior Suite 180–300 €, inkl. Frühstück; ❄@📶; 🚌R2 bis Piazza Municipio) Das schick und modern in Weiß, Schwarz und Grau gehaltene Hotel wird von modebewussten Stadtbewohnern frequentiert. Alle 13 geräumigen Zimmer sind minimalistisch eingerichtet mit erstklassigen Hästens-Betten, Flachbild-TV und Marmorbädern mit Jacuzzi-Wasserstrahldusche (eine Juniorsuite hat auch einen Whirlpool). Frühstücken kann man im Bett oder auf der Dachterrasse, die mit Sonnenliegen, Whirlpool und Vulkanblick aufwartet.

Praktisch ist außerdem die kostenlose iPad-Benutzung.

Nardones 48 APARTMENT €
(Karte S. 58; ☎081 245 14 46, 338 8818998; www.nardones48.it; Via Nardones 48; kleines Apt. 30–60 €, großes Apt. 40–100 €; ❄📶; 🚌R2 bis Piazza Trieste e Trento) Das ganz in Weißtönen eingerichtete Nardones 48 präsentiert seinen Gästen sieben smarte Mini-Apartments in einem historischen Gebäude des Quartieri Spagnoli. Die fünf größten Apartments haben alle ein Galerieschlafzimmer und bieten Platz für bis zu vier Personen. Die beiden kleinsten haben je ein Klappsofa und sind für zwei Personen ausgelegt. Drei Apartments haben eine Panoramaterrasse und alle sind mit einer modernen Küchenzeile, Flachbild-TV, modernem Schlafzimmer und geräumiger Dusche ausgestattet.

Ab einem einwöchigen Aufenthalt gibt es Preisvergünstigungen und kostenlosen Wäscheservice.

Sui Tetti di Napoli B&B €
(Karte S. 50; ☎338 9264453, 081 033 09 77; www.suitettidinapoli.net; Vico Figuerelle a Montecalvario 6; EZ 35–65 €, DZ 45–80 €, 3BZ 60–95 €, 4BZ 80–115 €, inkl. Frühstück; ❄📶; Ⓜ Toledo) Dieses günstige B&B liegt nur einen Häuserblock von der Via Toledo entfernt. Das Oberschenkeltraining auf der Treppe lohnt sich, denn das ist kein normales B&B: Hier warten vier Apartments auf Gäste. Zwei teilen sich eine Terrasse, das oberste hat eine eigene Dachterrasse mit hinreißendem Ausblick. Alle Apartments haben eine

Küchenzeile (die günstigsten beiden teilen sich eine), die schlichte, doch peppige Einrichtung gibt dem Ganzen eine gemütliche Atmosphäre.

Napolit'amo Hotel Medina HOTEL €

(Karte S. 40; ☎081 497 71 10; www.napolitamo.it; Via San Tommaso d'Aquino 15; EZ 55–75 €, DZ 65–95 €, inkl. Frühstück; ❄@📶; 🚌R2 bis Via Medina) Das freundliche Dreisternehotel liegt nur 600 m von den Fähranlegern entfernt und hat sich erst kürzlich ganz frisch herausgeputzt. Die Zimmer im 5. Stock sind gemütlich und modern, während die im 3. mit gedeckten Erdtönen und modernen Badezimmern mit Regenwalddusche am schicksten sind. Das Frühstückszimmer ist in Silber- und Schokotönen eingerichtet und bietet einen Ausblick auf das Castel Nuovo.

Hotel Il Convento HOTEL €€

(Karte S. 50; ☎081 40 39 77; www.hotelilconvento.com; Via Speranzella 137a; EZ 50–93 €, DZ 65–140 €; ❄@📶; 🚌R2 bis Piazza Trieste e Trento) Das wunderschöne Hotel im Herzen des Quartieri Spagnoli ist eine die Seele tröstende Mischung aus Toskana-Antiquitäten, gelehrten Bücherregalen und Treppen mit Kerzenbeleuchtung. Die Zimmer sind gemütlich und elegant eingerichtet mit Cremetönen und dunklem Holz, akzentuiert durch den einen oder anderen Blick auf Ziegel aus dem 16. Jh. Für 80–180 € gibt's auch Zimmer mit eigenem Dachgarten. Das Hotel ist rollstuhlgerecht.

La Concordia B&B B&B €

(Karte S. 50; ☎081 41 23 49; www.laconcordia.it; Piazzetta Concordia 5; EZ/DZ/3BZ/4BZ inkl. Frühstück 50/80/90/100 €; ❄📶; 🚡 Centrale zum Corso Vittorio Emanuele) Gastgeberin in diesem warmherzigen B&B ist die pensionierte Literaturprofessorin Anna Grappone, deren charmante Bleibe mit ethnischen Artefakten, antikem Mobiliar und den Arbeiten ihrer Künstlerfreunde ausgestattet ist. Alle drei Gästezimmer sind sauber und gemütlich, die Gemeinschaftslounge ist voller Bücher, in denen man standesgemäß im Schaukelstuhl schmökern kann. Zwei Schlafzimmer haben Klimaanlage, als Zahlungsmittel werden nur Bargeld und PayPal akzeptiert.

Napolit'amo Hotel Toledo HOTEL €

(Karte S. 50; ☎081 552 36 26; www.napolitamo.it; Via Toledo 148; EZ 57–67 €, DZ 83–103 €, inkl. Frühstück; ❄@📶; MToledo) Noblesse oblige: Im Palazzo Tocco di Montemiletto aus dem 16. Jh. lebt es sich über dem Pöbel erhaben und ganz wie der Adel persönlich. Okay, hier und da blättert es schon ein wenig. Aber bei so vielen vergoldeten Spiegeln und hohen Decken kommt der innere Snob trotzdem voll auf seine Kosten. Die Servicekräfte sind höflich und die Adresse an der Via Toledo ist ebenso ideal für das stimmungsvolle *centro storico* wie für die wichtigsten Shoppingmeilen.

Hotel Toledo HOTEL €

(Karte S. 50; ☎081 40 68 71; www.hoteltoledo.com; Via Montecalvario 15; EZ/DZ/Suite inkl. Frühstück 50/80/140 €; ❄@📶; MToledo) Das gemütlich in einem dreistöckigen Altbau untergebrachte Hotel Toledo hat bequeme, eher kleine Zimmer mit Terrakottafliesen und allen modernen Schikanen. Die Zimmer sind allerdings etwas dunkel. In den Suiten ist eine Herdplatte, das Frühstück wird bei warmem Wetter draußen auf der Dachterrasse serviert.

Santa Lucia & Chiaia

In Santa Lucia sagen sich Präsident und Popstar „Gute Nacht“: Hier gibt's opulente Strandhotels und prächtige Ausblicke auf die Inseln. Trotzdem gibt's auch erschwingliche Alternativen mit atemberaubendem Ausblick auf die Bucht. Im Allgemeinen kosten Zimmer mit Meerblick etwas mehr.

Das exklusive Chiaia ist *der* angesagte Ort für Designerläden und Bars. Unterkünfte sind folglich eher schick als günstig – mit der Ausnahme eines peppigen B&B, das noch mit den Füßen auf dem Boden steht.

LP TIPP **Grand Hotel Vesuvio** LUXUSHOTEL €€€

(Karte S. 58; ☎081 764 00 44; www.vesuvio.it; Via Partenope 45; EZ 230–370 €, DZ 290–450 €; ❄@📶; 🚌154 bis Via Santa Lucia) Das Fünf-Sterne-Schwergewicht ist bekannt als Bleibe der Stars – z. B. Rita Hayworth und Humphrey Bogart, um nur zwei zu nennen – und ein dekadentes Wunderland aus wachstropfenden Kronleuchtern, Stilmöbeln und opulenten Zimmern. Wer kein Filmsternchen zu Gesicht bekommt, kann immerhin im Restaurant auf dem Dach bei einem Martini echte Sterne am Himmel zählen.

B&B Cappella Vecchia B&B €

(Karte S. 58; ☎081 240 51 17; www.cappellavecchia11.it; Vico Santa Maria a Cappella Vecchia 11; EZ 50–70 €, DZ 75–100 €; ❄@📶; 🚌C24 bis Piazza dei Martiri) Dieses erstklassige B&B wird von einem superhilfsbereiten jungen Ehepaar geleitet. Die sechs schlichten, gemütlichen Zimmer haben peppige Bäder und sind verschiedenen neapolitanischen Themen gewidmet – vom *mal'occhio* (böser Blick) bis zum *peperoncino* (Chili). Im geräumigen Gemeinschaftsbereich wird das Frühstück serviert; hier gibt es auch rund um die Uhr kostenloses Internet. Monatliche Paketangebote stehen auf der Website.

Chiaja Hotel de Charme BOUTIQUEHOTEL €€
(Karte S. 58; ☎081 41 55 55; www.hotelchiaia.it; Via Chiaia 216; EZ 85–105 €, DZ 99–145 €, Komfort-DZ 140–165 €; ; R2 bis Piazza Trieste e Trento) „Vornehm aber warmherzig" ist das Motto in dieser renovierten Residenz eines Marquis. Die Einrichtung ist eine beruhigende Mischung aus blassgelben Wänden, Porträts mit Goldrahmen, restaurierten Originalmöbeln und elegant drapierten Vorhängen. Jedes Zimmer ist anders. Alle, die zur Boutiquenmeile der Via Chiaia gehen, haben einen blubbernden Whirlpool. Beim Frühstücksbuffet dreht sich alles um kampanische Erzeugnisse. Auf der Website sind hin und wieder lohnenswerte Sonderangebote zu finden.

Hotel Excelsior LUXUSHOTEL €€€
(Karte S. 58; ☎081 764 01 11; www.excelsior.it; Via Partenope 48; EZ/DZ 270/330 €; ; 154 bis Via Santa Lucia) Das Excelsior liegt direkt am Yachthafen Borgo Marinaro und ist mit Marmorsäulen, dunklen Limousinen und riesigen Zimmern im Fin-de-Siècle-Stil die ideale Kulisse für alle, die den Film *Pretty Woman* am liebsten nochmal selbst nachspielen würden. Bei dem atemberaubenden Meerblick läuft die Liebesszene dann auch wie von selbst.

Vomero, Capodimonte & La Sanità

Das Mittelklasseviertel Vomero scheint Welten entfernt vom brodelnden Moloch weiter unten. Sehenswürdigkeiten sind nicht gerade dick gesät, dafür ist der Ausblick himmlisch, die Straßen sind grün und schattig und das berauschende neapolitanische Chaos ist nur eine Seilbahnfahrt entfernt. Das zwischen *centro storico* und Capodimonte eingekeilte La Sanità ist altmodisches Neapel in Reinkultur: bodenständiges Treiben auf der Straße, Marktstände und ein paar unerwartet gelehrte, künstlerische Unterkünfte.

LP TIPP **Casa D'Anna** PENSION €€
(Karte S. 64; ☎081 44 66 11; www.casadanna.it; Via Cristallini 138; EZ 67–102 €, DZ 95–145 €, inkl. Frühstück; ; M Piazza Cavour, Museo) Vom Künstler bis zum Pariser Modefreak – alle lieben dieses elegante, mit Antiquitäten, Büchern und Kunstoriginalen ausgestattete Gästehaus. Die vier Zimmer werden von drei charmanten und äußerst gebildeten Herren geführt. Alle haben ein eigenes Bad und sind eine geschickte Mischung aus klassischem und modernem Design auf höchstem Niveau. Zum Frühstück stehen u. a. hausgemachtes Gebäck und Marmelade zur Auswahl und die Gemeinschaftsterrasse ist ideal für ein romantisches *tête-à-tête*.

Mindestaufenthalt: zwei Nächte.

LP TIPP **Cerasiello B&B** B&B €
(Karte S. 64; ☎338 9264453, 081 033 09 77; www.cerasiello.it; Via Supportico Lopez 20; EZ 40–60 €, DZ 55–80 €, 3BZ 70–95 €; ; M Piazza Cavour, Museo) Dieses wunderschöne B&B besteht aus vier Zimmern mit eigenem Bad und einer bezaubernden Gemeinschaftsterrasse, während die Einrichtung unter dem Motto „Ethnoschick" steht und eine Mischung aus neapolitanischer Kunst und nordafrikanischen Möbeln ist. Die stilvolle Küche hat einen phantastischen Ausblick auf die Certosa di San Martino. Das gilt übrigens für alle Zimmer (oder deren Badezimmer) bis auf das Zimmer „Fuoco" (Feuer), das stattdessen auf eine wunderbare Kirchenkuppel hinausblickt. Der Aufzug kostet 0,10 €.

Nominell liegt das B&B im Bezirk Sanità, ist aber zu Fuß nur wenige Minuten vom *centro storico* entfernt.

Hotel San Francesco al Monte LUXUSHOTEL €€€
(Karte S. 64; ☎081 423 91 11; www.hotelsanfrancesco.it; Corso Vittorio Emanuele I 328; EZ 138–253 €, DZ 156–266 €, inkl. Frühstück; P; Centrale zum Corso Vittorio Emanuele I) Dieses großartige Hotel ist in einem Kloster aus dem 16. Jh. untergebracht. Die ehemaligen Mönchszellen sind heute schicke Zimmer, im Kreuzgang ist eine Freiluftbar und die Tonnengewölbe der Hotelflure sind kühl und stimmungsvoll. Das i-Tüpfelchen ist der Swimmingpool im 7. Stock.

Grand Hotel Parker's LUXUSHOTEL €€€
(Karte S. 64; ☎081 761 24 74; www.grandhotelparkers.com; Corso Vittorio Emanuele I 35; EZ 270 €, DZ 350 €, inkl. Frühstück; P; 128 bis Via Tasso) Das stattliche alte Hotel war der Lieb-

ling der Bildungsreisenden und einst bevorzugte Bleibe für große Namen wie Virginia Woolf und Robert Louis Stevenson. Heute werden die Louis-XVI-Stilmöbel von Prada-Trägern bevölkert, die auf der Terrasse mit Meerblick ihren *aperitivo* schlürfen und bei Kerzenlicht im Restaurant George dinieren. Der hauseigene Luxus-Wellnessbereich (bei unserem Besuch wegen Renovierung geschlossen) gehört zu den besten der Stadt.

Casa del Monacone B&B

(Karte S. 64; ☎081 744 37 14, 338 9148012; www.catacombedinapoli.it/casaDelMonacone.asp; Via Sanità 124; EZ/DZ/3BZ inkl. Frühstück 40/60/80 €; ❄@📶; ⓂPiazza Cavour, Museo) Das künstlerische B&B im ehemaligen Kloster neben der Basilica di Santa Maria della Sanità wird von der inspirierten jungen Künstlerkooperative La Paranza geführt, die auch für die Restaurierung der Catacomba di San Gennaro verantwortlich war. Zur Ausstattung gehören eine Gemeinschaftsküche, eine Lounge, eine bunt gekachelte Terrasse und Kunstwerke des überaus produktiven Riccardo Dalisi. Das größte der sechs hellen Zimmer hat eine eigene Küchenzeile.

Verkehrslärm ist dank gut abgedichteter Fenster kein Thema und die Juniorsuite kostet das Gleiche wie ein Standardzimmer – also bloß keine Bescheidenheit!

La Controra HOSTEL €

(Karte S. 64; ☎081 549 40 14; www.lacontrora.com; Piazzetta Trinità alla Cesarea 231; B 15–22 €, DZ 60 €, inkl. Frühstück; ❄@📶; ⓂSalvator Rosa) Edelstahllampen, eine schicke Bar, Stockbetten aus hellem Holz, mintfarbene Bäder und eine Jamie-Oliver-mäßige Gemeinschaftsküche: Das preisgekrönte Hostel ist eine gelungene Mischung aus Sparsamkeit und Stil. Wer gerade nicht auf dem Zimmer ist, kann im Innenhof in Hängematten dösen oder für 2 € die Stunde im Internet surfen. WLAN gibt's nur in den Gemeinschaftsbereichen.

Mergellina & Posillipo

In Mergellina liegen Yachten vor Anker und Jugendstil-Palazzi bilden eine elegante Kulisse für die lebhafte Hafenszene. Die Verbindungen zur Stadtmitte sind gut und die Lage ist günstig, um frühmorgens ein Tragflügelboot zu den Inseln der Bucht zu erwischen.

Hotel Ausonia HOTEL €€

(Karte S. 73; ☎081 68 22 78; www.hotelausoniana poli.com; Via Francesco Caracciolo 11; EZ/DZ/3BZ inkl. Frühstück 80/100/120 €; ❄@; ⓂMergellina) Das bescheidene, freundliche Hotel gegenüber dem Yachthafen von Mergellina spielt auch bei der Einrichtung heftig mit dem nautischen Thema (z. B. bei den Bullaugen und Bettköpfen in Form eines Steuerrads). Schon ein bisschen kitschig, aber die Zimmer sind sauber und gemütlich und die wenigen mit Meerblick kosten keinen Aufpreis.

DIE INSELN

Capri

Woran denkt man bei Capri? An Zitronenbäume, Straßencafés, schwüle Sommerabende und riesengroße Sonnenbrillen. Mit anderen Worten: Capri ist ein Synonym für Sommer. Entsprechend gibt's auch viele Unterkünfte nur im Sommer. Betten sind eine Rarität und daher meist teuer.

LP TIPP **Hotel Villa Eva** HOTEL €€

(Karte S. 116; ☎081 837 15 49; www.villaeva.com; Via La Fabbrica 8, Anacapri; Zi. 100–120 €; ⊙März–Okt.; P@🏊) Diese echte Landidylle liegt versteckt zwischen Obst- und Olivenbäumen mit Hängematten. Die Zimmer scheinen ganz aus weißer Bettwäsche und viel Charakter zu bestehen – gekachelte Kamine und Kuppeldecken inklusive. Zur familienfreundlichen Ausstattung gehören ein Swimmingpool und ein Ausblick über die Baumwipfel hinunter zum Meer. Der Pferdefuß: Es ist schwer zu erreichen (in Anacapri die Buslinie „Grotta Azzurra" nehmen und den Fahrer fragen, wo man am besten aussteigt), wenn man nicht 30 € für ein Taxi vom Hafen zahlen will.

Hotel La Tosca HOTEL €€

(Karte S. 118; ☎081 837 09 89; www.latoscahotel.com; Via Dalmazio Birago 5, Stadt Capri; EZ 50–100 €, DZ 75–160 €; ⊙April–Okt.; ❄📶) Abseits vom Glamour des Stadtzentrums versteckt sich dieses charmante Einsternehotel in einer ruhigen Gasse mit Blick auf die Certosa di San Giacomo und die Berge. Die Zimmer sind geräumig und gemütlich eingerichtet mit Fichtenmöbeln, hellen Kacheln, gestreiften Stoffen und großen Bädern. Mehrere haben eine eigene Terrasse mit Sonnenliegen und Rattanmöbeln. Der gesellige, gastfreundliche Inhaber spricht fließendes Englisch (seine Frau ist Amerikanerin).

Casa Mariantonia BOUTIQUEHOTEL €€

(Karte S. 122; ☎081 837 29 23; www.casamariantonia.com; Via Guiseppe Orlandi 80, Anacapri; Zi. 100–

260 €; P❄📶🏊) In dieser fabelhaften Boutiquebleibe sind schon Jean-Paul Sartre und Alberto Moravia abgestiegen. Schöner Stoff zum Nachdenken, während man die friedliche Schönheit der Umgebung genießt! Die Zimmer strahlen in beruhigenden Farbtönen eine zurückhaltende Eleganz aus, jedes mit eigener Terrasse und Blick auf den Garten.

Grand Hotel Quisisana LUXUSHOTEL €€€
(Karte S. 118; ☎081 837 07 88; www.quisi.com; Via Camerelle 2, Stadt Capri; Zi./Suite inkl. Frühstück ab 300/620 €; ⊙Mitte März–1. Woche im Nov.; ❄📶🏊) Als eines von nur drei Hotels mit fünf Sternen und „L"-Bewertung (= Luxus) ist das Quisisana Capris prestigeträchtigste Adresse. Passenderweise liegt es auch nur ein paar Sandalenschritte von der Piazzetta entfernt. Diese Bastion selbstbewusster Opulenz ist seit dem 19. Jh. ein Hotel und vereint unter seinem Dach zwei Swimmingpools, ein Fitnesscenter mit Wellnessbereich, subtropische Gärten, Restaurants und Bars. Die Zimmer sind angemessen palastartig und mit kühlen Farben und schicken Möbeln eingerichtet.

Albergo Loreley HOTEL €€
(Karte S. 122; ☎081 837 14 40; www.loreley.it; Via Giuseppe Orlandi 16, Anacapri; EZ 60–90 €, DZ 95–130 €, 3BZ 105–150 €, inkl. Frühstück; ⊙April–Okt.; P❄📶) Das einladende, altmodische Hotel ist umgeben von einem alten Garten und – trotz der Lage gleich abseits der Haupteinfallstraße nach Anacapri – erstaunlich ruhig. Die Zimmer sind geräumig und unterschiedlich eingerichtet (die Stilpalette reicht von Oma-Kitsch bis zu klassisch mediterran), mit kühlen Kachelböden und schweren Antikmöbeln.

Belvedere e Tre Re HOTEL €€
(Karte S. 116; ☎081 837 03 45; www.belvedere-tre-re.com; Via Marina Grande 264, Marina Grande; EZ/DZ inkl. Frühstück 100/120 €; ⊙April–Nov.; ❄📶) Das 1900 erbaute Hotel ist vom Hafen in fünf Minuten erreichbar und hat einen entsprechend hervorragenden Ausblick auf die Boote. Seine Vergangenheit ist ebenfalls bemerkenswert: Das „Tre Re" im Namen bezieht sich nämlich nicht auf die biblischen drei Könige, sondern auf die drei Könige, die hier Station gemacht haben, als Bildungsreisen noch schick waren. Heute hat das Haus nur bescheidene zwei Sterne, aber die Zimmer wurden angenehm modernisiert und haben jeweils einen eigenen überdachten Balkon. Im obersten Stockwerk gibt's eine Sonnenterrasse.

Capri Palace LUXUSHOTEL €€€
(Karte S. 122; ☎081 978 01 11; www.capripalace.com; Via Capodimonte 2b, Anacapri; EZ/DZ/Suite inkl. Frühstück ab 195/295/620 €; ⊙April–Okt.; ❄📶) Das Capri Palace ist das momentan angesagteste Hotel der Insel und Liebling der Stars: Gwyneth Paltrow, Liz Hurley und Naomi Campbell waren alle schon hier. Das stilvoll mediterrane Interieur wird durch auffällige zeitgenössische Kunst belebt und die Zimmer sind niemals weniger als opulent. Manche haben sogar einen eigenen Terrassengarten mit Tauchbecken. Gestresste Gäste finden hier außerdem den angeblich besten Wellnesstempel der ganzen Insel. Mindestaufenthalt in der Hochsaison: drei Nächte.

Hotel Bellavista HOTEL €€
(Karte S. 122; ☎081 837 14 63; www.bellavistacapri.com; Via Giuseppe Orlandi 10, Anacapri; EZ 90–160 €, DZ 130–240 €; ⊙April–Okt.; ❄@📶) Mit einem Alter von über 100 Jahren ist dieses Hotel ganz klar das Urgestein der hiesigen Unterkünfte. Die Zimmer sind groß und haben Kachelböden mit riesigen Blumenmotiven im Stil der 1960er-Jahre (man muss sie einfach lieben – oder hassen). Zu seinen Vorzügen zählen die Lage am Ortseingang zu Anacapri, der Tennisplatz, ein Restaurant mit wirklich wunderschönem Ausblick sowie der ermäßigte Eintritt zum nahe gelegenen Swimmingpool. Mindestaufenthalt im August: vier Tage.

Hotel Gatto Bianco HOTEL €€
(Karte S. 118; ☎081 837 51 43; www.gattobianco-capri.com; Via Vittoria Emanuele 32, Stadt Capri; EZ 100–170 €, DZ 150–230 €, inkl. Frühstück; ⊙April–Nov.; ❄@📶) Dieses elegante, 1953 erbaute Hotel besitzt baumbeschattete Innenhöfe und Terrassen. Vornehmstes Mitglied des Personals ist eine weiße Perserkatze – vermutlich mit ellenlangem Stammbaum. Die lichtdurchfluteten Zimmer sind im traditionellen Stil eingerichtet: blau-gelbe Majolika-Kacheln, geschmackvolle Farben und ein Ausblick auf den Cesina. Das Hotel liegt nur wenige Gehminuten von der Piazzetta entfernt und eignet sich damit perfekt für einen vornehmen Kaffee am späten Vormittag. Außerdem bietet es Ermäßigungspakete für den Gesundheits- und Schönheitssalon Dephina im Untergeschoss an.

Hotel Bussola HOTEL €€
(Karte S. 116; ☎081 838 20 10; www.bussola.com; Traversa La Vigna 14, Anacapri; EZ 50–140 €, DZ 80–150 €; ⊙ganzjährig; ❄@📶) Cristiano, der ener-

giegeladene Inhaber, hat ganz schön Pepp in dieses Hotel gebracht. Die sonnendurchfluteten Zimmer haben luxuriöse Vorhänge, Majolika-Kacheln und sind in fröhlichem Blau und Weiß gestaltet. Die Gemeinschaftsbereiche hingegen erinnern mit Säulen, Statuen und Deckengewölbe eher an Pompeji. Besonders schön sind die Zimmer, deren Terrasse Meerblick haben. Anfahrt: Mit dem Bus zur Piazza Vittoria und dann den hoteleigenen Shuttleservice anrufen.

Hotel Carmencita
HOTEL €€

(Karte S. 122; ☎081 837 13 60; www.hotelcarmencita-capri.com; Via de Tommaso 4, Anacapri; EZ 69–95 €, DZ 110–168 €; ⌚Mitte März–Mitte Nov.; ❄@📶🏊) Das in der Nähe des Busbahnhofs gelegene Carmencita wird von einem entzückenden Ehepaar geleitet, das seine Gäste auch am Fährterminal der Marina Grande abholt, wenn diese vorher ihre Ankunftsdetails durchgeben. Die Atmosphäre der Gemeinschaftsbereiche ist heimelig und altmodisch, die Zimmer sind groß, hell und gemütlich mit blümchengemusterten Betten und Majolika-Kacheln am Boden. Die kleinen Terrassen gehen zum Swimmingpool und zum hübschen Garten.

Hotel Esperia
HOTEL €€

(Karte S. 118; ☎081 837 02 62; www.esperiacapri.eu; Via Sopramonte 41, Stadt Capri; Zi. inkl. Frühstück 140–190 €; ⌚April–Okt.; ❄📶) Blätternde Fassade, schöne Farben und riesige Urnen verleihen dieser ehemals wohlhabenden Privatresidenz eine Atmosphäre verblichener Eleganz. Zu Fuß erreicht man das Hotel nach einem kurzen Spaziergang bergauf und findet dort große freundliche Zimmer mit moderner Ausstattung und Blümchenmustern. Die besten (und teuersten) haben eine großzügige Terrasse mit Meerblick.

Hotel Senaria
HOTEL €€

(Karte S. 122; ☎081 837 32 22; www.senaria.it; Via Follicara 6, Anacapri; Zi. inkl. Frühstück 130–160 €; ⌚April–Nov.; ❄📶) Dieses entzückende, familiengeführte Hotel im alten Zentrum von Anacapri zu erreichen, ist eine ziemliche Expedition – aber die Mühe ist es wert. Die unaufdringliche, weiß getünchte Villa hat ihre Zimmer in schlicht elegantem mediterranen Stil eingerichtet; Terrakottafliesen und kühle Cremetöne sind abgesetzt durch geschmackvolle Aquarelle des örtlichen Künstlers Giovanni Tessitore. Es ist so ruhig, dass man (bis auf die Kirchglocken am Sonntag) wohl allerhöchstens von einem lauen Sommerlüftchen gestört wird.

Hotel Villa Krupp
HOTEL €€

(Karte S. 118; ☎081 837 03 62; www.villakrupp.com; Viale Matteotti 12, Parco Augusto; EZ 110 €, DZ 140–190 €, inkl. Frühstück; ⌚April–Okt.; P❄📶) Das historische Hotel in der früheren Residenz des russischen Schriftstellers Maxim Gorki steckt mit geblümten Kacheln, verblichenen Antiquitäten und schweren Bettgestellen voller altmodischem Charme. Außerdem bietet es einen fabelhaften Ausblick auf die Giardini di Augusto und die Isole Faraglioni. Zimmer mit Ausblick haben einen Aufpreis; wer sich den nicht leisten will, kann sich einfach auf der wunderbaren Terrasse vor der Rezeption niederlassen.

Hotel Villa Sarah
HOTEL €€

(Karte S. 116; ☎081 837 06 89; www.villasarah.it; Via Tiberio 3, Stadt Capri; EZ 90–160 €, DZ 130–230 €, inkl. Frühstück; ⌚Ostern–Okt.; ❄🏊) Die Villa Sarah liegt zehn Minuten Fußmarsch vom Zentrum der Stadt Capri an der Straße zur Villa Jovis und verströmt einen ländlichen Charme, den so viele der Hotels hier auf der Insel längst verloren haben. Umgeben vom hauseigenen Obstgarten mit kleinem Swimmingpool liegen 20 geräumige Zimmer, die alle im klassischen Capri-Stil mit Keramikkacheln und altmodischen Möbeln eingerichtet sind. Zum gesunden Frühstück gehören auch Bioerzeugnisse.

Relais Maresca
HOTEL €€

(Karte S. 116; ☎081 837 96 19; www.relaismaresca.it; Via Marina Grande 284, Marina Grande; Zi. inkl. Frühstück 140–250 €; ⌚März–Nov.; ❄📶) Das reizende Viersternehotel ist die erste Wahl in Marina Grande. Die Ausstattung gibt sich im klassischen Capri-Look: stilvolle Möbel und glänzende blau-gelbe Keramik, soweit das Auge blickt. Verschiedene Zimmer (und Preise) stehen zur Auswahl; die besten haben Balkon und Meerblick. Im 4. Stock ist eine wunderbare Terrasse voller Blumen. Mindestaufenthalt: am Wochenende zwei

Ischia

Wie bei der schnieken kleinen Schwester Capri sind auch auf Ischia die Hotels im Winter geschlossen und bei den wenigen, die offen bleiben, sinken die Preise erheblich. Neben den hier aufgeführten Hotels gibt es auch Kurhotels, bei denen in der Regel nur Halb- oder Vollpension möglich ist. Eine Liste liegt bei der Touristeninformation aus. Auf dieser größten der drei Inseln ist eine Übernachtung wirklich sinnvoll.

Mezzatorre Resort & Spa LUXUSHOTEL €€€

(Karte S. 128; ☎081 98 61 11; www.mezzatorre.it; Via Mezzatorre 23, Lacco Ameno; DZ 350–480 €, Suite 490–670 €, inkl. Frühstück; ⏲Mitte April–Okt.; P❄@📶≋) Das Luxus-Resort thront auf einer Klippe über dem Meer, umgeben von einem 2,8 ha großen Pinienwald. Den Verwöhnfaktor besorgen ein hauseigenes Wellnesscenter und Tennisplätze. Die Lobbys und einige der Gästezimmer befinden sich in einem Wehrturm aus dem 15. Jh. Die Zimmer sind in eleganten Taupe-, Pfirsich- und Ockertönen eingerichtet, einige haben einen eigenen Garten und einen Whirlpool. Wer sich so richtig als Star fühlen will, muss sich nur mal im Infinity-Pool oberhalb des Strandes treiben lassen. Und auch, wenn die Reisekasse fürs Hotel nicht reicht: Für einen langen, genüsslichen Drink in der angrenzenden Bar reicht sie immer.

Albergo il Monastero HOTEL €€

(Karte S. 128; ☎081 99 24 35; www.albergoilmonastero.it; Castello Aragonese, Rocca del Castello; EZ 70–85 €, DZ 105–125 €, inkl. Frühstück; ⏲Ostern–Okt.; ❄) Die ehemaligen Mönchszellen strahlen auch heute noch eine attraktive Nüchternheit aus: Dunkle Holzmöbel, blütenweiße Wände, alte Terrakottafliesen und kein Fernseher (keine Angst – der Ausblick alleine ist spannend genug) bestimmen die Einrichtung. Das übrige Hotel vermittelt ein angenehmes Gefühl von Raum und Stil, mit Gewölbedecken, schicken Plüschsofas, einer Handvoll Antiquitäten und kühner zeitgenössischer Kunst der verstorbenen Inhaberin Gabriele Mattera. Das Hotelrestaurant hat einen hervorragenden Ruf.

Hotel Semiramis HOTEL €€

(Karte S. 128; ☎081 90 75 11; www.hotelsemiramisischia.it; Spiaggia di Citara, Forio; Zi. inkl. Frühstück 100–120 €; ⏲April–Okt.; P❄📶) Nur wenige Gehminuten vom Wellnesskomplex Poseidon entfernt verbreitet dieses fröhliche Hotel mit zentralem Swimmingpool und hohen Palmen das Gefühl einer tropischen Oase. Der freundliche Inhaber Giovanni und seine Frau haben die großen Zimmer wunderschön mit den traditionellen gelb-türkis gemusterten Kacheln eingerichtet. Der fabelhafte Garten ist voller Feigenbäume und Weinreben und in der Ferne glitzert das Meer.

Hotel Noris HOTEL €

(Karte S. 128; ☎081 99 13 87; www.norishotel.it; Via A Sogliuzzo 2, Ischia Ponte; Zi. inkl. Frühstück 50–80 €; ❄📶) Bei dieser Bleibe ist nicht nur der Preis phantastisch – auch die Lage in Laufnähe der Sehenswürdigkeiten von Ponte kann sich sehen lassen. Die gemütlichen Zimmer haben Balkone, eine angenehme Größe und sind in Gute-Laune-Farben eingerichtet. Zum Frühstück gibt's das übliche Buffet (wenn auch mit etwas mehr Auswahl), das spezielle Parkarrangement mit dem öffentlichen Parkplatz vis-à-vis bringt einen deutlichen Pluspunkt.

Camping Mirage CAMPINGPLATZ €

(Karte S. 128; ☎081 99 05 51; www campingmirage.it; Via Maronti 37, Spiagga dei Maronti, Barano d'Ischia; Camping 2 Pers., Auto & Zelt 35,50–41,50 €; ⏲ganzjährig; P) Den schattigen Campingplatz an einem der besten Strände auf Ischia kann man von Sant'Angelo aus bequem zu Fuß erreichen. Er hat 50 Stellplätze, Duschen, eine Wäscherei, eine Bar und ein Restaurant mit großartiger Meeresfrüchte-Pasta.

Hotel Casa Celestino HOTEL €€

(Karte S. 128; ☎081 99 92 13; www.casacelestino.it; Via Chiaia di Rose 20, Sant'Angelo; EZ 80–140 €, DZ 100–230 €, inkl. Frühstück; ⏲Jan.–Okt.; ❄@📶) Das schicke kleine Hotel an der Landspitze ist eine seelenberuhigende Mischung aus cremefarbenen Möbeln, weiß getünchten Wänden, moderner Kunst und poppigen Farbtupfern. Die schlicht eingerichteten Zimmer haben Majolika-Böden, moderne Bäder und beneidenswerte Balkone mit Meerblick. Auf der anderen Straßenseite ist ein gutes Restaurant ohne Schnickschnack.

Umberto a Mare HOTEL €€

(Karte S. 128; ☎081 99 71 71; www.umbertoamare.it; Via Soccorso 2, Forio; EZ 45–140 €, DZ 90–180 €, inkl. Frühstück; ⏲April–Okt.; ❄📶) Das Hotel liegt leicht zu finden direkt neben der symbolhaften Missionskirche von Forio. Die 11 ruhigen Zimmer mit ihren kühlen Keramikfliesen, modernen Bädern und traditionellen grünen Fensterläden strahlen zurückhaltenden Schick aus. Die Sonnenterrasse wartet mit Terrakottafliesen, Sonnenliegen und einem Meerblick wie aus der Urlaubsbroschüre auf Besucher. Für ein gutes Essen muss man auch nicht in die Ferne schweifen: Direkt über dem Hotel ist eines der besten Restaurants der Insel.

Hotel La Sirenella HOTEL €€

(Karte S. 128; ☎081 99 47 43; www.lasirenella.net; Corso Angelo Rizzoli 41, Lacco Ameno; Zi. inkl. Frühstück 110–120 €; ⏲April–Okt.; ❄📶) In diesem familiengeführten Strandhotel kann man praktisch direkt vom Bett auf den Sand purzeln. Die Zimmer sind hell und farbenfroh und haben eine Terrasse zum Meer. Weitere Pluspunkte sind die glänzend gekachelten Bäder, eine sonnige Atmosphäre und einen Stock tiefer die gute Pizza im Restaurant.

Procida

Wenn die Tagesgäste abgedampft sind, gehört die Insel wieder den Einheimischen. Friede kehrt ein und die Atmosphäre wird fühlbar mediterran. Groß angelegte Bettenburgen gibt's nicht; die Unterkünfte bewegen sich passend zur Insel in der Größenordnung von B&Bs und familiengeführten Hotels. Viele haben im Winter geschlossen und sind im August ausgebucht. Während dieser Zeiten sollte man sich im Voraus informieren.

LP TIPP Hotel La Vigna BOUTIQUEHOTEL €€
(Karte S. 141; 081 89 60 69; www.albergolavigna.it; Via Principessa Margherita 46; EZ 75–15 €, DZ 90–18 €, Suite 140–230 €;) Die Villa aus dem 18. Jh. liegt phantastisch an einer Klippe, mit reizendem Garten und hauseigenem Wellnessbereich. Fünf der geräumigen, schlicht eingerichteten Zimmer haben Zugang zum Garten. Die teuersten Zimmer (110–200 €) haben ein familienfreundliches Zwischengeschoss. Das größte Highlight ist allerdings die Suite mit Whirlpool neben dem Bett – perfekt für verliebte Pärchen.

Casa Giovanni da Procida B&B €€
(Karte S. 141; 081 896 03 58; www.casagiovannidaprocida.it; Via Giovanni da Procida 3; EZ 50–80 €, DZ 65–100 €, inkl. Frühstück; Feb. geschl.;) Das schicke B&B im umgebauten Bauernhaus hat minimalistisch eingerichtete Zimmer mit Galerie, niedrigen Betten und modernen Möbeln. Die Bäder sind klein, aber elegant, mit Mosaikkacheln, kubischen Waschbecken, riesigen Duschköpfen und hin und wieder mit Deckengewölbe. Im üppigen Garten sitzen entspannte Gäste unter dem riesigen Magnolienbaum und essen Pfirsiche.

Casa Sul Mare HOTEL €€
(Karte S. 141; 081 896 87 99; www.lacasasulmare.it; Salita Castello 13; Zi. inkl. Frühstück 99–170 €;) Eine phantastische Bleibe mit einem unvergesslich bewegenden Ausblick wie aus *Der talentierte Mr. Ripley*. Die Zimmer blicken auf die malerische Marina Corricella in der Nähe der Ruine des Castello d'Avalos und sind elegant ausgestattet mit exquisiten Kachelböden, schmiedeeisernen Bettgestellen und warmen mediterranen Farben. Im Sommer gibt es ein Shuttleboot zu den nächsten Stränden, der Hotelservice ist überhaupt großartig und der von Franco gebrühte Frühstücks-Cappuccino ist einfach Weltklasse.

Hotel Crescenzo HOTEL €€
(Karte S. 141; 081 896 72 55; www.hotelcrescenzo.it; Via Marina di Chiaiolella 33; EZ 60–120 €, DZ 70–120 €, inkl. Frühstück; ganzjährig;) Das Hotel hat nur zehn eher kleine Zimmer mit Blick auf die Bucht oder mit Balkon und Meerblick. Auch die blau-weiße Gestaltung spiegelt das Thema „Meer" wider und die Bäder sind makellos sauber. Gegenüber des Hotels ist ein Restaurant, üblicherweise gut mit umgänglichen Einheimischen gefüllt, in dem man ausschlaffreundlich bis Mittag frühstücken kann. Günstige Angebote für längere Aufenthalte stehen auf der Website.

Hotel La Corricella HOTEL €€
(Karte S. 141; 081 896 75 75; www.hotelcorricella.it; Via Marina Corricella 88; EZ 70–100 €, DZ 90–120 €, inkl. Frühstück; April–Okt.;) Das wie ein Bonbon in Pfirsich und Gelb gestreifte Hotel direkt am Ende der Marina Corricella ist kaum zu übersehen. Die schnörkellosen Zimmer sind mit baukastenartigen Möbeln eingerichtet und mit Ventilator und TV ausgestattet. Der große Gemeinschaftsterrasse hat einen erstklassigem Ausblick auf den Hafen, das Restaurant serviert guten Fisch und leckere Meeresfrüchte und ein Shuttleboot fährt Gäste zum nahe gelegenen Strand.

Le Grand Bleu Guesthouse APARTMENT €€
(Karte S. 141; 081 896 95 94; www.isoladiprocida.it; Via Flavio Gioia 37; Apt. pro Woche 275–1000 €; Mitte Dez.–Jan. geschl.;) Nur einen Spaziergang vom Strand entfernt bieten diese zentralen Apartments fröhlich-funktionale Möbel, poppige Bäder, Herdplatten, Internetzugang und eine coole Dachterrasse mit Holzofen, Grill und Ausblick auf Ischia. Last-minute-Angebote sind auf der Website aufgeführt. Die Apartments sind rollstuhlgerecht.

AMALFIKÜSTE

Sorrent

Unterkünfte sind hier zwar wirklich keine Mangelware, aber wer mitten im Hochsommer (Juli und August) ankommt, muss trotzdem im Voraus buchen. Die großen Hotels im Stadtzentrum sind auf Pauschaltourismus ausgerichtet; entsprechend hoch sind auch die Preise. Ein paar hervorragende Möglichkeiten gibt's hier trotzdem – vor allem an der Via Capo, der Küstenstraße westlich des Zentrums. Von hier aus ist das Zentrum noch gut zu Fuß erreichbar, mit Gepäck empfiehlt es sich jedoch, den SITA-Bus nach Sant'Agata oder Massa Lubrense zu nehmen.

LP TIPP Ulisse HOSTEL €€
(Karte S. 152; ☎081 877 4753; www.ulissedeluxe.com; Via del Mare 22, Sorrento; B 18–28 €, DZ 50–100 €; P❄@📶) Die Bezeichnung „Luxus-Hostel" könnte hier gar nicht treffender sein. Tatsächlich gibt es auch nur zwei Schlafsäle mit je sechs Betten. Die übrigen Zimmer haben so viel mit einer Backpacker-Bleibe gemein wie Wanderstiefel mit High Heels. Sie sind nämlich riesig und luxuriös eingerichtet, mit Stoffen im Regency-Stil, Marmorböden und großen Bädern mit Badewanne und modernem Farbspektrum. Teil der Ausstattung ist außerdem das benachbarte Wellnesscenter, wo Gäste den Swimmingpool für läppische 5 € benutzen sowie kostenlose Fitnessstunden und günstige Behandlungen in Anspruch nehmen können.

Grand Hotel Excelsior Vittoria LUXUSHOTEL €€€
(Karte S. 152; ☎081 807 10 44; www.exvitt.it; Piazza Tasso 34, Sorrento; EZ/DZ/Suite inkl. Frühstück 350/400/700 €; ⏲ganzjährig; P❄📶🏊) Sorrents Urgestein ist schon seit über 170 Jahren ein Hotel und trieft geradezu vor Eleganz im Stil der Belle Époque. Riesige Palmen zieren goldverzierte Gemeinschaftsräume voller Sonnenlicht und Antiquitäten. Die Gästezimmer sind unterschiedlich in Größe und Stil – von geschmackvoller Schlichtheit bis zur extravaganten Opulenz mit Fresken. Allen gemeinsam ist jedoch ein schöner Ausblick, entweder auf den üppigen, mit scharlachroter Bougainvillea überwucherten Hotelgarten oder aufs Meer und den Vesuv. Die Liste vergangener Gäste ist auch nicht von Pappe: Pavarotti, Wagner, Goethe, Sophia Loren und Mitglieder des britischen Königshauses.

Plaza Hotel HOTEL €€
(Karte S. 152; ☎081 878 28 31; www.plazasorrento.com; Via Fuorimura 3, Sorrento; Zi. inkl. Frühstück 134–200 €; P❄@📶) Das Plaza ist eines der neueren Hotels der Stadt. Und das macht sich auch deutlich bemerkbar: Das ganze Haus ist hell und modern eingerichtet. Strahlendes Weiß bildet einen schönen Kontrast zu den erdigen Holztönen des Parkettbodens und hier und da leuchten Farbakzente in Dunkelrosa, Blau oder Gelb. Abstrakte Kunstwerke von Gennaro Sardella zieren die Wände und die Bar auf der Dachterrasse (ums Eck vom Infinity-Schwimmbecken) ist perfekt für einen Drink bei Sonnenuntergang mit Blick auf die Dächer und das Meer.

Casa Astarita B&B €€
(Karte S. 152; ☎081 877 49 06; www.casastarita.com; Corso Italia 67, Sorrento; Zi. inkl. Frühstück 80–120 €; ❄@) Dieses winzige Juwel eines B&Bs versteckt sich im Stadtzentrum in einem Gebäude aus dem 16. Jh. Alle sechs Zimmer kombinieren Originalelemente wie Nischen und Gewölbedecken mit modernem Komfort (Flachbild-TV, Kühlschrank und hervorragender Wasserdruck im Bad). Bunt lackierte Türen, geschmackvolle Kunstwerke und Antiquitäten runden den gelungenen Mix ab. Die Zimmer gruppieren sich um einen gemeinsamen Salon, wo das Frühstück an einem großen, rustikalen Tisch serviert wird.

Hotel Astoria HOTEL €€
(Karte S. 152; ☎081 807 40 30; www.hotelastoriasorrento.com; Via Santa Maria delle Grazie 24, Sorrento; EZ 60–80 €, inkl. Frühstück 80–120 €; ❄📶) Ein mit viel Gespür für Ästhetik renovierter Klassiker. Vorteil: Das Hotel liegt im Herzen des *centro storico*. Nachteil: Parken ist komplett unmöglich. Alles in allem ist es trotzdem eine hervorragende Wahl. Innen blinken den Gästen überall farbenfrohe Kacheln sowie blaue und dottergelbe Lackflächen entgegen. Die große, von Mauern umgebene Terrasse hinter dem Haus hat Sitzplätze unter Orangen- und Zitronenbäumen sowie eine Rückwand mit Kachelmosaik: ganz entzückend!

Hotel Desiré HOTEL €
(☎081 878 15 63; www.desireehotelsorrento.com; Via Capo 31b, Sorrento; EZ 47–62 €, DZ 57–85 €, inkl. Frühstück; ⏲März–Dez.; P❄) Das Desiré ist eines von mehreren Hotels an der Via Capo und die beste Wahl unter den Budgethotels. Weniger wegen der schlichten, sonnigen Zimmer (obwohl es an ihnen nichts auszusetzen gibt) oder der Ausstattung (TV-Lounge und Dachterrasse mit Panoramablick) als vor allem wegen der entspannten Atmosphäre, des freundlichen Inhabers und des wunderschönen Ausblicks. Der Aufzug

hinunter zum steinigen Strand ist ein weiterer Vorteil, wenn die Sonnenschirme und Liegen auch trotzdem noch extra kosten.

Mignon HOTEL €€
(Karte S. 152; ☎081 807 38 24; www.sorrentohotelmignon.com; Via Sersale 9, Sorrento; EZ 50–85 €, DZ 60–105 €, inkl. Frühstück; ⏲April–Okt. & Weihnachten; ❄📶) Hier fragt man sich unvermittelt: Bin ich blau? Oder war es der Innenarchitekt? Von den auffälligen blau-weißen Bodenkacheln bis zu den hellblauen Wänden und Bettüberwürfen ist Blau nämlich die eindeutig vorherrschende Farbe. Zeitgenössische Kunst und historische Schwarz-Weiß-Bilder von Sorrent runden die Einrichtung ab. Die Zimmer sind geräumig und auf dem Dach ist eine Sonnenterrasse.

La Tonnarella LUXUSHOTEL €€
(☎081 878 11 53; www.latonnarella.it; Via Capo 31, Sorrento; DZ 112–140 €, Suite 240–350 €, inkl. Frühstück; ⏲April–Okt. & Weihnachten; P❄@📶) La Tonnarella ist eine hervorragende Wahl. Allerdings weniger für Minimalisten, denn es ist ein Kaleidoskop aus blau-gelben Majolika-Kacheln, Antiquitäten, Kronleuchtern und Statuen. In den Zimmern (größtenteils mit eigenem Balkon oder kleiner Terrasse) setzt sich das opulent klassische Thema fort in Form von traditionellem Mobiliar und dezenten modernen Annehmlichkeiten. Das Hotel hat außerdem einen eigenen, per Aufzug zugänglichen Strand sowie ein hoch angesehenes Terrassenrestaurant.

Seven Hostel HOSTEL €
(☎081 878 67 58; www.sevenhostel.com; Via Iommella Grande 99, Sant'Agnello; B 20–32 €, EZ 55/80 €, DZ 60–100 €; ⏲ganzjährig; ❄@📶) Die jungen Inhaber haben sich auf die Fahne geschrieben, das weltbeste Hostel sowie das allererste *ostello di design* anzubieten. Umgeben von Oliven- und Zitronenbäumen hat sich das Seven in einem ehemaligen Kloster eingerichtet, wo es mit schicken Dachterrassen und Livemusik am Wochenende aufwartet. Ein etwas bodenständigerer Vorteil ist noch die hauseigene Wäscherei. Die Zimmer sind modern eingerichtet und geräumig.

Hotel Cristina HOTEL €€
(☎081 878 35 62; www.hotelcristinasorrento.it; Via Privata Rubinacci 6, Sant'Agnello; EZ 90–135 €, DZ 90–200 €; ⏲April–Okt.; ❄📶🏊) Das hoch über Sant'Agnello gelegene Hotel hat einen erstklassigen Ausblick – vor allem vom Swimmingpool aus. Die großzügigen Zimmer haben Balkone mit Meerblick und kombinieren Holzmöbel mit Intarsien mit modernen Elementen wie Stühlen von Philippe Starck. Weitere Vorzüge sind ein hauseigenes Restaurant und ein Shuttle zum/vom Bahnhof Circumvesuviana in Sorrent.

Nube d'Argento CAMPINGPLATZ €
(☎081 878 13 44; www.nubedargento.com; Via Capo 21, Sorrento; Camping 2 Pers., Auto & Zelt 27,50 €, Bungalow für 2/4 Pers. 50–85 €/65–115 €; ⏲März–Dez.; @🏊) Der einladende Campingplatz liegt nur 1 km westlich des Stadtzentrums von Sorrent. Stellplätze und chaletartige Holzbungalows verteilen sich im Schatten der Olivenbäume (unverzichtbare Schattenquelle im Sommer) und die Ausstattung ist hervorragend. Kids werden vor allem das Freibad, die Tischtennisplatten, die Rutschen und die Schaukeln toll finden.

Villa Elisa APARTMENT €€
(Karte S. 152; ☎081 878 27 92; www.villaelisasorrento.com; Piazza Sant'Antonino 19, Sorrento; DZ 70–80 €, 3BZ 80–90 €, Suite 90–120 €; ⏲ganzjährig; ❄📶) Die Zimmer haben eine Küchenzeile und Blick auf den zentralen Innenhof. Am Ende einer steilen Treppe ist noch eine abgeschlossene Suite mit winzigem Wohnzimmer, Schlafzimmer und Küche, absoluter Pluspunkt ist allerdings die Waschmaschine. Mario kocht für Gäste, wenn freundlich gefragt wird, und bietet zusammen mit seiner Tochter auch Rundfahrten durch die Region an.

Hotel Rivage HOTEL €
(Karte S. 152; ☎081 878 18 73; www.hotelrivage.com; Via Capo 11, Sorrento; EZ 60–70 €, DZ 64–80 €; ⏲März–Nov.; P@📶) Der moderne, niedrige Bau gleich nach den Läden am westlichen Stadtrand hat eine Dachterrasse sowie eine annehmbare Bar und ein Restaurant. Die Zimmer sind hotelartig charakterlos, haben aber relativ große Terrassen. Insgesamt versprüht dieser Ort Tourgruppencharme, ist aber günstig und auch gut gelegen.

Massa Lubrense

Das hübsche Massa Lubrense ist hauptsächlich unter italienischen Touristen ein Geheimtipp; es ist eine gute Ausgangsstation und auf jeden Fall ruhiger gelegen als so manch beliebterer Nachbar an der Amalfiküste.

LP TIPP **Hotel Ristorante Primavera** HOTEL €€
(☎081 878 91 25; www.laprimavera.biz; Via IV Novembre 3g; Zi. inkl. Frühstück 75–100 €; ⏲ganzjährig; ❄📶) Ein einladendes Zweisternehaus

unter Familienleitung. Die geräumigen, freundlichen Zimmer sind mit traditionellen Vietri-Kacheln, hellem Holz und viel weißer Farbe gestaltet. Mehrere Zimmer haben eine riesige Terrasse mit Sonnenliegen, Tisch und Stühlen (eine gute Wahl sind die Zimmer 101–103). Ein unerwarteter Luxus sind die in den meisten Zimmern vorhandenen Badewannen. Das helle Terrassenrestaurant hat einen weiten Ausblick über Obstgärten bis zum Meer und serviert ortstypisches Essen.

Casale Villarena APARTMENT €€
(☎081 808 17 79; www.casalevillarena.it; Via Cantone 3, Nerano, Massa Lubrense; 2-/4-Bett-Apt. ab 70/170 €; P≋) Diese familienfreundlichen Apartments liegen in einer Anlage, zu deren Vorzügen ein gemeinsamer Swimmingpool und ein Spielplatz zählen. Auch ein schöner Strand ist leicht zu Fuß erreichbar. Die Gartenterrassen haben Zitronenbäume und eine schattige Pergola. An praktische Details wie eine Wäscherei wurde ebenfalls gedacht. Das ursprüngliche Anwesen stammt aus dem 18. Jh., die Apartments sind aber trotzdem gemütlich und geräumig und mit schlichter Eleganz eingerichtet.

Sant'Agata sui due Golfi

Das phantastisch zwischen den Golfen von Salerno und Neapel gelegene Sant'Agata wird immer berühmter für seine *agriturismi* und Restaurants. In der Hochsaison muss im Voraus gebucht werden.

Agriturismo La Tore AGRITURISMO €
(☎081 808 06 37; www.letore.com; Via Pontone 43; EZ 45–55 €, DZ 90–110 €, inkl. Frühstück; ⏲Ostern–Ende Okt.; P) Ein aktiver Biobauernhof mit 14 ha großem Olivenhain. La Tore produziert unter anderem eigenes Olivenöl, sonnengetrocknete Tomaten (und Tomatenmark) und Marmelade und ist eine ganz tolle Unterkunft. Es liegt wirklich ziemlich weit ab vom Schuss, hat aber sieben scheunenartig große Zimmer – und zwischen den Obstbäumen versteckt sich noch ein wunderschön rustikales Bauernhaus. Terrakottafliesen und schwere Holzmöbel unterstreichen das ländliche Flair. Für Kinder zwischen zwei und sechs Jahren gilt eine 50-prozentige Ermäßigung (von sieben bis zehn Jahren 30 %), wenn sie das Zimmer mit ihren Eltern teilen. Im Winter wird auch ein eigenständiges Apartment vermietet. Zusätzlich wird Essen angeboten.

Agriturismo Fattoria Terranova AGRITURISMO €
(☎081 533 02 34; www.fattoriaterranova.it; Via Pontone 10; DZ inkl. Frühstück 85 €; ⏲März–Dez.; P≋) Steinböden, an schweren Deckenbalken aufgehängte Trockenblumen und kunstvoll positionierte, große Weinfässer: Dieser großartige *agriturismo* ist der Inbegriff des ländlichen Schicks. An Gäste vermietet werden kleine Apartments, die sich über das ausgedehnte, bewirtschaftete Gelände verteilen. Sie sind relativ schlicht, aber die Lage ist sehr reizvoll und der Swimmingpool ein willkommener Luxus.

Marina del Cantone

In dieser entzückenden, ruhigen Ortschaft sollte keiner Probleme haben, eine Unterkunft zu finden – außer im August, wenn eine Flut italienischer Touristen in diesen Brennpunkt der Sorrentinischen Halbinsel strömt.

Villaggio Residence Nettuno CAMPINGPLATZ €
(☎081 808 10 51; www.villaggionettuno.it; Via A Vespucci 39; Camping 2 Pers., Zelt & Auto pro Pers. 16–35 €, Bungalow 35–85 €; ⏲März–Anfang Nov.) Marinas Campingplatz in den Oliventerrassen an der Ortseinfahrt bietet diverse Unterkunftsvarianten, darunter Stellplätze, Wohncontainer und (am allerbesten) Apartments für zwei bis fünf Personen in einem Turm aus dem 16. Jh. Die Anlage ist freundlich, umweltbewusst und hat eine hervorragende Ausstattung sowie ein umfassendes Aktivitätsangebot.

Positano

Positano ist ein ganz famoser Ort für einen Aufenthalt, allerdings ist das Preisniveau im Allgemeinen entsprechend hoch. Wie überall an der Amalfiküste wird es im Sommer sehr voll, im Voraus buchen ist also ratsam – vor allem am Wochenende sowie im Juli und August. Die Touristeninformation hat Infos zu Zimmern und Apartments in Privathäusern.

LP TIPP **Pensione Maria Luisa** PENSION €
(Karte S. 164; ☎089 87 50 23; www.pensionemarialuisa.com; Via Fornillo 42; Zi. 70–85 €; ⏲April–Okt.; @📶) Maria Luisa, die beste Budgetunterkunft der Stadt, gehört dem liebenswerten Carlo, der sich jederzeit mit Rat und Tat für seine Gäste krummlegt. Die Zimmer

und Bäder sind neu mit glänzenden blauen Kacheln und Armaturen ausgestattet worden. Zimmer mit eigener Terrasse sind die 10 € Aufpreis gut und gerne wert, inbegriffen sind nämlich ein toller Ausblick auf die Bucht und die Aufwartung des hauseigenen roten Katers. Der sonnige Gemeinschaftsbereich (mit Kühlschränken, Kaffeemaschine, Büchern und schönem Ausblick) ist noch ein ganz dicker Pluspunkt. Die meisten Zimmer haben ebenfalls einen Kühlschrank, bestückt mit kostenlosem Spumante. Das Frühstück kostet 5 € extra.

San Pietro LUXUSHOTEL €€€

(089 87 54 55; www.ilsanpietro.it; Via Laurito 2; Zi. inkl. Frühstück ab 420–580 €; April–Okt.; P) Dafür, dass es in aller Munde ist, ist das San Pietro ein erstaunlich unauffälliges Hotel. Es ist direkt in den Fels einer Landzunge 2 km östlich von Positano hineingebaut und liegt fast vollständig unterhalb der Straße. Wer mit dem Auto herkommt, sollte nach einer efeubewachsenen Kapelle und einer schwarzen britischen Telefonzelle am Straßenrand Ausschau halten. Und hat man sich erst einmal häuslich eingerichtet, will man vermutlich nie wieder nach Hause. Jedes der individuell eingerichteten Zimmer bietet einen spektakulären Meerblick, eine eigene Terrasse und einen Whirlpool. Ansonsten gehören ein halbkreisförmiger Swimmingpool, ein Michelin-besterntes Restaurant sowie ein per Aufzug erreichbarer Privatstrand zur Ausstattung. Nebenan sind außerdem noch eine Liegewiese mit Sonnenliegen sowie ein Tennisplatz. Die riesige, ungewöhnlicherweise mit bunter Bougainvillea behangene Lobby ist eine angebracht noble Einführung in das, was die Gäste erwartet. Rund um die Uhr fährt ein Shuttleservice nach Positano.

Hotel California HOTEL €€

(Karte S. 164; 089 87 53 82; www.hotelcalifornia positano.com; Via Cristoforo Colombo 141; Zi. inkl. Frühstück 130–160 €; P) Das Hotel California liegt nicht gerade in der Nähe der amerikanischen Westküste und die betagten Inhaber sehen auch nicht gerade aus wie Eagles-Fans. Trotzdem ist man in dem herrlichen Palast aus dem 18. Jh. alles andere als verkehrt. Die Fassade ist in beruhigenden Rosa- und Gelbtönen getüncht und die großartigen Zimmer im älteren Teil des Hauses haben noch die Originaldeckengemälde. Die neuen Zimmer sind geräumig und luxuriös eingerichtet. Das Frühstück wird auf der schattigen Vorderterrasse serviert.

Casa Celeste PENSION €

(Karte S. 164; 089 87 53 63; Via Fornillo 10; EZ 42 €, DZ 80–90 €, inkl. Frühstück; ganzjährig) Eine Warnung vorweg: Celestes hausgemachter Limoncello (den sie bei jeder Gelegenheit ihren Gästen aufdrängt) hat mehr Prozente als die meisten. Die Dame selbst ist über 80, ein echtes Juwel und auch für sämtliche Marmeladen und Kuchen auf dem Frühstücksbuffet verantwortlich. Die geschmackvolle Restauration der Zimmer aus dem 17. Jh. gehen hingegen auf das Konto ihres Sohnes Marco, der außerdem Inhaber einer Strandbar in Fornillo ist. Die ansprechende Einrichtung besteht aus farbenfrohen Kacheln und dunklen Holzmöbeln. Am meisten Atmosphäre bietet das Deckengewölbe in Zimmer fünf.

Florida Residence B&B €€

(Karte S. 164; 089 87 58 01; www.floridaresidence.net; Viale Pasitea 171; Zi. inkl. Frühstück 85–110 €; April–Okt.; P) Dieses B&B hat gleich zwei Raritäten im Angebot: kostenlose Parkplätze und gekochte Eier zum Frühstück. Die Zimmer in dieser freundlichen Bleibe haben eine gute Größe. Sie wirken zwar allmählich leicht abgenutzt, sind dafür aber mit Kühlschrank und Föhn ausgestattet. Einige haben neben der Dusche auch noch eine Badewanne. An Gemeinschaftsraum fehlt es auch keineswegs: Auf dem Dach ist eine Sonnenterrasse mit Garten und Pavillon. Das B&B ist ein Familienbetrieb; Tochter Teresa spricht etwas Englisch.

Hotel Villa Gabrisa BOUTIQUEHOTEL €€

(Karte S. 164; 089 81 14 98; www.villagabrisa.it; Via Pasitea 223; Zi. 150–220 €; ganzjährig;) Das historische Gebäude wurde im 18. Jh. erbaut und geschmackvoll restauriert. Die Zimmer sind äußerst italienisch eingerichtet: bemalte Möbel aus der Toskana in friedlicher Eintracht mit traditionellen Bettgestellen aus Schmiedeeisen, Muranoglasleuchtern sowie Majolika- und Terrakottakacheln. Zu den modernen Details gehört ein Sky-TV-Anschluss. Alle Zimmer haben einen Kühlschrank und einen Balkon mit Meerblick, einige haben auch einen Whirlpool.

Hotel Palazzo Murat LUXUSHOTEL €€€

(Karte S. 164; 089 87 51 77; www.palazzomurat.it; Via dei Mulini 23; Zi. inkl. Frühstück 175–260 €; Mai–Mitte Jan.) @) Hinter uraltem Gemäuer versteckt sich das großartige Palazzo Murat vor dem täglichen Touristenstrom auf der Straße. In einem üppigen Garten mit

Bananenstauden, Zylinderputzern, japanischem Ahorn und Pinien steht dieser Palazzo aus dem 18. Jh., die Sommerresidenz des einstigen Königs von Neapel. Die Zimmer (die fünf teuersten befinden sich im Originalgebäude, die übrigen 25 im neuen Flügel) sind mit luxuriösen Antiquitäten, Originalen in Öl und ganz viel poliertem Marmor eingerichtet.

Villa Franca HOTEL €€€

(Karte S. 164; ☎089 87 56 55; www.villafrancahotel.it; Viale Pasitea 318; Zi. inkl. Frühstück 160–220 €; ⏲April–Mitte Okt.; P❄) Das makellose Boutiquehotel verströmt ein funkelnd blau-weißes mediterranes Feeling und der Swimmingpool auf dem Dach (mit angrenzender Snackbar) bietet mit den besten Ausblick der ganzen Stadt. Die Zimmer sind weiß und hell, die Fresken an den Wänden haben klassische Motive. Unten sind eine kleine Bar und ein Fitnessstudio mit Hightech-Geräten (als ob man in dieser Stadt nicht ganz von selbst genug Training bekäme) sowie ein öffentlich zugängliches Wellnesscenter mit türkischem Bad, Massage und verschiedenen Hautstraffungsbehandlungen. In einem Anbau sind neun weitere ähnlich gestaltete Zimmer.

Hostel Brikette HOSTEL €

(Karte S. 164; ☎089 87 58 57; www.brikette.com; Via Marconi 358; B 23–25 €, DZ 65–85 €, Apt. 115–180 €; ⏲Ende März–Nov.; ❄📶) Dieses fröhliche Hostel liegt nur einen kurzen Spaziergang entfernt von der Bushaltestelle Bar Internazionale und hat die günstigsten Unterkünfte der Stadt. Gäste haben die Wahl zwischen Schlafsälen mit sechs bis acht Personen (nach Geschlechtern getrennt oder gemischt), Doppelzimmern und Apartments für zwei bis fünf Personen. Daneben gibt es noch eine Wäscherei sowie Gepäckaufbewahrungsmöglichkeiten.

Villa Nettuno HOTEL €

(Karte S. 164; ☎089 87 54 01; www.villanettunopositano.it; Viale Pasitea 208; EZ/DZ 70/85 €; ⏲ganzjährig) Die Villa Nettuno verströmt ihren Charme hinter einer Kaskade aus duftendem Buschwerk. Am schönsten sind die Zimmer im 300 Jahre alten Originalbau, die ihre Gäste mit Fresken in der Garderobe, schwerer rustikaler Einrichtung und einer Gemeinschaftsterrasse verwöhnen. Die Zimmer im renovierten Teil der Villa versprühen zwangsläufig nicht das gleiche Flair. Egal: Wer hier vom Bett aus träumend aufs Meer schaut, denkt sowieso wahrscheinlich nicht an Möbel.

Von Positano bis Amalfi

Dieser Küstenstrich ist eine atemberaubend schöne Autostrecke; die Unterkünfte konzentrieren sich um Praiano.

Agriturismo Serafina AGRITURISMO €

(☎089 83 03 47; www.agriturismoserafina.it; Via Picola 3, Loc Vigne; EZ/DZ inkl. Frühstück 35/70 €, Halbpension 50/110 €; ⏲ganzjährig; ❄) Viel weiter weg vom Touristenrummel als in diesem erstklassigen *agriturismo* geht fast nicht mehr. Aber wer es bis hierher schafft, bereut es nicht, denn ein besseres Preis-Leistungs-Verhältnis findet man an der ganzen Küste kaum. Gästen stehen sieben gepflegte, klimatisierte Zimmer im Hauptbauernhaus zur Verfügung, jedes mit eigenem Balkon und Blick auf das üppige Grün der Terrassenfelder darunter. Das Essen ist auch etwas ganz Besonderes, denn fast alles stammt aus eigener Produktion, einschließlich Salami, *pancetta*, Wein, Olivenöl, Obst und Gemüse.

Hotel Onda Verde HOTEL €€

(☎089 87 41 43; www.hotelondaverde.it; Via Terramare 3, Praiano; Zi. inkl. Frühstück 110 €; ⏲April–Nov.; ❄) Das Hotel genießt eine atemberaubende Lage auf der Klippe über der malerischen Marina de Praiano und ist direkt in den Stein hineingebaut. Dadurch bleibt es im Hochsommer wunderbar kühl. Die Zimmer haben weißes Bettzeug, satinbezogene Bettköpfe, elegante Möbel im florentinischen Stil und Terrassen mit Liegestühlen, in denen sich der Ausblick optimal genießen lässt. Das Restaurant ist ebenfalls sehr empfehlenswert.

Hotel Villa Bellavista HOTEL €€

(☎089 87 40 54; www.villabellavista.it; Via Grado 47, Praiano; Zi. 80–120 €; ⏲April–Okt.; ❄📶🏊) Inmitten eines üppigen Gartens mit Gemüsebeet verströmt das Hotel Villa Bellavista einen altmodischen Charme durch die ein wenig angestaubten Möbel in den Gemeinschaftsbereichen und die freundlich-frischen, aber relativ leeren Zimmer. Der Reiz liegt im fabelhaften Ausblick von der geräumigen, blumenbehangenen Terrasse, dem entzückenden Swimmingpool im Grünen, dem verschmusten Tiger des Hauses (Lily) und der ruhigen Umgebung an diesem schmalen Sträßchen zur Spiaggia della Gavitelli. Die Anfahrt über die Via Rezzolo ist bereits an der SS163 durch die Stadt beschildert.

Amalfi

Trotz seines Rufs als Tagesausflugsziel hat Amalfi jede Menge Unterkünfte. Günstig sind sie jedoch nicht gerade: Die meisten Hotels bewegen sich zwischen mittlerem und oberem Preissegment. Im Voraus buchen empfiehlt sich immer, da es im Sommer sehr voll wird und viele Unterkünfte im Winter geschlossen sind. Autofahrer sollten am besten gleich ein Hotel mit Parkplatz suchen: Die Parkplatzsuche an der Straße ist eine herzinfarktverdächtige Beschäftigung.

LP TIPP Hotel Lidomare HOTEL €€

(Karte S. 172; ☎089 87 13 32; www.lidomare.it; Largo Duchi Piccolomini 9; EZ/DZ inkl. Frühstück 50/110 €; ganzjährig;) Das alte, familiengeführte Hotel hat echten Charakter. Die geräumigen Zimmer haben ein vornehmes Flair mit ihrer attraktiv zusammengewürfelten Einrichtung, alten Kacheln und schönen Antiquitäten. Erstaunlicherweise haben manche (z. B. Zimmer 31) sogar Badewannen mit Whirlpool; andere (z. B. Zimmer 42) haben Meerblick und einen großen Balkon. Originellerweise wird das Frühstück auf einem Flügel angerichtet – das gehört alles zum ganz speziellen Charme des Hotels. Sehr zu empfehlen!

Albergo Sant'Andrea HOTEL €

(Karte S. 172; ☎089 87 11 45; Via Santolo Camera; EZ/DZ 50/78 €; März–Okt.;) Hier kann man die Atmosphäre der lebhaften Piazza del Duomo im Komfort des eigenen Zimmers genießen. Das bescheidene Zweisternehotel hat einfache Zimmer mit bunten Kacheln in allen Tönen von Lila bis Babyblau und Weinrot und passenden Dekostoffen. Seit Kurzem haben sie auch noch Doppelverglasung, was in der Hochsaison ein echter Segen ist, wenn der Geräuschpegel auf der Piazza die Schmerzgrenze überschreitet.

Hotel Amalfi HOTEL €€

(Karte S. 172; ☎089 87 24 40; www.starnet.it/hamalfi; Vico dei Pastai 3; EZ 60–120 €, DZ 80–160 €, inkl. Frühstück; P) Das familiengeführte Dreisternehotel in einer Seitenstraße von Amalfis Fußgängerzone ist elegant und zentral gelegen. Die Zimmer haben blassgelbe Wände mit flottem Schablonenstreifen, Majolika-Kacheln am Boden und teilweise einen Balkon. Die glänzend gekachelten (wenn auch etwas kleinen) Bäder haben entweder Badewanne oder Dusche. Der Dachgarten ist ein entspannender Ort für einen gemütlichen Drink.

Hotel Centrale HOTEL €€

(Karte S. 172; ☎089 87 26 08; www.hotelcentraleamalfi.it; Largo Piccolomini 1; EZ 120–60 €, DZ 70–140 €, 3BZ 90–170 €, 4BZ 100–180 €, inkl. Frühstück; ganzjährig; P@) Für diesen Preis bekommt man in Amalfi fast nichts Besseres. Der Eingang ist an einer winzigen Piazza im *centro storico*, viele Zimmer gehen jedoch zur Piazza del Duomo (Zimmer 21–24 sind alle gut). Die leuchtend grünen und blauen Kacheln verleihen dem Hotel ein lebendig-frisches Aussehen und der Ausblick von der Dachterrasse ist einfach unschlagbar. Alle Zimmer haben einen Kühlschrank.

Hotel Luna Convento LUXUSHOTEL €€€

(☎089 87 10 02; www.lunahotel.it; Via Pantaleone Comite 33; EZ 230–290 €, DZ 250–300 €, inkl. Frühstück; ganzjährig; P) Das ehemalige Kloster wurde 1222 vom hl. Franziskus gegründet, aber bereits vor gut 170 Jahren zum Hotel umfunktioniert. Die Zimmer im Altbau waren einst Mönchszellen, wirken mit ihren hellen Kacheln, Balkonen und endlosem Meerblick aber alles andere als eng. Der neuere Flügel ist mit seinen religiösen Fresken über den Betten (damit ja keiner auf dumme Ideen kommt) genauso bezaubernd. Und der Innenhof mit Kreuzgang ist einfach herrlich.

Hotel Santa Caterina HOTEL €€€

(☎089 87 10 12; www.hotelsantacaterina.it; Strada Amalfitana 9; DZ 290–550 €, Suite ab 420 €; März–Okt.; P) Das Santa Caterina ist nicht nur ein Wahrzeichen Amalfis, sondern eines der berühmtesten Hotels in ganz Italien. Alles riecht nach Luxus, vom höflichen Service bis zum phantastischen Garten, dem Privatstrand und den opulenten Zimmern. Das Hotel wurde 1880 von der Familie Gambardella erbaut, die es nun in der dritten Generation führt. An der ganzen Küste gibt es kaum einen schöneren Ausblick. Frischvermählte sollten sich für die Suite „Romeo und Julia" entscheiden – ein frei stehender Bungalow mitten in der Farbenpracht des Gartens. Und für 940–2800 € pro Nacht ist er praktisch ein Schnäppchen.

Residenza del Duca HOTEL €€

(Karte S. 172; ☎089 873 63 65; www.residencedelduca.it; Via Mastalo 11 Duca 3; EZ 46–65 €, DZ 85–100 €, inkl. Frühstück; März–Okt.;) Das familiengeführte kleine Hotel hat nur sechs Zimmer; Daniela, Tochter des Hauses, spricht hervorragendes Englisch. Wer mit schwerem Gepäck anreist, sollte vorher anrufen und sich abholen lassen, denn der Anstieg bis zum Hotel ist mörderisch und der Gepäckservice ist im Preis inbegriffen. Die Zimmer sind hübsch eingerichtet mit Antiquitäten, Majolika-Kacheln und dem einen oder anderen kitschigen Engel. Außerdem sind sie hell und sonnig. Besonders schön ist Zimmer Nummer zwei, das durch zimmerhohe Flügeltüren einen atemberaubenden Ausblick bietet.

Ravello

Ravello gehört eher zu den vornehmeren Orten, was sich in Stil und Preis auch deutlich widerspiegelt. Es gibt einige ganz ausgezeichnete Hotels im oberen Preissegment, mehrere wunderschöne Bleiben im mittleren Segment und in der Nähe noch einen tollen *agriturismo*. Im Sommer muss weit im Voraus gebucht werden – vor allem um die Zeit des Musikfestivals.

Agriturismo Monte Busara AGRITURISMO €
(☎089 85 74 67; www.montebusara.com; Via Monte Brusara 32; EZ/DZ 45/90 €) Der *agriturismo* am Berg ist ein aktiver Bauernhof, der zu Fuß in anstrengenden 30 Minuten (1,5 km) vom Zentrum aus zu erreichen ist (man kann allerdings auch anrufen und sich abholen lassen). Die Unterkunft eignet sich besonders gut für Familien: Kinder können das Pony füttern, während sich ihre Eltern zurücklehnen und den Ausblick genießen. Aber hier fühlt sich auch jeder wohl, der den Massen entfliehen will. Die drei Zimmer sind gemütlich, aber schlicht, das Essen phantastisch und der Inhaber charmant und redselig. Halbpension ist ebenfalls möglich.

Albergo Ristorante Garden HOTEL €€
(Karte S. 176; ☎089 85 72 26; www.hotelgardenravello.it; Via Boccaccio 4; EZ/DZ 135/140 €; ⊙Mitte März–Ende Okt.; ❄ ≋) Die Fotos hinter der Rezeption zeigen die aktuellen Inhaber Ana und Marco beim Spielen mit den Kindern von Jackie Kennedy. Heute ist das familiengeführte Dreisternehaus nicht mehr der Promimagnet von damals, aber immer noch eine gute Wahl. Die eher kleinen Zimmer sind relativ charakterlos (sauber mit nichtssagender Dekoration), dafür ist der Ausblick erstklassig und die Kühlschränke sind ein willkommenes Detail. Angeblich kam der US-amerikanische Schriftsteller Gore Vidal regelmäßig ins Terrassenrestaurant (Gerichte ab 30 €).

Hotel Caruso LUXUSHOTEL €€€
(Karte S. 176; ☎089 85 88 01; www.hotelcaruso.com; Piazza San Giovanni del Toro 2; EZ 450 €, DZ 620–750 €, inkl. Frühstück; ⊙Mitte März–Nov.; P ❄ ≋) Es gibt keinen schöneren Ort zum Schwimmen als den sensationellen Infinity-Pool im Caruso. Scheinbar am Rande des Abgrunds verschmilzt das blaue Wasser auf geradezu magische Weise mit Meer und Himmel. Der großartig restaurierte Palazzo aus dem 11. Jh. ist innen genauso beeindruckend: Maurische Bögen dienen als Fensterrahmen, die Decken haben ein Gewölbe aus dem 15. Jh. und die Kachelarbeiten sind erstklassig. Die Zimmer sind angemessen modern ausgestattet mit einem TV-/DVD-System, das aus einem Holzschränkchen am Fußende des Bettes herausgleitet.

Palazzo Sasso LUXUSHOTEL €€€
(Karte S. 176; ☎089 81 81 81; www.palazzosasso.com; Via San Giovanni del Toro 28; DZ inkl. Frühstück 330 €, mit Meerblick 650 €; ⊙März–Okt.; ❄ ≋) Der Palazzo Sasso, eines der drei Luxushotels in Ravellos teuerstem Viertel, ist seit 1880 ein Hotel und diente vielen großen Namen des 20. Jhs. als Bleibe: General Eisenhower plante hier den alliierten Angriff auf den Monte Cassino, später flirteten Roberto Rossellini und Ingrid Bergman abends im Hotelrestaurant. In diesem beeindruckend schönen Palazzo aus dem 12. Jh. werden geschmackvolle Antiquitäten mit maurischen Farben und modernen Skulpturen kombiniert. Das 20-m-Schwimmbecken bietet einen großartigen Ausblick und Rosellinis, das mit Michelin-Sternen ausgezeichnete Restaurant, hat einen hervorragenden Ruf. Einen kleinen Wellnessbereich gibt es auch.

Hotel Toro BOUTIQUEHOTEL €€
(Karte S. 176; ☎089 85 72 11; www.hoteltoro.it; Via Wagner 3; Zi. inkl. Frühstück 85–118 €; ⊙Ostern–Nov.; ❄) Das Haus wird schon seit dem späten 19. Jh. als Hotel genutzt und beherbergte auch schon den niederländischen Künstler M. C. Escher, der in Zimmer sechs wohnte, wo er möglicherweise von den schwindelerregenden Kachelmustern inspiriert wurde. Die Zimmer sind im traditionellen Stil der Amalfiküste eingerichtet: Kacheln aus Terrakotta oder hellem Marmor, beruhigende Cremetöne für die Möbel und geschmackvolle Landschaftsgemälde an der Wand. Mehrere Zimmer haben einen Kühlschrank. Der von Mauern umgebene

Garten liegt gleich neben der Piazza del Duomo, die Glocken der Kathedrale sind noch leise zu hören. Ein traumhafter Ort für einen Drink bei Sonnenuntergang.

Hotel Villa Amore PENSION €
(Karte S. 176; ☎089 85 71 35; www.villaamore.it; Via dei Fusco 5; EZ 50–60 €, DZ 75–100 €, inkl. Frühstück; ganzjährig; @) Die einladende, familiengeführte *pensione* ist die beste Budgetoption der Stadt. Sie versteckt sich in einer ruhige Gasse und hat bescheidene, gemütliche Zimmer mit glänzenden Bädern im Angebot. Alle Zimmer haben einen Balkon, manche haben eine Badewanne. Das Restaurant ist ein weiterer Vorteil, ganz zu schweigen von der Terrasse, die einen fabelhaften Ausblick bietet. Das Essen ist gut, der Ausblick unvergesslich und der Preis stimmt (um 25 € pro Mahlzeit).

Affitacamere Il Roseto PENSION €
(Karte S. 176; ☎089 858 64 92; www.ilroseto.it; Via Trinità 37; Zi. inkl. Frühstück 80 €; ganzjährig) Wer ein schnörkelloses, sauberes, für alles in der Stadt günstig gelegenes Zimmer sucht, ist hier richtig. Die beiden Zimmer sind ganz in klinischem Weiß gehalten: weiße Wände, weißes Bettzeug und weiße Böden. Den Mangel an Charme macht das Preis-Leistungs-Verhältnis mühelos wieder wett und Farbe gibt's schließlich draußen unter den Zitronenbäumen mehr als genug. Möglicherweise ist es kein Zufall, dass die Inhaber auch Eigentümer des Limoncello-Ladens Profumi della Costiera sind.

SALERNO & DER CILENTO

Salerno

Salernos wenige Unterkünfte sind nicht besonders inspirierend. Dafür liegen praktischerweise mehrere günstige Hotels im Stadtzentrum. Die Preise sind tendenziell erheblich niedriger als an der Amalfiküste.

Hotel Montestella HOTEL €€
(Karte S. 186; ☎089 22 51 22; www.hotelmontestella.it; Corso Vittorio Emanuele II 156; EZ/DZ/3BZ inkl. Frühstück 75/100/110 €; ❄@📶) Das Montestella liegt in guter Laufnähe zu allem, was von Interesse ist, auf halbem Wege zwischen *centro storico* und Bahnhof an Salernos Fußgängerzone. Die Zimmer sind geräumig und gemütlich, mit blauem Teppich und Tapete im Regency-Stil. Die Gemeinschaftsbereiche sind hingegen frisch und modern. Das Hotel ist mit Abstand das beste Hotel im mittleren Preisbereich. Ein paar Häuserblocks weiter ist eine praktisch gelegene Tiefgarage (24 Std. 25 €).

Sant' Andrea B&B €
(Karte S. 186; ☎089 23 40 68; www.ristorantesantandrea.it; Piazza Sedile del Campo; EZ/DZ inkl. Frühstück 50/60 €) Die Zimmer liegen über einem hervorragenden Restaurant, sind kompakt und gemütlich mit dunklem Holzmöbel und haben Terrassen mit Blick auf die stimmungsvolle Piazza.

Ostello Ave Gratia Plena HOSTEL €
(Karte S. 186; ☎089 23 47 76; www.ostellodisalerno.it; Via dei Canali; B/EZ/DZ 15/33/47 €; @📶) Salernos HI-Hostel ist in einem Kloster aus dem 16. Jh. mitten im Herzen des *centro storico* untergebracht. Innen ist ein charmanter zentraler Innenhof mit einer ganzen Palette heller Zimmer, vom Schlafsaal bis zum Doppelzimmer mit eigenem Bad. Die Sperrstunde um 2 Uhr gilt nur für die Schlafsäle.

Paestum

Die meisten kommen ja nur für einen Tag nach Paestum. Dafür gibt's erstaunlich viele Hotels. Neben den unvermeidlichen modernen Dreisternebunkern mit Reisebusgruppen als Zielgruppe gibt es noch ein paar hervorragende Alternativen.

LP TIPP **Hotel Calypso** HOTEL €€
(☎0828 81 10 31; www.calypsohotel.com; Via Mantegna 63; EZ 50–75 €, DZ 100–150 €, inkl. Frühstück; P❄@) Top-Favorit des künstlerisch-alternativen Publikums, mit makrobiotischem Restaurant (Mitglied der Slow-Food-Bewegung) und großen, geschmackvoll eingerichteten Zimmern mit Balkon und ausgesuchten handgearbeiteten Dekostücken. Der Inhaber, Roberto, (aus dessen Produktion einige der Lampen stammen) ist ein Weltenbummler, der auch Tipps zur Umgebung parat hat. Im Sommer werden hier regelmäßig alle möglichen Konzerte veranstaltet (von Folk bis Klassik) und ein Sandstrand liegt nur einen Spaziergang entfernt. Für Gäste, die Elektrosmog meiden möchten, gibt's auch Zimmer ohne TV.

Casale Giancesare B&B €
(☎0828 72 80 61; www.casale-giancesare.it; Via Giancesare 8; EZ 45–60 €, DZ 65–90 €, inkl. Frühstück; P❄@📶) Das aus Naturstein gebaute

Bauernhaus aus dem 19. Jh. ist heute ein charmantes B&B. Geführt wird es von der ebenso charmanten Familie Voza, die ihre Gäste mit Wein und Limoncello aus eigener Produktion verwöhnt. Es steht inmitten von Weinbergen, Oliven- und Maulbeerbäumen 2,5 km außerhalb von Paestum, wo der Ausblick traumhaft ist – vor allem vom Swimmingpool.

Villaggio dei Pini CAMPINGPLATZ €
(☎0828 811 030; www.campingvillaggiodeipini.com; Camping 2 Pers., Auto & Zelt 40 €, 2-Bett-Hütte pro Woche 350–450 €; 📶) In Paestum gibt es zahlreiche Campingplätze, aber hier ist definitiv der Ort, an dem man sein Zelt aufschlagen sollte. Zu der Anlage in einem alten Landschaftsgarten mit hohen Pinien gehören ein Restaurant, eine Pizzeria, ein Minimarkt, ein Fußballfeld, ein Privatstrand und ein Kinderspielplatz. Die Hütten sind schlicht eingerichtet, aber was man braucht, ist auch da.

Agropoli & Cilento-Küste

Agropoli ist im Sommer bei italienischen Touristen äusserst beliebt. Die wichtigsten Urlaubsorte an der Küste haben eine gute Unterkunftsauswahl, vor allem diejenigen direkt am Meer.

LP TIPP **Marulivo Hotel** BOUTIQUEHOTEL €€
(☎0974 973 792; www.marulivohotel.it; Via Castello, Pisciotta; EZ 70–82 €, DZ 80–160 €, inkl. Frühstück; ❄📶) Ob für einen romantischen Aufenthalt zu zweit oder eine stressfreie Atempause in idyllischer Umgebung: Dieses Hotel ist einen Blick wert. Es liegt im Labyrinth der engen Gassen hinter der Piazza dieser mittelalterlichen Stadt und hat seine Zimmer in Erdfarben ausgestattet, mit antiken Möbeln, blütenweißem Bettzeug und unverputzten Steinwänden. Die Dachterrasse hat einen Meerblick und die Bar daneben ist unschlagbar für einen gemütlichen Longdrink.

Albergo il Castello HOTEL €€
(☎0974 96 71 69; www.hotelcastello.co.uk; Via Amendola, Agropoli; Zi. inkl. Frühstück 80–110 €; P❄) Das efeuumwucherte altmodische Hotel in einem Gebäude aus dem frühen 19. Jh. hat große Zimmer mit Originalkachelböden, unverputzten Steinwänden und geräumigen Terrassen. Der Innenhof mit Zitronenbäumen und üppiger Bepflanzung ist ebenfalls ganz entzückend – der perfekte Ort für einen Drink am Ende eines anstrengenden Sightseeing-Tages.

Anna B&B €
(☎0974 82 37 63; www.bbanna.it; Via S Marco 28–30, Agropoli; EZ 35–50 €, DZ 50–70 €, inkl. Frühstück; P❄) Allein schon die Lage dieses gepflegten B&B gegenüber dem langen Sandstrand ist großartig. In der Umgebung ist es aber vor allem für das Restaurant im Erdgeschoss bekannt. Warum, wird den Gästen schon morgens beim hausgemachten *cornetto* (italienisches Croissant) klar. Die Zimmer sind groß und schlicht mit kleinem Balkon. Die mit Meerblick zeigen Sorrent bei Sonnenuntergang von seiner schönsten Seite. Für einen kleinen Obolus kann man Sonnenliegen und Fahrräder mieten.

La Lanterna AGRITURISMO €
(☎089 79 02 51; www.cilento.it/lanterna; Via della Lanterna 8, Agropoli; 2-Bett-Hütte 40–50 €, 4-Bett-Hütte 80 €, DZ 70–80 €, B inkl. Frühstück 17–19 €; P@) Ivo und Tiziana sind die großartigen Gastgeber in dieser freundlichen Bleibe etwa 1 km vom Zentrum. Die gemütlichen Hütten im Garten haben alle eine große Terrasse, Meerblick und viel Stauraum: ein tolles Preis-Leistungs-Verhältnis! Die Schlafsäle sind einfach und sauber und mit Schließfächern ausgestattet. Das Gemeinschaftsfrühstück mit Frischkäse oder Marmelade und hausgemachtem Kuchen ist ungewöhnlich gut. Internetzugang gibt's für 3 € pro Stunde.

La Corallina HOTEL €€
(☎0974 96 68 61; www.hotellacoralinna.it; Via Porto, San Marco di Castellabate; EZ 50–75 €, DZ 80–120 €, inkl. Frühstück; P❄📶) Das kleine Hotel hat eine wunderschöne Fassade in einem dunklen Ockerton sowie die traditionell grünen Fensterläden und Fensterkästen voller Blumen. Die blendend weißen Kacheln in den Zimmern sind abgesetzt durch eine Zierleiste aus bunter Vietri-Keramik und stehen im schönen Kontrast zu den dunkelblauen Stoffen. Die Zimmer bieten einen malerischen Ausblick auf die Fischerboote im Hafen.

Albergo Santa Caterina HOTEL €€
(☎0974 93 10 19; www.albergosantacaterina.com; Via Indipendenza 53, Palinura; Zi. inkl. Frühstück 80–110 €; P❄@📶) Exzellentes Hotel an der Hauptstraße. Die Farben der Zimmer variieren von leuchtendem Kanariengelb bis zu mediterranem Dunkelblau. Alle haben ein großes Badezimmer mit Wanne und Dusche

sowie eine eigene Terrasse. Achtung: Meerblick gibt's nur gegen einen Aufpreis von 20 €. Das Satelliten-TV ist in dieser Gegend ein seltenes Kleinod, vor allem für alle, die die internationalen Nachrichten schon schmerzhaft vermissen.

Pensione Anna PENSION €
(☎0974 93 10 59; Piazza Virgilio 22, Palinura; EZ 25–35 €, DZ 40–65 €, inkl. Frühstück; P) Zu den Vorzügen dieser familiengeführten Pension gehört die Lage direkt am lebhaften Hauptplatz der Stadt. Sehr schön ist auch die riesige, altmodische Vorderterrasse mit Pflanzen, Weinranken und sympathischem Opa, der einen Stammplatz in der Ecke hat. Die Zimmer sind schlicht möbliert, aber sauber mit fröhlichen roten Fensterläden. Die Preise sind selbst in der verrückten Hochsaison (August) sehr fair.

Raggio di Sole AGRITURISMO €
(☎0974 96 73 56; www.agriturismoraggiodisole.it; Via Terrate, Castellabate; Zi. inkl. Frühstück 80 €; ⏲April–Nov.; P❄) Der einladende *agriturismo* liegt, von Santa Maria di Castellabate kommend, am Stadtrand. Diese Lage – nur einen Berggipfel von der Stadt entfernt – ermöglicht einen phänomenalen Ausblick auf das Meer und die Insel Capri. Das Haupthaus liegt ganz im Grünen, umgeben von hohen Eukalyptus- sowie Zitrus- und Olivenbäumen. Weiter unten ist ein kleiner Bauernhof mit Ziegen, Gänsen, Enten und mindestens einem Esel. Die Zimmer im vollständig renovierten, 200 Jahre alten Bauernhaus sind schlicht und modern und haben einen Balkon. Auf Anfrage gibt's auch Essen.

U'Sghiz B&B €
(☎0974 82 93 31; Piazza Umberto 8, Palinura; EZ 45–50 €, DZ 55–75 €, inkl. Frühstück; ❄) Dieses Haus aus dem 16. Jh. im Herzen des *centro storico* hat Antonio (oder Antoine – er hat viele Jahre in Quebec gelebt) liebevoll restauriert und darin ein hervorragendes Restaurant sowie drei stimmungsvolle Zimmer eingerichtet. Letztere sind mit Antiquitäten möbliert und in beruhigendem Hellgrün, Pfirsich und Creme gestrichen. Die Kühlschränke sind ein angenehmes Extra.

Villa Sirio HOTEL €€
(☎0974 96 01 62; www.villasirio.it; Via Lungamare de Simone 15, Santa Maria di Castellabate; EZ 85–130 €, DZ 120–200 €, inkl. Frühstück; ⏲April–Nov.; P❄) Hinter der klassisch eleganten ockergelben Fassade mit traditionell grünen Fensterläden verbirgt sich ein familiengeführtes Hotel (Baujahr 1912). Die Zimmer sind fröhlich in Gelb, Blau und Türkis gestaltet; die glänzenden Marmorbäder haben auch einen Whirlpool. Die kleinen Balkone haben Plastikmöbel zugunsten geschmackvoller Marmortische verbannt. Die Gäste können in Ruhe den endlosen Horizont und die Insel Capri betrachten.

Parco Nazionale del Cilento

Die dramatische, üppig grüne Landschaft des Nationalparks ist – kaum überraschend – ideal für einen Aufenthalt im *agriturismo.*

LP TIPP **Agriturismo i Moresani** AGRITURISMO €€
(☎0974 90 20 86; www.imoresani.com; Loc Moresani; EZ 45–55 €, DZ 90–110 €, inkl. Frühstück; ⏲März–Okt.; ❄📶) Wer absoluten Frieden sucht, ist hier richtig: Grüne Hügel soweit das Auge reicht, dazwischen Weingärten, Weideland und Olivenbäume. Der 18 ha große, familiengeführte Bauernhof verkauft selbst gemachten *caprino* (Ziegenkäse), Wein, Olivenöl und Eingemachtes. Das Restaurant hat eine Terrasse mit Blick auf die Weinberge und verarbeitet vorwiegend eigene Bioprodukte. Die Zimmer sind in Erd- und Cremefarben eingerichtet und sind von einem hübschen Privatgarten umgeben. Regelmäßig finden Reit-, Koch- und Malkurse statt; der Kursplan steht auf der Website und kann bei den freundlichen Inhabern erfragt werden.

Villa Vea AGRITURISMO €
(☎0828 196 22 37; www.agriturismovillavea.it; C da Soubaddei 10, Bellosguardo; Zi. 60–72 €; 📶🚭) Dieser erstklassige *agriturismo* zwischen Olivenbäumen und Weingärten mit Blick auf pinienbewachsene Berge gehört einer amerikanisch-italienischen Familie. Am Horizont liegt die schöne Silhouette von Capri, auf dem Teller das leckere traditionelle Essen von Angela, die auch die Kochkurse leitet. Hier gibt's hausgemachtes Olivenöl, Wein und Marmelade sowie ein Frühstück, das eine deutliche Klasse besser ist als die üblichen *cornetti.* Auf Anfrage gibt's sogar ein warmes Frühstück (eine Rarität!). Die Zimmer sind rustikal eingerichtet mit schwerem Möbel und bunt gestrichenen Wänden. Das 1978 erbaute Haus war in dieser Region der erste *agriturismo.*

Agriturismo Antico Casolare AGRITURISMO €
(☎339 4572986; www.anticocasolare.com; Contrada Suvero 6; EZ/DZ inkl. Frühstück 35/60 €; ⏲März–Okt.; P❄) Die schnörkellose Unterkunft in einem Bauernhaus aus dem 18. Jh. gehört seit jeher der Familie Ricciardella. Sie liegt am Rand des Parks, nur 6 km landeinwärts der Küste und hat einen ganz famosen Ausblick. Die große, mit Maiskolben und Tomaten behangene Terrasse hat einen originellen Brotbackofen. Die Zimmer sind angenehm eingerichtet mit Schmiedeeisernem oder dunklem Holz und haben ein kleines, gekacheltes Bad. Diverse Aktivitäten wie Wandern und Reiten können organisiert werden.

Agriturismo La Loggia degli Alburni AGRITURISMO €
(☎334 3204398; Sicignano e'Alburni; EZ/DZ inkl. Frühstück 30/40 €; P❄) Das hoch oben in einem Kastanienwäldchen himmlisch über einer prächtigen Burg gelegene Haus ist eher ein Landhotel als ein *agriturismo*. Im Dorf ist der Weg über eine unbefestigte Straße vor steilen Waldhängen beschildert. Die Zimmer sind groß, modern und bequem. Den Speisesaal ziert ein farbenfrohes Wandbild mit Jagdmotiv; serviert wird gute, traditionelle Hausmannskost wie *tagliolini* mit Ragout (Mahlzeiten 25 €). Bei Wanderern beliebt.

Agriturismo Terra Nostra AGRITURISMO €
(☎333 8069231; www.agriturismoterranostra.it; Contrada Galdo; EZ/DZ inkl. Frühstück 20/40 €; ⏲März–Okt.; P❄@≋) Die volkstümliche Bleibe in wunderschön ländlicher Lage außerhalb einer reizenden mittelalterlichen Ortschaft gehört der Familie Salamonte, die mehrere Jahre in England verbracht hat (daher wohl die Gartenzwerge). Ziegen, Schafe, Enten und Hunde sind nur ein kleiner Ausschnitt der bunten Menagerie. Die Zimmer sind schlicht eingerichtet mit dunklem Holz, strahlend weißen Wänden und Terrakottafliesen. Das große Restaurant serviert hervorragendes regionales Essen und im Winter prasselt ein gemütliches Feuer im offenen Kamin. In den letzten Jahren wurden noch ein Swimmingpool und ein kleines Fitnesscenter gebaut.

Antichi Feudi BOUTIQUEHOTEL €
(☎0975 58 73 29; www.antichifeudi.com; Via San Francesco 2; EZ 45 €, DZ 45–80 €, inkl. Frühstück; ❄📶) Der ehemalige Palast gleich abseits der malerischen zentralen Piazza San Cono zeichnet sich durch eine luxuriöse Fassade in Sienabraun aus. Die Zimmer in diesem stimmungsvollen, aber günstigen Boutiquehotel sind alle unterschiedlich. Gemeinsam ist ihnen allerdings die Liebe zum opulenten Detail in Form von bemalten Kleiderschränken, Himmelbetten und dem einen oder anderen Kronleuchter. Zu den Gemeinschaftsbereichen gehören ein kleiner Innenhof mit Originalbrunnen sowie ein hervorragendes Restaurant.

Casale San Martino B&B €
(☎0974 83 22 13; www.casalesanmartino.eu; Contrada Vignali 5; Zi. inkl. Frühstück 65–85 €; ⏲März–Okt.; P❄) Dieses exquisite B&B hat einen atemberaubend schönen Panoramaausblick – Richtung Westen auf Agropoli und die Küste, in Richtung Osten auf endlose Hügellandschaft. In den geschmackvoll eingerichteten Zimmern mit Natursteinwänden schlafen Gäste unter Dachbalken und zwischen Erdfarben, während nebenan das Badezimmer mit Fünfsternequalität und Marmor-Mosaikfliesen aufwartet. Zur Menagerie der jungen Familie gehören u. a. Ziegen und Enten; wer den richtigen Zeitpunkt erwischt, bekommt zum Frühstück frische Feigen aus dem hübschen, glyzinienbehangenen Garten.

Sicinius AGRITURISMO €
(☎330 869287; www.sicinius.com; Contrada Piedi La Serra 22; Zi. inkl. Frühstück 75 €; ⏲April–Okt.) Dieser 12 ha große Bauernhof nutzt Solarstrom und hat sich ganz dem biologischen Anbau (u. a. von Oliven) verschrieben. Im Angebot sind Massagen und Aromatherapie, auf dem Gelände ist auch ein kleines Reformhaus. Die Zimmer sind schlicht und bieten einen wunderbaren Ausblick auf den Alburni. Gästen stehen Mountainbikes sowie ein hervorragendes Restaurant zur Verfügung.

Zio Cristoforo AGRITURISMO €€
(☎0974 90 75 52; www.agriturismoziocristoforo.com; Via Chiuse 24; EZ 80–120 €, DZ 90–140 €, inkl. Frühstück; P❄≋) Gäbe es für *agriturismi* Sternekategorien, hätte dieser hier sicher fünf. Eigentlich erinnert er auch weniger an Ferien auf dem Bauernhof als vielmehr an ein Boutiquehotel. Menschen in dreckigen Gummistiefeln fehlen komplett im Bild – obwohl der Hof durchaus von Landwirtschaft umgeben ist und das eigene Fleisch auch auf der Speisekarte des beliebten Restaurants landet. Die Zimmer verströmen mit schmiedeeisernen Bettköpfen, Terrakottafliesen und beruhigenden Grün- und Weiß-

tönen eine rustikale Eleganz. Im Winter gibt's Kochkurse (3 Tage 150 €), außerdem werden regelmäßig Weinverkostungskurse angeboten.

La Congiura dei Baroni HOTEL €
(☎0975 7 90 44; www.lacongiuradeibaroni.it; Via Castello 16, Teggiano; EZ/DZ 30/70 €) Das einladende, kleine Hotel hat eine wundervolle Lage oberhalb einer Burg mit Burggraben. Die netten, gemütlichen Zimmer mit Terrasse fühlen sich wie ein Gästezimmer bei guten Freunden an und die Inhaberin Anna Maria ist sehr gastfreundlich, spricht aber nur Italienisch.

Neapel & die Amalfiküste verstehen

NEAPEL & DIE AMALFIKÜSTE AKTUELL 226

Verkehrsfreie Straßen, globale Events und erste Anzeichen von Bürgerstolz: Sieht das problemgeplagte Neapel besseren Zeiten entgegen?

GESCHICHTE 228

Raunende Sibyllen, skrupellose Könige und blutige Mafiafehden: Ohne Ränke, Drama und Rache wäre es wohl keine richtige neapolitanische Geschichte.

KUNST & KULTUR 237

Schwirrende Fresken, herzbewegende Melodien und weltberühmte Filmklassiker: Neapel ist Italiens kulturelle Seele.

SO LEBT MAN IN NEAPEL 242

Großzügig, gerissen, gesellig und misstrauisch: Die Neapolitaner sind ebenso widersprüchlich wie faszinierend und komplex.

HEILIGE & VOLKSGLAUBE 247

Heilige als Superhelden und böse Blicke: In diesem Teil Italiens bilden Katholizismus und Kult ein höchst faszinierendes Gespann.

DIE KAMPANISCHE KÜCHE 252

Wenn aus einer Region die leckersten Exportartikel Italiens stammen – Pizza und *mozzarella di bufala* (Büffelmozzarella) – dann ist klar, dass sich der Gaumen freuen darf.

ARCHITEKTUR 259

Ob gewaltige heidnische Tempel oder theatralische Treppen – Kampaniens Bauwerke sind auf jeden Fall dramatisch und vielfältig.

DIE STADT IM UNTERGRUND................ 264

Nirgendwo kommt Neapels Hang zu Geheimniskrämerei deutlicher zum Ausdruck als in dem riesigen, antiken Labyrinth unter der Erde.

DIE CAMORRA 268

Drogen, Verbrechen und blutige Vendettas: Willkommen auf der Schattenseite des sonnigen Kampanien.

Einwohner pro km²

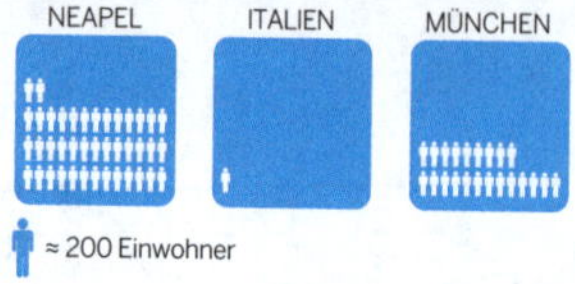

Neapel & die Amalfiküste aktuell

» Bevölkerung: 5 954 882 (2011)

» Fläche: 13 590 km²

» Arbeitslosigkeit: 31,39 % (2012)

» Anzahl der Unesco-Welterbestätten: 5

» Häufigster Familienname: Esposito

Ein Bürgermeister mit Tatkraft

Nach Jahren schmachvoller Schlagzeilen wegen müllübersäter Straßen und schießwütiger *camorristi* (Mitglieder der neapolitanischen Mafia) scheint es, dass Neapel endlich wieder die Kurve kriegt. Im Mai 2011 wählte die Stadt Luigi de Magistris als Bürgermeister. Für viele desillusionierte Neapolitaner war die Wahl des jungen ehemaligen Staatsanwalts ein allerletzter Versuch, die Würde ihrer Stadt zu retten. Wie der berühmte neapolitanische Schauspieler Beppe Barra während de Magistris' Wahlkampf unverblümt sagte: „Luigi, bitte enttäusch mich nicht".

Offenbar tat er es nicht. Seit seiner Amtsübernahme wurden einige vielversprechende Initiativen umgesetzt. Im September 2011 wurde in Neapels *centro storico* (historischer Stadtkern) die ZTL (eingeschränkte Verkehrszone) eingeführt, um den CO_2-Ausstoß zu verringern, den Verkehrsfluss zu verbessern und die illegale Benutzung von Busspuren einzudämmen. Verbessert wurde die Lebensqualität in Neapel weiterhin durch die Umwandlung des berühmten Lungomare (Strandpromenade) in eine Fußgängerzone – rechtzeitig für ein Event der America's Cup World Series im April/Mai 2012, bevor die weltberühmte Segelregatta 2013 in Neapel stattfindet. Im April und Juli 2013 wird Neapel zudem auch Gastgeber des Internationalen Forums der Kulturen sein. Auf der von der Unesco unterstützten Veranstaltung, von der früheren Verwaltung nach Neapel geholt, diskutieren Menschen aus der ganzen Welt über Themen zum interkulturellen Verständnis.

Trotz der Fortschritte sind nicht alle Neapolitaner von de Magistris' Leistungen begeistert. Zu den lautstärksten Kritikern zählen die Gewerbetreibenden in der ZTL-Zone. Etliche von ihnen behaupten, dass die Verkehrsberuhigung im Stadtzentrum ihren Umsatz beeinträchtigt habe. Andere Skeptiker weisen auf den G7-Gipfel, der 1994 in Neapel stattfand. Damals folgten der Stadterneuerung und dem Optimismus zwei Jahr-

Fettnäpfchen

» Italiener sind schick und urteilen als Erstes nach der äußeren Erscheinung. Etwas Sorgfalt beim Aussehen ist also sinnvoll.

» Sich die Rechnung zu teilen gilt als Gipfel der *inciviltà* (Kulturlosigkeit). Wer einlädt, zahlt, nur enge Freunde dürfen teilen.

» Wer Obst, Gemüse, Blumen oder Kleidung in Läden befummelt, kann mit einem tödlichen Blick des Verkäufers rechnen. Besonders Schaufensterauslagen sind tabu.

» Offizielle Öffnungszeiten sind unter Vorbehalt zu verstehen.

Top-Filme

» **Das Gold von Neapel** (1954) Regie Vittorio De Sica

» **Passione** (2010) John Turturro

» **Gomorrha** (2008) Matteo Garrone

» **Hände über der Stadt** (1963) Francesco Rosi

Religionszugehörigkeit
(% der Bevölkerung)

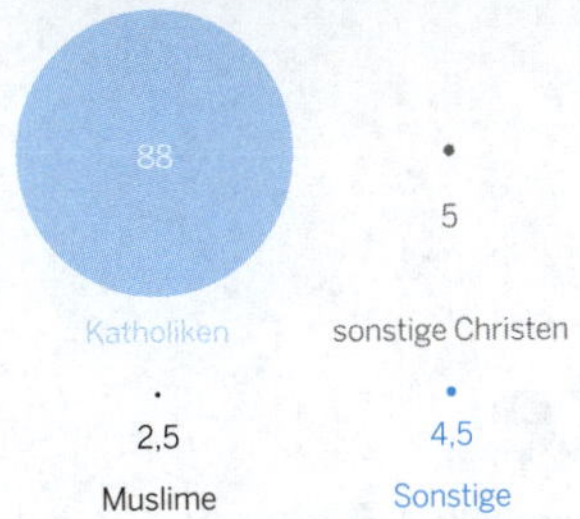

Gäbe es nur 100 Neapolitaner, wären …

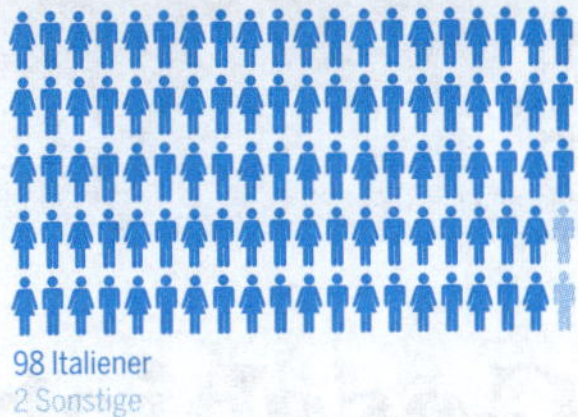

zehnte der ausufernden Kriminalität, wiederholter Müllentsorgungskrisen und politischer Debakel. Nur die Zeit wird zeigen, ob de Magistris seine Kritiker widerlegen kann.

Die Macht des Volkes

Jenseits des Municipio weht ein frischer Wind. Bürgerinitiativen, die von Jahren politischer Schwerfälligkeit die Nase voll haben, nehmen die Dinge in die Hand. Die Initiative CleaNap entfernt Abfall und Graffiti von neapolitanischen Straßen und Plätzen. Die Friarielli Ribelli (*friarielli* ist eine lokale Brokkoliart und *ribelli* heißt Rebellen) gerieten als „Guerillagärtner" in die Schlagzeilen: Die kleine Armee aus Freiwilligen zupft Unkraut, pflanzt Blumen und versorgt liebevoll die wenigen und vernachlässigten Grünflächen der Stadt. Mit dabei ist auch die Internetgruppe VANTO (ein Akronym für „Stolz"). Sie checken und melden Schäden an Kirchen, Palazzi, Denkmälern und Gärten und schlagen kostengünstige Möglichkeiten für deren Rettung und langfristigen Erhalt vor.

Ein weiterer ermutigender Repräsentant des Wandels ist Don Antonio Loffredo. Der Priester in La Sanità, einem seit Langem von Armut und organisierter Kriminalität geprägten Innenstadtviertel, ist der Initiator von „La Parenza", einer Sozialkooperative, die gefährdeten Jugendlichen neue Wege aufzeigt. Dazu gehören die Restaurierung und Verwaltung der berühmten Katakomben des Viertels, die Leitung von Stadtteilführungen und sogar die Gründung und Betreibung eines neuen B&Bs. Don Antonios Arbeit, die vom produktiven neapolitanischen Künstler Riccardo Dalisi unterstützt wird, zeigt allmählich Erfolg. Bürgerstolz und das Gefühl, ein Ziel vor Augen zu haben, machen sich nach und nach breit. Auch lassen sich hier immer mehr Künstler nieder und neugierige Touristen werden von den aufpolierten historischen Schätzen angelockt.

Salerno, das 71 % seines Mülls recycelt, ist zwar Kampaniens umweltfreundliche Vorzeigestadt, aber Acerra holt rasch auf: Lag die Recyclingquote 2011 noch bei 10 %, so stieg sie 2012 auf 62 %. Neapel ist mit 17,7 % weit weniger beeindruckend.

Musik aus Neapel

» **James Senese** (www.jamessenese.it) Jazzikone

» **Enzo Avitabile** (www.enzoavitabile.it) Funk/World

» **Letti Sfatti** (www.lettisfatti.com) Pop-Rock-Liedermacher

Top-Bücher

» **Neapel, Biografie einer Stadt** (Dieter Richter) Ein Muss für jeden Neapelbesucher.

» **Die Haut** (Curzio Malaparte) Reportageartigter Roman über die 1940er-Jahre in Neapel – eine Liebeserklärung an die Stadt.

» **Neapel '44: Ein Nachrichtenoffizier im italienischen Labyrinth** (Norman Lewis) Eine spannende Beschreibung Neapels der Nachkriegszeit.

» **Der Golf von Neapel in der Antike** (Christoff Neumeister) Berichte antiker Autoren.

Geschichte

Mit über 3000 Kerzen auf dem Geburtstagskuchen haben Neapel und die funkelnde Amalfiküste schon alles erlebt, von vergnügungssüchtigen Römern über spanische Eroberung bis zur Nazibesetzung. Wer meint, dass Geschichte langweilig sei, kennt diese Stadt offensichtlich nicht.

Archäologische Stätten

- » Paestum
- » Pompeji
- » Herculaneum
- » Museo Archeologico Nazionale, Neapel
- » Anfiteatro Flavio, Pozzuoli

Die Anfänge

Die alten Griechen waren die ersten wichtigen Akteure, die auf den Plan traten. Sie gründeten im 8. Jh. v. Chr. einen Handelsposten auf Ischia und die Siedlung Cumae (Cuma). Cumae wurde als ihr Hauptstützpunkt in Italien in den nächsten 200 Jahren zur bedeutendsten Stadt im Südwesten des Landes. Sie war ein reiches Handelszentrum, deren Sibylle das Sprachrohr Apolls gewesen sein soll.

Der Legende nach gründeten die Händler 680 v. Chr. auch Neapel auf der Insel Megaris, auf der heute das Castel dell'Ovo steht. Die Stadt wurde Parthenope nach einer lebensmüden Sirene benannt: Als sie den listigen Odysseus nicht mit ihrem Gesang verführen konnte, ertränkte sie sich und wurde hier angeschwemmt.

Misserfolg war auch den toskanischen Etruskern beschert, die zweimal in Cumae einfielen und beide Male scheiterten. Nach der zweiten Invasion 474 v. Chr. gründeten die Cumäer Neapolis (Neustadt) an der Stelle des heutigen *centro storico* (historischer Stadtkern) Neapels.

Trotz der Widerstandskraft der Cumäer forderten die etruskischen Schlachten einen hohen Tribut – 421 v. Chr. unterlagen die Griechen den Samniten. Diese wiederum waren den Römern nicht gewachsen, die Neapolis 326 v. Chr. einnahmen. Kurz darauf, im Jahr 273 v. Chr., verleibten sie sich auch Paestum ein, eine griechische Stadt aus dem 5. Jh. v. Chr.

Togen, Triumph & Terror

Unter den Römern erstrahlte der Golf von Neapel mit luxuriösen Villen, Thermalbädern und reichen Zugereisten. Felder und Wälder bedeckten die unteren Hänge des Vesuvs, an der Küste ließ es sich die Prominenz

ZEITACHSE

8. Jh. v. Chr.

Griechen gründen eine Kolonie in Cumae in den Campi Flegrei. Die Gegend wird zur wichtigsten griechischen Niederlassung auf dem italienischen Festland und einem strategischen Teil von Magna Graecia.

680 v. Chr.

Die cumäischen Griechen gründen auf der Insel Megaris den Ort Parthenope, benannt nach einer lebensmüden Sirene, die mit ihrem Gesang den schlauen Odysseus nicht verführen konnte.

474 v. Chr.

Die Cumäer gründen Neapolis (Neustadt), wo sich heute das *centro storico* (historischer Stadtkern) Neapels befindet. Der ursprüngliche griechische Straßenverlauf ist noch heute zu sehen.

wohlergehen. Honoratioren verbrachten in Stabiae (Castellammare di Stabia) ihre Ferien, Neros zweite Frau Poppaea feierte im noblen Oplontis und Julius Cäsars Schwiegervater besaß ein Haus in Herculaneum. Puteoli (Pozzuoli) westlich von Neapel wurde zum großen internationalen Hafen, wo alexandrinische Getreideschiffe andockten und auch der hl. Paulus angeblich 61 n. Chr. an Land ging. In Misenum (Miseno) weiter westlich ankerte die größte Marineflotte der Antike.

Obwohl die Region fest im Griff der Römer war, beugten sich die Einwohner von Neapolis nie ganz ihren fremden Besetzern und weigerten sich, (neben anderen Dingen) auch ihre Sprache aufzugeben. Die Römer mögen zwar die sprachliche Brüskierung toleriert haben, aber der Widerstand der Neapolitaner gegen Rom im Römischen Bürgerkrieg (88–82 v. Chr.) stand auf einem anderen Blatt: Cornelius Sulla nahm die Stadt ein und metzelte Tausende nieder. Ebenso katastrophal war der unerwartete Ausbruch des Vesuvs 79 n. Chr., der Pompeji und Herculaneum mit flüssiger Lava, Schlamm und Asche überflutete. Dies geschah nur 17 Jahre nach einem gewaltigen Erdbeben und war für die Landbevölkerung der Region, die es ohnehin nicht leicht hatte, ein vernichtender Schlag.

Die Stadt Neapolis selbst boomte: General Lucullus baute dort, wo das Castel dell'Ovo steht, eine beneidenswerte Villa und selbst Vergil zog in die Stadt. Die Insel Capri wurde zum Zentrum für Kaiser Tiberius' berühmte Ausschweifungen.

Das Wohl von Neapolis war nun eng verknüpft mit dem des Römischen Reichs: Als der letzte römische Kaiser Romulus Augustus 476 n. Chr. starb, fiel die Stadt in die Hände der Barbaren.

Einen Einblick in Geschichte, Völker und Kriege des alten Griechenland bietet die Website www.ancientgreece.com mit kompakten Chroniken aller wichtigen Personen und Orte sowie einem Onblinebuchladen.

AMALFI: DIE GOLDENE ÄRA

Renato Fucini, ein Autor aus dem 19. Jh., schrieb über die sagenhafte Stadt Amalfi, dass es, wenn ihre Einwohner am Jüngsten Tag in den Himmel kämen, für sie wie ein ganz normaler Tag wäre. Der gleichen Ansicht müssen wohl die römischen Patrizier gewesen sein, die 337 n. Chr. an dieser Küste schiffbrüchig wurden. Sie waren so angetan von der Schönheit der Gegend, dass sie beschlossen, ihre lange Reise nach Konstantinopel aufzugeben und zu bleiben. Dennoch begann die goldene Ära Amalfis erst im 9. Jh., als die jahrhundertelange Herrschaft der Byzantiner abgeschafft und die Stadt zur Seerepublik wurde. Ab dieser Zeit bis zu den verheerenden Überfällen der Pisaner 1135 und 1137 brachte die stets wachsende Flotte ein Stück Amalfi in die entlegenen Gebiete des Mittelmeers, von Kirchen, die nach Sant'Andrea (Amalfis Schutzheiligen) benannt wurden, bis hin zum Stadtteil „Klein-Amalfi" im Konstantinopel des 10. Jhs. samt Läden und Schulen für die Exil-Amalfianer.

326 v. Chr.

Die Römer erobern Neapolis und verleiben die Stadt dem Römische Reich ein. Dennoch halten die Einwohner an ihrer griechischen Tradition und Sprache fest.

79 n. Chr.

Am 24. August um 10 Uhr morgens bricht der Vesuv nach jahrhundertelangem Schlaf aus, schreckt die Neapolitaner auf und begräbt Pompeji, Herculaneum und andere Orte.

ROGER RESSMEYER/CORBIS ©

» Abguss eines pompejianischen Vesuvopfers

Die Normannen & die Angeviner

Zu Beginn des 11. Jhs. war Neapel ein florierendes Herzogtum. Wirtschaft und Kultur blühten und das Christentum hatte die Massen erobert. Außerhalb der Stadt war die Lage jedoch brisanter, da die Normannen mit den lombardischen Fürstentümern Salerno, Benevento, Capua und Amalfi liebäugelten.

Die Normannen kamen im 10. Jh. nach Süditalien, zunächst als Pilger auf dem Heimweg von Jerusalem, später als Söldner, die vom Lohn als Kämpfer für die rivalisierenden Fürstentümer und gegen die arabischen Muslime in Sizilien angelockt wurden. Einem solchen Söldner, Rainulfo Drengot, erteilte der Herzog von Neapel Sergio IV. den Auftrag, die Lombarden aus Capua zu vertreiben. Capua fiel 1062, gefolgt von Amalfi 1073 und vier Jahre später von Salerno. 1130 war der größte Teil Süditaliens einschließlich Sizilien in normannischer Hand. Es war nur noch eine Frage der Zeit, wann Neapel sich dem Unvermeidlichen ergab. Das geschah 1139. Das Königreich beider Sizilien war somit komplett.

Eine breit gefächerte allgemeine Website zur italienischen Geschichte ist www.arcaini.com. In Kurzfassung wird von der Vorgeschichte bis zur Nachkriegszeit die Geschichte Italiens abgehandelt, einschließlich einer kurzen Chronologie

Die Normannen behielten ihre Hauptstadt in Sizilien bei und Palermo begann Neapel zu überstrahlen. Gleichwohl schienen die Neapolitaner mit ihrem Schicksal zufrieden zu sein. Aber als dem letzten normannischen König, Tankred, sein Feind Heinrich von Hohenstaufen 1194 auf den Thron folgte, schlug die Stimmung um. Die Neapolitaner hassten ihre neuen staufischen Herrscher und waren heilfroh, als Karl I. von Anjou sie in der Schlacht von Benevento im Februar 1265 schlug.

Unter den französischen Angevinern gedieh das künstlerische und intellektuelle Leben. Karl baute 1279 das Castel Nuovo, der Hafen wurde erweitert und Anfang des 14. Jhs. errichtete Robert von Anjou das Castel Sant'Elmo. Doch leider war das letzte Jahrhundert angevinischer Herrschaft von bösen politischen Ränken zwischen Familienklüngel gekennzeichnet. Königin Johanna I. wurde des Mordes an ihrem Mann verdächtigt, floh zwischen 1348 und 1352 aus der Stadt und überließ Neapel ihrer rachsüchtigen angeheirateten Verwandtschaft aus Ungarn. 70 Jahre später etwa konnte ihre Namensvetterin Königin Johanna II. nur dank massiver Unterstützung im Volk ihren Mann davon abhalten, sich die Krone unter den Nagel zu reißen.

Da die Königsfamilie in seifenopernartige Dramen verwickelt war, sahen die spanischen Aragonesen ihre Zeit gekommen, um zuzuschlagen.

Aragonische Dramen

Als Alfonso von Aragon – Il Magnanimo (der Großmütige) genannt – 1442 die Macht in Neapel übernahm, war das ein Segen für die Stadt. Er förderte Kunst und Wissenschaft und führte institutionelle Reformen ein. Allerdings gelang es ihm nicht, die Tatsache vergessen zu lassen, dass er die beliebten Angoviner gestürzt hatte.

305

San Gennaro, der Schutzheilige Neapels, wird Opfer der antichristlichen Kampagne des Kaisers Diokletian. Der Märtyrer wird gefangen und am Solfatara-Krater in Pozzuoli enthauptet.

536

Der byzantinische Feldherr Belisarius und seine Mannen schleichen durch den antiken Aquädukt in die Stadt und belagern sie. Nach der Eroberung wird Neapel zum byzantinischen Herzogtum.

1139

Nach der normannischen Eroberung von Capua, Amalfi und Salerno tritt Neapel dem normannisch beherrschten Königreich beider Sizilien bei und steht im Schatten von Palermo, der Hauptstadt des Königreichs.

1265

Karl I. von Anjou schlägt Neapels verhasste staufische Herrscher und erklärt die Stadt zur Hauptstadt der französischen Anjou-Dynastie. Der Hafen wird ausgebaut und 1279 das Castel Nuovo errichtet.

1485 rebellierten die Barone der Stadt gegen Alfonsos Nachfolger Ferdinand I. Binnen Jahresfrist jedoch wurden die Anführer hingerichtet (in der Sala dei Baroni im Castel Nuovo) und der Frieden wurde wiederhergestellt. 1495 marschierte König Karl VIII. von Frankreich ein. Der französische Monarch, den die neapolitanischen Massen aufs Heftigste ablehnten, wurde vier Monate später vertrieben und durch den Aragonier Ferdinand II. ersetzt.

Nach dem Tod Ferdinands II. 1496 krönten die rebellischen Barone seinen Onkel Friedrich zum König. Das verärgerte alle: Neapolitaner, Franzosen und Spanier wollten alle Johanna, die Witwe Ferdinands II., auf dem Thron sehen. Das führte 1501 zur französisch-spanischen Invasion. Friedrich versuchte, die Macht zu behalten, aber angesichts nahezu totaler Opposition schlich er sich davon und überließ Neapel den Spaniern. Somit wurde König Ferdinand von Spanien König Ferdinand III. von Neapel.

Geschichte Italiens und der Italiener von Giuliano Procacci ist eines der besten Geschichtsbücher über das Land, egal in welcher Sprache. Es beschreibt den Zeitraum vom frühen Mittelalter bis 1948.

JOHANNA II.: KÖNIGIN DER WOLLUST

Hätte es im Mittelalter Boulevardblätter gegeben, wäre Johanna II. (1373–1435) regelmäßig darin aufgetaucht. 600 Jahre nach ihrer Herrschaft als Königin von Neapel weisen die Neapolitaner noch immer auf die verschiedenen Schauplätze ihrer „männermordenden" Eskapaden hin. Im Castel Nuovo hatte sie anscheinend ihre Liebhaber einem hungrigen Krokodil vorgeworfen und im Palazzo Donn'Anna warf sie sie direkt die Klippen hinunter. Vermutlich hatten sie die Erwartungen auf den berüchtigten Orgien der Königin nicht erfüllt.

Der Grat zwischen Dichtung und Wahrheit ist zwar wirklich sehr schmal, aber es ist weithin unbestritten, dass die Tochter von Karl III. und Margherita von Durazzo den Männern, davon viele politische Strippenzieher, sehr zugeneigt war. Als sie 1414 gekrönt wurde, war sie bereits die Witwe von Wilhelm Herzog von Österreich, dem verschmähten Verlobten ihrer Cousine Hedwig von Polen. Als Königin ernannte sie flugs ihren Liebhaber Pandolfello Alopo zum Oberhofmarschall und ging dann 1415 eine kurzlebige Verlobung mit Johann von Aragon ein.

Der nächste Mann war Jakob II. von Bourbon, den sie noch im selben Jahr heiratete. Das Eheglück hielt jedoch nicht an: Der eifersüchtige Jakob II. ließ, als ihm der Titel Fürst von Taranto verweigert wurde, Alopo ermorden und zwang Johanna, ihm den Titel König von Neapel zu verleihen. Als König war Jakob entschlossen, sich die gesamte Macht anzueignen, und isolierte Johanna im königlichen Haushalt. Das selbstherrliche Verhalten des Königs führte 1416 zu Aufständen in Neapel, die ihn zur Aufgabe der Krone zwangen.

Sollte Johanna Trost gebraucht haben, hatte sie ihn wohl in den Armen des Adligen Giovanni Caracciolo gefunden. Aber die Stellung als Premierminister von Neapel war Caracciolo nicht genug. Sein immer skrupelloserer Ehrgeiz veranlasste seine königliche Geliebte, 1432 seine Ermordung anzuzetteln. Sein Grab liegt in der Chiesa di San Giovanni a Carbonara, nicht weit vom letzten Ruheplatz der schlauen Johanna in der Basilica della Santissima Annunziata.

1282

Nachdem die Angeviner Palermo den Haupstadtstatus entzogen haben, töten am Ostermontag verärgerte sizilianische Randalierer 2000 Franzosen in der ehemaligen Hauptstadt.

1442

Alfons von Aragon vertreibt René von Anjou und wird Neapels neuer König. Eine lange Zeit spanischer Herrschaft beginnt.

1503

Zwei Jahre nach einer französisch-spanischen Invasion Neapels marschiert der spanische General Consalvo di Cordoba in die Stadt ein und König Ferdinand von Spanien wird König Ferdinand III. von Neapel.

1532–1553

Don Pedro de Toledo herrscht als spanischer Vizekönig, dehnt die Stadtmauer nach Westen aus und baut die Quartieri Spagnoli (spanische Viertel).

Don Pedro & die spanische Epoche

Als Teil des wohlhabenden spanischen Reichs florierte Neapel im 16. Jh. Um 1600 war es mit 300 000 Einwohnern die größte Stadt Europas. Der Boom brachte eine Stadterweiterung mit sich: Der Vizekönig Don Pedro de Toledo verlegte die Stadtmauern nach Westen und ließ die Quartieri Spagnoli (spanischen Viertel) bauen. Hunderte neuer Kirchen und Klöster entstanden und gaben somit großen Künstlern wie Caravaggio, Giuseppe de Ribera und Luca Giordano die Möglichkeit, ihr Können zu zeigen. Der produktivste der neapolitanischen Architekten war Cosimo Fanzago (1591–1678), dessen Arbeit an der Certosa di San Martino ein Glanzlicht des neapolitanischen Barock ist.

Weniger willkommen waren die ständig steigenden Steuern, die sich aus der Wirtschaftskrise Anfang des 17. Jhs. ergaben. Als die Spanier im Januar 1647 eine Steuer auf frisches Obst erhoben, lief das Fass über. Am 7. Juli kam es auf der Piazza del Mercato zu gewalttätigen Ausbrüchen. Neun Tage später wurde der ungebildete Anführer der Rebellion – der Fischer Tommaso Aniello (alias Masaniello) aus Amalfi – in der Chiesa di Santa Maria del Carmine ermordet. Die Täter waren Extremisten aus seinem eigenen Lager: Sie wollten die Spanier vertreiben, während ihr Anführer sich mit billigerem Obst zufriedengegeben hätte. Es heißt, dass Masaniello in einem unmarkierten Grab in der Kirche bestattet sei.

Zwischen Januar und August 1656 löschte die Beulenpest etwa die Hälfte der über 300 000 Einwohner Neapels aus. Die Stadt brauchte fast 200 Jahre, um die alte Bevölkerungszahl vor der Pest wieder zu erreichen.

PEST

Die Franzosen wollten die Lage ausnutzen und beauftragten den Herzog von Giusa, die Stadt einzunehmen; der Herzog scheiterte und wurde am 6. April 1648 vom neuen spanischen Vizekönig, dem Grafen von Oñate, gefangengenommen. Bald herrschte wieder Ordnung, die Rebellenführer wurden hingerichtet und das Leben in Neapel kehrte zu einer Art Normalität zurück.

Sand ins Getriebe streute die Pestepidemie von 1656, die etwa die Hälfte der Bevölkerung und fast die ganze Wirtschaft Neapels auslöschte. Der Horror, der in den verkommenen Straßen der Stadt herrschte, ist plastisch in den Gemälden in Raum 37 in der Certosa di San Martino dargestellt.

Bourbonischer Glanz & Habsburger List

Mit dem Tod des kinderlosen Karl V. von Neapel (Karl II. von Spanien) im Jahr 1700 waren Spaniens europäische Besitzungen herrenlos. Philipp, der Enkel des Schwagers von Karl V., übernahm zwar als Philipp V. den spanischen Thron (und somit auch den neapolitanischen Thron), aber 1707 schnappten sich österreichische Truppen Neapel. König Philipps V. Bourbonensohn Karl stand jedoch bereits in den Startlöchern und folgte dem Rat seiner ehrgeizigen Mutter Elisabetta Farnese, die Stadt einzunehmen. Zwischen seiner Besteigung des neapolitanischen

1600
Neapel ist mit über 300 000 Einwohnern die größte Stadt Europas. Einer der vielen Einwohner ist der rebellische Künstler Caravaggio, der 1606 eintrifft.

1656
Eine verheerende Pestepidemie bricht in Neapel aus. Binnen sechs Monaten sind drei Viertel der Stadtbevölkerung tot und in Massengräbern bestattet.

1707
Für 17 Jahre herrschen in Neapel österreichische Vizekönige. Steuer- und Universitätsreformen werden eingeführt und Küstenstraßen zwischen Stadt und Vesuv gebaut.

1734
Von seiner Mutter angetrieben und mit Unterstützung seiner Armee übernimmt Karl die Macht von den Österreichern und wird zum ersten Bourbonenkönig Neapels.

Throns 1734 und der italienischen Einheit 1860 entwickelte sich Neapel zur Vorzeigemetropole Europas. Der Palazzo Reale di Capodimonte wurde gebaut, der Palazzo Reale im Zentrum erweitert und das Teatro San Carlo entstand als prächtigstes Opernhaus Europas.

1759 kehrte Karl zurück nach Spanien, um seinem Vater als König Karl III. auf den Thron zu folgen. Da das europäische Gesetz verbat, gleichzeitig drei Kronen innezuhaben (Neapel, Sizilien und Spanien), wurde Neapel Karls achtjährigem Sohn Ferdinand übertragen. Die tatsächliche Macht übergab Karl jedoch seinem pflichtbewussten Premierminister Bernardo Tanucci.

Als 1768 die Österreicherin Maria Karolina in der Stadt eintraf, um Ferdinand zu heiraten, waren Tanuccis Tage gezählt. Maria war eines der 16 Kinder der österreichischen Kaiserin Maria Theresia (jener Person, gegen die sich Tanucci im Österreichischen Erbfolgekrieg von 1740 stellte). Sie war schön, klug und rücksichtslos; eine gleichwertigere Gegnerin für Tanucci und eine unpassende Gefährtin für den bekanntermaßen beschränkten, Dialekt sprechenden Ferdinand.

Entsprechend ihrem Ehevertrag trat Maria Karolina nach der Geburt ihres ersten Sohns 1777 dem Thronrat bei. Auf diese Stellung hatte sie gewartet, um Tanucci auszubooten. An seine Stelle trat der in Frankreich geborene englische Aristokrat John Acton. Acton hatte mit seiner antibourbonischen Politik und seinem Wunsch, engere Bindungen mit Österreich und Großbritannien zu knüpfen, Maria für sich eingenommen. Aber gerade als alles mit den Engländern glattging, brach in Frankreich die Revolution aus.

Die Parthenopäische Republik

Der neapolitanische Hof missbilligte natürlich die Französische Revolution von 1789. Aber erst nach der Enthauptung von Maria Karolinas Schwester Marie Antoinette trat Neapel der antifranzösischen Koalition bei.

1798 trafen Truppen aus Neapel und dem revolutionären Frankreich im französisch besetzten Rom aufeinander. Die Neapolitaner eroberten die Stadt, flohen aber nach elf Tagen mit den Franzosen auf den Fersen zurück nach Süden. Ferdinand und Maria Karolina flohen in Panik nach Palermo und überließen Neapel seinem Schicksal.

Die Franzosen wurden von den meisten Bewohnern erbittert bekämpft, allerdings vom neapolitanischen Adel und Bürgertum begrüßt, die zum großen Teil die modernen republikanischen Ideen übernommen hatten. Und so wurde mit voller Unterstützung der Franzosen am 23. Januar 1799 die Parthenopäische Republik ausgerufen.

Aber sie scheiterte. Die Führer waren eher ideologisch denn praktisch orientiert und steckten bald in finanziellen Schwierigkeiten. Ihr Versuch,

GOETHE

Goethe schrieb über Neapel: „Aber weder zu erzählen noch zu beschreiben ist die Herrlichkeit einer Vollmondnacht, wie wir sie genossen, durch die Straßen über die Plätze wandelnd, auf der Chiaja, dem unermesslichen Spaziergang, sodann am Meeresufer hin und wider. Es übernimmt einen wirklich das Gefühl von Unendlichkeit des Raums."

1737
Das ursprüngliche Teatro San Carlo wird in nur acht Monaten gebaut. Nach einem verheerenden Feuer 1816 wird es nach Plänen von Giovanni Medrano wieder aufgebaut.

1768
Marie Antoinettes Schwester Maria Karolina, heiratet den ungehobelten Ferdinand IV. Neun Jahre später tritt sie dem Kronrat bei und vertreibt den Premierminister und ihren Feind Bernardo Tanucci.

1799
Am 23. Januar wird die Parthenopäische Republik ausgerufen. Sie scheitert kurz darauf, die Monarchie wird wieder eingeführt und über 200 republikanische Sympathisanten werden hingerichtet.

1806
Joseph Bonaparte besetzt die Stadt und erklärt sich selbst zum König von Neapel. Zwei Jahre später wird Bonaparte zum König von Spanien gekrönt.

die Stadt zu demokratisieren, misslang und die Armee war ein chaotischer Haufen.

Die königlichen Flüchtlinge jenseits des Meeres in Palermo waren derweil nicht untätig geblieben. Ferdinand und Maria Karolina entsandten Kardinal Fabrizio Ruffo nach Kalabrien, um einen Aufstand zu organisieren. Am 13. Juni marschierte er in Neapel ein, wo Chaos ausbrach, als seine Männer die Stadt in ein Schlachthaus verwandelten. Ferdinand und Maria Karolina kehrten am 8. Juli rachsüchtig aus Sizilien zurück und ließen republikanische Sympathisanten systematisch niedermetzeln. Über 200 wurden hingerichtet.

EMIGRANTEN

Zwischen 1876 und 1913 verließen 11,1 Mio. Italiener auf der Suche nach einem besseren Leben in der Neuen Welt ihre Heimat. Mindestens 4 Mio. von ihnen sollen aus Neapel und Umgebung gestammt haben. 1927 waren 20 % der italienischen Bevölkerung emigriert.

Niedergang der Bourbonen & nationalistischer Enthusiasmus

Trotz des Scheiterns der Parthenopäischen Republik marschierten französische Truppen 1806 erneut in Neapel ein. Die königliche Familie floh nochmals nach Sizilien und 1808 wurde Napoleons Schwager Joachim Murat König von Neapel. Obwohl er den Feudalismus abschaffte und die lokale Wirtschaft ankurbelte, konnte Murat es den royalistischen Massen nicht recht machen.

Nach der Vertreibung Murats 1815 kehrte Ferdinand zurück, um seinen Thron wieder einzunehmen. Doch die Französische Revolution hatte zu großen Einfluss hinterlassen, als dass zum Absolutismus hätte zurückgekehrt werden können. Der gnadenlose Bund der Carbonari zwang Ferdinand 1820, der Stadt eine Verfassung zu geben. Ein Jahr später jedoch wurde sie wieder aufgehoben, als Ferdinand österreichische Truppen zu Hilfe rief.

Unter dem Druck von Rebellionen in ganz Europa setzte Ferdinand die Verfassung 1848 wieder in Kraft, löste aber dann das Parlament auf. Er war ebenso blind gegenüber dem Wandel der Zeiten wie sein gleichfalls starrsinniger Sohn, der ihm 1859 nachfolgte.

Populärer war der Nationalist Giuseppe Garibaldi, der für ein vereintes Italien kämpfte. Angespornt vom Sieg der piemontesischen Rebellen gegen die österreichische Armee setzte er im Mai 1860 mit einer Freiwilligenarmee von 1000 Rothemden nach Sizilien über. Ferdinands 25 000 Mann starke neapolitanische Armee erwartete sie zwar in Sizilien, aber die bourbonische Unterdrückung des Liberalismus nagte allmählich an der Loyalität. Garibaldi, dessen Armee auf 5000 Mann angewachsen war, besiegte die halbherzigen Bourbonentruppen und erklärte sich selbst zum Diktator im Namen von König Vittorio Emanuele II.

Als zu späte und zu dürftige Reaktion bewilligte Ferdinands Sohn und Nachfolger Francesco II. im Juni 1860 eine Verfassung, doch Garibaldi befand sich bereits auf dem italienischen Festland und zog Richtung

1860

Garibaldi wird als Held in der Stadt begrüßt und Neapel stimmt überwältigend für einen Beitritt in ein vereinigtes Italien unter der Savoy-Monarchie.

LEBRECHT MUSIC/ALAMY ©

» Giuseppe Garibaldi

1884

Eine Cholera-Epidemie führt zur Schließung der antiken Aquädukte Neapels und dem Beginn eines umfassenden Stadtsanierungsprojekts.

1889

Raffaele Esposito erfindet die Pizza Margherita zu Ehren von Königin Margherita, die das neapolitanische Traditionsgericht auf einem königlichen Besuch der Stadt erstmals kostet.

Neapel. In alter Tradition floh Francesco aus der Stadt und suchte hinter dem Fluss Volturno nördlich von Neapel mit 4000 Getreuen Zuflucht. Am 7. September marschierte Garibaldi ohne Widerstand in Neapel ein und wurde als Held gefeiert.

Ein paar letzte Angriffe bourbonischer Loyalisten auf die Rebellen wurden in der Schlacht am Volturno niedergeschlagen. Am 21. Oktober stimmte die Stadt mit überwältigender Mehrheit für einen Beitritt in ein vereinigtes Italien unter der Savoy-Monarchie.

Als altgediente Königsstadt war Neapel ein ernsthafter Anwärter als Hauptstadt von Italien. Aber als Rom 1870 von den Franzosen befreit war, zog das neu gebildete italienische Parlament von seinem provisorischen Sitz in Florenz in die Ewige Stadt. Vom Status einer prachtvollen Hauptstadt eines bourbonischen Königreichs wurde Neapel plötzlich eine zweitrangige Regionalhauptstadt – was Neapel niemals vergessen hat.

Krieg & Frieden

Nach der Vereinigung erlitt Neapel, das ohnehin nur noch ein Schatten seines früheren Selbst war, zwei Tiefschläge: Massenemigration und 1884 eine Cholera-Epidemie. Letztere führte dazu, dass die ganze Stadt saniert wurde. Die schlimmsten Slums nahe dem Hafen wurden niedergerissen, der Corso Umberto I wurde durch das Stadtzentrum gebaggert und ein funkelnagelneues Wohnviertel entstand auf dem Vomero.

Die Faschisten setzten den Bauboom fort: 1936 bauten sie einen Flughafen, Zug- und Metrostrecken folgten und auch die Standseilbahn nach Vomero wurde eröffnet. Kaum waren viele dieser Projekte vollendet, schlug der Zweite Weltkrieg mit voller Kraft in die strategische Hafenstadt ein. Grausame Bombardierungen der Alliierten töteten über 20 000 Menschen und verwüsteten große Teile der Stadt.

Die Nazis nahmen Neapel zwar 1943 ein, aber Volksaufstände zwischen dem 26. und 30. September, die berühmten Quattro Giornate di Napoli (Vier Tage von Neapel), trieben sie wieder aus der Stadt. Die Straßenkämpfe unter der Führung von Einwohnern, besonders von jungen *scugnizzi* (Neapolitanisch für „Gassenjungen") und Ex-Soldaten, ebneten den Weg für den Einmarsch der alliierten „Befreier" am 1. Oktober.

Die Alliierten setzten zwar eine provisorische Regierung für Neapel ein, waren aber mit einem anarchischen Soldatenhaufen, deutschen Kriegsgefangenen und italienischen Faschistengruppen konfrontiert, die alle mit der hungernden Bevölkerung um Essen konkurrierten. Zu allem Übel brach 1944 auch noch der Vesuv aus.

Die überforderten alliierten Behörden baten die Unterwelt um Unterstützung. Solange die Alliierten über deren Schwarzmarktaktivitäten hinwegsahen, war die Mafia zur Hilfe bereit. Und so begann der Aufstieg der gefürchteten Camorra (S. 268).

Seit Paul Ginsborg *A History of Contemporary Italy: Society & Politics 1943–1988* schrieb, ist zwar viel geschehen, aber es ist noch immer eines der lesenswertesten und aufschlussreichsten Bücher über Nachkriegsitalien. *Italien retten* von 2010 ist auch auf Deutsch erschienen.

1934

Die Leinwandikone Sophia Loren wird geboren und verbringt ihre Kindheit in der alten Hafenstadt Pozzuoli westlich von Neapel.

1943

Alliierte Bombenangriffe verheeren die Stadt und zerstören die Basilica di Santa Chiara aus dem 14. Jh. Ein Jahr später bricht der Vesuv aus.

1980

Am 23. November um 19.34 Uhr erschüttert ein gewaltiges Erdbeben Kampanien und richtet umfassende Schäden an. Fast 3000 Menschen kommen ums Leben.

1987

Napoli gewinnt unter Maradona die Meisterschaft der Serie A *(lo scudetto)* und die Coppa Italia. Masseneuphorie ergreift die Stadt.

Von Beben & Skandalen erschüttert

Die opportunistische Camorra nutzte das verheerende Erdbeben von 1980 gründlich aus und zweigte Milliarden von Lire ab, die in die zerstörte Region flossen. Das Erdbeben am 23. November 1980 erreichte 6,83 auf der Richter-Skala, tötete 2700 Menschen und machte Tausende obdachlos.

Im folgenden Jahrzehnt blühte der *abusivismo* (illegale Bautätigkeit), geschäftemachende Gangster feierten öffentlich mit dem argentinischen Fußballidol Diego Armando Maradona und die öffentlichen Dienste waren praktisch gelähmt. Das betraf nicht nur Neapel – Korruption und Vetternwirtschaft grassierten in ganz Italien.

So konnte es nicht weitergehen und 1992 trat die Kampagne Mani pulite (saubere Hände) auf den Plan. Was als Ermittlung gegen Bestechung in einem Altersheim in Mailand begann, wuchs sich schnell in einen landesweiten Kriegszug gegen Korruption aus. Gegen Industriebosse und Politiker wurde ermittelt, einige wurden auch verhaftet und der ehemalige Premierminister Bettino Craxi floh aus Italien, um der Strafverfolgung zu entgehen.

Neapel bezeugte Zustimmung durch die Wahl des ehemaligen Kommunisten Antonio Bassolino zum Bürgermeister, dessen Versprechungen, die Stadt anzukurbeln und Korruption zu bekämpfen, Musik in den überdrüssigen Ohren der Neapolitaner war. In den folgenden sieben Jahren verliehen massive Stadterneuerungen Neapel wohltuende Hoffnung und Stolz. Prominente Künstler wurden beauftragt, die neuen Metrostationen der Stadt auszuschmücken, hochrangige Politiker aus aller Welt flogen 1994 zum G7-Gipfel ein und das Kunstfestival Maggio dei Monumenti peppte den Kulturkalender der Stadt auf.

Bassolino gewann zwar 1997 eine zweite Amtszeit, konnte aber den eindrucksvollen Schwung nicht beibehalten. 2000 wurde er zum Präsidenten der Region Kampanien gewählt, ein Schritt, den viele für ein politisches Trostmanöver hielten, um ihn aus der Tagespolitik der Stadt zu entfernen.

An seine Stelle trat Rosa Russo Jervolino, eine ehemalige Innenministerin und Neapels erste Frau im Bürgermeisteramt. Sie wurde erstmals 2001 über die Mittelinks-Liste gewählt und dann ein zweites Mal im Mai 2006. Aber ihre Amtszeit war nicht ohne Kontroversen. Im April 2002 brach politisches Chaos aus, als acht Polizisten der Folter von Antiglobalisierungsdemonstranten, die während einer Regierungskonferenz 2001 inhaftiert worden waren, angeklagt und verhaftet wurden. Noch schlimmer waren die Müllabfuhrkrisen von 2003, 2006 und 2008, als Bilder von müllverstopften Straßen durch die ganze Welt gingen – eine PR-Katastrophe für die Stadt und ihre Verwaltung.

1992

Die Antikorruptionskampagne Mani Pulite wird verkündet. Im folgenden Jahr wird Antonio Bassolino zum Bürgermeister gewählt und beginnt ein großes Reinemachen.

2003

Das Umsiedlungsgeld von 30 000 €, mit der die Regionalregierung versucht, die dicht bevölkerten unteren Hänge des Vesuvs zu räumen, wird von den meisten Menschen in der Gefahrenzone abgelehnt.

2004–2005

Spannungen zwischen rivalisierenden Camorra-Clans explodieren auf den Straßen der Vororte Scampia und Secondigliano. In nur vier Monaten werden fast 50 Menschen in Vergeltungsangriffen erschossen.

2013

Neapel ist Schauplatz des vierten Internationalen Forums der Kulturen. Die 101 Tage andauernde Veranstaltung sorgt für weitere Sanierungsmaßnahmen im Industriegebiet Coroglio zwischen Neapel und Pozzuoli.

Kunst & Kultur

Neapel und die Amalfiküste sind mit ihrer dramatischen, gefühlsgeladenen und herrlich widersprüchlichen Seele seit jeher ein fruchtbarer Boden für Kreativität. Caravaggio, Ribera, Scarlatti, Totò, de Sica: Die Liste der eigenen und adoptierten Talente der Region umfasst einige der besten Maler, Komponisten, Dramatiker und Filmemacher der Welt. Es ist ein überwältigendes Gesamtwerk, warum also nicht gleich mit den unbestrittenen Highlights beginnen?

Meister des Pinsels

In Neapel entstanden zwar über die Jahrhunderte großartige Gemälde, aber keines kommt den Werken aus dem goldenen 17. und 18. Jh. gleich. Die boomende Stadt war mit all ihrem Reichtum und ihrer Macht das New York jener Zeit, ein Magnet für talentierte, ehrgeizige Künstler mit dem Drang, den prächtigen neuen Kirchen und Palästen Neapels ihren Stempel aufzudrücken.

Den größten Einfluss auf die neapolitanische Kunst des 17. Jhs. übte der in Mailand geborene Michelangelo Merisi da Caravaggio (1573–1610) aus, der 1606 in die Stadt floh, nachdem er in Rom einen Mann getötet hatte. Er blieb zwar nur für ein Jahr, aber sein naturalistischer Stil und seine dramatische Darstellung von Licht und Schatten (als *chiaroscuro* bezeichnet) in Gemälden wie die *Geißelung Christi* (im Palazzo Reale di Capodimonte) hatten einen elektrisierende Einfluss auf Neapels jüngere Künstler.

Zu ihnen zählte Giuseppe (oder Jusepe) de Ribera (1591–1652), ein aggressiver, tyrannischer Spanier, der 1616 nach einem siebenjährigen Aufenthalt in Rom in Neapel eintraf. Riberas Kombination aus Schatten, Farbe und düsterem Naturalismus erwies sich als höchst populär und zeigt sich am besten in seinem *capo lavoro* (Meisterwerk) der *Pietà* in der Certosa di San Martino.

Der Neapolitaner Luca Giordano (1632–1705), ein junger Schüler Riberas, ließ sich stark von den leuchtenden Pinselstrichen von Mattia Preti (1613–1699) beeinflussen, aber auch vom Pomp des venezianischen Künstlers Paolo Veronese und dem Überschwang des in Rom lebenden Künstlers und Architekten Pietro da Cortona. In der zweiten Hälfte des 17. Jhs. war Giordano schließlich der produktivste Barockkünstler Neapels. Zu seinen vielen Werken gehören die Wandfresken im Hauptschiff des Doms und ein Deckengemälde in der angrenzenden Basilica di Santa Restituta. In der Chiesa del Gesù Nuovo befinden sich mehrere Werke Giordanos, darunter die Gewölbe- und Wandfresken in der Cappella della Visitazione und Gemälde in der Cappella di San Francesco Saverio. Alle Werke in den Schatten stellt jedoch der *Triumph der Judith,* ein Deckenfresko in der Schatzkammer der Kirche der Certosa di San Martino.

Giordanos Zeitgenosse Francesco Solimena (1657–1747) war ebenso von Ribera beeinflusst, allerdings zeigt sein Gebrauch von Schatten und Räumlichkeit eine deutlichere Verbindung zu Caravaggio. Solimena sollte

Ein Muss für Kulturfreaks

- Teatro San Carlo, Neapel
- Ravello Festival, Ravello
- Napoli Teatro Festival, Neapel
- Centro di Musica Antica Pietà de' Turchini, Neapel
- La Mortella, Ischia

gleichfalls zu einem Meister des neapolitanischen Barock werden und seine überbordenden Werke – darunter das grandiose Fresko *Vertreibung des Heliodorus aus dem Tempel* in der Chiesa del Gesù Nuovo – repräsentieren einen Höhepunkt nach über einem halben Jahrhundert des Experimentierens und der Richtungswechsel, von Preti bis Giordano selbst.

Neapolitanische Partitur

Im 18. Jh. war Neapel die Opernhauptstadt der Welt, zu der die großen Stars der Szene strömten, um im majestätischen Teatro San Carlo aufzutreten. In Neapel ausgebildete Meister wie Francesco Durante (1684–1755), Leonardo Vinci (1690–1730) und Tommaso Traetta (1727–1779) begeisterten Musikschulen in ganz Europa. Neapels größter Komponist, Alessandro Scarlatti (1660–1725), lernte auf der angesehenen Musikschule in der Chiesa della Pietà dei Turchini in der Via Medina, die auch die bekannte Musikgruppe Pietà de' Turchini hervorbrachte.

Scarlatti, der etwa 100 Opern komponierte, spielte auch eine führende Rolle in der Entwicklung der *opera seria* (dramatische Oper), die der Welt die dreiteilige Ouvertüre und die Da-Capo-Arie bescherte.

Parallel zur anspruchsvollen *opera seria* lief auch die *opera buffa* (komische Oper). Von der neapolitanischen Commedia dell'arte inspiriert entstand sie zunächst als heiteres Intermezzo zwischen den Akten ernsthafterer klassischer Opern. Erstmals 1718 mit Scarlattis *Il Trionfe Dell'onore* (Der Triumph der Ehre) aufgeführt, entwickelten sich die zeitgenössischen Zwischenspiele zu einem größeren beliebten Genre. Zu den Erfolgen aus Neapel gehörten Giovanni Battista Pergolesis *La Serva Padrona* (Die Magd als Herrin), Niccolò Piccinnis *La Cecchina* und Domenico Cimarosas *Il Matrimonio Segreto* (Die heimliche Ehe).

Im folgenden Jahrhundert entstand *la canzone napoletana* (das neapolitanische Lied), das fest im jährlichen Volksliedfestival Festa di Piedigrotta verwurzelt ist. Einige Lieder feierten die Stadt, darunter das weltberühmte *Funiculì, Funiculà,* eine Ode an die Standseilbahn, die einst den Vesuv hochfuhr. Andere beklagten das Fernweh nach der Stadt. So oder so entsprachen die Lieder zutiefst dem Empfinden der Neapolitaner, besonders der Millionen, die auf der Suche nach einem besseren Leben ausgewandert waren.

Die Ankunft der amerikanischen Alliierten 1943 entfachte eine weitere musikalische Vorliebe der Neapolitaner: Jazz, Rhythm & Blues. Der Musikjournalist Francesco Calazzo schrieb: „Als Hafenstadt hat Neapel schon immer ausländische Einflüsse absorbiert. Das musikalische Ergebnis ist eine Fusion von Stilen, von arabischen Klageliedern und spanischer Folklore bis zu afrikanischen Trommeln und amerikanischem Blues."

Diese Fusion gewann Ende der 1970er-Jahre an Fahrt. Es war ein entscheidender Moment in der neapolitanischen Musik, in dem Pioniere

O SOLE MIO

Die große Exilgemeinde der Region sorgte dafür, dass neapolitanische Melodien zur weltweit bekanntesten Form italienischer Musik wurden. Als die Notenblätter für die italienische Nationalhymne auf der Olympiade von 1920 in Antwerpen verloren gingen, stimmte das Orchester stattdessen *O Sole Mio* an ... Es war die einzige italienische Melodie, die alle kannten.

RIBERA: DER RÜCKSICHTSLOSE SPANIER

Giuseppe de Ribera war zwar führend in der neapolitanischen Kunstszene Mitte des 17. Jhs., aber der Erfolg konnte seine dunkle Seite nicht mildern. Lo Spagnoletto (der kleine Spanier, wie Ribera genannt wurde) verbündete sich mit dem griechischen Künstler Belisiano Crenzio und dem neapolitanischen Maler Giambattista Caracciolo, um jede mögliche Konkurrenz auszuschalten. Sie gingen extrem rücksichtslos vor und schreckten vor nichts zurück um sich durchzusetzen. Ribera soll angeblich einen Auftrag für die Cappella di San Gennaro im Dom ergattert haben, indem er seinen Konkurrenten Domenichino (1581–1641) vergiftete und den Assistenten des zweiten Mitbewerbers Guido Reni (1575–1642) verwundete. Sehr zur Erleichterung anderer entnervter Künstler zerbrach der Bund mit dem Tod Caracciolos 1642.

einer neuen Welle wie Eugenio Bennatto, Enzo Avitabileu Pino Daniele neapolitanische Volksmusik wiederbelebten und sie mit Rock, Folk und hypnotischen afrikanischen Rhythmen kreuzten. Danieles bittersüße Lieder über seine geliebte Heimatstadt, die er meist auf Neapolitanisch singt – verkörpert in Liedern wie *Napule è* (Neapel ist) –, fanden im Publikum besonderen Anklang.

Neapels reiches musikalisches Erbe bildete den Mittelpunkt von John Turturros Film *Passione* (2010), ein selbsterklärter „filmischer Liebesbrief" an die Stadt und ihre Musik.

Theatralisches Erbe

Neapels Theatertradition, die als die älteste Italiens gilt, steht dem musikalischen Können in nichts nach. Der berühmteste Beitrag für die Bühnen der Welt ist die Commedia dell'arte, die im 16. Jh. entstand und ihre Wurzeln im derben Komödientheater *Fabula Atellana* (Atellanentheater) der römischen Antike hat. Das höchst lebhafte Genre besteht wie sein antikes Vorbild aus einigen Standardfiguren in Masken, die eine Reihe halbimprovisierter Situationen durchspielen. Die Aufführungen wurden oft dazu genutzt, um lokale Gegebenheiten zu parodieren und basierten auf der altbewährten Rezeptur aus Ehebruch, Eifersucht, Alter und Liebe.

Die Commedia dell'arte schuf nicht nur etliche legendäre Figuren, wie den Harlekin und den Pulcinella, sondern war auch fruchtbarer Boden für die Entstehung des Volkstheaters in Neapel, in dessen Tradition der große Dramatiker Raffaele Viviani (1888–1950) verwurzelt war. Vivianis Fokus auf den einheimischen Dialekt und die neapolitanische Arbeiterschicht brachte ihm lokalen Erfolg und die Feindschaft des Mussolini-Regimes ein.

Trotz Vivianis Erfolg ist die bedeutendste Gestalt im modernen neapolitanischen Theater Eduardo de Filippo (1900–1984). Der Sohn des berühmten neapolitanischen Schauspielers Eduardo Scarpetta (1853–1925) hatte sein Bühnendebüt im Alter von vier Jahren und wurde im Lauf der nächsten 80 Jahre zu einem enorm erfolgreichen Schauspieler, Impresario und Dramatiker. Zu seinem oft bittersüßen Werk gehören Klassiker wie *Il sindaco del Rione Sanità* (Der Bürgermeister von Sanità) und *Sabato, Domenica e Lunedì* (Samstag, Sonntag und Montag). Sie beschreiben die Mühen, die den Neapolitanern wohlbekannt sind, von der Ungerechtigkeit, gezwungenermaßen außerhalb des Gesetzes zu leben, bis zum Kampf darum, im Elend die Würde zu bewahren.

Die *furbizia* (Gerissenheit), für die die Neapolitaner berühmt sind, wird in de Filippos Stück *Filumena Marturano* gerühmt, in dem eine schlaue Ex-Prostituierte ihren Lebensgefährten zur Heirat zwingt, indem sie ihn zum Vater eines ihrer drei *bambini* erklärt. Die Hauptrolle in der Filmadaption *Matrimonio all'italiana* (Hochzeit auf Italienisch; 1964) spielt Neapels ureigenste Sirene Sophia Loren (geb. 1934) neben dem großen Marcello Mastroianni (1924–1996).

Roberto de Simone (geb. 1933) ist ein weiterer großartiger neapolitanischer Dramatiker, zudem ein angesehener Komponist und Musikwissenschaftler. Er ist zwar im Ausland weniger bekannt als de Filippo, aber sein Bühnenmeisterwerk *La Gatta Cenerentola* (Die Katze Aschenputtel) lief 1999 erfolgreich in London. Der künstlerische Leiter des Teatro San Carlo in den 1980er-Jahren und spätere Direktor des Konservatoriums Neapel erforschte intensiv die Volkssagen und -lieder der Stadt. Als Resultat ließ er seltene komische Opern wiederaufleben und komponierte eine Kantate für den kampanischen Revolutionär Masaniello aus dem 17. Jh. sowie das Oratorium *Eleonora* zu Ehren der Heldin der neapolitanischen Revolution von 1799.

RAP

Neapels Rap-Szene entstand in den 1990er-Jahren aus der tiefen Verbitterung über Korruption, die Camorra und die soziale Ungerechtigkeit. Zu den bislang erfolgreichsten Rappern gehören 99 Posse und Almamegretta mit ihrer Hip-Hop/Reggae-Mischform, die Hardcore-Hip-Hopper Co'Sang (Mit Blut) sowie die Rock-Crossover-Gruppe A67. Der Anti-Mafia-Autor Roberto Saviano arbeitete an A67s Album *Suburb* von 2008 mit.

Die Filmindustrie

In dieser Ecke Italiens hören sich die Schauplätze wie ein Filmabspann an: „La Loren" schwang ihre Hüften durch Neapels Stadtteil Sanità in *Ieri, Oggi, Domani* (Gestern, heute und morgen; 1963), Julia Roberts ging in *Eat Pray Love* (2010) im *centro storico,* der Altstadt Neapels, ein bisschen in sich und Matt Damon und Gwyneth Paltrow tranken und sonnten sich auf Ischia und Procida in *Der talentierte Mr. Ripley* (1999).

Neapels eigene Filmproduktionen waren oft eindringlich und von düsterem Humor und hielten der rauen Wirklichkeit der Stadt den Spiegel vor. Vittorio de Sica (1901–1974), der für sein neorealistisches Meisterwerk *Ladri di Biciclette* (Fahrraddiebe) von 1948 gefeiert wurde, stellte die bittersüßen Mühen, die dem neapolitanischen Humor zugrunde liegen, meisterhaft dar. Seine beiden neapolitanischen Klassiker *L'Oro di Napoli* (Das Gold von Neapel; 1954) und *Ieri, Oggi, Domani* begeisterten Zuschauer in der ganzen Welt.

Der andere Leinwandgott der Stadt, der mit Loren in *L'Oro di Napoli* und in der Slapstickposse *Miseria e Nobilità* (Armut und Adel; 1954) auftrat, ist Antonio de Curtis (1898–1967), alias Totò. Der „neapolitanische Buster Keaton" stellte neapolitanische Gerissenheit wie kein anderer dar. Der im Arbeiterviertel Sanità geborene Totò brillierte in über 100 Filmen, meist in seiner typischen Rolle als Gauner, der sich gewitzt durchs Leben schlägt. Es war die Rolle, die ihm Kultstatus in einer Stadt verlieh, wo die Kunst des *arrangiarsi* (sich arrangieren) eine Lebensform ist.

Massimo Troisi (1953–1994), der Totòs Krone erbte, ist international am bekanntesten für seine Rolle in *Il Postino* (Der Postmann). In seinem Debütfilm von 1980, *Ricomincio da Tre* (Ich beginne bei Drei), geht er auf humorvolle Weise die Probleme der Neapolitaner an, die auf Arbeitssuche in den italienischen Norden gehen mussten. Troisis Kurzauftritt im Schundkrimi *No Grazie, il Caffè mi Rende Nervoso* (Nein danke, Kaffee macht mich nervös; 1982) – ohne Frage einer seiner lustigsten – zeigt einen schwafelnden Troisi im Schlafanzug, der vergeblich versucht, den unsichtbaren, heliumtrunkenen, Funiculì, Funiculà genannten Psychopathen, der das neue Jazzfestival Neapels sabotieren will, davon zu überzeugen, dass er nur die traditionellen Kulturevents der Stadt liebt.

Eine neue Welle neapolitanischer Regisseure, darunter Antonio Capuano (geb. 1945), Mario Martone (geb. 1959), Pappi Corsicato (geb. 1960) und Antonietta de Lillo (geb. 1960), haben ebenfalls die Stadt ins Scheinwerferlicht gestellt, wie in Capuanos von der Kritik gefeiertem Film *Luna Rossa* (Roter Mond) von 2001. Corsicatos schräge Klassiker *Libera*

MOSCATO

Neapels zeitgenössisches Theater ist zwar ziemlich durchwachsen, aber ein großes Schauspieltalent ist Enzo Moscato (geb. 1948), dessen Werk dynamische Körperlichkeit geschickt mit Dialekt und Musik verbindet. Sein berühmtestes Stück ist das mehrfach preisgekrönte *Rasoi* (Rasiermesser) von 1991.

EINE PUPPE MIT KLATSCHE

Namen hat sie viele, ob Mr. Punch in Großbritannien, Petruschka in Russland oder Kasperle in Deutschland. In ihrer Heimatstadt Neapel heißt sie jedoch einfach Pulcinella: die bekannteste Figur der Commedia dell'arte.

Der Possenreißer mit quietschender Stimme, weißer Kleidung und schwarzer Hakennasenmaske ist gleichermaßen ausgelassen und faul, optimistisch und zynisch, melancholisch und scharfsinnig. Als Straßenphilosoph ist er antiautoritär und haut oft den Dorfpolizisten mit dem Stock (daher der Begriff „Slapstick", wörtl. Narrenpritsche, übertragen Klamauk). Daheim jedoch ist er selbst das Opfer und wird von seiner Frau verdroschen.

Einige führen seinen Ursprung auf einen Schauspieler des 16. Jhs. in Capua zurück, andere glauben jedoch, dass er bereits seit der Zeit der Togen herumkaspert ... oder sogar noch länger. Tatsächlich taucht seine charakteristische Hakennasenmaske bereits auf etruskischen Grabfresken in Tarquinia nördlich von Rom auf. Die Maske gehört zu Phersu, einem bösartigen etruskischen Dämon, der als Diener der Höllenkönigin bekannt war.

(Frei; 1993) und *I Bucchi Neri* (Die schwarzen Löcher; 1995) beschwören die stets präsente Verbindung zwischen antiker und moderner Welt Neapels. De Lillos bester Film bislang ist *Il Resto di Niente* (Der Rest von Nichts; 2003), der von den seelischen Verworrenheiten der Eleonora Pimental de Fonesca handelt; er inspirierte auch Robert de Simone zu seinem zuvor erwähnten Oratorium.

Jedoch fängt kein anderer neuerer Film so durchdringend Neapels aktuelle Probleme ein wie der vielfach preisgekrönte Streifen *Gomorra* (Gomorrah; 2008). Der Film unter der Regie des Römers Matteo Garrone (geb. 1968) basiert auf dem brisanten Buch des Neapolitaners Roberto Saviano. Er verknüpft fünf Geschichten von Personen, die von der unbarmherzigen Camorra betroffen sind.

So lebt man in Neapel

Nirgendwo geht es theatralischer zu als in Neapel, einer Stadt, in der alltägliche Situationen zu kleinen Dramen werden und Verkehrsstaus zu spontanen Hupkonzerten führen. Die Einwohner lehnen sich sowohl buchstäblich als auch bildlich gesprochen mit Stolz weit aus dem Fenster und die Straßen und Plätze sind die Bühne, auf der die täglichen Dramen des Lebens aufgeführt werden.

Neapolitaner wissen, dass sich viele der Stereotypen, die Ausländer mit Italienern verbinden – laut, theatralisch, essfreudig, leidenschaftlich und stolz –, auf sie beziehen. Und sie genießen es. Nirgendwo sonst in Italien ist den Menschen ihre Rolle im alltäglichen Theater so bewusst und nirgendwo sonst sind sie so süchtig nach Dramatik und intensiven Gefühlen. Egal worum es geht, jeder steuert seinen Senf bei, hat einen Spruch oder einen tiefen Seufzer parat. Lauschen ist ein beliebter Zeitvertreib und das Neuste über alles und jeden zu erfahren, ist ein wahrer Sport. Neapolitaner meinen scherzhaft, wenn jemand auf der Straße zusammenbricht, wird ein Einheimischer zuerst all die pikanten Details wissen wollen und erst dann auf die Idee kommen, einen Krankenwagen zu rufen. In einer Stadt mit einer Bevölkerungsdichte von 8566 Menschen pro Quadratkilometer (45-mal höher als im landesweiten Durchschnitt) ist dieser Hang zur Neugier verständlich.

Über 60 % der Neapolitaner zwischen 18 und 24 Jahren leben bei den Eltern. Nicht weil Neapel eine Stadt der *mammoni* (Muttersöhnchen) und *figlie dipapa* (Papas Mädchen) ist – wenigstens nicht nur. Hohe Mieten machen ein unabhängiges Leben für viele junge Neapolitaner unerschwinglich.

Auf Arbeitssuche

Ebenso wie an Platz mangelt es Neapel auch an Arbeitsplätzen. Mitte 2012 lag die Arbeitslosigkeit in der gesamten Region Kampanien bei überwältigenden 31,39 %, der landesweite Durchschnitt bei 10,8 %. Im gleichen Zeitraum erreichte die Jugendarbeitslosigkeit in der Region 43,2 %, auch diese ist damit beträchtlich höher als die landesweite Rekordquote von 36,2 %. Die düsteren Aussichten verschärfen den besorgniserregenden Brain-Drain des Landes, die *fuga dei cervelli*: Immer mehr junge Italiener mit Hochschulabschluss wandern auf der Suche nach einer besseren Zukunft ins Ausland ab. Die Zahlen sind alarmierend. In einer Befragung von 2012 des Mailänder Instituto Toniolo von Italienern unter 30 Jahren gaben 48,9 % der Teilnehmer an, dass sie bereit und willens seien, ihrem Land *arrivederci* zu sagen, um ihre Jobaussichten zu verbessern. Von den Hochschulabsolventen mit einem Job arbeiteten nur 33 % in einem Bereich, der ihrer Ausbildung entspricht.

Der Massenexodus ist in *La Fuga dei Talenti* (Flucht der Begabten; www.fugadeitalenti.wordpress.com) gut dokumentiert, einem Buch und jetzt Blog des italienischen Journalisten Sergio Nava, der den Trend umkehren will. Nava behauptet, Italien sei ein Land, wo „Leistungen weitgehend unberücksichtigt bleiben", wo es „nichts nützt, einen guten Lebens-

DIE NEAPOLITANISCHE SEELE

Neapolitaner sind leidenschaftliche Schauspieler, *furbo* (gerissen) bis zum Anschlag und berühmt für ihre Erfindungsgabe. Nur in Neapel werden T-Shirts mit einem aufgedruckten Sicherheitsgurt angeboten, um kurzsichtige Polizisten auszutricksen. Harte Zeiten haben die heutige neapolitanische Mentalität geprägt. Die Stadt wurde den größten Teil ihrer Geschichte umkämpft, besetzt und von fremden Mächten überfallen, für die die Einheimischen nicht mehr als steuerpflichtiges Volk war. Folglich lernten die Neapolitaner früh, für sich selbst zu sorgen und mit dem zurechtzukommen, was sie hatten – ein Umstand, der noch immer allzu normal ist.

lauf oder eine internationale Ausbildung vorzuweisen: Firmeninteressen und Familienbeziehungen stehen immer an erster Stelle". Eine kürzlich vom italienischen Arbeitsministerium unterstützte Studie zeigte, dass 61 % der italienischen Firmen anhand persönlicher Kontakte und Empfehlungen einstellen. In einem von Klüngelwirtschaft dominierten Umfeld ist es nicht nur eine fürsorgliche Geste, wenn jemand ein gutes Wort für einen einlegt, sondern unabdingbar um vorwärtszukommen. Wie das alte italienische Sprichwort sagt: *Senza angeli non si va in cielo* (Ohne Engel kommt man nicht in den Himmel).

Auf der untersten Stufe der Jobskala stehen Italiens Migranten. Zwar eröffnen immer mehr Chinesen, Sri Lankesen und Osteuropäer ihre eigenen kleinen Geschäfte – meist Restaurants, Lebensmittel- und Billigklamottenläden –, aber die Mehrheit der Immigranten in Neapel arbeitet auf dem Bau und in Privathaushalten. Etwa 70 % der Immigranten Neapels sind als Haushaltshilfen, Babysitter oder als Altenpfleger in Privathaushalten beschäftigt. In den 1970er- und 1980er-Jahren war die Arbeit als Haushaltshilfe für die Zugezogenen ein Traumjob. Hausangestellte zu haben, war für die Reichen der Stadt das ultimative Statussymbol, weswegen viele Immigranten langfristige Jobsicherheit und Beziehungen zu höchsten Kreisen genossen. Seit den 1990er-Jahren jedoch wuchs auch die Nachfrage in der stressgeplagten Mittelschicht. Im Vergleich zur Oberschicht können viele dieser bescheideneren Kunden den Haushaltshilfen nicht die gleiche soziale Absicherung bieten. Der einstmals sichere Job ist nun von Unsicherheit geprägt.

Noch prekärer ist das Dasein der Straßenhändler, von denen sehr viele *clandestini* (illegale Immigranten) aus dem Senegal sind. Die *vù cumprà* – benannt nach ihrem typischen Spruch „Wollen Sie kaufen?" – breiten auf Bürgersteigen ihre Tücher aus, um zu verhökernde gefälschte Waren zu präsentieren. Wenn die Polizei aufkreuzt, schnappen sie sich ihre Ware und fliehen aus Angst vor Verhaftung und möglicher Abschiebung.

Außerhalb der Stadt ist die Lage der *clandestini*, die meist nur kurzfristige Saisonarbeit in der Landwirtschaft finden, noch schlimmer. Die Arbeit ist hart und schlecht bezahlt und einige Arbeitgeber nützen nur allzu gern die schutzlose Lage ihrer illegalen Arbeiter aus. Viele Afrikaner werden von der Mafia illegal nach Italien geschmuggelt. Auf italienischem Boden werden sie dann als Landarbeiter ausgeliehen und müssen an die Mafiamittelsmänner einen Prozentsatz ihres Lohns auszahlen, der ohnehin unter dem Mindestlohn liegt. Die meisten Arbeiter erhalten nicht mehr als 25 € für bis zu zwei Wochen Arbeit in süditalienischen Landwirtschaftsbetrieben. Der Unmut über diese rassistische Ausbeutung explodierte im Januar 2010, als die kleine kalabrische Stadt Rosarno zum Schauplatz gewalttätiger Unruhen wurde, die Italien und die Welt schockten.

Die Neapolitaner pflegen sehr stark eine eigene Identität. Wie die Filmdiva Sophia Loren einst scherzte: „Ich bin keine Italienerin, ich bin Neapolitanerin! Das ist etwas ganz anderes."

Die Nord-Süd-Teilung

Zahllose *meridionali* (Süditaliener) haben ihre geliebte Heimat verlassen, um ihr Glück woanders zu suchen. Zwar gingen viele ins Ausland, aber ebenso viele ließen sich im reicheren Norden Italiens nieder – ein Umstand, der auf witzige Art in dem Film *Ricomincio da tre* (Ich beginne bei Drei; 1980) mit dem verstorbenen neapolitanischen Schauspieler Massimo Troisi aufgegriffen wurde. Jenseits der Pointen offenbart der Film Italiens sehr reelle Nord-Süd-Teilung.

Seit Beginn der Industrialisierung bis in die 1960er-Jahre flohen Millionen in die industrialisierten Städte des Nordens, um in den Fabriken zu arbeiten. Wie es so schön heißt: *Ogni vero Milanese ha un nonno Pugliese* (Jeder wahre Mailänder hat einen apulischen Großvater). Für viele dieser Inlandsmigranten war die Begrüßung nördlich von Rom alles andere als herzlich. Sie wurden als *terroni* (Bauern) bezeichnet und viele erlebten alltägliche Diskriminierung, ob durch Wohnungsvermieter oder durch die *baristi* (Kaffeekocher in einer Bar). Solche offenkundige Diskriminierung gibt es zwar heute nicht mehr, aber althergebrachte Vorurteile klingen nach. Viele Norditaliener ärgern sich, dass ihre Steuern den „faulen, korrupten" Süden subventionieren – eine Stimmung, die sich die in Venetien angesiedelte Rechtspartei Lega Nord (Liga des Nordens) zunutze macht.

Ressentiments gehen aber auch in die andere Richtung. Ein abgedroschener süditalienischer Witz erzählt, wie Gott Norditalien schuf, seinen Fehler erkannte und daraufhin dessen berüchtigten Nebel erfand.

BLUMEN

Chrysanthemen sind als Blumengeschenk unbedingt zu vermeiden. In Italien werden sie nur als Grabschmuck verwendet.

Familienleben & Geschlechterkampf

Die Neapolitaner bilden sich zwar viel auf ihre Spontaneität und Flexibilität ein, aber der sonntägliche *pranzo* (Mittagessen) mit der Familie ist meist unumstößlich. Was auch immer geschieht, dieser Wochentag ist neapolitanischen Familien heilig – eine Zeit, um Neuigkeiten auszutauschen, das Leben von Politikern, Fußballern und Prominenten durchzukauen und um königlich zu speisen. Das geheiligte Sonntagsessen erinnert in der Tat daran, dass die Familie noch immer das Fundament des neapolitanischen Daseins ist. Loyalität für Familie und Freunde ist in der neapolitanischen Psyche tief verwurzelt. Wie Luigi Barzini (1908–1984), Autor von *Die Italiener,* schrieb: „Ein glückliches Privatleben hilft, ein furchtbares öffentliches Leben zu ertragen". Diese Kluft zwischen privater und öffentlicher Bühne ist ein hervorstechendes Merkmal der südlichen Mentalität, das sich über Jahre ausländischer Herrschaft entwickelt hat. Manche Neapolitaner mögen es völlig okay finden, Abfall auf die

GUTE ALTE SPRICHWÖRTER

Es mögen zwar alte Klischees sein, aber Sprichwörter können beinah eine kulturelle Offenbarung sein. Hier sind fünf der schönsten alten Kamellen Neapels:

» *A léngua nun tène òsso ma ròmpe ll'òssa* (Die Zunge hat keinen Knochen, aber sie kann Knochen brechen)

» *A mughièra 'e ll'àte é sèmpe cchiù bbòna* (Die Frauen anderer Männer sind stets schöner)

» *Ògne scarrafóne è bèllo 'a màmma sóia* (In den Augen seiner Mutter ist selbst ein Käfer schön)

» *E pariénte so còmme 'e scàrpe: cchiù so strìtte e cchiù te fànno màle* (Verwandte sind wie Schuhe: Je enger sie einem auf die Pelle rücken, desto mehr tun sie weh)

» *L'amico è come l'ombrello, quando piove non lo trovi mai* (Ein Freund ist wie ein Regenschirm: Wenn es regnet, ist er nie zu finden)

ICH BIN DER FUSSBALL, DEIN GOTT …

Katholizismus mag zwar die offizielle Religion in Italien sein, aber der wahre Gott ist *calcio* (Fußball). An jedem Wochenende von Ende August bis Mai strömen Millionen *tifosi* (Fußballfans) ins *stadio* (Stadion), kleben vor dem Fernseher oder checken den Spielstand auf ihren Handys. Neapel ist da keine Ausnahme: Die Stadt besitzt die erfolgreichste Fußballmannschaft Italiens (Napoli) und das drittgrößte Stadion des Landes (Stadio San Paolo), nicht zu vergessen einen kleinen Schrein, der dem größten Mannschaftshelden Napolis, Diego Maradona, gewidmet ist.

Der argentinische Fußballstar, 1984 für eine Rekordsumme von 12 Mio. € Barcelona abgekauft, führte Napoli in der Saison 1986/87 zum größten Triumph aller Zeiten, als die Mannschaft sowohl den Meistertitel der italienischen Serie A holte als auch die Coppa Italia gewann. Der Doppelgewinn, ein Novum für eine süditalienische Mannschaft, machte Maradona zu einem neapolitanischen Halbgott.

Während der Fußballweltmeisterschaft von 1990 war Maradona Kapitän der argentinischen Mannschaft. Vor dem Halbfinale in Neapel forderte er skandalöserweise die Neapolitaner auf, Argentinien gegen Italien zu unterstützen. Maradona, der sich Italiens Nord-Süd-Spannungen zunutze machte, erklärte kontroverserweise: „Mir gefällt es nicht, dass jetzt alle von den Neapolitanern verlangen, Italiener zu sein und die Nationalmannschaft zu unterstützen. Neapel wurde vom Rest Italiens stets an den Rand gedrängt. Die Stadt leidet unter höchst ungerechtem Rassismus."

Zum Glück wurde aller Nord-Süd-Unmut auf die Ersatzbank verbannt, als der sexy neapolitanische Spieler Fabio Cannavaro Italien zum Sieg in der Weltmeisterschaft von 2006 führte. Neun Monate nach dem Sieg meldeten die Krankenhäuser in Norditalien einen Babyboom.

Straßen zu werfen, aber in ihren Wohnungen sind die Böden so sauber, dass man von ihnen essen könnte. Schließlich will ja niemand, dass Besucher denken, man sei ein *barbone* (Penner), gell?

Eine *bella figura* abzugeben ist für den durchschnittlichen Neapolitaner sehr wichtig, und welchen Eindruck er selbst und seine Familie auf die Außenwelt machen, ist eine Frage der Ehre, des Respekts und des Stolzes. Viele Süditaliener glauben, dass sie besser als die Nachbarn sind, wenn sie mehr und schönere Dinge besitzen. Diese Mentalität stammt aus einer Vergangenheit, in der man wirklich eine Menge besitzen musste, um bestimmte soziale Positionen zu erlangen und letztlich seine Familie ernähren zu können. Doch *fare bella figura* (einen guten Eindruck machen) bedeutet mehr als ein gepflegtes Haus, es bezieht sich auch auf gute Kleidung, anständiges Benehmen sowie die Erfüllung religiöser und sozialer Pflichten und aller wesentlichen Familienverbindlichkeiten. In einer großen Familie, in der Klatsch und Tratsch blüht, schützt ein gutes Image die Privatsphäre des Einzelnen.

Bei Gesprächen mit Einheimischen sollte sich jeder auf das Positive konzentrieren. Die Neapolitaner beklagen zwar ständig die Missstände in ihrer Stadt, aber Spötteleien von einem *straniero* (Ausländer) werden als Beleidigung empfunden.

Der neapolitanische Kinderreichtum gehört noch immer zu den Spitzenreitern in Italien. Die durchschnittliche Kinderzahl beträgt 2,87, im Vergleich dazu: 2,44 in Rom, 2,15 in Mailand und 2,19 in Turin. Für den Nachwuchs ist es noch immer die Norm, bis zur Heirat bei den Eltern zu leben und ein Drittel aller Ehemänner besucht ihre Mutter noch immer jeden Tag. Auf viele wartet dann eine Schüssel ihrer Lieblingspasta, aber einige lassen auch gleich ihre Wäsche waschen und bügeln. Laut einem Bericht von 2009 der Uomini Casalinghi (Verband italienischer Hausmänner) haben 95 % der italienischen Männer noch nie eine Waschmaschine eingeschaltet und 70 % noch nie einen Herd benutzt. Eine Untersuchung der Organisation für wirtschaftliche Zusammenarbeit und Entwicklung (OECD) von 2010 ergab, dass italienische Männer täglich fast 80 Minuten mehr Freizeit hatten als ihre Partnerinnen. Bemerkenswerterweise führte ein enger Arbeitsmarkt zu einer längeren

Ausbildungszeit der Frauen. Laut den Zahlen von 2008 des Istat, des statistischen Amtes Italiens, waren in Kampanien 47,9 % der auf Universitäten eingeschriebenen Studenten Frauen und 35,1 % Männer. Frauen übertrafen auch bei den Abschlüssen ihre männlichen Kommilitonen: 40,6 % der Studentinnen, aber nur 28,4 % der Studenten erlangten einen Universitätsabschluss.

Frauen mögen zwar vorankommen, aber es gibt immer noch Hindernisse. Männer erhalten nach wie vor ungefähr 10 % mehr Gehalt als ihre Kolleginnen, und einige Arbeitgeber betrachten Frauen noch immer als Risiko, da sie vermutlich ihren Job aufgeben, um eine Familie zu gründen. Angesichts der weitgehend fehlenden Kinderbetreuung wird Mutterschaft für berufstätige Neapolitanerinnen tatsächlich zur ziemlich stressigen Angelegenheit.

Heilige & Volksglaube

Neapel „magisch" zu nennen, grenzt an Untertreibung. Das hier ist Europas esoterische Metropole par excellence, ein mediterranes New Orleans mit weniger Voodoo und mehr katholischem Schuldgefühl. Hier locken Wunder die Massen in die Kirchen, erscheinen Lottozahlen im Traum und wehren hornförmige Amulette den gefürchteten *mal'occhio* (bösen Blick) ab. Mythen und Legenden schwirren durch die Straßen, ob Geschichten von Menschenopfern in der Cappella Sansevero oder vom prophetischen Ei unter dem Castel dell'Ovo.

In Neapel sind noch immer reich verzierte Leichenkutschen zu sehen, die von bis zu acht Pferden gezogen werden. Leute mögen zwar sterben, aber ihre Besessenheit nach dem *fare bella figura* (eine gute Figur zu machen) lebt weiter.

Freunde in höchsten Kreisen

Die übersinnliche Szene der Stadt wird von Heiligen dominiert. Sie sind echte Stars, ihnen zu Ehren explodieren Feuerwerkskörper, strömen Fans herbei, um ihre Marmorfüße zu küssen, und werden neugeborene *bambini* benannt. Es ist kein Zufall, dass Gennaro der häufigste Jungenname in Neapel ist – San Gennaro ist der Schutzheilige der Stadt. Wie fast alle Süditaliener feiern auch die Neapolitaner ihren *giorno omas-*

LOTTOTRÄUME

Das neapolitanische Lotto funktioniert im Prinzip genauso wie überall sonst – Scheine werden gekauft, die Zahlen angekreuzt und die Gewinnnummern aus einem streng bewachten Hut gezogen. Anders ist hingegen, wie die Neapolitaner ihre Zahlen auswählen. Sie träumen sie, beziehungsweise sie deuten ihre Träume mit der Hilfe von *La Smorfia,* einer Art Traumwörterbuch.

Laut diesem Buch bedeutet ein Traum von Gott oder Italien die Zahl 1, ein Fußballspieler ist die Zahl 10 (Maradona, ein Fußball spielender Gott – oder *nu dio 'e giocatore* im heimischen Jargon – trug die Trikotnummer 10). Weitere Symbole sind Tanzen (37), Weinen (21), Angst (90) und ein Frauenhaar (55).

Manche überlassen die Deutung dem Experten im Lottoladen, indem sie ihre Träume dem Ladeninhaber ins Ohr flüstern (niemand will Gewinnzahlen teilen) und lassen ihn die Zahlen auswählen. Laut der Einheimischen ist die glücksbringendste *ricevitoria* (Lottoladen) der Stadt jene an der Porta Capuana, der seit über 200 Jahren von der gleichen Familie geführt wird. Die Großmutter des derzeitigen Besitzers galt als große Traumdeuterin. Bis heute bringen sogar Menschen aus den USA, Spanien und der Schweiz ihre Träume hierher.

La Smorfias Ursprünge liegen zwar im Dunkeln, aber es werden oft Verbindungen zum Zahlen-Wort-Mystizismus der jüdischen Kabbala hergestellt. Der Begriff selbst stammt vermutlich von Morpheus, dem griechischen Gott der Träume, was nahelegt, dass die Tradition mit Neapels antiken Ursprüngen und der hellenistischen Tradition der Traumdeutung verknüpft ist.

DER SIEG DER SCHREINE

Schon ein kurzer Spaziergang durch das *centro storico* (Altstadt), die Quartieri Spagnoli oder durch Sanità macht klar, dass kleine Schreine in Neapel ein großer Hit sind. Die kitschige Kombination aus elektrischen Votivkerzen, katholischer Ikonografie und frischen oder Plastikblumen ziert nahezu alles vom Palazzo bis zu Höfen und Treppen. Die meisten haben eine Inschrift als Tribut *per grazie ricevute* (für erhaltene Gnadenerweise) oder eine Votivgabe (in Erfüllung eines Gelübdes).

Die Beliebtheit dieser Schreine geht bis auf die Zeit des Dominikanermönchs Gregorio Maria Rocco (1700–1782) zurück. Entschlossen, die finsteren und gefährlichen Gassen sicherer zu machen, überzeugte er den Bourbonenkönig, sie mit Öllampen zu beleuchten. Die Lampen wurden gleich von den Dieben der Stadt demoliert – sie brauchten die Dunkelheit, um ihre Opfer über aufgespannte Seile stolpern zu lassen. Zum Glück hatte der gewitzte Mönch eine bessere Idee. Er baute auf den Respekt der Städter für die Heiligen und ermunterte die Einwohner, beleuchtete Schreine zu errichten. Die Sache klappte und die Straßen wurden sicherer, da selbst die abgebrühtesten Diebe es nicht gewagt hätten, ein verehrtes himmlisches Idol zu verstimmen.

tico (Namenstag) genauso begeistert wie ihren tatsächlichen Geburtstag. Den Namenstag eines Freundes zu vergessen ist schlimmer als den Geburtstag zu verpassen, weil jeder die wichtigsten Heiligentage kennt (oder kennen sollte).

Für religiöse Menschen spielen diese heiligen Helfer eine größere Rolle in ihrem spirituellen Leben als Gott selbst. Der Allmächtige wird als streng und unnahbar empfunden (wie so mancher altmodische italienische Papa). Die Heiligen hingegen haben einen familiäreren Status als Fürsprecher und Vertrauensperson. Nicht alle mögen das: Ein Schild in der Kirche Santissima Annunziata ermahnt die Gläubigen, Christus am Altar zu ehren, bevor sie sich in die Seitenkapellen verdrücken. Trotz dieser Aufforderung marschieren viele direkt zu den Heiligen.

Jahrhundertelang glaubten die Neapolitaner, dass unter dem Castel Nuovo ein Krokodil lauert. Einige behaupteten, dass das Reptil die Exliebhaber von Königin Johanna II. verspeist habe. Andere schwören, dass politische Gefangene auf der Speisekarte standen. Der Autor und Intellektuelle Benedetto Croce berichtete, dass das Krokodil schließlich mit einem Pferdeschenkel als Köder gefangen wurde.

An erster Stelle steht die Jungfrau Maria, deren Status als mütterliche Beschützerin tief im Herzen einer Gesellschaft verwurzelt ist, in der Mütter seit jeher die Rechte ihrer vergötterten Söhne verteidigten. An Festtagen zu Ehren der Madonna kommt es schon mal zur Massenhysterie, am stärksten am Festtag der Madonna dell'Arco an jedem Ostermontag. Tausende Pilger, die *fujenti* (Neapolitanisch für „Laufende"), marschieren barfuß zum Santuario della Madonna dell'Arco in der Nähe des Dorfs Sant'Anastasia am Fuß des Vesuvs. Das Objekt ihrer Demut ist ein ungewöhnliches Marienbild mit einer verletzten Wange. Der Legende nach entstand die Wunde am Ostermontag 1500, als der Holzball eines missmutigen Krocketspielers das Jungfrauenbild traf. Wundersamerweise begann das Bild zu bluten, was die Hinrichtung des verdrießlichen Sportsmanns und den Bau der Wallfahrtskapelle an der Stelle des Geschehens zur Folge hatte. Kurz vor der Kapelle rennen die *fujenti* auf sie zu. Einige fallen in Trance, die meisten fangen an zu schreien, zu weinen und auf den Knien zum Bild zu laufen, eine Art kollektive Reinigung von Schuld und Schmerz. In Neapel ist die Zeit vor dem Fest ein ganz eigenes Ereignis. Ab der Woche nach dem Dreikönigstag (6. Januar) bis Ostermontag marschieren Hunderte Stadtteil-*congreghe* (musizierende Kirchengemeinden) durch die Straßen, tragen eine Madonnenstatue, sammeln Gaben für den großen Tag und spielen ein ungereimtes Potpourri (wie „Ave Maria" gefolgt von einem Pop-Hit aus den 1970er-Jahren von Raffaella Carrà).

Welche Heiligen um Rat gefragt werden, hängt davon ab, worum es geht. Wer Familienzuwachs wünscht, begibt sich wohl direkt zum einstigen Wohnsitz der Santa Maria Francesca delle Cinque Piaghe, um sich auf deren wundertätigen Stuhl zu setzen. Er kommt einer kostenlosen Fruchtbarkeitsbehandlung in Neapel am nächsten.

In der Chiesa del Gesù Nuovo auf der anderen Seite der Via Toledo sind ganze Räume Dr. Giuseppe Moscati (1880–1927) gewidmet, einem allseits beliebten Arzt, der 1987 heiliggesprochen wurde. Dort hängen körperteilförmige Votivgaben an den Wänden, die vom göttlichen Eingreifen des Arztes zeugen.

Für viele Menschen hören die frommen Wünsche bei Gesundheit oder Nachwuchs noch lange nicht auf. Die häufigsten Bitten drehen sich um die Gewinnzahlen für das nächste Lotto oder um ein halbwegs erfolgreiches Date.

Die Madonna mag zwar populär sein, aber der ultimative Superheld unter den Heiligen der Stadt ist San Gennaro. Jedes Jahr im Mai, September und Dezember drängen sich Tausende Neapolitaner in den Dom, um für ein Wunder zu beten, nämlich dass sich das Blut des Schutzheiligen Neapels, das dort in zwei Ampullen aufbewahrt wird, verflüssigen und Neapel von jeglichem Unglück bewahren möge.

Wissenschaftlern zufolge hat das sogenannte Wunder eine ganz logische Erklärung. Es hat allen Anschein nach mit Thixotropie zu tun, also mit der Eigenschaft bestimmter Bestandteile, sich durch Schütteln zu verflüssigen und dann bei Stillstand wieder zur ursprünglichen Form zurückzukehren. Für den Nachweis müssten Wissenschaftler allerdings das Blut analysieren, was die Kirche erfolgreich vereitelte, indem sie die Erlaubnis zur Öffnung der Ampullen verweigerte.

Viele Leute akzeptieren zwar die wissenschaftliche Erklärung, aber Tatsache bleibt, dass bei Verflüssigung des Bluts die Stadt vor Erleichterung aufatmet. Als das Wunder 1944 ausblieb, brach schließlich der Vesuv aus, und im wunderlosen Jahr 1980 verwüstete ein katastrophales Erbeben die Stadt.

Vorsicht vor dem bösen Blick

Glück und Unglück spielen in der neapolitanischen Mentalität eine große Rolle. Vor Flüchen beschützende Amulette gibt es ebenso häufig wie Kreuzanhänger, und die gleichen Neapolitaner, die sich bekreuzigen, wenn sie an einer Kirche vorbeikommen, machen auch die *corna* (den Daumen, Zeige- und kleinen Finger ausstrecken und die Hand abwärts schütteln), um den *mal'occhio* (bösen Blick) abzuwenden.

Der böse Blick, ein allgemein in Italien, aber besonders im Süden verbreiteter Aberglaube, bedeutet Unglück für jene, die von böswilligen oder neidischen Personen verflucht werden. Neapolitaner bezeichnen dieses Unglück oft als *jettatura*, eine Abwandlung des italienischen Verbs für *gettare* (werfen oder aufgeben).

Gegen böse Mächte hilft das typischste Amulett und Souvenir der Stadt: der *corno*. Die Unheil abwehrenden Kräfte des meist roten gebo-

Mythische Hotspots

- Festa di San Gennaro
- Casa e Chiesa di Santa Maria Francesca delle Cinque Piaghe
- Cimitero delle Fontanelle
- Madonna del Carmine
- Complesso Museale di Santa Maria delle Anime del Purguatorio ad Arco

Ein Ritter, der sich auf das Grab der hl. Patrizia gelegt hatte, wurde unerklärlicherweise von all seinen Gebrechen geheilt. Von religiöser Inbrunst ergriffen öffnete er ihr Grab und riss ihr einen Zahn aus. Wundersamerweise floss Blut, das der Ritter in zwei Ampullen auffing, die nun in der Chiesa di San Gregorio Armeno sicher verwahrt sind.

DER TOD UND DIE STADT

Dass die Neapolitaner nach all den Erdbeben und Vulkanausbrüchen ein fatalistisches Völkchen sind, ist kein Wunder. Und so kann mit der leidenschaftlichen Lebenslust nur der merkwürdige Todeskult mithalten. In Neapel wird die moderne Ignoranz gegenüber dem Tod ständig untergraben, ob durch Wände, die mit Todesanzeigen beklebt sind, Schreine für verstorbene Angehörige oder über Naschereien wie *torrone dei morti* (Totennougat), was besonders gern an Allerheiligen gemampft wird. Totenschädelskulpturen schmücken Kirchen und Kreuzgänge, wie im Chiostro Grande (Großen Kreuzgang) in der Certosa di San Martino – eine ständige Erinnerung an die Sterblichkeit.

Der Kult der *anime pezzentelle* (armen Seelen) war so beliebt, dass extra eine Straßenbahn zum Cimitero delle Fontanelle fuhr, die jeden Montag voll mit blumenbeladenen Leuten war. Der Kult bestand aus der Adoption und Verehrung von Schädeln (welche die Seelen im Fegefeuer repräsentierten) und wurde von der Kirche 1969 verboten.

Auf der anderen Seite des Solfatara-Kraters – angebliche Stätte der Enthauptung San Gennaros im Jahr 305 – befindet sich der Santuario di San Gennaro alla Solfatara mit dem Marmorblock, auf dem er getötet wurde. Der Legende nach sollen, wenn sich das Blut des Heiligen verflüssigt, dunkle Blutflecken auf dem Block erscheinen.

genen Horns sollen in seiner Symbolik eines Bullen und dessen sexueller Potenz liegen.

Eine andere traditionelle, jedoch immer seltenere Abwehr gegen Unglück ist der *'o Scartellat.* Es handelt sich meist um einen älteren Mann, der in den Straßen älterer Stadtteile Weihrauch verbrennt und dadurch böse Schwingungen vertreibt und Glück anlockt. Der Name ist das neapolitanische Wort für jene, die an Kyphose (Verkrümmung des oberen Rückens) leiden, da die Aufgabe einst deren Domäne war. Laut neapolitanischer Überlieferung soll das Berühren des Buckels Glück bringen, ebenso wie in Hundehaufen treten und versehentlich mit Wein überschüttet werden.

Skandalträchtige Seelen

Eine Person, die etwas Glück gebraucht hätte, war Donna Maria d'Avalos, die im Oktober 1590 im Palazzo dei Di Sangro an der Piazza San Domenico Maggiore ein grausliches Ende fand. Ihr Mörder war Carlo Gesualdo, einer der angesehensten Komponisten der Spätrenaissance und zudem ihr Ehemann. Gesualdo, der seine Frau der Untreue verdächtigte, ließ sie glauben, er sei auf einem Jagdausflug. Stattdessen wartete Gesualdo auf die Gelegenheit, seine Frau und ihren Liebhaber Don Fabrizio Carafa auf frischer Tat zu erwischen. Laut Augenzeugen betrat Gesualdo die Wohnung mit drei Männern und rief „Tötet den Schuft und seine Hure!". Beamte, die das Verbrechen untersuchten, fanden einen tödlich verwundeten und blutüberströmten Carafa auf dem Boden, gekleidet in ein Frauennachthemd mit Rüschen aus schwarzer Seide. Auf dem Bett lag die Donna Maria in einem blutigen Nachthemd und mit durchgeschnittener Kehle.

Gesualdos eifersüchtige Raserei wurde wohl kaum von Carafas hinreißendem Aussehen besänftigt – der jüngere Adlige soll so umwerfend schön gewesen sein, dass er allgemein als *l'angelo* (der Engel) bekannt war. Gesualdo war als Adliger immun gegen Strafverfolgung, doch die Furcht vor Vergeltung für die Morde veranlassten ihn zur Flucht in seine Heimatstadt Venosa.

In den Jahrzehnten nach Gesualdos Tod wurde er, der Fürst von Venosa, zu einer Art Mythos, dessen Name mit immer neuen Horrorgeschichten von blutiger Rache in Verbindung gebracht wurde. Einige sagen, dass der Tod des „Engels" dem betrogenen Ehemann nicht reichte und er anschließend seinen eigenen kleinen Sohn ermordete, weil er fürchtete, er sei von Carafa. Laut anderen Berichten gehörten zu Gesualdos Opfern auch sein Schwiegervater, der seinen eigenen Rachefeldzug starten wollte.

Und dann ist da noch die schöne Maria d'Avalos selbst, deren spärlich bekleideter Geist noch immer bei Vollmond über die Piazza San Domenico Maggiore auf der Suche nach ihrem ermordeten Liebsten spukt.

Der Tatort der Bluttat, der Palazzo dei Di Sangro, wurde für die Adelsfamilie di Sangro gebaut, deren berühmtestes Mitglied Raimondo di Sangro (1710–1771) eine der sagenumwobensten Gestalten Neapels ist. Der Fürst von Sansevero war Erfinder, Wissenschaftler, Soldat und Alchemist und erfand einige raffinierte Dinge, wie einen wasserdichten Umhang für Karl III. von Bourbon und eine mechanische Land-und-Wasser-Kutsche, die von lebensgroßen Pferden aus Kork „gezogen" wurde. Er führte auch die Freimaurerei ins Königreich Neapel ein, was ihm eine zeitweilige Exkommunikation durch die katholische Kirche einbrachte.

Aber selbst das päpstliche Umdenken konnte die pikanten Geschichten um Raimondo nicht stoppen, denen zufolge er vielversprechende junge Soprane kastrieren und sieben Kardinäle ermorden ließ, um aus deren Haut und Knochen Möbel anzufertigen. Selbst sein Freimaurerkollege Graf Alessandro Cagliostro – der 1790 vor das Inquisitionsgericht in Rom gestellt wurde – gestand, dass er alles Wissen über Alchemie und die schwarzen Künste von di Sangro gelernt habe. Laut dem italienischen Philosophen Benedetto Croce (1866–1952), der über di Sangro in seinem Buch *Storie e leggende napoletane* (Neapolitanische Geschichten und Legenden) schrieb, übte der Alchemist eine faustische Faszination auf die Massen im *centro storico* aus. Sie glaubten, sein angebliches Talent für Magie ließen ihn alles bewerkstelligen, ob er nun das Wunder von San Gennaros Blut wiederholte oder mit einer einfachen Berührung Marmor zu Staub verwandelte.

Jahrhundertelang waren die beiden perfekten anatomischen Modelle in der Krypta der Cappella Sansevero, der Grabkapelle der di Sangros, von Gerüchten umgeben. Eine populäre Legende behauptet, dass es die Leichen seiner verstorbenen Diener seien. Noch phantastischer ist die Geschichte, dass die Diener gar nicht tot waren, als der Fürst sie einbalsamierte. Zweifellos eine grausame Lügengeschichte, aber selbst heute noch lassen die realistischen Details der Modelle viele Fragen offen.

Die Küche Kampaniens

Kampaniens Speisekammer durchzuprobieren gerät zu einer lukullischen Offenbarung mit Suchtpotenzial. Alles scheint hier einen Tick leckerer zu schmecken: Die Tomaten sind süßer, der Mozzarella ist seidiger, der *caffè* stärker und intensiver. Manche meinen, das läge am fruchtbaren, vulkanischen Boden, andere machen die Sonne und das Wasser der Gegend dafür verantwortlich. Diese natürlichen Gegebenheiten werden ergänzt von seit Generationen eingeschliffenen Esstraditionen, die bis heute eisern befolgt werden. Auch wenn in L. A. und London Fusionsküche angesagt ist – in Neapel kommt nur das in den Topf, was schon *la mamma* verwendete: einfache, saisonale, frische Zutaten.

Ein informatives Internetportal für die kulinarischen Aspekte der Reise ist www.deliciousitaly.com, das auch Kochkurse und Touren vorschlägt. Ebenfalls interessant für Fans der italienischen Küche und Weine ist die Website www.gamberorosso.it (fast ausschließlich auf Italienisch) mit vielen Infos zu Essen & Trinken, kulinarischen Events und Kursen.

Ein historische Schmelztiegel

Auf dem regionalen Speisezettel zeigt sich, was aus der Kombination von lokalen Ressourcen und fremden Einflüssen entstehen kann. In seiner 3000-jährigen Geschichte hatte Neapel unzählige Gesichter, sei es als Sommerfrische der Römer in der Antike, mittelalterliches Kulturzentrum oder moderne europäische Metropole. Ausländische Herrscher kamen und gingen und prägten nicht nur Kunst und Architektur, sondern auch den lokalen Dialekt und die Küche. Die alten Griechen brachten Olivenbäume, Reben und Hartweizen mit. Die Byzantiner und arabischen Händler von Sizilien führten Pinienkerne, Mandeln, Rosinen und Honig ein, um damit Gemüse zu füllen. Und sie setzten das auf den Speisezettel, was für Neapel Grundnahrungsmittel und später für ganz Italien zum Markenzeichen werden sollte: Pasta.

Das geschah bereits im 12. Jh., aber so richtig durchsetzen konnten sich die Nudeln erst im 17. Jh., als Neapels Einwohnerzahl explodierte. Da sie im Prinzip nur aus Mehl und Wasser bestanden, waren sie ein idealer Magenfüller für die arme Unterschicht, die sonst verhungert wäre. Die Reicheren dagegen rümpften über Pasta die Nase, bis Gennaro Spadaccini Anfang des 18. Jhs. die vierzinkige Gabel erfand.

Während Neapels Ära unter den Bourbonen (1734–1860) entwickelten sich zwei Esstraditionen nebeneinander: die der dekadenten spanischen Monarchie und die *cucina povera* (Küche der Armen). So raffiniert und üppig die eine war, so einfach und nahrhaft war die andere.

Die damals *mangiafoglie* (Blätterfresser) genannten Armen aßen vor allem Nudeln mit Gemüse, das in der fruchtbaren Vulkanerde der Ebenen rund um Neapel prächtig gedieh. Dazu gehörten Auberginen, Artischocken, Zucchini, Tomaten und Paprika. Die Milch von Kühen, Ziegen und Schafen wurde zu Käse verarbeitet. Das von den Griechen und Arabern eingeführte Fladenbrot war äußerst beliebt und wurde später zur Pizza weiterentwickelt. Fleisch und Fisch dagegen gab es aufgrund ihres Preises nur zu speziellen Anlässen.

APPETITANREGENDE LEKTÜRE

Die folgenden informativen Führer durch die Küchengeheimnisse Kampaniens lassen einem das Wasser im Munde zusammenlaufen:

» *Italienische Küche zwischen Palermo & Neapel* (David Ruggerio) Eine Liebeserklärung an die Küche dieser Region.

» *Neapel sehen und genießen* (Dario Santangelo) Ein Einheimischer beschreibt ausführlich und unterhaltsam seine Lieblingsrezepte und ihre Geschichte.

» *La Pizza: Ein gutes Stück Italien* (Nikko Amandonico) Reich bebilderte Geschichte der Pizza, fotografiert im Straßengewirr von Neapel.

» *Neapel genießen* (Gerd Wolfgang Sievers) Der Autor verrät nicht nur typisch neapolitanische Rezepte, sondern auch, wo sie zubereitet und serviert werden.

» *Pizza und die neapolitanische Küche* (S. Giardinetto, E. Piazzesi) Alles, was man über den berühmten Teigfladen und andere kulinarische Highlights der Stadt wissen muss.

Bei Hof dagegen übertrafen sich die französischen Köche gegenseitig, um den Gaumen der anspruchsvollen Bourbonenherrscher zu kitzeln. Die ehrgeizige Königin Maria Karolina, Gemahlin von Ferdinand I., war von der Versailler Küche ihrer Schwester Marie Antoinette so beeindruckt, dass sie einige der Köche dort abwarb. Offensichtlich fühlten sich diese in Neapel wohl und ließen sich zu so köstlichen Gerichten inspirieren wie *timballo di pasta* (eine Art gestürzter Nudelauflauf), *gattò di patate* (Kartoffeltorte) und den berühmten *babà,* einen mit Rum und Zuckersirup getränkten Biskuitpilz.

Die Ursprünge von Neapels berühmtestem Gebäck, der muschelförmigen, blättrigen *sfogliatella*, sind dagegen umstrittener. Angeblich soll die mit Ricotta, kandierten Früchten und Zimt gefüllte Köstlichkeit im 18. Jh. von einem französischen Pâtissier für den König von Polen kreiert worden sein. Aber es gibt auch Stimmen, die die Urheberrechte den Nonnen von Conca dei Marini zusprechen, einem kleinen Dorf an der Amalfiküste. Jedenfalls wird *sfogliatella* heute in zwei Varianten verkauft: als *frolla* (aus Mürbeteig, weicher und gehaltvoller) und als *riccia* (aus einer Art Filoteig und knusprig).

Vom Frühjahr bis in den Herbst hinein findet sich immer irgendeine Stadt in Süditalien, wo gerade eine *sagra* gefeiert wird. Da dreht sich dann alles um eine lokale Spezialität der Saison. Eine appetitanregende Liste mit Events und Terminen findet sich online unter www.prodottitipici.com/sagre (auf Italienisch).

Schon mal Limoncello probiert?

Wenn die Antwort „ja" ist und der Zitronenlikör geschmeckt hat, braucht trotzdem niemand das Risiko von Übergewicht und klebrigem Scherbenhaufen beim Fluggepäck eingehen, denn das Rezept ist total simpel. Im Internet wird genau erklärt, wie's geht, z. B. aufwww.jamieoliver.com oder www.bbcgoodfood.com. Wichtig ist nur, dass die Zitronen unbehandelt sind – auch wenn sie nicht von der sonnenverwöhnten Insel Capri stammen. Wer Italienisch kann, findet ein gutes Rezept auf www.limoncellodiprocida.it (wo der fertige Likör auch bestellt werden kann).

Die kulinarischen Markenzeichen Kampaniens

Pizza

Trotz der luxuriösen Hinterlassenschaften der Bourbonen hielt die Bevölkerung an den Grundprinzipien der *cucina povera* fest: schnell, einfach und bodenständig. Das gilt vor allem für die Pizza, den Grundpfeiler der neapolitanischen Küche.

Die Weiterentwicklung des bei Griechen und Ägyptern beliebten Fladenbrots war schon im 16. Jh. ein beliebter Straßenimbiss, nachdem unter der spanischen Besatzung die Tomate in Italien Einzug gehalten hatte. Mit diesem Import aus der Neuen Welt begann der Siegeszug der Pizza und 1738 feuerte die erste Pizzeria Neapels an der Port'Alba ihren Holzofen an (der dort bis heute raucht). Schon bald wurden die *pizzaioli* (Pizzamacher) der Stadt wie kleine Berühmtheiten gefeiert.

Der berühmteste Vertreter dieser Zunft ist Raffaele Esposito, der die klassische Pizza Margherita erfand. Anlass war der Besuch des als Gourmet bekannten Königs Umberto I. und seiner Gemahlin Margherita 1889. Um die Vertreter des italienischen Königshauses zu beeindrucken, dekorierte Esposito seine Kreation mit Tomaten, Mozzarella und Basilikum in den Farben der Nationalflagge (grün, weiß, rot) des frisch vereinigten Italiens. Ihre Hoheit war entzückt und durfte als Namensgeberin herhalten.

Bis heute behaupten Pizzapuristen, dieses klassische Zutatentrio sei nicht zu toppen – vorausgesetzt, ein echter neapolitanischer *pizzaiolo* steht am Ofen. Aber das ist natürlich Geschmackssache und das gilt auch für den Pizzaboden: Ganz Italien streitet sich, ob die dünne, römische oder die dickere, neapolitanische Variante besser ist.

Laut der Associazione Verace Pizza Napoletana (Verein für die echte neapolitanische Pizza) darf Pizzateig nur aus feinstem Weizenmehl der Type 00 (mit höchstens einem minimalen Anteil der Type 0), frischer oder gefriergetrockneter Hefe, Salz und Wasser mit einem pH-Wert zwischen 6 und 7 bestehen. Das maschinelle Vermengen der Zutaten wird toleriert, aber das Formen des maximal 3 mm dicken *disco di pasta* (Pizzabodens) bleibt Handarbeit! Die Pizza sollte in einem 485 °C heißen, doppelt gemauerten Holzofen gebacken werden, der mit Eiche, Birke, Esche oder Ahorn beheizt wird.

PIZZA

Der Belag der neapolitanischen Pizza Marinara enthält keine Meeresfrüchte, sondern nur Tomaten, Knoblauch, Oregano und natives Olivenöl. Der Name erinnert an die Fischer der Stadt, die sich diesen leckeren Snack als Mittagessen mit auf See nahmen.

Pasta

Pasta, die zweite neapolitanische Ikone, wurde aus Sizilien eingeführt, wo arabische Händler ihre Essgewohnheiten verbreitet hatten. Als sich zeigte, dass sich das trockene, windige Klima Kampaniens bestens für die Konservierung der Nudeln eignet, begann mit der Eröffnung der ersten Pastafabrik 1840 in Torre Annunziata die Produktion im großen Stil.

Bis heute wird unterschieden zwischen *pasta fresca* (frischer Pasta), die zum Verzehr innerhalb weniger Tage bestimmt ist, und *pasta secca* (getrockneter Pasta), die jederzeit griffbereit im Vorratsregal stehen kann. Eine lokale Spezialität in der Abteilung *pasta fresca* sind die aus Amalfi stammenden *scialatielli*. Die Bandnudeln sind etwas länger und dicker als Tagliatelle und oft in der Mitte „geknickt". Ihr Name leitet sich von dem neapolitanischen Ausdruck *sciglià* („verwuscheln") ab und verdeutlicht, dass sie vermischt mit einem Tomaten- oder Meeresfrüchtesugo besonders lecker schmecken.

Abgesehen davon spielt *pasta secca* in Neapel die wichtigere Rolle. Am populärsten sind Spaghetti, Maccheroni (glatte Röhren), Penne (kurze, schräg abgeschnittene Röhren) und Rigatoni (dito, gerillt). Sie bestehen

TISCHSITTEN

» Augenkontakt beim Zuprosten ist wichtig und mit Plastikbechern anzustoßen bringt Unglück!

» Pasta wird nur mit der Gabel gegessen.

» Niemand isst Brot zur Pasta, höchstens hinterher, um Saucenreste aufzustippen.

» Pizza mit der Hand zu essen ist völlig pc.

» Im Zweifelsfall lieber etwas Schickes anziehen.

» Bei Privateinladungen ist es üblich, ein Papptablett voller *dolci* (Minigebäck) aus einer *pasticceria* (Konditorei) mitzubringen.

DER KAFFEE-KULT

Anstelle von Hipstern, die mit Sojalezithin und Siphons jonglieren, lassen in Neapels plüschigen Café-Bars unaufgeregte Typen im Retrolook wie selbstverständlich besten Kaffee aus der Maschine tröpfeln. Hier ist ein samtiger, aromatischer Espresso kein Fashion-Statement, sondern ein Geburtsrecht. Und das nehmen die Gäste an der Bar schnell und ohne großes Brimborium in Anspruch. Was aber keinesfalls bedeutet, dass ihnen die Qualität egal wäre!

Die Neapolitaner sind überzeugt, dass die lokale Wasserqualität den Kaffee besser und stärker macht als überall sonst in Italien. Milchiges wie Cappuccino oder Caffè Latte kommt ihnen nur morgens in die Tasse. Nach 11 Uhr sind Espresso und Caffè macchiato (Espresso mit einem Tropfen Milch) angesagt. Wer es nicht so stark mag (selbst Schuld!), bestellt einen Caffè lungo (für den ein Espresso mit heißem Wasser verlängert wird) oder einen Caffè americano (mit noch mehr heißem Wasser).

Ein weiteres Ritual ist das kostenlose *bicchiere d'acqua* (Glas Wasser) zum Kaffee, je nach Wunsch *liscia* (still) oder *frizzante* (sprudelnd). Es wird vor dem Kaffee als Rachenputzer getrunken. Wer keines angeboten bekommt, darf es nicht persönlich nehmen wie sollte so ein ignoranter *straniero* (Ausländer) auch etwas von Kaffee verstehen? Einfach lächeln und lässig *un bicchiere d'acqua, per favore* verlangen.

aus *grano duro* (Hartweizen) und Wasser, werden al dente und oft mit einem Sugo auf Gemüsebasis serviert (die traditionellen *pasta fresca*-Varianten sind meist gehaltvoller).

Die beste handwerklich hergestellte Pasta kommt aus der Kleinstadt Gragnano, 30 km südöstlich von Neapel. Da die Nudelproduktion hier seit dem 17. Jh. boomt, wurde die Hauptstraße extra so angelegt, dass die in den *pastifici* (Pastafabriken) zum Trocknen ausgelegten Nudeln den ganzen Tag über Sonne bekommen.

Wenn es um das leckerste Pastarezept der Region geht, ist die köstliche *pasta al forno* (überbacken) wohl kaum zu übertreffen. Die Kombination von Maccheroni, Tomatensauce, Mozzarella und – je nach Rezept – hartgekochten Eiern, Fleischbällchen oder Brühwurst ist einfach zum Niederknien. Dieser Festschmaus kommt vor allem sonntags und zu besonderen Anlässen auf den Tisch.

Das Wort *melanzana* (Aubergine) ist eine Ableitung von „mela insana", auf Deutsch „verrückter Apfel". Die lateinische Bezeichnung für das Gemüse lautet *solanum insanum*, da man annahm, es würde Geisteskrankheiten auslösen.

Obst & Gemüse

Armut und Klima machten die Kampanier zu Experten für Gemüsegerichte. *Zucchine fritte* (gebratene Zucchini), *parmigiana di melanzane* (gebratene Auberginen, geschichtet mit hartgekochten Eiern, Mozzarella, Zwiebeln, Tomatensauce und Basilikum), *peperoni sotto aceto* (eingelegte Paprikaschoten) und andere Köstlichkeiten sind feste Bestandteile von Antipastibuffets, gehören aber auch zur ganz normalen Hausmannskost.

Die aromatischsten Gartenfrüchte wachsen in der mineralreichen Vulkanerde am und um den Vesuv herum. Dazu gehören zarte *carciofi* (Artischocken), *cachi* (Kakifrüchte) oder die berühmten grünen *friarielli*. Die dem Brokkoli ähnliche, bittere Kohlart wird *saltata in padella* (in der Pfanne gebraten), mit *peperoncino* (Pepperoni) gewürzt und meist mit in Stücke geschnittener s*alsiccia di maiale* (Schweinswurst) serviert.

Im Juni pilgern Slowfood-Fans wegen der *albicocche vesuviana* (Vesuv-Aprikosen) hierher, die das IGP-Siegel (Indicazione Geografica Protetta; geschützte geografische Herkunft) tragen. Im Volksmund heißen sie *crisommole*.

Ein anderes viel gepriesenes Produkt der Region wurde mit dem DOC-Siegel (Denominazione di Origine; Ursprungsbezeichnung) ausgezeichnet: die Tomatensorte *pomodoro San Marzano*. Sie wird rund um das gleichnamige Vesuv-Städtchen angebaut, enthält wenig Säure und

LA DOLCE VITA

Blättrige *sfogliatelle* (Gebäck mit Ricottafüllung) und mit Sirup getränkte *babà* (Biskuitgebäck) sind nicht die einzigen Sünden, die in einer *pasticceria* (Konditorei) locken. Das süße Leben stellt in Kampanien noch viele weitere Kalorienfallen auf:

» **Cassatina** Die neapolitanische Version der sizilianischen Cassata: ein mit Zuckerguss überzogenes Törtchen aus *pan di Spagna* (Biskuit), Ricotta und kandierten Früchten.

» **Pastiera** Ein traditionelles Ostergebäck (aber das ganze Jahr über erhältlich) mit Gittermuster aus Mürbeteig, dessen Füllung aus Ricotta, Sahne, kandierten Früchten und gekochten Getreidekörnern mit Orangeblütenwasser abgeschmeckt wird.

» **Torta di Ricotta e Pera** Die leichte Ricotta-Birnen-Torte schmeckt köstlich und nach mehr.

» **Delizia al Limone** *Limoncello* (Zitronenlikör) gibt dem feinen Zitronenkuchen Pfiff.

» **Paste Reali** Die kunstvoll aus Marzipanmasse geformten Früchte und Gemüse verleiten einen an Weihnachten dazu, sich den Magen zu verderben.

» **Raffioli** Weihnachtsgebäck aus Biskuitteig mit Marzipan und Zuckerglasur.

bestieht durch ihr intensives, süßliches Aroma. Nur ganz reife Exemplare werden in Stücke geschnitten, mindestens zwei Tage lang in der Sonne angetrocknet, um den Geschmack zu intensivieren, und dann zu *conserva di pomodoro* (Tomatenpüree) eingekocht. Diese Sauce ist die Krönung vieler typisch neapolitanischer Pastagerichte wie *spaghetti alla puttanesca* („nach Art der Hure"), wofür zusätzlich schwarze Oliven, Kapern, Sardellen und manchmal eine Prise Chili verwendet werden.

Ein gehaltvollerer, auf Tomaten basierender Klassiker mit aristokratischen Ursprüngen ist das *ragù* (wofür das französische Ragout Pate stand). Die mit Fleisch angereicherte Tomatensauce muss rund sechs Stunden lang schmurgeln, bevor sie mit Maccheroni serviert wird.

Auch wenn einige Hersteller das italienische Klassifizierungssystem für aufwändig, teuer und kreativitätshemmend halten, werden weiterhin munter DOCG- (Denominazione di Origine Garantita) und DOC-Siegel (Denominazione di Origine Controllata) verteilt. Sie gewährleisten, dass die entsprechenden Nahrungsmittel und Weine bestimmte regionale Qualitätsanforderungen erfüllen.

DOCG

Mozzarella di Bufala

Wer immer gedacht hat, eine anständige *insalata caprese* bestehe aus Tomatenscheiben, Basilikum, Olivenöl und Kuhmilch-Mozzarella, sollte mal die Version mit kampanischem Büffelmozzarella probieren: Da eröffnen sich ganz neue kulinarische Dimensionen! Die *mozzarella di bufala* wird in den Ebenen von Caserta und Paestum hergestellt und schmeckt am allerbesten, wenn die morgens gemolkene Milch sofort verarbeitet wird. Nur dann hat der Käse diese einzigartige, seidige Konsistenz und das volle Aroma. Göttlich! Viele Trattorien (bäuerliche Lokale) und Restaurants der Gegend bieten Büffelmozzarella an; das Inn Bufalito in Sorrent konzentriert sich sogar ausschließlich auf diese leckere Spezialität. In den *latterie* (Molkereien) wird der Käse ganz frisch (oft noch lauwarm und in milchiger Molke schwimmend) in Plastiktüten verkauft. Für den einzigartigen Geschmack ist der hohe Fett- und Eiweißgehalt der Büffelmilch verantwortlich. Dagegen kommen einem die im Ausland verkauften Kuhmilchmozzarellas nur noch fade und langweilig vor. Noch dekadenter schmeckt *burrata*, die eigentlich aus der Nachbarregion Apulien stammt. Das sind Mozzarellakugeln mit einer phantastisch sahnigen Füllung.

Regionale Spezialitäten

Wer sich Kampaniens kulinarische Landkarte anschaut, merkt, dass die Einheimischen auf Herkunftsbezeichnungen und -siegel schwören. Zu den neapolitanischen Spezialitäten gehören neben der mit dem STG-Siegel (Specialità Tradizionale Garantita; garantiert traditionelle Spezialität) *pizza napoletana*, erstaunlich leichten *fritture* (frittierte Snacks) und verführerisch duftendem Gebäck auch *pizza di scarole* (Tarte mit Endivien), Salami Napoli, mit wildem Fenchel gewürzte Würste und *sanguinaccio* (Schokoladencreme mit kandierten Früchten, die in der Karnevalszeit gegessen wird).

In den Campi Flegrei westlich von Neapel lockt Pozzuoli mit seinem berühmten, quirligen Fischmarkt, wo das Beste aus dem Meer angeboten wird. Ebenfalls aus den Campi Flegrei stammt die Apfelsorte Annurca, die das IGP-Siegel trägt und erst durch die Lagerung auf Stroh ihre charakteristische rot gestreifte Schale entwickelt.

Eine Fundgrube für Fisch und Meeresfrüchte ist die Insel Procida, wo die Einheimischen gerne *volamarina* (Mondfisch) mit Tomaten und Chili sowie mit Sardellen gefüllte Tintenfische essen. Auch auf der Nachbarinsel Ischia steht Fisch hoch im Kurs, aber daneben wird die bäuerliche Tradition mit Klassikern wie *coniglio all'ischitana* (Kaninchen aus heimischer Zucht mit Weißwein, Tomaten und Kräutern) hochgehalten.

Die sorrentinische Halbinsel südöstlich von Neapel hält ebenfalls jede Menge Leckereien in petto, von den allgegenwärtigen *gnocchi alla sorrentina* bis zum erfrischenden Limoncello-Sorbet. Eine Sünde wert sind der *burrino incamiciato* (mozzarellaähnlicher, mit Butter gefüllter Käse) und die meterlange Pizza in Vico Equense. Sorrent ist bekannt für seine mit Ricotta gefüllten Cannelloni und für seine Walnüsse, aus denen ein Likör hergestellt wird. Mandeln und Schokolade sind die Hauptzutaten für die mit Puderzucker bestäubte *torta caprese*. Außerdem ist die Insel Capri Heimat von Fischgerichten wie Drachenkopf mit Linguine und natürlich dem berühmten Trio Tomaten-Mozzarella-Basilikum, *insalata caprese* genannt.

Logisch, dass an der Amalfiküste viel Fisch gegessen wird, von Kabeljau und Seeteufel bis zu *coccio* (Knurrhahn) und Meeräsche. Dazu kommen zwei Grundzutaten, die in keiner Vorratskammer fehlen: *colatura di alici* (eine Art Sardellenextrakt) aus Cetara und das Olivenöl Colline Salernitane DOP aus Salerno.

Der Cilento zeigt seine Erdverbundenheit mit herzhaften Bauerngerichten wie *cuccia* (Eintopf mit Kichererbsen, Linsen, Bohnen, Platterbsen, Mais und Weizen) und *pastorelle* (frittiertes, mit Kastaniencreme gefülltes Gebäck).

Keine Angst vor Espresso: In so einem Fingerhut steckt weniger Koffein als in einer großen Tasse Filterkaffee oder Kaffee aus der Drückkanne. Espresso macht auch nicht so nervös.

Was steht auf der Speisekarte?

» **Menù a la carte** Freie Auswahl von der Karte.

» **Menù di degustazione** Probiermenü, das normalerweise aus sechs bis acht (nicht zu üppigen) Gängen besteht.

» **Menù turistico** Nur naive, unkritische Gäste lassen sich mit dem „Touristenmenü" abfüttern!

» **Piatto del giorno** Tagesgericht

» **Antipasto** Kalte oder warme Vorspeise. Wer mehrere Dinge probieren will, bestellt ein *antipasto misto* (gemischte Vorspeisen).

» **Primo** Erster Gang, meist ein sättigendes Pasta- oder Reisgericht oder eine *zuppa* (Suppe).

» **Secondo** Zweiter Gang, gewöhnlich *pesce* (Fisch) oder *carne* (Fleisch).

» **Contorno** Beilage, meist *verdura* (Gemüse).

» **Dolce** Dessert, dazu zählt auch *torta* (Kuchen).

» **Frutta** Obst, wird meist zum Abschluss einer Mahlzeit serviert.

» **Nostra produzione** Hausgemacht, kann sich auf alles beziehen, vom Brot über die Pasta bis hin zu *liquori* (Likören).

» **Surgelato** Tiefgekühlt – kann ja mal vorkommen, dass den Fischern nichts ins Netz ging.

Das Comeback der kampanischen Weine

Die Alten sangen sein Loblied, die Kritiker rümpften verächtlich die Nase: Mittlerweile ist der Wein aus Kampanien wieder salonfähig, denn einer neuen Winzergeneration ist es gelungen, wirklich edle Tropfen hervorzubringen. Weingüter wie Feudi di San Gregorio, Mastroberardino, Terredora di Paolo und Mustilli kehrten zu ihren Wurzeln zurück und pflanzten wieder alte Rebsorten wie den roten Aglianico an, der als die älteste Kulturrebe Italiens gilt. Bei Weißweinen wurden Falanghino, Fiano und Greco wiederentdeckt, die hier schon lange bevor der Vesuv 79 n. Chr. Feuer spuckte wuchsen. Mit seinem roten Serpico gelang Feudi di San Gregorio der Durchbruch. Vergessen sind die vernichtenden Worte des Weinkritikers Burton Anderson, der 1990 schrieb, dass sich die nennenswerten Weinmacher Kampaniens „an den Fingern einer Hand abzählen lassen".

Die drei wichtigsten Anbaugebiete liegen rund um Avellino, Benevento und Caserta. Der beste Rotwein kommt aus den Höhenlagen der Hügel östlich von Avellino. Der körperreiche Aglianico aus Taurasi, der gerne „Barolo des Südens" genannt wird, gehört zum Besten, was der Süden an Wein produziert. Er wurde mit dem höchsten italienischen Qualitätssiegel DOCG (Denominazione di Origine Controllata e Garantita; kontrollierte & garantierte Ursprungsbezeichnung) geadelt. Das haben außer ihm nur noch zwei weitere Weine in Kampanien geschafft, der Fiano di Avellino und der Greco di Tufo, beides Weißweine aus der Region Avellino.

Weitere regionale Anbaugebiete sind Campi Flegrei (wo die mit dem DOC-Siegel ausgezeichneten Weine Piedirosso und Falanghina herkommen), Ischia (deren Weine als Erste das DOC-Siegel erhielten) und der Cilento, wo der Cilento bianco DOC und der Aglianico Paestum herkommen. Der berühmteste Tropfen vom Vesuv heißt Lacryma Christi (Träne Christi) und ist eine Cuvée aus den lokalen Rebsorten Falanghina, Piedirosso und Coda di Volpe.

Wein wächst zwar auch an der Amalfiküste, aber die eigentliche Spezialität dort sind Frucht- und Kräuterliköre. Die Geschmacksrichtungen gehen von Mandarine, Myrte und wildem Fenchel bis zum allgegenwärtigen *limoncello*. Diese einfache, aber köstliche Mischung aus Zitronenschale, Wasser, Zucker und Alkohol wird traditionell in gefrosteten Gläsern als Abschluss eines Essens serviert. *Limoncello*-Fans aufgepasst: Je grünlicher die Farbe, desto besser ist der Likör.

JEDEM SEINE FLASCHE

Die folgende Liste dient als Orientierungshilfe im ständig wachsenden Weinangebot Kampaniens. Dies sind die besten Tropfen:

» **Taurasi** Der trockene, gehaltvolle Rotwein hat seit 1991 das DOCG-Siegel und passt gut zu gekochtem und gegrilltem Fleisch.

» **Fiano di Avellino** Als Begleitung zu Meeresfrüchten eignet sich dieser spritzige, trockene Weiße, der seit ewigen Zeiten in Kampanien gekeltert wird und das DOCG-Siegel hat.

» **Greco di Tufo** Noch ein altehrwürdiger, trockener Weißwein mit DOCG-Siegel. Er wird auch als Spumante angeboten.

» **Falerno del Massico** Die Reben sowohl für die weiße wie auch für die rote Version wachsen auf der Vulkanerde des Monte Massico im Norden Kampaniens.

» **Aglianico del Taburno** Guter Rot- und Roséwein aus der Nähe von Benevento, der zu jeder Gelegenheit passt.

Architektur

Kaiserliche Villen am Meer, märchenhafte Burgen der Angevinen, riesige Bourbonenpaläste: Kampanien bietet eine wahre Anthologie architektonischer Klassiker. Es ist eine überwältigende Menge, warum also nicht mit den unbestrittenen Highlights beginnen?

Griechisch-römische Hinterlassenschaften

Nur wenige Ecken der Welt können sich in Ausmaß und Bedeutung mit den antiken Bauwerken Kampaniens messen. Von griechischen Tempeln bis zu römischen Amphitheatern und Villen bietet die Region einen Crashkurs in klassischer Ästhetik, Ehrgeiz und Erfindungsgabe.

Die Griechen erfanden den dorischen Baustil, den sie eindrucksvoll für die Tempel von Paestum aus dem 6. Jh. v. Chr. einsetzten. Damit bestätigten sie nicht nur die Fähigkeiten der alten Griechen, sondern auch ihre Vorliebe für harmonische Proportionen. Die Tempel sind zwar die eindrucksvollsten Hinterlassenschaften, aber nicht die einzigen hellenistischen Ruinen in Kampanien. Auf der Piazza Bellini in Neapel sind die Reste der Stadtmauer aus dem 5. Jh. v. Chr. freigelegt und in der Akropolis von Cuma sind noch Spuren griechischer Wehranlagen zu entdecken.

Die Römer haben von den Griechen einiges gelernt und perfektionierten ihre Architektur derart, dass ihre Bauart, Gestaltung und ihr Gespür für harmonische Proportionen bis heute der Architektur und der Stadtplanung in großen Teilen der Welt zugrunde liegen. Die Griechen mögen das erste Aquädukt Neapels geschaffen haben, aber die Römer haben es erweitert und verbessert. Das Aquädukt führte zur großartigen Piscina Mirabilis, einer kathedralenartigen Zisterne mit einst ausgeklügelter Hydraulik.

Die Anlage unter dem Anfiteatro Flavio in Pozzuoli zeugt ebenfalls vom römischer Genialität: Der elliptische Gang ist von niedrigen *cellae* auf zwei Ebenen gesäumt und von Falltüren bedeckt, die sich direkt zur Arena darüber öffnen. In den *cellae* in der oberen Etage waren die wilden Tiere für die Spiele eingesperrt. Die Tiere wurden durch die Falltüren hochgezogen und konnten direkt aus dem Dunkeln wie Rockstars in das helle Licht der Arena springen.

Jenseits der Bucht wartet in Pompeji, wo es viele der besterhaltenen klassischen Wohnhäuser Italiens gibt, so etwas wie *Schöner Wohnen in der Antike*. Gebäude wie die Villa dei Misteri, Villa del Fauno und die Casa del Menandro veranschaulichen die Charakteristika klassischer Wohnhäuser, ob den nach innen gerichteten Baustil (für absolute Privatsphäre) oder das lichtdurchflutete Atrium (Zentrum des Haushalts) und den ornamentalen Peristyl (Kolonnadenhof). Die schönsten Villen waren mit kapriziösen mythologischen Fresken geschmückt, repräsentativ und atemberaubend in der Villa dei Misteri und der großen Villa Oplontis im benachbarten Ort Torre Annunziata.

Antike Wunderwerke

- » Villa Oplontis, Torre Annunziata
- » Villa dei Misteri, Pompeji
- » Paestum
- » Piscina Mirabilis, Bacoli
- » Anfiteatro Flavio, Pozzuoli

Mittelalterliche Symbole

Nach dem byzantinischen Stil und den von Mosaiken glitzernden Kirchen folgte die Romanik, ein Stil, der sich in Italien in vier regionalen Formen verbreitete: lombardisch, pisanisch, florentinisch und sizilianisch-normannisch. Alle betonten eher die Breite und die horizontalen Linien eines Gebäudes statt die Höhe und besaßen separate *campanili* (Glockentürme) und Taufkapellen. Der sizilianisch-normannische Stil entstand im 11. Jh. und war eine exotische Mischung aus normannischen, sarazenischen und byzantinischen Einflüssen wie Marmorsäulen, islamischen Spitzbögen oder Glasmosaiken. Dieser Stil ist am zweifarbigen Mauerwerk und dem Glockenturm aus dem 13. Jh. der Cattedrale di Sant'Andrea in Amalfi ersichtlich. Er zeigt sich auch am Glockenturm aus dem 12. Jh. des Doms von Salerno sowie an dessen Bronzetüren im byzantinischen Stil und den arabesken Portikobögen.

Der griechische Geograph, Philosoph und Historiker Strabo (63 v. Chr.–24 n. Chr.) schrieb, dass der italienische Küstenstrich zwischen Capo Miseno (in den Campi Flegrei) und Sorrent einer einzigen Stadt gleiche, so übersät war er von eleganten Villen und Vorstädten Neapels.

Die nächste prägende Architekturepoche Neapels entwickelte sich unter der Herrschaft des französischen Hauses Anjou im 13. Jh. Als neue Hauptstadt des angevinischen Königreichs wurden entsprechend hochtrabende Pläne für die Stadt umgesetzt. Land wurde trockengelegt und kühne neue Kirchen und Klöster gebaut. Es war die Epoche der Gotik, eine Zeit der Strebebögen und grotesken Wasserspeier. Der Stil wurde zwar begeistert in Frankreich, Deutschland und Spanien aufgenommen, aber die Italiener bevorzugten eine zurückhaltendere und nüchternere Variante – charakteristisch mit breiten Wänden, einem einzigen Kirchenschiff, Fachwerkdecken und horizontalen Streifen. Eines der schönsten Beispiele Neapels ist der Complesso Monumentale di San Lorenzo Maggiore, dessen schlichte Eleganz sich auch in der Chiesa di San Pietro a Maiella und der Basilica di Santa Chiara wiederfindet.

Die Fassade der Basilica di San Lorenzo Maggiore und die Kassettendecke der Chiesa di San Pietro a Maiella sind spätere Ergänzungen aus dem Barock. Überhaupt wurde ein Großteil der ursprünglichen Archi-

ARCHITEKTURJARGON FÜR ANFÄNGER

Wer weiß, was ein Transept oder ein Triclinium ist? Im Folgenden eine kleine Liste mit ein paar gebräuchlichen Architekturbegriffen:

Apsis In der Regel eine große Einbuchtung oder Nische mit einem halbkreisförmigen oder polygonalen Grundriss und mit einer Halbkuppel überwölbt. In einer Kirche oder einem Tempel steht dort manchmal ein Altar.

Baldachin (Baldacchino) Ein festes, oft kunstvoll verziertes Vordach aus Holz oder Stein über Altar, Thron, Kanzel oder Statue.

Balustrade Eine steinerne Brüstung aus einer Pfostenreihe mit einer durchgehenden Abdeckung, die barocke Treppen, Balkone und Terrassen abgrenzt.

Impluvium Ein kleines, ornamentales Becken, das oft das Herzstück von Atrien in römischen Häusern der Antike war.

Latrine Eine öffentliche Einrichtung der Römerzeit mit reihenweise Toilettensitzen und oft mit Fresken und Marmor geschmückt.

Narthex Eine Vorhalle oder ein Foyer an der Vorderseite einer frühchristlichen Kirche oder Basilika.

Nekropolis In der Antike und der frühchristlichen Zeit ein Friedhof außerhalb der Stadtmauern.

Oratorium Ein kleiner Raum oder eine Kapelle in einer Kirche für private Gebete.

Transept Das Querschiff in einer Kirche, das im rechten Winkel zum Hauptraum verläuft.

Triclinium Speisezimmer in einem römischen Haus.

DAS WENIG GLANZVOLLE LEBEN DES COSIMO FANZAGO

Wie so viele Stars des neapolitanischen Barocks stammte auch Cosimo Fanzago (1591–1678) eigentlich nicht aus Neapel. Der angehende Bildhauer, Dekorationsmaler und Architekt aus der norditalienischen Kleinstadt Clusone kam im zarten Alter von 17 Jahren nach Neapel und wurde bald für seine kreativen Marmorarbeiten bekannt. Das war aber nicht das einzige, wofür er berühmt war. Laut Gerichtsurkunden hatte Fanzago einen Hang zu gelegentlichen Wutausbrüchen, attackierte 1628 seinen Steinmetz Nicola Botti und brachte ihn zwei Jahre später um. Wegen seiner angeblichen Beteiligung an der Masaniello-Revolte 1647 floh er für zehn Jahre nach Rom, um der Todesstrafe zu entgehen.

Schuld an Fanzagos endgültigem Absturz war jedoch seine berüchtigte Arbeitsmoral: Er überschritt Fristen, missachtete Kundenwünsche und verwendete Arbeiten, die er bereits für einen Kunden gefertigt hatte, um Projekte für andere Kunden zu vollenden. Die Kartäusermönche, die ihm die heiß begehrten Aufträge für die Umgestaltung der Certosa di San Martino übertrugen, sollten ihren Baumeister schließlich hassen. Sie verklagten den Künstler und führten einen langen, aufreibenden Rechtsstreit, der letztendlich Fanzagos Gesundheit sowie seine Auftragslage ruinierte. Zur Zeit seines Todes 1678 war der größte Barockmeister, den Neapel je gesehen hatte, nur noch eine armselige und unbeachtete Gestalt.

tektur der Gotik über die Jahrhunderte verändert. Ein Paradebeispiel ist die Chiesa di San Domenico Maggiore, deren kitschiger, güldener Innenraum eine neogotische Umgestaltung verrät. Der Haupteingang der Kirche in einem Hof am Vico San Domenico zeugt ebenfalls von einigen Erneuerungen. Hier ist das grazile Portal aus dem 14. Jh. von einem *pronaos* (Vorhalle in griechischen Tempeln) aus dem 18. Jh. gerahmt, über dem sich ein Fenster aus dem 19. Jh. befindet, sowie flankiert von zwei Renaissancekapellen und einem barocken Glockenturm. Selbst das angevinische Castel Nuovo wurde nicht verschont. Dort sind nur einige wenige Teile des Originalbaus erhalten, darunter die Palatina-Kapelle. Der markante weiße Triumphbogen an zentraler Stelle der Burg – eine Ergänzung aus dem 15. Jh. – gilt als eines der schönsten Bauwerke der Frührenaissance in Neapel.

Barocke Überraschungen

- » Farmacia Storica, Ospedale degli Incurabili, Neapel
- » Sakristei, Basilica di San Paolo Maggiore, Neapel
- » Palazzo dello Spagnuolo, Neapel

Das Barock

Die Renaissance, die Italiens Norden nahezu völlig veränderte, hatte in den südlichen Städten einen weitaus geringeren Einfluss. Eines der wenigen Gebäude in Neapel, das den florentinischen Stil repräsentiert, ist der Palazzo Cuomo, heute das Museo di Filangieri. Das Gebäude aus dem Ende des 15. Jhs. mit seinem typisch toskanisch-ländlichen Mauerwerk wurde für den reichen Florentiner Kaufmann Angelo Como („Cuomo" auf Neapolitanisch) errichtet und 1587 in ein Kloster umgewidmet. Übrigens wurde das Gebäude für die Verbreiterung der Via Duomo in den 1880er-Jahren abgetragen und 20 m weiter westlich genau so wieder aufgebaut.

Was Neapel jedoch während der Renaissance verpasste, machte es mehr als wett im Barock des 17. und 18. Jhs. Endlich hatte die Stadt eine Ästhetik gefunden, die ihrem exhibitionistischen Wesen entsprach, ein Stil, der Pomp, Gold und Übertreibung zelebrierte. Das neapolitanische Barock entsprang einer berauschenden Zeit. Unter der spanischen Herrschaft im 17. Jh. wuchs die Stadt zur größten Europas. Wachsende Bevölkerungszahlen und antireformatorischer Eifer setzten einen Bauboom in Gang, der immer höhere Palazzi und glanzvolle Repräsentationskirchen hervorbrachte. Ein dreister, arroganter und ungestümer Haufen von Architekten und Künstlern, die Traditionen beiseite fegten und neue Regeln festlegten, waren bereit für die neuen verschwenderischen Wahrzeichen der Stadt.

Der neapolitanische Touch

Wie die Neapolitaner selbst ist die Barockarchitektur der Stadt eigenwillig und auf Eigenständigkeit bedacht. Die Architekten, die in jener Zeit in Neapel arbeiteten, ignorierten oft die Trends, die Rom und Norditalien erfassten. Pilaster mögen zwar in den römischen Kirchen des späten 17. Jhs. der letzte Schrei gewesen sein, aber in Neapel widersetzten sich Architekten wie Dionisio Lazzari (1617–1689) und Giovanni Battista Nauclerio (1666–1739) dem Trend und verschafften der Säule wieder Geltung. Damit ebneten sie den Weg für Luigi Vanvitellis Säulenarchitektur und den Klassizismus, der Mitte des 18. Jhs. Europa eroberte.

In den neapolitanischen Wohnhäusern befand sich der *piano nobile* (Beletage) oft im 1. Stock (nicht im Erdgeschoss wie üblich). Dies ermöglichte die massiven *porte-cocheres* (Kutschenvorbauten), die viele neapolitanische Gebäude auszeichnen.

Ebenfalls grandios waren die offenen Treppenhäuser der Stadt, die durch den neapolitanischen Architekten Ferdinando Sanfelice (1675–1748) perfektioniert wurden. Seine Doppeltreppen im Palazzo dello Spagnuolo und im Palazzo Sanfelice sind beispielhaft für sein Können, einfache Haustreppen in theatralische Statements umzuwandeln.

Ein weiterer Star der Bauszene war Antonio Domenico Vaccaro (1678–1745), der ursprünglich Malerei bei Francesco Solimena gelernt hatte. Zu seinen architektonischen Hinterlassenschaften gehören die Neugestaltung des Kreuzgangs in der Basilica di Santa Chiara, die Ausschmückung von drei Kapellen der Kirche in der Certosa di San Martino und der Entwurf der *guglia* (Obelisk) auf der Piazza San Domenico Maggiore.

Mit Hilfe seines Vaters Lorenzo (selbst ein bekannter Bildhauer) arbeitete Vaccaro auch am Bronzedenkmal für Philipp V. von Spanien mit, das die Guglia dell'Immacolata auf der Piazza del Gesù Nuovo krönt. Allerdings ließ Karl III. das Werk später herunterreißen und durch eine weniger umstrittene Madonna ersetzen, die heute noch vorhanden ist.

Vielen Barockarchitekten Neapels lag der Spruch „Nur die inneren Werte zählen" besonders am Herzen. Zum Teil wegen der berüchtigten Baudichte der Stadt und wegen fehlender repräsentativer Plätze investierten sie meist weniger Zeit in die Gestaltung ohnehin kaum zu sehender Fassaden, sondern lieber in die verschwenderische Gestaltung der Innenräume. Das Äußere von Kirchen wie der Chiesa del Gesù Vecchio in der Via Giovanni Paladino oder der Chiesa di San Gregorio Armeno verraten kaum die detailreiche Opulenz im Inneren, von frechen Putten und vergoldeten Decken bis zu vielfarbigen Marmorwänden und -böden.

Der hemmungslose Einsatz von farbigem, intarsierten Marmor ist in der Tat ein wahres Highlight des neapolitanischen Barock. Die Intarsien, in der zweiten Hälfte des 16. Jhs. als Grabschmuck verwendet, kamen zu Beginn des 17. Jhs. erst so richtig in Mode – Altäre und Böden bis hin zu ganzen Kapellen wurden in vielfarbigen Marmor gekleidet.

Der unbestrittene Meister dieser Form war Cosimo Fanzago. Der renommierte Bildhauer, Dekorationskünstler und Architekt schnitt den Stein in die seltsamsten Formen und schuf so herrliche, farbenprächtige Schaustücke. Nach seinen frühen Werken, wie dem Grab von Mario Carafa in der Santissima Annunziata und einer Marmorgrabschrift für Kardinal Ottavio Acquaviva in der Cappella del Monte di Pietà, hatte der hitzige Fanzago 1623 seinen großen Durchbruch mit dem Auftrag, den

Griechische dorische Säulen sind kurz, stämmig, sockellos und mit schlichten runden Kapitellen (Kronen), ionische Säulen hingegen sind schlank und geriffelt, haben einen großen Sockel und zwei gegenüberliegende *volutes* (Rollschnörkel) unter dem Kapitell. Korinthische Säulen sind noch aufwändiger und haben kunstvolle Kapitelle mit Rollschnörkeln und Laubverzierung.

SÄULEN

Chiostro Grande (Großen Kreuzgang) in der Certosa di San Martino zu vollenden und auszuschmücken. Er ergänzte Giovanni Antonio Dosios ursprünglichen Entwurf mit den Statuen über dem Portiko, den kunstvollen Eckportalen und der weißen Balustrade um den Mönchsfriedhof.

Die beeindruckten Kartäusermönche boten ihm weitere Arbeiten an der Certosa-Kirche an, eine Arbeit, die ihn mit Unterbrechungen 33 Jahre beschäftigte und sich nicht zuletzt durch juristische Auseinandersetzungen hinzog. Trotz der Feindseligkeiten schenkte Fanzago seinen kuttenbekleideten Kunden eine der großartigsten Barockwerke Italiens: Er entwarf die Fassade der Kirche und schmückte ihren Innenraum mit vielfarbigem sizilianischem Marmor aus. Das Ergebnis war ein faszinierendes Kaleidoskop aus Farben und Mustern, das perfekte Beiwerk für Arbeiten anderer großer Künstler, wie der Maler Giuseppe de Ribera, Massimo Stanzione und Francesco Solimena.

Fanzago vollendete die Kunst der Marmorintarsien zu neuen Höhen der Komplexität und Raffinesse, wie in der Cappella di Sant'Antonio di Padova und der Cappella Cacace im Complesso Monumentale di San Lorenzo Maggiore, welche als seine aufwendigste Marmorarbeit gilt.

Auch Fanzagos Altargestaltungen beeinflussten den kreativen Nachwuchs jener Zeit. Seine Werke, allen voran sein wunderschöner Hochaltar in der Chiesa di San Domenico Maggiore, inspirierten die Arbeiten anderer Bildhauer, wie Bartolomeo und Pietro Ghettis Altar in der Chiesa di San Pietro a Maiella, den Altar von Bartolomeo Ghetti und den Brüdern Giuseppe und Bartolomeo Gallo in der Chiesa del Gesù Nuovo sowie Giuseppe Mozzettis hervorragender Chor in der Chiesa di Santa Maria del Carmine.

Ein weiterer Maestro des Marmors war Giuseppe Sanmartino (1720–1793). Die Begabung des zweifellos besten Bildhauers seiner Zeit, seinen Werken Leben einzuhauchen, brachte ihm scharenweise Bewunderer ein, darunter auch die Bourbonenherrscher der Stadt und den gerüchteumwehten Fürsten Raimondo di Sangro. In der Familienkapelle der di Sangros, der Cappella Sansevero, befindet sich Sanmartinos phantastischer *Cristo velato* (verhüllter Christus) von 1753. Er gilt als der Höhepunkt seiner bildhauerischen Brillanz und ist wohl die großartigste Skulptur Europas aus dem 18. Jh. Selbst der große klassizistische Bildhauer Antonio Canova wünschte, er selbst hätte sie geschaffen.

In ihrem Buch *Medieval Naples: An Architectural & Urban History 400–1400* geben Caroline Bruzelius, William Tronzo und Ronald G. Musto einen gründlich recherchierten Überblick über Neapels Architektur und Stadtentwicklung von der Spätantike bis zum Hoch- und Spätmittelalter. Behandelt wird auch die ehrgeizige Umgestaltung der Stadt durch die Angevinen.

Ende einer Ära

Canova hätte sich vielleicht auch gewünscht, die Reggia di Caserta geschaffen zu haben. Die monumentale Königsresidenz, offiziell als Casertas Palazzo Reale bekannt, war eine der pompösen Hinterlassenschaften der Bourbonenzeit. Entworfen wurde die Reggia vom spätbarocken Architekten Luigi Vanvitelli (1700–1773), Sohn des niederländischen Landschaftsarchitekten Gaspar van Wittel (1653–1736). Sie war nicht nur größer als Versailles, sondern ging als Italiens großartiger Epilog auf den Barock in die Geschichte ein.

Der spätbarocke Stil des Palastes weist zwar viele der typischen theatralischen Merkmale des Genres auf, von hektarweise Marmorintarsien bis zu allegorischen Statuen in Wandnischen, aber er spiegelt einen klassizistischen Stil wider, der mehr den damaligen französischen und spanischen Vorbildern entspricht und weniger der überbordenden Verspieltheit der neapolitanischen Version. Laut den Bourbonenblaublütern war der überschäumende neapolitanische Barockstil *plutôt vulgaire* (ziemlich vulgär). Und als der Vorhang für Neapels barocke Glanzzeit fiel, wartete bereits der maßvollere Klassizismus auf seinen Auftritt.

Die Stadt im Untergrund

Mysteriöse Schreine, Geheimgänge, vergessene Gruften: Es hört sich zwar an wie eine Filmkulisse von *Indiana Jones*, aber es handelt sich tatsächlich um das, was unter Neapels lauten und schmuddeligen Straßen lauert. Das unterirdische Neapel ist eine der spannendsten urbanen Parallelwelten, die es gibt: ein lautloses, weitgehend unentdecktes Labyrinth aus kathedralenartigen Zisternen, engen Gängen, Katakomben und antiken Ruinen.

Höhlenforscher schätzen, dass etwa 60 % der Neapolitaner oberhalb dieses Netzwerks, auf Italienisch *sottosuolo* (Untergrund), leben und arbeiten. Seit dem Ende des Zweiten Weltkriegs wurden um die 700 Hohlräume entdeckt, von originalen Grotten aus der griechischen Epoche bis zu frühchristlichen Grabkammern und Fluchtwegen der Bourbonenkönige. Experten sind der Meinung, dass dies erst der Anfang sei und weitere 2 Mio. m² höhlenartiger Schätze auf Entdeckung warten.

Neapels passionierte Höhlenfreaks betonen, dass ihre Unterwelt eine der größten und ältesten der Welt sei. Klar, Paris mag die eine oder andere Katakombe haben, aber was dort geboten wird, kann sich mit der 2500-jährigen Geschichte dieses Giganten keinesfalls messen.

Und was das für eine Geschichte ist: von begrabenen Märtyrern und fremden Eindringlingen bis zu frauenstehlenden Geistern und drogenfabrizierenden Gangstern. San Gennaro, Neapels berühmtester Heiliger, wurde im 5. Jh. n. Chr. in der Catacomba di San Gennaro begraben. Ein Jahrhundert später, im Jahr 536, überraschten Belisario und seine Soldaten Neapel, indem sie die Stadt durch ihre antiken Tunnel stürmten. Der Legende nach benutzte Alfonso von Aragon 1442 den gleichen Trick, als er die Stadtmauer durch einen unterirdischen Gang unterlief, der zu einer Schneiderwerkstatt und direkt in die Stadt führte.

Die Bourbonen ließen sich hingegen im 18. Jh. einen Fluchtweg unter dem Palazzo Reale di Capodimonte graben. Ein Jahrhundert später gaben sie einen Tunnel in Auftrag, der ihren zentralen Palazzo Reale (Königspalast) mit ihren Kasernen in Chiaia verband: Ein perfekter und ungehinderter Weg für Soldaten oder eine flüchtende Königsfamilie. Selbst die Unterwelt der Stadt mischte mit. 1992 wurde der gefürchtete Stolder-Clan verhaftet, weil er ein unterirdisches Drogenlabor samt Fluchtwegen direkt ins Haus des Clan-Bosses betrieb.

Von antiken Aquädukten bis zur unterirdischen Müllhalde

Strategische Tunnel und heilige Katakomben sind zwar wichtige Bestandteile der lichtlosen Anderswelt von Neapel, aber das eigentliche Rückgrat der unterirdischen Stadt ist das antike Aquäduktsystem. Neapels erstes Meisterwerk der Installation bauten die griechischen Siedler der Antike, die damit Wasser von den Hängen des Vesuvs in die Zisternen der Stadt leiteten. Die Zisternen selbst entstanden, als der weiche Tuffstein unter der Stadt als Baumaterial ausgegraben wurde. Brunnenschächte auf Straßenebene ermöglichten den Einwohnern, mit dem Eimer Wasser hochzuholen und ihren Durst zu löschen.

Die Römer ließen sich nichts nehmen und begeisterten den Plebs (kurz für Plebejer, gewöhnliche römische Bürger) mit ihrem neuen, verbesserten, 70 km langen Aquädukt, das Wasser vom Serino bei Avellino nach Neapel, Pozzuoli und Baia leitete, wo es sich in die gigantische Piscina Mirabilis ergoss.

Die nächste Aufrüstung kam 1629 mit der Eröffnung des unter den Spaniern gebauten „Carmignano“-Aquädukts. 1770 wurde es erweitert, dann aber in den 1880er-Jahren aufgegeben, nachdem Choleraausbrüche den Bau einer moderneren Druckwasserversion erforderten.

Die antiken Zisternen, trocken und nicht mehr in Gebrauch, entwickelten sich von glorreichen Meisterleistungen antiker Ingenieurskunst zu praktischen Mülldeponien vor der Haustür. Je mehr Müll die Brunnenschächte verstopfte, umso schwieriger wurde der Zugang in den *sottosuolo*, und nach nur ein paar Generationen war das unterirdische System, das einst die Stadt versorgt hatte, aufgeschwemmt und vergessen.

Unterirdische Stätten

» Catacomba di San Gennaro (S. 68)
» Napoli Sotterranea (S. 47)
» Catacomba di San Gaudioso (S. 68)
» Complesso Monumentale di San Lorenzo Maggiore (S. 39)
» Tunnel Borbonico (S. 61)

Wiederbelebung im Zweiten Weltkrieg

Erst das Heulen der Luftschutzsirenen vereinte die sonnige und die unterirdische Seite der Stadt aufs Neue. Als alliierte Luftangriffe drohten, befahl Mussolini, die alten Zisternen als Luftschutzbunker zu nutzen. Die Müllberge wurden komprimiert und abgedeckt, alte Gänge verbreitert, Toiletten eingebaut und neue Treppen errichtet. Als oben die Bomben auf die Stadt niedergingen, flüchteten sich Zehntausende in die dunklen, feuchten Bunker darunter.

Angst, Frust und Wut jener, die dort Schutz suchten, ist noch an den historischen Graffiti an den Wänden abzulesen, von handgemalten Karikaturen von Hitler und „Il Duce“ bis zu ergreifenden Mitteilungen wie *„Mamma, non piangere“* (Weine nicht, Mama). Für die vielen Menschen, deren Häuser zerstört waren, wurde der unterirdische

DER MYTHOS VOM KLEINEN MÖNCH

Es versteht sich von selbst, dass eine so alte, dunkle und mysteriöse Welt wie Neapels *sottosuolo* (Unterwelt) ein paar wunderliche Großstadtmythen hervorbringt. Die bekannteste und beliebteste Geschichte ist die des *municello* (kleiner Mönch), eine Art neapolitanischer Kobold, der sowohl böse als auch nett sein kann. Berichte über Sichtungen des Kapuzenmännchens, das in einem Weinkeller leben soll, gab es im 18. und 19. Jh. regelmäßig. Einige beschrieben ihn als freundlichen Charakter, Überbringer von Geschenken und Glück. Für andere bedeutete der *municello* Ärger – er schleiche sich ins Haus, um Sachen zu verlegen, wertvollen Schmuck zu stehlen und gelegentlich eine einsame Hausfrau zu verführen.

Eine Handvoll Neapolitaner verflucht zwar noch immer den Wichtel, wenn ein Autoschlüssel verschwindet, aber die meisten glauben heute, dass der freche *municello* tatsächlich einer der längst nicht mehr tätigen *pozzari* (Aquäduktreiniger) war. Die kleinwüchsigen *pozzari*, die jeden Tag die Brunnen hinabstiegen, hüllten sich gegen das feuchte, kalte Klima in einen dicken Kapuzenmantel. Natürlich kamen sie manchmal nach oben, um frische Luft zu schnappen, und landeten in fremden Wohnhäusern. Für einige war die Versuchung, Schubladen nach Wertsachen zu durchstöbern, allzu groß. Für andere war es eine Chance, neue Bekanntschaften zu schließen oder einer vernachlässigten Hausfrau ein bisschen Gesellschaft zu leisten. Was immer auch ihre Absicht war, es wird schnell klar, wie die Geschichte vom „Minimönch“ entstand.

FULVIO SALVI & LUCA CUTTITTA, HÖHLENFORSCHER

Neapels unterirdische Welt hat alle möglichen Namen, von „Parallelstadt" bis „Negativstadt", aber die neapolitanischen Höhlenforscher Fulvio und Luca nennen sie lieber *„la macchina del tempo"* (die Zeitmaschine). Fulvio erklärt: „In 30 bis 40 m kommt man vom 21. Jh. bis in die Zeit von 2000 v. Chr. Einige der Axtspuren auf dem Tuffstein stammen noch vor der Zeit Christi."

Für Fulvio und Luca ist die ständige Möglichkeit neuer Entdeckungen berauschend: „Wir können 30-mal in die gleiche Zisterne hinabsteigen und finden immer noch neue Objekte, wie Öllampen, die von den griechischen und römischen Grubenarbeitern benutzt wurden."

Eine ihrer bislang unvergesslichsten Entdeckungen machten sie, als sie auf eine ungewöhnlich aussehende Treppe hinter einem alten Hühnerstall in einem alten Palazzo im Viertel Arinella stießen.

Fulvio erinnert sich: „Ich ging die Treppe hinab und durch ein Loch in der Wand. Unten angekommen schaltete ich meine Taschenlampe an und war wie vor den Kopf geschlagen, als ich gemeißelte Säulen und Fresken der ägyptischen Götter Isis, Osiris und Seth an der Wand entdeckte. Wir glauben, dass wir Teile des Secretorum Naturae Accademia entdeckt haben, das Labor, das der Gelehrte, Alchemist und Dramatiker Giambattista della Porta (ca. 1535–1615) genutzt hatte, nachdem ihm die Inquisition seine Experimente verboten hatte."

Höhlenforschervereine wie NUg (Napoli Underground Group) spielen bei der Erhaltung von Neapels kollektivem Erbe eine wesentliche Rolle: „Es gibt zwischen 10 und 15 NUg-Mitglieder, die alle eine bestimmte Rolle auf unseren Expeditionen spielen, sei es Fotograf, Filmer oder medizinischer Betreuer. Wir sind wie eine gut geölte Maschine, deren Rolle es ist, die kleinen Risse in unserer Stadtgeschichte zu flicken. Es ist ein bisschen wie ein Puzzle und jeder neu entdeckte Gang und jede Zisterne ist ein Teil dieses Puzzles, das wir zusammensetzen wollen. Es ist zu groß, um es in unserer Lebenszeit zu vollenden, aber wenigstens haben wir zu wichtigen wissenschaftlichen, historischen und archäologischen Entdeckungen beigetragen."

Höhlenforscher Fulvio Salvi und Luca Cuttitta ziehen finstere Zisternen dem südlichen Sonnenschein jederzeit vor.

Unterschlupf zum zeitweiligen Wohnsitz. Ganze Familien lebten in den Zisternen zusammen, teilten ihre provisorische Bleibe mit Betttüchern ab und möblierten sie vereinzelt mit klapprigen Betten.

Als jedoch oben der Wiederaufbau begann, wurden die Aquädukte erneut zu unterirdischen Müllcontainern degradiert – von Kriegstrümmern bis zu Motorrollern und Fiats wurde alles die Schächte hinab geworfen. Und die Geschichte wiederholte sich: Das historische Labyrinth und seine jahrtausendealten Geheimnisse verblassten im kollektiven Gedächtnis der Stadt.

Höhlenretter & wiederentdeckte Geheimnisse

Zum Glück ist nicht alles verloren, da eine engagierte Truppe professioneller und freiwilliger Höhlenforscher weiterhin verloren geglaubte Stätten und Geheimnisse wiederentdeckt und zugänglich macht – was auch National Geographic und der BBC nicht entgangen ist, die beide über die Arbeit der unterirdischen Experten berichteten. Der erfolgreichste Höhlenverein der Stadt ist der passend benannte „La Macchina del Tempo" (die Zeitmaschine). Unter der Leitung des Höhlenforschers Luca Cuttitta verwaltet der Verein das faszinierende Museo del Sottosuolo (Museum des Untergrunds), eine Verneigung vor den Höhlenforschern und den Schätzen, die sie freilegen. Die restaurierten unterirdischen Zisternen an der Piazza Cavour bilden echte Stätten nach, die der Öffentlichkeit nicht zugänglich sind, von einem phallozentrischen Schrein für den griechisch-römischen Fruchtbarkeitsgott Priapus bis zu einem grellbunten hellenistischen Hypogäum (unterirdischer Grabbau). Wertvoller Abfall, der einst die Hohlräume füllte, ist hier ausgestellt, wie seltene Majolika-Kacheln oder Haushaltsgegenstände aus dem Zweiten Weltkrieg. Das Museum selbst wurde vom altgedienten Höhlenschützer Clemente Esposito gegründet, der in den hiesigen Höhlenforscherkreisen liebevoll *Papa del sottosuolo* (Papst der Unterwelt) genannt wird.

Noch spannender sind die Höhlentouren der Macchina del Tempo, die in unerforschte Ecken führen, die kaum ein Mensch je sehen wird. Auf diesen Trips sind überraschende Entdeckungen alles andere als selten, ob nun ein weiteres geheimes Kriegsversteck, eine frühchristliche Inschrift oder eine noch ältere griechische Urne. Eine Mindestteilnehmerzahl von sechs Personen wird für diese Touren verlangt. Sie finden am Wochenende statt und dauern drei Stunden.

Mindestteilnehmerzahlen werden bei den touristischeren Touren von Napoli Sotterranea (S. 47) und Borbonica Sotterranea nicht verlangt. Borbonica Sotterraneas Tour Tunnel Borbonico (S. 61) führt durch den Bourbonentunnel im Berg Echia (Stätte der ersten Siedlung Neapels). Napoli Sotterranea hingegen leitet einen konstanten Besucherstrom unter das *centro storico* zu den Resten eines römischen Theaters, das Kaiser Nero einst besuchte, und zu einer Zisterne, die in alter Pracht restauriert und mit Wasser gefüllt wurde.

Eine weitere Vertiefung in die unterirdische Szene bietet die informationsreiche Website www.napoliunderground.org.

Ein zweischneidiges Schwert

Der ansteckende Enthusiasmus der neapolitanischen Höhlenforscher reicht jedoch nicht aus, um den *sottosuolo* der Stadt zu schützen und zu erhalten. Die großzügigen Fördermittel für Höhlenforschung, die der Stadtrat in der goldenen Ära der 1990er-Jahre bereitstellte, sind mittlerweile in der üblichen italienischen Bürokratie und politischem Gezänk untergegangen. Deswegen bleiben viele wertvolle Stätten, die von den Höhlenforschern der Stadt freigelegt wurden, auf unbestimmte Zeit verwaist, da kaum Geld für Bergung und Restaurierung vorhanden ist. Fulvio Salvi von der NUg (Napoli Underground Group) klagt „Neapels Problem ist, dass es fast zu viele historische Schätze besitzt. Das führt zu einer gewissen Gleichgültigkeit gegenüber solchen Wunderwerken, weil es sie hier nahezu wie Sand am Meer gibt."

Ein positiveres Ergebnis hatte NUgs Entdeckung eines langen, ringförmigen Gangs unter den Quartieri Spagnoli. Er war Teil des antiken Viertels Largo Baracche und wäre ideal für ein dringend benötigtes Gemeindezentrum gewesen – ein Wunsch, der in der Stadtverwaltung auf taube Ohren stieß. Es sah aus, als würde er letztlich zum Obdachlosenquartier, aber die Rettung kam in Form einer engagierten Gruppe junger Stadtteilaktivisten namens SABU. Nach gründlicher Renovierung eröffnete die Gruppe die Räumlichkeiten 2005 unter der Leitung der 24-jährigen Archäologiestudenten Giuseppe Ruffo und Pietro Tatafiore als gemeinnütziges Kunstlabor und Galerie. Wie Giuseppe erklärt, ist „die Galerie ein offener Raum, in dem angehende Künstler ihre Werke ausstellen können, darunter auch junge Absolventen der Accademia delle Belle Arti. Leider sind solche Räume in Neapel selten."

Neapels ursprüngliche griechisch-römische Stadt wurde im 6. Jh. unter einer gewaltigen Schlammlawine begraben. Die Ausgrabungen des römischen Markts unter dem Complesso Monumentale di San Lorenzo Maggiore dauerte 25 Jahre.

SCHLAMMLAWINE

Die Camorra

Neapels Kriminellensyndikat Camorra, vor Ort Il Sistema (das System) genannt, ist das größte Italiens. Es handelt mit Drogen, entsorgt Giftmüll, behindert mit Schmiergeldern die Regionalentwicklung und verdient damit einen Haufen Geld. In den letzten 30 Jahren forderte die Camorra über 3000 Menschenleben, mehr als jede andere Mafiaorganisation des Landes.

Die Camorra im Film

» *Gomorrha* (Matteo Garrone; 2009)

» *Il camorrista* (Der Camorrista; Giuseppe Tornatore; 1986)

» Mi manda Picone (Picone schickt mich; Nanni Loy; 1983)

Ursprünge

Es wird allgemein angenommen, dass die Camorra aus den Verbrecherbanden entstanden, die Ende des 18. Jhs. in Neapel unter den Armen umtriebig waren. Die Organisation trat erstmals nach der gescheiterten Revolution von 1848 richtig in Erscheinung. Liberale, die sich für eine Verfassung einsetzten, wollten unbedingt Ferdinand II. stürzen und aten die *camorristi* (Mitglieder der neapolitanischen Mafia), die Unterstützung der Massen zu mobilisieren. Damit war der politische Einfluss der Camorra besiegelt. Unter Mussolini erlitt die Organisation einen heftigen Rückschlag, erhielt aber durch den Einmarsch der Alliierten 1943 erneut Aufwind. Die hatten sich an die florierende Unterwelt gewandt, weil das die sicherste Methode war, etwas durchzusetzen.

Der Wert des Verbrechens

Heute sind die Mafiaorganisationen Italiens dick im Geschäft: Der jährliche Profit der Camorra wird auf 19 Mrd. € geschätzt. Das ist ein riesiger Unterschied zu den Tagen der Schurken, die Ladeninhaber zur Zahlung von *pizzo* (Schutzgeld) nötigten. Der Journalist Roberto Saviano schrieb in seinem Camorra-Bericht *Gomorrha*: „Nur arme Camorra-Clans, die geschäftsuntüchtig sind und verzweifelt überleben wollen, praktizieren noch diese Art monatlicher Erpressung wie in Nanni Loys Film *Mi manda Picone*." Diese Kleinkriminalität gibt es zwar noch, aber das große Geld machen die Mafiabosse, ob mit der Herstellung und dem Verkauf von gefälschten Waren oder im Bau- und Müllentsorgungsgewerbe.

Im Großraum Neapel gibt es über 100 Camorra-Clans mit geschätzten 10 000 unmittelbaren Mitgliedern und einer noch größeren Anzahl an Kunden, Abhängigen und Unterstützern.

Eine der größten Goldgruben der Camorra ist der Drogenhandel. Die von der Camorra beherrschten Vororte Secondigliano und Scampia im nördlichen Neapel haben den zweifelhaften Ruf, Europas größter Drogenmarkt zu sein und Süchtige aus dem ganzen Land mit billigem, minderwertigem Heroin und Kokain zu versorgen. Keine Frage, dass Geld auch Gier nach sich zieht. Auseinandersetzungen zwischen rivalisierenden Clans über diesen lukrativen Handel haben zu reichlich Blutvergießen geführt.

Einer der schwersten Clan-Kämpfe in jüngerer Geschichte war der sogenannte Scampia-Krieg, den der *camorrista* Cosimo Di Lauro Ende 2004 anzettelte. Als jüngst ernannter Kopf des mächtigen Di-Lauro-Clans beschloss der 30-Jährige den Drogenhandel der Gegend zu zentralisieren, was ihm selbst mehr und den bewährten Mittelsmännern sehr viel

MAFIA-MÜLL

Anfang 2012 verhaftete die italienische Polizei bei einer Ermittlung gegen illegale Giftmüllentsorgung der Camorra 14 Leute und beschlagnahmte Firmenvermögen in Höhe von 8 Mio. €. Die Zahlen sind kaum überraschend: Die Camorra betreibt ein lukratives Geschäft mit Transport, Entsorgung und Verbrennung von Giftmüll, der aus dem reichen, industriellen Norden Italiens nach Kampanien geschmuggelt wird. 2004 bezeichnete die medizinische Fachzeitschrift *Lancet Oncology* eine Gegend im nordöstlichen Hinterland Neapels als „Todesdreieck". Dort nämlich waren die Fälle von Leberkrebs und angeborenen Fehlbildungen des Nerven- und Harnsystems ungewöhnlich hoch. Die Geschäftsidee geht auf den Boss des Casalesi-Clans Gaetano Vassallo zurück, der 2008 gestand, dass er lokale Politiker, Bauern und andere Clan-Bosse bestochen hatte, um gefährlichen Abfall auf Feldern zwischen Neapel und Caserta entsorgen zu können.

weniger Macht eingebracht hätte. Das kam bei vielen Partnern Di Lauros nicht gut an. Zu ihnen gehörten Raffaele Amato und Cesare Pagano, die sich abspalteten und einen rivalisierenden Clan namens Scissionisti (die Abtrünnigen) bildeten. Es folgte eine lange Zeit gnadenloser Morde und Racheakte zwischen den gegnerischen Gruppen, die allein von 2004 bis 2005 über 50 Menschenleben forderte.

Gegenwehr

Im Lauf der Jahre hat die Justiz viele Camorra-Größen geschnappt, darunter Cosimo Di Lauro, seinen Vater Paolo und Giuseppe Dell'Aquila. Gleichwohl ist der Krieg gegen die Camorra ein aussichtsloser Kampf. Ihre Präsenz in der neapolitanischen Gesellschaft reicht Jahrhunderte zurück und vielen Menschen hat die Camorra alles beschafft, was Italiens offizielle Wege nicht konnten, von Arbeitsplätzen und Geschäftskrediten bis zu einer Art Ordnung in Stadtvierteln. Die wöchentlichen Drogenhandelslöhne der Camorra reichen von 100 € fürs Schmierestehen bis 1000 € für jene, die Drogen in ihrem Haus verstecken. Der Transport einer Drogenlieferung von Mailand nach Neapel kann bis zu 2500 € einbringen.

Italiens jüngste Finanzkrise erwies sich als weiterer Segen. Da Geldmittel knapp sind, sind klamme Firmen empfänglicher für schmutziges Geld geworden. Kredithaie der Camorra bieten gewöhnlich Bares gegen einen durchschnittlichen Zinssatz von 10 % an. Geschätzte 50 bis 70 % der Läden in Neapel werden mit Geld aus zweifelhaften Quellen betrieben. Die Mafiaprofite werden auch in rechtmäßige Immobilien, Kreditmärkte und Geschäfte in der ganzen Welt investiert.

Zwar zucken allzu viele Neapolitaner resigniert mit den Schultern, aber andere sind entschlossen, den Klammergriff der Camorra zu lösen. Im Viertel Sanità bieten Menschen wie der Gemeindepriester Don Antonio Loffredo und der bekannte Künstler Riccardo Dalisi Jugendlichen die Gelegenheit, künstlerische und kunsthandwerkliche Fähigkeiten zu erlernen und zu helfen, lokale Kulturerbestätten zu restaurieren, wie die Catacomba di San Gennaro.

In Ercolano machte die betagte Ladenbesitzerin Raffaella Ottaviano international Schlagzeilen, weil sie sich weigerte, den *pizzo* zu zahlen. Ihr Mut steckte andere lokale Händler an, ebenfalls Nein zu sagen, was die Stadtverwaltung bewegte, allen jenen Steuervergünstigungen anzubieten, die Erpressungsdrohungen melden anstatt der Camorra nachzugeben.

Vor nicht allzu langer Zeit wäre die Bereitschaft, die Camorra öffentlich anzuprangern, unvorstellbar gewesen – ein Hoffnungsschimmer in einem langen, finsteren Kampf.

Der 2009 verhaftete Ugo Gabriele sprengte wirklich jeden Rahmen. Der bullige und gerissene 27-Jährige ging als Italiens erster Transvestitengangster in die Geschichte ein. „Kitty" zog sich die Augenbrauen nach, benutzte Lippenstift, färbte sich die Haare platinblond und fand zwischendurch noch Zeit, Prostitution und Drogenhandel für Neapels Scissionisti-Clan zu managen.

Praktische Informationen

ALLGEMEINE INFORMATIONEN . . . 272
Arbeiten in Italien 272
Botschaften & Konsulate . . . 272
Ermäßigungen 272
Essen 272
Feiertage 273
Frauen unterwegs 273
Geld 273
Gesundheit 274
Internetzugang 274
Öffnungszeiten 274
Post 275
Rechtsfragen 275
Reisen mit Behinderung . . . 275
Schwule & Lesben 276
Sicherheit 276
Strom 277
Telefon 277
Toiletten 277
Touristeninformation 276
Versicherung 278
Visa 278
Zeit 278
Zoll 278

VERKEHRSMITTEL & -WEGE 279
AN- & WEITERREISE 279
Einreise 279
Flugzeug 279
Landweg 279
UNTERWEGS VOR ORT . . 280
Auto & Motorrad 280
Bus 282
Fahrrad 283
Nahverkehr 283
Schiff/Fähre 284
Standseilbahn 284

SPRACHE 285
GRUNDLAGEN 285
UNTERKUNFT 286
RICHTUNGSANGABEN . . . 286
ESSEN & TRINKEN 286
Nützliches 287
Fleisch & Fisch 287
Obst & Gemüse 287
Sonstiges 288
Getränke 288
IM NOTFALL 288
SHOPPEN & DIENSTLEISTUNGEN 288
DATUM & UHRZEIT 288
VERKEHRSMITTEL & -WEGE 289
Öffentliche Verkehrsmittel 289
Auto, Motorrad & Fahrrad 289
GLOSSAR 290
DIE SPEISEKARTE VERSTEHEN 291

Allgemeine Informationen

Arbeiten in Italien

EU-Bürger benötigen keine Aufenthalts- und Arbeitsgenehmigungen für Italien, müssen sich aber offiziell nach drei Monaten im Standesamt mit Wohnanschrift und Arbeits- oder Vermögensnachweis anmelden.

Botschaften & Konsulate

Botschaften und Konsulate, die hier nicht aufgeführt sind, können unter „Ambasciate" oder „Consolati" im Telefonbuch nachgeschlagen werden. Touristeninformationen haben generell auch ein Verzeichnis. Folgende Vertretungen gibt es in Neapel:

Deutschland (Generalkonsulat ☎ 081 248 85 11; www.neapel.diplo.de; Via Francesco Crispi 69)

Österreich (Honorarkonsulat; ☎ 081 553 43 72, @ consolatoaustria.napoli@gmail.com; Via Ricciardi 10)

Schweiz (Konsulat; ☎ Handy: 335 831 5257; @ napoli@honrep.ch; Via Consalvo Carelli 1)

Ermäßigungen

Jugendliche unter 18 Jahren und Senioren über 65 Jahren haben in vielen Galerien und Kulturstätten freien Eintritt; Besucher zwischen 18 und 25 Jahren erhalten zudem oft 50 % Ermäßigung. In einigen Fällen gelten diese Ermäßigungen nur für EU-Bürger.

Bei Reisen nach Neapel und Kampanien lohnt sich unter Umständen die **Campania Artecard** (www.campaniaartecard.it), die kostenlose Nutzung öffentlicher Verkehrsmittel und kostenlosen oder ermäßigten Eintritt in viele Museen und archäologische Stätten ermöglicht. Weitere Infos s. S. 70.

Essen

In den Restaurantbesprechungen in diesem Buch bezeichnet „Gericht" den durchschnittlichen Preis für einen *primo* (erster Gang), *secondo* (zweiter Gang), *dolce* (Dessert) und Hauswein für eine Person. Die Restaurants sind in folgende drei Preiskategorien aufgeteilt:

» € Budget, unter 20 €

» €€ Mittelklasse, 20–45 €

» €€€ Spitzenklasse, über 45 €

Weitere Informationen zum Essen in Neapel und Kampanien s. S. 23 und 252.

PRAKTISCH & KONKRET

» In Italien gilt das metrische System für Maße und Gewichte.

» Rauchen in geschlossenen öffentlichen Räumen (Bars, Aufzüge, Büros und Züge usw.) ist verboten ... selbst wenn sich einige Einheimische nicht daran halten.

» Wer gut genug Italienisch kann, sollte die großen neapolitanischen Tageszeitungen *Il Mattino* oder *Corriere del Mezzogiorno* lesen. Letztere ist die südliche Ausgabe der führenden italienischen Tageszeitung *Corriere della Sera*. Die überregionale *La Repubblica* hat ebenfalls einen neapolitanischen Teil.

» Staatliche Rundfunksender sind RAI Radio 1, RAI Radio 2 und RAI Radio 3 (www.rai.it), die in ganz Italien und im Ausland ausgestrahlt werden. Zu den zahllosen Musiksendern der Region gehört Radio Kiss Kiss (www.kisskiss.it). Fernsehsender sind die staatlichen RAI-1, RAI-2 und RAI-3 (www.rai.it), die größten Privatsender (meist im Besitz von Silvio Berlusconis Firma Mediaset) sind: Canale 5 (www.canale5.mediaset.it), Italia 1 (www.italia1.mediaset.it), Rete 4 (www.rete4.mediaset.it) und La 7 (www.la7.it).

Feiertage

Die meisten Italiener nehmen ihren Urlaub im August, vor allem um den 15. August, den Ferragosto. Deshalb sind viele Geschäfte und Läden einen Teil des Monats geschlossen.

Landesweite Feiertage:

» **Neujahr** (Capodanno) 1. Januar
» **Dreikönigstag** (Epifania) 6. Januar
» **Ostermontag** (Pasquetta) März/April
» **Tag der Befreiung** (Giorno della Liberazione) 25. April
» **Tag der Arbeit** (Festa del Lavoro) 1. Mai
» **Fest der Republik** (Festa della Repubblica) 2. Juni
» **Mariä Himmelfahrt** (Assunzione oder Ferragosto) 15. August
» **Allerheiligen** (Ognisanti) 1. November
» **Fest der unbefleckten Empfängnis** (Festa della Immacolata Concezione) 8. Dezember
» **Weihnachten** (Natale) 25. Dezember
» **Stephanstag** (Festa di Santo Stefano) 26. Dezember

Frauen unterwegs

Die häufigste Unannehmlichkeit für alleinreisende Frauen in Italien ist Belästigung. Italiener beäugen meist ungeniert Frauen, besonders begleitet vom gelegentlichen *ciao bella*. Die beste Reaktion ist Ignorieren. Wenn das nichts nützt, hilft der höfliche Hinweis, dass man auf den *marito* (Ehemann) oder *fidanzato* (Freund) wartet, wenn nötig, läuft man weiter. Aggressiv zu werden kann zu einer unerfreulichen Konfrontation führen. Wenn alles fehlschlägt, wende man sich an den nächsten Polizisten.

Vorsicht vor grapschenden Männern in vollen Bussen. Der beste Schutz ist, sich mit dem Rücken zur Wand zu stellen oder lautstark zu protestieren, wenn jemand an den Hintern fasst. Ein lautes *Che schifo!* (wie widerlich!) tut's in der Regel. Bei ernsthafteren Vorkommnissen muss die Polizei eingeschaltet werden, die dann zur Strafverfolgung verpflichtet ist.

Alleinreisende Frauen sollten ihren gesunden Menschenverstand benutzen. Ohne Begleitung zu trampen oder alleine durch dunkle Straßen zu laufen ist zu vermeiden. Am besten sind auch zentral gelegene Hotels (auf unsichere Gegenden wird im Buch hingewiesen). Solofrauen sollten nach Einbruch der Dunkelheit besonders in den neapolitanischen Stadtteilen Mercato, Quartieri Spagnoli und La Sanità aufpassen.

SCHÜLER, STUDENTEN & LEHRER

Die European Youth Card bietet Tausende Ermäßigungen in italienischen Hotels, Museen, Restaurants, Geschäften und Clubs; eine Studenten-, Lehrer- oder Jugendreisekarte kann bei Flügen nach Italien Geld sparen. Alle unter „Ermäßigungskarten“ (S. 272) aufgeführten Karten sind im **Centro Turistico Studentesco e Giovanile** (CTS; www.cts.it, auf Italienisch) erhältlich, einem Jugendreisebüro mit Filialen in ganz Süditalien. Die letzten drei Karten gibt es weltweit bei Studentenwerken, Hostelorganisationen und Jugendreisebüros wie STA Travel (www.statravel.com).

Geld

Schweizer finden aktuelle Wechselkurse auf www.xe.com.

Geldwechsel

Geld kann in Banken, Postämtern oder in *cambios* (Wechselstuben) umgetauscht werden. Postämter und Banken bieten meist die besseren Kurse. Wechselstuben sind hingegen länger geöffnet, verlangen aber höhere Provisionen und schlechtere Kurse.

Kredit- & Bankkarten

Geldautomaten gibt es überall in Kampanien. Sie sind die einfachste Möglichkeit, an Geld zu kommen. Internationale Kredit- und Bankkarten können an jedem Automaten mit den entsprechenden Zeichen benutzt werden. Karten werden auch als Zahlungsmittel in den meisten Hotels, Restaurants, Läden, Supermärkten und an den meisten Mautstellen akzeptiert.

Gebühren sollten mit der eigenen Bank geklärt werden. Die meisten Banken verlangen nun eine Gebühr von etwa 2,75 % bei ausländischen Transaktionen. Zusätzlich kann die Geldentnahme an Automaten eine weitere Gebühr kosten, in der Regel um 1,5 %.

Bei Verlust, Diebstahl oder Einzug am Automaten kann unter den folgenden kostenlosen Nummern die Karte gesperrt werden:

Amex (☎06 7290 0347 oder die nationale Nummer)
Diners Club (☎800 864064)
MasterCard (☎800 870866)
Visa (☎800 819014)

Steuern & Erstattung

Eine Mehrwertsteuer von etwa 20 %, die Imposta di Valore Aggiunto (IVA), wird in Italien auf fast alles aufgeschlagen. Nicht-EU-Bürger können bei Ausgaben über 155 € (oder präzise 154,94 €) bei Verlassen des Landes eine Erstattung verlangen. Genauere Informationen gibt es von **Tax Refund for Tourists** (www.taxrefund.it) oder in den entsprechenden Blättern in den teilneh-

ERMÄSSIGUNGSKARTEN

KARTE	WEBSITE	PREIS (€)	BERECHTIGTE
European Youth Card (Carta Giovani)	www.europeanyouthcard.org	11	unter 30 Jahre
International Student Identity Card (ISIC)	www.isic.org	10	Studenten
Internationaler Lehrerausweis (ITIC)		10	Lehrer
International Youth Travel Card (IYTC)		10	unter 26 Jahre

menden Läden, die in der Regel einen Aufkleber „Tax Free for Tourists" (oder dergleichen) an der Tür haben.

Trinkgeld

Trinkgeld wird zusätzlich zum Bedienungsgeld in Restaurants nicht erwartet, aber wenn der Service gut war, kann ein kleines Extra hinterlassen werden. Wird kein Bedienungsgeld berechnet, sollten 10 % gegeben werden, was aber nicht bindend ist. In Bars lassen Italiener oft Kleingeld als Trinkgeld liegen (in der Regel 0,10 bis 0,20 €). Trinkgeld für Taxifahrer ist nicht üblich, allerdings erwartet der Kofferträger in Spitzenklassehotels eine Kleinigkeit.

Gesundheit

Impfungen

Impfungen sind für Reisen nach Italien nicht nötig. Die Weltgesundheitsorganisation (WHO) empfiehlt jedoch, dass Reisende Vorsorge für Diphterie, Tetanus, Masern, Mumps, Röteln und Polio sowie Hepatits B treffen.

Krankenversicherung

EU-Bürger und Schweizer sind mit der Europäischen Krankenversicherungskarte (EHIC) für die meisten medizinischen Behandlungen in öffentlichen Krankenhäusern abgedeckt, kostenpflichtig sind jedoch Notfalltransporte nach Hause und nicht akute medizinische Behandlungen. Die Karte wird von den jeweiligen Krankenversicherungen ausgestellt. Bürger anderer Länder sollten herausfinden, ob es eine länderübergreifende Vereinbarung für medizinische Versorgung gibt. Wer eine Reiseversicherung abschließt, sollte darauf achten, dass sie den schlimmsten Fall abdeckt, wie Unfälle, die einen Notfallflug nach Hause erfordern. Auch sollte zuvor geklärt werden, ob die Versicherung direkt an die Gesundheitsdienste zahlt oder die eigene Auslage später erstattet.

Medizinische Versorgung

» Ganz Kampanien hat eine gute medizinische Versorgung.

» In größeren Zentren gibt es auch englischsprechende Ärzte oder einen Übersetzungsdienst.

» Apotheker können beraten und verkaufen für kleinere Erkrankungen nicht verschreibungspflichtige Medikamente. Sie sind auch behilflich, wenn eine ärztliche Untersuchung nötig ist und empfehlen entsprechende Kontakte. Apotheken haben generell dieselben Öffnungszeiten wie andere Geschäfte, sind also abends und sonntags geschlossen. Ein paar bleiben jedoch im Rotationsverfahren *(farmacie di turno)* für Notfälle geöffnet. Sie werden meist in den Zeitungen bekanntgegeben. Geschlossene Apotheken hängen eine Liste mit den nächstgelegenen geöffneten aus.

» Der Notruf für Krankenwagen lautet ☎118. Notfälle versorgt jeder *pronto soccorso* (Notaufnahme) in Krankenhäusern, die auch zahnärztliche Notfälle behandeln.

Internetzugang

Der Internetzugang in Süditalien hat sich in den letzten Jahren erheblich verbessert. Immer mehr Hotels, B&Bs, Hostels und sogar *agriturismi* (Bauernhofunterkünfte) haben nun kostenloses WLAN. Allerdings sind öffentliche WLAN-Hotspots und Internetcafés noch immer dünn gesät und die Signalstärke schwankt. Internetcafés verlangen 2 bis 6 € pro Stunde.

Öffnungszeiten

Die Öffnungszeiten einzelner Geschäfte in diesem Buch sind nur dann erwähnt, wenn sie erheblich von den folgenden Standardzeiten abweichen.

» **Banken** Mo–Fr 8.30–13.30 & 15–16.30 Uhr

» **Zentrale Postämter** Mo–Fr 8–18, Sa 8.30–13 Uhr

» **Kleinere Postämter** Mo–Fr 8–13.30, Sa 8.30–13 Uhr

» **Restaurants** 12–15 & 19.30–23 oder 24 Uhr

» **Cafés & Bars** 7.30–20 Uhr oder später

» **Clubs** 22–4 Uhr

» **Läden** Mo–Sa 9–13 & 15.30–19.30 (oder 16–

» 20 Uhr); einige sind Mo vormittags geschlossen

» Die Öffnungszeiten von Museen, Galerien und archäologischen Stätten sind höchst unterschiedlich. Manche Museen sind montags oder dienstags geschlossen, andere am Mittwoch.

» Die Küchen der Restaurants schließen oft eine Stunde vor Ende der Öffnungszeit. Die meisten Lokale sind an mindestens einem Tag in der Woche geschlossen; viele Restaurants haben im August Betriebsferien, jene in den Küstenorten schließen meist in der Nachsaison.

» In größeren Städten bleiben die Supermärkte oft über die Mittagszeit oder an Sonntagen geöffnet.

Post

Die italienische Post, **Poste Italiane** (www.poste.it), ist halbwegs zuverlässig. Öffnungszeiten s. S. 274.

Francobolli (Briefmarken) sind in *uffici postali* (Postämtern) und autorisierten Tabakläden (weißes „T" auf schwarzem Schild) erhältlich. Da Briefe in Tabakläden nicht gewogen werden, zahlt man gelegentlich nur ein ungefähres Porto für internationale Luftpost. Tabakläden haben reguläre Öffnungszeiten.

Das Hauptpostamt Neapels befindet sich an der Piazza Matteotti.

Porto

Das Porto für einen Brief *via aerea* (per Luftpost) hängt von Gewicht, Größe und Bestimmungsort ab. Die meisten Leute benutzen *posta prioritaria* (Eilpost), Italiens schnellste Form des Versands mit garantierter Zustellung in Europa innerhalb von drei Tagen und dem Rest der Welt in vier bis neun Tagen. Briefe bis zu 20 g kosten 0,52 € innerhalb Europas und den Mittelmeeranrainern, zum Rest der Welt 0,63 €. Päckchen bis zu 350 g kosten 1,86 € innerhalb Europas und den Mittelmeeranrainern, 4,13 € nach Afrika, Asien und Amerika sowie 4,39 € nach Australien und Neuseeland.

Postempfang

Postlagernd heißt in Italien *fermoposta*. Solche Briefe werden am gleichnamigen Schalter im Hauptpostamt in der jeweiligen Stadt aufbewahrt. Die Briefe müssen persönlich und gegen Vorlage eines Ausweises oder Reisepasses abgeholt werden.

Rechtsfragen

Trotz der Mafia ist Kampanien relativ sicher. Der durchschnittliche Tourist wird bestenfalls bei Taschenraub oder Taschendiebstahl mit der Polizei zu tun haben.

Drogen & Alkohol

Unter Italiens strengen Drogengesetzen kann der Besitz jeglicher Drogen, auch Cannabis oder Marihuana, gewaltige Schwierigkeiten zur Folge haben. Wer sich mit 5 g Cannabis erwischen lässt, wird als Dealer betrachtet und entsprechend angeklagt. Dasselbe gilt für winzige Mengen anderer Drogen. Wer unter dieser Höchstgrenze erwischt wird, kann mit geringeren Strafen rechnen.

Die gesetzliche Höchstgrenze für Alkohol liegt bei 0,5 Promille, sporadische Kontrollen kommen vor.

Polizei

Die Adressen von Polizeiwachen *(questure)* sind jeweils im Buch angegeben. Wer mit dem Gesetz in Konflikt gerät, wird wahrscheinlich mit der *polizia statale* (Staatspolizei) oder den *carabinieri* (Militärpolizei) zu tun bekommen. Erstere tragen hellblaue Hosen mit einem magentaroten Streifen und eine marineblaue Jacke; Letztere tragen schwarze Uniformen mit einem roten Streifen und fahren dunkelblaue Autos mit ebenfalls einem roten Streifen. Im Folgenden ein Überblick über italienische Polizeiorganisationen und ihre Zuständigkeiten.

» **Polizia statale** (Staatspolizei) Diebstahl, Visaverlängerung und Genehmigungen

» **Carabinieri** (Militärpolizei) Verbrechen, öffentliche Ordnung und Drogenbekämpfung (überschneidet sich oft mit der *polizia statale*)

» **Vigili urbani** (Verkehrspolizei) Knöllchen, abgeschleppte Autos

» **Guardia di finanza** Steuerhinterziehung, Drogenschmuggel

» **Guardia forestale** (bzw. Corpo Forestale) Umweltschutz

Rechte

Inhaftierte müssen binnen 24 Stunden über die Straftaten, die ihnen zur Last gelegt werden, schriftlich und mündlich informiert werden. Es gibt kein Recht auf einen Telefonanruf bei Verhaftung. Die Staatsanwaltschaft muss, je nach Art des Vergehens, innerhalb von 48 Stunden bei einem Richter einen Antrag auf Untersuchungshaft stellen. Verdächtige haben das Recht, ohne die Gegenwart eines Anwalts die Aussage zu verweigern. Ordnet der Richter eine Untersuchungshaft an, kann der Beschuldigte innerhalb von zehn Tagen Widerspruch einlegen.

Reisen mit Behinderung

Kampanien ist für Menschen mit Behinderung kein einfaches Reiseziel. Pflasterstraßen, haarsträubender Verkehr, blockierte Bürgersteige und winzige Aufzüge machen Rollstuhlfahrern, aber auch Seh- und Hörbehinderten das Leben schwer. Die unebenen Wege in archäologischen Stätten wie Pompeji sind für Rollstühle praktisch unbefahrbar. Einige Stadtbusse, wie der R2 und R3 in Neapel, haben jedoch Zugangsrampen und einen Rollstuhlplatz.

Die Website www.turismoaccessibile.it gibt einen Überblick über Barrierefreiheit in Museen, Hotels und Verkehrsmitteln Neapels.

Das Büro der **ENIT** (italienischer Fremdenverkehrsverband; www.enit.it) im jeweiligen Heimatland mag ebenfalls Informationen zu italienischen Behindertenverbänden und Hilfsmöglichkeiten haben.

Die italienische Bahngesellschaft **Trenitalia** (www.trenitalia.com) hat eine landesweite Hotline für behinderte Passagiere: ☎199 303060 (tgl. 7–21 Uhr). Um in der Stazione Centrale in Neapel Hilfe zu erhalten, sollte diese Nummer 24 Stunden vor der geplanten Abfahrt angerufen werden.

Weitere Informationen geben folgende Organisationen:

Accessible Italy (☎378 94 11 11; www.acessibleitaly.com) Ein Unternehmen in San Marino, das sich auf Ferien für Menschen mit Behinderung spezialisiert hat.

Consorzio Cooperative Integrate (COIN; ☎06 712 90 11; www.coinsociale.it) COIN mit Sitz in Rom ist der beste Ansprechpartner für Reisende mit Behinderung in Italien. Kontaktstellen gibt es im ganzen Land.

Tourism for All (www.tourismforall.org.uk) Die Gruppe hat Informationen zu behindertengerechten Hotels, Rollstuhlverleih und Reisebüros für Reisende mit Behinderung.

Schwule & Lesben

Homosexualität ist in Italien legal und in Neapel akzeptiert; öffentliche Zurschaustellung von Zuneigung ist jedoch zu vermeiden, besonders in kleineren Orten an der Amalfiküste. Das Mündigkeitsalter ist 16 Jahre.

Informationen:

Arcigay Napoli (www.arcigaynapoli.org, auf Italienisch) Website für Neapels größte GLBTI-Organisation mit Verzeichnis von besonderen Events sowie schwulen und schwulenfreundlichen Locations.

Criminal Candy (www.criminalcandy.com, auf Italienisch) Organisiert gelegentliche Schwulen-/Lesbenpartys in Neapel.

Freelovers (www.freelovers.it) Organisation in Neapel, die gelegentliche Clubnächte für Schwule und Lesben veranstaltet.

Gay Friendly Italia.com (www.gayfriendlyitalia.com) Englischsprachige Website von Gay.it mit umfassenden Informationen u. a. zu Hotels, Schwulenfeindlichkeit und Rechtsfragen.

Gay.it (www.gay.it, auf Italienisch) Verzeichnis von Lokalitäten und Hotels für Schwule im ganzen Land.

Pride (www.prideonline.it, auf Italienisch) Überregionales Monatsmagazin für Kunst, Musik, Politik und Schwulenkultur.

Sicherheit

Neapel hat einen oft übertriebenen Ruf, unsicher zu sein. Wie in jeder großen Stadt gilt auch hier, den gesunden Menschenverstand einzuschalten. Im Folgenden ein paar grundlegende Sicherheitstipps:

» Taschendiebe sind in überfüllten Verkehrsmitteln und in Menschenmengen höchst aktiv. Geld, Kreditkarten und andere Wertsachen sollten auf keinen Fall in leicht zu erreichenden Taschen, besonders Jacken- und Gesäßtaschen, stecken.

» Gepäck sollte niemals unbeaufsichtigt bleiben – einige Diebe gehen vor dem Aussteigen durch die Waggons auf der Suche nach unbeaufsichtigten Taschen. In Cafés und Bars sollte beim Sitzen der Trageriemen um das Bein geschlugen werden.

» Vorsicht vor Fremden, die Kontakt aufnehmen wollen, besonders auf Bahnhöfen.

» Handtaschen und Kameras sollten quer über die Schulter und von der Straße weg getragen werden, um Diebstähle von Motorrollern aus zu vermeiden.

» Immer auf das Umfeld achten, besonders nachts.

» Vorsicht vor Schleppern, die sich an archäologischen Stätten als legitimierte Führer ausgeben.

Auto

Autodiebstahl ist in Neapel eine Plage. Es lohnt sich also, das Auto auf einem bewachten Parkplatz abzustellen. Wer auf der Straße parkt, wird oft von einem inoffiziellen (illegalen) Parkwächter um Geld gebeten. Natürlich muss er nicht bezahlt werden, aber es besteht das Risiko, dass bei Rückkehr das Auto beschädigt ist. Diebstahl oder Verlust müssen innerhalb von 24 Stunden bei der Polizei gemeldet und ein Protokoll für die Versicherung verlangt werden, die ansonsten nicht zahlt.

Betrug

Handys und andere Elektronik sollten auf keinen Fall auf der Piazza Garibaldi und auf Straßenmärkten gekauft werden. Es kommt durchaus vor, dass es sich um völlig nutzloses Zeug handelt. An der Stazione Centrale Neapels sind auch Schlepper zu vermeiden, die Taxis anbieten; legitim sind nur registrierte weiße Taxis mit Zeituhr.

Verkehr

Der neapolitanische Straßenverkehr ist ziemlich gewöhnungsbedürftig. Autofahrer halten nicht gerne für Fußgänger, auch nicht an Fußgängerüberwegen – sie weichen eher aus. Die Einheimischen treten einfach auf die Straße und gehen entschlossen durch den (ausweichenden) Verkehr. Das scheint zu klappen, aber wer sich unsicher fühlt, sollte auf einen Einheimischen warten und mit ihm die Straße überqueren.

In vielen Städten haben vermeintliche Einbahnstraßen Busspuren in die entgegengesetzte Richtung – vor dem Überqueren immer in beide Richtungen schauen.

Strom

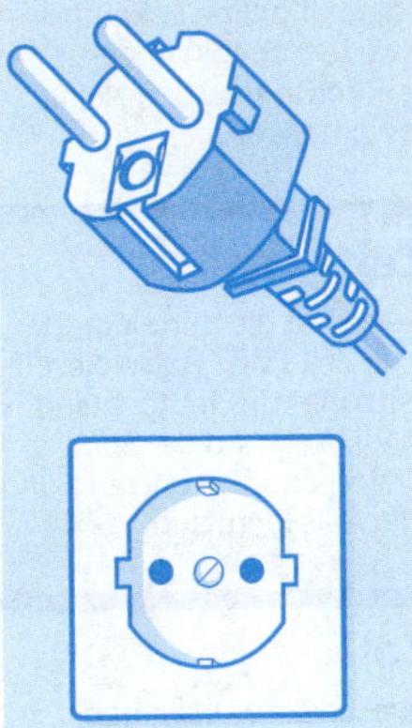

230 V / 50 Hz

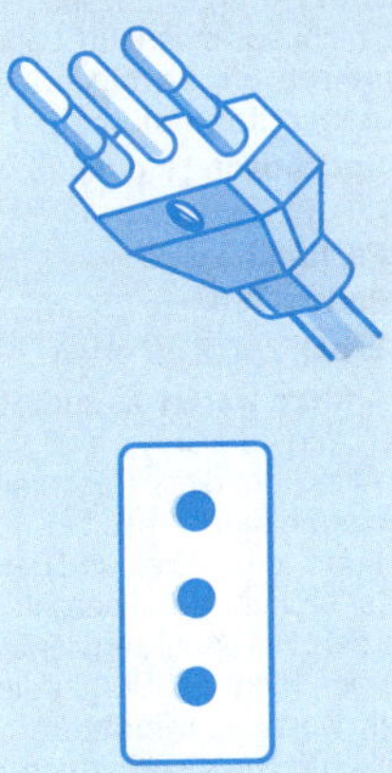

230 V / 50 Hz

Telefon

Handys

Italien benutzt GSM 900/1800, was mit den Handys in Europa kompatibel ist. Mit dem Handyprovider sollte vorher geklärt werden, ob Anrufe geroutet, also über das Herkunftsland umgeleitet werden – kann bei „Ortsgesprächen" sehr teuer werden.

Italien gehört zu den Ländern mit der höchsten Handydichte Europas. Provisorische oder Prepaid-Karten sind gegen Vorlage des Ausweises oder Reisepasses bei mehreren Providern erhältlich. Vorher sollte aber beim heimischen Provider erfragt werden, ob das Gerät eine andere SIM-Karte akzeptiert. Die Aktivierung der SIM-Karte kostet nur 10 € (manchmal sogar mit Freiminuten für denselben Betrag). Aufladen kann man sie in jeder Filiale oder mit einer Ladekarte *(ricarica)* aus dem Tabakladen. Möglich ist auch der Kauf oder das Leasing eines preiswerten italienischen Handys für die Dauer der Reise.

Von den großen Handyprovidern haben TIM (Telecom Italia Mobile), Wind und Vodafone die meisten Läden.

Inlandsgespräche

Ortsvorwahlen beginnen mit 0 und bestehen aus bis zu vier Ziffern – die Vorwahl von Neapel lautet 081. Danach folgt eine vier- bis achtstellige Teilnehmernummer. Die Vorwahl ist fester Bestandteil der Telefonnummer und muss immer gewählt werden, selbst ins Nachbarhaus. Handynummern beginnen mit einer dreistelligen Vorwahl, z. B. 330. Gebührenfreie Nummern, die *numeri verdi*, beginnen in der Regel mit 800. Ortsunabhängige Telefonnummern beginnen mit 840, 841, 848, 892, 899, 163, 166 oder 199. Es gibt auch einige sechsstellige landesweite Nummern, wie für Alitalia, Bahn- und Postauskunft.

Italiener haben eine breite Auswahl an Telefonanbietern mit unterschiedlichen Tarifen. Genaue Kostenangaben sind daher schwierig.

Internationale Anrufe

Die günstigsten Auslandsgespräche bieten gebührenfreie oder kostengünstige Computerprogramme wie Skype, Billigtelefonzentren oder eine internationale Telefonkarte *(scheda telefonica internazionale)*, die an Zeitungskiosken und in Tabakläden verkauft wird. Billigtelefonzentren gibt es in den größeren Städten. Die Auslandstarife sind dort beträchtlich günstiger als mit öffentlichen Telefonen der Telecom. Die Telefonzentren haben einzelne Telefonkabinen, das Gespräch wird im Anschluss bezahlt. Auslandsgespräche können auch problemlos mit einer Telefonkarte in Telefonzellen geführt werden. Die Vorwahl nach Deutschland lautet 0049, nach Österreich 0043 und in die Schweiz 0041.

Die Vorwahl Italiens aus Deutschland, Österreich und der Schweiz lautet 0039. Danach folgt die Ortsvorwahl einschließlich der 0 und die Teilnehmernummer.

Telefonauskunft

Nationale und internationale Telefonnummern können über ☎1254 (oder online über www.1254.virgilio.it) erfragt werden.

Telefonkarten

Die silbernen öffentlichen Telefone der Telecom Italia gibt es in den Straßen, in Bahnhöfen, in einigen Geschäften und in den Telecom-Läden. Die meisten akzeptieren nur *carte/schede telefoniche* (Telefonkarten), manche aber auch noch Kreditkarten und Münzen.

Telefonkarten (für 3 und 5 €) sind in Postämtern, Tabakläden und Zeitungskiosken erhältlich. Vor dem Gebrauch muss die obere linke Ecke der Karte abgebrochen werden.

Toiletten

Öffentliche Toiletten sind in Neapel selten. Bars und Cafés haben in der Regel Toiletten, aber meist nur für Gäste. Museen und die großen Bus- und Bahnhöfe haben öffentliche Toiletten. Viele haben Klowärter, die ein kleines Trinkgeld erwarten – 0,50 € sollten reichen.

Touristeninformation

Die Qualität der Touristeninformationen ist höchst unterschiedlich. Manche haben sehr engagierte Mitarbeiter, andere weniger. Die meisten Informationen haben aber eine Unmenge Broschüren, Karten und Infoblätter, selbst wenn das Personal ansonsten nicht sehr hilfsbereit ist. Das **Tourismuszentrale** (☎081 410 72 11; www.in-campania.com; Piazza dei Martiri 58; ⏲Mo–Fr 9–14 Uhr) Kampaniens befindet sich im neapolitanischen Stadtteil Chiaia. Sie ist aber im Allgemeinen mehr mit Planung, Haushalt, Marketing und Werbung beschäftigt statt mit Information im Publikumsverkehr. Aber sie hat immerhin eine nützliche touristische Website.

Italien im Ausland

ENIT (www.enit.it), der italienische Fremdenverkehrsverband, unterhält Büros auch in Deutschland, Österreich und der Schweiz. Adressen sind auf der Website zu erfahren.

Lokale & regionale Touristeninformationen

Trotz ihrer unterschiedlichen (und manchmal verwirrend komplizierten) Namen haben die lokalen und regionalen Touristeninformationen ähnliche Angebote und werden im ganzen Buch nur mit dem neutralen Namen „Touristeninformation" bezeichnet. Alle haben direkten Publikumsverkehr und die meisten antworten auf schriftliche oder telefonische Anfragen. Erhältlich sind dort generell Stadtpläne, Hotelverzeichnisse und Informationen zu den wichtigsten Sehenswürdigkeiten. In größeren Orten und Touristengebieten beherrschen die Mitarbeiter mindestens eine Fremdsprache, meist Englisch, aber auch Deutsch und Französisch.

Die großen Informationen sind generell montags bis freitags geöffnet, einige auch am Wochenende, besonders in Städten oder während der Hochsaison im Sommer. Touristische Informationsschalter (z. B. in Bahnhöfen und Flughäfen) haben oft geringfügig andere Öffnungszeiten.

Die wichtigsten Touristeninformationen in Neapel:

Piazza Garibaldi (☎081 26 87 79; Piazza Garibaldi, Stazione Centrale; ⏲Mo–Sa 9–19 Uhr)

Piazza del Gesù Nuovo (☎081 552 33 28; Piazza del Gesù Nuovo; ⏲Mo–Sa 9–19, So 9–14 Uhr)

Via San Carlo (☎081 40 23 94; Via San Carlo 7; ⏲Mo–Sa 9.30–13.30 & 14.30–18, So 9–13.30 Uhr)

Versicherung

Eine Reiseversicherung gegen Diebstahl, Verlust und Krankheit ist empfehlenswert. Sie deckt auch Stornierung oder Verspätungen der Reisebuchungen ab. Die Bezahlung des Flugtickets mit der Kreditkarte enthält oft auch eine eingeschränkte Reiseunfallversicherung und das Recht, die Reisekosten vom Veranstalter zurückzuverlangen, sollte er seine Verpflichtungen nicht erfüllen. Auskunft gibt die Kreditkartengesellschaft. Weltweite Reiseversicherungen gibt es bei www.lonelyplanet.com/travel-insurance. Sie kann jederzeit online gekauft, erweitert oder in Anspruch genommen werden selbst von unterwegs.

Zeit

Italien hat die mitteleuropäische Zeit (MEZ), also dieselbe Zeitzone wie Deutschland, Österreich und die Schweiz. Winter- und Sommerzeit sind ebenfalls identisch.

Zoll

Innerhalb der EU gibt es keine zollfreien Waren mehr (sie werden aber zollfrei in europäischen Flughäfen verkauft, allerdings nur an Nicht-EU-Bürger). Besucher, die nicht aus einem EU-Land einreisen, dürfen folgende Waren zollfrei einführen:

» **Spritiuosen** 1 l (oder 2 l Wein)

» **Parfum** 50 g

» **Eau de Toilette** 250 ml

» **Tabak** 200 Zigaretten

» **Andere waren** bis zum Wert von 430 €

Alles über diese Beschränkungen hinaus muss bei Ankunft angegeben und der entsprechende Zoll bezahlt werden. Bei Verlassen der EU können Nicht-EU-Bürger die Mehrwertsteuer für teure Einkäufe zurückverlangen.

Verkehrsmittel & -wege

AN- & WEITERREISE

Unzählige Fluggesellschaften fliegen Italien an, viele fliegen auch direkt zu Neapels internationalem Flughafen Capodichino. Neapel ist Süditaliens Verkehrsknotenpunkt mit exzellenten Bahn- und Busverbindungen in andere Teile Kampaniens und des Landes. Neapel ist außerdem eine bedeutende Hafenstadt. Hier legen internationale Kreuzfahrtschiffe an und Auto- und Passagierfähren steuern Häfen im ganzen Mittelmeerraum an. Tickets für Flüge, Touren und Bahn können auf www.lonelyplanet.com/bookings gebucht werden.

Einreise

EU-Bürger und Schweizer brauchen zur Einreise nur den Personalausweis. Alle anderen Nationalitäten müssen einen gültigen Reisepass vorlegen und eine Einreisekarte ausfüllen (auf Flughäfen).

Es ist gesetzlich vorgeschrieben, Ausweis oder Pass ständig mit sich zu führen. Eines von beiden muss beim Einchecken im Hotel zwecks polizeilicher Meldepflicht vorgelegt werden.

Flugzeug

Flughäfen

Der **Flughafen Capodichino** (NAP; ☎081 751 54 71; www.gesac.it) liegt 7 km nordöstlich vom Zentrum Neapels und ist Süditaliens Hauptflughafen. Er verbindet Neapel mit den meisten italienischen und mehreren europäischen Städten.

Der Flughafenshuttle **Alibus** (☎800 639525; www.unicocampania.it) verbindet den Flughafen mit der Piazza Garibaldi (Stazione Centrale) und dem Fährhafen Molo Beverello (3 €, 45 Min., alle 20–30 Min.).

Taxipreise zum Flughafen sind wie folgt festgelegt: 23 € ab einem Küstenhotel oder vom Fährterminal Mergellina, 19 € von der Piazza Municipio und 15,50 € von der Stazione Centrale.

Curreri-Busse (☎081 801 54 20; www.curreriviaggi.it) verkehren siebenmal täglich zwischen dem Flughafen und Sorrent. Die Fahrt dauert 75 Minuten und Fahrkarten (im Bus erhältlich) kosten 10 €.

Tickets

Das Internet ist die einfachste Möglichkeit, günstige Flüge zu finden und zu buchen. Studenten und junge Leute unter 26 Jahren erhalten unter Umständen ermäßigte Preise bei Agenturen wie **STA Travel** (www.statravel.com). In der Regel muss ein gültiger internationaler Studentenausweis (ISIC) vorgelegt werden.

Landweg

Die Reise nach Kampanien über den Landweg führt von Nord nach Süd durch drei Viertel Italiens, was entweder enorm zeitraubend ist oder – für alle, die genug Zeit haben –, eine wunderbare Art, das Land zu erleben. Busse sind in der Regel am billigsten, aber sie fahren seltener und sind sehr viel unbequemer als Züge.

ONLINETICKETS

Günstige Flugtickets kann man z. B. auf den folgenden Websites buchen:

- » **Cheap Flights** (www.cheapflights.com)
- » **Ebookers.com** (www.ebookers.com)
- » **Expedia** (www.expedia.com)
- » **Kayak** (www.kayak.com)
- » **Last minute** (www.lastminute.de)
- » **Opodo** (www.opodo.de)
- » **Tripsta** (www.tripsta.de)

Auto & Motorrad

Wer mit dem eigenen Fahrzeug nach Neapel fährt, sollte neben den Kosten für Mautstraßen auch die Tatsache bedenken, dass die Benzinpreise in Italien zu den höchsten Europas gehören. Noch gravierender ist, dass wohl kaum jemand Spaß daran hat, durch Neapel zu fahren. Sichere Parkplätze sind zudem teuer. Ein Auto ist zwar von Vorteil für Fahrten in entlegenere Gebiete Kampaniens, wie in die Gegend westlich von Sorrent oder in den Parco Nazionale del Cilento, aber angesichts der Kosten für die Anfahrt ist ein Mietwagen schlauer.

Bus

Busse sind die billigsten Verkehrsmittel auf dem Landweg nach Italien, aber sie fahren seltener, sind unbequemer und beträchtlich langsamer als Züge.

Eurolines (www.eurolines.com) Ein Verband von Busgesellschaften mit Niederlassungen in ganz Europa. Busse nach Italien fahren nach Mailand, Venedig, Florenz, Siena und Rom. Von dort geht es mit italienischen Zügen und Bussen weiter nach Neapel.

Miccolis (☎081 20 03 80; www.miccolis-spa.it) Hat täglich mehrere Busverbindungen von Neapel nach Potenza, Taranto, Brindisi und Lecce.

Marino (☎080 311 23 35; www.marinobus.it) Tägliche Verbindungen von Neapel nach Bari und Matera.

SAIS (www.saistrasporti.it) Fernbusse von Neapel und Rom nach Sizilien.

Zug

Die staatliche Bahngesellschaft **Trenitalia** (☎892 021; www.trenitalia.com) verfügt über ein ausgedehntes Streckennetz im ganzen Land und über Fernzüge durch Europa. Nach Neapel gibt es direkte Verbindungen ab Mailand, Florenz und Rom. Ab Neapel fahren die Züge weiter nach Reggio di Calabria und nach Messina in Sizilien. In Neapel halten *regionale* (regionale), *diretto* (direkte) und Intercityzüge sowie der Hochgeschwindigkeitszug Frecciarossa. Bahnhof für alle ist die **Stazione Centrale** (☎081 554 31 88) oder die **Stazione Garibaldi** (auf der unteren Ebene). Es verkehren bis zu 30 Züge täglich mit Rom.

UNTERWEGS VOR ORT

Auto & Motorrad

Autofahren ist in Neapel absolut nicht empfehlenswert. Das *centro storico* ist nur Anwohnern zugänglich und der anarchische Verkehr sorgt für reichlich Stress. Parken ist ebenfalls ein Alptraum. Ein Motorroller ist schneller und einfacher zu parken, aber noch nervenzerrüttender zu fahren. Fahrzeugdiebstahl ist ebenfalls ein gewaltiges Problem.

Wer dennoch zum Fahren entschlossen ist, sollte sich an einige Grundsätze halten: Nicht von Dränglern nerven lassen; sich auf das konzentrieren, was vorne ist, nicht was hinten geschieht; auf Motorroller achten; immer Fußgängern Vorfahrt lassen, woher auch immer sie auftauchen; alle Kreuzungen und Ampeln mit extremer Vorsicht anfahren und immer die Ruhe bewahren.

Genauere Infos siehe Website www.comune.napoli.it (auf Italienisch).

Außerhalb der Stadt ist ein Auto praktischer. Allerdings kann eine Fahrt entlang der Amalfiküste ziemlich haarsträubend sein, da Busse um unglaublich scharfe Haarnadelkurven rasen und Einheimische ungerührt alles überholen, was ihnen im Weg ist. Auf den Inseln – Capri, Ischia und Procida – ist ein Motorroller die beste Fortbewegungsmöglichkeit.

Neapel liegt an der Autostrada del Sole von Norden nach Süden, der A1 (nordwärts nach Rom und Mailand) und der A3 (südwärts nach Salerno und Reggio di Calabria). Die A30 streift Neapel im Nordosten, die A16 führt quer rüber nach Bari.

Bei Anfahrt auf die Stadt trifft die Autobahn auf die Ringautobahn Tangenziale di Napoli. Die Ringautobahn führt am Nordrand der Stadt entlang, hat Anbindung an die A1 nach Rom sowie die A2 zum Flughafen Capodichino im Osten und führt weiter Richtung Campi Flegrei und Pozzuoli im Westen.

KLIMAWANDEL & REISEN

Jede Form des motorisierten Reisens erzeugt CO_2, die Hauptursache des von Menschen erzeugten Klimawandels. Modernes Reisen ist von Flugzeugen abhängig, die vielleicht pro Kilometer und Person weniger Kraftstoff als die meisten Autos verbrauchen, aber sehr viel weitere Strecken zurücklegen. Auch die hohen Luftschichten, in die Flugzeuge Treibhausgase (auch CO_2) und Schadstoffe ausstoßen, spielen eine wichtige Rolle beim Klimawandel. Viele Websites bieten „Emissionsrechner", mit denen Reisende die CO_2-Emissionen ihrer Reise ausrechnen und die Auswirkung dieser Treibhausgase mit einem Beitrag für klimafreundliche Projekte in der ganzen Welt ausgleichen können. Lonely Planet gleicht die CO_2-Bilanz aller Reisen der Mitarbeiter und Autoren aus.

TRAGFLÄCHENBOOTE & SCHNELLFÄHREN

ZIEL (AB NEAPEL – MOLO BEVERELLO)	FÄHR-GESELLSCHAFT	PREIS (€)	FAHRZEIT (MIN.)	FÄHREN PRO TAG (HOCHSAISON)
Capri	Caremar	19	50	4
Capri	Navigazione Libera del Golfo	20,20	50	9
Capri	SNAV	20,20	50	9
Ischia (Casamicciola Terme)	Caremar	17,50	65	4
Ischia (Forio)	Alilauro	19,80	50-65	7
Ischia (Casamicciola Terme)	SNAV	18,70	55	8
Procida	Caremar	15,70	40	5
Procida	SNAV	13,20	40	4
Sorrent	Alilauro	12,10	45	6
Sorrent	SNAV	13,10	35	7

Automobilclubs

Der italienische Automobilclub **Automobile Club d'Italia** (ACI; www.aci.it, auf Italienisch; Piazzale Tecchio 49/d) ist die beste Informationsquelle zum Autofahren. Er bietet auch einen 24-Std.-**Abschleppdienst** (☎vom Festnetz 803 116, vom Handy 800 116800).

Mit dem eigenen Wagen

Wer mit dem eigenen Auto nach Neapel fährt, sollte sicherstellen, dass alle Papiere in Ordnung sind, sowie Warndreieck und Warnweste mitnehmen. Bei Ankunft in Neapel ist während des Berufsverkehrs und um die Mittagszeit mit heftigem Verkehrsstau zu rechnen. Wichtige Straßenschilder, wie *uscita* (Ausfahrt) und *raccordo* (Ringstraße), sollte man sich einprägen.

Benzin & Ersatzteile

Tankstellen an den Hauptverkehrsstraßen sind durchgängig geöffnet, in kleineren Orten nur montags bis samstags von 7 bis 19 Uhr mit Mittagspause. Zur Zeit der Recherche kosteten *benzina senza piombo* (bleifreies Benzin) und *gasoil* (Diesel) 1,825 € bzw. 1,725 € pro Liter.

Immer mehr Tankstellen haben Selbstbedienung. Dort wird einfach die Nummer der Zapfsäule und die gewünschte Menge eingetippt und dann der Geldschein eingeschoben (nur Scheine im Wert von 5, 10, 20 und 50 €).

Bei Problemen mit dem Fahrzeug sollte die nächste Tankstelle einen zuverlässigen Mechaniker empfehlen können. Viele Tankstellen haben zwar eine eigene Werkstatt, aber im Allgemeinen nicht viele Ersatzteile. Gibt es mit einem Mietwagen eine schwerere Panne, hat die Mietwagenfirma vermutlich eine gebührenfreie Telefonnummer für einen Notfallabschleppdienst. In dem Fall müssen die Straße, die Wegrichtung, die Automarke und die Autonummer *(targa)* angegeben werden.

Mietwagen

» Mietwagen kosten um die 60 € pro Tag für einen Kleinwagen oder einen Motorroller. Über das Internet zu buchen ist oft günstiger als direkt in Italien.

» Die Fahrer müssen generell mindestens 25 Jahre alt sein, eine Kreditkarte und einen Führerschein besitzen.

» Bei einem Kleinwagen sind die Benzinkosten geringer und es ist einfacher, in Städten durch die engen Straßen zu fahren und in kleine Parkplätze zu manövrieren.

» Manche Kreditkartengesellschaften bieten, sofern der Mietwagen mit der Karte bezahlt wird, Vollkasko an. Internationale Mietwagenfirmen:

Avis (☎081 28 40 41; www.avisautonoleggio.it; Corso Novara 5 & Flughafen Capodichino)

Europcar (☎081 780 56 43; www.europcar.it; Flughafen Capodichino)

Hertz (☎081 20 62 28; www.hertz.it; Via Giuseppe Ricciardi 5, Flughafen Capodichino & in Mergellina) Auch in der Via Marina Varco Pisacane Calata Piliero neben dem Fährterminal.

Maggiore (☎081 28 78 58; www.maggiore.it; Stazione Centrale & Flughafen Capodichino)

Rent Sprint (☎081 764 13 33; www.rentsprint.it; Via Santa Lucia 36) Nur Motorroller.

Parken

Parken in Neapel ist kein Spaß. Blaue Linien an der Straßenseite bedeuten Parkscheinpflicht. Die Tickets gibt es am Automaten oder in Tabakläden und kosten 1,50 bis 2 € pro Stunde. Straßenparkplätze werden oft von illegalen Wächtern beaufsichtigt, die 1 bis 2 € für den Schutz des Autos verlangen. Es ist meist einfacher, klein beizugeben und zu zahlen, statt sich zu empören.

Östlich des Stadtzentrums liegt in der Via Brin ein 24-Stunden-Parkplatz (1,30 € für die ersten vier Stunden, 7,20 € für 24 Stunden). Er ist auch sicherer, da Diebe oft Mietwagen oder Autos mit ausländischem Nummernschild anvisieren.

Außerhalb Neapels kann Parken ähnlich problematisch sein, besonders in den Touristenzentren an der Amalfiküste und speziell im August.

Verkehrsregeln

Es macht zwar nicht den Eindruck, aber es gibt tatsächlich Verkehrsregeln in Italien. Hier einige der wichtigsten:

» Es gilt Anschnallpflicht auf allen Sitzen (auch hinten).

» Rechts hat immer Vorfahrt, außer wenn es anders angezeigt ist.

» Bei einer Panne ist ein Warndreieck Pflicht, ebenso das Tragen einer gelben oder orangen Sicherheitsweste beim Aussteigen.

» Die Alkoholgrenze liegt in Italien bei 0,5 Promille. Stichprobenartige Alkoholtests kommen vor und die Strafen können heftig sein.

» Tempolimit auf den *autostrade* (Autobahnen) ist 130 bis 150 km/h, auf den Schnellstraßen 110 km/h, auf Landstraßen 90 km/h und in Ortschaften 50 km/h.

» Tempolimit für Mopeds ist 40 km/h.

» Für alle Zweiräder gilt Helmpflicht.

» Angeschaltete Scheinwerfer sind auf den *autostrade* Tag und Nacht vorgeschrieben und für Motorräder auch auf Landstraßen ratsam.

Mautstraßen

Die meisten Autobahnen haben Mautstellen, zahlbar mit Bargeld oder Kreditkarte bei der Ausfahrt. Informationen zu Verkehrsverhältnissen, Mautgebühren und Entfernungen siehe www.autostrade.it.

Bus

ANM (☎800 639525; www.unicocampania.it) betreibt die Stadtbusse Neapels. Es gibt keinen zentralen Busbahnhof, aber die meisten Busse fahren über die Piazza Garibaldi. Nützliche Strecken:

» **140** Santa Lucia nach Posillipo über Mergellina

» **154** Von der Via Volta über Via Vespucci, Via Marina, Via Depretis, Via Acton, Via Morelli, Piazza Vittoria und Via Santa Lucia

» **C24** Von der Via Mergellina über Corso Vittorio Emanuele, Via Crispi, Via Colonna, Via Carducci, Riviera di Chiaia, Piazza Vittoria, Via Santa Lucia, Via Morelli, Piazza dei Martiri, Via Filangieri, Via dei Mille, Via Colonna, Via Crispi, Corso Vittorio Emanuele, Via Piedigrotta und zurück zur Via Mergellina

» **C55** Fährt durch das *centro storico* (historischer Stadtkern) ab der Piazza Cavour über Via Enrico Pessina, Piazza Dante, Via Toledo, Piazza Bovio, Corso Umberto I und Via Duomo

FÄHREN

ZIEL (AB NEAPEL – CALATA PORTA DI MASSA & MOLO ANGIOINO)	FÄHRGESELLSCHAFT	PREIS (€)	FAHRZEIT	HÄUFIGKEIT (HOCHSAISON)
Liparische Inseln	SNAV (nur Juli–Sept.)	ab 65	4–6 Std.	1-mal täglich
Liparische Inseln	Siremar	ab 50	30 Min.	2-mal wöchentlich
Cagliari (Sardinien)	Tirrenia	ab 45	16–15 Min.	2-mal wöchentlich
Capri	Caremar	12,70	80 Min.	3 -mal täglich
Ischia	Caremar	11,20	90 Min.	7-mal täglich
Ischia	Medmar	11,35	75 Min.	6-mal täglich
Milazzo (Sizilien)	Milazzo (Siremar)	ab 50	16 Std.	2-mal wöchentlich
Palermo (Sizilien)	SNAV	ab 35	10 Std. 15 Min.	1–2-mal täglich
Palermo (Sizilien)	Tirrenia	ab 45	11 Std. 45 Min.	1-mal täglich
Procida	Caremar	11,20	60 Min.	7-mal täglich

» **R1** Ab der Piazza Medaglie d'Oro über Piazza Carità, Piazza Dante und Piazza Bovio

» **R2** Ab der Stazione Centrale über Corso Umberto I, Piazza Bovio, Piazza del Municipio und Piazza Trento e Trieste

» **R4** Ab Capodimonte zur Via Dante, zur Piazza Municipio und wieder zurück

Der Hop-on-Hop-off-Touristenbus **City Sightseeing Napoli** (Karte S. 40; ☎081 551 72 79; www.napoli.city-sightseeing.it; Erw./Kind 22/11 €) befährt vier Strecken: Die Routen A und R führen durch das *centro storico* (Route A auch bis Capodimonte), Route B fährt über den Lungomare und die malerische Straße nach Posillipo und Route C hoch nach Vomero. Die Fahrkarten sind 24 Stunden gültig.

Regionalbusse werden von mehreren Verkehrsgesellschaften betrieben, die nützlichste ist **SITA** (☎199 730749; www.sitasudtrasporti.it), deren Busse täglich und häufig von Sorrent und Salerno zur Amalfiküste fahren.

Weitere nützliche Busgesellschaften:

EAV Bus (www.eavbus.it) Praktisch für die Campi Flegrei ab Neapel; Zielorte sind u. a. Lucrino (2,10 €, 45 Min.), Bacoli (2,10 €, 55 Min.) und Monte di Procida (2,10 €, 80 Min.).

Marino (☎080 311 23 35; www.marinobus.it) Fährt u. a. nach Bari (19 €, 3 Std.).

Miccolis (☎081 20 03 80; www.miccolis-spa.it) Fährt nach Taranto (22 €, 3–4 Std.), Brindisi (29,60 €, 5 Std.) und Lecce (32 €, 6 Std.).

CLP (☎081 531 17 07; www.clpbus.it) Verbindungen mit Foggia (11 €, 2 Std.), Perugia (29,45 €, 3½ Std.) und Assisi (32 €, 4½ Std.).

Fahrrad

Fahrradfahren ist in Neapel eine gefährliche Sache – eine Stadt, in der anscheinend alle Verkehrsregeln ignoriert werden. Die meisten Autofahrer rasen, quasseln am Handy und ignorieren Ampeln. Fahrrad- und Motorraddiebstahl grassiert.

Leihfahrräder sind in Neapel teuer (ab 20 € pro Tag). Wer also etwas länger bleiben und sich unbedingt auf den Sattel schwingen will, kommt wohl billiger weg, sich ein Fahrrad zu kaufen. Eine Fahrradtour an der Amalfiküste ist wegen der unübersichtlichen Kurven und steilen Klippen ebenfalls heikel.

Nahverkehr

Metro

Neapels U-Bahn **Metropolitana** (☎800 568866; www.metro.na.it) fährt meist oberirdisch.

» **Linie 1** (6–23 Uhr) Zur Zeit der Drucklegung fuhr die Linie von der Station Università (zur Piazza Bovio) nach Norden, mit den Stationen Toledo (zur Via Toledo), Dante (zur Piazza Dante), Museo (zur Piazza Cavour und Linie 2), Materdei, Salvator Rosa, Cilea, Piazza Vanvitelli, Piazza Medaglie D'Oro und weiteren sieben Haltestellen. Ende 2013 kommen die Stationen Municipio (zur Piazza Municipio und dem Fährterminal), Duomo (zur Via Duomo) und Garibaldi (zur Stazione Centrale) hinzu.

» **Linie 2** (5.30–23 Uhr) Fährt an der Station Gianturco gleich östlich der Stazione Centrale mit Halt an der Piazza Garibaldi (zur Stazione Centrale), Piazza Cavour, Montesanto, Piazza Amedeo, Mergellina, Piazza Leopardi, Campi Flegrei, Cavalleggeri d'Aosta, Bagnoli und Pozzuoli.

Die Fahrkarten von Unico Napoli sind auch für die Metro gültig.

Straßenbahn

Die folgenden Straßenbahnstrecken sind recht nützlich:

» **Linie 1** Fährt östlich der Stazione Centrale ab, dann über die Piazza Garibaldi, durch das Stadtzentrum am Ufer entlang zur Piazza Vittoria.

» **Linie 29** Fährt von der Piazza Garibaldi über den Corso Giuseppe Garibaldi zum Stadtzentrum.

Taxi

Offizielle Taxis sind weiß, und tragen das neapolitanische Symbol, den Pulcinella (mit seinem typischen Spitzhut und der langen Hakennase) an den vorderen Türen. Immer darauf achten, dass ein Gebührenzähler vorhanden und auch eingeschaltet ist.

Der Grundpreis beträgt 3 €, mit einer verwirrenden Anzahl an zusätzlichen Gebühren, die alle auf www.consorziotaxinapoli.it/who-we-are/rates/ aufgeführt sind. Zu den Extras gehören:

» 1 € für einen Taxifunkruf

» 2,50 € zusätzlich an Sonn- und Feiertagen zwischen 22 und 7 Uhr.

» 2,60 für Fahrten zum Flughafen, 4 € für Fahrten vom Flughafen und 0,50 € pro Gepäckstück im Kofferraum. Blindenhunde und Rollstühle dürfen umsonst mit.

Taxistände gibt es an den meisten größeren Piazzas der Stadt. Des Weiteren können folgende Taxikooperativen angerufen werden:

Consortaxi (☎081 20 20 20)

Consorzio Taxi Napoli (☎081 88 88; www.consorziotaxinapoli.it)

Radio Taxi Napoli (☎081 556 44 44; www.radiotaxinapoli.it)

Radio Taxi La Partenope (☎081 01 01; www.radiotaxilapartenope.it)

Zug

Die Züge der **Circumvesuviana** (☎081 772 2444; www.vesuviana.it) verbinden Neapel mit Sorrent (4 €, 65 Min., um 40 Züge tgl.). Haltestellen sind auch Ercolano (2,10 €, 15 Min.) und Pompei (2,80 €, 35 Min.). Abfahrt in Neapel ist die **Stazione Circumvesuviana** (☎081 772 24 44;

FAHRKARTEN BITTE

Fahrkarten für öffentliche Verkehrsmittel in Neapel und das kampanische Umland werden zentral von der Verkehrsgesellschaft **Unico Campania** (www.unicocampania.it) ausgegeben. Es gibt verschiedene Kombinationen, je nach Fahrtziel. Im Folgenden ein Überblick über die unterschiedlichen Fahrkarten:

» **Unico Napoli** (90 Min. 1,20 €, 24 Std. werktags/ Wochenende 3,60/3 €) Unbegrenzte Fahrten mit Bus, Straßenbahn, Standseilbahn, Metro, Ferrovia Cumana oder Circumflegrea.

» **Unico Costiera** (45 Min. 2,40 €, 90 Min. 3,60 €, 24 Std. 7,20 €, 72 Std. 18 €) Günstig bei vielen Fahrten mit den Bussen von SITA oder EAV und/oder die Circumvesuviana-Bahn im Golf von Neapel und der Amalfiküste. Die 24- und 72-Stunden-Karten gelten auch für den Touristenbus City Sightseeing Sorrento zwischen Amalfi und Ravello sowie Amalfi und Maiori, der von April bis Oktober verkehrt.

» **Unico 3T** (72 Std. 20 €) Unbegrenzte Fahrten durch Kampanien, einschließlich mit dem Flughafenshuttle Alibus und Überfahrten nach Ischia und Procida.

» **Unico Ischia** (90 Min. 1,40 €, 24 Std. 4,50 €) Unbegrenzte Busfahrten auf Ischia.

» **Unico Capri** (60 Min. 2,40 €, 24 Std. 8,40 €) Unbegrenzte Busfahrten auf Capri. Die 60-Minuten-Karte erlaubt auch eine Fahrt mit der Standseilbahn zwischen Marina Grande und dem Ort Capri, die Tageskart gilt für zwei Fahrten.

Fahrkarten werden in Bahnhöfen, ANM-Schaltern und Tabakläden verkauft.

www.vesuviana.it; Corso Garibaldi) an der Stazione Centrale.

Die **Ferrovia Cumana** (www.sepsa.it) zwischen Neapel und den Campi Flegrei fährt an der Stazione Cumana di Montesanto an der Piazza Montesanto, 500 m südwestlich der Piazza Dante ab. Der Zug hält auch in Pozzuoli (1,20 €, 20 Min., alle 25 Min.).

Schiff/Fähre

Neapel, die Inseln und die Amalfiküste bieten viele Fährverbindungen. Vom Molo Beverello vor dem Castel Nuovo legen die Schnellfähren und Tragflächenboote nach Capri, Ischia (nach Ischia Porto und Forio) und Procida ab; Tragflächenboote nach Capri, Ischia und Procida fahren auch von Mergellina los.

Die Fähren nach Sizilien, Sardinien und zu den Liparischen Inseln verkehren ab dem Molo Angioino (gleich neben dem Molo Beverello) und der benachbarten Calata Porta di Massa. Von dort fahren auch langsame Fähren nach Ischia und Procida.

Der Fährverkehr wird im Winter erheblich reduziert, schlechtes Wetter sorgt ebenfalls für Fahrplanänderungen.

Fähr- und Tragflächenbootverbindungen ab Neapel s. Tabellen S. 281 und S. 282. Die Preise gelten, falls nicht anders angegeben, pro Person für eine einfache Fahrt in der Deckklasse und in der Hochsaison.

Tickets für kürzere Strecken gibt es an den Kartenschaltern am Molo Beverello und in Mergellina. Für längere Strecken sind sie direkt bei den Fährgesellschaften oder im Reisebüro erhältlich. Im Folgenden eine Liste von Tragflächenboot- und Fährgesellschaften.

Caremar (Karte S. 58; ☎199 116655; www.caremar.it)

Alilauro (☎081 497 22 22; www.alilauro.it)

Navigazione Libera del Golfo (NLG; Karte S. 58; ☎081 552 07 63; www.navlib.it)

SNAV (Karte S. 58; ☎081 428 55 55; www.snav.it)

Medmar (Karte S. 58; ☎081 333 44 11; www.medmargroup.it)

Siremar (Karte S. 58; ☎199 118866; www.siremar.it)

Tirrenia (Karte S. 58; ☎081 720 11 11; www.tirrenia.it)

Standseilbahn

Drei der vier *funiculare* (Standseilbahnen) Neapels verbinden das Stadtzentrum mit Vomero. Die vierte, **Funiculare di Mergellina** (⏰7–22 Uhr), verbindet die Via Mergellina in der Hafengegend mit der Via Manzoni. Die Fahrkarten von Unico Napoli sind hier gültig.

Funiculare Centrale (⏰Mo & Di 6.30–22, Mi–So bis 0.30 Uhr) Fährt von der Via Toledo zur Piazza Fuga hoch.

Funiculare di Chiaia (⏰Di & Mi 7–22, Do, So & Mo bis 0.30, Fr & Sa bis 2 Uhr) Verkehrt zwischen Via del Parco Margherita und Via Domenico Cimarosa.

Funiculare di Montesanto (⏰7–22 Uhr) Von der Piazza Montesanto zur Via Raffaele Morghen.

Sprache

NOCH MEHR ITALIENISCH?

Mehr zur italienischen Sprache und weitere nützliche Redewendungen verrät der *Sprachführer Italienisch* von Lonely Planet. Er kann auch unter **shop.lonelyplanet.de** bestellt werden.

In ganz Italien wird die Hochsprache gelehrt und gesprochen. Auch wenn Dialekte ein wichtiger Bestandteil regionaler Identität sind, wird man mit Hochitalienisch, das wir auch für dieses Kapitel verwendet haben, nirgends Probleme haben, sich verständlich zu machen.

Die Laute des Italienischen kommen auch in der deutschen Sprache vor. Wer die farbige Lautschrift in diesem Kapitel benutzt, wird sich verständlich machen können. Die betonte Silbe eines Wortes ist stets kursiv gedruckt. Anders als im Deutschen wird der Umlaut „ei" wie zwei Vokale gesprochen, also nicht wie in „Seite", sondern wie in „beinhalten". Dasselbe gilt für „eu", das wie in „beurteilen" klingt, was beim Bezahlen in Euro (*e*·uro) wichtig ist. Konsonanten werden oft schärfer als bei uns gesprochen, das „r" etwas gerollt. Doppelkonsonanten werden deutlich betont, so dass der Unterschied zwischen z. B. *sonno* (*son*·no; Schlaf) und *sono* (*so*·no; ich bin) offensichtlich wird.

GRUNDLAGEN

Wie im Deutschen gibt es auch im Italienischen eine Höflichkeitsform. Wer Fremde, Amtspersonen oder ältere Menschen anspricht, verwendet daher die dritte Person Singluar *lei* (Sie). Bei Verwandten, Freunden und jüngeren Personen ist dagegen das vertrauliche *tu* (du) üblich.

Die italienische Sprache kennt nur zwei grammatikalische Geschlechter, maskulin und feminin. Die meisten weiblichen Substantive und Adjektive enden auf –a, die männlichen auf –o, im Plural auf –e bzw. –i. Der weibliche Artikel ist *la* (bestimmt) oder *una* (unbestimmt), der männliche *il* (bestimmt) oder *uno* (unbestimmt). Wo notwendig, werden in diesem Kapitel die Varianten für vertraute (du)/höfliche (Sie) Anrede sowie maskulin/feminin angegeben.

Hallo.	*Buongiorno.*	bon·*dschor*·no
Auf Wiedersehen.	*Arrivederci.*	ar·ri·we·*der*·tschi
Ja/Nein.	*Sì/No.*	si/no
Entschuldigen Sie/entschuldige.	*Mi scusi/ Scusami.*	mi *sku*·si/ *sku*·sa·mi
Tut mir leid.	*Mi dispiace.*	mi dis·*pja*·tsche
Bitte (um etwas bitten).	*Per favore.*	per fa·*wo*·re
Danke.	*Grazie.*	*gra*·tsje
Bitte (gern geschehen).	*Prego.*	*pre*·go

Wie geht es Ihnen/dir?
Come sta/stai? — *ko*·me sta/stai

Gut, und Ihnen/dir?
Bene. E Lei/tu? — *be*·ne e lej/tu

Wie heißen Sie/heißt du?
Come si chiama? — *ko*·me si *kja*·ma
Come ti chiami? — *ko*·me ti *kja*·mi

Ich heiße ...
Mi chiamo ... — mi *kja*·mo ...

Sprechen Sie/Sprichst du Deutsch/Englisch?
Parla/Parli tedesco/inglese? — *par*·la/*par*·li te*des* ko/in·*gle*·se

Ich verstehe nicht.
Non capisco. — non ka·*pis*·ko

UNTERKUNFT

Haben Sie ein ...-zimmer?	*Avete una camera ...?*	*a·we·te u·na ka·me·ra ...*
Doppel-	*doppia con letto matrimoniale*	*dop·ja kon le·to ma·tri·mon·ja·le*
Einzel-	*singola*	*sing·go·la*
Wieviel kostet es pro ...?	*Quanto costa per ...?*	*kwan·to kos·ta per ...*
Nacht	*una notte*	*u·na no·te*
Person	*persona*	*per·so·na*

Ist das Frühstück inbegriffen?
La colazione è compresa? — la ko·la·tsjo·ne e kom·pre·sa

Klimaanlage	*aria condizionata*	a·ria kon·di·tsjo·na·ta
Bad	*bagno*	ba·njo
Campingplatz	*campeggio*	kam·pe·dscho
Pension	*pensione*	pen·sjo·ne
Hotel	*albergo*	al·ber·go
Jugendherberge	*ostello della gioventù*	os·tel·lo de·la dscho·ven·tu
Fenster	*finestra*	fi·nes·tra

RICHTUNGSANGABEN

Wo ist ...?
Dov'è ...? — do·wä ...

Wie ist die Adresse?
Qual'è l'indirizzo? — kwal·ä lin·di·ri·tso

Können Sie das bitte aufschreiben?
Può scriverlo, per favore? — puo skri·wer·lo per fa·wo·re

Können Sie es mir (auf der Karte) zeigen?
Può mostrarmi (sulla pianta)? — puo mos·trar·mi (su·la pjan·ta)

an der Ecke	*all'angolo*	al·lan·go·lo
an der Ampel	*al semaforo*	al se·ma·fo·ro
hinter	*dietro*	dje·tro
weit weg	*lontano*	lon·ta·no
vor (räumlich)	*davanti a*	da·wan·ti a
links	*a sinistra*	a si·nis·tra
nahe	*vicino*	wi·tschi·no
neben	*accanto a*	ak·kan·to a
gegenüber	*di fronte a*	di fron·te a
rechts	*a destra*	a de·stra
geradeaus	*sempre diritto*	sem·pre di·ri·to

SATZBAUKASTEN

Hier die wirklich wichtigen Standardsätze, kombinierbar mit den jeweiligen Begriffen aus dem Glossar:

Wann geht (der nächste Flug)?
A che ora è (il prossimo volo)? — a ke o·ra ä (il pro·si·mo wo·lo)

Wo ist (der Bahnhof)?
Dov'è (la stazione)? — do·wä (la sta·tsjo·ne)

Ich suche (ein Hotel).
Sto cercando (un albergo). — sto tscher·kan·do (un al·ber·go)

Haben Sie/hast du (eine Karte)?
Ha (una pianta)? — a (u·na pjan·ta)

Gibt's hier (eine Toilette)?
C'è (un gabinetto)? — tschä (un ga·bi·net·to)

Ich hätte gerne (einen Kaffee).
Vorrei (un caffè). — wo·rej (un ka·fe)

Ich möchte gerne (ein Auto mieten).
Vorrei (noleggiare una macchina). — wo·rej (no·le·dscha·re u·na ma·ki·na)

Darf ich (hereinkommen)?
Posso (entrare)? — pos·so (en·tra·re)

Könnten Sie/könntest du (mir helfen)?
Può/puoi (aiutarmi), per favore? — puo/puoi (a·ju·tar·mi) per fa·wo·re

Muss ich (einen Platz reservieren)?
Devo (prenotare un posto)? — de·wo (pre·no·ta·re un pos·to)

ESSEN & TRINKEN

Was können Sie empfehlen?
Cosa mi consiglia? — ko·sa mi kon·sil·ja

Welche Zutaten hat dieses Gericht?
Quali ingredienti ci sono in questo piatto? — kwa·li in·gre·djen·ti tschi so·no in kwes·to pja·to

Was ist die Spezialität der Region?
Qual'è la specialità di questa regione? — kwa·le la spe·tscha·li·ta di kwes·ta re·dscho·ne

Das war köstlich!
Era squisito! — e·ra skwi·si to

Zum Wohl!
Salute! — sa·lu·te

Die Rechnung, bitte.
Mi porta il conto, per favore? — mi por·ta il kon·to per fa·wo·re

Ich möchte einen Tisch für ... reservieren	*Vorrei prenotare un tavolo per ...*	wo·rej pre·no·ta·re un ta·wo·lo per ...
(zwei) Personen	*(due) persone*	(du·e) per·so·ne
(acht) Uhr	*le (otto)*	le (o·to)

Ich esse kein/e/n ...	*Non mangio ...*	non *man*·dscho
Eier	*uova*	*uo*·wa
Fisch	*pesce*	*pe*·sche
Nüsse	*noci*	*no*·tschi
(rotes) Fleisch	*carne (rossa)*	*kar*·ne (*ros*·sa)

Nützliches

Abendessen	*cena*	*tsche*·na
Bar	*locale*	lo·*ka*·le
Café	*bar*	Bar
Flasche	*bottiglia*	bot·*ti* lja
Frühstück	*prima colazione*	*pri*·ma ko·la·*tsjo*·ne
Gabel	*forchetta*	for·*ket*·ta
Getränkekarte	*lista delle bevande*	*lis*·ta *del*·le be·*wan*·de
Glas	*bicchiere*	bi·*kje*·re
heiß	*caldo*	*kal*·do
kalt	*freddo*	*fred*·do
Lebensmittel	*alimentari*	a·li·men·*ta*·ri
Löffel	*cucchiaio*	kuk·*ja*·jo
Markt	*mercato*	mer·*ka*·to
Messer	*coltello*	kol·*tel*·lo
mit	*con*	kon
Mittagessen	*pranzo*	*pran*·tso
ohne	*senza*	*sen*·tsa
Restaurant	*ristorante*	ree·sto·*ran*·te
scharf	*piccante*	pi·*kan*·te
Speisekarte	*menù*	me·*nu*
Teller	*piatto*	*pjat*·to
vegetarisch	*vegetariano*	we·dsche·ta·ri *ja*·no

Fleisch & Fisch

Austern	*ostriche*	*o*·stri·ke
Ente	*anatra*	*a*·na·tra
Fisch	*pesce*	*pe*·sche
Fleisch	*carne*	*kar*·ne
Forelle	*trota*	*tro*·ta
Garnelen	*gamberi*	*gam*·be·ri
Hähnchen	*pollo*	*pol*·lo
Hering	*aringa*	a·*rin*·ga
Hummer	*aragosta*	a·ra·*gos*·ta
Jakobsmuscheln	*capasante*	ka·pa·*san*·te
Kalbfleisch	*vitello*	wi·*te*·lo
Lachs	*salmone*	sal·*mo*·ne
Lamm	*agnello*	an·*jel*·lo
Meeresfrüchte	*frutti di mare*	*fru*·ti di *ma*·re
Miesmuscheln	*cozze*	*kott*·se
Rindfleisch	*manzo*	*man*·tso
Schweinefleisch	*maiale*	ma·*ja*·le
Shrimps	*gamberetti*	gam be·*ret*·ti
Thunfisch	*tonno*	*ton*·no
Tintenfisch	*calamari*	ka·la·*ma*·ri
Truthahn	*tacchino*	ta·*ki*·no

Obst & Gemüse

Ananas	*ananas*	*a*·na·nas
Apfel	*mela*	*me*·la
Blumenkohl	*cavolfiore*	ka·wol·*fjo*·re
Bohnen	*fagioli*	fa·*dscho*·li
Erbsen	*piselli*	pi·*sel*·li
Gemüse	*verdura*	wer·*du*·ra
Gurke	*cetriolo*	tsche·tri·*o*·lo
Kartoffeln	*patate*	pa·*ta*·te
Kohl	*cavolo*	*ka*·wo·lo
Linsen	*lenticchie*	len·*ti*·kje
Möhre	*carota*	ka·*ro*·ta
Nüsse	*noci*	*no*·tschi
Obst	*frutta*	*frut*·ta
Orange	*arancia*	a·*ran*·tscha
Paprika	*peperone*	pe·pe·*ro*·ne
Pfirsich	*pesca*	*pes*·ka
Pflaume	*prugna*	*prun*·ja
Pilze	*funghi*	*fung*·gi
Spinat	*spinaci*	spi·*na*·tschi
Tomaten	*pomodori*	po·mo·*do*·ri
Weintraube	*uva*	*u*·wa
Zitrone	*limone*	li·*mo*·ne
Zwiebeln	*cipolle*	tschi·*pol*·le

Schilder

Entrata/Ingresso	Eingang
Uscita	Ausgang
Aperto	Geöffnet
Chiuso	Geschlossen
Informazioni	Auskünfte
Proibito/Vietato	Verboten
Gabinetti/Servizi	Toiletten
Uomini	Herren
Donne	Damen

Sonstiges

Brot	*pane*	pa·ne
Butter	*burro*	bur·ro
Ei	*uova*	uo·wa
Eis (Würfel)	*ghiaccio*	gja·tscho
Essig	*aceto*	a·tsche·to
Honig	*miele*	mje·le
Käse	*formaggio*	for·ma·dscho
Marmelade	*marmellata*	mar·mel·la·ta
Nudeln	*pasta*	pas·ta
Öl	*olio*	o·ljo
Pfeffer	*pepe*	pe·pe
Reis	*riso*	ri·so
Salz	*sale*	sa·le
Sojasauce	*salsa di soia*	sal·sa di so·ja
Suppe	*minestra*	mi·nes·tra
Zucker	*zucchero*	tsuk·ke·ro

Getränke

(Mineral-) Wasser	*acqua (minerale)*	a·kwa (mi·ne·ra·le)
(Orangen-) Saft	*succo (d'arancia)*	su·ko (da·ran·tscha)
Bier	*birra*	bee·ra
Getränk	*bibita*	bi·bi·ta
Kaffee (Espresso)	*caffè*	ka·fä
Milch	*latte*	lat·te
Rotwein	*vino rosso*	wi·no ros·so
Tee	*tè*	te
Weißwein	*vino bianco*	wi·no bjang·ko

IM NOTFALL

Hilfe! *Aiuto!* a·ju·to

Lassen Sie/lass mich in Ruhe!
Lascimi/lasciami in pace!
la·schi mi/la·scha mi in pa·tsche

Ich habe mich verirrt.
Mi sono perso/a. (m/f)
mi so·no per·so/a

Fragewörter

Wie?	*Come?*	ko·me
Was?	*Che cosa?*	ke ko·sa
Wann?	*Quando?*	kwan·do
Wo?	*Dove?*	do·we
Wer?	*Chi?*	ki
Warum?	*Perché?*	per·ke

Es ist ein Unfall passiert.
C'è stato un incidente.
tsche sta·to un in·tschi·den·te

Rufen Sie/ruf die Polizei!
Chiami/chiama la polizia!
kja·mi/kja ma la po·li·tsi·ja

Rufen Sie/ruf einen Arzt!
Chiami/chiama un medico!
kja·mi/kja ma un me·di·ko

Wo sind die Toiletten?
Dove sono i gabinetti?
do·we so·no i ga·bi·net·ti

Mir ist schlecht.
Mi sento male.
mi sen·to ma·le

Ich habe hier Schmerzen.
Mi fa male qui.
mi fa ma·le kwi

Ich bin allergisch gegen...
Sono allergico/a a... (m/f)
so·no al·ler·dschi·ko/a a...

SHOPPEN & DIENSTLEISTUNGEN

Ich würde gerne ... kaufen.
Vorrei comprare ... wo·rej kom·pra·re ...

Ich schaue mich nur um.
Sto solo guardando. sto so·lo gwar·dan·do

Kann ich das mal anschauen?
Posso dare un'occhiata? pos·so da·re un ok·kja·ta

Wie viel kostet das?
Quanto costa questo? kwan·to kos·ta kwes·to

Das ist zu teuer.
È troppo caro/a. (m/f) ä trop·po ka·ro/a

Können Sie den Preis nachlassen?
Può farmi lo sconto? puo far·mi lo skon·to

Die Rechnung stimmt nicht.
C'è un errore nel conto. tsche un er·ro·re nel kon·to

Geldautomat	*Bancomat*	ban·ko·mat
Postamt	*ufficio postale*	uf·fi·tscho pos·ta·le
Touristen-information	*ufficio del turismo*	uf·fi tscho del tu·ris·mo

DATUM & UHRZEIT

Wie viel Uhr ist es?	*Che ora è?*	ke o·ra ä
Es ist 13 Uhr.	*È l'una.*	ä lu·na
Es ist (zwei) Uhr.	*Sono le (due).*	so·no le (du·e)
Halb (zwei; 13.30 Uhr)	*(L'una) e mezza.*	(lu·na) e met·sa

Zahlen

1	*uno*	u·no
2	*due*	du·e
3	*tre*	trä
4	*quattro*	kwat·tro
5	*cinque*	tsching·kwe
6	*sei*	sej
7	*sette*	set·te
8	*otto*	ot·to
9	*nove*	no·we
10	*dieci*	dje·tschi
20	*venti*	wen·ti
30	*trenta*	tren·ta
40	*quaranta*	kwa·ran·ta
50	*cinquanta*	tsching·kwan·ta
60	*sessanta*	ses·san·ta
70	*settanta*	se·tan·ta
80	*ottanta*	ot·tan·ta
90	*novanta*	no·wan·ta
100	*cento*	tschen·to
1000	*mille*	mi·le

morgens	*di mattina*	di mat·ti·na
nachmittags	*di pomeriggio*	di po·me·ri·dscho
abends	*di sera*	di se·ra
gestern	*ieri*	je·ri
heute	*oggi*	o·dschi
morgen	*domani*	do·ma·ni
Montag	*lunedì*	lu·ne·di
Dienstag	*martedì*	mar·te·di
Mittwoch	*mercoledì*	mer·ko·le·di
Donnerstag	*giovedì*	dscho·we·di
Freitag	*venerdì*	we·ner·di
Samstag	*sabato*	sa·ba·to
Sonntag	*domenica*	do·me·ni·ka
Januar	*gennaio*	dsche·na·jo
Februar	*febbraio*	feb·ra·jo
März	*marzo*	mar·tso
April	*aprile*	a·pri·le
Mai	*maggio*	ma·dscho
Juni	*giugno*	dschun·jo
Juli	*luglio*	lul·jo
August	*agosto*	a·gos·to
September	*settembre*	set·tem·bre
Oktober	*ottobre*	ot·to·bre
November	*novembre*	no·wem·bre
Dezember	*dicembre*	di·tschem·bre

VERKEHRSMITTEL & -WEGE

Öffentliche Verkehrsmittel

Um wie viel Uhr startet/kommt ...
A che ora parte/arriva ...?
a ke o·ra par·te/ar·ri·wa ...

der Bus	*l'autobus*	lau·to·bus
die Fähre	*il traghetto*	il tra·get·to
das Flugzeug	*l'aereo*	la·e·re·o
das Schiff	*la nave*	la na·we
die U-Bahn	*la metropolitana*	la me·tro·po·li·ta·na
der Zug	*il treno*	il tre·no

Bahnhof	*stazione ferroviaria*	sta·tsjo·ne fer·ro wi ari·ja
Bahnsteig/Gleis	*binario*	bi·na·rio
Bushaltestelle	*fermata dell' autobus*	fer·ma·ta dell au·to·bus
Fahrkarte	*il biglietto*	il bil·jet·to
einfach	*di sola andata*	di so·la an·da·ta
hin und zurück	*di andata e ritorno*	di an·da·ta e ri·tor·no
Fahrplan	*orario*	o·ra·rio
Kartenschalter	*biglietteria*	bil jet te ri·a
Hält er in ...?	*Si ferma a ...?*	si fer·ma a ...

Bitte sagen Sie mir, wann wir in ... ankommen.
Mi dica per favore quando arriviamo a ...
mi di·ka per fa·wo·re kwan·do ar·ri·wja·mo a ...

Ich möchte hier aussteigen.
Voglio scendere qui.
wo·ljo schen·de·re kwi

Auto, Motorrad & Fahrrad

Ich würde gerne ein/en ... mieten.
Vorrei noleggiare un/una ... (m/f)
wo·rej no·le·dscha·re un/u·na ...

Allradfahrzeug	*fuoristrada* (m)	fuo·ri·stra·da
Auto	*macchina* (f)	ma·ki·na
Fahrrad	*bicicletta* (f)	bi tschi·klet·ta
Motorrad	*moto* (f)	mo·to

Benzin/Diesel	*benzina/gasolio*	ben·tsi·na/gas o ljo

Fahrradpumpe	*pompa della bicicletta*	pom·pa *del*·la bi tschi·*klet*·ta
Helm	*casco*	*kas*·ko
Kindersitz	*seggiolino*	se·dscho·*li*·no
Mechaniker	*meccanico*	mek·*ka*·ni·ko
Tankstelle	*stazione di servizio*	sta·*tsjo*·ne di ser·*wi*·tsjo

Ist das die Straße nach ...?
Questa strada porta a ...?
kwe·sta *stra*·da *por*·ta a ...

(Wie lange) Kann ich hier parken?
(Per quanto tempo) Posso parcheggiare qui?
(per *kwan*·to *tem*·po) *pos*·so par·ke·*dscha*·re kwi

Das Auto/Motorrad hatte eine Panne (in ...).
La macchina/moto si è guastata (a ...).
la *ma*·ki·na/*mo*·to si e gwas·*ta*·ta (a ...)

Ich habe einen platten Reifen.
Ho una gomma bucata.
o *u*·na *gom*·ma bu·*ka*·ta

Mir ist das Benzin ausgegangen.
Ho esaurito la benzina.
o e·sau·*ri*·to la ben·*tsi*·na

GLOSSAR

Pluralformen werden in Klammern genannt.

Albergo (alberghi) – Hotel
alimentari – Lebensmittelladen
allergia – Allergie
archeologica – Archäologie
autostrada (autostrade) – Autobahn
bagno – Bad, Toilette
bancomat – Geldautomat
bassi – Einzimmerwohnungen im Erdgeschoss, v. a. in den traditionell ärmeren Gegenden von Neapel zu finden
benzina – Benzin
biblioteca (biblioteche) – Bücherei
biglietto – Ticket
biglietto giornaliero – Kombiticket, das für mehrere Attraktionen gilt
caffettiera – Italienischer Kaffeebereiter
calcio – Fußball
camera – Zimmer
cambio – Wechselstube
canzone (canzoni) – Lied
cappella – Kapelle
carabinieri – Militärpolizei
carta d'identità – Personalausweis
carta telefonica – Telefonkarte
casa – Haus
casareccio – hausgemacht
castello – Burg
catacomba – Katakomben
centro – Stadtzentrum
centro storico – Altstadt
chiesa (chiese) – Kirche
chiostro – Kreuzgang
cimitero – Friedhof
colle/collina – Hügel
colonna – Säule
commissariato – Polizeiwache
comune – Gemeinde; auch Stadtverwaltung, im Mittelalter ein Stadtstaat
concerto – Konzert
corso – Hauptstraße
cripta – Krypta
cupola – Kuppel
Dio (dei) – Gott
faraglione (faraglioni) – Klippe
farmacia – Apotheke
ferrovia – Bahnhof
festa – Feiertag
fiume – Fluss
fontana – Brunnen
forno – Bäckerei
forte/fortezza – Festung
forum (fora) – (latein.) öffentlicher Platz
francobollo (francobolli) – Briefmarke
gabinetto – Toilette; WC
gasolio – Diesel
gelateria – Eisdiele
giardino (giardini) – Garten
golfo – Golf
isola – Insel
lago – See
largo – kleiner Platz
lavanderia – Wäscherei
libreria – Buchladen
lido – Strand
lungomare – Strandpromenade
mare – Meer
medicina – Medizin
mercato – Markt
monte – Berg
mura – Stadtmauer
museo – Museum
nuovo/a – neu (m/f)
orto botanico – botanischer Garten
ospedale – Krankenhaus
ostello – Hostel
palazzo (palazzi) – Palast, stattliches Gebäude
panetteria – Bäckerei
panino (panini) – Sandwich
parcheggio – Parkplatz
parco – Park
passeggiata – Spaziergang
pasticceria – Konditorei
pastificio – Nudelhersteller
pensione – Penion
pescheria – Fischladen
piazza (piazze) – Platz
pinacoteca – Kunstgalerie
piscina – Schwimmbad
polizia – Polizei
ponte – Brücke
porta – Stadttor
porto – Hafen
presepe (presepi) – Weihnachtskrippe
questura – Polizeidirektion
reale – königlich
ruota – Rad
sala – Saal in einem Museum
salumeria – Wurstwarengeschäft
santuario – Wallfahrtskirche
scavi – Ausgrabungen

scheda telefonica – Telefonkarte
sedia a rotelle – Rollstuhl
sentiero – Pfad; Weg
servizio – Bedienungsgeld in Restaurants
sole – Sonne
sottosuolo – Kellergeschoss
spiaggia – Strand
statua – Statue
stazione – Bahnhof
strada – Straße
tabaccheria – Tabakladen
teatro – Theater
tempio – Tempel
terme – Thermalbad
torre – Turm
treno – Zug
via – Wohnstraße
vecchio – alt
vicolo – Gasse

DIE SPEISEKARTE VERSTEHEN

Ess- und Trinklokale

enoteca – Weinbar
friggitoria – Frittenbude
osteria – informelles Restaurant
pasticceria – Konditorei
ristorante – Restaurant
trattoria – informelles Restaurant

Bei Tisch

cameriere/a – Kellner/in
carta dei vini – Weinkarte
conto – Rechnung
spuntini – Snacks
tovagliolo – Serviette
vegetaliano/a – vegan (m/f)
vegetariano/a – vegetarisch (m/f)

Diverses

aglio – Knoblauch
fior di latte – Kuhmilch-Mozzarella
limone – Zitrone
mozzarella di bufala – Büffelmilch-Mozzarella
oliva – Olive
panna – Sahne
peperoncino – Peperoni
pizza margherita – Pizza belegt mit Tomate, Mozzarella und Basilikum
pizza marinara – Pizza belegt mit Tomate, Knoblauch, Oregano und Olivenöll

Fisch & Meeresfrüchte

acciughe – Anchovis
carpaccio – dünne Scheiben roher Fisch (oder Fleisch)
granchio – Krebs
merluzzo – Kabeljau
pesce spada – Schwertfisch
polpo – Oktopus
sardina – Sardinen
seppia – Tintenfisch
sgombro – Makrele
vongole – Venusmuscheln

Fleisch

bistecca – Steak
capretto – Ziege
coniglio – Kaninchen
fegato – Leber
prosciutto cotto – Kochschinken
prosciutto crudo – Schinken
salsiccia – Würstchen
vitello – Kalb

Zubereitung

arrosto/a – gebraten
bollito/a – gekocht
cotto/a – gar
crudo/a – roh
fritto/a – frittiert
alla griglia – gegrillt

Früchte

ciliegia – Kirsche
fragole – Erdbeere
lampone – HImbeere
pera – Birne

Gemüse

asparagi – Spargel
carciofi – Artischocken
fagiolini – grüne Bohnen
finocchio – Fenchel
friarielli – Neapolitanischer Brokkoli
melanzane – Aubergine
peperoni – Paprika
tartufo – Trüffel

Eissorten

amarena – Wildkirsche
bacio – Schokolade und Haselnuss
cioccolata – Schokolade
cono – Waffel
coppa – Becher
crema – Sahne
frutta di bosco – Waldfrüchte
nocciola – Haselnuss
vaniglia – Vanille

Hinter den Kulissen

WIR FREUEN UNS ÜBER EIN FEEDBACK

Post von Travellern zu bekommen, ist für uns ungemein hilfreich – Kritik und Anregungen halten uns auf dem Laufenden und helfen, unsere Bücher zu verbessern. Unser reiseerfahrenes Team liest alle Zuschriften genau durch, um zu erfahren, was an unseren Reiseführern gut und was schlecht ist. Wir können solche Post zwar nicht individuell beantworten, aber jedes Feedback wird garantiert schnurstracks an die jeweiligen Autoren weitergeleitet, rechtzeitig vor der nächsten Auflage.

Wer uns schreiben will, erreicht uns über **www.lonelyplanet.de/kontakt**.

Hinweis: Da wir Beiträge möglicherweise in Lonely Planet Produkten (Reiseführer, Websites, digitale Medien) veröffentlichen, ggf. auch in gekürzter Form, bitten wir um Mitteilung, falls ein Kommentar nicht veröffentlicht oder ein Name nicht genannt werden soll. Wer Näheres über unsere Datenschutzpolitik wissen will, erfährt das unter www.lonelyplanet.com/privacy.

DANK AN UNSERE LESER

Vielen Dank an die folgenden Leser, die mit der letzten Auflage unterwegs waren und uns hilfreiche Hinweise, nützliche Tipps sowie interessante Anekdoten geschickt haben:
Jenny Arkell, Annukka Asikainen, Laura Braslins, Hendon Chubb, Steven Cook, Katie Dokshina, Henning Ericson, Tim Jerram, Erica Johnson, Raquel Miguel, Sheila Miller, Joe Parlavecchio, Katherine Tildesley

DANK DER AUTOREN

Cristian Bonetto

Wie immer ein herzliches *grazie* an die großzügigen, verständnisvollen neapolitanischen Freunde, die dieses Buch bereichert haben: meine „Re e Regina di Napoli", Valentina Vellusi, Alfonso Sperandeo, Giancarlo Di Maio, Claudio Cornia, Susy Galeone, Raffaele Scuotto, Guglielmo Muoio, Agostino Riitano und der schneidige Vincenzo Mattiucci. Besonderen Dank auch an Clelia Santoro, Antonio Emanuele Piedimonte, das Team im Complesso degli Incurabili und Elena Vellusi. Bei Lonely Planet herzlichen Dank an Joe Bindloss für den Auftrag und an meine stets zuverlässige Co-Autorin Josephine Quintero.

Josephine Quintero

Zunächst vielen Dank an Robin Chapman für seinen tollen Humor, seine Kunst des Kartenlesens und für seinen hart erarbeiteten Sachverstand, überall die allerperfekteste Pizza und die besten Weine aufzustöbern. Ein Mega-Dankeschön auch an meine Tochter für den Crashkurs in Italienisch und einige Insidertipps. Danke an die Mitarbeiter in all den Touristeninformationen, besonders an Fabiola Fasulo in Sorrent, die keine Mühe scheute, komplizierte Fährzeiten zu entschlüsseln. Danke auch an Joe Bindloss und Cristian Bonetto für die kollegialen E-Mails während der Recherche.

QUELLENNACHWEIS

Die Daten für die Klimakarte stammen von Peel MC, Finlayson BL & McMahon TA (2007) „Updated World Map of the Köppen-Geiger Climate Classification", *Hydrology and Earth System Sciences*, 11, 163344.
Abbildungen S. 100–101 von Javier Zarracina.
Titelfoto: Atrani, Amalfiküste, Kampanien, Italien, Rissell Kord/Alamy ©

Über dieses Buch

Dies ist die 1. deutsche Auflage von Neapel & Amalfiküste der mittlerweile 4. englischen Auflage, die von Cristian Bonetto und Josephine Quintero recherchiert und geschrieben wurde. Die vorherigen beiden Auflagen wurden von Cristian Bonetto, Josephine Quintero und Duncan Garwood geschrieben. Die englische Ausgabe wurde vom Londoner Lonely Planet Büro in Auftrag gegeben. Produziert wurde sie von:

Verantwortlicher Redakteur Joe Bindloss
Leitende Redakteurin Jeanette Wall
Leitender Kartograf Hunor Csutoros
Leitender Layoutdesigner Joseph Spanti
Redaktion Brigitte Ellemor, Bruce Evans
Kartografie Shahara Ahmed, Anita Banh, Amanda Sierp
Layout Chris Girdler
Redaktionsassistenz Elizabeth Anglin, Pat Kinsella, Joanne Newell, Kristin Odijk, Sam Trafford
Kartografieassistenz Chris Tsismetzis, Sam Tyson
Umschlagdesignerin Naomi Parker
Bildredaktion Frank Deim, Barbara Di Castro
Illustrationen Javier Zarracina
Redaktion Sprachführer Branislava Vladislavljevic
Dank an Laura Crawford, Ryan Evans, Larissa Frost, Jouve India, Kate McDonell, Annelies Mertens, Trent Paton, Raphael Richards, Di-anne Schallmeiner, Gerard Walker

DIE LONELY PLANET STORY

Ein ziemlich mitgenommenes, altes Auto, ein paar Dollar in der Tasche und Abenteuerlust – 1972 war das alles, was Tony und Maureen Wheeler für die Reise ihres Lebens brauchten, die sie durch Europa und Asien bis nach Australien führte. Die Tour dauerte einige Monate, und am Ende saßen die beiden – erschöpft, aber voller Inspiration – an ihrem Küchentisch und schrieben ihren ersten Reiseführer *Across Asia on the Cheap*. Innerhalb einer Woche hatten sie 1500 Exemplare verkauft. Lonely Planet war geboren.

Heute hat der Verlag Büros in Melbourne, London und Oakland mit mehr als 600 Mitarbeitern und Autoren. Und alle teilen Tonys Überzeugung, dass ein guter Reiseführer drei Dinge erfüllen sollte: informieren, bilden und amüsieren. Und an diesem Grundsatz änderte sich auch nichts, als 2011 BBC Worldwide alleiniger Inhaber von Lonely Planet wurde.

DIE AUTOREN

Cristian Bonetto

Hauptautor, Neapel Dass der ehemalige Autor von Komödien und Seifenopern sich mit Kampanien verbunden fühlt, ist nicht verwunderlich. Der italo-australische Autor ist schon seit Jahren von der Region fasziniert und besucht sie regelmäßig, um seine Linie zu gefährden und um seine allerliebste Fahrt zu machen – mit dem Sessellift von Anacapri den Monte Solaro hoch. Laut Cristian ist kaum eine Stadt so vielschichtig wie Neapel und seine Beiträge über die Vielfalt der Stadt wurden von London bis Sydney gedruckt (und gefilmt). Sein in Neapel angesiedeltes Theaterstück Il Cortile (Der Hof) tourte 2003 mit Unterstützung des renommierten Australia Council durch etliche italienische Städte. Cristian trug bislang zu über einem Dutzend Lonely Planet Reiseführern bei, darunter Italien, New York City, Dänemark und Singapur.

Mehr über Cristian:
lonelyplanet.com/members/cristianbonetto

Josephine Quintero

Die Inseln, Amalfiküste, Salerno & der Cilento Die erste Begegnung mit Italien hatte die gebürtige Engländerin und Absolventin der UC Berkeley, als sie ihre Tochter besuchte, die dort seit mehreren Jahren lebte und arbeitete. Das Land fasziniert und inspiriert sie noch immer und sie hat zu mehreren *Italien*-Reiseführern beigetragen, darunter zwei Auflagen von *Naples & the Amalfi Coast*. Für Josephine ist es ein himmlischer Job, so wunderbar ist die Schönheit, Kultur und natürlich die Küche dieser zu Recht berühmten Region. Zu den Highlights auf ihrer Reise gehörten die Entdeckung einer römischen Villa, die unter einem Keramikladen in Amalfi verborgen ist, und die Perfektionierung ihres Rezepts für *limoncello* (Zitronenlikör) – mit reichlich Kostproben natürlich.

Mehr über Josephine:
lonelyplanet.com/members/josephinequintero

Register

A

Acciaroli 198
Agropoli 196, 221
Aktivitäten 18, 25, 183, *siehe auch* Tauchen, Wandern
  Radfahren 283
  Reiseplanung 25
  Schwimmen 111
  Heilbäder & Spas 26, 78, 131, 133, 134
Altstadt (Neapel) *siehe centro storico* (Neapel)
Alta Via dei Monti Lattari 154
Amalfi 171, **172**
  Ausgehen 173
  Essen 173
  Shoppen 175
  Unterkunft 218
Amalfiküste 31, 146, **148**
  Essen 146
  Highlights 148
  Infos im Internet 147
  Unterkunft 146, 147, 212
Anacapri 115, 121, **122**
An- & Weiterreise 279
Anfiteatro Flavio 72, **98**
Antro della Sibilla Cumana 79
Aquarien 60
Aquädukte 264
Arbeiten in Italien 272
Archäologie 16
Archäologische Stätten & Ruinen
  Anfiteatro Flavio 72, **98**
  Area Archeologica di Santa Restituta 131
  Boscoreale 105
  Campi Flegrei 72, **76**
  Complesso Monumentale di San Lorenzo Maggiore 39
  Herculaneum 93, **94**, **99**
  Lago d'Averno 79
  Paestum 189
  Parco Archeologico di Baia 76
  Parco Vergiliano 72
  Piscina Mirabilis 78
  Pompeji 96, 103, **104**, **7**, **97**, **98**, **100**, **229**
  Rione Terra 73
  Scavi Archeologici di Cuma 79
  Tempio di Serapide 74
  Velia 199
  Villa Jovis 114
  Villa Roma Antiquarium 179
Architektur 17, 259
Ascea 198
Ausgrabungsstätten *siehe* Archäologische Stätten & Ruinen
Auto- & Motorradfahrenfahren 13, 280, 281, 289
Autotouren 156, 160, 194

B

Bacoli 77
Bagni Regina Giovanna 151
Bagno di Tiberio 118
Bahnreisen 280, 283
Baia 76
Baia de Leranto 160
Baia di San Montano 136
Barock 261
Behinderung, Reisen mit 275
Bevölkerung 227
Blaue Grotte 123
Blaues Band 160
Borgo Marinaro 62
Botschaften 272
Bücher 227, 231, 235, 253
Budgetplanung 12, 202, 272
Buono, Carlo 137
Burgen & Paläste
  Castel dell'Ovo 61
  Castel Nuovo 57
  Castel Sant'Elmo 69
  Castello Aragonese 132
  Castello di Arechi 185
  Il Castello 196
  Museo Archeologico dei Campi Flegrei 78
  Palazzo dello Spagnuolo 69
  Palazzo Donn'Anna 75
  Palazzo Reale 56
  Palazzo Reale di Capodimonte 63, **11**
Busreisen 280, 282

C

Camorra 268
Campania artecard 70
Campi Flegrei 72, **76**
Capodimonte **64**
  Essen 85
  Sehenswertes 62
  Shoppen 92
  Unterkunft 207
Cappella di San Gennaro 43, **102**
Capri 114, **116**
  An- & Weiterreise 126
  Ausgehen 121
  Essen 119
  Sehenswertes 114
  Shoppen 123
  Touristeninformationen 126
  Unterkunft 208
  Unterwegs vor Ort 127
  Wanderungen 125
Capri-Stadt
  Essen 119
  Sehenswertes 114
  Unterkunft 208
Caravaggio 237
Carnevale 18
Caserta 24
Castellabate 198
centro storico (Neapel) **40**
  Essen 80
  Sehenswertes 38
  Shoppen 89
  Unterkunft 203
Certosa di San Lorenzo 192
Certosa di San Martino 66, **102**
Cetara 180
Chiaia **58**
  Essen 84
  Sehenswertes 56
  Shoppen 91
  Unterkunft 206
Cilento 31, 189
Cilento-Küste 198, 221
Cimitero delle Fontanelle 67
Commedia dell'arte 239

D

Dalisi, Riccardo 74
d'Avalos, Maria 250
Desserts 24, 256
Diebstahl 276
Drogen 275
Duomo (Neapel) 43

E

Edenlandia 80
Einreise 13, 279
Elektrizität 277
Erchie 180
Ermäßigungen 272, 274
Essen 16, 23, 252, 272, *siehe auch einzelne Orte*
  Bücher 253

000 Verweise auf Karten
000 Verweise auf Fotos

Budget 272
Desserts 24, 256
Etikette 255
Festivals 80, 134, 147, 153, 180
Geld 272
Infos im Internet 252, 253
Kochkurse 151, 178
Pasta 254, **3**
Pizza 253, **17**
Planung 23
Regionale Spezialitäten 24, 252
Etikette 15, 16
Events, *siehe* Festivals

F

Fähre 284
Fahrradfahren, *siehe* Radfahren
Familienreisen *siehe* Kinder
Fanzago, Cosimo 261
Feiertage 273
Ferien 273
Ferragosto 19
Festa di San Gennaro 18, 80
Festa di Sant'Anna 134, 144
Festa di Sant'Antonino 18
Festivals 18, 144, 147
Film 80, 134
Kulinaria 80, 134, 147, 153, 180
Musik 135, 153, 177
Religion 80, 134, 142, 153
Theater 80
Film 226, 240
Flugreisen 279
Forio 132
Frauen unterwegs 273
Friedhöfe 67, *siehe auch* Katakomben
Furore 171
Fußball 245

G

Galerien *siehe* Museen & Galerien
Gärten *siehe* Parks & Gärten
Garibaldi, Guiseppe 234, **234**
Gefahren *siehe* Sicherheit
Geld 12, 13, 15, 273
Ermäßigungen 272, 274
Genehmigungen 278
Geschichte 228
Bücher 231, 235
Camorra 236
Infos im Internet 229, 230
Gesundheit 274
Getränke 288
Kaffee 255
limoncello 253
Wein 258
Gewichte 272
Giardini Ravino 132
Golf von Neapel 93
Grotta Azzurra (Capri) 123, **8**
Grotta Azzurra (Palinuro) 201
Grotte dell'Angelo 192
Grotto dello Smeraldo 173
Grotte di Castelcivita 191

H

Handys 13, 277
Heilbäder & Spas 26
Giardini Poseidon 133
Negombo 131
Parco Termale Aphrodite Apollon 134
Terme Cavascuro 134
Terme Stufe di Nerone 78
Heilige 247
Herculaneum 93, **94**, **99**
Historische Gebäude
Ospedale degli Incurabili 44
Höhlen
Antro della Sibilla Cumana 79
Grotta Azzurra (Capri) 123, **8**
Grotta Azzurra (Palinuro) 201
Grotte dell'Angelo 192
Grotto dello Smeraldo 173
Grotte di Castelcivita 191

I

Il Sorgeto 134,136
Infos im Internet 13, 111, 147, 183
Essen 252, 253
Geschichte 229, 230
Transport 279
Unterkunft 203
Inseln 30, 110, **112**
Essen 110
Highlights 112
Infos im Internet 111
Unterkunft 110, 111
Internetzugang 274
Ischia 127, **128**
An- & Weiterreise 139
Ausgehen 138
Essen 135
Festivals & Events 134
Sehenswertes 127
Shoppen 138
Strände 136
Touristeninformation 139
Unterhaltung 138
Unterkunft 210
Unterwegs vor Ort 139

J

Johanna II. 231

K

Kaffee 255
Kapellen
Cappella delle Crociate 185
Cappella di San Gaudioso 69
Cappella di San Gennaro 43, **102**
Cappella di San Nicola di Bari 135
Cappella Sansevero 38
Katakomben
Abbazia di San Michele Arcangelo 141
Catacomba di San Gaudioso 68
Catacomba di San Gennaro 68
Kathedralen *siehe* Kirchen
Kinder 28
Aquarien 60
Vergnügungsparks 80
Kino *siehe* Film
Kirchen, *siehe auch* Klöster
Basilica di San Paolo Maggiore 47
Basilica di Santa Chiara 39
Casa e Chiesa di Santa Maria Francesca delle Cinque Piaghe 55
Cattedrale di Sant'Andrea 171
Chiesa del Gesù Nuovo 44
Chiesa di San Michele 117
Chiesa di San Pietro a Maiella 45
Chiesa di Santa Maria del Carmine 49
Chiesa di Sant'Angelo a Nilo 47
Chiesa di Sant'Anna dei Lombardi 55
Chiesa San Giovanni a Carbonara 70
Complesso Monumentale dei Girolamini 47
Complesso Monumentale di San Lorenzo Maggiore 39
Complesso Museale di Santa Maria delle Anime del Purgatorio ad Arco 43
Duomo (Neapel) 43
Duomo (Sorrent) 150
Kathedrale (Salerno) 185
Santissima Annunziata 48
Klima 12, 18
Klimawandel 280
Klöster
Certosa di San Giacomo 115
Certosa di San Lorenzo 192
Certosa e Museo di San Martino 66, **102**
Chiesa e Chiostro di San Gregorio Armeno 46
Konsulate 272
Kosten 12, 202, 272
Kreditkarten 273
Kunst & Kultur 17, 237, *siehe auch* Architektur, Film, Musik
Bücher 227

Malerei 237
Theater 239
Kurse
Kochen 151, 178
Sprache 151

L

La Mortella 133
La Pignasecca 54
La Sanità **64**
Essen 85
Sehenswertes 62
Shoppen 92
Unterkunft 207
Lacco Ameno 131
Lago d'Averno 79
Lesben unterwegs 276
limoncello 253
Literatur 227, *siehe auch* Bücher
Lotterie 247
Lucrinio 75

M

Madonna del Carmine 80
Mafia 268
Maggio dei Monumenti 18
Malerei 237
Marina Corricella 141, **8**
Marina de Casal Velino 198
Marina del Cantone 160, 215
Marina di Equa 162
Marina di Furore 171
Marina di Pisciotta 199
Marina Grande (Sorrent) 150
Marina Grande (Capri) 117, **2**
Marina Piccola 119
Marina Praia 169
Märkte
Bancarelle a San Pasquale 91
Fiera Antiquaria Napoletana 91
La Duchessa 91
La Pignasecca 54
Mercatino di Antignano 91
Mercatino di Posillipo 91
Mercato del Pesce di Pozzuoli 75
Mercato di Poggioreale 91
Mercato di Porta Nolana 47
Mercato di Pugliano 96
Massa Lubrense 158, 214
Massaquano 162
Maße 272
Meeresschutzgebiete, *siehe* Nationalparks & Schutzgebiete

000 Verweise auf Karten
000 Verweise auf Fotos

Mercato **40**
Essen 80
Sehenswertes 38
Shoppen 89
Unterkunft 203
Mergellina **73**
Essen 86
Sehenswertes 71
Unterkunft 208
Metro 283
Mietwagen 281
Minori 179
Mobiltelefon 13, 277
Moiano 162
Monte Epomeo 135
Monte Faito 162
Motorradfahren, *siehe* Auto- & Motorradfahren
Mozzarella 256
Museen & Galerien
Accademia di Belle Arti 54
Basilica di Santa Chiara 39
Casa Museo 133
Castel Sant'Elmo 69
Certosa e Museo di San Martino 66, **102**
Città della Scienza 75
Galleria di Palazzo Zevallos Stigliano 54
Galleria Umberto I 54
Laboratorio Oste 71
MAV 96
Museo Archeologico dei Campi Flegrei 78
Museo Archeologico di Pithecusae 131
Museo Archeologico Nazionale 49
Museo Bottega della Tarsia Lignea 150
Museo Correale 150
Museo della Carta 173
Museo di Filangieri 48
Museo Diocesano di Napoli 48
Museo Nazionale della Ceramica Duca di Martina 69
Museo Pignatelli 61
Palazzo Reale 56
Palazzo Reale di Capodimonte 63, **11**
Musik 238
Festivals 135, 153, 177

N

Napoli Teatro Festival Italia 19
Nationalparks & Schutzgebiete
Meeresschutzgebiet Punta Campanella 161
Parco Nazionale del Cilento e Vallo di Diano 189
Parco Nazionale del Vesuvio 106
Neapel 30, **36**
An- & Weiterreise 92
Ausgehen 87
Campi Flegrei 72, **76**
Capodimonte 62, 85, 92, 207, **64**
centro storico (Neapel) 38, 80, 89, 203, **40**
Chiaia 56, 84, 91, 206, **58**
Essen 34, 80
Festivals 80
Geschichte 38
Highlights 38
La Sanità 62, 85, 92, 207, **64**
Mercato 38, 80, 89, 203, **40**
Mergellina 71, 86,208, **73**
Posillipo 71, 86,208, **73**
Notfälle 92
Öffentliche Vekehrsmittel 93
Quartieri Spagnoli 49, 83, 90, 205, **50**
Santa Lucia 56, 84, 91, 206, **58**
Sehenswertes 35, 38
Shoppen 89
Toledo 49, 83, 90, 205, **50**
Touristeninformation 92
Unterhaltung 88
Unterkunft 34, 203
Vomero 62, 85, 92, 207, **64**
Neapolis Festival 19
Negombo 131
Nerano 160
Nocelle 168
Notfälle 13, 288

O

Öffnungszeiten 274
Oper 238
Oplontis 105
Orchideen 192

P

Paestum 189
Unterkunft 220
Paläste *siehe* Burgen & Paläste
Palazzo dello Spagnuolo 69
Palazzo Donn'Anna 75
Palazzo Reale 56
Palazzo Reale di Capodimonte 63, **11**
Palinuro 200
Parco Archeologico di Baia 76
Parco di Capodimonte 66
Parco Nazionale del Cilento e Vallo di Diano 189, 222, **191**
Parco Nazionale del Vesuvio 106
Parks & Gärten
Giardini di Augusto 115
La Mortella 133

Monte Nuovo 75
Parco di Capodimonte 66
Parco Virgiliano 72
Villa Floridiana 69
Villa Rufolo 177, **9**
Pasta 254, **3**
Pflanzen 192
Phlegräische Felder 72, **76**
Piazza Bellini 45
Piazza Dante 55
Piazza dei Martiri 62
Piazza del Plebiscito 57
Piazza San Domenico Maggiore 45
Piazza Umberto I. 114
Piazzetta Nilo 46
Pioppi 198
Piscina Mirabilis 78
Pisciotta 198
Pizza 253
Politik 226
Pompeji 96, 103, **104**, **7**, **97**, **98**, **100**, **229**
Port'Alba 45
Posillipo **73**
Essen 86
Sehenswertes 71
Unterkunft 208
Positano 162, 215, **164**
Post 275
Pozzuoli 72
Praiano 168
Procida 140, **141**
An- & Weiterreise 145
Essen 142
Festivals & Events 142
Sehenswertes 140
Shoppen 144
Spaziergang 143, **143**
Touristeninformation 145
Unterkunft 212
Unterwegs vor Ort 145
Promi-Gäste 125
Pulcinella 240
Punta Campanella 161
Punta Caruso 136
Puppen 240

Q

Quartieri Spagnoli **50**
Essen 83
Sehenswertes 49
Shoppen 90
Unterkunft 205

R

Radfahren 283
Radio 272
Rauchen 272
Ravello 175, 219, **176**
Ravello Festival 19
Rechtsfragen 275
Reisepässe 279
Reiseplanung 14, *siehe auch einzelne Regionen*
Aktivitäten 25
Allgemeine Infos 12
Budgetplanung 12
Essen 23
Internetinfos 13
Kinder 28
Neapel 30
Reiserouten 20
Reisezeit 12, 18
Veranstaltungskalender 18
Reiserouten 20-22
Religion 227
Festivals 80, 134, 142, 153
Heilige 247
Ribera, Giuseppe de 237, 238
Riccardo Dalisi 74
Rione Terra 73
Roscigno Vecchia 193
Ruinen, *siehe* Archäologische Stätten & Ruinen

S

Salerno 31, 185, **186**
An- & Weiterreise 188
Essen 187
Sehenswertes 185
Touristeninformationen 188
Unterkunft 220
Salerno & der Cilento 182, **184**
Essen 182
Highlights 184
Infos im Internet 183
Unterkunft 182, 183, 220
San Gennaro 249
San Marco di Castellabate 198
Sant'Agata sui due Golfi 159, 215
Sant'Angelo 134
Santa Lucia **58**
Essen 84
Sehenswertes 56
Shoppen 91
Unterkunft 206
Santa Maria di Castellabate 198
Santissima Annunziata 48
Sapri 198
Scala 177
Scarlatti 238
Schiff 284
Schreine 248
Schutzgebiete, *siehe* Nationalparks & Schutzgebiete
Schwimmen 111
Schwule unterwegs 276
Segeln 27
Sentiero degli Dei 170
Sentiero dei Fortini 125
Settimana Santa 18
Shoppen *siehe einzelne Orte*, Märkte
Sicherheit 276
Simone, Roberto de 239
Slow Food 163, 255
Solfatara-Krater 74
Sorrent 150, **152**
An- & Weiterreise 157
Ausgehen 155
Essen 153
Festivals & Events 153
Shoppen 157
Sehenswertes 150
Touristeninformation 157
Unterhaltung 155
Unterkunft 212
Unterwegs vor Ort 157
Spas *siehe* Heilbäder & Spas
Spiaggia dei Maronti 134, 436
Spiaggia dei Pescatori 128, 136
Spiaggia del Castello 78
Spiaggia della Gavitelli 169
Spiaggia di Chiaia 142
Sport 245
Spaziergänge
Neapel 52, **52**
Procida 143, **143**
Sprache 12, 14, 285
Kurse 151
Stabiae 105
Standseilbahn 284
Steuern 273
Strände 26, 147, 183
Bagni Regina Giovanna 151
Bagno di Tiberio 118
Baia di San Montano 136
Il Sorgeto 134,136
Ischia 136
Negombo 132
Punta Caruso 136
Spiaggia dei Maronti 134, 436
Spiaggia dei Pescatori 128, 136
Spiaggia del Castello 78
Spiaggia della Gavitelli 169
Spiaggia di Chiaia 142
Straßenbahn 283
Strom 277

T

Tauchen 27
Amalfiküste 161, 169
Agropoli 196
Capri 118

Ischia 134
Procida 142
Taxi 283
Teatro San Carlo 88
Telefon 13, 277
Tempel 190
Tempio di Cerere 190
Tempio di Nettuno 190
Terme Cavascuro 134
Termini 160
Theater 239
Thermalbäder, *siehe* Heilbäder & Spas
Toiletten 277
Toledo **50**
Essen 83
Sehenswertes 49
Shoppen 90
Unterkunft 205
Touristeninformation 278
Touren, *siehe auch* Autotouren, Spaziergänge
Capri 27
Naples 47, 61, 62, 68
Pompeii 103
Trampen 273
Trekking, *siehe* Wandern
Trinkgeld 15, 274

U

Unico Costiera 159
Unterirdisches Neapel 264
Unterkunft 202, *siehe auch einzelne Orte*
Agropoli 221
Amalfiküste 212
Budget 202
Capri 208
Cilento-Küste 221
Infos im Internet 204
Ischia 210
Neapel 203
Paestum 220
Parco Nazionale del Cilento 222
Procida 212
Salerno 220
Sorrent 212
Sprache 286
Unterwegs vor Ort 283

V

Vallo di Diano 189, 222, **191**
Velia 199
Vergnügungsparks 80
Veronese 237
Verkehrsregeln 282
Versicherung 274, 278
Vesuv 105, **107**, 11
Via Chiaia 61
Via San Gregorio Armeno 46
Vico Equense 161
Vietri sul Mare 181
Villen, *siehe auch* Burgen & Paläste,
La Colombaia 133
Oplontis 105
Villa Cimbrone 177
Villa Floridiana 69
Villa Jovis 114
Villa Roma Antiquarium 179
Villa Rufolo 177, 9
Villa San Michele di Axel Munthe 115
Vinischia 19
Visa 13, 278
Viviani, Raffaele 239
Volksglaube 247
Vomero **64**
Essen 85
Sehenswertes 62
Shoppen 92
Unterkunft 207
Vulkane
Solfatara-Krater 74
Vesuv 105, **107**, 11

W

Währung 12
Wandern 25-26
Amalfiküste 154, 170
Baia de Leranto 154
Capri 125
Ischia 135
Parco Nazionale del Cilento e Vallo di Diano 192, 195
Websites, *siehe* Infos im Internet
Wechselkurs 13
Weg der Götter 170
Wein 258
Wetter 12, 18

Z

Zeit 278
Zeitungen 272
Zoll 278
Zugreisen 280, 283

000 Verweise auf Karten
000 Verweise auf Fotos

Auf einen Blick

Mit diesen Symbolen sind wichtige Kategorien leicht zu finden:

- Sehenswertes
- Strände
- Aktivitäten
- Kurse
- Geführte Touren
- Feste & Events
- Schlafen
- Essen
- Ausgehen
- Unterhaltung
- Shoppen
- Informationen/Transport

Diese Symbole bieten wertvolle Zusatzinformationen:

- Telefon
- Öffnungszeiten
- Parkplatz
- Nichtraucher
- Klimaanlage
- Internet verfügbar
- WLAN verfügbar
- Swimmingpool
- Vegetarische Auswahl
- englischsprachige Karte
- Kinder willkommen
- Haustiere willkommen
- Bus
- Fähre
- Metro
- Subway/U-Bahn
- Straßenbahn
- Bahn

Empfehlungen von Lonely Planet:

- LP TIPP – Das empfiehlt unser Autor
- GRATIS – Hier bezahlt man nichts
- Nachhaltig und umweltverträglich

Diesen Einrichtungen bescheinigen unsere Autoren ein starkes Engagement für die Nachhaltigkeit – zum Beispiel indem sie regionale Erzeuger unterstützen, ökologisch wirtschaften oder Umweltprojekte unterstützen.

Die Reihenfolge spiegelt die Bewertung durch die Autoren wider.

Kartenlegende

Sehenswertes
- Strand
- buddhistisch
- Burg
- christlich
- hinduistisch
- islamisch
- jüdisch
- Denkmal
- Museum/Galerie
- Ruine
- Weingut/Weinberg
- Zoo
- Sehenswürdigkeit

Aktivitäten, Kurse & Touren
- tauchen/schnorcheln
- Kanu/Kajak fahren
- Ski fahren
- surfen
- Swimmingpool
- wandern
- windsurfen
- sonstige Aktivitäten/Kurse/Touren

Schlafen
- Hotel/Hostel
- Camping

Essen
- Restaurant

Ausgehen
- Bar/Kneipe
- Café

Unterhaltung
- Unterhaltung

Shoppen
- Shoppen

Praktisches
- Bank/Geldautomat
- Botschaft/Konsulat
- Krankenhaus/Arzt
- Internet
- Polizei
- Post
- Telefon
- Toilette
- Touristeninformation
- sonstige Information

Transport
- Flughafen/Flugplatz
- Grenzübergang
- Busbahnhof
- Seilbahn/Standseilbahn
- Radweg
- Fähre
- Schwebebahn
- Parkplatz
- Tankstelle
- Taxistand
- Eisenbahn
- Straßenbahn
- U-Bahn-/Metrostation
- sonstiger Transport

Verkehrswege
- Autobahn
- Fernverkehrsstraße
- Hauptstraße
- Landstraße
- Nebenstraße
- Feldweg
- unbefestigte Straße
- Platz/Promenade
- Treppe
- Tunnel
- Fußgängerbrücke
- Spaziergang
- Abstecher vom Spaziergang
- Pfad

Geographie
- Hütte/Unterstand
- Leuchtturm
- Aussichtspunkt
- Berg/Vulkan
- Oase
- Park
- Pass
- Rastplatz
- Wasserfall

Städte
- Hauptstadt (Staat)
- Hauptstadt (Bundesland/Provinz)
- Großstadt
- Stadt/Ort

Grenzen
- Staatsgrenze
- Provinzgrenze
- umstrittene Grenze
- Bezirksgrenze
- Meeresschutzgebiet
- Klippen
- Mauer

Gewässer
- Fluss/Bach
- periodischer Fluss
- Sumpf/Mangroven
- Riff
- Kanal
- Gewässer
- Salzsee/trockener periodischer See
- Gletscher

Gebietsform
- Strand/Wüste
- christlicher Friedhof
- sonstiger Friedhof
- Park/Wald
- Sportplatz
- Sehenswertes (Gebäude)
- Highlight (Gebäude)

Hinweis: Es tauchen nicht zwingend alle hier dargestellten Symbole in diesem Buch auf.

Lonely Planet Publications,
Locked Bag 1, Footscray,
Melbourne, Victoria 3011,
Australia

Verlag der deutschen Ausgabe:
MAIRDUMONT, Marco-Polo-Str. 1, 73760 Ostfildern,
www.mairdumont.com, lonelyplanet@mairdumont.com

Chefredakteurin deutsche Ausgabe: Birgit Borowski

Redaktion: Bintang Buchservice GmbH, www.bintang-berlin.de
Übersetzung: Petra Dubilski, Dagmar Klotz, Kathrin Schnellbächer, Inga-Brita Thiele
Lektorat: Sabine Bösz, Kirsten Gleinig, Katja Rasmus
Satz: Anja Krapat
Technischer Support: Typopoint, Ostfildern/Kemnat

Neapel & Amalfiküste
1. deutsche Auflage Juni 2013,
übersetzt von *Naples, Pompeii & the Amalfi Coast, 4th edition*, Januar 2013
Lonely Planet Publications Pty

Printed in China